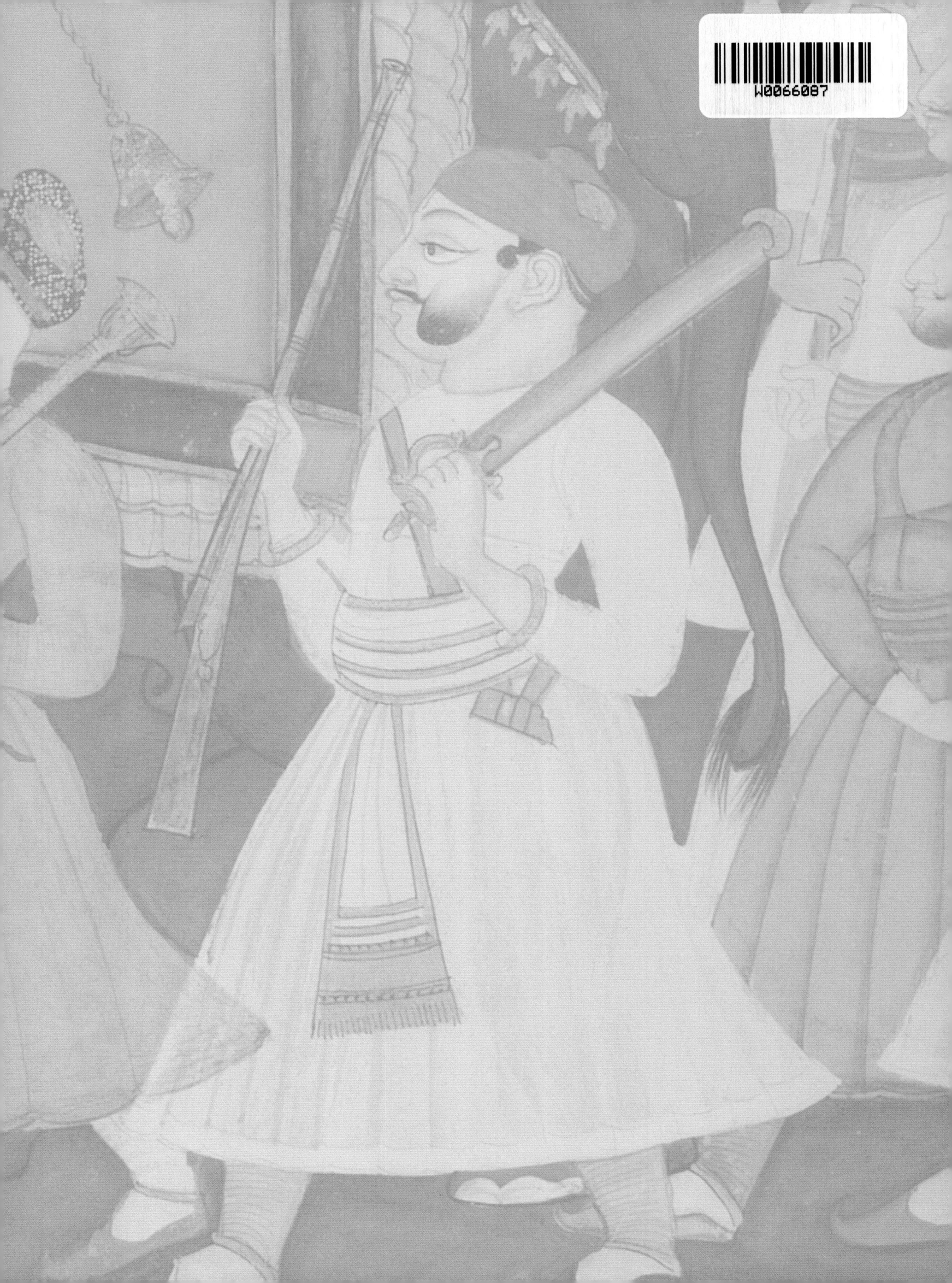

Maharaja Pracht der indischen Fürstenhöfe

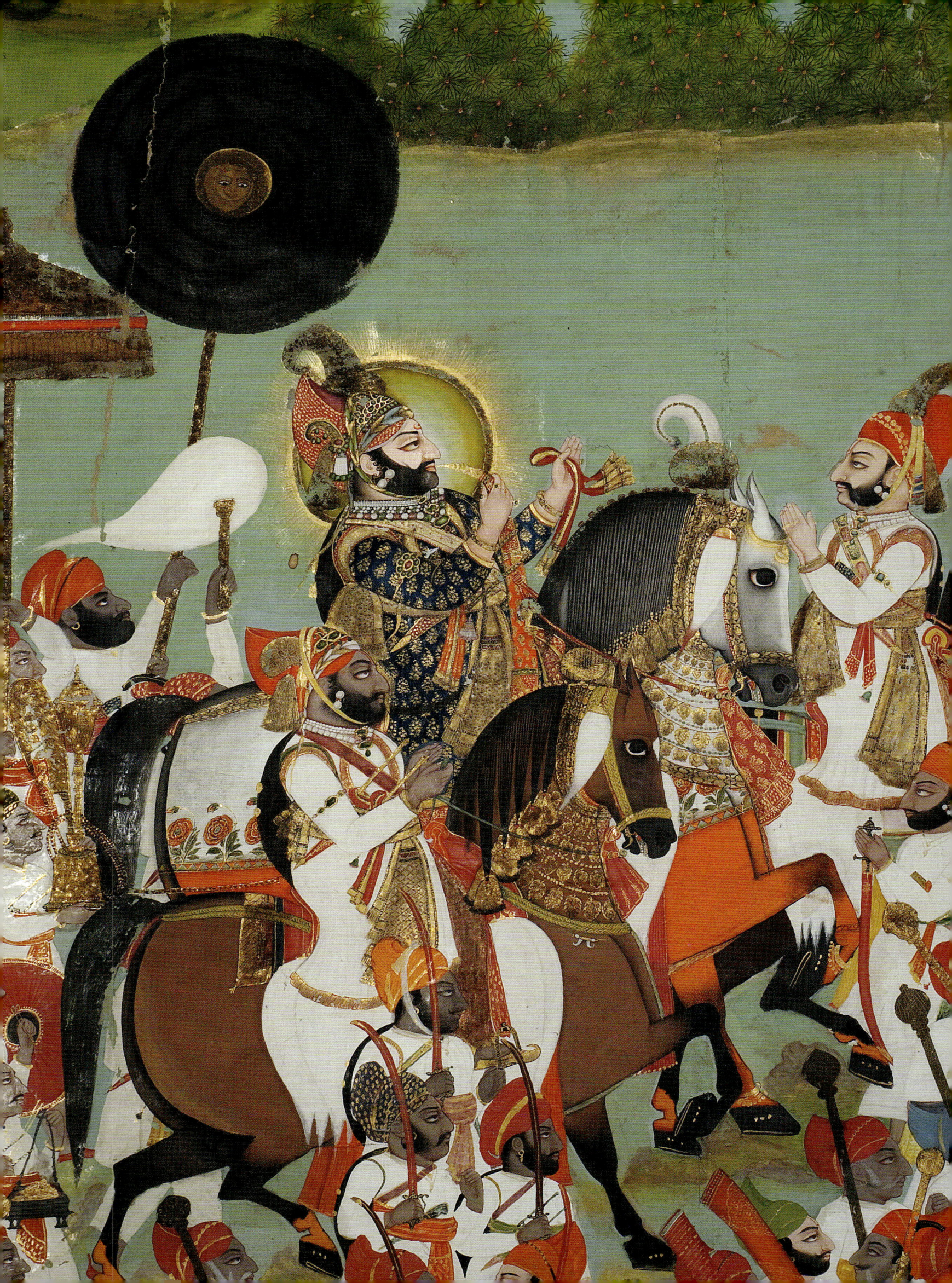

Maharaja

Pracht der indischen Fürstenhöfe

Herausgegeben von
Anna Jackson, Amin Jaffer und Christiane Lange
unter Mitwirkung von Deepika Ahlawat

Hirmer Verlag München

UNTER DER SCHIRMHERRSCHAFT
IHRER EXZELLENZEN

SUDHIR VYAS
INDISCHER BOTSCHAFTER IN DEUTSCHLAND

UND

THOMAS MATUSSEK
DEUTSCHER BOTSCHAFTER IN INDIEN

INHALT

GRUSSWORT

Mark Jones
Direktor
Victoria and Albert Museum

Die äußere Erscheinung der Dinge war schon immer Mittelpunkt des Interesses und Gegenstand der Forschung am Victoria and Albert Museum. Wie und warum ein Objekt hergestellt wurde ist dabei ebenso wichtig wie die Frage, für welchen Zweck es bestimmt war und wer es in Auftrag gab.

In diesem Katalog und der Ausstellung, die er begleitet, wird ein wesentlicher und bisher wenig beachteter Aspekt der Geschichte der geschmacklichen Entwicklung erkundet: die Förderung von Kunst und Kunsthandwerk durch indische Herrscher vom frühen 18. bis Mitte des 20. Jahrhunderts. Dabei geht es einerseits um die Rolle königlichen Mäzenatentums in der Politik-, Sozial- und Wirtschaftsgeschichte des indischen Königtums, andererseits werden die zeremoniellen und praktischen Zusammenhänge beleuchtet, für die diese Objekte gedacht waren, die in der Ausstellung gezeigt und in dieser Publikation abgebildet sind. Zudem wird deutlich, wie sehr sich die Produktion europäischer Luxusgüter auf die Nachfrage fürstlicher Kunden in Indien einstellte und zunehmend von ihr abhängig wurde.

Dass diese herrlichen Kunstwerke nun zum ersten Mal zusammen gezeigt werden können, verdanken wir einer Reihe großzügiger Leihgaben aus privaten und öffentlichen Sammlungen. Unser tiefempfundener Dank gebührt all jenen, die diese bahnbrechende Ausstellung mit Rat und Tat unterstützt haben, insbesondere unseren Leihgebern in Indien: Sie haben uns Stücke anvertraut, die in vielen Fällen noch nie zuvor ihren angestammten Platz im Palast verlassen haben. Wir hoffen, dass diese wunderbaren Objekte und die faszinierenden Geschichten, die sich um sie ranken, die Pracht der indischen Königshöfe wenigstens ansatzweise in Europa lebendig werden lassen.

VORWORT

Christiane Lange
Direktorin
Kunsthalle der Hypo-Kulturstiftung

Es ist für die Kunsthalle der Hypo-Kulturstiftung ein Anlass zum Stolz, Partner des weltberühmten Victoria and Albert Museums für diese Ausstellung zu sein. München ist neben London der einzige Ort, an dem die Zusammenstellung einmaliger Exponate zu sehen ist. Wir freuen uns, mit ihr einen profunden Einblick in die sagenumwobene Welt der Maharajas mit ihrer einzigartig reichen Kultur geben zu können. Drei Jahrhunderte indischer Geschichte vom Beginn der großen Ära der Maharajas bis zum Ende der britischen Herrschaft werden anschaulich gemacht. Ebenso seltene wie schöne Stücke verdeutlichen die Rolle der Maharajas in der Kultur Indiens, ihren geschichtlichen und gesellschaftlichen Wandel sowie ihre Ambitionen als Kunstmäzene Indiens und Europas.

Wie so oft sind es Zufälle, die das Besondere ermöglichen: der erste Dank gilt Patrick Utermann, der die Kunsthalle anregte, Indien eine Ausstellung zu widmen und uns zur rechten Zeit mit Linda Lloyd Jones vom Victoria and Albert Museum in Kontakt brachte. So erfuhren wir, dass eine solche Schau bereits in Planung war und zu übernehmen sei. Dafür danken wir Mark Jones, dem Direktor des Museums, und all seinen Mitarbeitern, besonders Anna Jackson sowie Deepika Ahlawat und Amin Jaffer, die dieses Projekt als Kuratoren betreut haben. Ohne die großzügige Unterstützung der Leihgeber wäre die zweite Station dieser großartigen Ausstellung nicht möglich. Wir danken allen Sammlern und Museen in Indien und Europa für ihr Vertrauen!

Eine dem Thema angemessene multimediale Präsentation benötigt ein eingespieltes Team. Patrick Utermann und Matthias Kammermeier sowie den Mitarbeitern der Firma Factory gebührt Lob und Anerkennung für ihre fantasievolle und professionelle Adaption der englischen Ausstellung. Auch die Kunsthallenmitarbeiter sollen hier dankend Erwähnung finden, namentlich Roger Diederen, Hans Dieter Eckstein, Winfried Heinz, Helene Hiblot, Laura Ingianni, Leonie Mellinghoff, Gabriele Schubert und Bettina Ungerecht. Schließlich möchten wir uns bei V&A Publishers und dem Hirmer Verlag dafür bedanken, dass auch eine deutsche Ausgabe des Katalogbuchs erscheint.

Eine besondere Ehre ist es uns, dass Ihre Exzellenzen, der indische Botschafter in Deutschland, Sudhir Vyas und der deutsche Botschafter in Indien, Thomas Matussek, die Schirmherrschaft für diese Ausstellung übernommen haben. Wir danken ihnen für ihren Einsatz und hoffen, mit ihr nicht nur einen Kunstgenuss zu bieten, sondern auch Neugier für das exotisch, ferne Indien zu wecken.

DANKSAGUNG

für das Victoria and Albert Museum

Dieses Ausstellungsprojekt samt begleitender Publikation wäre nicht möglich gewesen ohne die tatkräftige Unterstützung sehr vieler Menschen, denen allen wir zu größtem Dank verpflichtet sind.

Ernst and Young hat die Ausstellung großzügig finanziell gefördert und wir möchten dem Unternehmen für sein Engagement und seine begeisterte Förderung des Projekts auch in den frühen Phasen herzlich danken. Wir danken Christies für seine Kollegialität und Van Cleef & Arpels für die freundliche Unterstützung des Eröffnungsdiners und der Vernissage.

Überaus dankbar sind wir den Kolleginnen und Kollegen am Victoria and Albert Museum, deren Kompetenz und Fachkenntnis dieses Projekt überhaupt erst möglich gemacht haben. Insbesondere danken wir Deepika Ahlawat, der Forschungskuratorin in diesem Projekt, ohne deren Wissen und Engagement weder die Ausstellung noch die begleitende Publikation zustande gekommen wären. Ganz besonderer Dank geht auch an Ausstellungskoordinatorin Stephanie Cripps, die gemeinsam mit Ruth Cribb, Diane McAndrew, Tessa Hore und Anjali Kothari unermüdlich an der erfolgreichen Verwirklichung der Ausstellung gearbeitet hat. Großen Dank schulden wir außerdem den Kolleginnen und Kollegen der Asienabteilung, namentlich Rosemary Crill, Susan Stronge, Divia Patel, Nick Barnard, Suhashini Sinha und Dominica Blenkinsopp.

Was dieses Projekt so einzigartig und lohnenswert macht ist die wunderbare Unterstützung, die ihm die indischen Königsfamilien zuteil werden ließen. Wir stehen tief in der Schuld von Shriji Arvind Singh Mewar von Udaipur, Maharaj Kumar Lakshyaraj Singh Mewar von Udaipur, Maharaja Gaj Singh II. von Jodhpur, Mr Jyotiraditya Scinda und Mrs Priya Raje Scindia, Maharani Usha Devi von Indore und Mr S C Malhotra, Princess Rajyashree Kumari Bikaner, Maharaja Ranjitsinh Gaekwad und Maharani Shubhangini Gaekwad von Baroda, Rajkumar Martand Singh von Kapurthala und Princess Devaki Singh von Kapurthala.

Wir möchten außerdem den enorm wichtigen Beitrag all jener hervorheben, die uns Leihgaben aus Indien vermittelt haben und uns bei der damit verbundenen Organisation mit Rat, Tat und Fachkenntnis zur Seite standen: Thakur Bhupindra Singh Auwa, Dr. Raghuraj Singh Chauhan, Manda Hingurao, Jyoti Jasol, Dr. Vijay S. Madan, Bindu Manchanda, R. K. Mishra, S. K. Mishra, Atul Mithal, Dr. K. S. Poonacha,

Rao Raja Mahendra Singh, Brigadier Sukhjit Singh MVC von Kapurthala, Rajkumar Hanut Singh, Thakur Dalip Singh, Abhijit Sengupta, Jawhar Sircar, Hon. Ambika Soni und ganz besonders Karni Singh Jasol.

Überaus dankbar sind wir den zahlreichen öffentlichen Einrichtungen und privaten Leihgebern, die »Maharaja: Pracht der indischen Fürstenhöfe« ihre wertvollen Stücke so großzügig anvertraut haben. Dies sind in Großbritannien: Her Majesty The Queen; Al-Thani Collection; The Bodleian Library, University of Oxford; The British Empire and Commonwealth Museum; The British Library; British Film Institute; The British Museum; Fashion Museum, Bath and North East Somerset Council; Cartier Archives, London; Imperial War Museum; Knebworth House, Hertfordshire; National Army Museum; National Portrait Gallery; The Royal Asiatic Society for Great Britain and Ireland; Toor Collection; auf dem europäischen Festland: Archiv Cartier, Paris, Sammlung Cartier; Musée Albert Kahn; Musée Guimet; Imheritage; Jaeger LeCoultre; Faerber Collection; Collection Louis Vuitton; in Nordamerika: Brooklyn Museum; Harvard Art Museum/Arthur M. Sackler Museum; The Museum at the Fashion Institute of Technology; Clive Kandel; The Metropolitan Museum of Art; Cynthia Hazen Polsky; in Indien: Gwalior Heritage Foundation; Maharana of Mewar Charitable Foundation; Maharaja Fatehsingh Museum; Maharaja Ganga Singhji Trust; Maharani Usha Devi von Indore; Mehrangarh Museum Trust; Princess Devaki Singh von Kapurthala, Rajkumar Martand Singh von Kapurthala; in Singapur: Asian Civilizations Museum; in Katar: Museum of Islamic Art, Doha. Unser herzlicher Dank schließt natürlich auch jene Leihgeber mit ein, die ungenannt bleiben möchten.

Wir danken den Autoren, die uns durch ihre Beiträge in dieser Publikation an ihrem Wissen und ihrer Begeisterung für das Thema teilhaben lassen, und den zahlreichen Experten aus den Leihgeberinstitutionen sowie weiteren Wissenschaftlern, Kuratoren, Sammlern und Fachleuten, die uns Zeit, Fachwissen und Unterstützung haben zukommen lassen. Besonderer Dank gebührt: Princess Yasmien Abbasi, Mohammed Abdurahim, Taryn Adinolfi, Robert Alderman, HE Sheikh Saud bin Mohammed bin Ali Al-Thani, Caroline Arhuero, Para Bairoliya, Katie Ball, Andrew Barber, Hubert Bari, Bruce Barker-Benfield, Geanna Barlaam, Emily Barneby, Charlotte Batchelor, Bernard Berger, Richard Blurton, Peter Boyden, Dirk Brieding, Frédérique le Bris, Sheila Canby, Catherine Cariou, Robert Carr-Archer,

Marguerite de Cerval, K. K. Chakravarty, Sophie Couëtoux, Nadia Cretignier, Joan Cummings, Yves Cywie, Anna Dallapiccola, Siddhartha Das, Fred Dennis, Beatrice de Plinval, Debra Diamond, Sonia Dingilian, Melanie Edwards, Elizabeth Errington, Ida Faerber, Thomas Faerber, Josée-Lyne Falcone, John Falconer, Harry Fane, John Fasal, Jan Faull, Laura Fielder, Stéphanie Filleux, Clare Fleck, Renée Frank, Clare Freestone, Monique Gay, Raphael Gerard, Anne Gros, Caroline de Guitaut, Jacques Guyot, Rosemary Harder, Caroline Hengesse, Richard Shivaji Rao Holkar, Herbert Horovitz, Jennifer Howes, Tan Hsuim, Michael Hunter, Mary Ingoldby, Shalini Jaikaria, Jyotindra Jain, Betty Jais, Rahul Kadakia, Mangu Khan, Vincent Lefevre, Pascale Lepeu, Maureen Liebl, Nicole Linderman, Anne Lineen, Matthew Lee, Jerry Losty, Sarah Lowther, Hon. Henry Lytton Cobbold, Nicholas MacLean, Kimberly Masteller, Jill McNaught-Davis, Simon Metcalfe, Keith Miller, Neeru Mishra, Monika Mohta, Shiv Shanker Mukherjee, Wg. Cdr. (hon) Shatrushalyasinhji Digvijaysinhji Jadeja Maharaja Jamsaheb von Nawanagar, Alison Ohta, Amina Okada, Sue Ollemans, Robert Owen, Amy Poster, Kathryn Press, Rod Pryde, Stuart Pyhrr, Julian Raby, Pierre Rainero, Simon Ray, Sir Hugh Roberts, Kenneth und Joyce Robbins, William Robinson, Judy Rudoe, Claudine Sablier Paquet, Melanie Sallois, Aurelie Samuel, Desmond Shawe-Taylor, Davinder Singh, Parmjit Singh, Robert Skelton, Molly Sorkin, Sir Richard Stagg KCMG CMG, H. A. Subramanian, Deborah Swallow, Shamina Talyarkhan, Andrew Topsfield, Peter Vacher, Joost Van den Bergh, Christopher Van Essen, Pavan K. Varma, Nicola Warlock, David Warren, Oliver Watson, Stuart Cary und Edith Welsh, Katy Welty und dem Elefanten Ramu.

Die Herstellung des Katalogs lag in der Abteilung Publikationen des Victoria and Albert Museums in den bewährten Händen von Anjali Bulley. Die elegante und einfühlsame Gestaltung besorgte Ray Watkins, Johanna Stephenson das Lektorat und Tira Liveras und Daniel Slater die Bildrecherche: Dafür danken wir herzlich. Wir danken außerdem David Dunning, der sich mit dem Fotografieprogramm in Indien an ein hochkomplexes Unterfangen gewagt hat, und unser Dank gilt auch den Daheimgebliebenen im Fotoatelier des Victoria and Albert Museum, Pip Barnard, Richard Davis, Paul Robins und Ian Thomas. Viele andere Mitarbeiterinnen und Mitarbeiter des Victoria and Albert Museums haben das Projekt kenntnisreich und mit großem Engagement unterstützt. Wir danken Nigel Bamforth, Jennifer Barsby, Nicola Costaras, Elizabeth-Anne Haldane,

Joanne Whalley und Mike Wheeler in der
Restaurierungsabteilung und Melanie Appleby,
Robert Lambeth, Matthew Clarke, Richard
Ashbridge und anderen Kollegen in der Abtei-
lung zentrale Dienste. In der Abteilung Öffent-
lichkeitsarbeit danken wir Eleanor Appleby,
Alex Bratt, Olivia Colling, Victoria MacColl und
Jane Rosier; in der Entwicklungsabteilung Jo
Ani, Annie Davies, Camilla Graham, Sonya
Harvey, Laura Hingley und Jane Lawson; in der
Gestaltungsabteilung Lindsay Pentelow und
Jane Scherbaum; in der Abteilung Museums-
pädagogik Jo Banham, Marilyn Greene, Matty
Pye, Lucy Trench und Heather Whitely; in der
Abteilung Online Museum Jan Bourne, in der
Marketingabteilung Mark Eastment, Jo Prosser,
Susan Mouncey, Sarah Sevier, und allen Mit-
arbeiterinnen und Mitarbeitern der Abteilung
Sicherheit und Besucherservice. Unser Dank geht
auch an viele anderen Kolleginnen und Kollegen
im Museum, insbesondere Karen Livingstone,
Angus Patterson, Eric Turner, Nick Umney und
Ghislaine Wood.

Für ihre unschätzbare Hilfe bei der Verwirklichung des Ausstellungsprojekts schulden wir
den wunderbaren Gestaltern David Germond
und Olga Reid, Urban Salon Architects, großen
Dank, ebenso ihren Kollegen Caroline Keppel-
Palmer und Alex Mowat; unseren Graphik-
designern Martin McGrath und Suzy Wood;
David Robertson, DHA Designs; Mike Cook
und Adrian Milner, Cultural Innovations;
Jamie Kessack und Jared Manesh, Greenways
Associates; Rick Locker und Andy Walter,
Qwerk; Denise Reid and John Juson, Momart;
und allen Mitarbeiterinnen und Mitarbeitern
bei Antenna Audio sowie Robin Brooks.

Zu guter Letzt gebührt unser tiefempfundener
Dank Mark Jones, Linda Lloyd Jones und Beth
McKillop für ihre unermüdliche Hilfe und Unter-
stützung während des gesamten Projekts.

Anna Jackson und Amin Jaffer

EINFÜHRUNG

ANNA JACKSON UND AMIN JAFFER

In Asien und Europa gleichermaßen beschwört der Titel »Maharaja«, wörtlich »großer König«, eine Vision von Pracht und Glanz herauf. Das Bild des turbantragenden, juwelengeschmückten Herrschers von absoluter Macht und unermesslichem Reichtum ist ebenso beständig wie betörend. Es ist jedoch auch etwas einseitig. Die Bedeutung des Königtums für Politik, Gesellschaft und Kultur des indischen Subkontinents vom frühen 18. bis in die Mitte des 20. Jahrhunderts wird oft zugunsten von Forschungen zu Mogulreich und British Empire vernachlässigt. Als besonders hartnäckig hat sich das während der britischen Kolonialherrschaft entstandene orientalistische Bild von den Maharajas als schillernden Exoten erwiesen, das Indiens Status als Juwel in der britischen Krone zugleich versinnbildlichte und rechtfertigte. Wir hoffen, dass die Ausstellung und dieser Katalog durch die eingehende Neuerkundung der außerordentlich reichen Kultur des indischen Königtums das Bild ein wenig zurechtrücken werden.

Der Titel »Maharaja« geht auf den Begriff *maharajadhiraj* aus dem Sanskrit zurück, der »König aller Könige« bedeutet. Obwohl er schon in der frühen Neuzeit gelegentlich als Anrede verwendet wurde, führten ihn nur wenige Herrscher offiziell. Häufigere Verwendung fand er erst im 19. Jahrhundert, als sich die britischen Kolonialherren darum bemühten, unter den indischen Herrschern eine Hierarchie festzulegen, indem sie den durchlauchtigen Titel großzügig in Anerkennung besonderer Treue, guter Dienste oder beispielhafter Regierungsführung verliehen. Heute ist »Maharaja« ganz allgemein zur Bezeichnung für die ehemaligen Herrscher Indiens geworden. Der Einfachheit halber werden wir diese Handhabung hier (wie in der Ausstellung) übernehmen, doch nicht ohne auf das viel weitere Spektrum an Herrschertiteln auf dem Subkontinent hinzuweisen, das von Raja, Rana, Rao, Maharana, Maharawal, Maharao bis hin zu Nawab und Nizam reichte.

Die indische Vorstellung vom Königtum lässt sich auf die Versepen *Ramayana* und *Mahabharata* sowie frühe Abhandlungen über die Staatskunst wie das im 4. Jahrhundert v. Chr. entstandene *Arthashastra* zurückverfolgen (s. S. 48 ff.). Aber auch wenn indische Dichtung und Prosa wesentlich dazu beitrugen, das Bild von Person, Attributen und Aufgaben des idealen Königs zu formen, so ist doch zu berücksichtigen, dass dieses nicht statisch war, sondern äußerst dynamisch. Auch Indien selbst lässt sich nur schwer begrifflich fassen, da ja Geografie und Geistesgeschichte dem historischen Wandel unterworfen

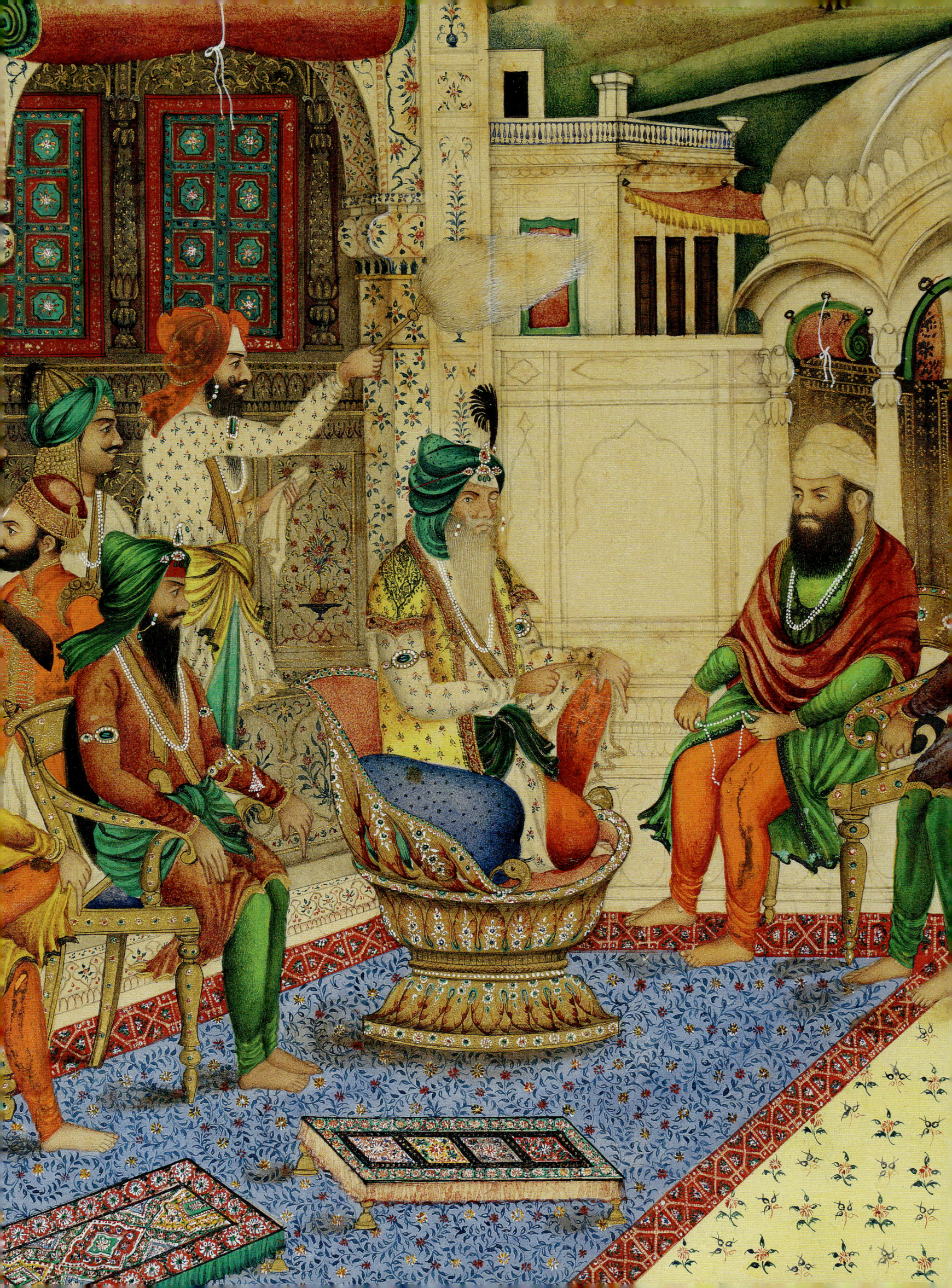

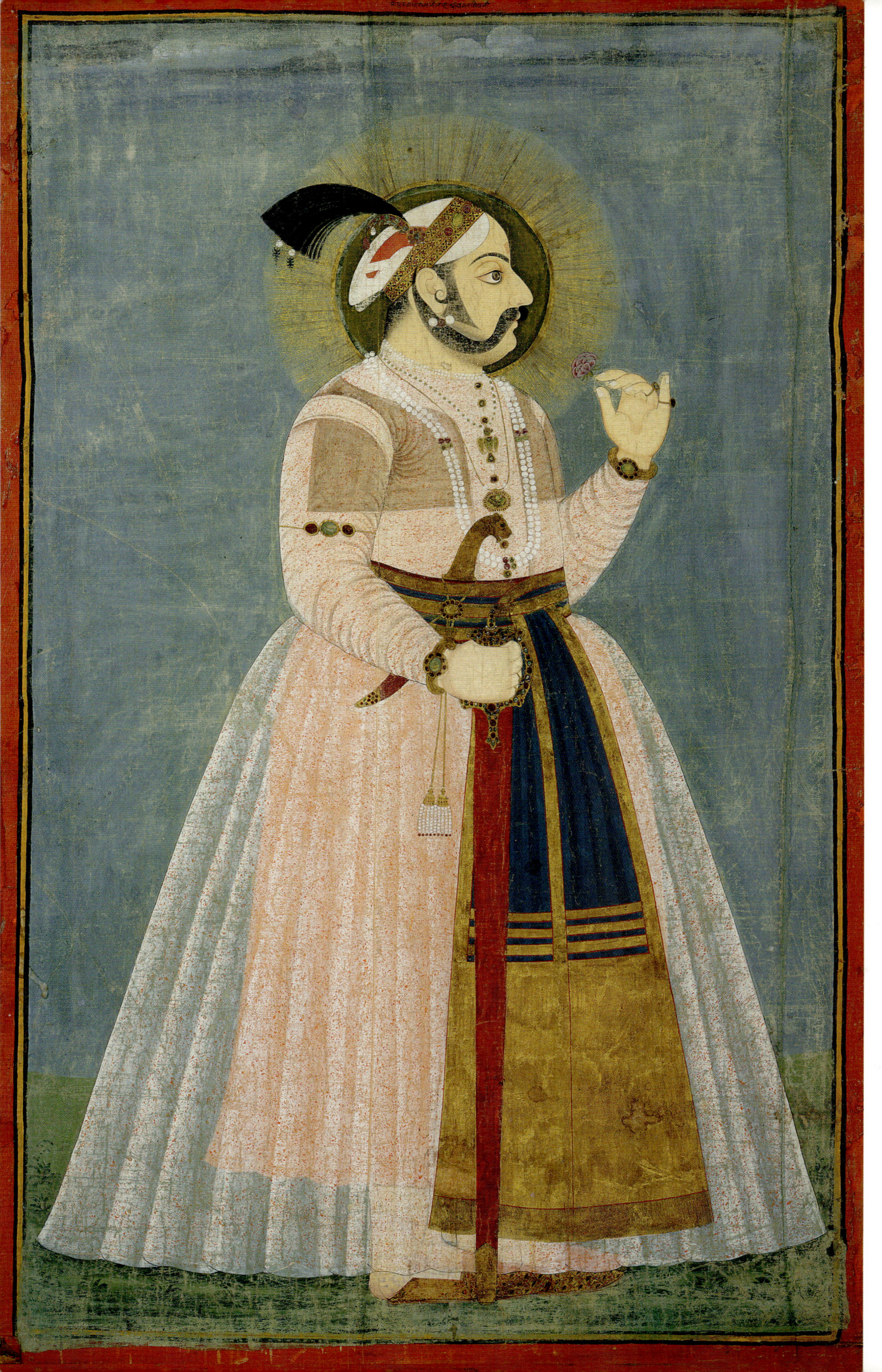

sind.[1] Ethnisch, religiös, sprachlich und kulturell ist der Subkontinent ständig in Bewegung, und das hat sich an verschiedenen Orten und zu verschiedenen Zeiten jeweils unterschiedlich auf das Wesen und die Bedeutung des indischen Königtums ausgewirkt. Die indischen Herrscher haben sich den Eroberern und Kolonialherren ebenso wie den politischen, wirtschaftlichen, religiösen und gesellschaftlichen Veränderungen angepasst. All dies hatte Einfluss darauf, wie die Rolle des Königs inszeniert und ausgefüllt wurde. Dieser stetige Wandel und seine Auswirkungen auf die visuelle und materielle Kultur Indiens werden in dem vorliegenden Buch thematisiert und veranschaulicht.

Trotz aller Unterschiede hinsichtlich der konkreten Formen und Funktionen lassen sich ab dem frühen 18. Jahrhundert doch auch gewisse Konstanten in der Symbolsprache des Königtums erkennen, die auf fast dem gesamten Subkontinent galten. Der Herrscher hatte sich angemessen zu verhalten: Zu seinen königlichen Pflichten, dem *Rajadharma*, gehörte der Schutz seiner Untertanen, die Schlichtung in Streitfällen, die Rechtsprechung und das Verhängen von Strafen. Kriegerische Fähigkeiten waren ebenso wichtig wie Kenntnis der Rechtslehre und diplomatische Gewandtheit; ein König sollte einerseits weise und mildtätig, andererseits tapfer im Kampf und geschickt bei der Jagd sein. Ein indischer Herrscher erfüllte sein *Rajadharma* auch durch die Förderung von religiösen Denkern und Einrichtungen, von Dichtern und Musikern, Architekten, Künstlern und Kunsthandwerkern (s. S. 134–165).

Einen faszinierenden Einblick in das Leben der Könige bieten die unter ihrer Ägide entstandenen Gemälde. So gibt das Porträt von Maharana Amar Singh II. von Mewar (reg. 1698–1710)[2] Aufschluss über Tracht und Haltung eines Monarchen (Abb. 1). Vor allem aber geben solche Werke die Vorstellung idealen Königtums bildlich wieder, wenn etwa der Nimbus um den Kopf des Maharana auf seinen königlichen Status hinweist.[3] Ähnlich sind die Gewänder und die Juwelen, die den Herrscher kleideten und schmückten, und die Gegenstände, mit denen er sich umgab, an sich schon Werke von großer Schönheit und hohem Wert; ihren tieferen Sinn erhalten sie jedoch als Symbole der Macht, des Rangs und der Rolle des Herrschers. Der Anblick eines Königs in Glanz und Pracht, »schön, gesund, rein und duftend, mit Schmuck beladen auf seinem Thron sitzend, galt als glückverheißend und freudebringend für das Volk.«[4] Diese Vorstellung ist ein wichtiges Element des indischen Konzeptes der verheißungsvollen Begegnung mit einem höheren Wesen (*darshan*), sei dieses nun ein Gott oder ein König (s. S. 90). Bei den spektakulärsten Inszenierungen solchen Darshans erschien der Herrscher bei einem Hoftag oder zog auf dem Rücken eines Elefanten feierlich durch sein Reich (Abb. 2, 3). Rituale wie diese waren für Muslime, Sikhs und Hindus gleich bedeutsam, denn die fremden Eroberer beeinflussten nicht nur die indische Vorstellung vom Königtum, sondern übernahmen selbst vieles von dem, was sie in Indien vorfanden.

Die Moguln brachten alte Hindureiche unter ihre Kontrolle und eroberten die jungen muslimischen Sultanate, so dass sich ihre Herrschaft um 1700 abgesehen vom südlichsten Zipfel über den gesamten indischen Subkontinent erstreckte. Ein so großes Gebiet unter einer Zentralmacht zu halten war jedoch keine leichte Aufgabe; nach dem Tod Aurangzebs 1707 schwand die Macht des Mogulreichs unter einer Folge von Herrschern, die weder über die Fähigkeiten noch über die Mittel ihrer Vorgänger verfügten. Die Autorität der Moguln zerbrach 1739, als der iranische Herrscher Nadir Shah bei der Plünderung Delhis auch die Schatzkammer des Großmoguls leer räumte. Von nun an herrschte der Großmogul nur noch dem Namen nach, ohne jedoch wirkliche Macht

1

Maharana Amar Singh II. von Mewar
Udaipur, 1700–1750
Deckende Wasserfarbe auf Stoff
213 x 137 cm
Victoria and Albert Museum, London, erworben
mit Unterstützung von The Art Fund

2

Howdah

Möglicherweise Rajasthan, ca. 1840
Silber, gegossen, getrieben, gestanzt und
teilvergoldet, auf mit Schnitzereien ver-
ziertem Holz; Samt und Gusseisen
91 x 80 x 145 cm
The Rosalinde and Arthur Gilbert Collection,
als Leihgabe im Victoria and Albert Museum,
London

auszuüben. Die Geschichte Indiens im 18. und frühen 19. Jahrhundert wird daher oft als eine Zeit des Zerfalls und der politischen Wirren dargestellt, in die erst mit der Übertragung der Hoheitsrechte auf die britische Krone eine gewisse Stabilität eingekehrt sei.[5] Jüngere Studien zeichnen jedoch ein sehr viel dynamischeres Bild einer Zeit, in der neu entstandene Staaten erfolgreich in das Machtvakuum hineindrängten und ein starkes Regionalgefühl die Idee einer übergreifenden staatlichen Einheit ersetzte.[6] In diesem Zeitraum fällt auch die Entwicklung der britischen Ostindiengesellschaft von einer Handelskompanie in eine Territorialmacht mit politischen Befugnissen.

Die regionalen Mogulfürsten erkannten die Oberhoheit des Großmoguls offiziell noch an, machten sich den Niedergang der Zentralmacht jedoch zunutze, um ihre Provinzen zunehmend unabhängig zu regieren und eigene Machtzentren zu etablieren. Sie nannten sich zwar nicht König, sondern Statthalter (*nawab*), doch an ihren Höfen ent-

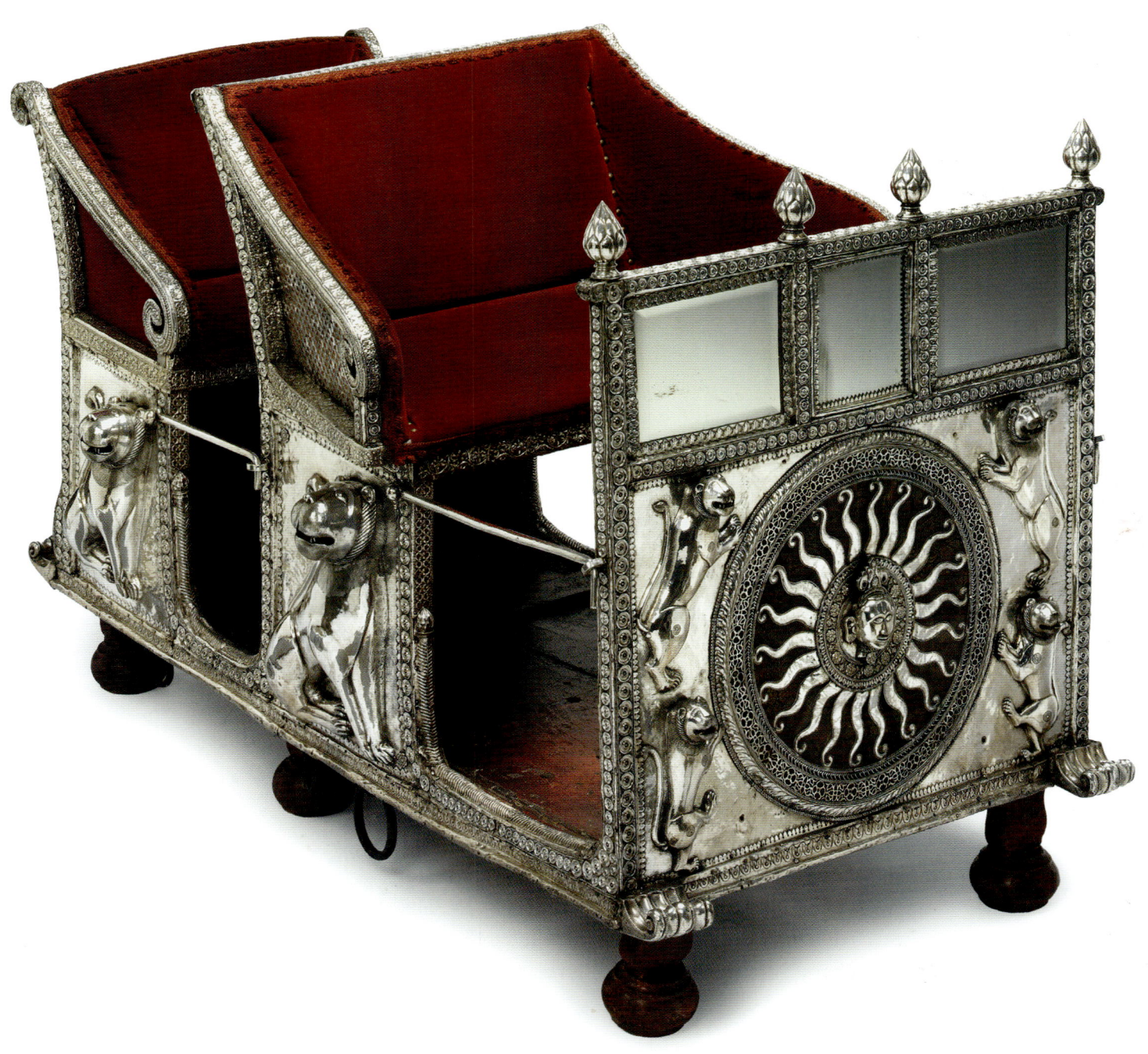

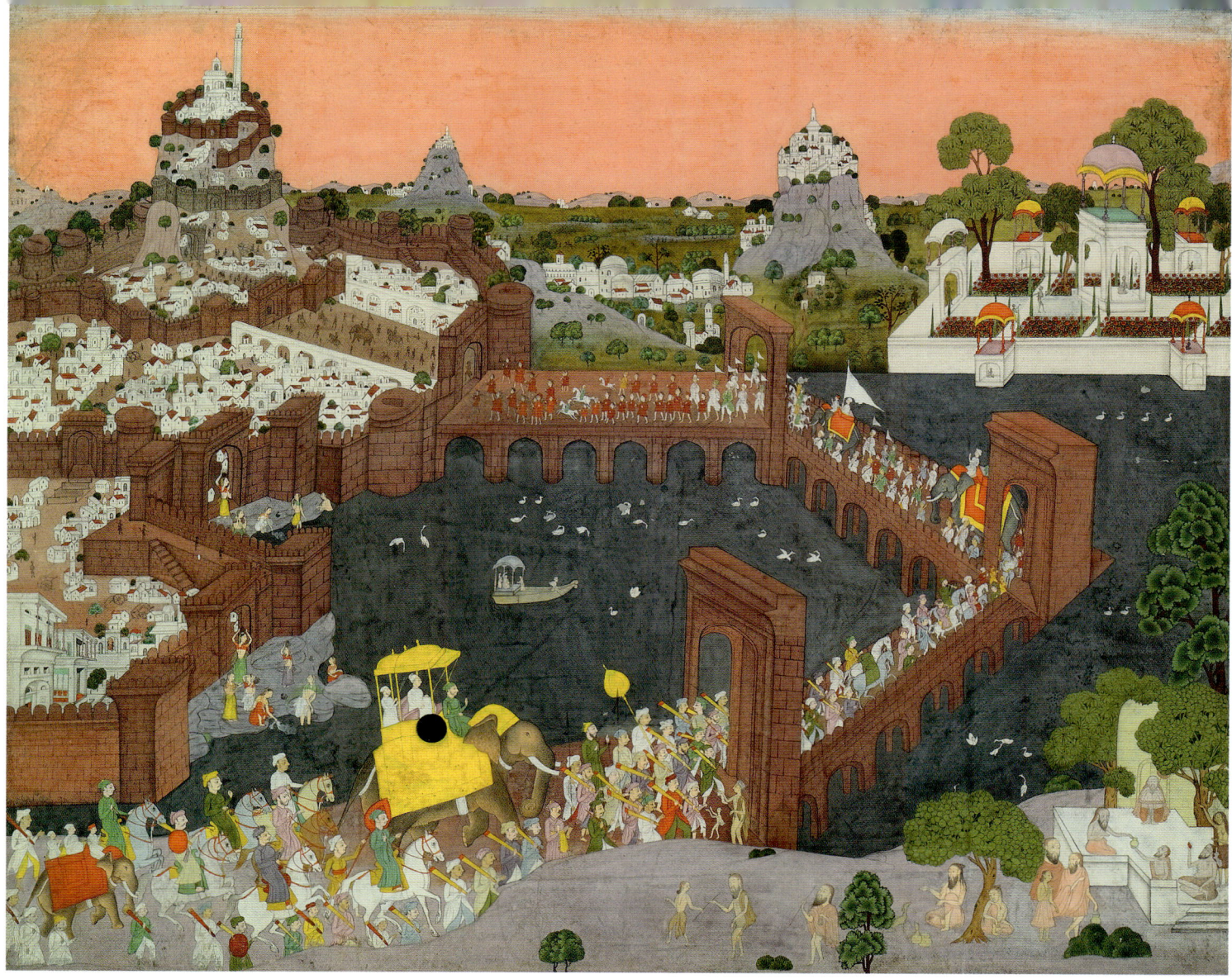

faltete sich durchaus königliche Pracht. In der bengalischen Hauptstadt Murshidabad blühten die Künste ebenso wie im Nachbarstaat Awadh und dessen Hauptstadt Faizabad und später Lucknow. Unter der von Asaf Jah begründeten Dynastie der »Verwalter des Reiches« (*nizam ul-mulk*) entwickelte sich weiter südlich auf dem Dekkan die Stadt Hyderabad zu einem wichtigen kulturellen Zentrum (Abb. 3, s. S. 190).

Diese selbsternannten Herrscher gerieten in Konflikt mit dem aufstrebenden Marathenstaat, den der für seine Tapferkeit berühmte Kriegerfürst Shivaji (reg. 1664–1680) durch die geschickte Verbindung von Feldzügen und Verwaltungsreformen auf ein solides Machtfundament stellte (Abb. 4, 5). Bereits zu Anfang des 18. Jahrhunderts schlossen sich die Marathen in einem politischen Bündnis zusammen, an dessen Spitze offiziell der Raja von Satara stand, das aber tatsächlich vom Peshwa[7] angeführt wurde, einem brahmanischen Beamten mit Sitz in Pune. Militärisch stützte sich das Bündnis auf fünf Generäle: Scindia in Ujjain und später Gwalior, Holkar in Indore, Bhonsle in Nagpur, Gaekwad in Baroda und Panwar in Dhar. Im Laufe des 18. Jahrhunderts breiteten sich die Marathen über weite Teile Zentralindiens aus und beherrschten schließlich ein Gebiet, das sich von Tanjore im Süden bis zum Punjab im Norden erstreckte.[8]

Ab 1720 kam es wiederholt zu Kämpfen zwischen der Marathenstreitmacht und der des Nizam, bis die Marathen schließlich 1738 die Herrschaft über die wichtige Provinz Malwa errangen. Die Expansion nach Norden um die Mitte des 18. Jahrhunderts brachte sie außerdem mit den Rajputen in Konflikt. Von diesen alten Dynastien hatten sich viele *nolens volens* mit den Moguln verbündet, konnten aber ihre Unabhängigkeit be-

3

Prozession von Mir Nizam Ali Khan nach Golkonda

Dekkan, ca. 1760–1800
Deckende Wasserfarbe auf Papier
40,5 x 55,5 cm
Bodleian Library, University of Oxford,
Ms. Douce Or.b fol. 25r.

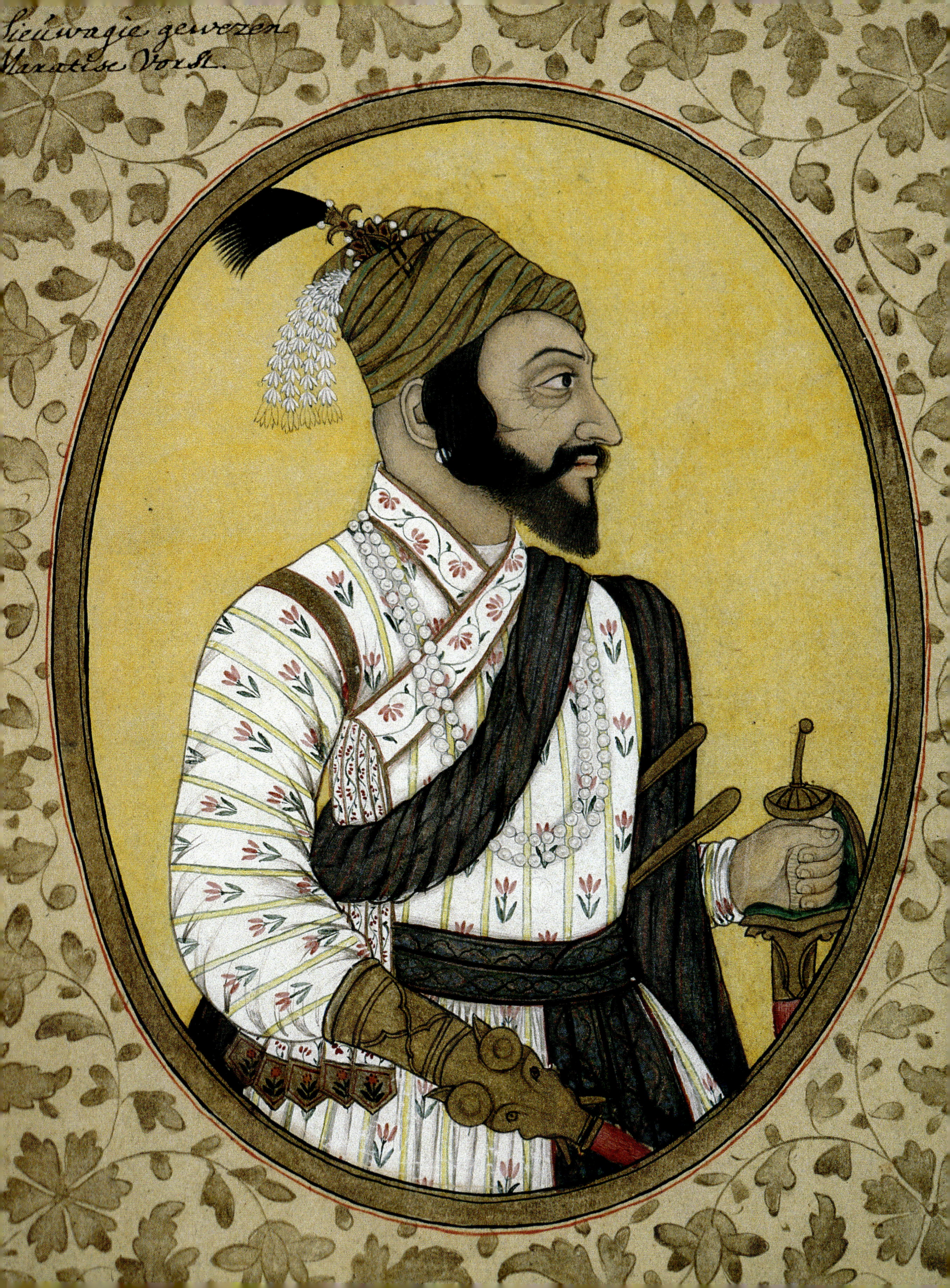

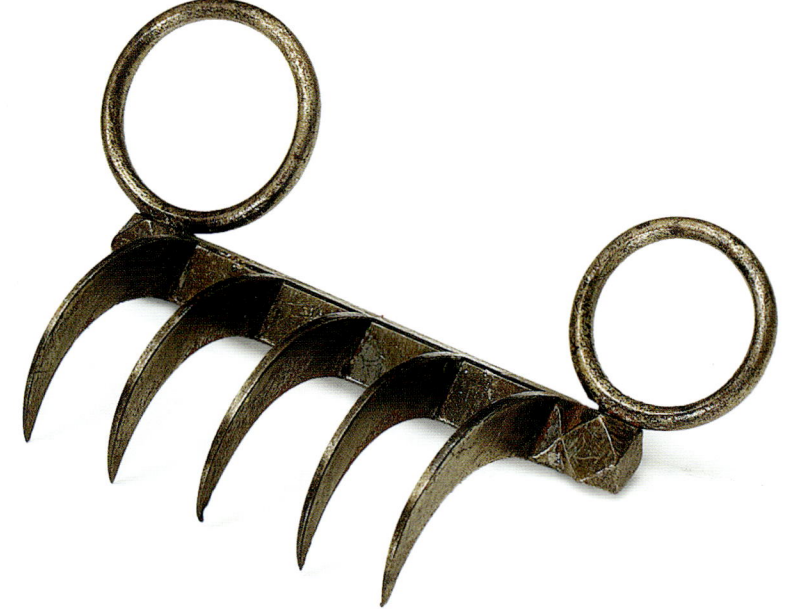

4 *Linke Seite*
Shivaji
Dekkan, ca. 1680–1687
Deckende Wasserfarbe auf Papier
Albummaße 12 x 21 x x 18,5 cm
British Museum, London

5
Baghnakha
Dekkan, 17. Jahrhundert
Stahl
6 x 9 x 4 cm
Victoria and Albert Museum, London

Diese einer Tigerklaue ähnelnde Waffe
befand sich angeblich in Shivajis Besitz.
Der Marathenführer soll damit den
Befehlshaber der Streitmacht von Bijapur,
Afzal Khan, im Kampf getötet haben.

Folgende Doppelseite
6 *Links*
**Der Peshwa Madhu Rao Narayan II.
mit Nana Fadnavis und Bediensteten**
James Wales
Pune, 1792
Öl auf Leinwand
254,5 x 186,4 cm
Royal Asiatic Society of Great Britain
and Ireland

7 *Rechts*
Schwert und Scheide
Indore, ca. 1800
Stahl, Gold, Diamanten, Smaragde und
Rubine
Länge: 94,5 cm (Schwert), 83,5 cm (Schwert-
scheide)
Victoria and Albert Museum, London

Dieses Schwert wurde nach der Schlacht von
Mahidpur Sir John Malcolm überreicht, dem
politischen Vertreter von Sir Thomas Hislop,
Befehlshaber der britischen Streitkräfte auf
dem Dekkan.

haupten, als das Mogulreich an Macht verlor. Anfangs baten die Rajputenfürsten von Bundi, Mewar, Marwar und Amber-Jaipur die Marathen um Unterstützung bei diversen Erbfolgekämpfen, doch schon bald sahen sie sich untragbaren Tributforderungen ausgesetzt und bemühten sich vergeblich, ein Bündnis gegen die Marathen zu schließen (s. S. 42 f.). Ab etwa 1750 war der Peshwa Nana Saheb (reg. 1740–1761) der mächtigste Herrscher in ganz Indien, der wahrscheinlich den gesamten Subkontinent unter seine Kontrolle gebracht hätte, wäre seine Streitmacht nicht im Jahr 1761 bei Panipat nördlich von Delhi den Afghanen unterlegen. Anschließende interne Machtkämpfe zerrütteten außerdem die Einheit der Marathen, als einzelne Generäle sich zum Herrscher über eigene große Königtümer aufschwangen. Dennoch stand nach wie vor der Peshwa an der Spitze des Marathenbündnisses: Als Madhu Rao Narayan II. (reg. 1782–1795) im Jahr 1792 den schottischen Künstler James Wales beauftragte, sein Porträt zu malen, war er noch immer eine der wichtigsten Persönlichkeiten in Indien (Abb. 6). Wales stellte ihn auf einer *Gaddi*, einem mit Stoff bezogenen Thron, und mit einem atemberaubenden *Sarpech* an seinem Turban dar. Die eigentliche Macht lag jedoch bei dem Mann, der auf dem Bild neben ihm sitzt, seinem Minister Nana Fadnavis. Der Peshwa selbst war zu diesem Zeitpunkt kaum mehr als eine Galionsfigur und nach seinem Tod drei Jahre später flammte innerhalb des Bündnisses ein heftiger Konflikt auf. Diese Situation machte sich die britische Ostindiengesellschaft zunutze, um sich die Vorherrschaft in den Marathenstaaten zu sichern. Im Jahr 1802 schloss Baroda ein Bündnis mit den Briten; ein Jahr später besiegten die Truppen der Ostindiengesellschaft die Streitmächte der Generäle Scindia und Bhonsle. Die Briten übernahmen in Delhi die Macht, so dass der Großmogul nunmehr ihre Marionette war, doch die Marathenkriege zogen sich noch jahrelang hin. Erst 1818 wurden die zuvor vom Peshwa beherrschten Gebiete unterworfen, als Indore nach der Entscheidungsschlacht von Mahidpur im Dezember 1817 seine Unabhängigkeit verlor. Eine reiche Beute für die Briten war dabei der Staatsschatz der Herrscherfamilie Holkar, in dem sich auch ein Schwert aus dem persönlichen Besitz des Maharajas von Indore (Abb. 7) befand, dessen Griff mit Smaragden, Diamanten und Rubinen besetzt ist.[9]

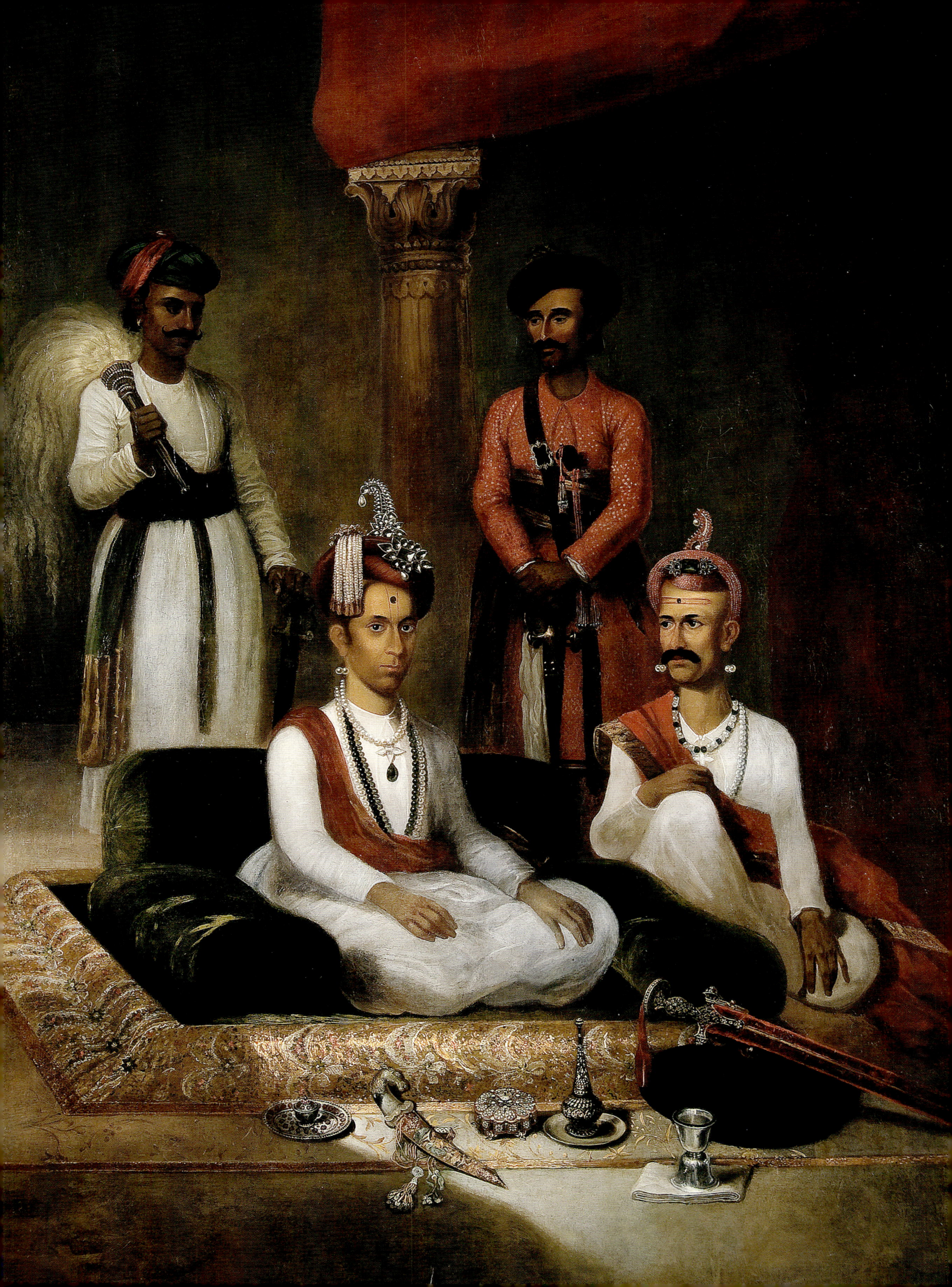

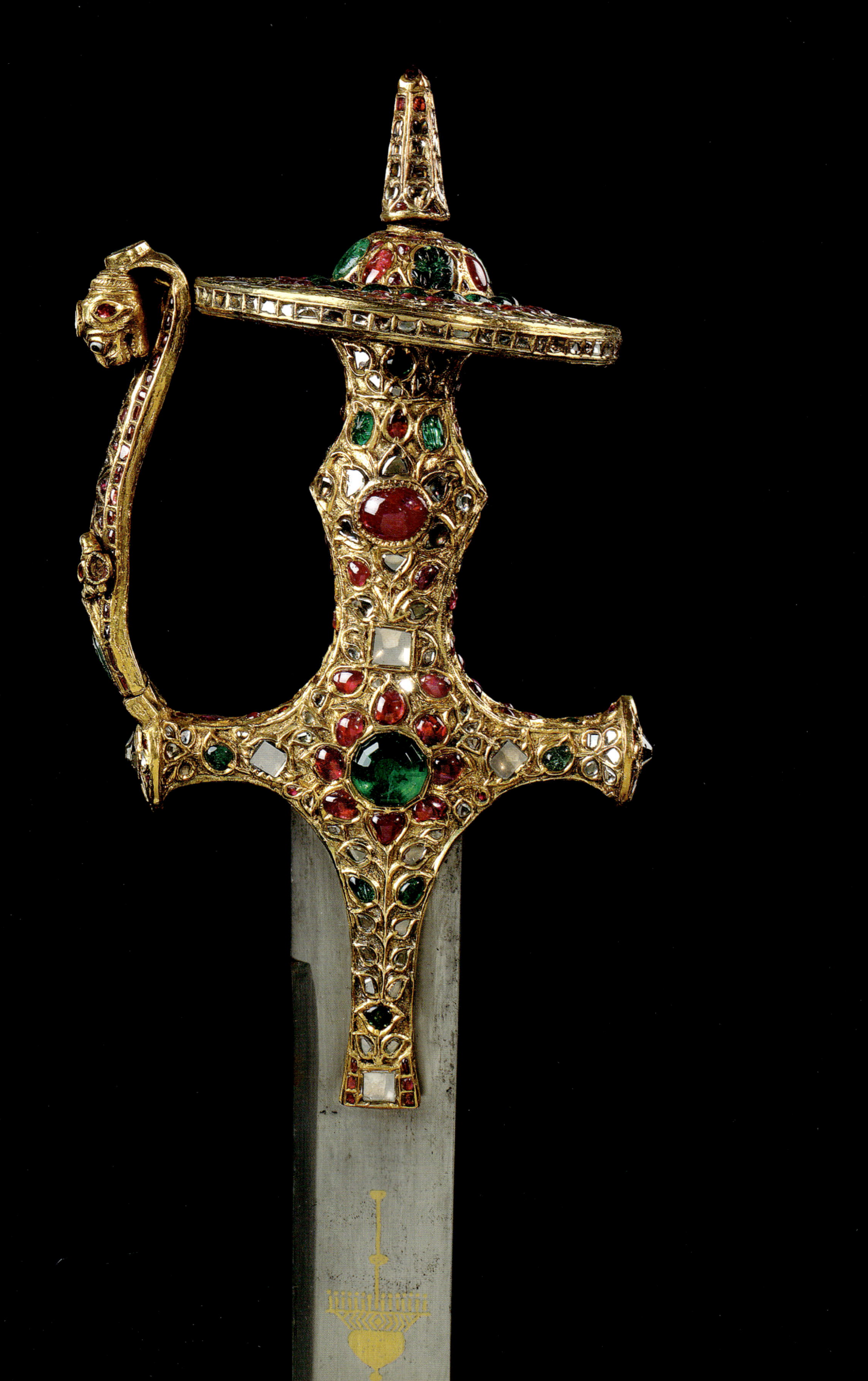

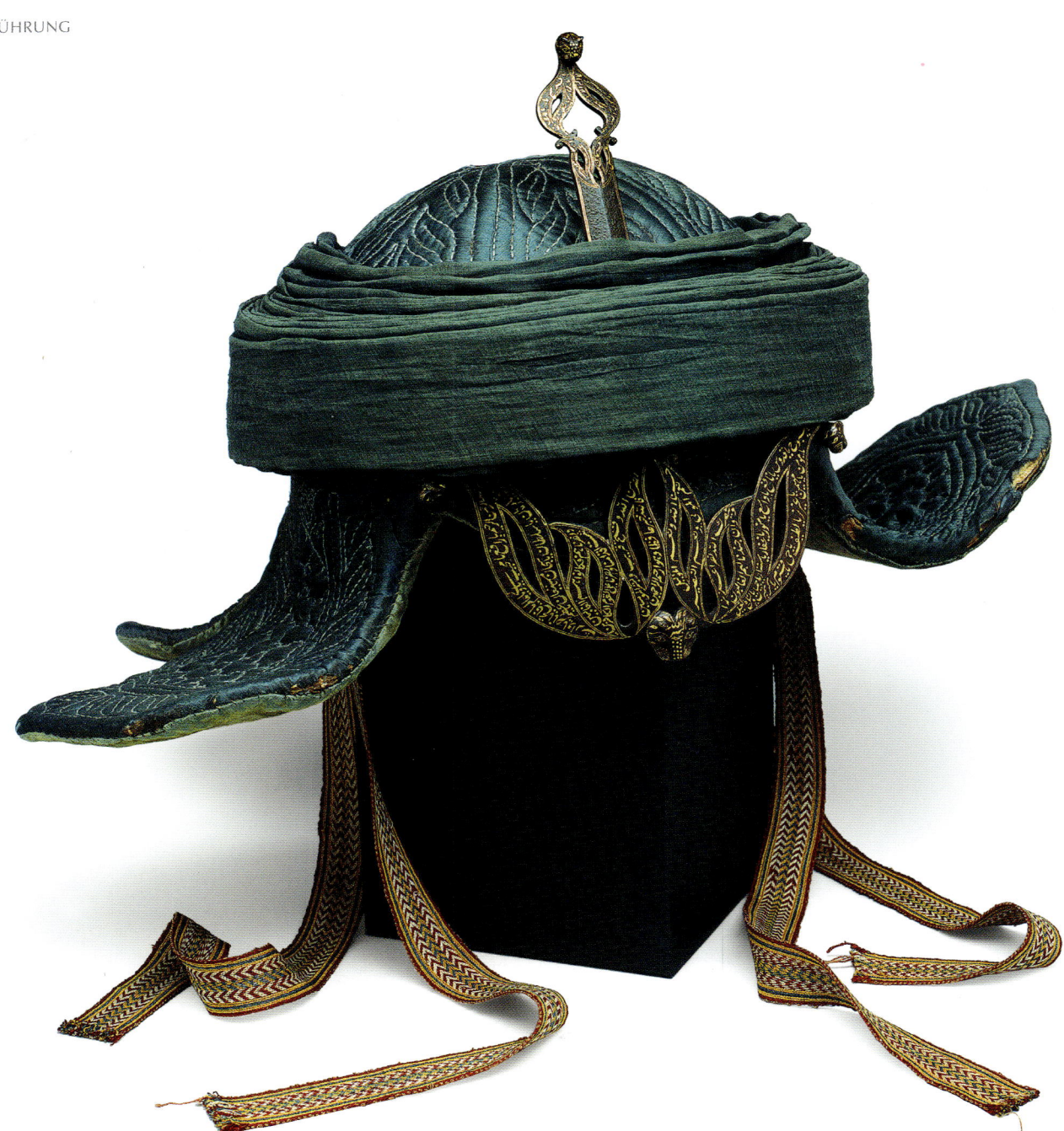

8
Helm von Tipu Sultan
Mysore, spätes 18. Jahrhundert
Leder, gesteppte Seide, Stahl und Gold
83 x 50 x 44 cm
Council of the National Army Museum, London

Dass die Briten von einer Handelsmacht zu einer politischen Macht werden konnten, verdankten sie einerseits dem Zusammenbruch der Mogulherrschaft, andererseits der Austragung europäischer Konflikte auf indischem Boden. Die Ostindiengesellschaft war im Jahr 1600 in London als Handelsgesellschaft gegründet worden, doch ihre Vertreter erkannten schon bald, dass eine gewisse Gebietshoheit ihnen nur zum Vorteil gereichen konnte. Um 1700 verfügte die Gesellschaft bereits über große Niederlassungen in Madras, Kalkutta und Bombay. Die Rivalitäten zwischen Briten und Franzosen hatten vor allem deshalb Auswirkungen in Indien, weil beide Seiten Bündnisse mit einheimischen Herrschern eingingen, wenn diese sie bei internen Zwistigkeiten und gegen äußere Bedrohungen um Beistand ersuchten.

In Südindien unterstützten die beiden europäischen Mächte jeweils einen der rivalisierenden Ansprüche auf die Herrschaft über die ehemalige Mogulprovinz Karnataka, und nach einer Reihe von militärischen Erfolgen konnte General Robert Clive (1725–1774) den britischen Kandidaten Muhammad Ali Wallajah als Nawab von Arcot (reg. 1749–1795) durchsetzen. Weitere Triumphe folgten in Bengalen, wo die Beziehungen zwischen der Handelsgesellschaft und den Nawabs schon seit einiger Zeit wenig einvernehmlich waren. Die Lage spitzte sich zu, als Siraj-ud-daula (reg. 1756–1757) die Herrschaft übernahm und bei einem Angriff auf Kalkutta die Stadt eroberte. Clive gelang es jedoch, den Heerführer des Nawab, Mir Jafar, auf seine Seite zu ziehen. Er besiegte Siraj-ud-daula 1756 in der Schlacht von Plassey und gewann Kalkutta zurück. Mir Jafar (reg. 1757–1760, 1763–1765) wurde als neuer Nawab eingesetzt und beschenkte all jene, die ihm auf den Thron geholfen hatten, mit Stücken aus der Schatzkammer; so erhielt Admiral Charles Watson, der Befehlshaber des britischen Geschwaders im Golf von Bengalen, einen prachtvollen Turbanschmuck (Abb. 125). Auch Clive wurde reich beschenkt – möglicherweise aus der wohlgefüllten Schatzkammer von Murshidabad, die nach seinem Sieg bei Plassey für ihn geöffnet wurde –, wobei das bemerkenswerteste Stück eine Jadekaraffe (Abb. 9) aus der Zeit des Großmoguls Jahangir (reg. 1605–1627) ist. Im Jahr 1760 ersetzten die Briten Mir Jafar für einige Jahre[10] durch Mir Qasim, der sich mit Shuja-ud-daula von Awadh (reg. 1753–1775) und dem Mogul Shah Alam II. (reg. 1759–1806) verbündete, um in Bihar einzumarschieren, das damals in britischer Hand war. Aus der Schlacht von Buxar gingen die Truppen der Ostindiengesellschaft siegreich hervor und der 1765 abgeschlossene Vertrag von Allahabad sprach den Briten das Recht zur Steuererhebung in Bengalen, Bihar und Orissa zu. Da nur ein Teil dieses Geldes zur Finanzierung der Napoleonischen Kriege nach Europa floss, konnte die Ostindiengesellschaft mit den Einnahmen ihre Truppen verstärken und dadurch den britischen Einflussbereich auf dem Subkontinent ausweiten.[11] Eine Reihe von Verwaltungs- und Rechtsreformen, die der erste Generalgouverneur Warren Hastings (amt. 1772–1785) durchführte, sollte der Ostindiengesellschaft die ihrer neuen Rolle als Regierungsmacht mit Expansionsbestrebungen angemessenen Strukturen verleihen.

Während Clive in Karnataka und Bengalen Siege errang, kam in Südindien im hinduistischen Königreich Mysore mit Haidar Ali (reg. 1761–1782) ein muslimischer Offizier an die Macht, der die alten Herrscher verdrängte. Im Jahr 1782 folgte ihm sein Sohn Tipu Sultan (reg. 1782–1799) auf den Thron, der zu einem der bemerkenswertesten Herrscher des 18. Jahrhunderts wurde. Tipu war ein frommer Muslim und sah sich als Gottes Werkzeug zur Vertreibung der Briten vom indischen Subkontinent; zu diesem Zweck schloss er ein Bündnis mit den Franzosen. Als Machtsymbol prangt der Tiger auf vielen Gegenständen aus dem Besitz des auch »Tiger von Mysore« genannten Tipu. Zu den wichtigsten der so dekorierten Gegenstände zählen Waffen und Rüstungen, darunter Feuerwaffen auf dem damals neuesten Stand europäischer Technik, die über Franzosen in seinem Dienst an Tipus Hof gelangt waren (Abb. 8, 10).[12] Die Ostindiengesellschaft zog viermal gegen Mysore in den Krieg, bis es schließlich 1799 einer alliierten Streitmacht mit Truppen des Nizam, der Marathen und der Briten gelang, Tipus Hauptstadt Seringapatam einzunehmen. Tipu soll damals gesagt haben, dass es besser sei, als Soldat zu sterben denn als armseliger Abhängiger der Ungläubigen auf der Liste der von ihnen bezahlten Rajas und Nabobs zu stehen.[13] Seine Präferenz ging in Erfüllung, als er in der letzten der vier Schlachten fiel. Ein Teil seines Königreiches wurde den ursprünglichen hinduistischen Herrschern zurückgegeben, blieb aber unter britischer Vorherrschaft (s. S. 132).

Die britischen Truppen in Mysore und später im zweiten Marathenkrieg wurden von Colonel Arthur Wellesley (1769–1852) angeführt, dem zukünftigen Herzog von Wellington und Bruder von Generalgouverneur Lord Wellesley (amt. 1798–1805).

9
Karaffe
Mogulhof, 1600–1625
Jade, Rubine, Smaragde, Gold und Silber
24,5 x 11 x 11 cm
Museum of Islamic Art, Doha

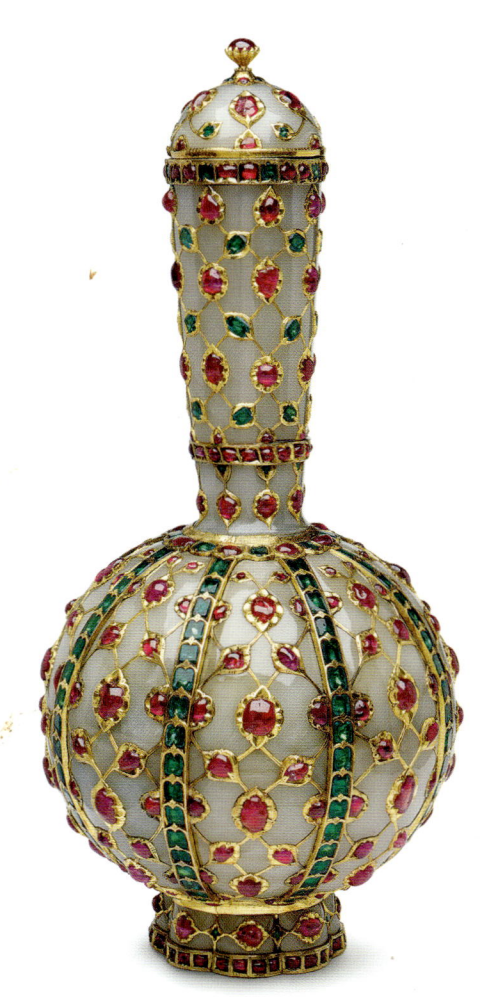

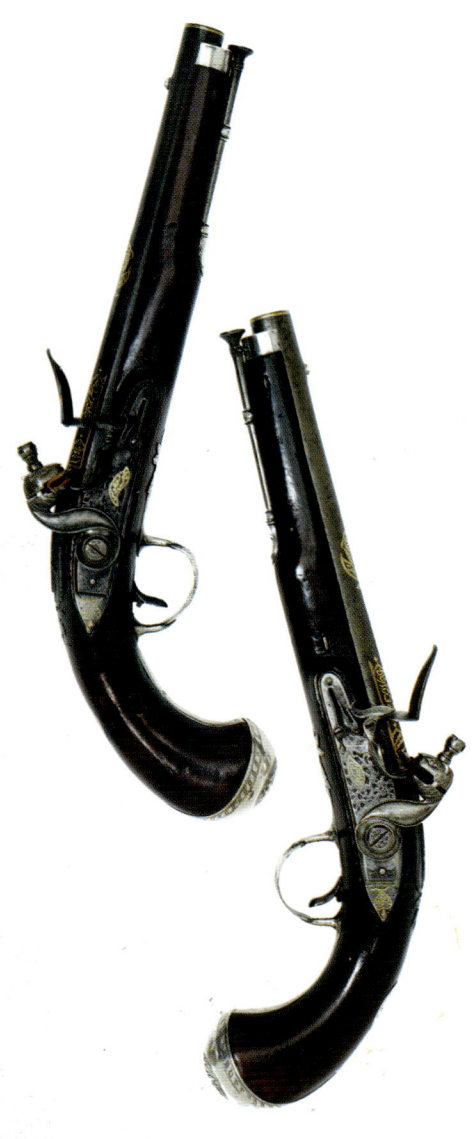

10 *Oben*
Pistolenpaar aus dem Besitz Tipu Sultans
Sayyid MaʾSum
Seringapatam (Srirangapatnam), 1796/97
Walnussholz, Silber und Stahl mit Golddekor
Länge: 38 cm
Victoria and Albert Museum, London, er-
worben mit Unterstützung von The Art Fund

11 *Rechte Seite*
Schild
Udaipur, frühes 19. Jahrhundert
Leder, Samt, Kupfer und vergoldetes Kupfer
Ø 55,5 cm x 10 cm
Victoria and Albert Museum, London,
Schenkung des 5. Earl Amherst of Arracan

Dessen Ernennung 1798 leitete eine Periode gezielter britischer Expansion ein, während der er eine unverhohlen imperialistische Politik ausübte, mit der die Vormachtstellung der Briten in Indien durchgesetzt und gesichert werden sollte. Diese Politik wurde unter Lord Moira (amt. 1813–1823), dem späteren Marquess von Hastings, fortgesetzt, der ab 1813 die Eingliederung von Staaten in den Herrschaftsbereich der britischen Ostindiengesellschaft forciert verfolgte. Zu dieser Zeit kam zur Beschreibung der britischen Position in Indien der Ausdruck »*paramount*«, »vorrangig«, auf und Amtsträger beriefen sich gerne auf *Paramountcy*, um jeweils das Vorgehen zu rechtfertigen, das den britischen Interessen am dienlichsten war. Mit dieser Strategie erlangten die Briten auch die Herrschaft über die Rajputen: Die Ostindiengesellschaft erbot sich, im Austausch gegen die Anerkennung der britischen Vorherrschaft in einem »Treaty of Paramountcy« die Grenzen der Rajputenstaaten gegen ihre streitlustigen Nachbarn und gegen Überfälle der Marathen und Afghanen zu schützen. Im Jahr 1818 handelte Sir Charles Metcalfe einen ähnlichen Vertrag mit Mewar aus, dem ältesten der Rajputenreiche. Er ist als Ehrengast auf einem Gemälde zu sehen, auf dem britische Offiziere bei einem Empfang des Maharana Bhim Singh (reg. 1778–1828) im Mor Chowk dargestellt sind, einem der Innenhöfe seines Palastes in Udaipur, dem Sitz der Herrscher Mewars. Dieses Bild muss 1818 oder bei Metcalfes zweiter Reise durch Rajasthan 1826 entstanden sein (Abb. 49).[14] Zu beiden Anlässen nahm er wahrscheinlich Geschenke für sich und für den Generalgouverneur entgegen; unter den Geschenken für Lord Amherst (Generalgouverneur 1823–1828) war 1826 ein in der markanten »Tausend-Nagel-Technik« gearbeiteter Schild (Abb. 11).[15] Das Überreichen von Geschenken war in Südasien ein wesentliches Element der Diplomatie, wie auch ein großes Stoffbild zeigt (Abb. 12), auf dem der Besuch Lord Bentincks (Generalgouverneur 1828–1835) bei Bhim Singhs Nachfolger Maharana Jawan Singh (reg. 1828–1838) zu sehen ist.[16]

Während Wellesley, Moira und ihre Nachfolger die Herrschaft der Ostindiengesellschaft ausweiteten und festigten, schuf in Nordindien ein mächtiger Sikh-Herrscher ein neues Reich. Im Jahr 1799, nur wenige Monate nach dem Tod Tipu Sultans, des »Tigers von Mysore«, brachte Ranjit Singh (reg. 1790–1839), der »Löwe des Punjab«, die strategisch wichtige Stadt Lahore unter seine Kontrolle. Ein postum entstandenes Bild zeigt den Herrscher auf seinem berühmten goldenen Thron inmitten seines Hofstaates (Abb. 13; s. S. 72 f.).[17] Ranjit Singhs Erfolge waren zwar seinen militärischen Fähigkeiten geschuldet, doch er tat sich auch durch die Förderung von Landwirtschaft, Handwerk und Handel sowie Architektur, Literatur und Kunst hervor. Nach seinem Tod kam es zu einem Machtkampf, in dem sein Sohn Sher Singh (reg. 1841–1843) schließlich den Thron errang. Als dieser kaum zwei Jahre später ermordet wurde, machte man Ranjit Singhs jüngsten Sohn Duleep Singh (reg. 1843–1849), der damals fünf Jahre alt war, zum Herrscher. Streitigkeiten mit den Briten führten zwischen 1845 und 1849 zu mehreren Kriegen, die mit Duleep Singhs Abdankung endeten. Er händigte den Siegern auch einige der Juwelen aus der Schatzkammer seines Vaters aus, darunter einen Satz Smaragde, die angeblich Ranjit Singhs Pferd geschmückt hatten und aus denen Sher Singh später einen Gürtel hatte fertigen lassen (Abb. 14).[18]

Die indischen Herrscher schlossen mit den Briten wie vormals mit den Moguln Bündnisse, von denen sie sich politische oder wirtschaftliche Vorteile versprachen, wenn sie beispielsweise internen oder externen Machtkämpfen ausgesetzt waren oder ihre Einnahmen verbessern wollten. Dies führte jedoch unweigerlich zu Einschränkungen

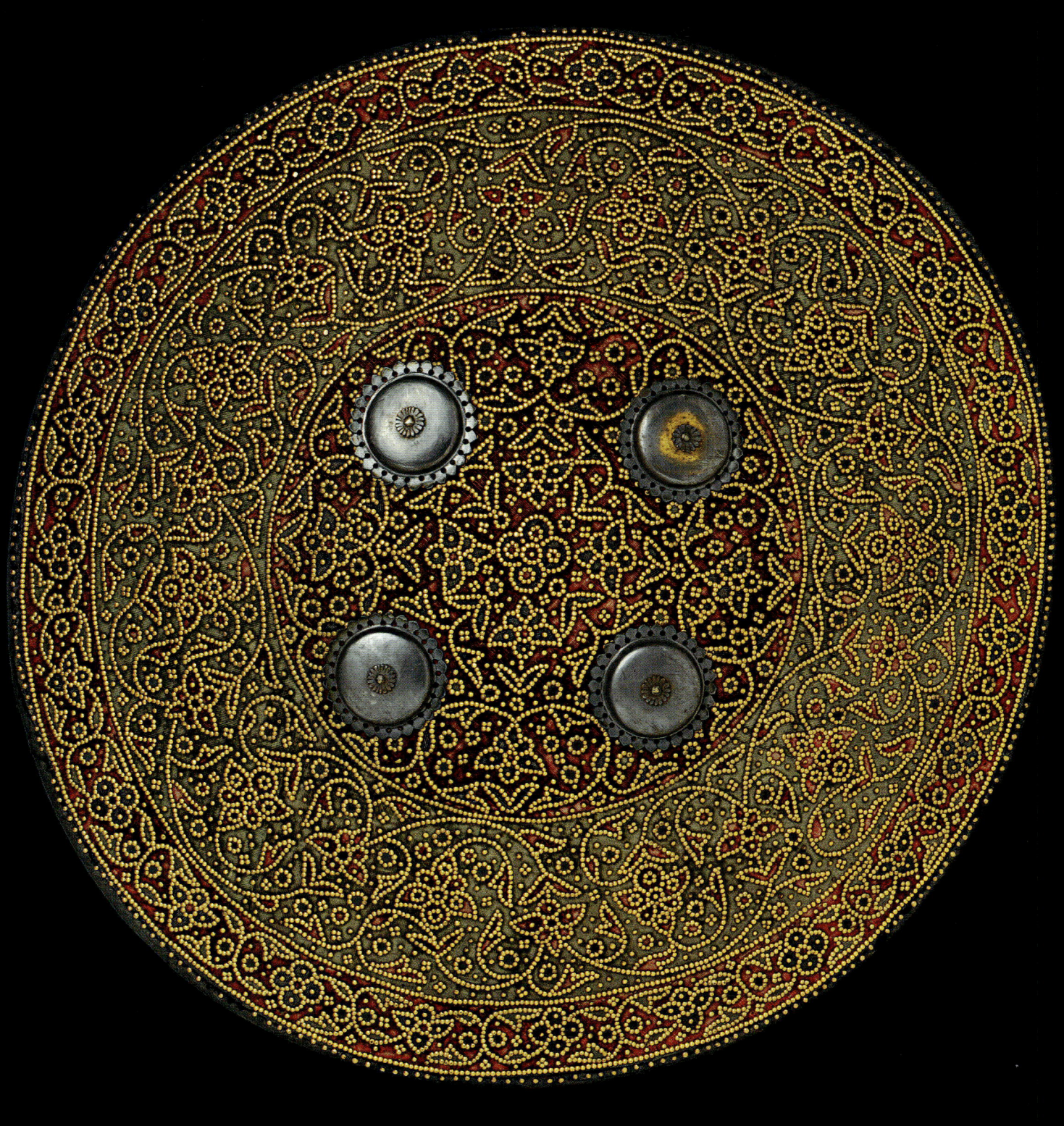

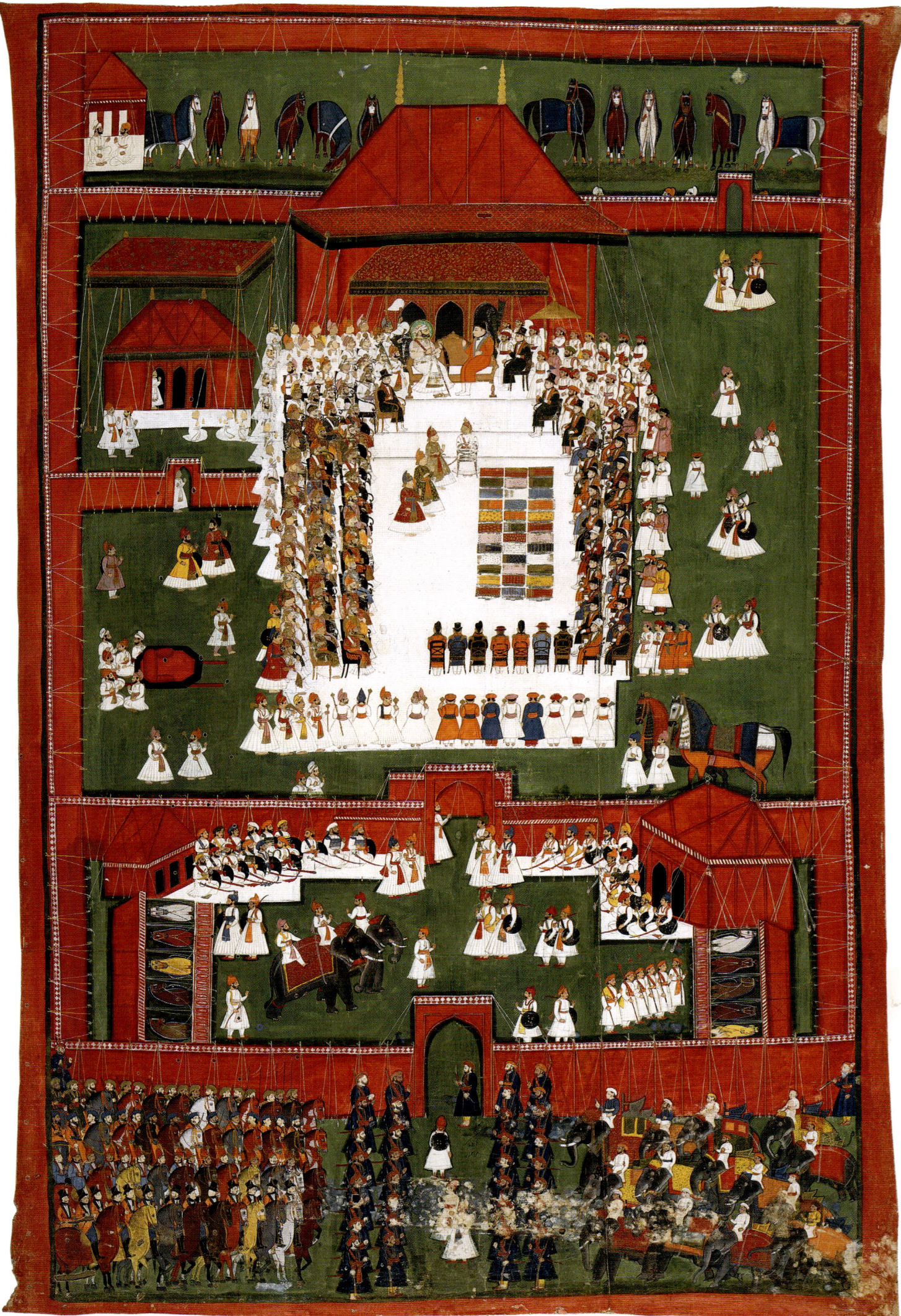

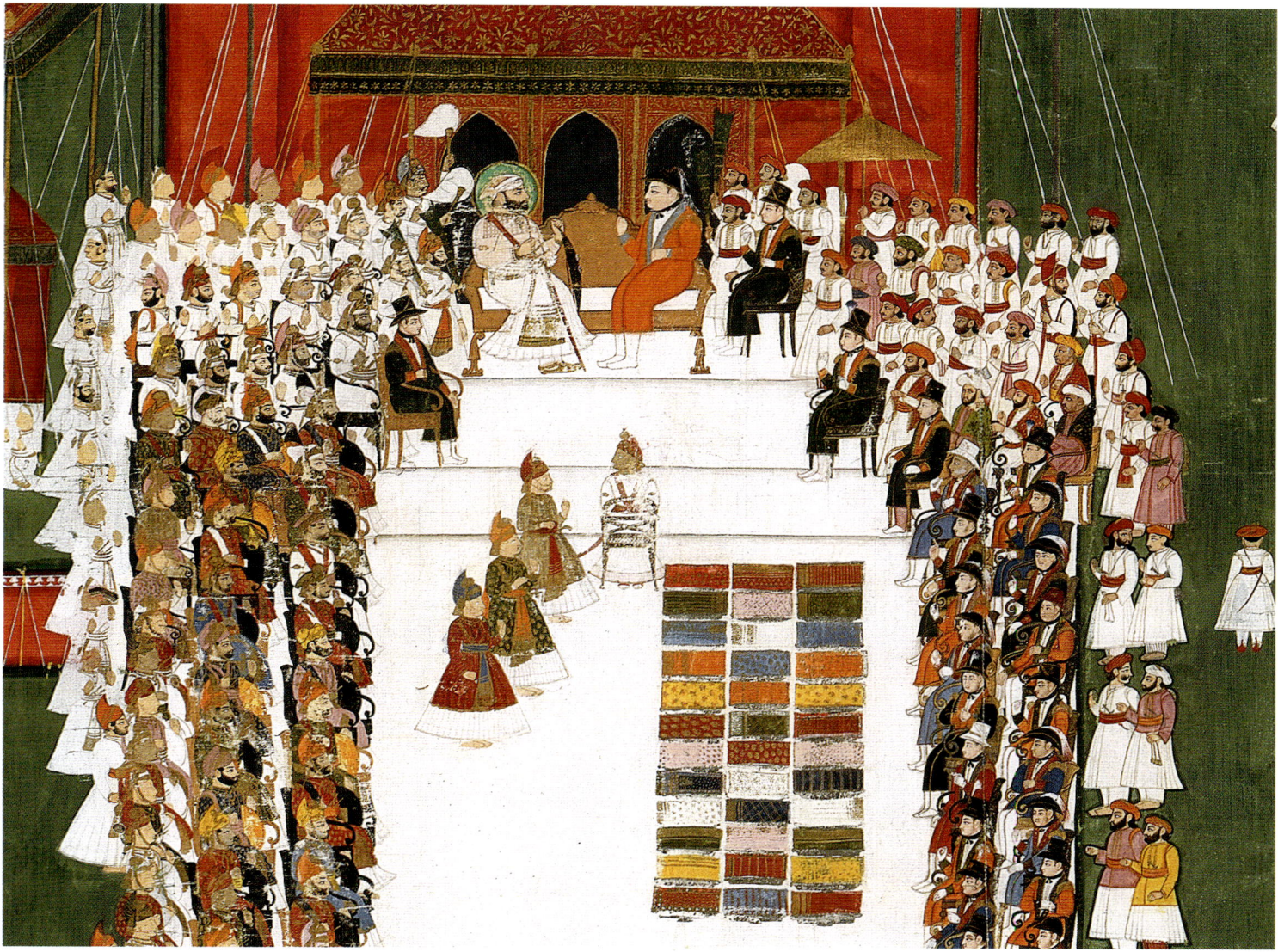

ihrer Autonomie, da die Ostindiengesellschaft bestrebt war, ihre Macht auf dem Subkontinent zu erweitern und zu festigen. Lord Dalhousie (Generalgouverneur 1848–
1856) führte ein weiteres der britischen Expansion dienliches Instrument ein, als er in
der »Doctrine of Lapse« festlegte, dass Länder, deren Herrscher ohne geregelte Erbfolge
starben, wie etwa Satara und Tanjore, annektiert würden (s. S. 44 f.).

Für die indischen Herrscher bedeutete der Kontakt mit den Briten häufig politischen oder militärischen Konflikt, doch ähnlich wie einst der Einfluss der Moguln wirkte
er sich auch auf die Formen königlicher Kunstförderung aus. Ein neuer, anglo-indischer
Stil entstand. So reorganisierte Shuja-ud-daula, der Nawab von Awadh, nach seiner
Niederlage bei Buxar nicht nur sein Heer nach europäischem Vorbild, sondern holte
auch den britischen Künstler Tilly Kettle an seinen Hof, der dort eine Reihe von Porträts
des Nawabs und seiner Familie malte. Eines davon wurde von dem Lucknower Künstler
Mihr Chand kopiert (Abb. 15). Im Zuge der Anpassung an die neuen politischen Bedingungen wurden die Herrscher von Awadh zu großen Förderern der Kunst und Architektur im europäischen Stil, so dass sich ihre Hauptstadt Lucknow zu einem eleganten Zentrum der Kultur entwickelte. Die Entstehung eines ganz neuen Stils zeigt auch, wie weit
sich die indischen Fürsten von den Moguln emanzipiert hatten. So scheute sich Ghazi-

12 *Linke Seite und oben*
**Maharana Jawan Singh von Mewar
empfängt den Generalgouverneur
von Indien, Lord William Cavendish
Bentinck, 8. Februar 1832**
Ghasi zugeschrieben
Udaipur, ca. 1832
Deckende Wasserfarbe, Gold und Silber auf Stoff
189 x 128 cm
Brooklyn Museum 2002.34. Schenkung der
Alvin E. Friedman-Kien Foundation, Inc.,
anlässlich des 90. Geburtstags von Dr. Bertram
H. Schaffner

Der Maharana schenkte dem Generalgouverneur unter anderem mehrere Stoffballen,
die hier vor dem Podest aufgereiht sind.

13 *Folgende Doppelseite*
Der Hof des Maharajas Ranjit Singh
Bisham Singh
Lahore, ca. 1850
Deckende Wasserfarbe auf Papier
6,4 x 78 cm
Sammlung Toor

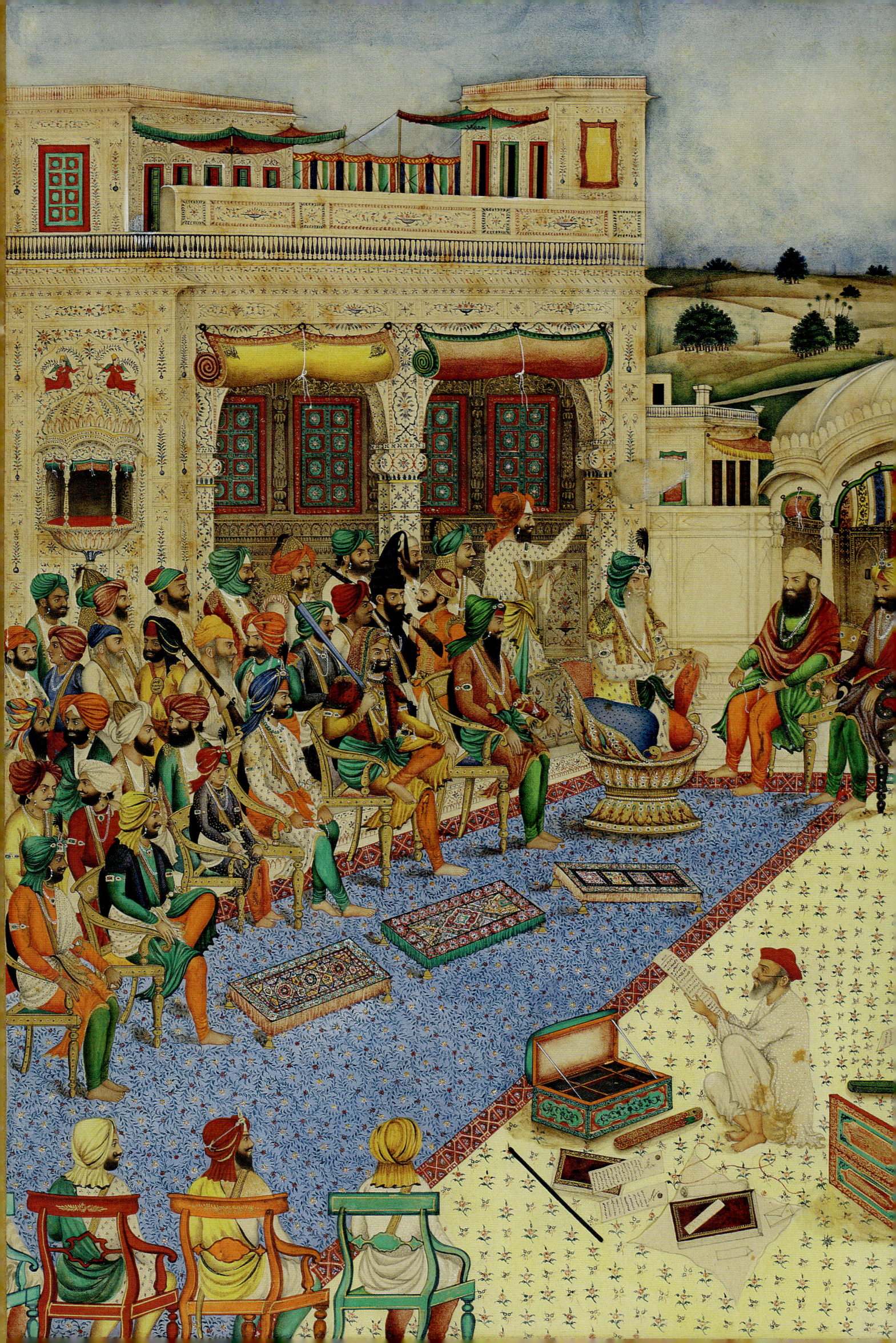

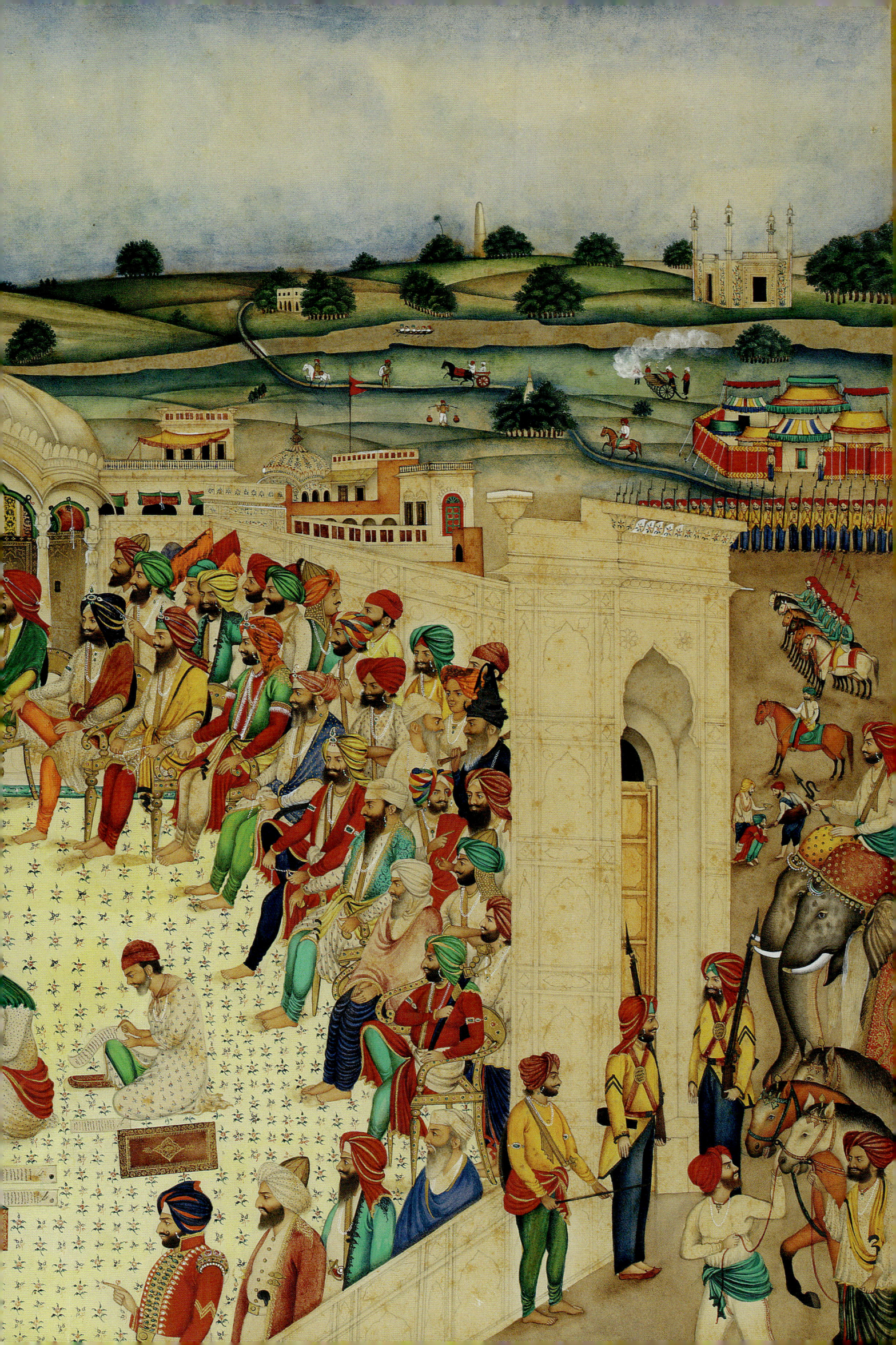

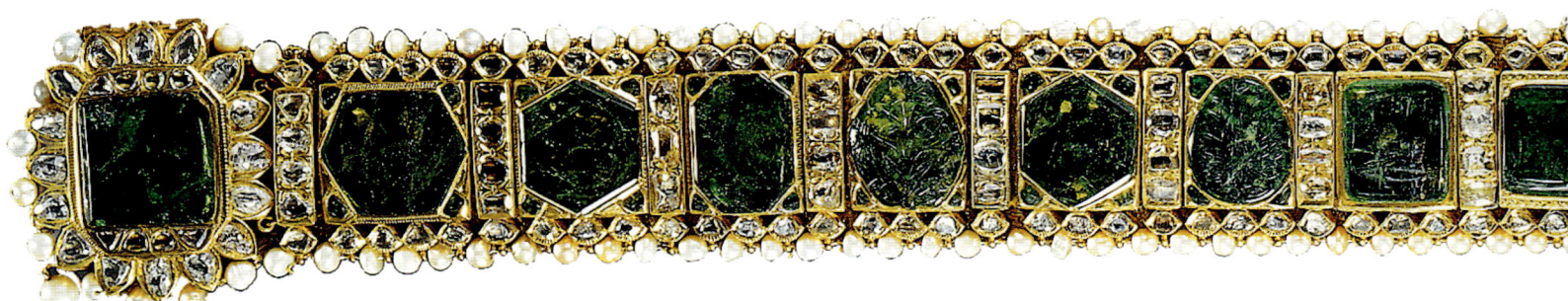

14 *Oben*
Smaragdgürtel von Sher Singh
Lahore, ca. 1840
Smaragde, Diamanten, Gold, Stoff und
Goldfäden
83,5 x 6,9 x 1 cm
Her Majesty The Queen (The Royal Collection
Trust)

15 *Unten*
Nawab Shuja-ud-daula von Awadh
Mihr Chand
Lucknow, ca. 1772
Deckende Wasserfarbe auf Papier
57,3 x 42,1 cm
Victoria and Albert Museum, London

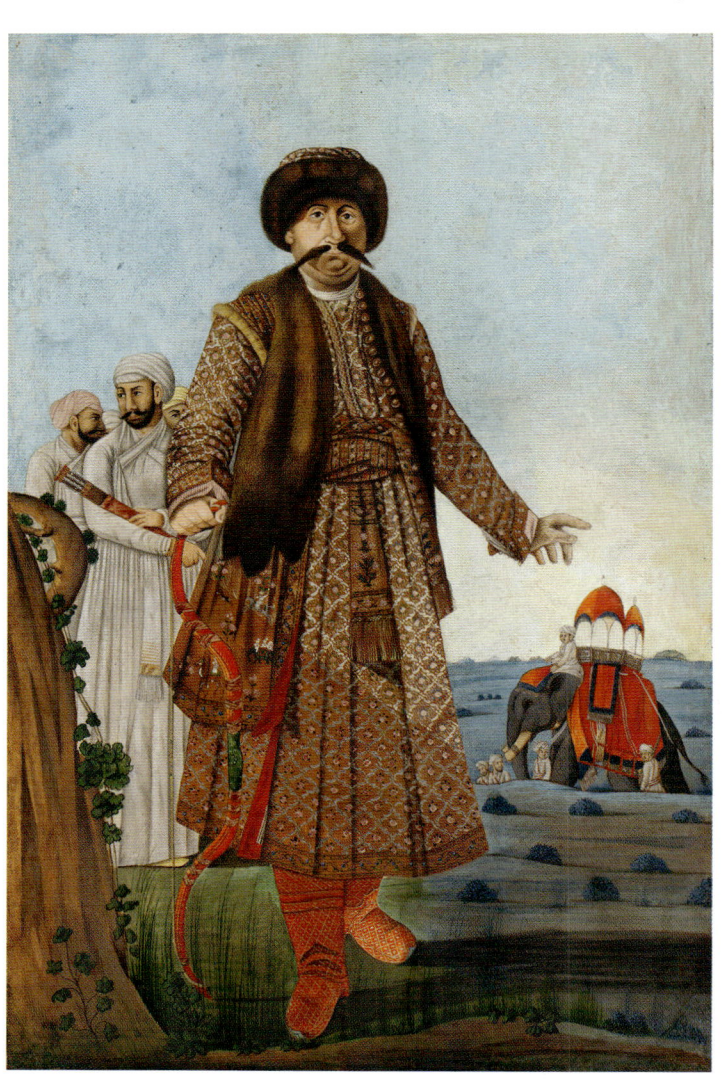

ud-din Haidar (reg. 1814–1827) nicht, 1819 Anspruch auf den Rang eines Monarchen im westlichen Stil zu erheben und anlässlich seiner Annahme des Königstitels Münzen schlagen zu lassen (Abb. 16).[19] Der letzte König von Awadh war Wajid Ali Shah (reg. 1847–1856), auf dessen persönlichem Siegel sein Titel zu lesen ist: »Abu'l Mansur Nasir al-Din Sikandar Shah, der gerechte König, Cäsar seiner Zeit, Sultan der Welt, Muhammad Wajid 'Ali Shah, König von Oudh [Awadh], Möge Gott seinem Königreich Ewigkeit verleihen ah 1263/1846–7 ad'«[20] (Abb. 17). Die Ewigkeit war seinem Reich jedoch nicht vergönnt, denn 1856 annektierten es die Briten wegen schlechter Regierungsführung. Das war aber das letzte Mal, dass die Ostindiengesellschaft ihre Gebiete durch Annexion erweitern konnte. Sie hatte den Zenith ihrer Macht in Indien erreicht. Nur ein Jahr später war Lucknow der Schauplatz heftiger Kämpfe, während derer in der Stadt viele der Paläste im europäischen Stil zerstört oder schwer beschädigt wurden.

In der ersten Hälfte des 19. Jahrhunderts war es zu einer Reihe lokal begrenzter Ausschreitungen gegen die Briten gekommen, doch der Aufstand von 1857 hatte ganz andere Dimensionen. Er begann mit einer Meuterei in der bengalischen Armee, entwickelte sich aber bald zu einer regelrechten Rebellion gegen die britische Herrschaft, bei der auch Angehörige von Herrscherfamilien eine herausragende Rolle spielten (s. S. 74).[21] Nach der Eroberung Delhis wurde der 81 Jahre alte Großmogul Bahadur Shah II. (reg. 1838–1857) zum offiziellen Anführer des Aufstands. Das Fehlen gemeinsamer politischer Zielsetzungen und einer übergreifenden Strategie der Rebellen ermöglichte es den Briten jedoch, den Aufstand schnell niederzuschlagen, und schon Ende 1858 hatten sie die Kontrolle wiedererlangt. Die eigentlichen Opfer des Aufstands waren die Moguldynastie und die Ostindiengesellschaft. Bahadur Shah II. wurde nach Burma verbannt, der Titel des Großmoguls abgeschafft. Der Ostindiengesellschaft wurde die Herrschaft über den Subkontinent entzogen und ihre Gebiete als Kronkolonie der britischen Regierung unterstellt. In London wurde mit dem »Secretary of State« ein eigener Ministerposten für Indien geschaffen, während der Generalgouverneur den Titel eines Vizekönigs erhielt und fortan in Kalkutta residierte. Kalkutta blieb Sitz der britischen Regierung in Indien, bis er 1911 nach Delhi verlegt wurde.

Die britische Krone führte die Politik der Ostindiengesellschaft konsequent fort. In einem zweigliedrigen Herr-

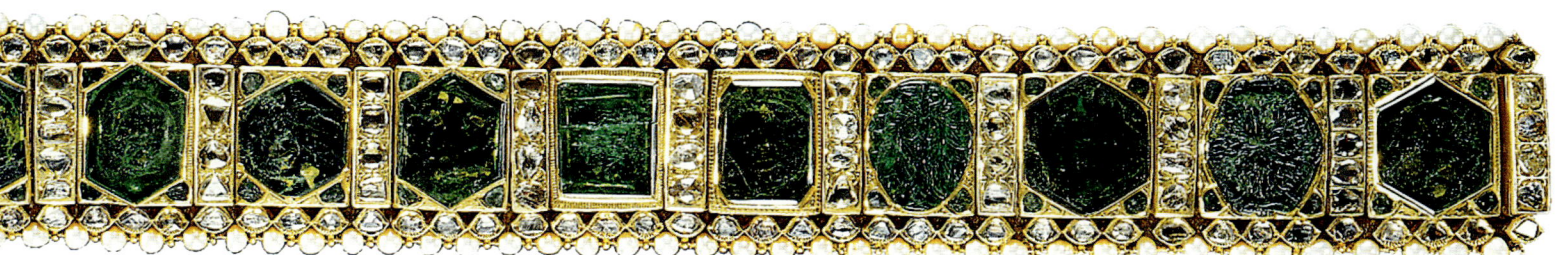

schaftssystem übte sie die direkte Regierungsmacht in Britisch-Indien aus, das ungefähr drei Fünftel des Subkontinents umfasste, kontrollierte indirekt aber auch die indischen Fürstenstaaten. Wie schon zuvor bestand zwischen diesen beiden ein dynamisches Spannungsverhältnis. Die Briten bemühten sich weiterhin um eine Begrenzung der von den Fürsten ausgeübten Macht und mischten sich immer wieder in interne Angelegenheiten der Fürstenstaaten ein – besonders dramatisch wurde es, wenn sie unbotmäßige Herrscher einfach absetzten –, während die Rajas, Nawabs und der Nizam ihre althergebrachten Herrscherpflichten an die neuen politischen und kulturellen Bedingungen anzupassen suchten. Politisch weitgehend entmachtet, von den Briten nur als Fürsten,[22] nicht als Könige anerkannt, sorgten diese Herrscher dennoch für die Aufrechterhaltung von Recht und Ordnung in ihren Gebieten, erhoben Steuern, teilten Gelder zu und förderten das kulturelle Geschehen auf eine Weise, die das traditionelle *Rajadharma* mit europäischen Herrschaftsmodellen verband.

Obwohl die indischen Fürsten oft für eine homogene Gruppe gehalten werden, sind ihre Wurzeln und Ursprünge doch sehr unterschiedlich. Neben historischen Königreichen aus der Zeit vor dem Aufstieg der Mogulmacht, wie Mewar, Marwar und Amber, umfasste das neue Herrschaftssystem Britisch-Indiens auch Nachfolgestaaten wie Hyderabad und Königtümer wie die der Marathen und Sikhs, die im Zuge der Machtkämpfe des 18. und frühen 19. Jahrhunderts entstanden waren. Unter britischer Herrschaft kam es zu einer enormen Zunahme indischer Fürstentitel, da die Briten Grundbesitzer und Klanführer gerne durch eine Erhöhung ihres Rangs auszeichneten, was allerdings selten mit wirklicher Macht verbunden war.[23] Es entstand eine Hierarchie, in der die Rangunterschiede zwischen den wichtigsten Staaten durch ein strenges System von Salutschüssen gekennzeichnet waren: Ganz oben stand Königin Victoria mit 101 Salutschüssen; danach kamen der Vizekönig oder andere Angehörige der königlichen Familie mit 31; den indischen Fürsten standen je nach Größe, regionaler und historischer Bedeutung ihres Staates sowie Verdiensten für die Briten zwischen 21 und 9 Salutschüsse zu.[24] Nach 1858 wurde zudem ein neues System von Orden und Ehrenzeichen eingeführt, das feudale Strukturen nach westlichem Muster abbilden sollte (s. S. 68). Die Beziehungen zwischen der Krone und den indischen Fürsten wurden durch eine strenge Etikette geregelt, die besonders bei offiziellen Anlässen zum Tragen kam. Der Besuch des Vizekönigs oder eines Mitglieds der königlichen Familie in einem Fürstenstaat war ein Ereignis, das mit besonders aufwendigem Zeremoniell begangen wurde. Außer dem Hoftag (*durbar*) gehörte zum offiziellen Besuchsprogramm oft eine Jagd (*shikar*), der als traditionell königlichem Zeitvertreib eine besondere Bedeutung in der Diplomatie Britisch-Indiens zukam. Nach wie vor wurden Geschenke ausgetauscht: Der Prince of Wales erhielt während seiner Indienreise 1875/76 unter anderem eine mit Elfenbein verkleidete Sänfte, die ihm die verwitwete Rani von Bobbili verehrte (Abb. 18).[25]

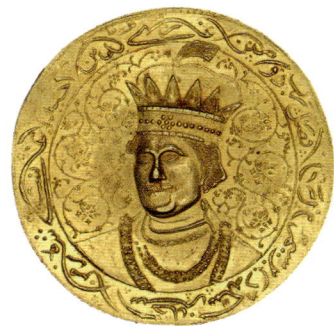
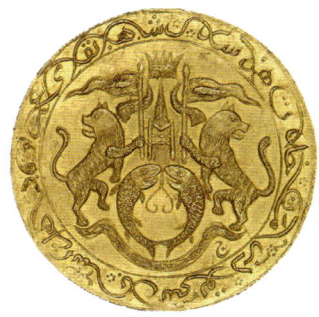

16
Im Auftrag von Nawab Ghazi-ud-din Haidar von Awadh geschlagene Münzen

Lucknow, ca. 1818
Gegossenes und geprägtes Gold
6,7 x 6,7 x 0,3 cm
British Museum, London, Spende von Henry van der Bergh

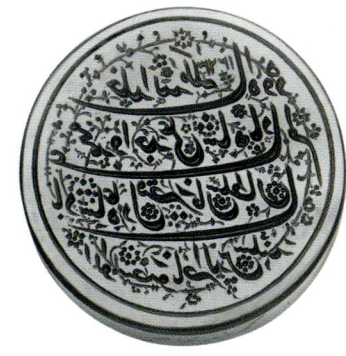

17
Siegel des Nawab Wajid Ali Shah von Awadh

Lucknow, ca. 1846/47
Geschnittener Achat
1,5 x 6,9 cm
Asian Civilization Museum, Singapur

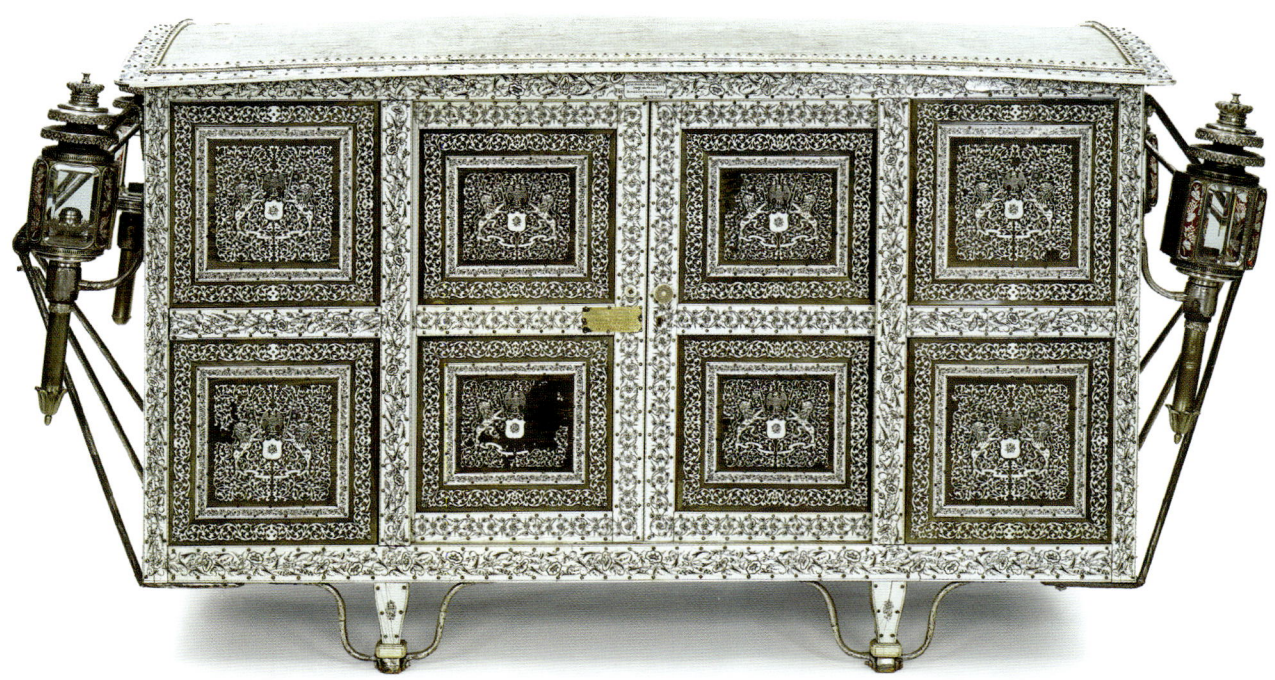

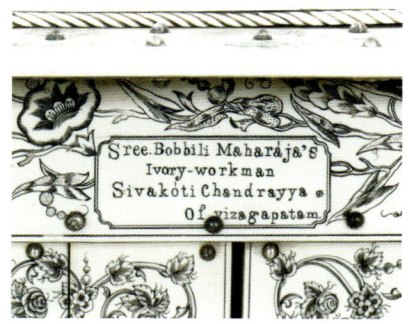

18 *Oben und rechte Seite*
Sänfte

Sivakoti Chandrayya
Vizagapatnam (Vishakapatnam), 1863–1868
Holz, zum Teil mit Elfenbein verkleidet,
Silberbeschläge, versilberte Eisenlaternen
108 x 220 x 86 cm
Her Majesty The Queen (The Royal Collection
Trust)

Die Ausrufung Königin Victorias zur Kaiserin von Indien wurde in Delhi im Januar 1877 mit einer prachtvollen Zeremonie begangen. Ähnlicher Glanz wurde 1903 und 1911 anlässlich der indischen Thronbesteigungen Edwards VII. bzw. Georges V. entfaltet.[26] Bei diesen auch »Durbar« genannten Feierlichkeiten kam das Verhältnis zwischen den Königshäusern Großbritanniens und Indiens besonders deutlich zum Ausdruck (s. S. 68, 82). Die Durbars in Delhi waren prachtvolle Spektakel, bei denen die Briten mit der Zurschaustellung monarchischer Symbole und Attribute die Traditionen des indischen Königtums übernahmen, während die indischen Fürsten der Hegemonialmacht ihre Gefolgschaft bezeugten.[27] Bei solchen Zeremonien hatte der Rangniedere dem Ranghöheren als Zeichen der Huldigung (*nazar*) eine Münze zu überreichen und im Austausch eine Ehrenrobe (*khilat*) erhalten, doch unter den Briten brachten die indischen Fürsten Geschenke von hohem materiellen und symbolischen Wert dar und erhielten selbst Banner, Schwerter und Wappen im westlichen Stil (Abb. 52). Die bei diesen Veranstaltungen gemachten Fotografien wurden in besonderen Prachtalben zusammengestellt, die dazu beitrugen, das romantische Bild der Maharajas als glanzvolle Untertanen der britischen Krone zu etablieren (Abb. 19).

Während von den indischen Fürsten erwartet wurde, in prächtiger Landestracht die exotischen Seiten des britischen Weltreiches zu verkörpern, sollten sie zugleich perfekte englische Gentlemen sein. Manche verweigerten sich so widersprüchlichen Forderungen, doch den meisten war bewusst, dass die Anpassung an die herrschenden europäischen Vorstellungen von Modernität alternativlos war. Für viele indische Herrscher gehörte es zu ihrer neuen fürstlichen Identität, westliche Verhaltensmuster zu assimilieren und sich mit den Symbolen eines westlichen Lebensstils zu umgeben. So wurden im späten 19. und frühen 20. Jahrhundert zahlreiche neue Paläste gebaut, von denen jedoch viele neben dem europäischen Einfluss die Charakteristika traditioneller Architektur und Einrichtungsstile aufwiesen (s. S. 179 ff.). Aber auch die historische und zeremonielle Bedeutung der alten monarchischen Residenzen blieb erhalten. Wäh-

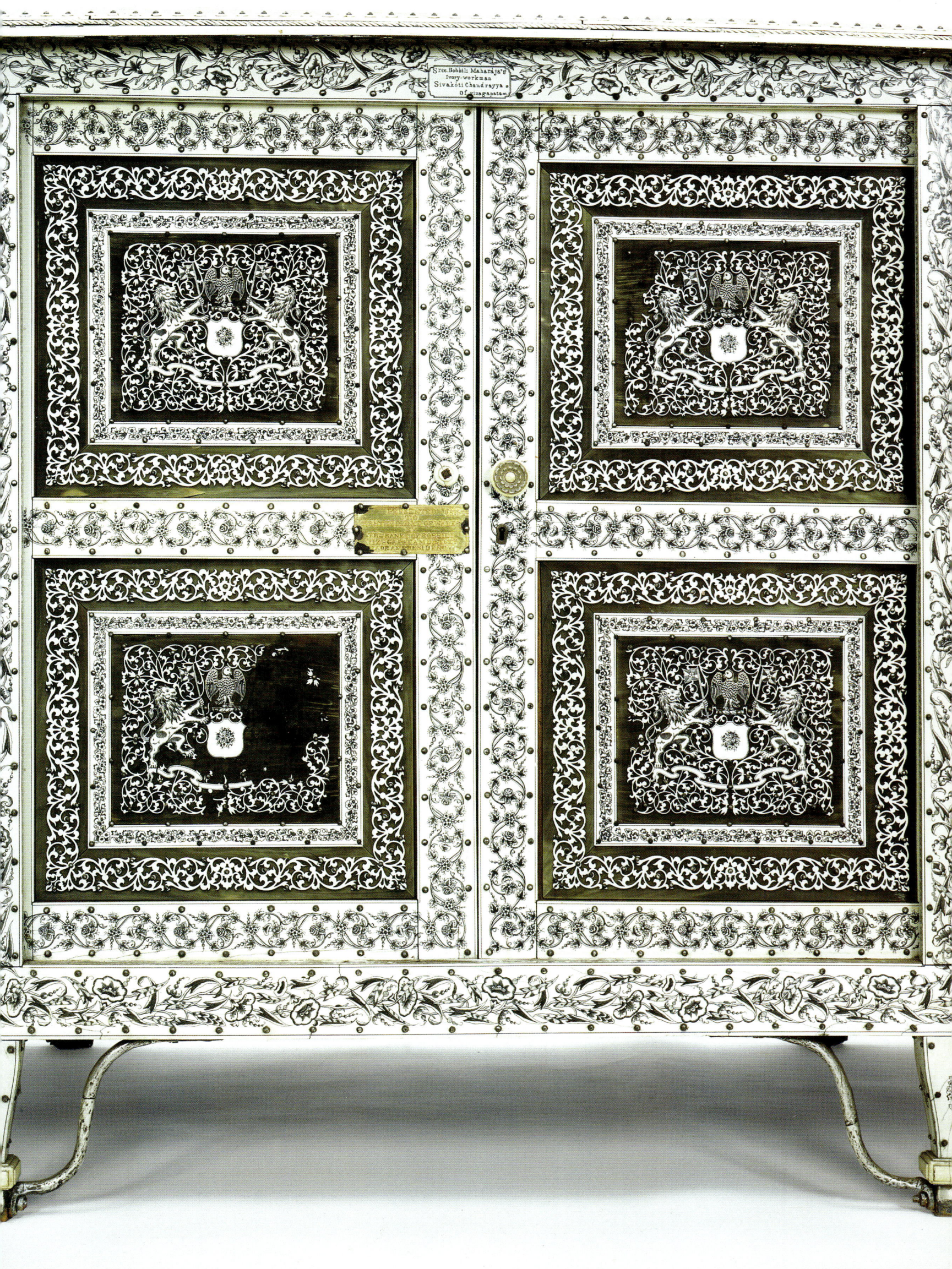

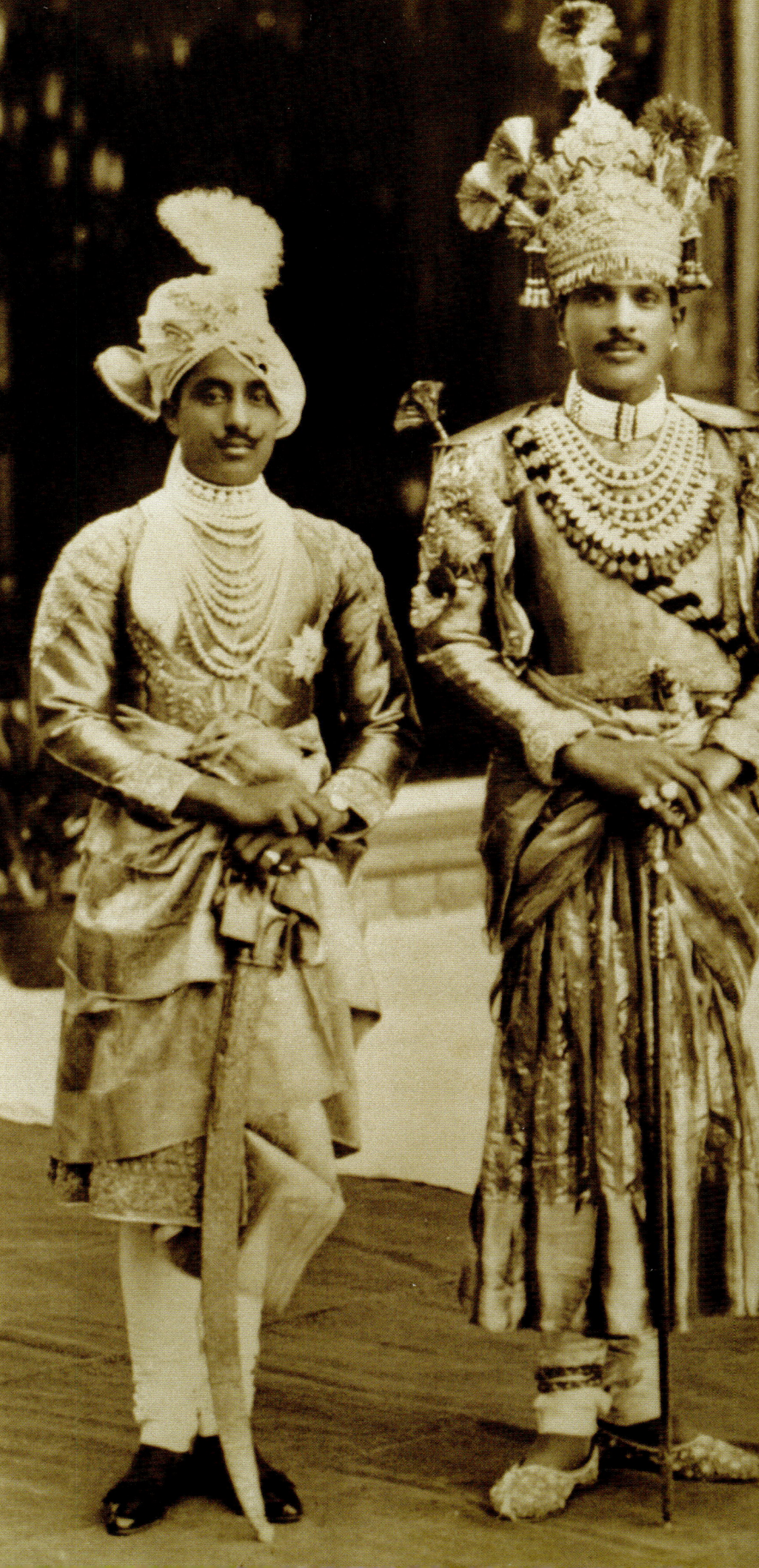

19
Die Maharajas von Dholpur, Alwar,
Patiala und Jhalawar

Seite aus einem Fotoalbum, ca. 1911
Albuminabzug
Archiv Cartier

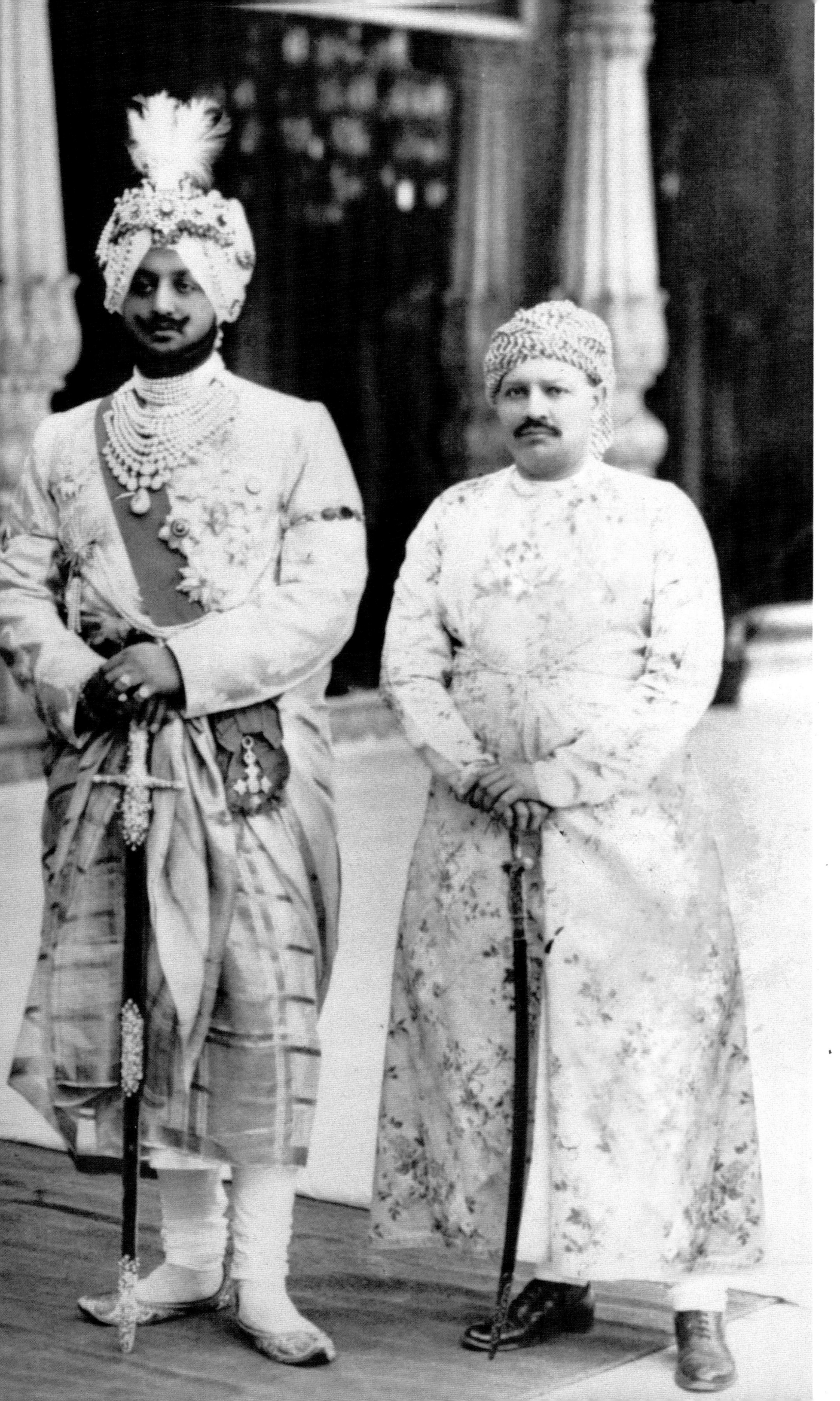

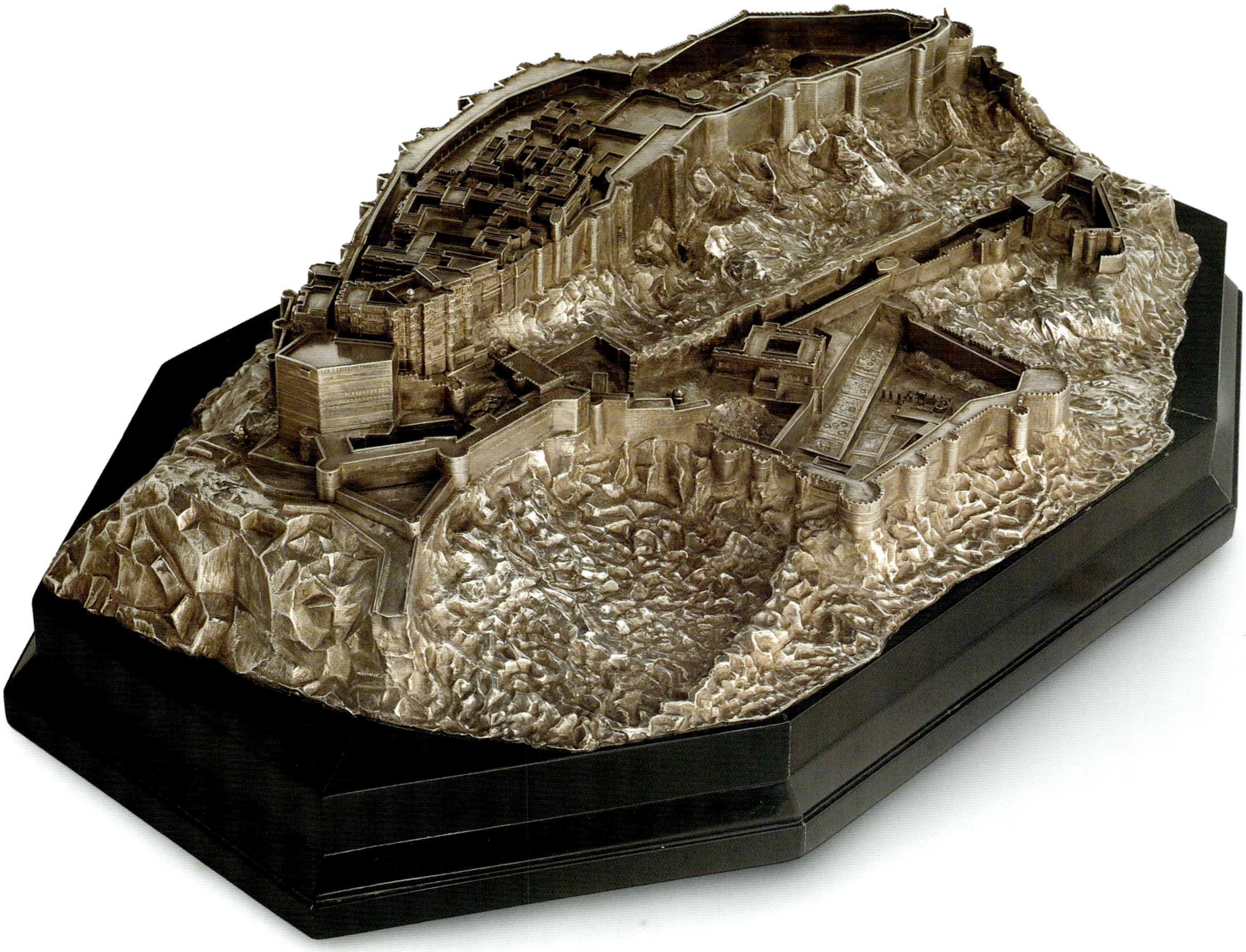

20 *Oben*
Die Festung von Mehrangarh

The Goldsmith and Silversmith Company
London, 1930/31
Gehämmertes und gegossenes Silber, Holz
34 x 113 x 69 cm
Seine Hoheit Maharaja Gaj Singh II.
von Jodhpur

21 *Rechts*
**Ein Paar Schuhe aus dem Besitz der
Maharani Chinkuraje von Gwalior**

Vermutlich Paris, ca. 1930
Leder und Strass
10 x 10 x 28 cm
Jyotiraditya M Scindia of Gwalior

22 *Rechte Seite*
**Nawab Sadiq Muhammad Khan Abbasi IV.
von Bahawalpur**

Bahawalpur, ca. 1880
Öl auf Leinwand
99,7 x 80 cm
Privatsammlung

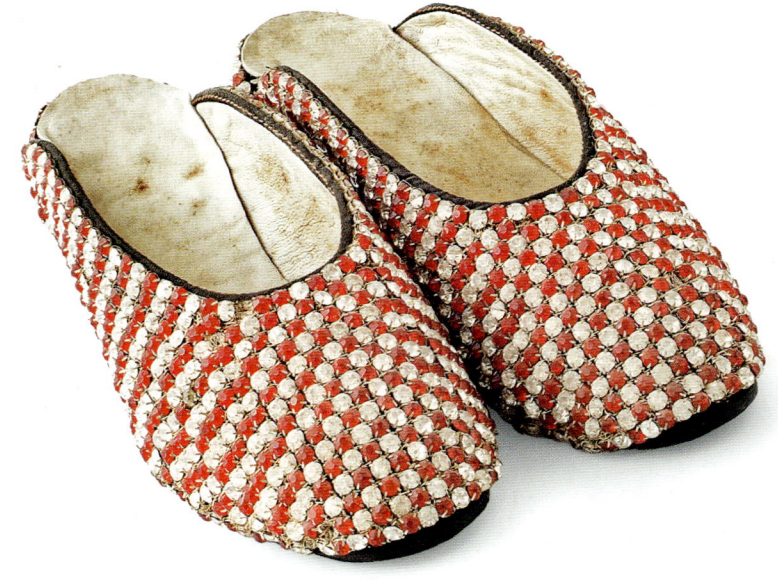

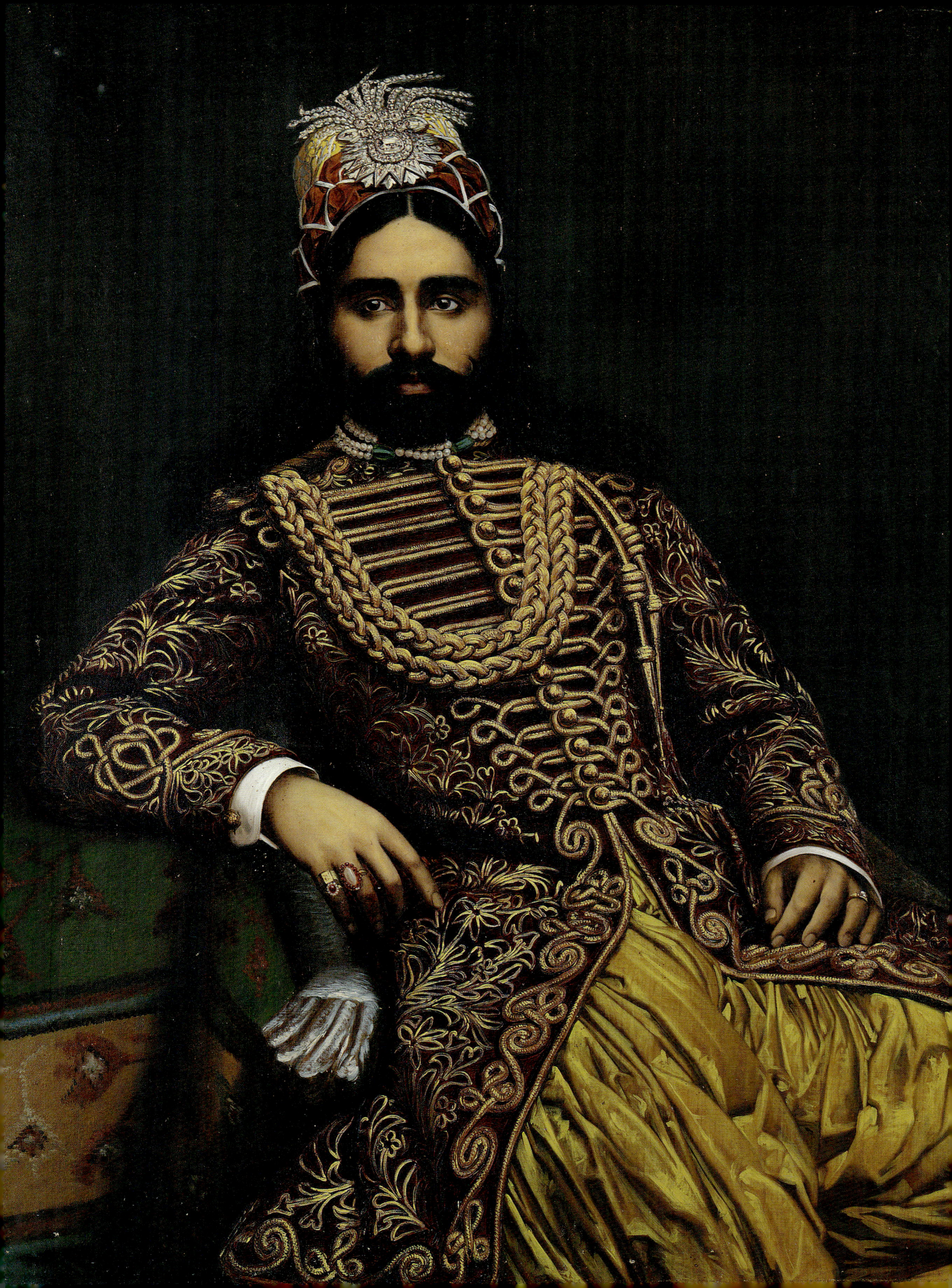

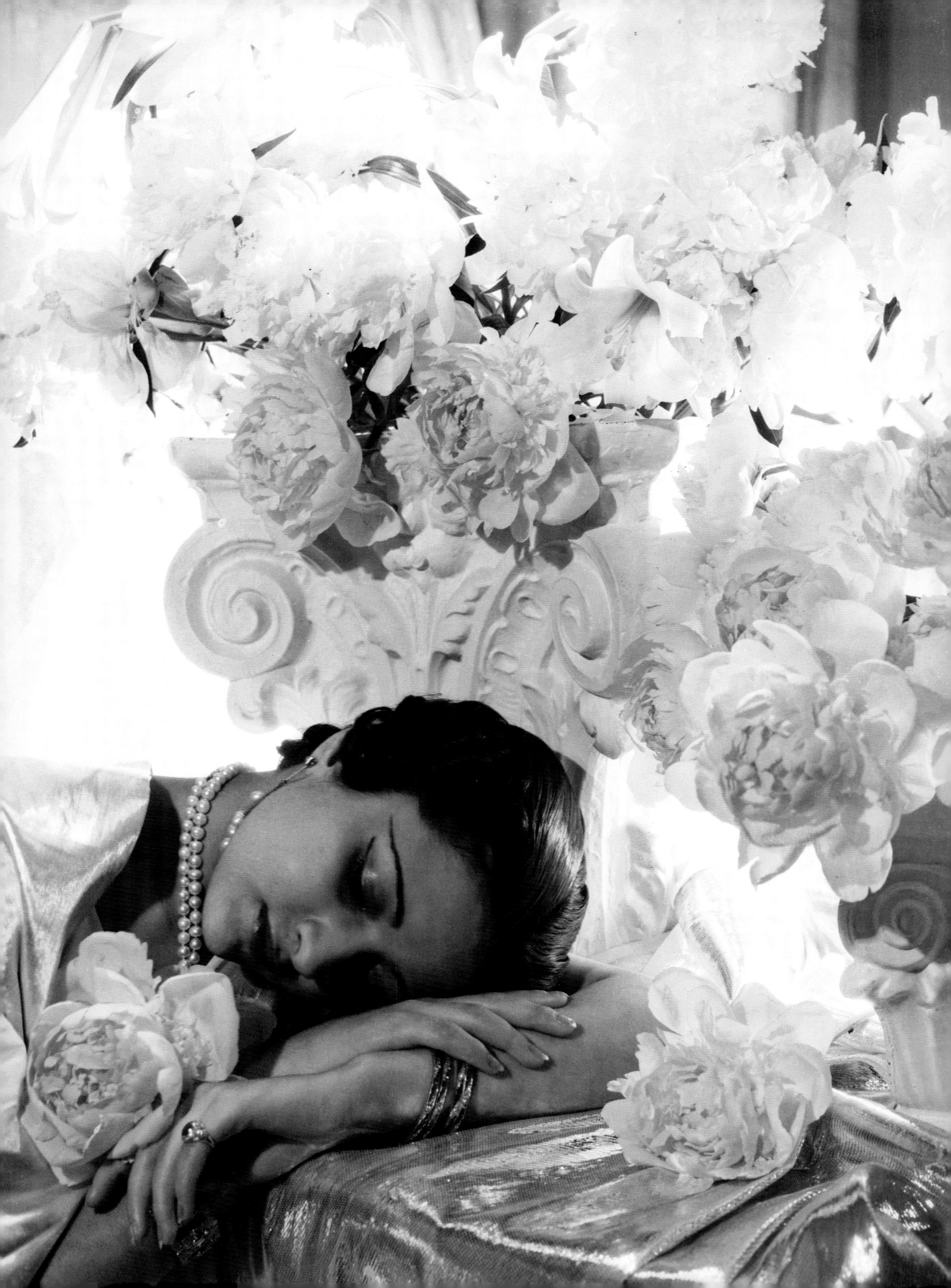

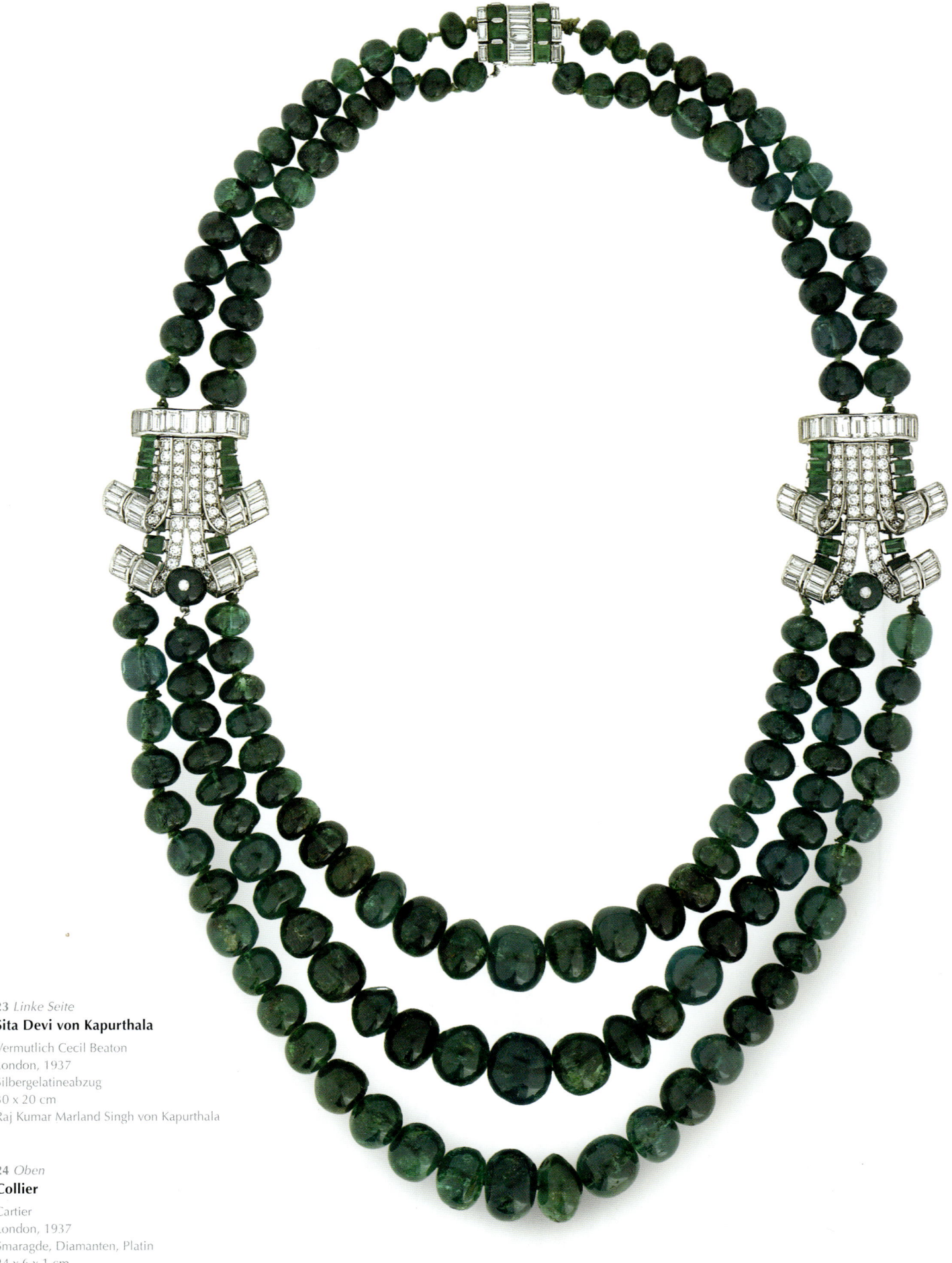

23 *Linke Seite*
Sita Devi von Kapurthala

Vermutlich Cecil Beaton
London, 1937
Silbergelatineabzug
30 x 20 cm
Raj Kumar Marland Singh von Kapurthala

24 *Oben*
Collier

Cartier
London, 1937
Smaragde, Diamanten, Platin
24 x 6 x 1 cm
British Museum, London

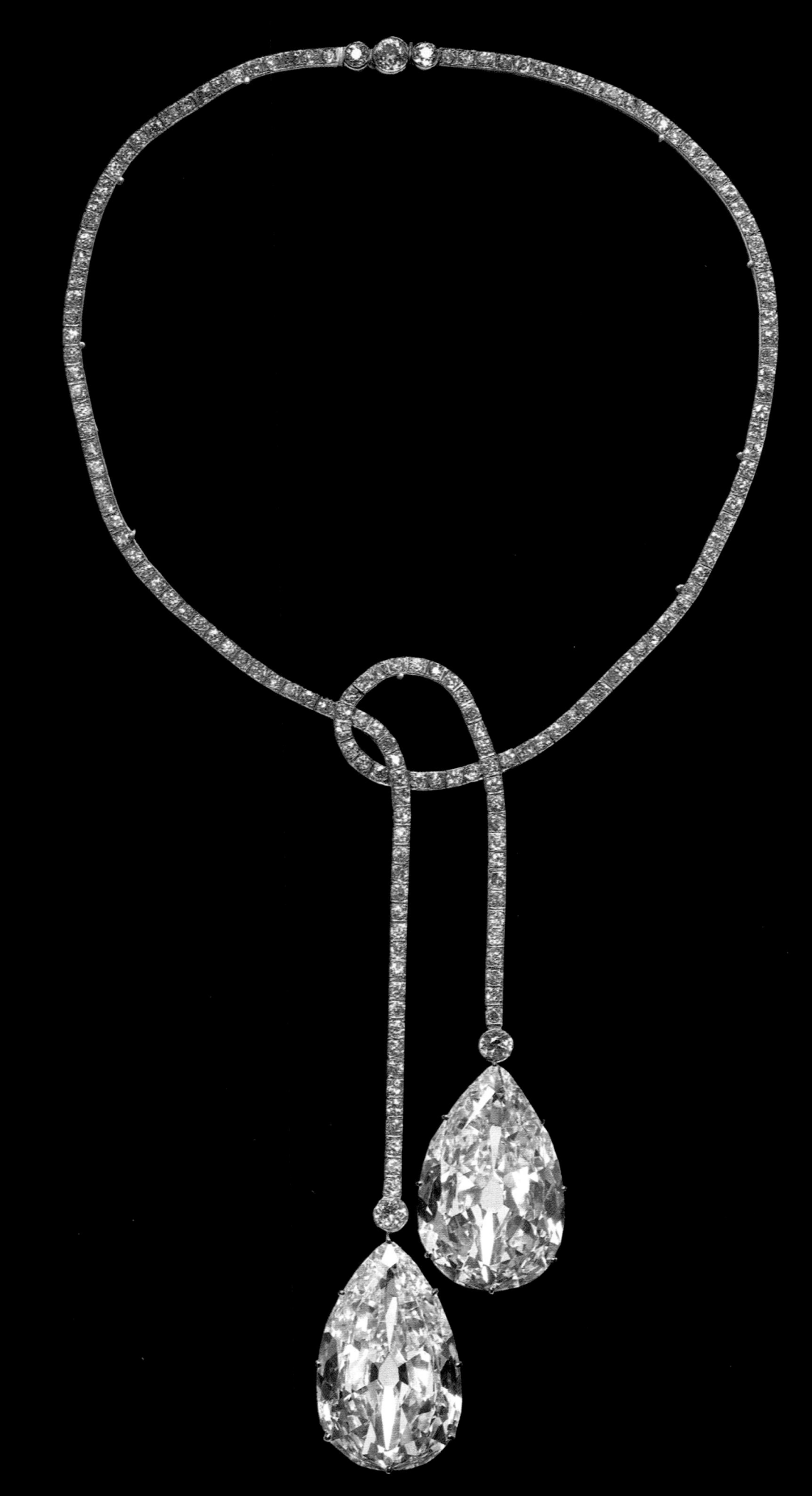

26 *Linke Seite*
Collier, Auftragsarbeit für Maharaja Tukoji Rao Holkar III. von Indore

Joseph Chaumet
Paris, ca. 1913
Digitalbild eines Negativs auf Silbergelatine-platte
Collection Chaumet, Paris

Der Stil Joseph Chaumets wirkte zugleich modern und zart. Bei dem Collier des Maharajas von Indore setzte er die beiden Diamanten in eine Fassung von schlichter Eleganz.

25 *Rechts*
Vorbereitende Skizze für einen Corsagenschmuck, Auftragsarbeit für Maharaja Tukoji Rao Holkar III. von Indore

Joseph Chaumet
Paris, ca. 1911
Aquarellfarbe und Gouache auf Papier
Collection Chaumet, Paris

Anstatt wie sonst zumeist üblich Steine aus seiner Schatzkammer neu fassen zu lassen, erwarb Tukoji Rao III. diese prächtigen birnen-förmigen Diamanten direkt bei Joseph Chaumet und beauftragte den Juwelier mit der Anfertigung verschiedener Entwürfe für die Fassung.

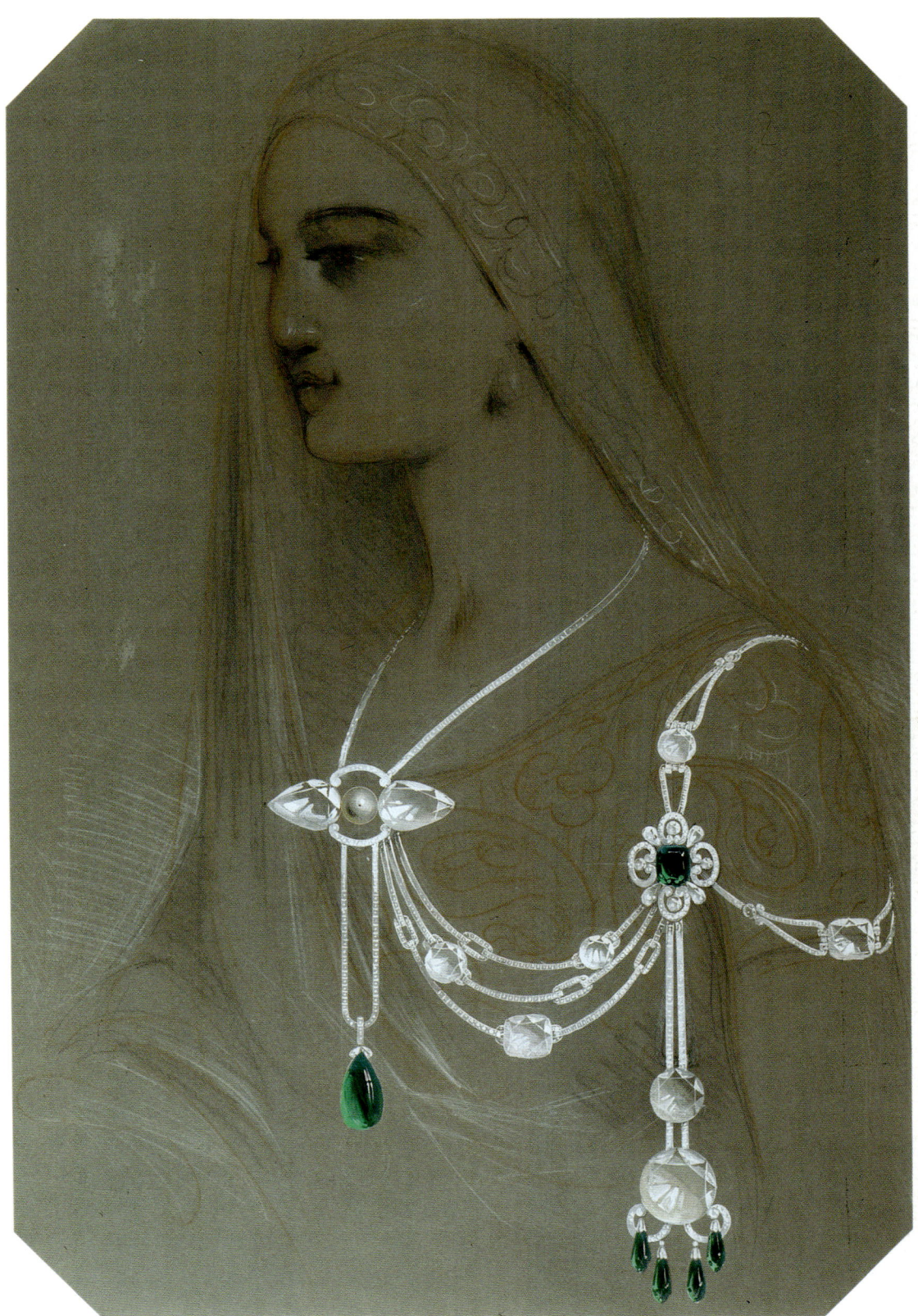

rend die Bauarbeiten an seinem neuen Art-déco-Palast schon im vollen Gange waren, beauftragte Maharaja Umaid Singh von Marwar (reg. 1918–1947) die Londoner Goldsmith and Silversmith Company, ein Silbermodell von Mehrangarh anzufertigen, der Festung, die über seiner Hauptstadt Jodhpur thronte und nach wie vor der Schauplatz wichtiger dynastischer Zeremonien war (Abb. 20).[28]

Der Einfluss des Westens lässt sich auch an der Entstehung eines neuen Malstils in Indien erkennen, mit dem der Herrscher nun gemäß den Prinzipien des westlichen Realismus in Öl auf Leinwand gebannt wurde (Abb. 22, 103). Doch auch außerhalb Indiens traten seine Fürsten als Förderer der Künste auf, wenn sie sich auf ihren Europa- und Amerikareisen von den führenden Malern und Fotografen ihrer Zeit porträtieren ließen und in den tonangebenden Häusern Kleider und Schmuck bestellten (Abb. 21, 23, 24; s. S. 200 ff.). Diese Ausweitung der Kunstförderung von der lokalen auf die globale Ebene wirkte sich stark auf die europäische Luxusgüterbranche aus, da sich Gestalter und Hersteller auf die neuen Kunden einstellten und dann auch für ihre westlichen Kunden Artikel in indisch angehauchten Stilrichtungen entwickelten.[29] Den indischen Fürsten legten insbesondere Juweliere häufig mehrere Entwürfe zur Auswahl vor.[30] So skizzierte Chaumet eine ganze Reihe möglicher Fassungen für zwei prachtvolle Golkonda-Diamanten, bevor sich Maharaja Tukoji Rao Holkar III. (reg. 1903–1926) entschließen konnte und 1913 tatsächlich ein Collier bestellte (Abb. 25, 26). Dieses Stück ging als Erbe an den Sohn des Maharajas, Yeshwant Rao Holkar II. (reg. 1926–1961), der die moderne Gestaltungskunst auch selbst aktiv förderte (Abb. 27; s. S. 192 f. sowie Abb. S. 202–205).

Obwohl die britisch-indische Regierung zu Auslandsreisen und Erwerb moderner westlicher Waren ermutigte, wurden die Maharajas auch als Verschwender kritisiert.[31] Die widersprüchliche Haltung der Kolonialherren – »[sie] beanspruchten sie [die Maharajas] als treue Verbündete im Krieg, rügten sie ob ihrer autokratischen Herrschaft, lobten sie als geborene Herrscher ihres Volkes, tadelten sie als lasterhafte Lebemänner und nutzten ihre großzügige Gastfreundschaft schamlos aus«[32] – löste bei den indischen Fürsten zunehmend Frustration aus. Erneut wurden Rufe nach einem Forum laut, auf dem sie sich über gemeinsame Interessen austauschen konnten, und 1921 wurde die »Chamber of Princes« offiziell eingerichtet.[33] Dieses beratende Organ bestand aus 108 Herrschern mit Anspruch auf elf oder mehr Salutschüsse und zwölf gewählten Herrschern, die 127 andere Staaten vertraten. Die Fürstenkammer enttäuschte jedoch die in sie gesetzten Erwartungen, da unter dem Vorsitz des Vizekönigs die Tagesordnung von den Briten festgelegt wurde, bürokratische Strukturen die Durchsetzung von Beschlüssen behinderten und die Differenzen und Rivalitäten zwischen den Fürsten selbst dafür sorgten, dass die Kammer nur selten mit einer Stimme sprach. Gleichzeitig führte die zunehmende Desillusionierung der Inder über die britische Herrschaft zu einer Erstarkung der indischen Unabhängigkeitsbewegung unter der visionären Führung von Mahatma Gandhi. Eine Reihe von Fürsten nahm an den »Konferenzen am runden Tisch« teil, die in London in drei Sitzungen zwischen 1930 und 1932 abgehalten wurden, um die zukünftige Verfassung Indiens und die Rolle der ehemaligen Machthaber in dem neuen Staatengebilde zu erörtern. Eine föderale Lösung wurde angedacht, aber nie verwirklicht, zumal die Entwicklung nach dem Zweiten Weltkrieg rasch auf Unabhängigkeit, Teilung und den Anschluss der Fürstenstaaten an eine der neuen politischen Einheiten, Indien oder Pakistan, zulief.[34]

Auch nach der Unabhängigkeit blieben die Fürsten politisch aktiv; einige wurden in den neuen Unionsterritorien oder in ihren eigenen ehemaligen Staaten als *Rajpramukh* oder *Up-rajpramukh* – Gouverneur oder stellvertretender Gouverneur – eingesetzt. Als diese Ämter 1956 abgeschafft wurden, wechselten einige Fürsten in den diplomatischen Dienst, während andere oft sehr erfolgreich in die demokratische Politik einstiegen. In Pakistan behielten die Fürsten ihre Titel und ihren Status. Die indische Verfassung hatte den ehemaligen Herrschern zwar auch Titel, Privilegien und finanzielle Zuwendungen garantiert, doch diese wurden ihnen in einem von Indira Gandhi 1971 durchgesetzten Gesetzeszusatz aberkannt, wobei wieder einmal das Stereotyp des verschwenderischen, dekadenten Autokraten bemüht wurde. Angesichts solcher Widerstände sowie steigender Kosten und sinkender Einkommen sah sich manch ein Fürst gezwungen, seine Besitztümer zu veräußern. Aber wie schon unter den Moguln und den Briten haben sich die Maharajas den veränderten Bedingungen angepasst und damit überlebt. Manche haben erfolgreich eine politische Laufbahn eingeschlagen, andere haben ihre Paläste zu Hotels umgebaut, ihre Sammlungen als Museen der Öffentlichkeit zugänglich gemacht oder bedeutende Tier- oder Denkmalschutzinitiativen gegründet. Viele Maharajas sind nach wie vor mächtige Symbolfiguren regionaler Identität und königlicher Würde und fungieren als Bewahrer der glanzvollen Kultur der indischen Königshöfe.

27
Schreibtisch, Auftragsarbeit für Maharaja Yeshwant Rao Holkar II. von Indore
Emile Ruhlmann
Paris, 1930
Makassar-Ebenholz, verchromtes Metall, Glas
76,2 x 272 x 158 cm
Sammlung Al-Thani

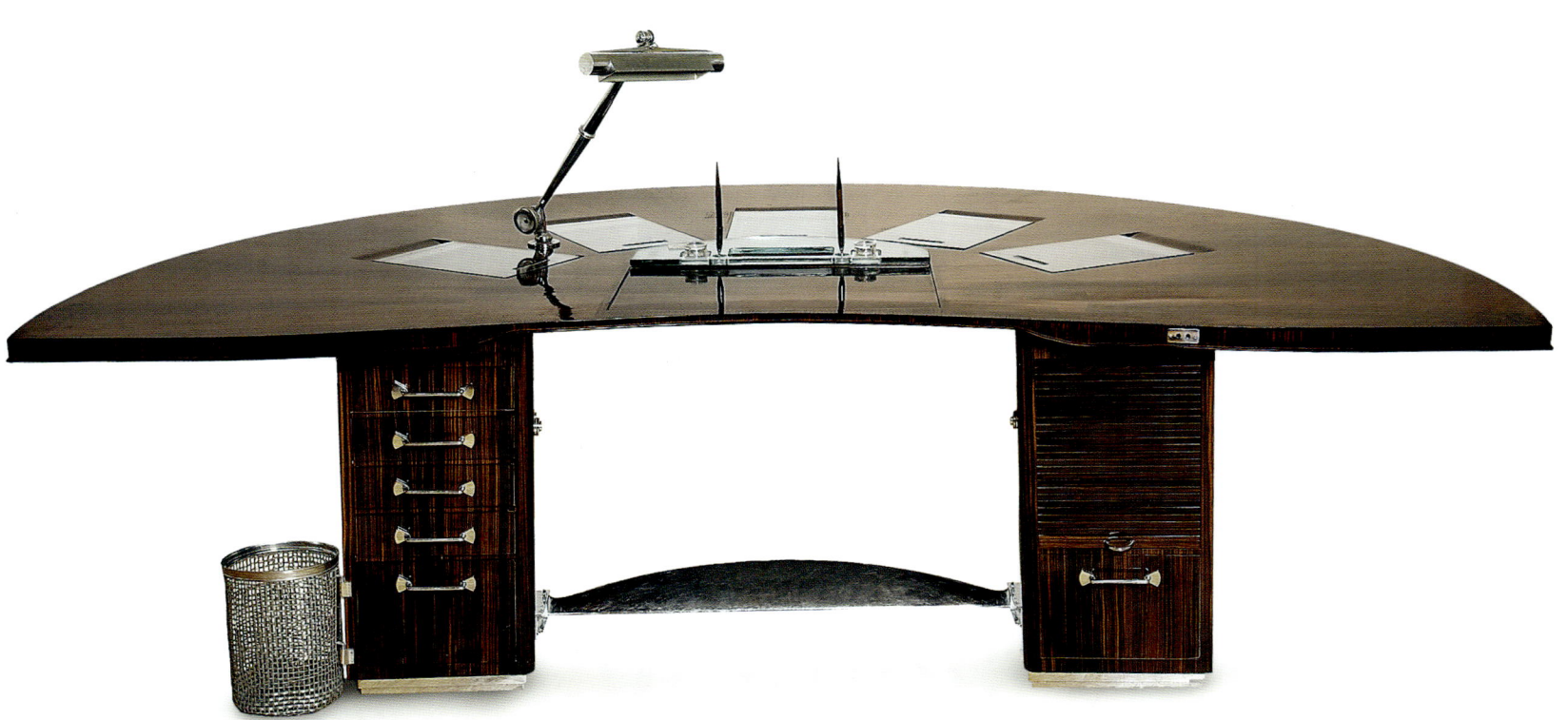

MAHARAJA JAI SINGH II.
VON AMBER

1688–1743, reg. 1709–1743

Wie viele rajputische Herrscher verbündeten sich im 16. Jahrhundert auch die Rajas von Amber mit den Moguln. Diese Strategie war bis zur Herrschaft des Großmoguls Aurangzeb (reg. 1658–1707) erfolgreich, in der das Schicksal dieser Kriegerfürsten eine drastische Wende nahm. Für die Moguln war Ambers Verwicklung in die Flucht des Sohns von Marathenführer Shivaji im Jahr 1666 ein schwerer Verrat, den sie zum Anlass nahmen, mit ihrer Streitmacht weite Teile von Rajputana zu besetzen und fast alle der von den Herrschern dieser Staaten gehaltenen Ränge und Titel für nichtig zu erklären.

Nach Aurangzebs Tod im Jahr 1707 sah sich Jai Singh, der Thronerbe in Amber, einem Mogulreich gegenüber, das innerlich zerrissen und unter erstarkenden lokalen Machthabern zunehmend von Aufspaltung und Zerfall bedroht war. Am Hof des Großmoguls, aber auch in Amber selbst brachen Machtkämpfe aus, wobei Jai Singhs Rivale um die Thronfolge den kurzzeitig amtierenden Großmogul Bahadur Shah unterstützte. Von seinem eigenen Hof verbannt, sein Herrschaftsgebiet von einer ihm feindlich gesinnten Zentralmacht besetzt, führte Jai Singh sein Heer bei Sambhar gegen die Mogulstreitmacht und gewann 1710 sein Königreich zurück. Nach seinem Sieg brachte er ein *Vajpeya pujan*, ein vedisches Opfer dar, um sich als *Samrat*, als unabhängigen Herrscher auszurufen. Dieses Ritual mit großer Symbolkraft sollte zeigen, dass Maharajadhiraj Jai Singh als unabhängiger Hindukönig nicht auf eine Legitimierung durch die *Yavan mlechaha* (fremden und unreinen) Moguln angewiesen war.

Dies führte jedoch nicht zu einem endgültigen Bruch mit den Moguln, die aufgrund Jai Singhs militärischen Fähigkeiten bereitwillig über seine Aufmüpfigkeit hinwegsahen. Wie seine Vorfahren verbrachte auch Jai Singh einen Großteil seines Lebens als kaiserlicher General am Hof des Großmoguls. Als Gouverneur der wichtigen Provinzen Agra und Malwa war er so erfolgreich, dass Großmogul Farruksiyar ihm 1713 den Titel »Mirza Raja

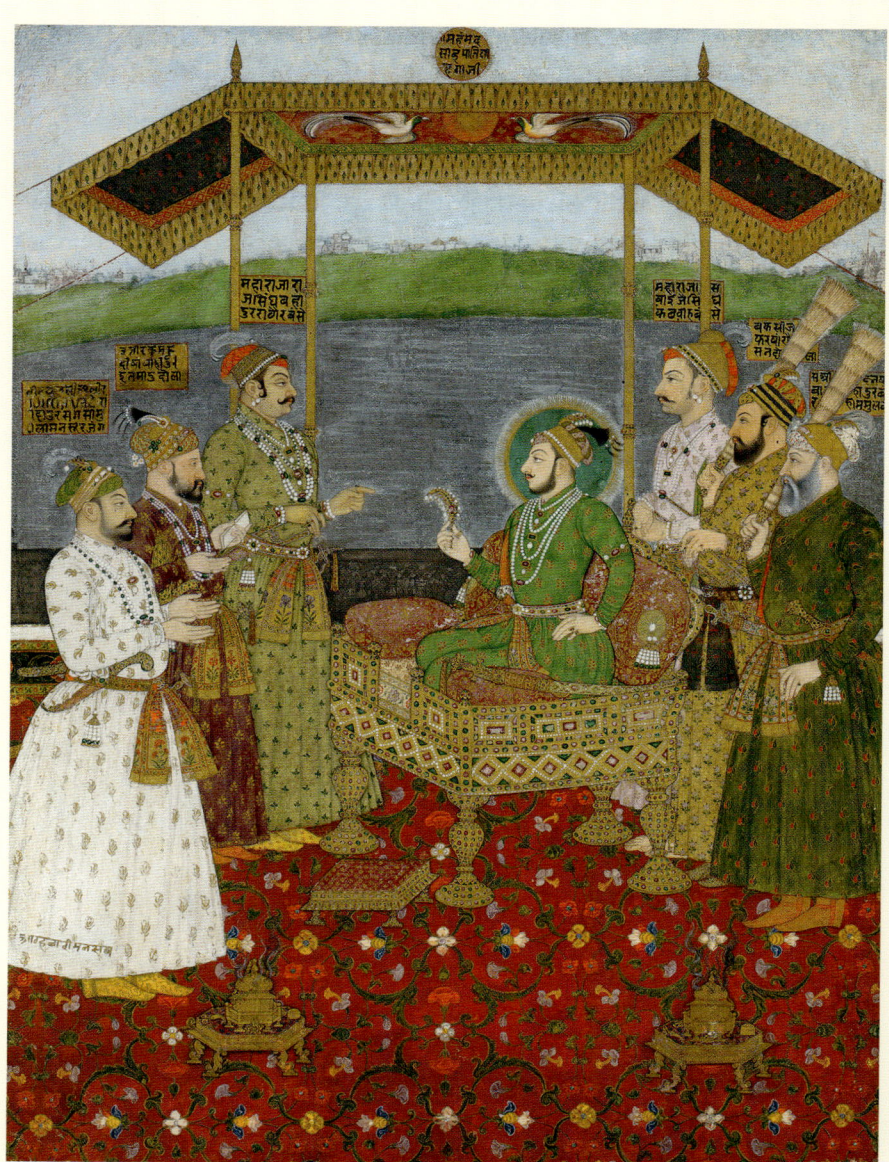

Sawai« verlieh, was bedeutete, dass er allen anderen Menschen um »eineinviertel« überlegen sei.

Jai Singh nutzte die Schwäche der Mogulregierung, um seine eigenen Gebiete auszuweiten, während er gleichzeitig durch seinen Einfluss am Hof dazu beitrug, die Steuer für Hindus (*jaziya*) abzuschaffen. Als Gouverneur der umkämpften Provinz Malwa hielt er die Marathen in Schach, musste aber 1733 nach koordinierten Angriffen

28

Großmogul Muhammad Shah II. bei Hof mit Maharaja Raj Singh von Kishangarh und Maharaja Jai Singh II. von Amber

Mogulhof, frühes 18. Jahrhundert
Deckende Wasserfarbe auf Papier
57,3 x 42,1 cm
Privatsammlung

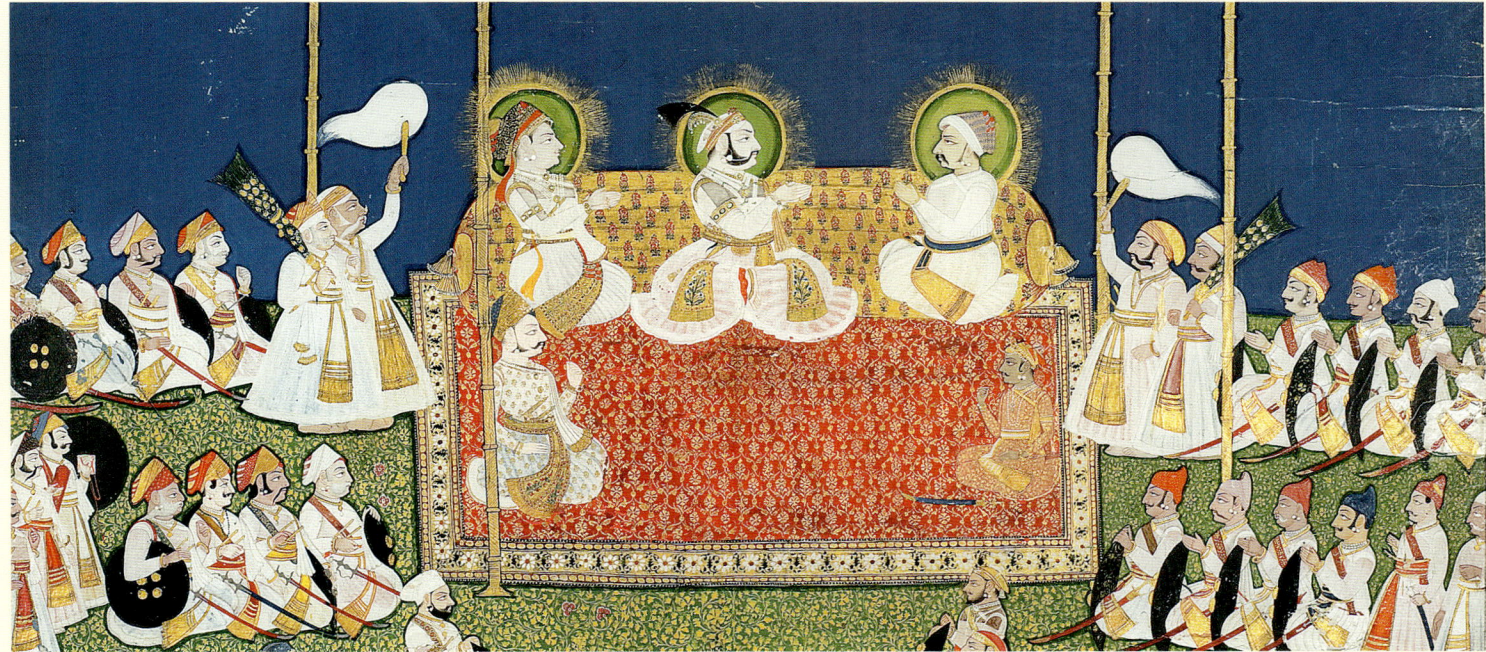

von mehreren Seiten eine Niederlage hinnehmen und einen Vertrag mit ihnen aushandeln, den Großmogul Muhammad Shah (Abb. 28) jedoch nicht anerkannte. Nach seiner Enthebung aus dem Amt des Gouverneurs löste sich Jai Singh nach und nach vom Hof des Großmoguls. Die Konferenz von Hurda 1734, an der Jai Singh, Abhai Singh von Jodhpur und Jagat Singh von Mewar sowie andere Rajputenfürsten teilnahmen, markierte den endgültigen Bruch dieser Herrscher mit dem Mogulreich (Abb. 29). Hier wurde auch beschlossen, ein Bündnis gegen die Marathen zu bilden, wie es schon im 16. Jahrhundert unter Rana Sanga gegen den mogulischen Eindringling Babur bestanden hatte. Da dem neuen Bündnis jedoch ein so charismatischer Anführer wie Sanga fehlte, scheiterte der Versuch und die Marathen setzten ihre Guerillataktik gegen die große Mogulstreitmacht und die kleineren Rajputenheere erfolgreich fort.

Eine dynastische Verbindung mit dem Fürstenhaus von Mewar stärkte Sawai Jai Singhs Macht so nachhaltig, dass er ein Pferdeopfer (*ashwamedh yajna*) darbrachte, ein uraltes Ritual, mit dem der Opfernde zum Retter des *Dharma* (Gesetz, Recht, Moral) in seinem Zeitalter erklärt wird. Trotz der unsicheren politischen Verhältnisse verlegte er seine Hauptstadt von der Festung Amber in die Stadt Jaipur, die er 1727 von Vidyadhar Bhattacharya gemäß den Grundsätzen der klassischen indischen Baukunst (*vastu shilp*) entwerfen und bauen ließ. Jai Singh sah den Zusammenbruch des Mogulreichs

als den Beginn eines neuen Zeitalters der Wahrheit (*satyuga*), in dem eine Stadt wie Jaipur nicht nur überleben, sondern sogar florieren könne.[1]

Jai Singh war nicht nur ein fähiger General und Herrscher, sondern auch ein begabter Mathematiker und Astronom. Er ließ in Jaipur, Delhi (Abb. 30), Mathura, Ujjain und Benares große Sternwarten bauen und entwickelte einen neuen Kalender, den *Zij-i-mahmudi*. Bei seinen naturwissenschaftlichen Studien griff er auf indische, arabische und europäische Quellen zurück, übersetzte die Werke der griechischen Klassik ins Sanskrit und bat den König von Portugal, ihm Doktoren und Gelehrte zu entsenden, die ihn bei der Entwicklung seiner Projekte unterstützen sollten.

Deepika Ahlawat

29 *Oben*
Maharana Jagat Singh II. von Mewar als Vorsitzender der Konferenz von Hurda, 1734, Ausschnitt
Udaipur, ca. 1825–1850
Deckende Wasserfarbe auf Papier
104 x 104 cm
Maharana of Mewar Charitable Foundation

30 *Unten*
Sternwarte in Delhi
Delhi, ca. 1836–1840
Aquarellfarbe auf Papier
Victoria and Albert Museum, London

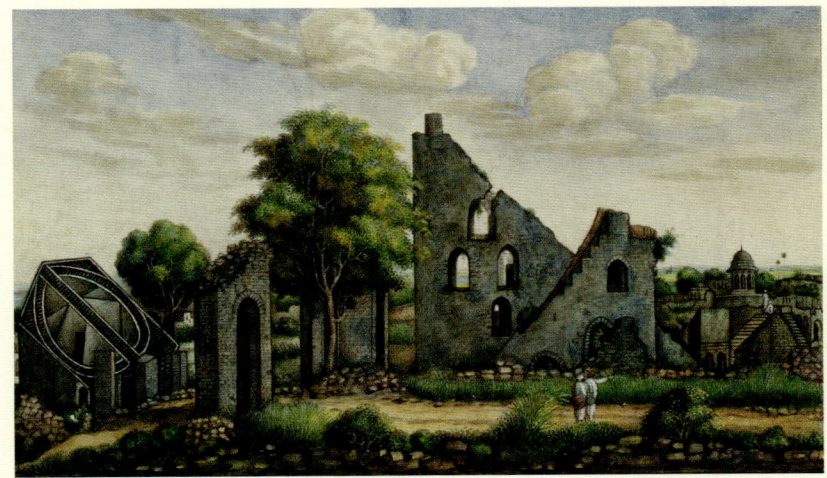

RAJA SERFOJI VON TANJORE

1777–1832, reg. 1798–1832

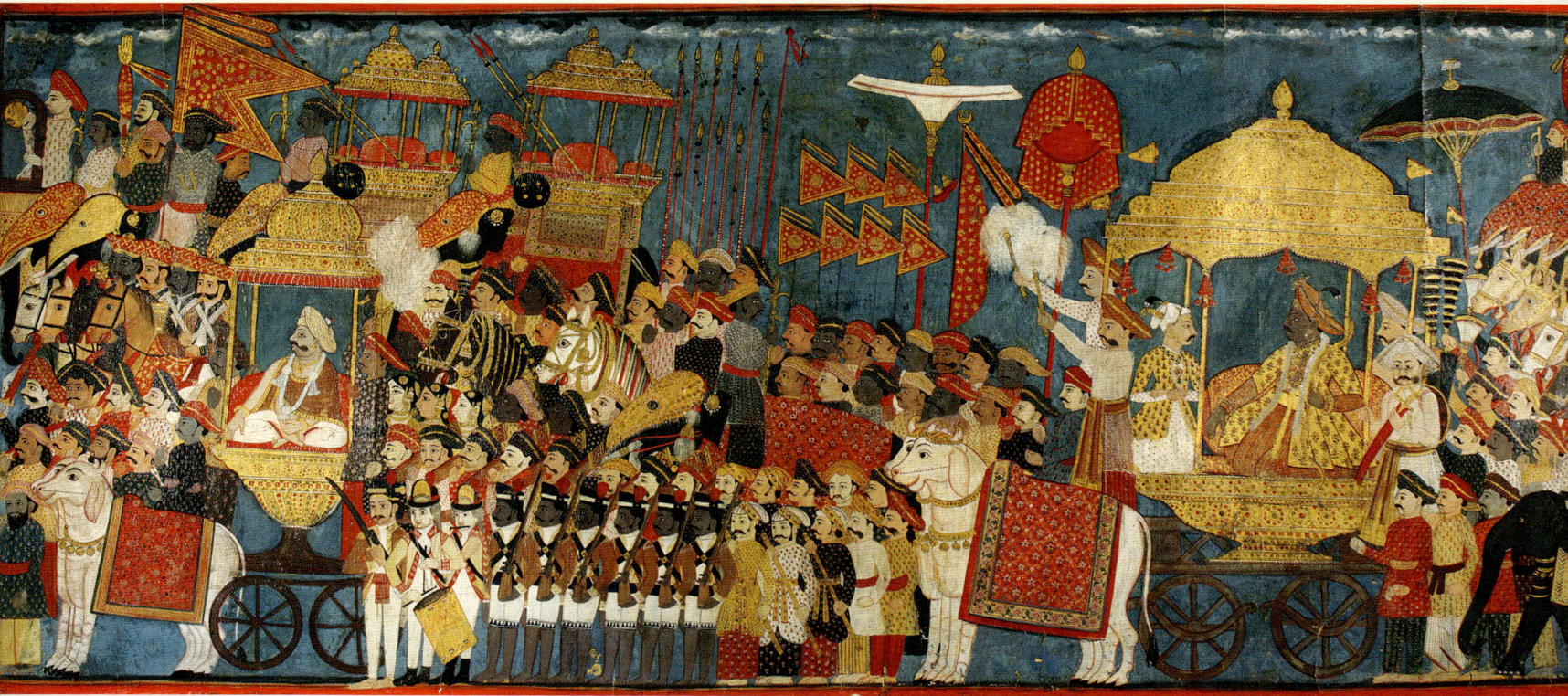

Im 17. Jahrhundert verloren die südindischen Nayaka die Stadt Tanjore an Jankoji, einen Onkel des großen Marathenführers Shivaji. Als sein Nachfolger Raja Tuljaji 1787 starb, kam es zwischen seinem Halbbruder Amar Singh und seinem Adoptivsohn Serfoji zu einem erbitterten Kampf um die Thronfolge. Nachdem sich die britische Ostindiengesellschaft durch mehrere Kriege gegen Mysore die Vorherrschaft in der Region gesichert hatte, wurde sie zum Schiedsrichter in der Frage des Nachfolgers und entschied zugunsten des noch unmündigen Serfoji, was ihr die Kontrolle über seinen Staat verschaffte (Abb. 31).

Zu seiner Sicherheit brachte man Serfoji nach Madras, wo er von den lutherischen Missionaren C. F. Schwartz und J. D. Jaenicke erzogen und in verschiedenen Fächern unterrichtet wurde, darunter Wirtschaft, Geografie und Mathematik. Er bestieg 1798 den Thron (*gaddi*) und gab im

gleichen Jahr bei dem berühmten englischen Bildhauer John Flaxman eine Gedenktafel für seinen geliebten Lehrer Schwartz in Auftrag. Die Porträtstatue von Serfoji, die heute noch in Tanjore steht, wurde von demselben Künstler angefertigt.

Durch seine europäisch geprägte Bildung entwickelte Serfoji ein großes Interesse an den Naturwissenschaften, insbesondere der Medizin. Er beauftragte wiederum Flaxman, ein menschliches Skelett nachzubauen, das ursprünglich aus Elfenbein sein sollte, dann aber doch aus Holz gefertigt wurde. Als einer der Ersten in seinem Staat ließ er sich gegen die Pocken impfen, um mit seinem Beispiel zur Verbreitung dieses neuen Vorbeugeverfahrens beizutragen. Außerdem richtete er eine pharmazeutische Praxis ein, die nach dem Arzt der Götter in der hinduistischen Mythologie *Danvanthari Mahal* (Palast des Dhanvantari) genannt wurde. Hier wurden verschiedene medi-

31
Feierlicher Umzug mit Raja Amar Singh und Serfoji von Tanjore

Tanjore (Thanjavur), ca. 1797
Deckende Wasserfarbe, lasiert, auf Papier
52 x 125 cm
Victoria and Albert Museum, London

zinische Fachrichtungen praktiziert und – wie aus neueren Forschungen hervorgeht – wahrscheinlich auch bahnbrechende Augenoperationen durchgeführt.[1]

Serfoji beschäftigte sich intensiv mit Anatomie, Astronomie, Chemie und Naturgeschichte, führte einen regen Briefwechsel mit europäischen Gelehrten und erwarb für jede Disziplin die neueste wissenschaftliche und technische Ausrüstung und Literatur. Auf der von seinen Vorfahren geerbten Sammlung aufbauend, erweiterte Serfoji die Palastbibliothek *Saraswati Mahal* und machte sie zu einer der bedeutendsten Sammlungen von Büchern und Manuskripten in Indien. Er unterhielt auch einen großen Garten und ein Tiergehege, in denen er wissenschaftliche Untersuchungen und Katalogisierungen durchführte. Die Künstler an seinem Hof, Venkata Perumal, Venkatanraja und Goplakrishna Naik, malten für ihn botanische Studien, während sein Hofschreiber Stücke auf Tamilisch verfasste, in denen auch auf die westliche Astronomie und Medizin verwiesen wurde.

Durch die Regelung von Serfojis umkämpfter Thronfolge hatte die Ostindiengesellschaft eine so umfassende Kontrolle über Tanjore erlangt, dass der junge Herrscher nur dem Namen nach regierte und für jede seiner Handlungen die Genehmigung des britischen Residenten einholen musste. Trotz dieser Einschränkungen machte Serfoji durch seine Förderung von Künstlern und Gelehrten und sein großes persönliches Interesse Tanjore zu einem Zentrum der Kultur und Wissenschaft, in dem überliefertes indisches Wissen mit nützlichen Erkenntnissen aus der westlichen Welt verschmolz. Serfoji kann daher als Wegbereiter für die Ideen der Aufklärung in Indien gelten, die er allerdings als freies Kulturgut und ohne die sonst allzu oft erkennbaren politischen und kolonialen Hintergedanken vermittelte.[2]

Nach Serfojis Tod im Jahr 1832 bestieg sein Sohn Shivaji den Thron, starb aber 1855 kinderlos. Gemäß der von der Ostindiengesellschaft eingeführten »Doctrine of Lapse« wurden Staaten ohne rechtmäßigen Thronfolger annektiert, Tanjore also den Gebieten Britisch-Indiens angegliedert und sein Waffenarsenal in einem symbolträchtigen Akt der Entmachtung versteigert – einschließlich der aus Stahl gefertigten und mit Durchbrucharbeiten verzierten Zeremonialwaffen, für die der Staat berühmt war (Abb. 32, 40).

Deepika Ahlawat

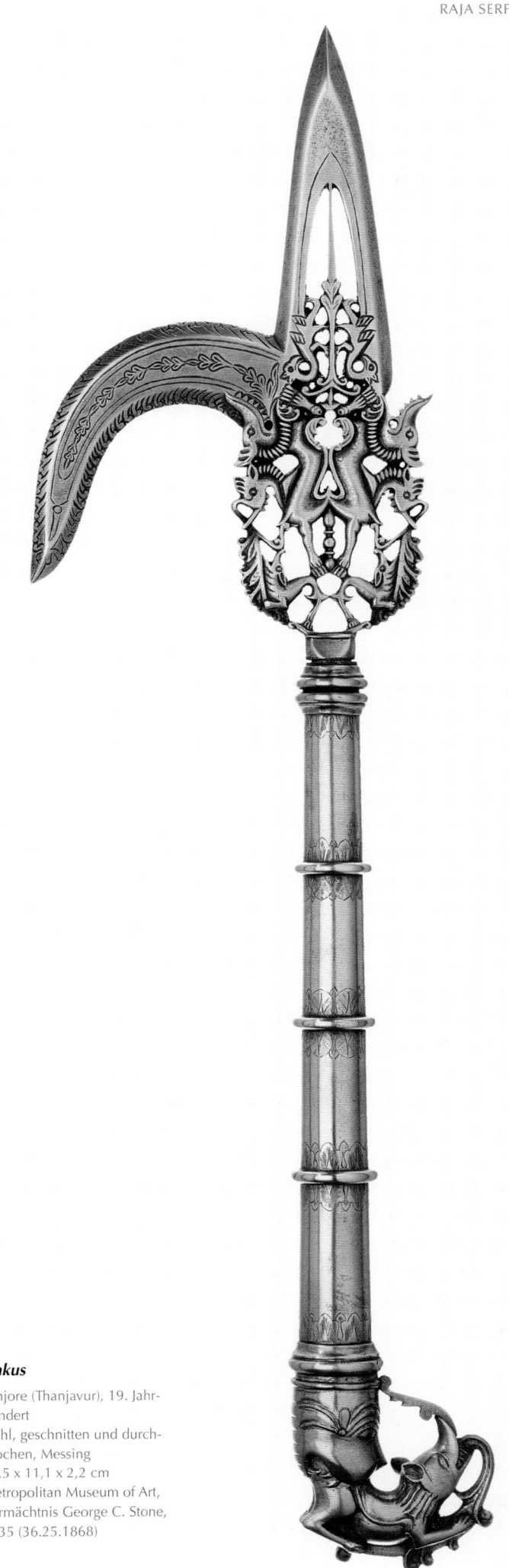

32
Ankus
Tanjore (Thanjavur), 19. Jahrhundert
Stahl, geschnitten und durchbrochen, Messing
40,5 x 11,1 x 2,2 cm
Metropolitan Museum of Art, Vermächtnis George C. Stone, 1935 (36.25.1868)

DAS KÖNIGTUM IN INDIEN

BARBARA N. RAMUSACK

Rechte Seite
**Maharaja Takhat Singh von Marwar
sieht einem Elefantenkampf zu**
Ausschnitt aus Abb. 42

Die in den großen Epen *Ramayana* und *Mahabharata* verewigten Könige des alten Indien verfügten über eine außerordentliche sakrale und säkulare Macht. Rama, der Held des *Ramayana*, dem älteren der beiden Epen, ist ein aufrichtiger und treuer Königssohn, vortrefflicher Bogenschütze, unermüdlicher Krieger und gütiger Herrscher. Seit dem 13. Jahrhundert werden die indischen Herrscher mit dem Rama der volkssprachlichen Versionen des *Ramayana* assoziiert.[1] Diesem Idealbild zufolge beruht das Königtum auf Abstammung, militärischen Fähigkeiten und der Sorge um das Wohlergehen der Untertanen (Abb. 33). Im *Mahabharata* wird dagegen der langwierige und brutale Kampf um den Thron in einem in der Nähe des heutigen Delhi gelegenen Staates zwischen den Vettern aus zwei Familien, den Kauravas und den Pandavas, erzählt. Anders als bei der idealisierten Darstellung Ramas wird in diesem Epos anschaulich beschrieben, welche fürchterlichen Folgen es nicht nur für die Unterlegenen, sondern auch für die Siegreichen hat, wenn von Ehrgeiz getriebene, gierige oder spielsüchtige Könige und ihre Erben auf List und Tücke zurückgreifen, um einen Sieg auf dem Schlachtfeld zu erringen. In diesem Epos sterben alle Söhne des Königs Dhritarastra von den Kauravas und die der fünf Pandava-Brüder, der scheinbaren Sieger, auf dem Schlachtfeld.

Gleichzeitig mit der Entwicklung dieser Versepen entstanden um 700 v. Chr. parallel zur Herausbildung der Königtümer Prosatexte wie die *Brahmanas* und *Srauta sutras*. In diesen Texten waren Anweisungen zu Opferungen, wie die brahmanischen Priester sie durchführten, Verweise auf das Verhältnis zwischen den Göttern und der menschlichen Gesellschaft und detaillierte Ausführungen über die Rolle der Könige zu finden.[2] Mit dem Aufstieg des Maurya-Reichs im späten 4. Jahrhundert v. Chr. kamen weitere normative Schriften über das Königtum hinzu. Als erstes ist hier das *Arthashastra* zu nennen, ein machiavellistisches Kompendium voller Anleitungen, wie ein Herrscher seine Macht erhalten und einen bürokratischen Staat organisieren kann. Um 200 n. Chr. entwickelten sich aus mündlichen Überlieferungen die Gesetze des Manu (*manusmriti*), eine Sammlung von Vorschriften über Geschlecht, Familie, Kaste und politische Beziehungen, in denen u. a. die brahmanischen Priester über die Könige gestellt wurden, die der Kriegerkaste (*kshatriya*) angehörten.[3] Ab dem 5. Jahrhundert n. Chr. standen weitere Quellen zur Verfügung, darunter sakrale Literatur wie die *Puranas*, die Geschichten von Göttinnen und den Göttern Vishnu und Shiva enthielten, sowie weltliche Theaterstücke,

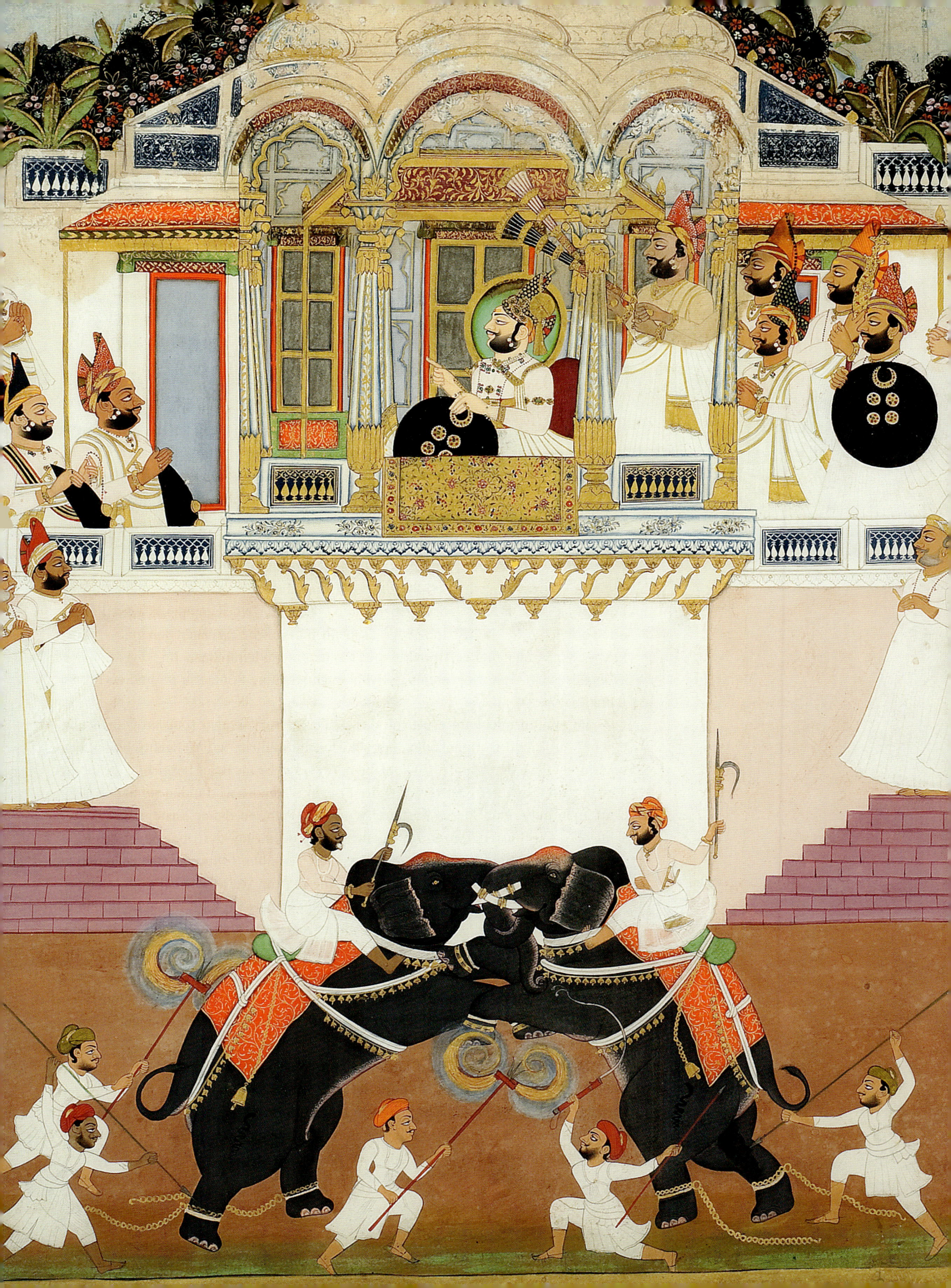

Gedichte, kurze Erzählungen und Lobschriften über tatsächliche Könige. Genauso wie die kulturelle und ethnische Vielfalt der indischen Gesellschaft formten auch diese verschiedenen Texte die indischen Vorstellungen vom Königtum.

THEORIEN ZUM KÖNIGTUM

In diesem Aufsatz wird der Begriff »hinduistisch« zur Beschreibung der sich vor dem 13. Jahrhundert in Indien herausbildenden Konzepte von Königen und Königtum verwendet, obwohl die Bezeichnung Hinduismus für die Zeit vor dem 18. Jahrhundert anachronistisch ist. Denn erst dann begannen die Europäer in ihrem Bemühen, die in Indien anzutreffenden religiösen Konzepte und Praktiken im Rahmen ihres jüdisch-christlichen Denkens zu verstehen, die dortigen nichtislamischen Traditionen mit dem Etikett »Hindu-Religionen« zu versehen. In der Folge wurden die Inder, die sich selbst als Vaishnaviten, Anhänger des Gottes Vishnu oder einer seiner Inkarnationen wie Krishna, bzw. Shaiviten, Anhänger des Gottes Shiva, oder als Jünger von Göttinnen wie Shakti oder Durga begriffen, als Hindus bezeichnet. Der Begriff Hinduismus umfasste und vereinheitlichte somit ein großes Spektrum an indischen Gottheiten und religiösen Ritualen. Darüber hinaus entwickelten die Glaubensgemeinschaften der Jains und Sikhs, auch wenn sie aus den Hindu-Religionen heraus entstanden waren, abweichende Konzepte des Königtums. Ab etwa 1200 bekamen muslimische Herrschaftsideale mehr Gewicht und wurden auf die indischen Gegebenheiten übertragen. Noch komplexer wird die Situation durch die kulturellen und geografischen Unterschiede zwischen den indo-arischen Staaten im Norden und den dravidischen Staaten im Süden Indiens. Im Folgenden geht es in erster Linie um Nordindien, obwohl auch wichtige Könige in Südindien Erwähnung finden.

Im Hinduismus wird erwartet, dass jeder Mensch seinem *Dharma* gemäß lebt, einem Moral- und Normenkodex, der schlicht mit »Pflicht« oder »Rechtschaffenheit« umschrieben werden könnte. Obwohl die normalerweise als Rajas bezeichneten Hindukönige theoretisch der Kaste (*varna*) der Krieger angehörten, standen sie in gewissem Sinn auch außerhalb dieses Kastensystems und konnten daher Kastenstreitigkeiten schlichten und Kastengrenzen festlegen.[4] Eine Erweiterung des Dharma ist das *Rajadharma*, »die Art und Weise, wie ein König sich verhalten sollte, um rechtschaffen zu sein«. Eng damit verknüpft ist das *Rajaniti*, »die Art und Weise, wie ein König sich verhalten sollte, um erfolgreich zu sein«.[5] Den Königen fiel es oft schwer, beides miteinander zu vereinen. Im *Mahabharata* sieht sich der eigentlich wahrheitsliebende Pandava-König Yudhisthira während des großen Krieges mit diesem Dilemma konfrontiert: Um einen Vorteil über Drona, seinen früheren Guru und nun unbesiegbaren Feind zu gewinnen, erzählt er ihm, dass Aswathima tot sei, wohl wissend, dass Drona denken muss, sein eigener Sohn sei gemeint, wohingegen es eigentlich um einen gleichnamigen Elefanten geht, der erschlagen worden ist.

In der wissenschaftlichen Literatur zum Wesen des hinduistischen Königtums spiegeln sich die komplexen Ursprünge der königlichen Autorität und die inneren Widersprüche der königlichen Macht wider. In einer Interpretationslinie heißt es, dass ein Hindukönig an der Göttlichkeit teilhabe und hauptsächlich durch Opferrituale als Vermittler zwischen dem Göttlichen und dem Weltlichen fungiere.[6] Anderen Auslegungen

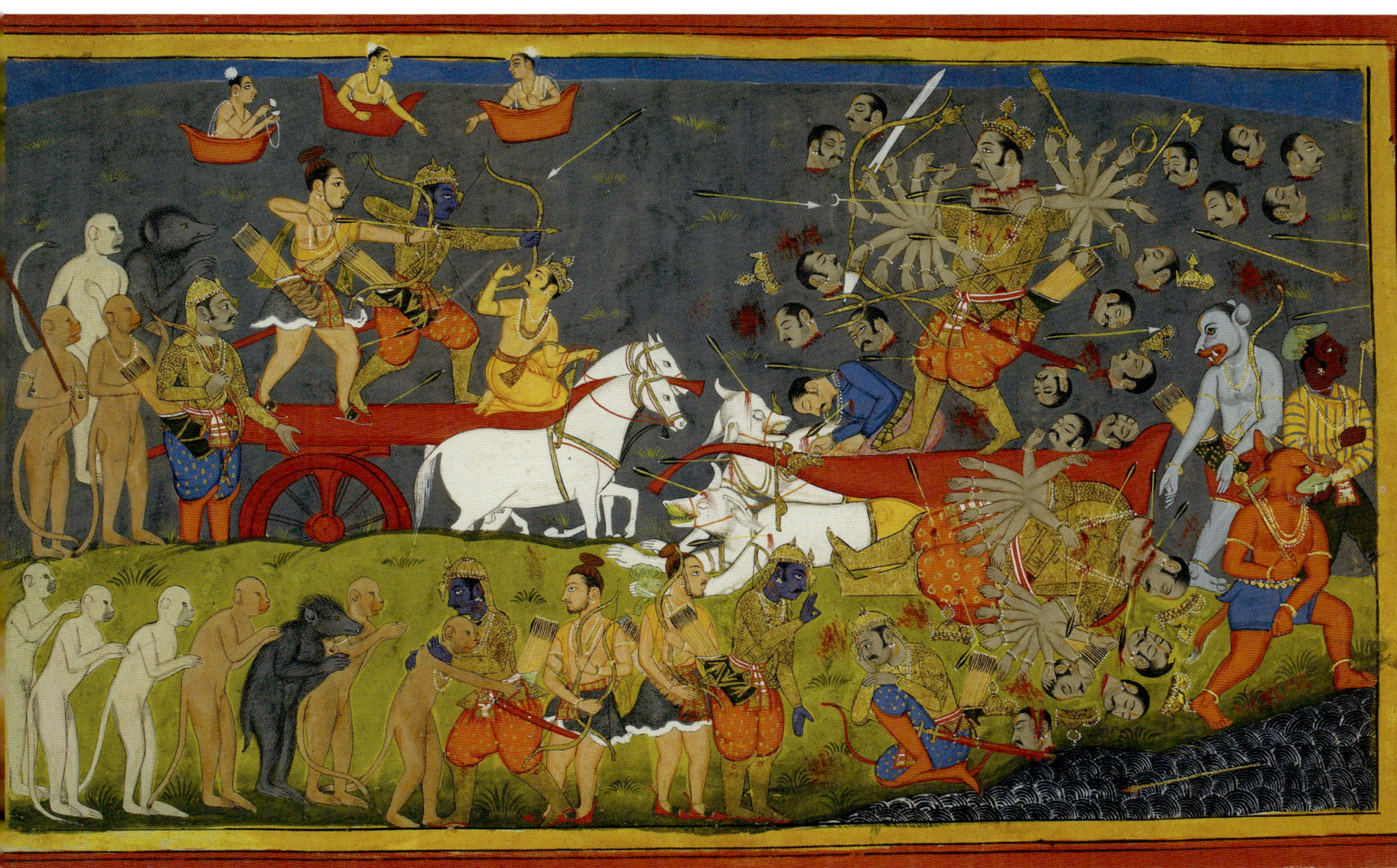

zufolge wird dem Hindukönig bei der zeremoniellen Amtseinsetzung neben der politischen Souveränität auch eine Art Gottesgnadentum verliehen. Die Inthronisierung ging mit wichtigen Ritualen einher: der neue König wurde auf ein Kissen oder Podest (*gaddi*) gesetzt, das von Göttinnen mit göttlichen Eigenschaften erfüllt worden war; dann wurde er mit gesegneten Substanzen wie geklärter Butter und Milch besprenkelt (*rajabhiseka*) und ihm eine vertikale rote Linie (*rajtilak*) auf die Stirn gezeichnet (Abb. 34).[7] Anschließend konnte ein Hinduherrscher verschiedene Ehrerweisungen (*pujas*) an die Schutzgottheiten darbringen, um das Wohlergehen seiner Dynastie, seines Staates und seiner Untertanen zu sichern. Eine Darstellung des Rajputenherrschers Maharana Sangram Singh II. von Mewar (reg. 1710–1734) versinnbildlicht die heiligen und weltlichen Aufgaben des Königs, indem es ihn bei der Opferung eines Büffels zu *Navaratri* zeigt, einem im Herbst zu Ehren der Göttin Durga stattfindenden Fest. Bei den Rajputen (Königssöhnen) begannen die Navaratri-Feierlichkeiten mit der Verehrung des zweischneidigen Schwertes, das den für die Verteidigung des Klans und Staates notwendigen kriegerischen Mut symbolisiert und mit dem später der Büffel getötet wurde (Abb. 35).

Im 6. Jahrhundert v. Chr. entstanden auf Grundlage der hinduistischen Tradition der Buddhismus und Jainismus als soziale und religiöse Reformbewegungen, die sich dagegen wandten, dass die Abstammung zum alleinigen Kriterium für den gesell-

33
Rama tötet Ravana

Udaipur, Mitte 17. Jahrhundert
Deckende Wasserfarbe auf Papier
British Library, London, Add.MS. 15297(1) f. 166a)

Dieses Blatt stammt aus der Ramayana-Handschrift, die zwischen 1649 und 1652 im Auftrag von Maharana Jagat Singh von Mewar angefertigt wurde. Der Maharana Bhim Singh von Mewar schenkte sie Colonel James Tod, der von 1818 bis 1822 der erste britische Vertreter an den Höfen der westlichen Rajputenstaaten war.

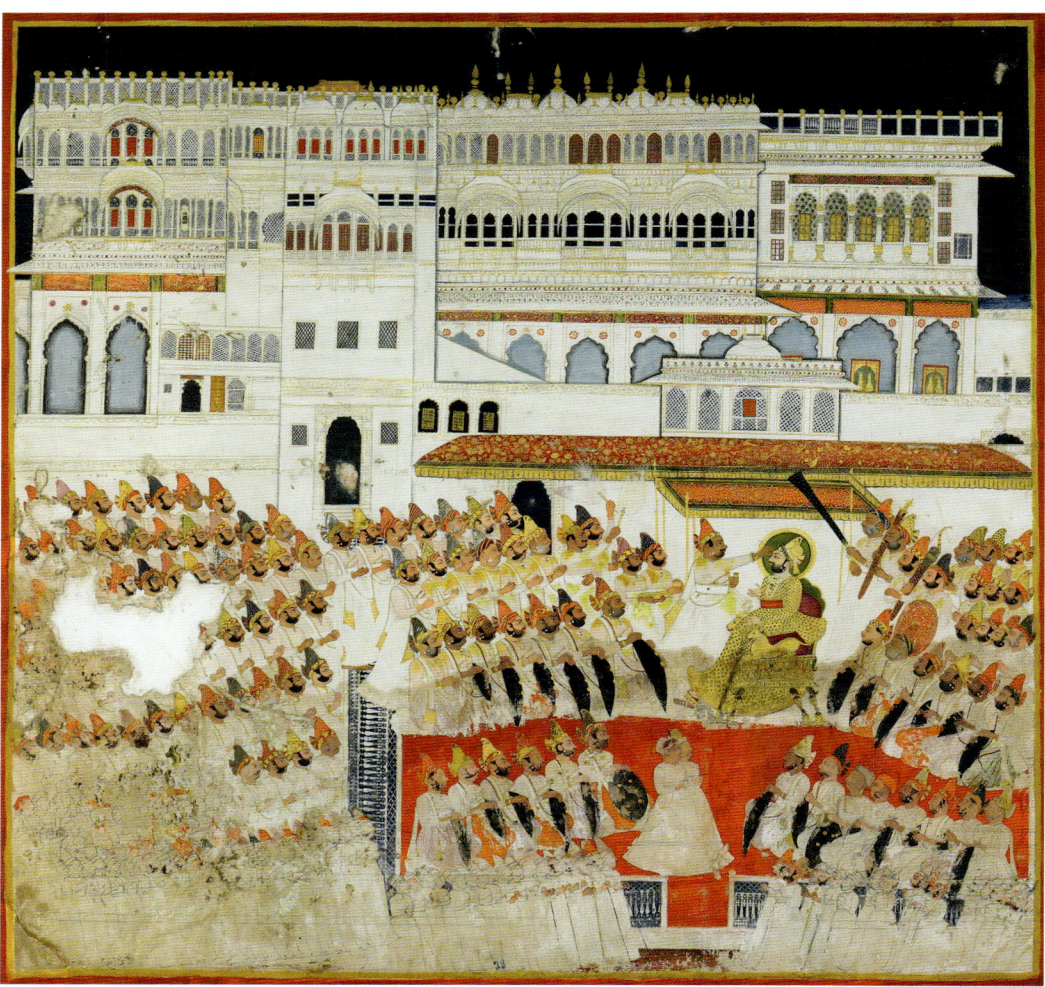

schaftlichen Rang geworden war. Folglich hatte für Jainmönche der Charakter eines Königs einen höheren Stellenwert als seine Geburt. Von Jainkönigen wurde ein vernünftiges Maß an Weisheit und Tapferkeit verlangt, gepaart mit Demut, Liebe zu den Menschen und allen fühlenden Wesen sowie schließlich auch Gleichmut gegenüber der Vergänglichkeit allen Lebens.[8] Nur ein moralisch vorbildlicher Jainkönig konnte als Herrscher effektiv sein. Da Gewaltlosigkeit (*ahimsa*) ein grundlegendes Prinzip des Jainismus war, durften Jainkönige kein Fleisch essen oder Alkohol trinken, sollten auf Glücksspiele, Tierkämpfe und die Jagd verzichten und sexuell enthaltsam sein. Die Kriegsführung war allerdings »eine moralische und unvermeidliche Aufgabe eines Königs«.[9] Zu den angenehmeren Aufgaben des Jainkönigs gehörte es, die Bettelmönche und Tempel der Jains zu schützen. Aus Forschungen über das mittelalterliche Gujarat, Karnataka und Tamilnadu geht hervor, wie Hindukönige gemäß den jainischen Konzepten vom Königtum herrschten und dadurch von den einflussreichen Jaingruppen als rechtmäßige Könige anerkannt wurden (Abb. 36).[10]

Nach islamischer Vorstellung, die Gott über allem und außerhalb seiner Schöpfung sieht, können die muslimischen Könige keine Repräsentationen des göttlichen Schöpfers sein oder auch nur eines seiner Attribute teilen.[11] In einem Koranvers wird das Königtum als ein Geschenk Gottes beschrieben, das dieser auch wieder zurücknehmen könne.[12] Als muslimische Turkvölker im frühen 13. Jahrhundert einen Staat mit der Hauptstadt Delhi gründeten, galten ihre Herrscher den Stammesbräuchen gemäß als die Ersten unter Gleichen. Die muslimischen Sultane ersuchten die Kalifen in Bagdad bzw. Ägypten um die religiöse Legitimierung ihrer Herrschaft,[13] denn die Abbasiden-Kalifen (750–1258), die den Titel »Schatten Gottes auf Erden« annahmen, beanspruchten die religiöse und politische Herrschaft über die islamische Gesamtgemeinschaft. Shams al-din Iltumish (reg. 1210–1236), der zweite Sultan von Delhi, erhielt 1229 vom Abbasiden-Kalif al-Mustansir den Titel »Rechte Hand des Kalifen und Stütze des Gebieters der Gläubigen«.[14] Andere Sultane von Delhi und vom Dekkan ersuchten die letzten Abbasiden- und dann die Fatimiden-Kalife um ähnliche Zusicherungen zur Untermauerung ihrer Macht. Die meisten muslimischen Herrscher dieser Epoche benutzten den Titel »Schatten Gottes«. Zudem machten sie ihre Rechtmäßigkeit und Unabhängigkeit von einer übergeordneten Macht geltend, indem sie in den großen Moscheen in ihren Gebieten die Freitagsgebete (*khutba*) in ihrem Namen lesen ließen.

Im Gegensatz dazu knüpfte Akbar, der dritte Großmogul (reg. 1556–1605), ein komplexes Legitimationsgewebe aus vielen verschiedenen Fäden, zu denen aber nicht die Sanktion durch den Kalifen von Istanbul gehörte. Anfänglich war er vom mystischen Chishti-Sufismus begeistert und von den Konflikten zwischen den oft korrupten muslimischen Religionsgelehrten (*ulama*) am Hof abgestoßen. Deshalb erließ er 1579 ein Edikt, das besagte, dass seine Autorität der des Kalifen entspreche, um in religiösen Fragen entscheiden zu können, über die zwischen *Ulamas* und muslimischen Rechtsgelehrten Uneinigkeit herrschte. Anschließend konstruierte sein Hofhistoriker Abu'l Fazl eine mit Adam beginnende Ahnenreihe, in der Akbars timuridisch-mongolische Abstammung als wichtigster Grund für die Rechtmäßigkeit der Mogulherrschaft in Indien

35

Maharana Sangram Singh II. von Mewar tötet an Navaratri einen Büffel (Ausschnitt)

Udaipur, ca. 1727
Deckende Wasserfarbe auf Papier
Maharana of Mewar Charitable Foundation

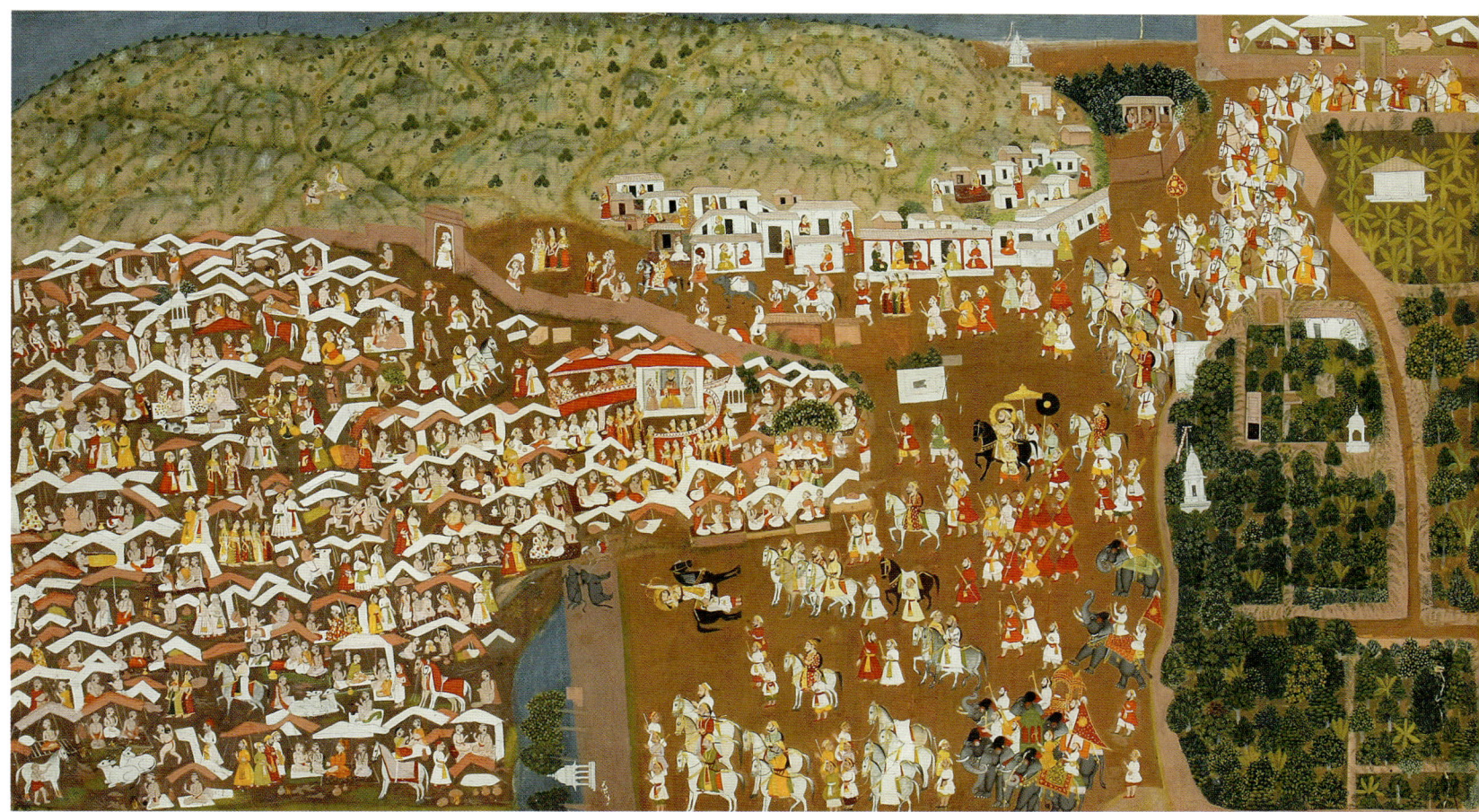

36
Sangrahani-Sutra-Handschrift (Ausschnitte)

Rajasthan, 18. Jahrhundert
Tinte und Aquarellfarbe auf Papier
25,4 x 11,7 cm
Victoria and Albert Museum, London

Das Sangrahani Sutra ist ein im 12. Jahrhundert in Sanskrit verfasster illuminierter kosmologischer Text. Auf diesen beiden Seiten aus einer im 18. Jahrhundert angefertigten Kopie sind die Symbole des Königtums skizziert.

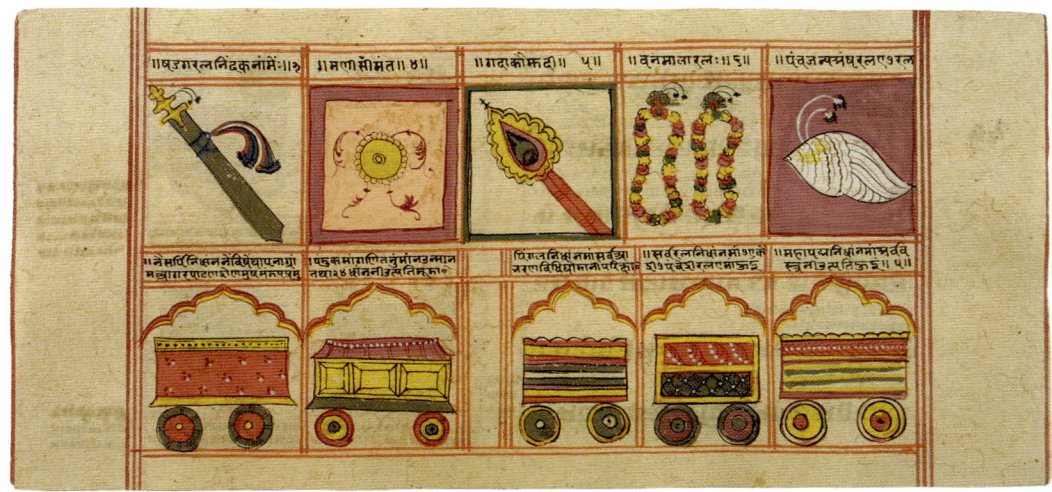

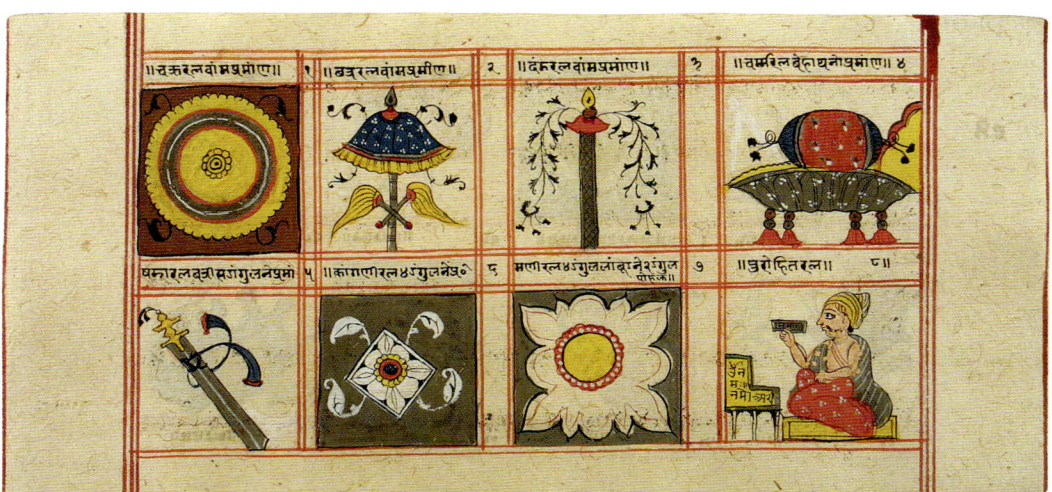

herausgestellt wurde. Außerdem pries Abu'l Fazl Akbar als den »perfekten Menschen«, der von einem göttlichen Licht erfüllt sei, das nur wenige Auserwählte wahrnehmen könnten.[15] Sein göttlicher Funke – und der seiner Nachkommen – werde durch einen Nimbus oder einen Heiligenschein sichtbar. In den folgenden Jahrhunderten holten sich immer weniger große muslimische Herrscher bei den Kalifen von Istanbul eine Bestätigung für ihre Herrschaft; einer der wenigen war Tipu, Sultan von Mysore, Ende der 1780er Jahre. Wie Akbar zeichnete sich Tipu dadurch aus, dass er zur Legitimierung seiner Macht in dem mehrheitlich hinduistischen Staat Mysore mehrere Begründungen heranzog.[16]

DIE KÖNIGLICHE HERRSCHAFT IN DER PRAXIS

Die meisten Könige in Indien, ganz gleich, ob Hindus, Jains, Muslime oder Sikhs, kamen mit militärischer Unterstützung von Verwandten, Verbündeten auf lokaler Ebene oder manchmal auch mit Hilfe von im Krieg gefangen genommenen Sklaven an die Macht. Wenn sie als Könige ihre Herrschaft über bestimmte Territorien gefestigt hatten, belohnten sie ihre Verbündeten für deren militärische und zivile Dienste sowie erhoffte Treue mit Steuerlehen. Die muslimischen Sultane von Delhi vergaben als Gegenleistung für die ihnen erbrachte Treue und gelegentliche militärische Hilfe *Iqtas*, Landparzellen, in denen der Empfänger bzw. *Iqtadar* Verwaltungsaufgaben übernahm, einschließlich der Erhebung von Steuern. Die Großmoguln entwickelten diese Praxis mit den *jagirs* weiter, mit denen der *Jagirdar* für den Unterhalt einer bestimmten, seinem Rang als *Mansabdar* entsprechenden Anzahl an Truppen und für die Bereitstellung militärischer und ziviler Dienste belohnt wurde. Auch der *Jagirdar* erhielt die Steuereinnahmen für die ihm zugewiesenen Landstriche, verwaltete diese im Gegensatz zum *Iqtadar* aber nicht. In Anerkennung seines untergeordneten Ranges zahlte der *Jagirdar* dem Groß-mogul oder König einen Tribut in Münzen oder materiellen Gütern (*peshkash*).[17]

Die Rajputenkönige stützten sich bei der Etablierung und Ausdehnung ihrer Herrschaftsgebiete auf ihre Bruderschaften (*bhaibamdh*), zu denen neben der Blutsver-wandtschaft mit gemeinsamen Vorfahren auch die angeheiratete Verwandtschaft (*saga*) gehörte. Dass die Autorität der Rajputenkönige häufig von den zahlreichen Söhnen und den Verwandten väter- und mütterlicherseits angefochten wurde, ist zum Teil auf die Polygynie und auf die Tatsache zurückzuführen, dass es kein Erstgeburtsrecht gab. Einige kühne Söhne zogen aber auch aus, um einen eigenen Staat zu gründen. Daher breite-ten sich ab etwa 1000 n. Chr. die Rajputenreiche allmählich in einem Bogen von Gujarat im Westen durch die Wüste Thar bis zu den Ausläufern des Himalaja aus. Rao Bika, der zweite und älteste überlebende Sohn des Rajputenherrschers Rao Jodha vom Klan der Rathore, der 1459 Jodhpur als Hauptstadt des Staates Marwar erbauen ließ, gründete 1472 nordwestlich von Marwar den Staat Bikaner. Die anderen Söhne von Rao Jodha kamen in den Besitz von kleineren Herrschaftsgebieten oder Landgütern (*thikana*). *Thikanadars* nahmen auf ihren Ländereien die Steuern ein, sprachen dort Recht, leiste-ten ihrem Oberherrn militärische Dienste und konnten ihm auch einen Sohn zur Adop-tion anbieten, falls er keinen männlichen Erben hatte.[18]

Im 16. Jahrhundert bemühten sich die Rajputenkönige, die Treuebeziehungen auf eine andere Grundlage zu stellen. Ausschlaggebend sollte nicht mehr allein das Ver-wandtschaftsverhältnis sein, sondern auch das Verdienst. Doch Familienmitglieder, die bei der Gründung eines Staates geholfen hatten, wehrten sich häufig gegen die Bestre-bungen ihres Königs, eine strengere Kontrolle über das Land, die Steuereinnahmen oder politischen Beziehungen der *Thikanadars* auszuüben. In einigen indischen Staaten waren diese landbesitzenden Verwandten der Könige unter den Bezeichnungen *Jagirdar* oder *Thakur* bekannt. Um ihre Herrschaft über Verwandtschaft und Vasallen zu untermauern, verließen sich ehrgeizige Rajputenkönige nicht nur auf ihre militärische Stärke und das Wohlwollen ihrer Schutzgottheiten, sondern beauftragten auch *Bhats* und *Charans*, ihre Ansprüche in Formen der mündlichen Literatur darzustellen. *Bhats* erstellten und ergänzten Ahnenreihen, in denen die Abstammung der Rajputenherrscher auf frühere Rajputendynastien und auf die Sonnen-, Mond- und Feuergötter der vedischen Tradition zurückverfolgt wurde. *Charans* trugen anekdotenhafte Erzählungen (*batan*) der helden-haften Taten ihrer Herrscher vor, in denen deren Männlichkeit, Ehrgefühl (*izzat*) und Fähigkeit, ihre Untertanen zu beschützen, herausgestellt wurden.[19]

Zur Wahrung der inneren und äußeren Sicherheit diente den indischen Königen aller Glaubensrichtungen *Danda*, ein Stock oder eine Rute, die das Recht der Bestrafung symbolisiert. *Danda* beruhte auf zwei wesentlichen Aspekten, der körperlichen Kraft des Herrschers und der Angst seiner Untertanen vor ihm.[20] Innerhalb seines Reichs setzte der König *Danda* an Hof- und Gerichtstagen ein, wo er in Streitfragen schlichtete, Recht

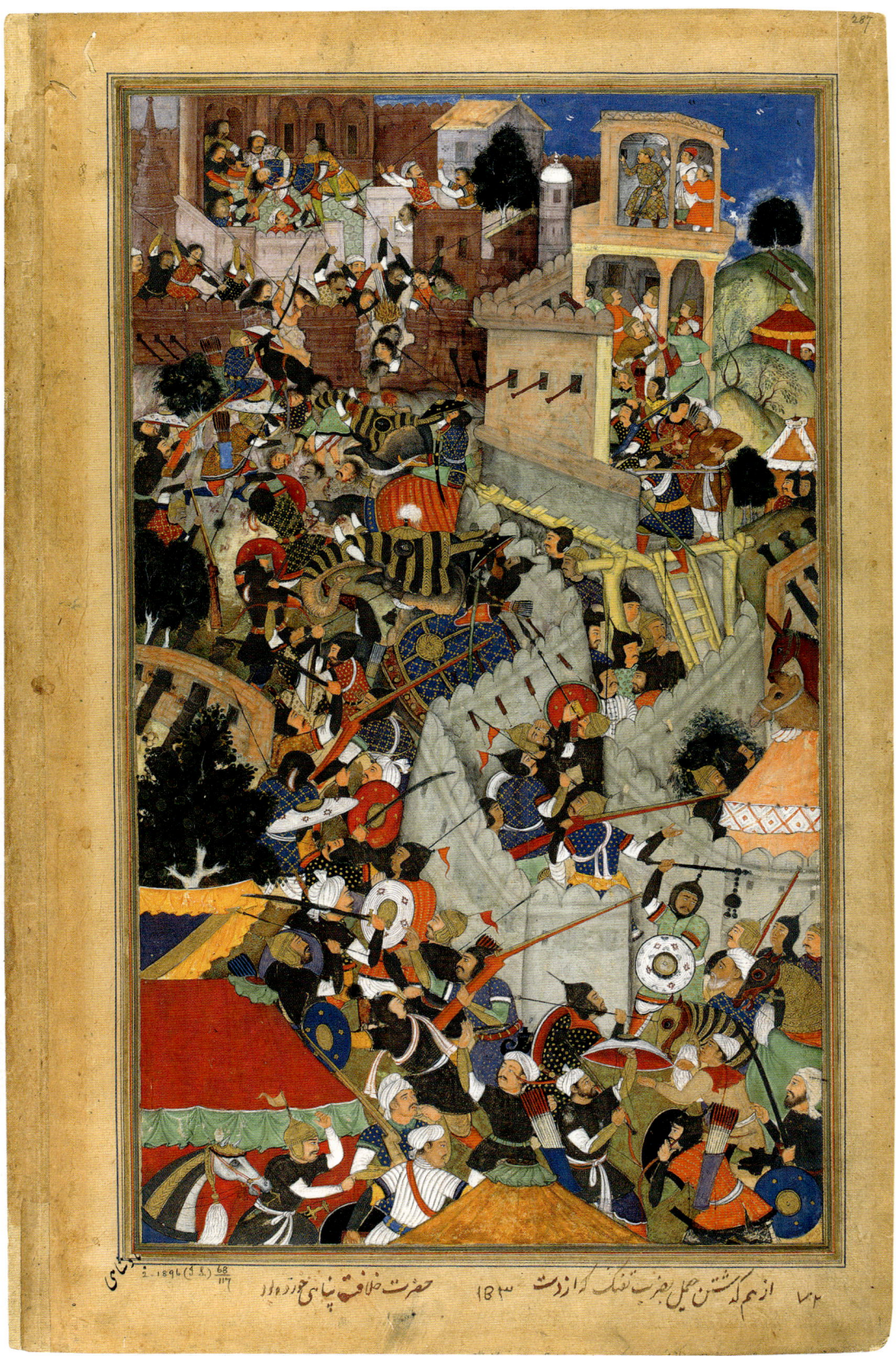

**Bei der Belagerung von Chittor
schießt Großmogul Akbar auf Jaimal**

Aus dem Akbarnama, der offiziellen Chronik
der Herrschaft Akbars
Mogulhof, 1597/98
Deckende Wasserfarbe auf Papier
32 x 19,2 cm
Victoria and Albert Museum, London

Auf dieser Seite aus dem illuminierten Band
über das Leben des Großmoguls Akbar ist
die Belagerung der Festung Chittor dargestellt,
der Hauptstadt der Rajputenherrscher von
Mewar. Der Großmogul ist oben rechts in
einem Pavillon zu sehen, von wo aus er auf
den Rajputengeneral Jaimal schießt, der die
charakteristische blaue *Hazar-mukhi* (tausend-
köpfige) Rüstung trägt.

38 *Rechte Seite*
Rüstung

Udaipur, 18. Jahrhundert
Schichten aus Hanf, Samt und Seide
und vergoldetes Kupfer
107 x 57 cm
Victoria and Albert Museum, London

Diese Rüstung ist eines der wenigen erhaltenen
Beispiele der *Hazar-mukhi* (tausendköpfig)
genannten Technik, die vor allem in Mewar
verbreitet war und bei der Stoffschichten mit
vergoldeten Messingnieten zusammengeheftet
wurden.

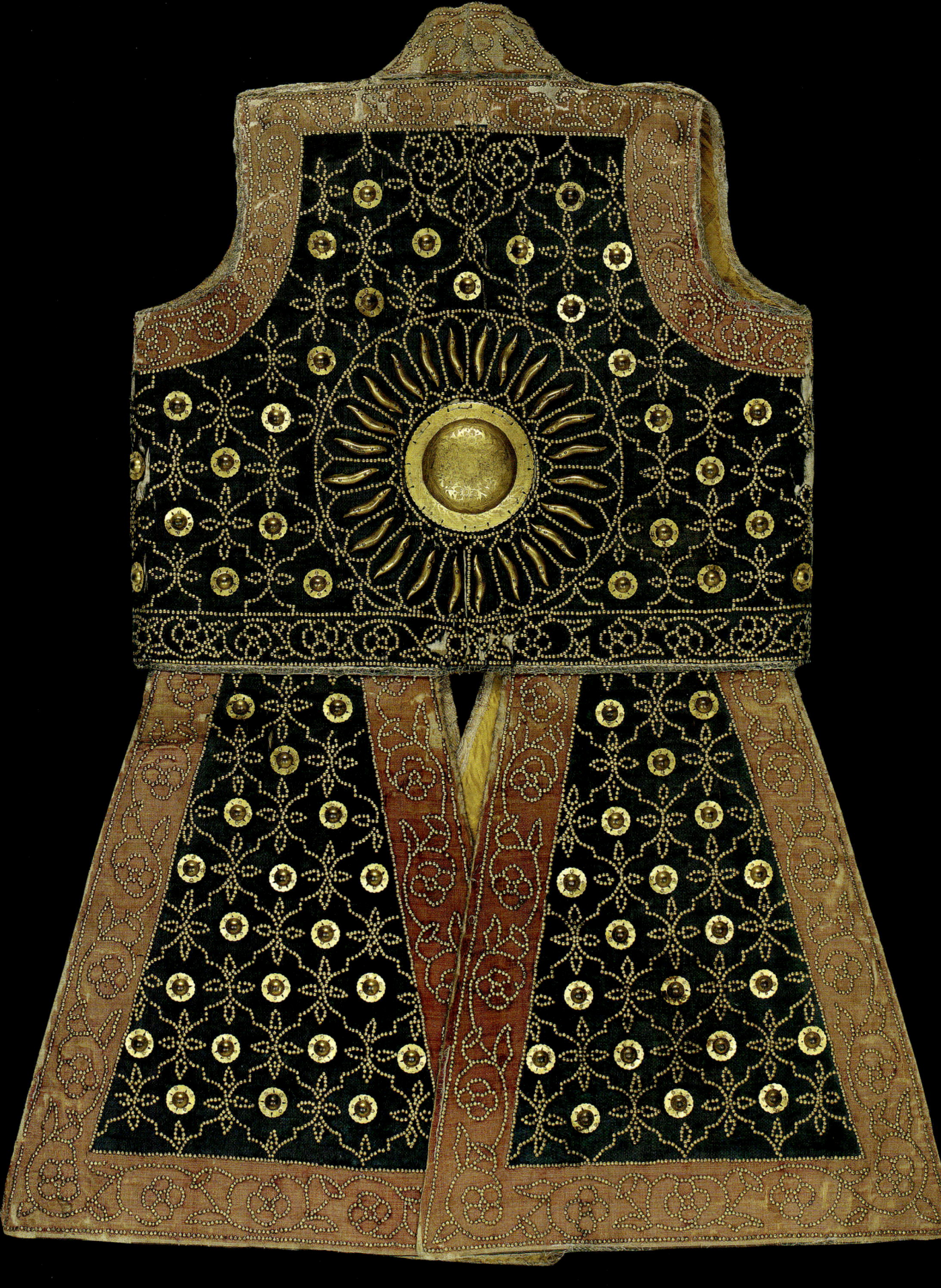

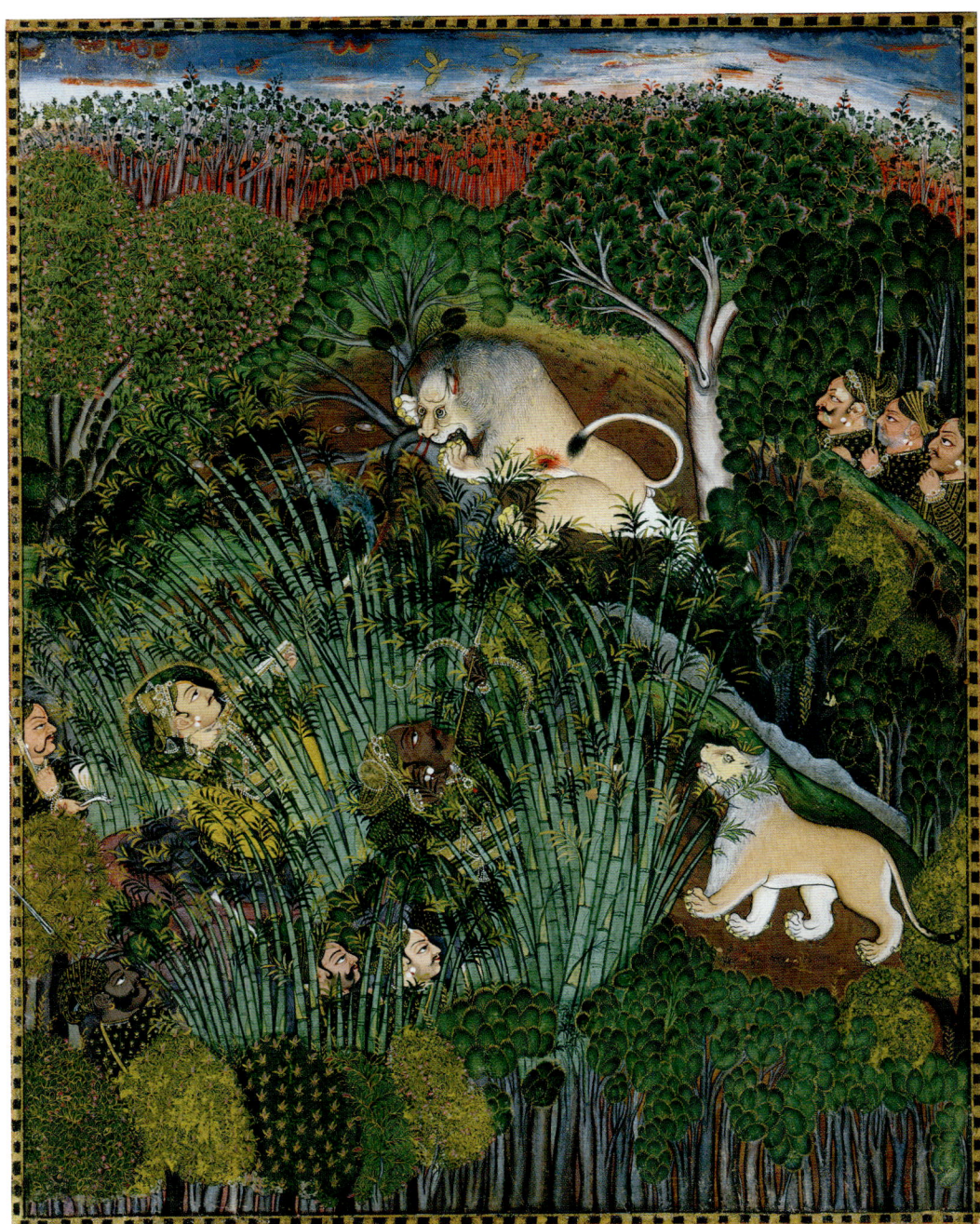

sprach und Strafen verhängte. Um seine Untertanen vor äußeren Feinden zu schützen, benötigte ein König die physischen und geistigen Fähigkeiten, seine Soldaten in die Schlacht zu führen (Abb. 37, 38). Für die Finanzierung seines Heeres, seiner Regierung und seines Haushalts musste ein König ausreichende Mittel (*artha*) aufbringen. Seine Haupteinnahmequelle war die Besteuerung des Ernteertrags der Bauern auf den Kronländern. Zusätzliche Einnahmequellen waren Tributzahlungen wie das *Peshkash* von den *Thikanadars* oder *Jagirdars*, Steuern auf den Handel und das Handwerk sowie außergewöhnliche Steuererhebungen beispielsweise anlässlich der Hochzeiten seiner Kinder.

Wie die Helden im *Ramayana* und *Mahabharata* wurden die Könige und gelegentlich eine Prinzessin oder Königin in den Kriegskünsten ausgebildet und im Gebrauch von Waffen unterwiesen, die auch in öffentlichen Zeremonien zur Schau gestellt wurden und häufig auf bildlichen Darstellungen von Herrschern zu sehen sind (Abb. 40, 41). Die

Jagd als königlicher Zeitvertreib bot Gelegenheit, praktische Erfahrung für den Krieg zu sammeln, sich als Beschützer der Bauern vor Raubtieren zu zeigen und Männlichkeit unter Beweis zu stellen. Besonders die Herrscher von Kota und Bundi gaben viele Gemälde von gefährlichen Jagden in Auftrag. In einer dramatischen Szene ist ein Herrscher von Kota dargestellt, wie er gerade einen Löwen, dargestellt als König des Dschungels, aus nächster Nähe erlegt, statt von einem relativ sicheren Hochsitz in einem Baum oder auf einem Elefanten (Abb. 39). Auch die Damen des Hofes gingen auf die Jagd, wie es auf dem Gemälde einer Königin von Bijapur zu sehen ist, die mit ihren Dienerinnen beim Schießen von Wild dargestellt ist (siehe Abb. 104). Im 20. Jahrhundert erzählte die Maharani Gayatri Devi von Jaipur, dass sie ihren ersten Panther in ihrem Heimatland Cooch Behar in Bengalen im Alter von zwölf Jahren geschossen habe.[21]

Das am häufigsten bei der königlichen Jagd und Kriegsführung eingesetzte Tier war der Elefant, und Elefantenkämpfe waren bei den Mogul- und Rajputenherrschern beliebte Spektakel (Abb. 42). Für die Kriegsführung wurden ab dem 16. Jahrhundert wegen ihrer besseren Beweglichkeit Pferde bevorzugt, insbesondere in Marwar.[22] Polo galt als königlicher Sport, bei dem die Spieler ihre Fähigkeiten als Reiter entwickeln konnten wie Maharaja Man Singh von Marwar, der auf einem Gemälde beim Polospiel mit Damen seines Hofes zu sehen ist (Abb. 43). Die reich verzierten *Howdahs*, Sättel und der Schmuck für Elefanten und Pferde bezeugt deren hohen Stellenwert (Abb. 44).

Ein bedeutender Aspekt des Königtums in Indien war die Verteilung von Geschenken (*dana*) an weltliche und geistliche Würdenträger. In einer Geste des Austauschs, mit der die Herrschaftshierarchie bekräftigt wurde, überreichten hinduistische und muslimische Könige Geschenke an Minister, Adlige und religiöse Institutionen, die

39 *Linke Seite oben*
Maharao Durjan Sal von Kota
auf Löwenjagd
Kota, 1778
Deckende Wasserfarbe und Gold auf Papier
57,3 × 42,1 cm
Victoria and Albert Museum, London,
Schenkung von Colonel T. G. Gayer-Anderson,
C.M.G., D.S.O. und seinem Zwillingsbruder
Major R. G. Gayer-Anderson, Pasha

41 *Linke Seite außen*
Toredar (Luntenschlossgewehr),
Geschenk des Maharajas von Marwar
an die britische Ostindiengesellschaft
Sindh, Mitte 19. Jahrhundert
Stahl, Palisanderholz und Gold
141 cm
Victoria and Albert Museum, London

40 *Rechts*
Katar (Dolch) mit Heft in Pfauenform
Tanjore (Thanjavur), 17. Jahrhundert
Klinge europäisch
geschnittener und geformter Stahl,
Durchbrucharbeit
47,2 cm
Metropolitan Museum of Art, New York, Vermächtnis George C. Stone, 1935 (36.25.1009)

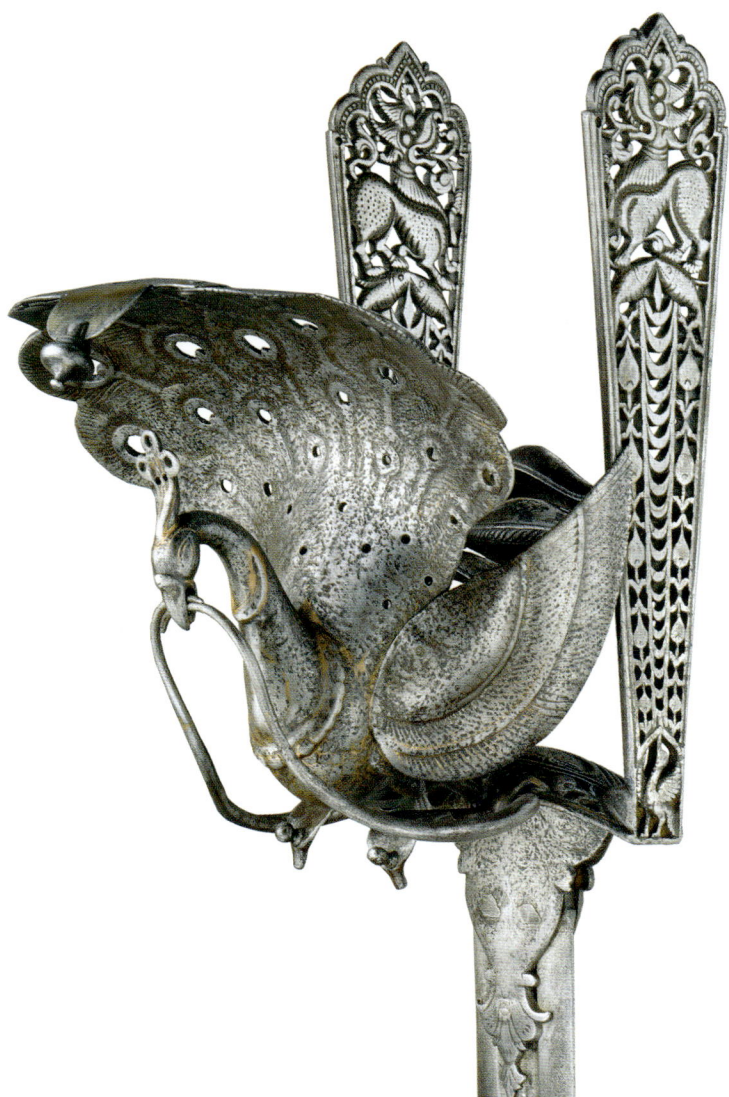

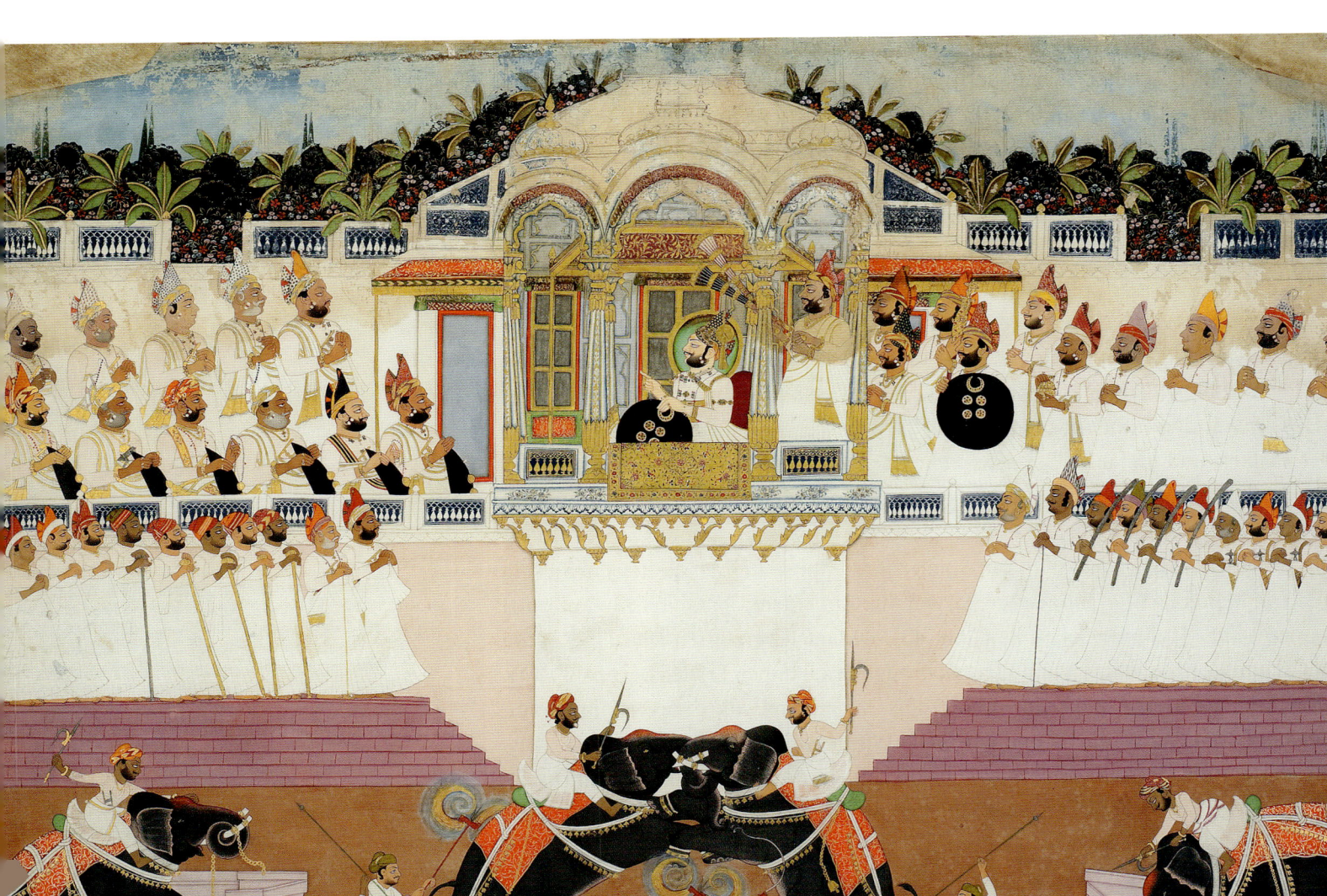

42

**Maharaja Takhat Singh von Marwar
sieht einem Elefantenkampf zu**

Bulaki
Jodhpur, Mitte 19. Jahrhundert
Deckende Wasserfarbe und Gold auf Papier
46 × 65 cm
Mehrangarh Museum Trust

es ihnen ermöglichten, rechtschaffen und erfolgreich zu regieren. Geschenke von Herrschern an Einzelpersonen reichten von steuerfreien Ländereien bis zu *Khilats*, Kleidungsstücken, die der Herrscher berührt oder getragen hatte und die den Empfänger so an seiner Existenz und Autorität teilhaben ließen.[23] Im Gegenzug gaben die Untertanen ihren Herrschern *Nazar*, häufig Goldmünzen, aber auch wertvolle Tiere, Schmuck, Gemälde und im späten 20. Jahrhundert sogar Rupienscheine als Zeichen ihrer Ehrerbietung und Huldigung.[24] Sowohl hinduistische als auch muslimische Herrscher ließen ihre Gunst auch heiligen Männern und weltlichen Künstlern wie Dichtern, Musikern, Tänzern und Malern zuteil werden (s. S. 136 ff.).[25] Für Hindukönige war die Unterstützung von Brahmanen und Tempeln, vor allem an heiligen Stätten wie Varanasi und Nathadwara, eine besonders sichtbare Form königlicher Schirmherrschaft.[26] Die muslimischen Herrscher ließen Moscheen und Religionsschulen (*madrasas*) errichten; einige beschenkten die Führer der mystischen Sufi-Bruderschaften.[27] Zur Unterstützung religiöser Einrichtungen und heiliger Männer wiesen hinduistische und muslimische

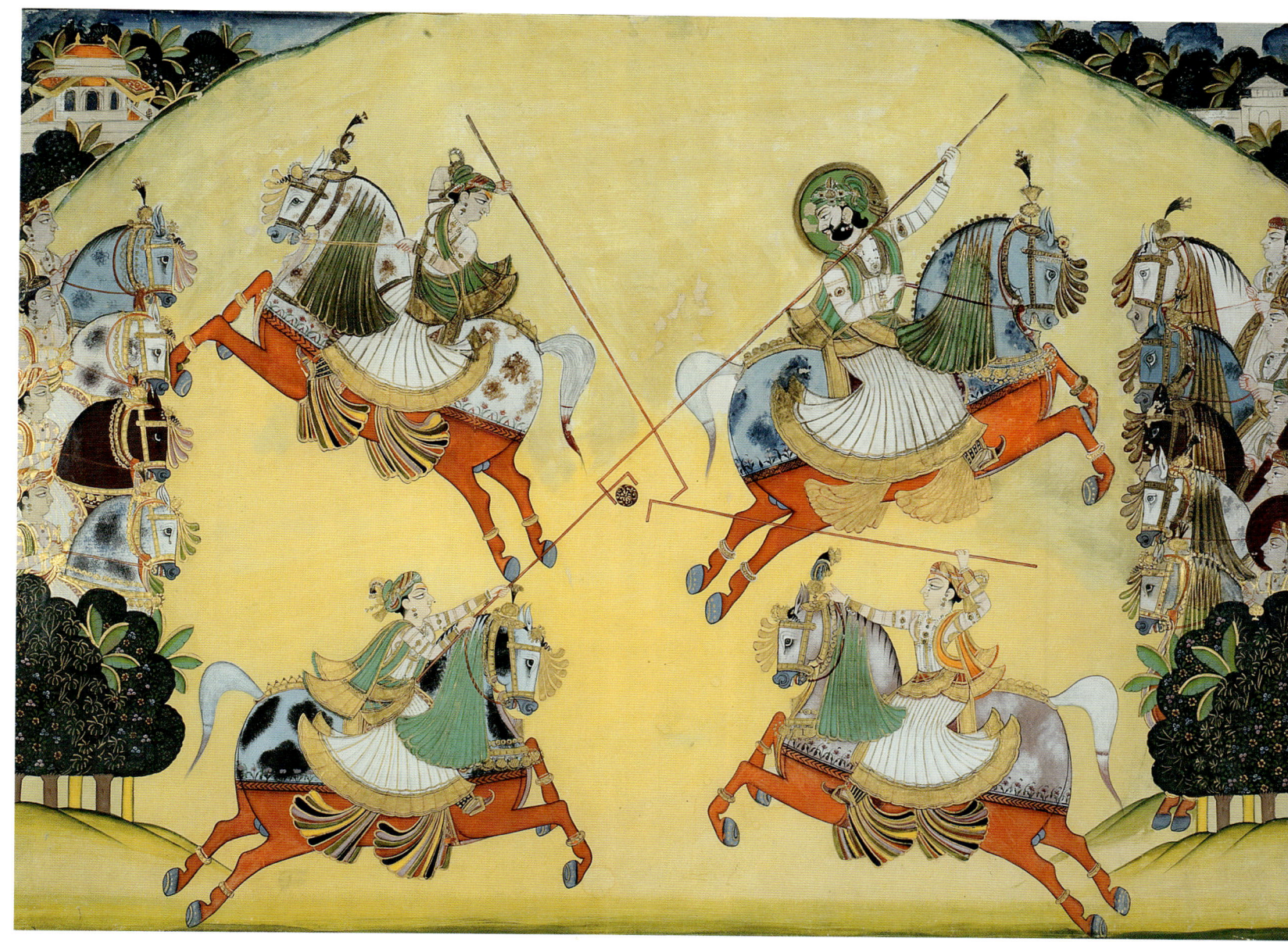

43
**Maharaja Man Singh von Marwar
beim Polospiel mit Damen**
Jodhpur, ca. 1830
Deckende Wasserfarbe und Gold auf Papier
37 x 52 cm
Mehrangarh Museum Trust

Herrscher diesen häufig *Jagirs* zu, für die keine besonderen Dienste oder jährlichen Tributzahlungen gefordert wurden. Sikh-Könige ließen *Gurudwaras* bauen oder vergrößern, wobei ihr Interesse an diesen Tempeln, in denen das heilige Buch der Sikh, das Guru Granth, aufbewahrt wird, insbesondere dort groß war, wo ein Zusammenhang mit dem Leben eines der zehn Sikh-Gurus bestand.

Ganz gleich, ob sie als göttliche, halbgöttliche oder weltliche Herrscher angesehen wurden, standen die Hindukönige im Mittelpunkt öffentlich oder privat vollzogener heiliger Rituale, mit denen die Sicherheit des Staates und das Wohlergehen der Untertanen gewährleistet werden sollten (Abb. 45). Einige Hindukönige begriffen sich als Diener von einer der Gottheiten und die meisten stellten ihre Familie und ihren Staat in die Obhut einer Schutzgottheit. Die Maharanas des Rajputenstaates Mewar betrachteten sich beispielsweise als Diener Shivas in der Gestalt des Eklingji. Es veranschaulicht den Synkretismus der Hindu-Religionen, dass die Maharanas auch »persönliche Anhänger von Shri Nathji«[28] waren, einer Erscheinungsform Krishnas, die in Nathadwara, einer

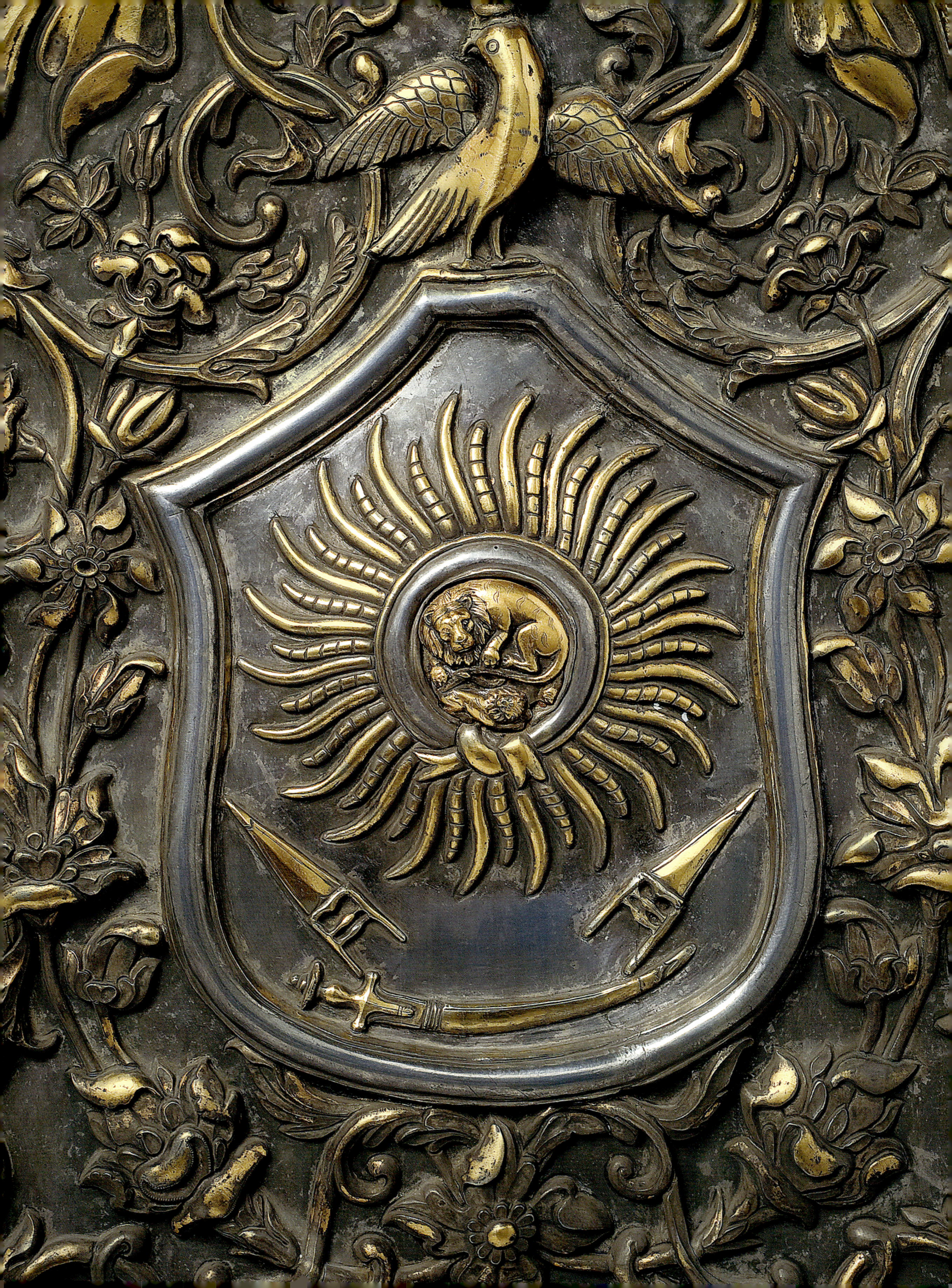

44 *Linke Seite und unten*
Howdah

Jodhpur, spätes 19. Jahrhundert
Silber und vergoldetes Silber auf geschnitztem
Holz, Samt und Seidenbrokat
89 x 178 x 127 cm
Mehrangarh Museum Trust

Die Löwen auf den Seiten der Howdah sind
traditionelle Symbole des indischen Königtums,
während der Schild an der Vorderseite von
westlicher Heraldik inspiriert ist.

45
Raja Balwant Singh von Jasrota beim Gebet

Nainsukh
Vermutlich Jasrota, ca. 1750
Deckende Wasserfarbe auf Papier
57,3 x 42,1 cm
Victoria and Albert Museum, London,
Schenkung von den Friends of Dr W. G. Archer
durch die Associates of the Victoria and
Albert Museum

Der König sitzt betend vor einem tragbaren
Schrein, der dem Gott Vishnu gewidmet ist,
dem »Erhalter« in der hinduistischen Drei-
faltigkeit. Der König ist lediglich mit einem
schlichten weißen Wickeltuch (*dhoti*) bekleidet
und als Zeichen seiner Frömmigkeit bis auf
ein kleines Haarbüschel (*shikha*) kahlrasiert.

wichtigen Pilgerstätte in Mewar, verehrt wurde. An der Südwestküste Indiens unter-
stellte Martanda Varma (reg. 1729–1758) den Staat Travancore der Schutzgottheit Sri
Padmanabha, einer Manifestation Vishnus, dem ein Tempel im Festungspalastkomplex
des Herrschers in der Hauptstadt Trivandrum (Thiruvananthapuram) geweiht war. Da in
den meisten Königtümern der Wohlstand auf der Landwirtschaft gründete, erfüllten viele
Hindukönige ihr *Rajadharma* durch heilige Rituale, mit denen die Fruchtbarkeit des Bo-
dens erhalten und der für eine gute Ernte so wichtige, aber unberechenbare Monsun-
regen herbeigeführt werden sollte. Das derzeitige Oberhaupt der Fürstenfamilie von
Marwar-Jodhpur, Gaj Singh II., hat das Privatritual einer zeremoniellen Aussaat wieder
aufleben lassen.[29]

Ein König war auch das Oberhaupt eines Haushalts mit wichtigen öffentlichen und
privaten Aufgaben. In seiner Lebensphase als Haushälter genoss ein Hindu-Herrscher
auch weltliche Genüsse (*kama*), einschließlich sexueller Freuden, um die Geburt von
Söhnen sicherzustellen, die seine Dynastie fortführen würden (Abb. 46). Im Sinne des
Rajadharma sollten Könige sowohl in ihrem privaten als auch ihrem öffentlichen Leben
wie Könige leben, um ihre Autorität und Macht zur Schau zu stellen. Sie mussten in –
ursprünglich zu Verteidigungszwecken errichteten – beeindruckenden Festungen und
Palästen residieren bzw. auf Feldzügen oder Pilgerreisen zu heiligen Stätten in luxu-

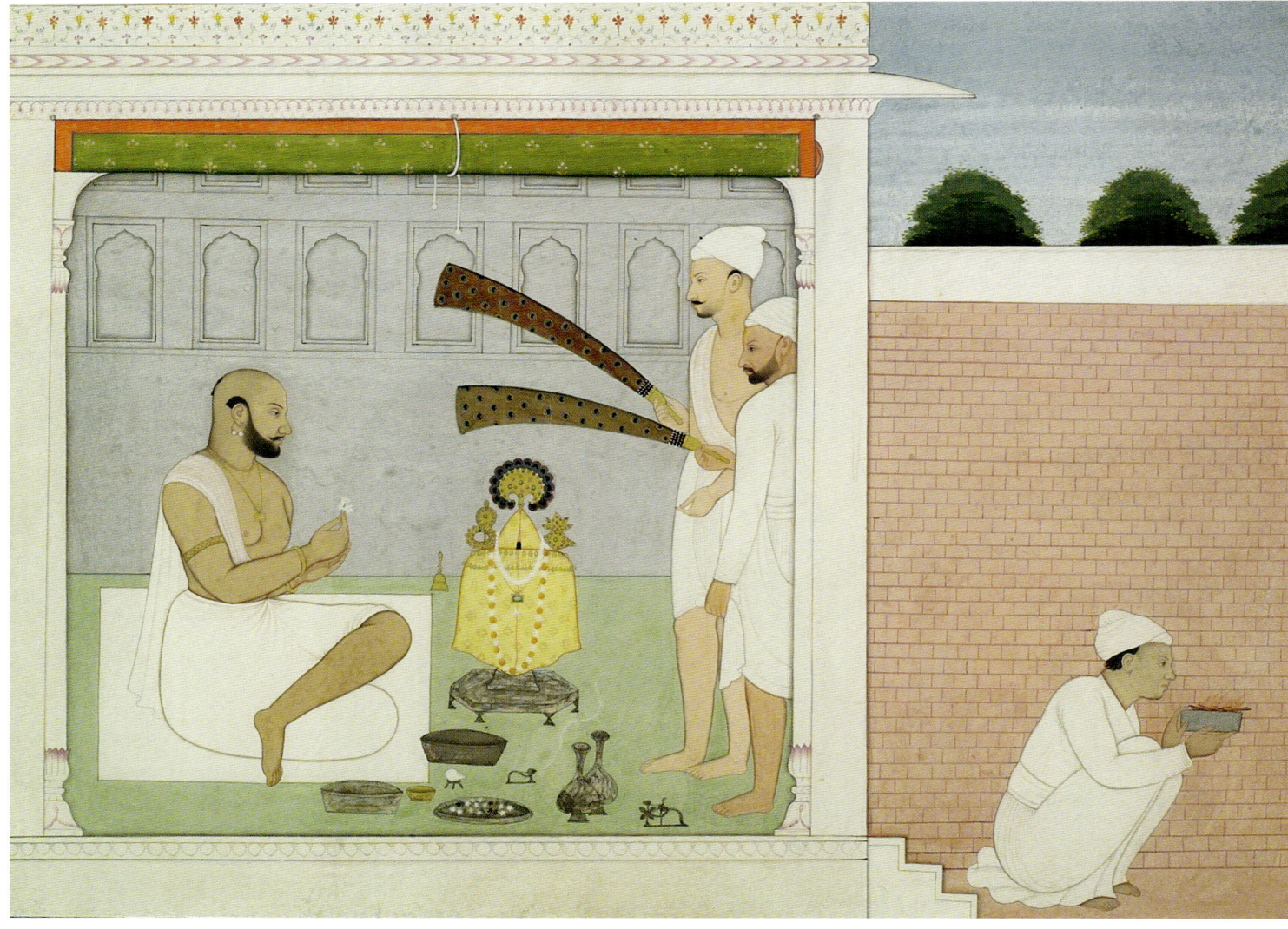

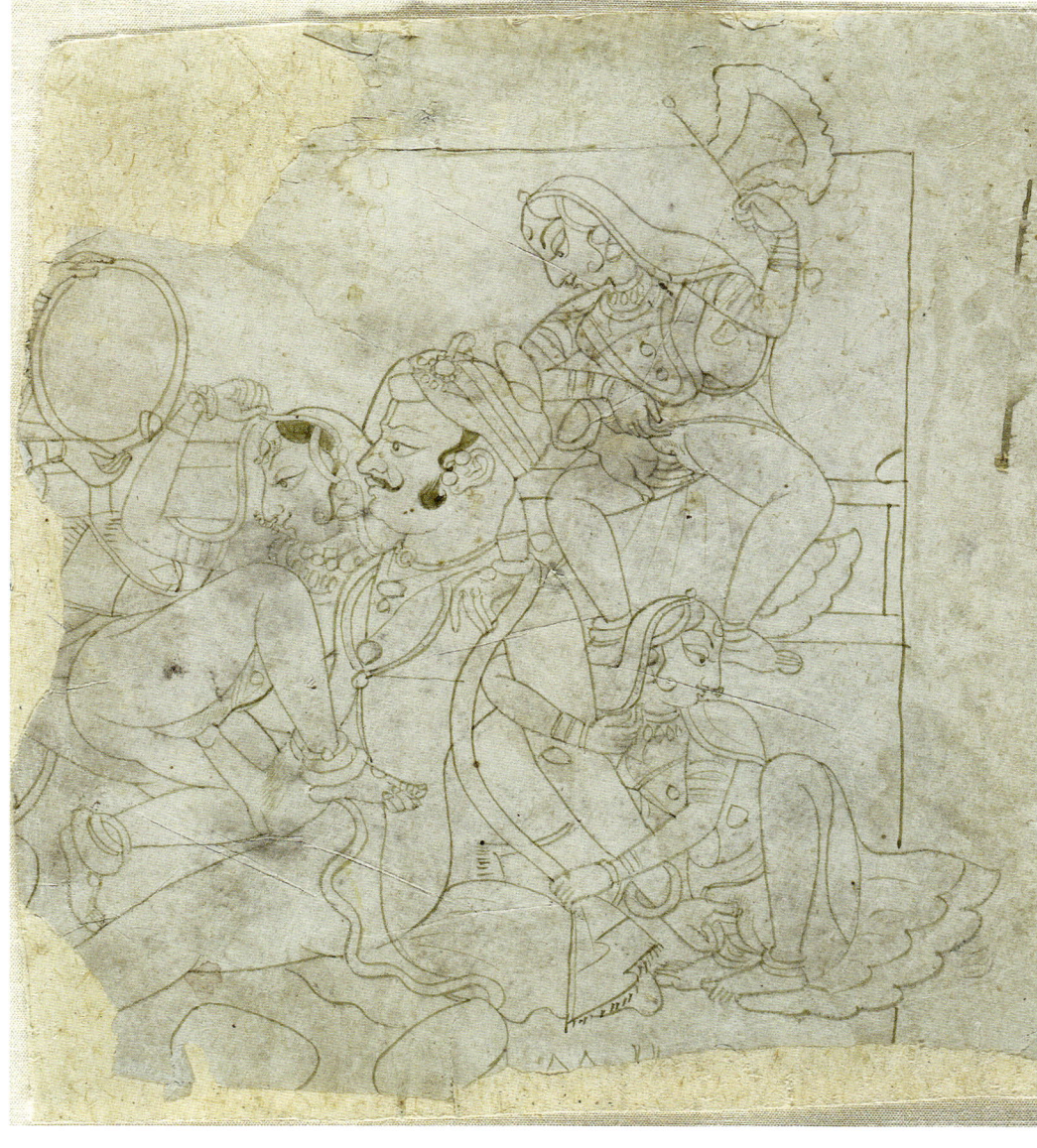

46
**Maharao Ram Singh II. von Kota
beim Liebesspiel mit drei Frauen**

Kota, 1840
Grünbraune Tusche auf blaugrauem Papier
mit Einstichen
14,5 x 14,5 cm
Harvard Art Museum, Arthur M. Sackler
Museum. Von Stuart Cary Welch Jr. ver-
sprochene Schenkung, 226.1983

riösen Zelten wohnen. Sie waren gehalten, kostbaren Schmuck und wertvolle Kleidung
zu tragen. C. A. Bayly weist darauf hin, dass der königliche Bedarf an verschiedenen
Arten hochwertiger Stoffe auch die Produktion solcher Stoffe ankurbelte und so von
Nutzen für den Staat und seine Handwerker war (s. S. 151–162).[30]

ANPASSUNG UND ÜBERLEBEN UNTER MOGULISCHER
UND BRITISCHER HERRSCHAFT

Das Mogulreich (1526–1858) und das britische Empire (1858–1947) anerkannten die
Rechtmäßigkeit, Mittel und Möglichkeiten der einheimischen Herrscher und bezogen
sie in ihre eigenen administrativen und rituellen Strukturen ein. Die führenden Rajputenherrscher dienten den Moguln als *Mansabdars*, die ihre Truppen in den Kampf
gegen die eingesessenen hinduistischen und muslimischen Könige führten und dafür
gelegentlich zu Provinzgouverneuren ernannt wurden. Als Gegenleistung behielten diese
Mansabdars eine gewisse Autonomie in ihren als *Watan jagirs* bezeichneten ererbten

47 *Rechts*
Rajputenprinzessin

Rajasthan, 18. Jahrhundert
Deckende Wasserfarbe auf Papier
57,3 x 42,1 cm
Victoria and Albert Museum, London

In der indischen Kunst waren Bilder von Hofdamen in der Regel idealisierte Darstellungen
begehrenswerter weiblicher Schönheit. Einzelporträts von königlichen Frauen sind sehr
selten, obwohl in einer Inschrift auf der Rückseite dieses Bildes behauptet wird, es handele
sich um ein Porträt von Jodha Bai, der rajputischen Frau des Großmoguls Jahangir.

48 *Rechte Seite*
**Maharana Amar Singh I. von Mewar
unterwirft sich Prinz Khurram**

Nanha
Mogulhof, ca. 1615–1618
Deckende Wasserfarbe und Gold auf Papier
57,3 x 42,1 cm
Victoria and Albert Museum, London

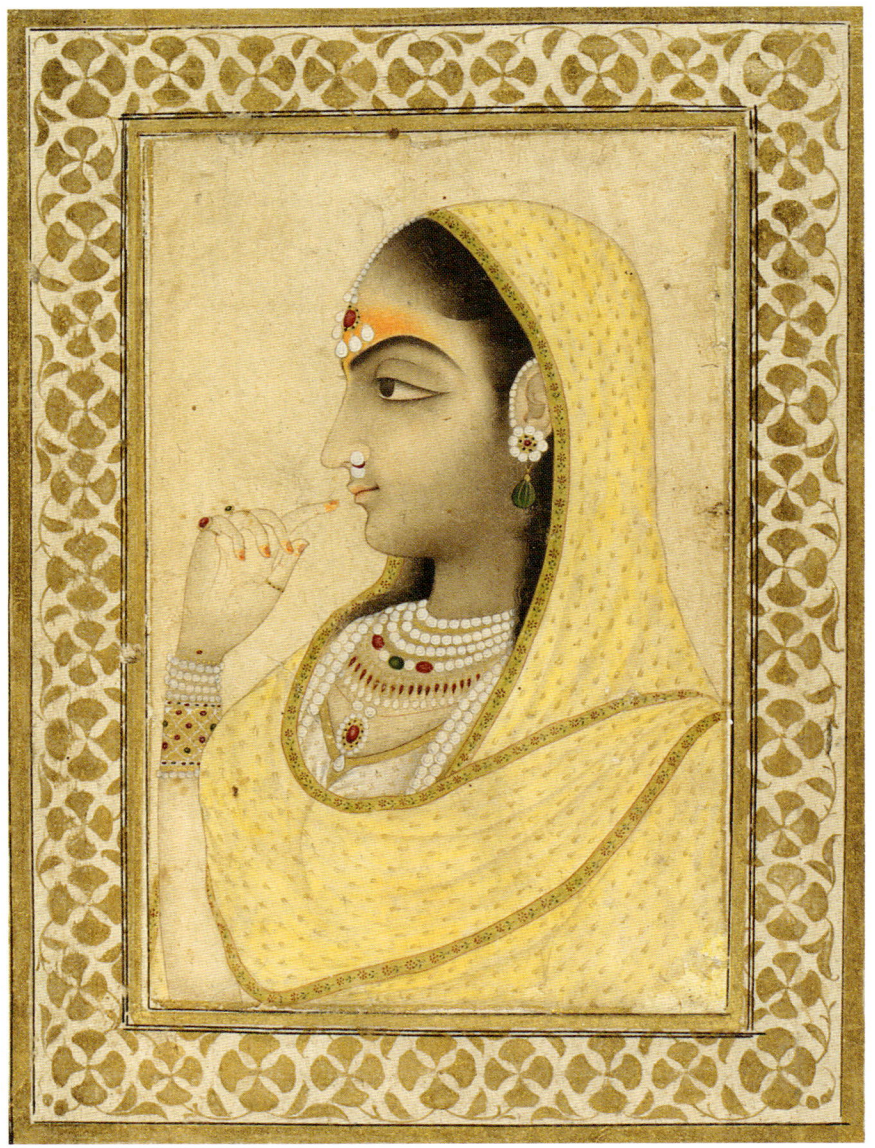

Ländern. Die Geschichte der Rajputenstaaten Amber-Jaipur, Marwar-Jodhpur und
Mewar-Udaipur veranschaulicht die unterschiedlichen Geschicke der hinduistischen
Mansabdars im Mogulreich. Die Rajas von Amber-Jaipur (1561) und Marwar-Jodhpur
(1570) gehörten zu den ersten *Mansabdars* und verheirateten ihre Töchter in die Moguldynastie (Abb. 47). Beide Herrscherfamilien konnten ihr ursprüngliches Territorium erheblich ausdehnen und waren so gute Beispiele dafür, welche materiellen Vorteile sich
aus dem treuen Dienst für die Moguln ergaben. Die Ranas von Mewar-Udaipur, die ihre
Abstammung bis auf den vedischen Sonnengott Surya und den als Inkarnation Vishnus
geltenden epischen Helden Rama zurückverfolgten, nahmen den Status von *Mansabdars* erst 1615 an, weigerten sich aber, ihre Töchter mit Moguln zu verheiraten.[31] Auf
einem mogulischen Gemälde ist die Unterwerfung von Maharana Amar Sing I. von
Mewar (reg. 1597–1620) unter Prinz Khurram, den späteren Shah Jahan, im Jahr 1613
dargestellt (Abb. 48). Der Widerstand gegen die Vorherrschaft der Moguln führte zwar
zu einer Verkleinerung des Territoriums von Mewar, aber der Staat war aufgrund seiner
Opposition gegen die Mogulherrschaft und seinem Bemühen, rajputische Unabhängigkeit zu bewahren, hoch angesehen.[32]

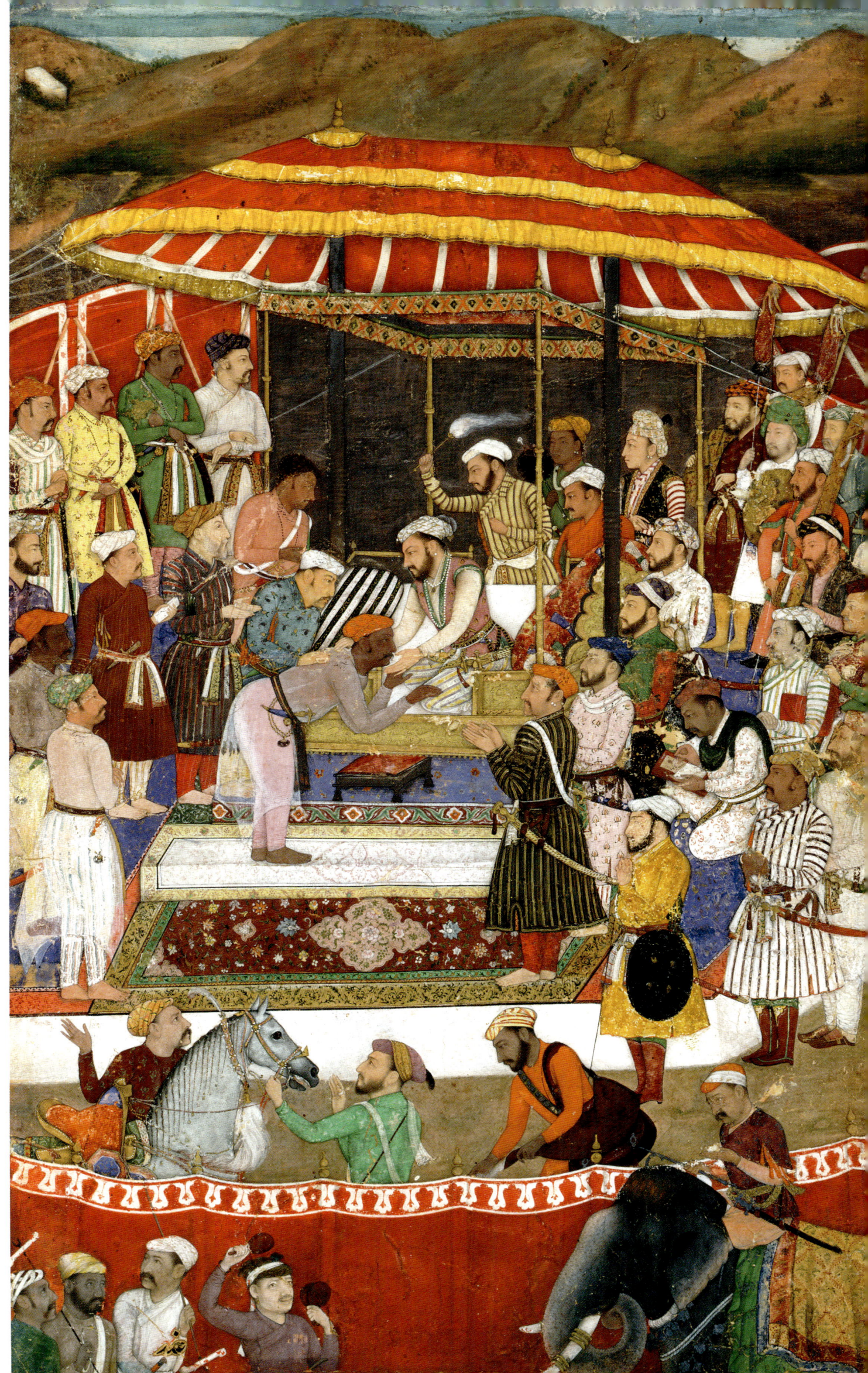

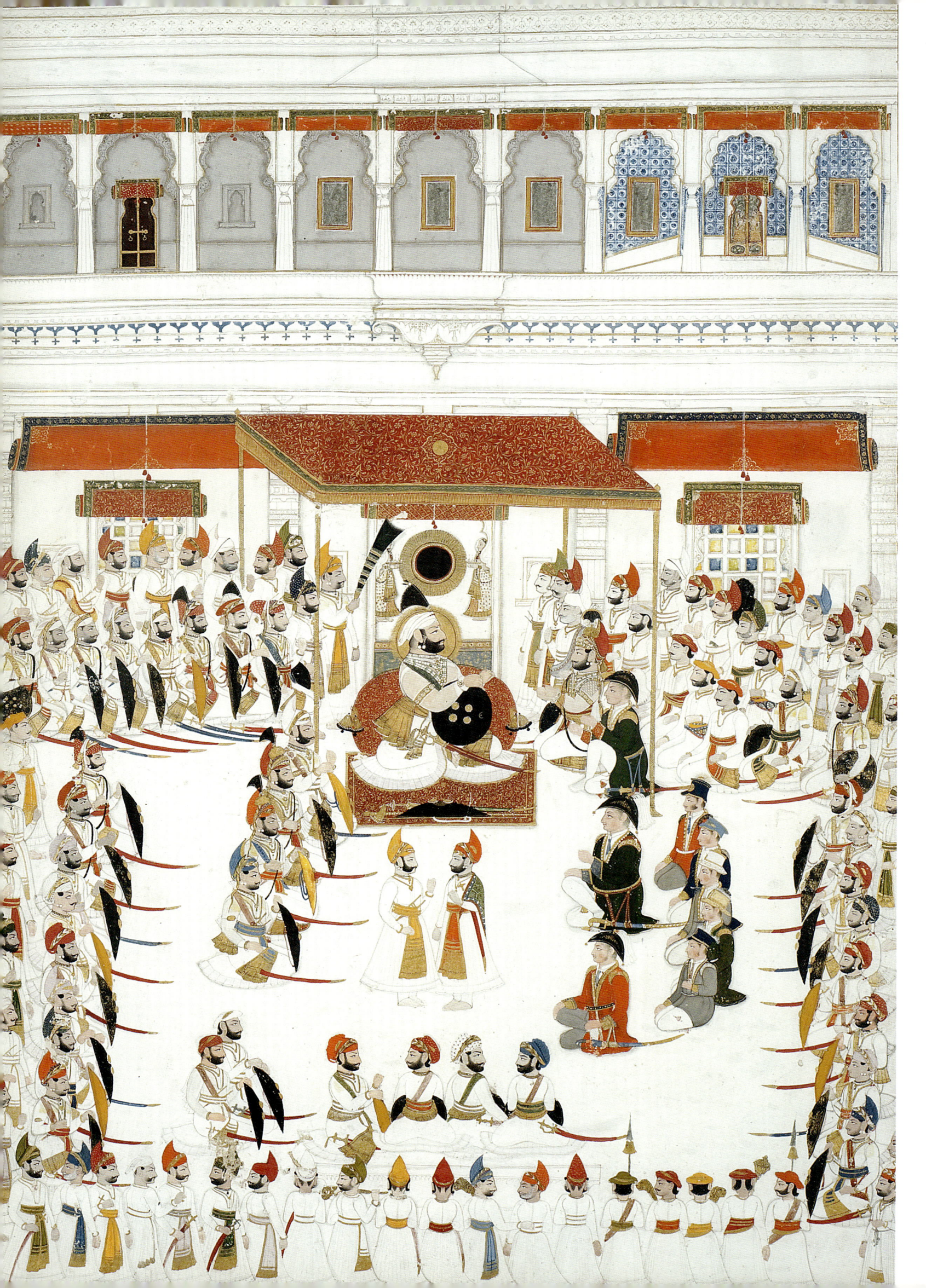

Die Beziehungen der eingesessenen indischen Könige zu den Großmoguln zeichneten den späteren Umgang mit der britischen Kolonialherrschaft vor, mit deren politischen, sozialen und kulturellen Institutionen die Könige zusammenarbeiten und denen sie sich anpassen würden, um ihre Macht zu erhalten. Im späten 18. Jahrhundert entwickelte die britische Ostindiengesellschaft ein Bündnissystem, das die indischen Herrscher nach und nach in eine untergeordnete Stellung drängte. Indem sie britische Unterstützung gegen innere und äußere Bedrohungen für ihre Dynastien annahmen, setzten sich die indischen Könige zunehmend der britischen Kontrolle über ihre Außenbeziehungen, ihre öffentlichen Angelegenheiten und ihre Innenpolitik aus. Die britischen Residenten und politischen Vertreter nahmen schließlich erheblichen Einfluss auf die Innenpolitik der Staaten und ihr Verhältnis zur britischen Krone.[33] Sprachlich schlug sich die wachsende britische Dominanz darin nieder, dass die Ostindiengesellschaft die indischen Könige als »Fürsten« bezeichnete. Bildlich ist sie in Gemälden von den offiziellen Durbars zu erkennen, bei denen Briten und Inder mit großem Gepränge aufeinandertrafen. Bis in die 1830er Jahre hinein saßen die britischen Vertreter bei diesen Zeremonien häufig auf dem Boden, während der indische Herrscher etwas erhöht auf einem

49 *Linke Seite*
Maharana Bhim Singh von Mewar beim Empfang britischer Offiziere im Mor Chowk
Möglicherweise Chohta
Udaipur, ca. 1826
Deckende Wasserfarbe und Gold auf Papier
69 x 48,5 cm
Maharana of Mewar Charitable Foundation

50 *Unten*
Begum Shah Jahan von Bhopal
Seite aus einem Album, ca. 1877
Albuminabzug
Albummaße: 40 x 31,5 cm
Knebworth House, Herfordshire

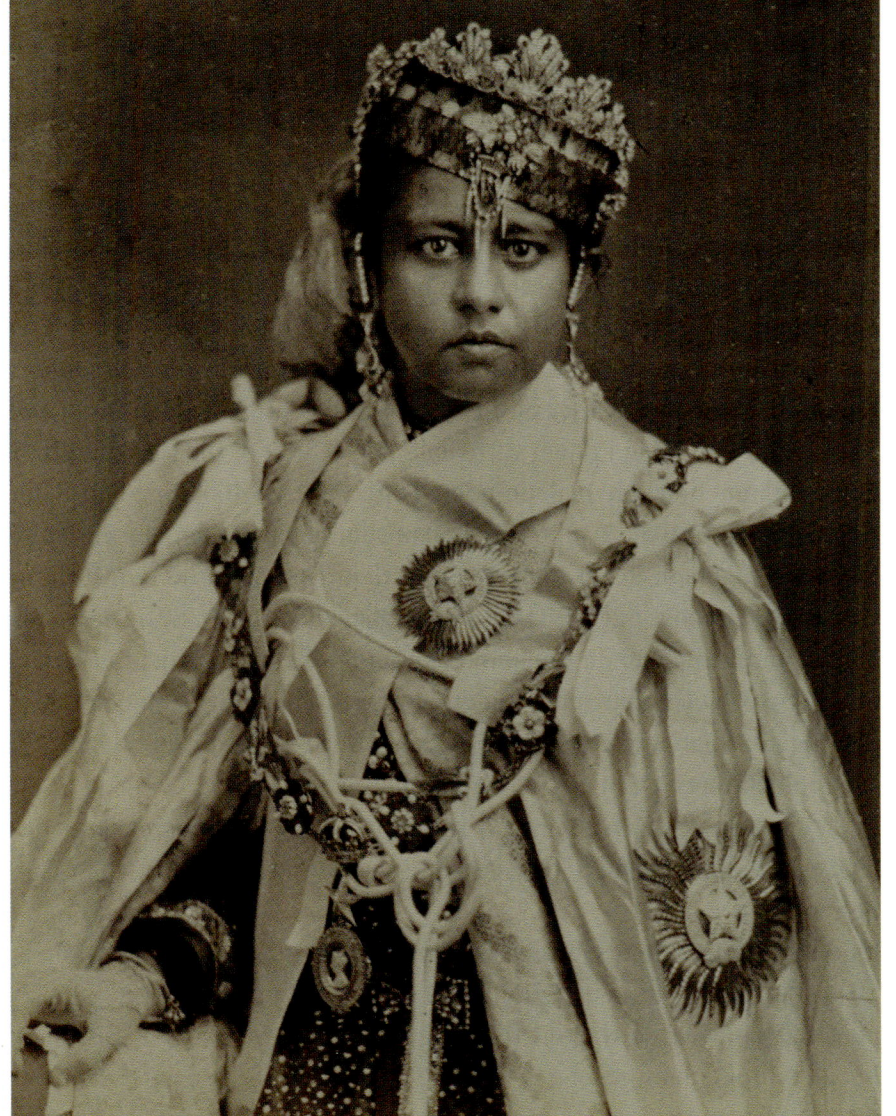

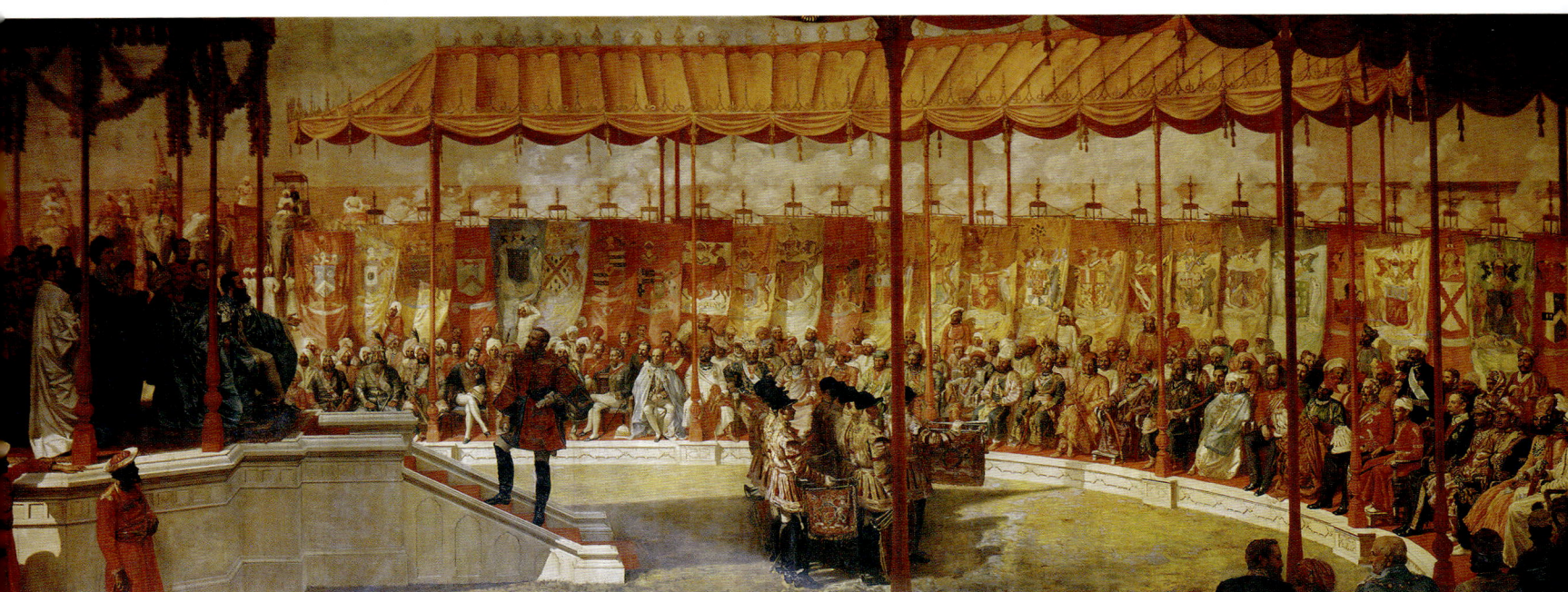

51
Die Proklamationsfeier von 1877

Valentine Prinsep
London, 1877–1880
Öl auf Leinwand
300 x 720 cm
Her Majesty The Queen (The Royal
Collection Trust)

Podest thronte, wie es auch auf einem Gemälde zu sehen ist, auf dem Maharana Bhim Singh von Mewar den legendär gewordenen britischen Residenten Charles Metcalfe empfängt (Abb. 49). Nach und nach rückten die Fürsten und britischen Amtsträger auf dieselbe Ebene, indem sie entweder stehend oder auf Stühlen westlichen Stils sitzend dargestellt wurden (Abb. 12).

Nachdem die britische Krone 1858 in Indien die Regierungsgewalt übernommen hatte, führte die Kolonialregierung Maßnahmen ein, mit denen die Loyalität der verbliebenen Fürsten erneut gesichert und sie gleichzeitig enger in das imperiale Gefüge eingebunden werden sollten. Ein Instrument, mit dem Fürsten belohnt werden konnten, das aber auch eine weitere Hierarchie begründete, war die Aufnahme in angesehene Ehrenorden wie den »Order of the Star of India« (1861), den »Order of the Indian Empire« (1877) und den Frauen vorbehaltenen »Order of the Crown of India« (1878). Auf einer dokumentarisch bedeutenden Fotografie ist Begum Shah Jahan von Bhopal (reg. 1868–1901), die zweite von drei muslimischen Frauen, die diesen zentralindischen Staat aus eigenem Recht regierten, mit dem Umhang und den Insignien des »Knight Grand Commander of the Star of India« abgebildet (Abb. 50). Dieses Bild weist auf die zügige und weitgehende Annahme der Fotografie als fürstliches Repräsentationsmittel hin. Kunstvolle Fotoalben mit Bildern von Menschen, Institutionen und Landschaften in den Fürstenstaaten waren eines von vielen *Nazars*, die die Fürsten den britischen Amtsträgern beim Besuch in ihren Staaten überreichten.

Ein weiteres Instrument zur Untermauerung der neuen Hierarchie waren auf die britische Kolonialherrschaft zugeschnittene Formen des höfischen Durbar. Zu diesen Zeremonien gehörte die Proklamationsfeier von 1877, bei der Königin Victoria zur Kaiserin von Indien ausgerufen wurde (Abb. 51), und die Krönungsfeierlichkeiten von 1911, bei denen der neue König-Kaiser George V. und die Königin-Kaiserin Mary sogar persönlich anwesend waren – die ersten britischen Monarchen, die nach Indien kamen. Bei der Proklamationsfeier von 1877 waren die britischen Organisatoren bestrebt, mogulische und andere indische königliche Symbole wie Schirme, Fliegenwedel und

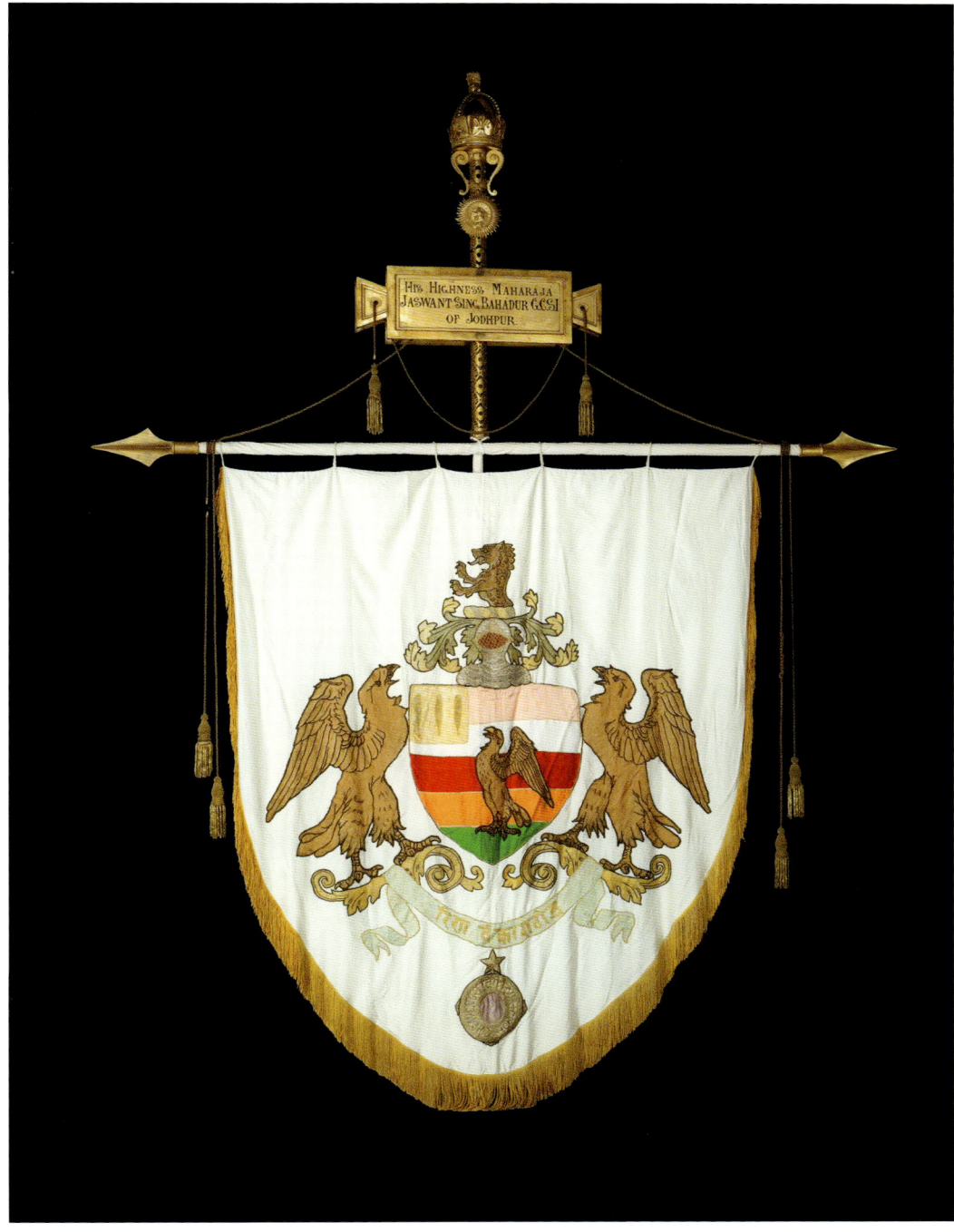

52
***Nishan* (Banner) als Geschenk für Maharaja Jaswant Singh II. von Marwar**

Vermutlich London, ca. 1876
Seidenstickerei auf Seide, Aufhängung aus Metall
199 x 194 cm
Seine Hoheit Maharaja Gaj Singh II. von Jodhpur

Auf diesem Banner sind der Milan als Symbol des rajputischen Rathore-Klans und das Motto dieses Klans in ein Wappen europäischen Stils integriert. Die gestickte Inschrift auf der Rückseite lautet: »Kaiser-i-Hind Victoria ke huzoor se« (von der Gnade Victorias, der Kaiserin von Indien).

Kesselpauken mit britischen Zeichen der Macht zu verbinden. Meist waren dies Banner mit auf europäischen Traditionen des Mittelalters beruhenden Wappen (Abb. 52).[34]

Wie zuvor unter den Moguln waren die indischen Fürsten die gesamte Kolonialzeit hindurch militärische Verbündete der Briten, nun aber an anderen Kriegsschauplätzen. Einige Sikh-Fürsten stellten Soldaten zur Niederschlagung des Aufstands von 1857 zur Verfügung; Jahrzehnte später dienten andere Fürsten, darunter Maharaja Pratap Singh von Idar und Maharaja Ganga Singh von Bikaner, im Ausland, zunächst gegen den Boxeraufstand und dann im Ersten und Zweiten Weltkrieg (Abb. 53, 88). Viele Fürsten stellten Kontingente ihrer eigenen Truppen in den Dienst der Krone, die dann beispielsweise in Afghanistan, Frankreich und Mesopotamien an der Seite britischer Soldaten kämpften. Sie erlaubten den Briten auch, in ihren Staatsterritorien Soldaten zu rekrutieren, kauften Kriegsanleihen und stellten ihre Landsitze in Großbritannien als Erholungszentren für Armeeangehörige zur Verfügung.[35]

Genauso wie der Großmogul Akbar und seine Nachfolger die rajputischen *Mansabdars* gezielt zu Konkurrenten der turanischen, persischen und indisch-muslimischen *Mansabdars* gemacht hatte, brauchten die Briten die indischen Fürsten als militärische Verbündete, als Gegengewicht zu den Anführern der indischen Unabhängigkeitsbewegung und als bewusste oder unbewusste Stellvertreter in der lokalen Politik. Ab dem späten 19. bis ins 20. Jahrhundert hinein gelang es den indischen Fürsten aufgrund ihrer religiösen Bedeutung, als Schirmherren von Kommunalverbänden und -institutionen große Wirkung zu entfalten; bisweilen hing dies aber auch mit einer Eigenschaft zusammen, die Pamela Price im Zusammenhang des 19. Jahrhunderts als »dharmische Freigiebigkeit« bezeichnet hat.[36] Mehrere Fürsten unterstützten die Gründung von Hochschulen und Universitäten auch finanziell, insbesondere das Muhammadan Anglo-Oriental College in Aligarh und die Benares Hindu University in Varanasi, an denen Religionsstudien mit westlichen Lehrplänen kombiniert wurden. Andere Fürsten, wie Maharaja Bhupinder Singh von Patiala (reg. 1910–1938), beteiligten sich an den Bestrebungen, die Praktiken in den Sikh-Tempeln zu reformieren, was allerdings nicht immer auf die Zustimmung ihrer Glaubensgenossen stieß.[37]

Einige Fürsten passten die Vorschrift, *Dana* zu verteilen, den veränderten Bedingungen in der britischen Kolonialzeit an und förderten durch neue Formen kultureller Aktivität eine Rückbesinnung auf einheimische Kulturtraditionen. Maharaja Sayajirao Gaekwad III. von Baroda (reg. 1874–1939) veranstaltete nationale Konferenzen zur Förderung indischer Musik und sammelte Handschriften in Sanskrit, die er durch eine Bibliothek und eine Reihe von Publikationen einem breiteren Publikum zugänglich machte. Nizam Osman Ali Khan von Hyderabad (reg. 1911–1967) finanzierte die Veröffentlichung von archäologischen Büchern über die Ajanta-Höhlen der Buddhisten, Jains und Hindus. Die Begum von Bhopal bezuschusste ähnliche Veröffentlichungen über den gewaltigen buddhistischen Stupa in Sanchi. Der Maharaja Sardar Singh von Marwar (reg. 1895–1911) förderte indische Ringkämpfer, darunter auch Gama, der 1910 den britischen Weltmeister besiegte.[38] Ranjitsinhji, der spätere Herrscher von Nawanagar (reg. 1907–1933), wurde als der erste international erfolgreiche indische Cricketspieler berühmt, und Sikh- und andere indische Fürsten trugen dazu bei, diesen kolonialen Sport zu einem indischen Nationalsport zu machen (s. S. 168 f.).[39]

Als die indische Unabhängigkeit von der britischen Herrschaft immer wahrscheinlicher wurde, waren die Fürsten an Diskussionen über die Verfassung beteiligt, insbesondere an den in den frühen 1930er Jahren in London stattfindenden Konferenzen am runden Tisch, die eine gewisse Ähnlichkeit, aber auch viele Unterschiede zu den Durbars der Mogulzeit aufwiesen. Nach der plötzlichen Gewährung der Unabhängigkeit im Jahr 1947 und der Entscheidung, Indien aufzuteilen, verloren die indischen Fürsten mit der Eingliederung ihrer Staaten in Indien und Pakistan formal ihre Autonomie.[40] Dennoch stellten sich etliche Fürsten und einige ihrer Nachkommen unerschütterlich auf die demokratische Politik ein und wurden zu Abgeordneten und sogar Ministerpräsidenten der Bundesstaaten. Vor allem in Rajasthan, aber auch in Südindien, bauten die Maharajas ihre Festungen, Paläste und Museen zu Orten des einheimischen und internationalen Tourismus um. Wie so oft bewiesen die indischen Fürsten eine bemerkenswerte Fähigkeit, sich veränderten Umständen anzupassen.

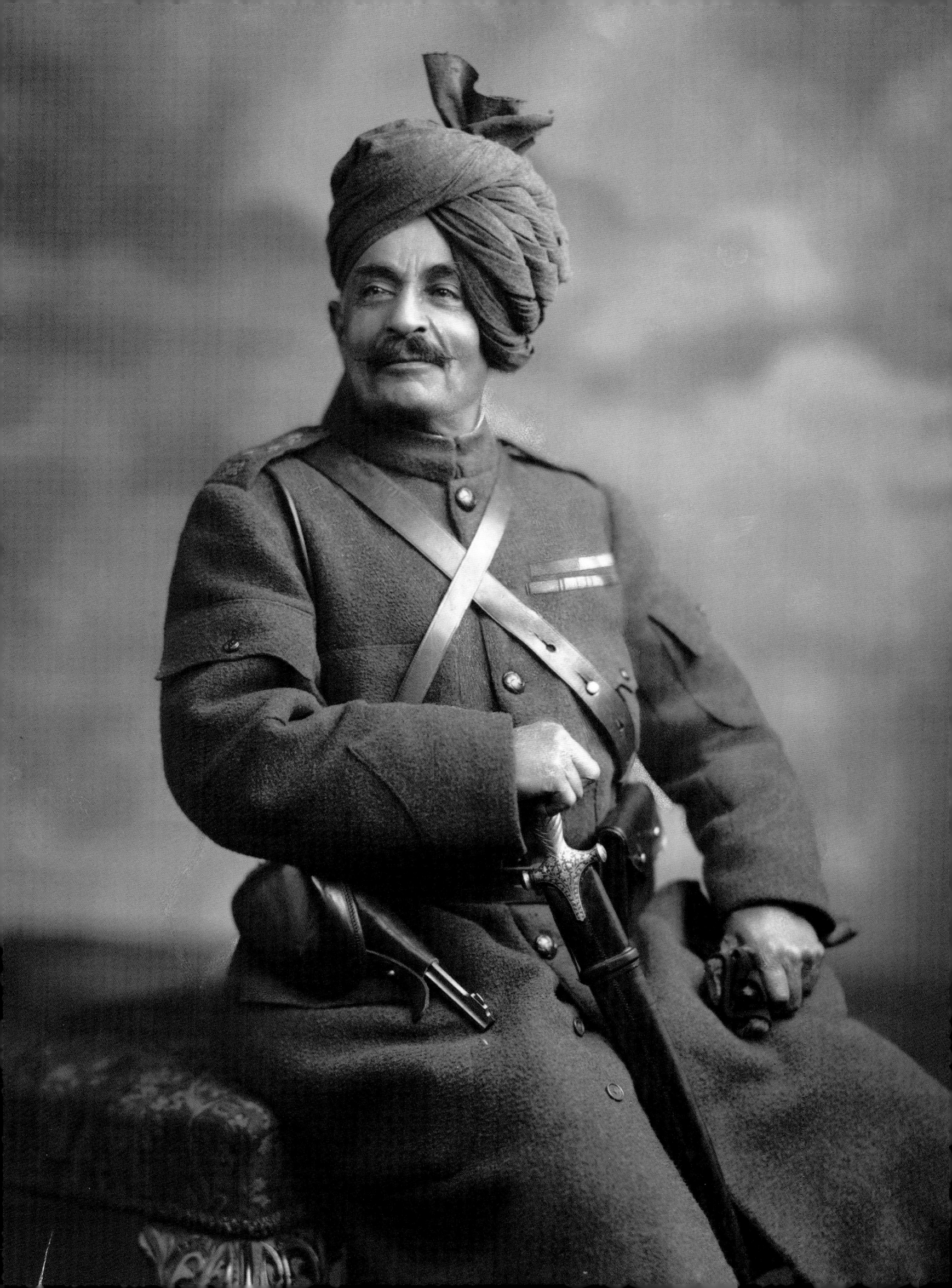

MAHARAJA RANJIT SINGH, HERRSCHER DES PUNJAB

1780–1840, reg. 1799–1839

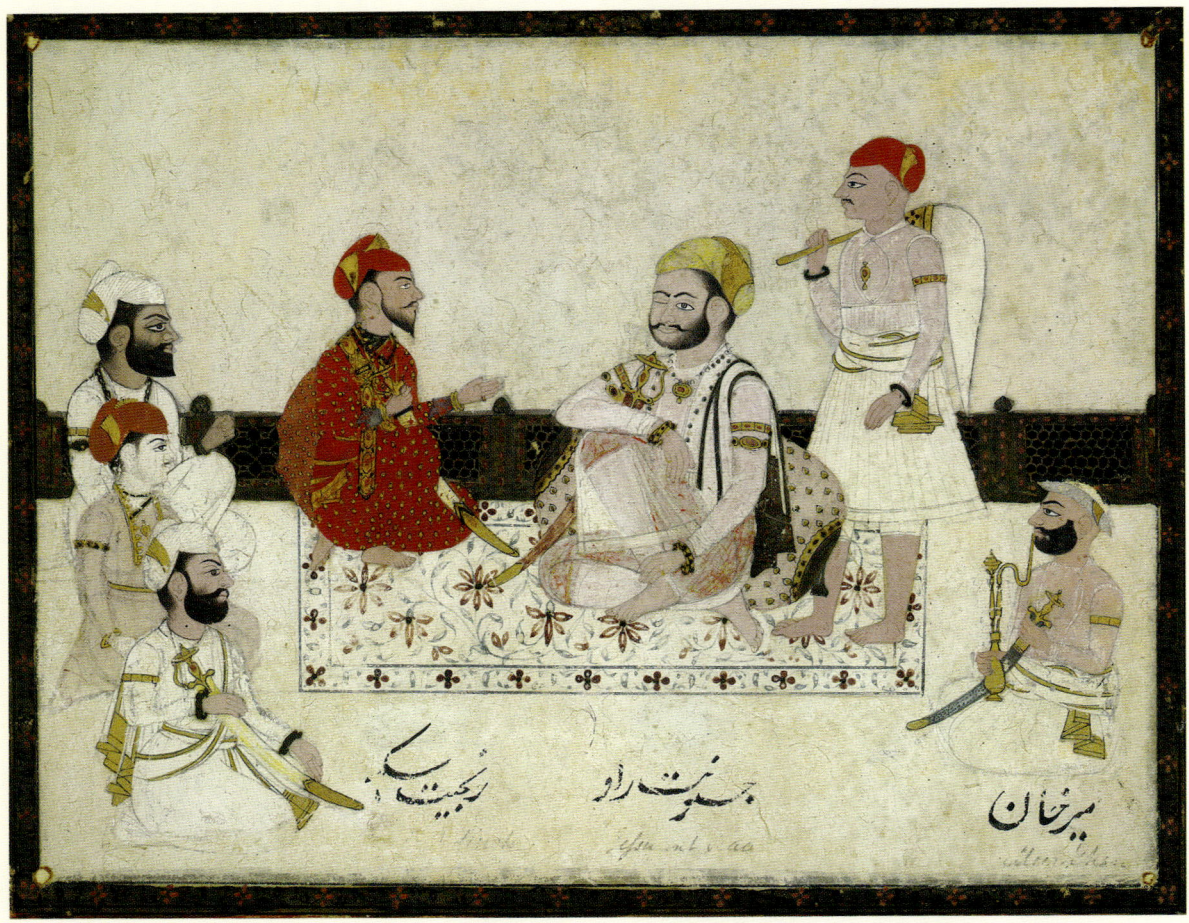

Als der junge Ranjit Singh als Fürst die Nachfolge seines Vaters antrat, wurde der Punjab von einer Vielzahl kleiner Klans (*misls*) regiert. Als Kind hatte Ranjit die Pocken gehabt, weshalb er auf einem Auge blind war. Doch diese körperliche Behinderung machte er mit seinen Fähigkeiten als Krieger und als Anführer mehr als wett. Die Niederlage der Marathen bei der Schlacht von Panipat im Jahr 1761 hinterließ ein Machtvakuum, das Ranjit Singh nutzte, um den Punjab zu einem mächtigen Sikh-Staat zu vereinen. Sein plötzlicher brillanter Aufstieg zur Macht lässt sich mit dem seines Zeitgenossen Napoleon vergleichen, aus dessen Armee er Offiziere anheuerte, um seine eigenen Soldaten auszubilden. So baute er eine Streitkraft auf, die es

durchaus mit den Truppen der anderen großen Expansionsmacht auf dem Subkontinent zu dieser Zeit, der britischen Ostindiengesellschaft, aufnehmen konnte.

Innerhalb weniger Monate nach dem Tod von Tipu Sultan in der Schlacht von Srirangapatnam im Jahr 1799 besetzte Ranjit Singh die strategisch wichtige Stadt Lahore und machte sie zu seiner Hauptstadt. Er nahm 1801 den Titel *Sarkar-i-wala* an, der in zeitgenössischen Berichten als »Maharaja« übersetzt wird und seinen Status als unabhängiger Herrscher unterstrich. Durch erfolgreiche Verhandlungen gewann er die Unterstützung der Afghanen, Marathen und Rajputen in den Bergstaaten sowie der zahlreichen Sikh-Gruppen im

54
Maharaja Ranjit Singh mit Maharaja Yeshwant Rao Holkar von Indore und Mir Khan mit Bediensteten

Lahore ca. 1805–1810
Gouache auf Papier
55,8 x 40,5 cm
British Museum, London

Laut Beschriftung ist Ranjit Singh der links Sitzende. Das blinde Auge und die zentrale Position lassen jedoch eher darauf schließen, dass eigentlich die Figur rechts der Sikh-Herrscher ist.

Punjab und konnte so am Ufer des Sutlej der kontinuierlichen Ausbreitung Britisch-Indiens zumindest vorübergehend Einhalt gebieten.

Im Jahr 1805 traf sich Ranjit Singh mit Yeshwant Rao Holkar (Abb. 54), dem einzigen Marathenherrscher, der noch keinen Vertrag zur Anerkennung der britischen Vorherrschaft unterzeichnet hatte und nach Verbündeten suchte. Hätte Ranjit Singh ihn unterstützt, statt ihm zu raten, das »Treaty of Paramountcy« zu unterzeichnen, wäre die Geschichte Indiens wohl anders verlaufen. Aber der Sikh-Herrscher vermied klugerweise den Konflikt mit der Ostindiengesellschaft und verhinderte so die mögliche britische Expansion in sein eigenes Territorium. Er unterzeichnete 1809 einen Nichtangriffspakt mit den Briten, womit er zwar jeden Anspruch auf Gebiete jenseits des Sutlej aufgab, gleichzeitig jedoch die Bedingungen zum Vormarsch ins nördlich gelegene Kaschmir und nach Multan schuf. In Kaschmir beugten sich die dort herrschenden Dogra seiner Oberherrschaft; Multan nahm er schließlich 1818 ein. Zum Gedenken an die Eroberung dieser Stadt und als Zeichen seiner Autorität als Herrscher ließ Ranjit Singh seinen berühmten Goldenen Thron anfertigen (Abb. 55).

Ranjit Singh trug eine außergewöhnliche Juwelensammlung zusammen, zu der unter anderen der Spinell von Ulugh Beg und der legendäre *Koh-i-Noor* gehörten, ein Diamant, dessen Name Berg des Lichts bedeutet. Letzteren erhielt er im Austausch für die Freilassung des afghanischen Königs Shah Shuja aus der Gefangenschaft. Sein Interesse an diesen großartigen Steinen beruhte anscheinend eher auf ihrer Bedeutung als nachdrückliches Zeichen der Macht, die er erworben hatte, denn für Schmuckstücke hatte Ranjit Singh wenig Verwendung. Er kleidete sich gern schlicht und überließ die Zurschaustellung von Prunk und Pracht lieber seinen Höflingen (Abb. 13).

Ranjit Singhs Königreich wurzelte zwar in dem starken Gemeinschaftsgefühl der Sikhs, aber der Maharaja zeigte sich auch Andersgläubigen gegenüber tolerant. In dem von ihm geschaffenen stabilen Staat blühten der Handel und die schönen Künste. Außerdem baute er in dem seit dem Zusammenbruch des Mogulreichs zersplitterten Gebiet eine neue Verwaltungsordnung auf.

Nach seinem Tod 1839 kam es zu erbitterten Nachfolgekämpfen, die eine schnelle Auflösung des Sikh-Reiches einleiteten. Die Briten nahmen ihre aggressive Expansionspolitik in den Punjab wieder auf, nachdem einige Sikh-Generäle so unklug gewesen waren, den Sutlej zu überschreiten und damit die Vertragsbedingungen zu brechen. Während der daraufhin ab 1845 zwischen den Sikhs und den Briten geführten Kriegen wechselte der Herrscher Kaschmirs, Gulab Singh, auf die Seite der Briten und trug damit zur Niederlage der Sikhs 1849 und zum Verlust von Lahore bei. Dort überschrieb der elfjährige jüngste Sohn von Ranjit Singh sein Königreich der Ostindiengesellschaft und überließ den *Koh-i-Noor* der nie gesehenen Königin im weit entfernten England.

Deepika Ahlawat

55

Thron

Hafiz Muhammad Multani
Lahore, ca. 1820
Goldblech, getrieben, auf Holz
und Harz
94 x 90 x 77 mm
Victoria and Albert Museum,
London

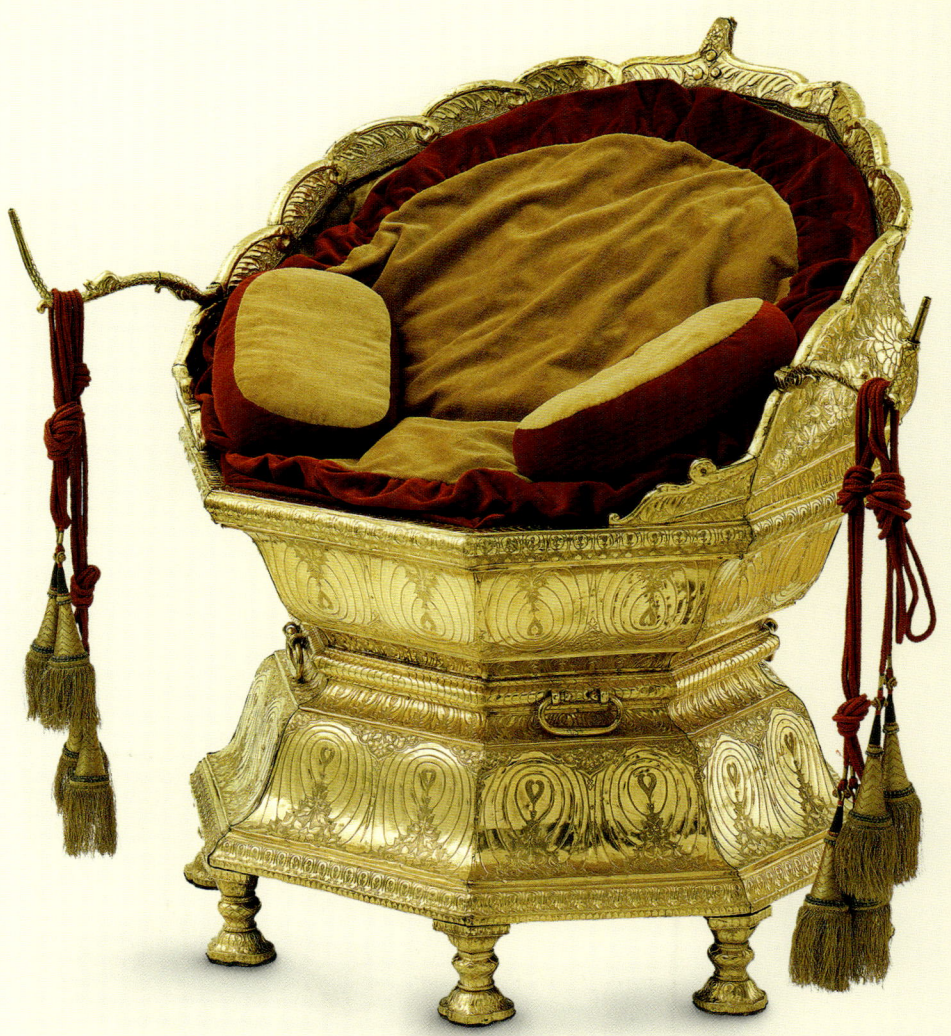

RANI LAKSHMIBAI VON JHANSI

1834?–1858, reg. 1853–1858

Die Marathenherrscher von Jhansi hatten bei
der Unterwerfung der zentralindischen Region
Bundelkhand im 18. Jahrhundert zwar eine
entscheidende Rolle gespielt, aber das kleine
Königreich blieb im Schatten größerer marathischer
Machtzentren eher unbedeutend, bis es durch eine
Frau schlagartig bekannt wurde. Über das Leben
von Lakshmibai, Rani von Jhansi, gibt es nur
wenige zuverlässige Quellen. Nur über die ver-
hängnisvollen Jahre 1857/58 ist mehr bekannt,
weil die junge Frau durch ihren heldenhaften
Kampf bei der Verteidigung ihres Reiches gegen
die Truppen der Ostindiengesellschaft auch die
Aufmerksamkeit westlicher Geschichtsschreiber
erregte.

Wie die meisten Marathenstaaten hatte Jhansi
im frühen 19. Jahrhundert einen Vertrag mit der
Ostindiengesellschaft unterzeichnet, in dem im
Austausch für die Anerkennung der britischen
Vorherrschaft der Schutz seiner Staatsgrenzen
garantiert wurde. Unter Lord Dalhousie, Generalgouverneur von 1848 bis 1856, wurde jedoch
als Mittel gezielter Expansion die so genannte
»Doctrine of Lapse« eingeführt, mit der sich die
Ostindiengesellschaft das Recht zusicherte, die
Fürstenstaaten zu annektieren, an deren Verwaltung sie etwas auszusetzen hatte oder die keinen
rechtmäßigen Thronerben hatten. Auf diese Weise
fielen die Marathenkönigreiche Nagpur und
Satara an Britisch-Indien.

Nach dem Tod ihres Ehemannes im Jahr 1853
ersuchte Lakshmibai den Generalgouverneur,
die Thronfolge von Damodar Rao anzuerkennen

56
**Brief der Rani von Jhansi
an den Generalgouverneur
Indiens** (Ausschnitt)

Jhansi, 1853
Tinte und Gold auf Papier
Maße der Schriftrolle:
58,3 x 21,5 cm
British Library, London

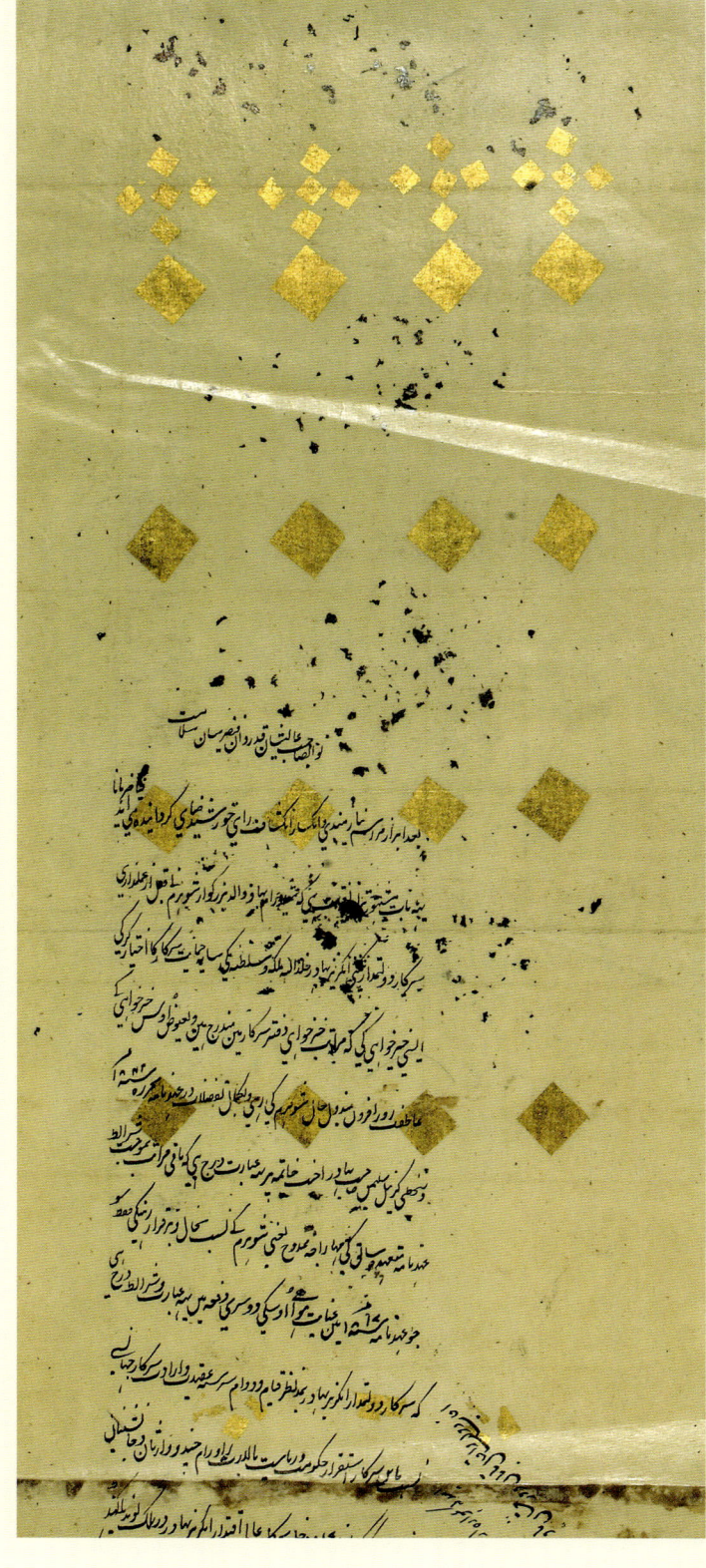

(Abb. 56), den der Raja auf seinem Sterbebett als Erben adoptiert hatte. Ihr Gesuch wurde abgelehnt und die Ostindiengesellschaft weigerte sich nicht nur, Jhansi dem »Treaty of Paramountcy« gemäß zu beschützen, sondern drohte sogar, den Staat zu annektieren. Während die Verhandlungen liefen und alles im Ungewissen lag, hatte Lakshmibai bei Übergriffen der Nachbarstaaten Orccha und Datia ausreichend Gelegenheit, ihre militärischen Fähigkeiten zu perfektionieren. Die Spannungen zwischen Jhansi und der Ostindiengesellschaft kulminierten schließlich, als 1857 in der bengalischen Armee eine Meuterei ausbrach. Das kleine Kontingent der in Jhansi stationierten bengalischen *Sepoys* revoltierte und tötete die Briten, die in der Festung Zuflucht gesucht hatten. Anschließend flohen die Soldaten mit Beute und Waffen aus Jhansi nach Delhi. Lakshmibai blieb als scheinbar Schuldige ungeschützt zurück. Trotz ihres berechtigten Grolls gegen die Briten hielt sich die Rani immer noch, zumindest nominell, an die Vertragsverpflichtungen, doch das Gerücht, dass die britische Armee aus Bombay auf dem Vormarsch sei, um Jhansi einzunehmen, veranlasste auch sie zur Rebellion. Sie schloss sich Nana Sahib an, dem Adoptivsohn von Peshwa Baji Rao II., der sich um eine Erneuerung des Marathenbündnisses bemühte. Obwohl er von den Briten nicht anerkannt wurde, hielt Nana Sahib die Befehlsgewalt über alle Marathengeneräle und führte so ein Banner, unter dem die Rani kämpfen konnte.

Die folgenden Ereignisse lieferten den Stoff für Legenden: Bei der Verteidigung Jhansis gegen die Belagerung durch die Truppen der Ostindiengesellschaft führte die Rani ihr Heer persönlich an und floh erst, als die Verteidigungslinien durchbrochen wurden. Einigen Versionen der Geschichte zufolge starb Lakshmibai auf ihrer waghalsigen Flucht nach Vapi, wo sie sich den Truppen Tatia Topes anschließen wollte, einem Protegé Nana Sahibs, der erfolglos versucht hatte, ihr in Jhansi zu Hilfe zu kommen. In anderen Erzählungen erreicht sie Tatia Tope, nimmt mit ihm zusammen für einige glorreiche Wochen die Festung Gwalior ein, stirbt aber – jung und schön – auf dem Festungswall von einer feindlichen Kugel getroffen. Vielleicht gerade weil es so wenige zuverlässige Quellen über die Rani gibt, ranken sich so viele Legenden um sie.

Die Geschichte der Herrscherin, die gegen die übermächtige Ostindiengesellschaft für ihr König-

reich kämpfte, heizte die Fantasie indisch-nationalistischer Geschichtsschreiber an, als die kontroversen Ereignisse von 1857 zu Papier gebracht wurden. Von Texten der Marathen aus dem späten 19. Jahrhundert über die radikalen Berichte der hinduistischen Medien in Britisch-Indien im frühen 20. Jahrhundert bis hin zu Filmen, Liedern, Kalendern und Comicbüchern im unabhängigen Indien hat die Rani von Jhansi die Vorstellungskraft der Inder gefesselt und fesselt sie auch heute noch (Abb. 57).[1] Das Bild der Lakshmibai als *Virangana*, als tapferer Kriegerin, wurde zu einem Topos der »großen Erzählung« von der indischen Nation, und Reiterstatuen von ihr sind auf städtischen Plätzen überall im Land zu finden.

Deepika Ahlawat

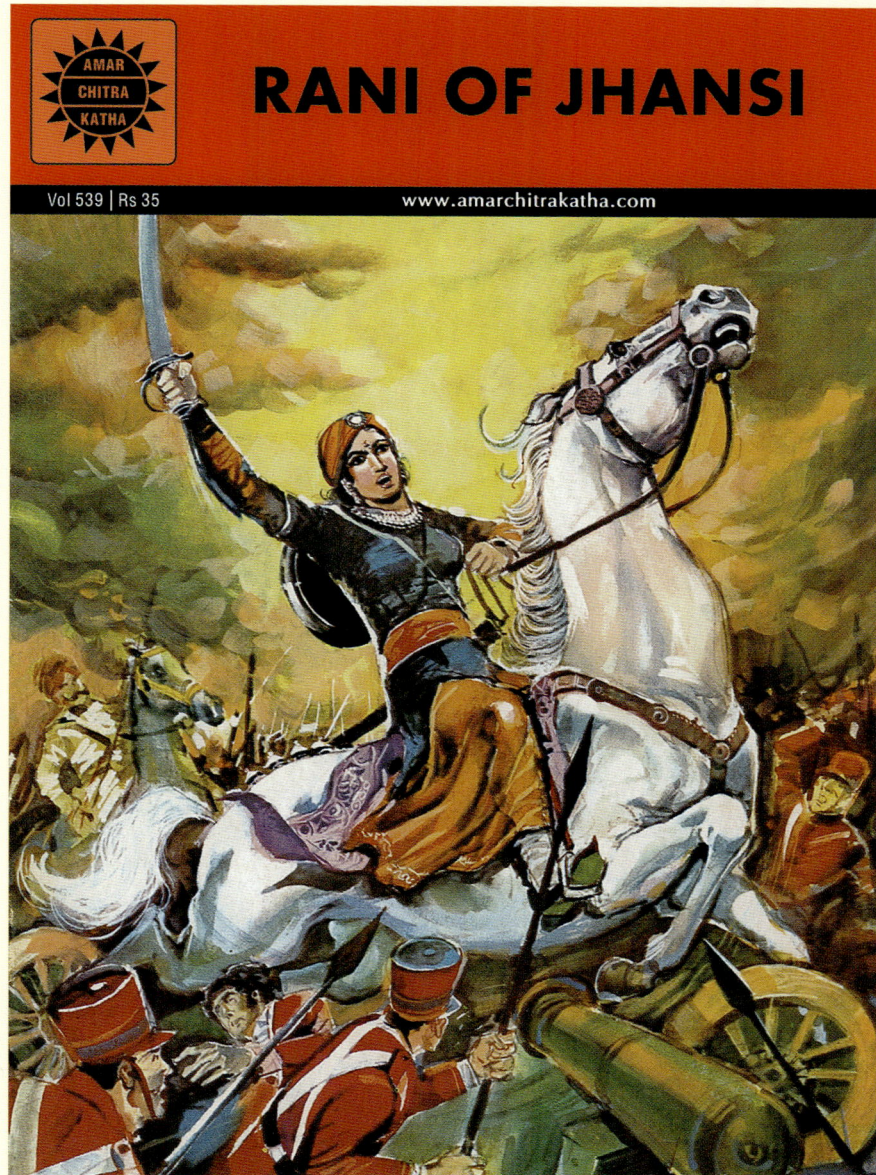

AMAR CHITRA KATHA

RANI OF JHANSI

Vol 539 | Rs 35　　　www.amarchitrakatha.com

57
Titelseite eines Comicbuchs mit der Rani von Jhansi
Hema Joshi
Mumbai, Ende 20. Jahrhundert
Amar Chitra Katha Pvt Limited

WIRKUNG UND MACHT ÖFFENTLICHER PRACHTENTFALTUNG

JOANNE PUNZO WAGHORNE

In aller Pracht auf dem Thron, für den Hoftag herrschaftlich gewandet, beim feierlichen Ritt zum Dassahrafest auf einem geschmückten Elefanten oder beim Aufbruch zur königlichen Jagd – immer standen die Maharajas im Mittelpunkt großartiger Spektakel der Macht (Abb. 58). So verschwenderisch oder pompös diese Prachtentfaltung auch wirken mag, so erfüllte sie doch einen wichtigen Zweck. Ihre Rituale demonstrierten den Untertanen die Unbedingtheit des politischen Königtums in Inszenierungen, die eine stark religiös gefärbte ästhetische Erfahrung in das Zentrum der öffentlichen Macht rückten. Diese Macht ist den Maharajas noch lange erhalten geblieben – auch nachdem ihre eigentliche politische Macht zunächst an die britische Kolonialregierung überging und dann völlig erlosch, als die Monarchen ihre Gebiete nach 1947 an die neuen Regierungen von Indien und Pakistan abtraten.

Die Bühne öffentlicher Prachtentfaltung war der *Durbar*. Obwohl dieser Hoftag je nach Fürstentum unterschiedlich gestaltet wurde, handelte es sich immer um ein höfisches Zeremoniell, an dem Würdenträger und wichtige Mitglieder der Regierung teilnahmen (Abb. 59). Der juwelengeschmückte Raja saß auf seinem Thron (*gaddi*), während ihm seine Untergebenen – die in ihren jeweiligen Bereichen selbst mächtige Persönlichkeiten waren – Zeichen der Treue darbrachten, Münzen etwa oder in Südindien Zitronen, und die ihrerseits Gaben wie Schmuck und Kleidung erhielten. Ob aufwendig oder schlicht, vergegenständlichten und inszenierten diese Geschenke die wechselnden Machtverhältnisse am Hof und im Königreich. Als die Rajas im 18. und frühen 19. Jahrhundert noch unabhängig regierten, war der Durbar auch ein Gerichtstag, an dem die Maharajas Klagen anhörten und öffentlich Urteile fällten. Unter den Briten wurde der Begriff dann auch im Englischen groß geschrieben und in vielen Fürstenstaaten als Bezeichnung für die Regierung als solche verwendet. In der Kolonialzeit wurde der Durbar zum wichtigsten Ausdruck der Beziehung zwischen der britischen Hegemonialmacht und den ihr loyalen indischen Fürsten. Zudem adaptierten die Briten das inszenatorische Potential des Durbar für eigene prachtvolle Spektakel, so die Proklamationsfeier von 1877, auf der Königin Victoria zur Kaiserin von Indien ausgerufen wurde, oder die beiden anderen »Delhi-Durbars« von 1903 und 1911 anlässlich der Einsetzungen von Edward VII. beziehungsweise George V. als Kaiser (Abb. 51, 60).

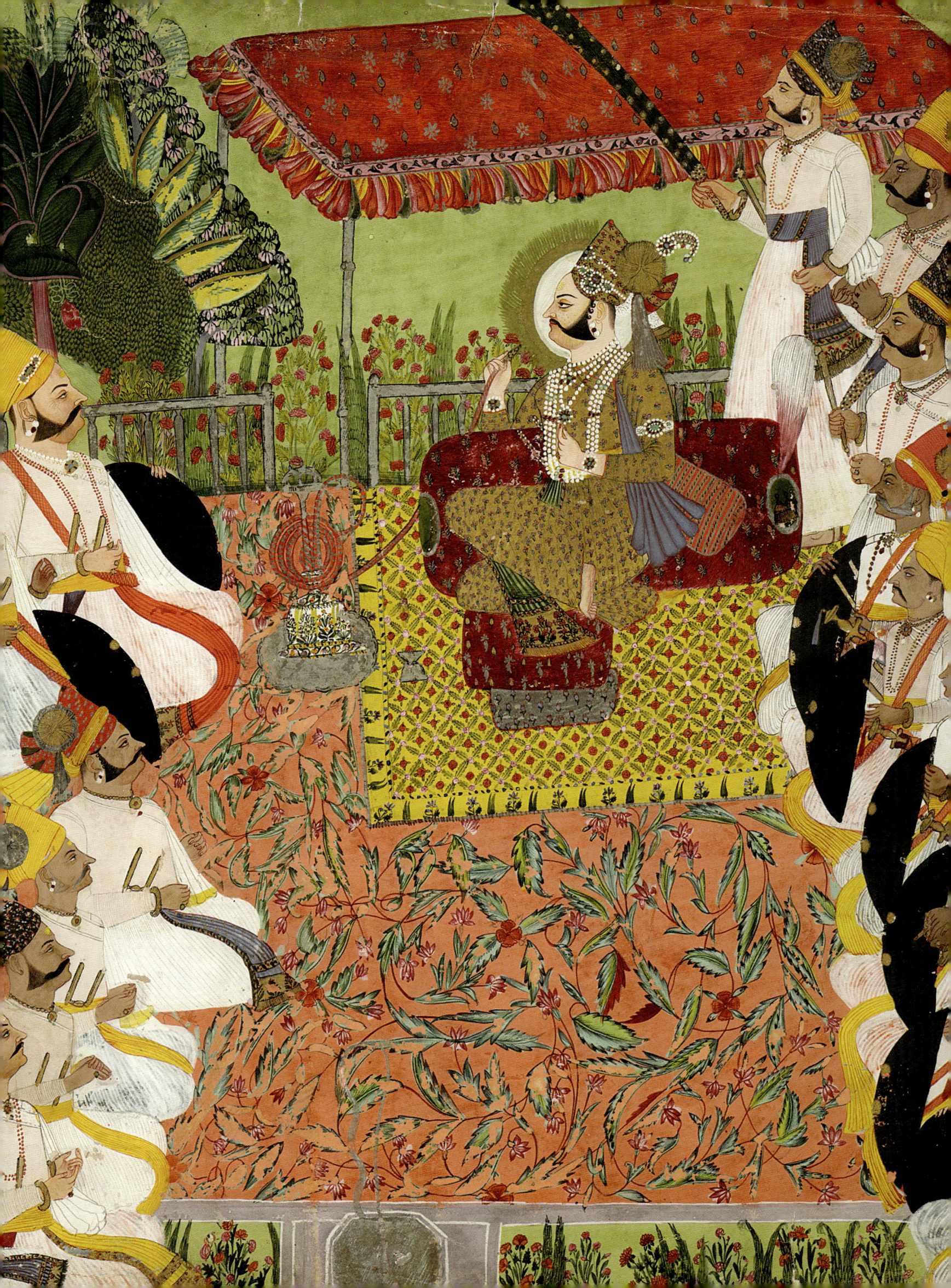

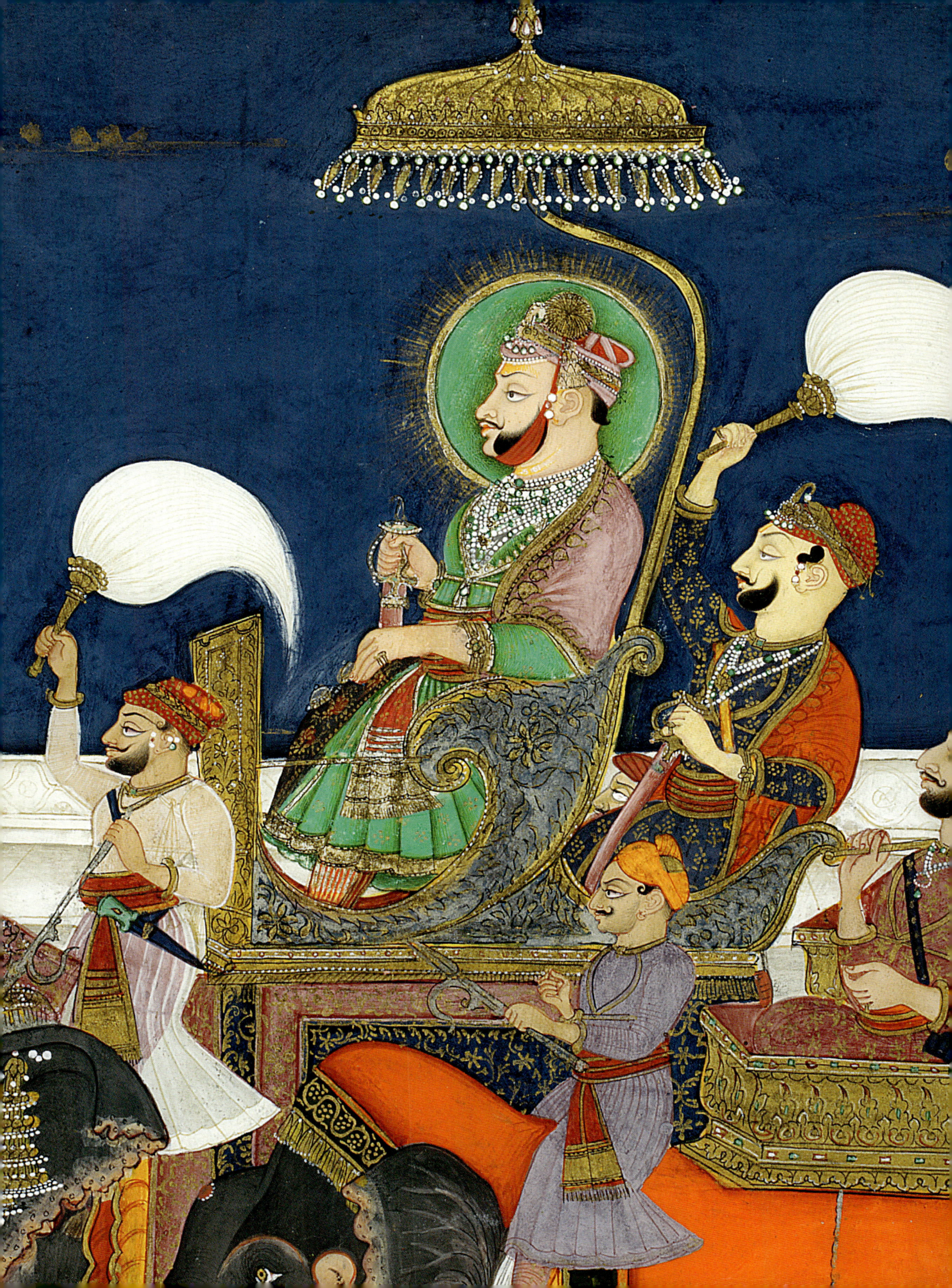

Beim Durbar wurde Macht eher durch heilige Gegenstände repräsentiert als durch öffentliche Erklärungen oder Erlasse. Der glanzvolle Akt bestätigte die Regierung oder begründete diese überhaupt erst. Das kostbare Zubehör – von Schmuck, Turban, Gewand, Schuhwerk über Prunkschwert und Dolch bis hin zu Thron, Baldachin, Fächer und Herrscherstab – wurde mit höchster Sorgfalt gänzlich für die höfische Zurschaustellung angefertigt. Die königlichen Insignien – in Nordindien *Lawajama* und in Südindien *Biruthus* genannt – wurden von speziellen Palastdienern gehalten, die ab dem späten 19. Jahrhundert häufig mit dem englischen Begriff »Dignitary Establishment«[1] bezeichnet wurden und immer hinter oder neben dem Maharaja Aufstellung nahmen (Abb. 61, 62). Das Gewicht, das diesen Ritualen beigemessen wurde, lässt sich auch daran ablesen, dass die Mitglieder des »Dignitary Establishment« für ihre Dienste mit steuerfreiem Landbesitz belohnt wurden.[2] »Seine Hoheit Raja … beim Durbar« wurde im 19. Jahrhundert zu einem eigenständigen Genre der indischen Malerei und Fotografie (Abb. 63).

Die Rajas gaben solche Bilder ebenso häufig in Auftrag wie die britischen Amtsträger, die bei diesen imposanten Veranstaltungen oft neben den »eingeborenen« Fürsten zu sehen sind. In diesen sorgfältig arrangierten Tableaux der Macht tauchen immer wieder die gleichen Figuren und Requisiten auf: Mit dem Reichsschwert über dem Schoß und einem juwelengeschmückten Turban auf dem Kopf sitzt der Raja auf seinem Thron, bei dem es sich um ein Polster auf dem Fußboden (Abb. 66) oder einen mit aufwendiger

58 Linke Seite und unten
Prozession des Maharao Ram Singh II. von Kota

Kota, ca. 1850
Deckende Wasserfarbe auf Papier
58,3 x 78,9 cm
Victoria and Albert Museum, London, gespendet von Colonel T. G. Gayer-Anderson, C.M.G., D.S.O. und seinem Zwillingsbruder Major R. G. Gayer-Anderson, Pasha

59 Folgende Doppelseite
Durbar des Maharajas Bijay Singh von Marwar (reg. 1752–1793)

Jodhpur, zweite Hälfte 18. Jahrhundert
Deckende Wasserfarbe und Gold auf Papier
40,7 x 54,8 cm
Harvard Art Museum/Arthur M. Sackler Museum, gestiftet als Dank an John Coolidge, Spende von Leslie Cheek, Jr., anonyme Stiftung im Gedenken an Henry Berg, Louise Haskell Daly, Alpheus Hyatt, Richard Norton Memorial Funds und dank der Großzügigkeit von Albert H. Gordon und Emily Rauh Pulitzer; vormals in der Sammlung Stuart Cary Welch, Jr.

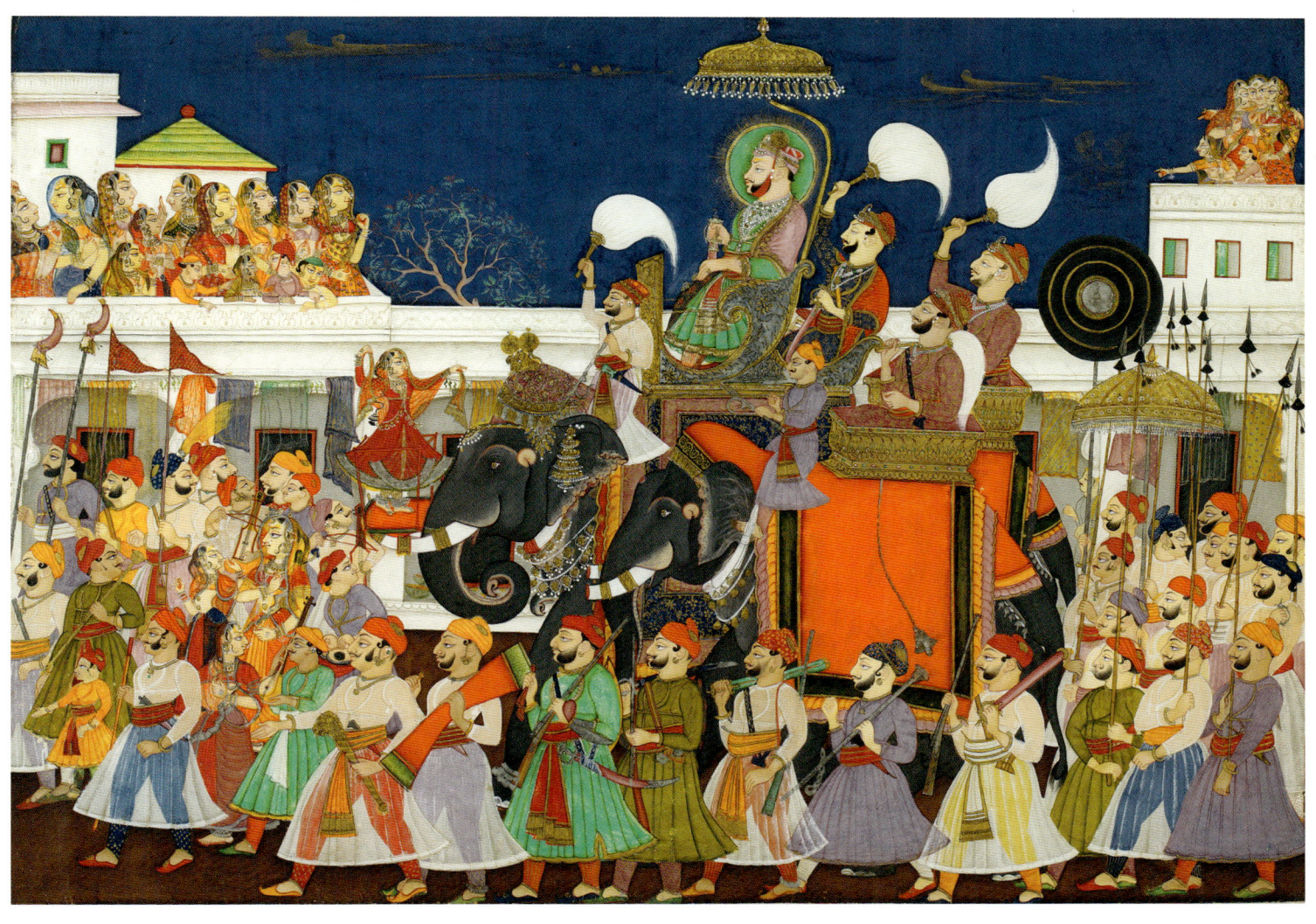

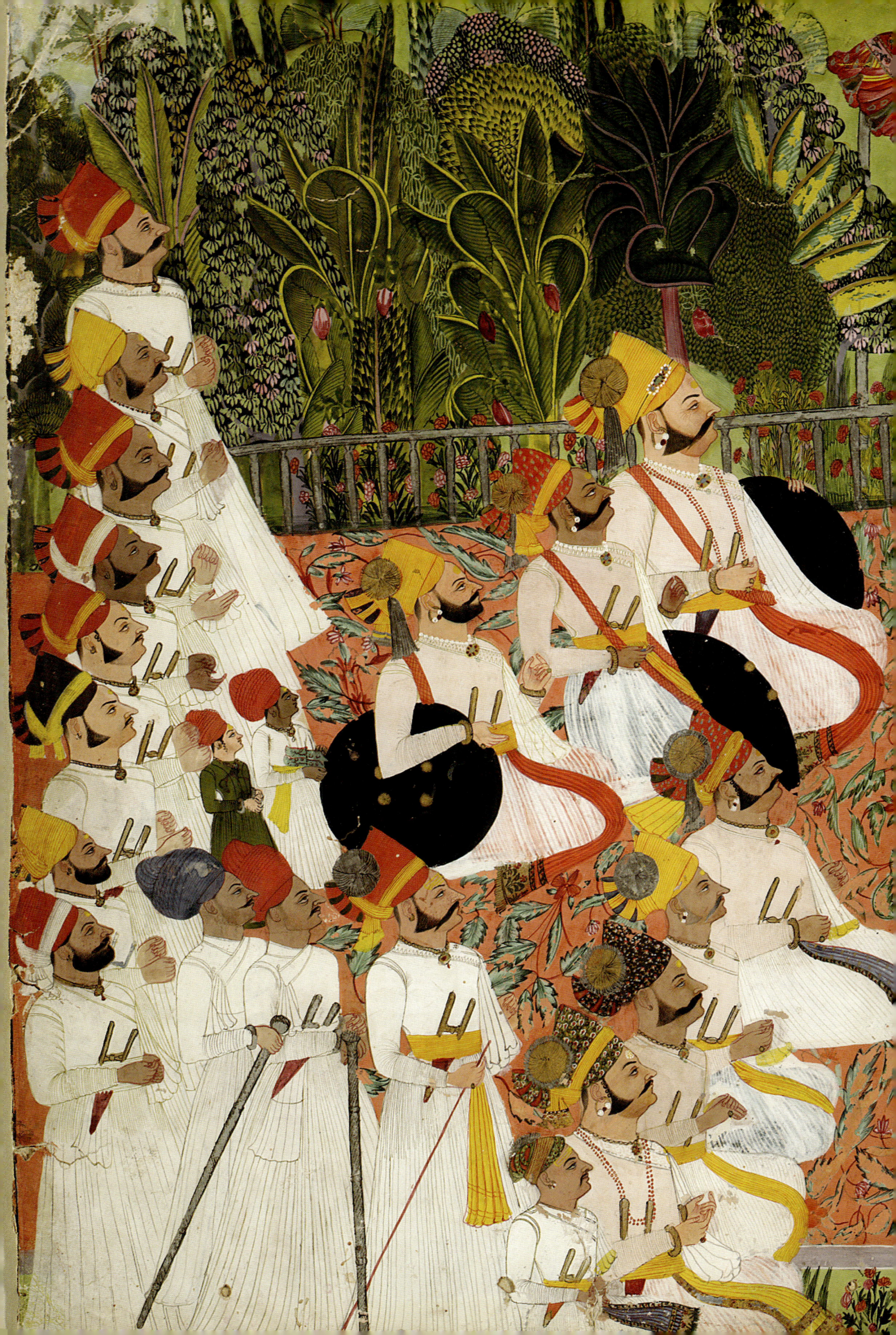

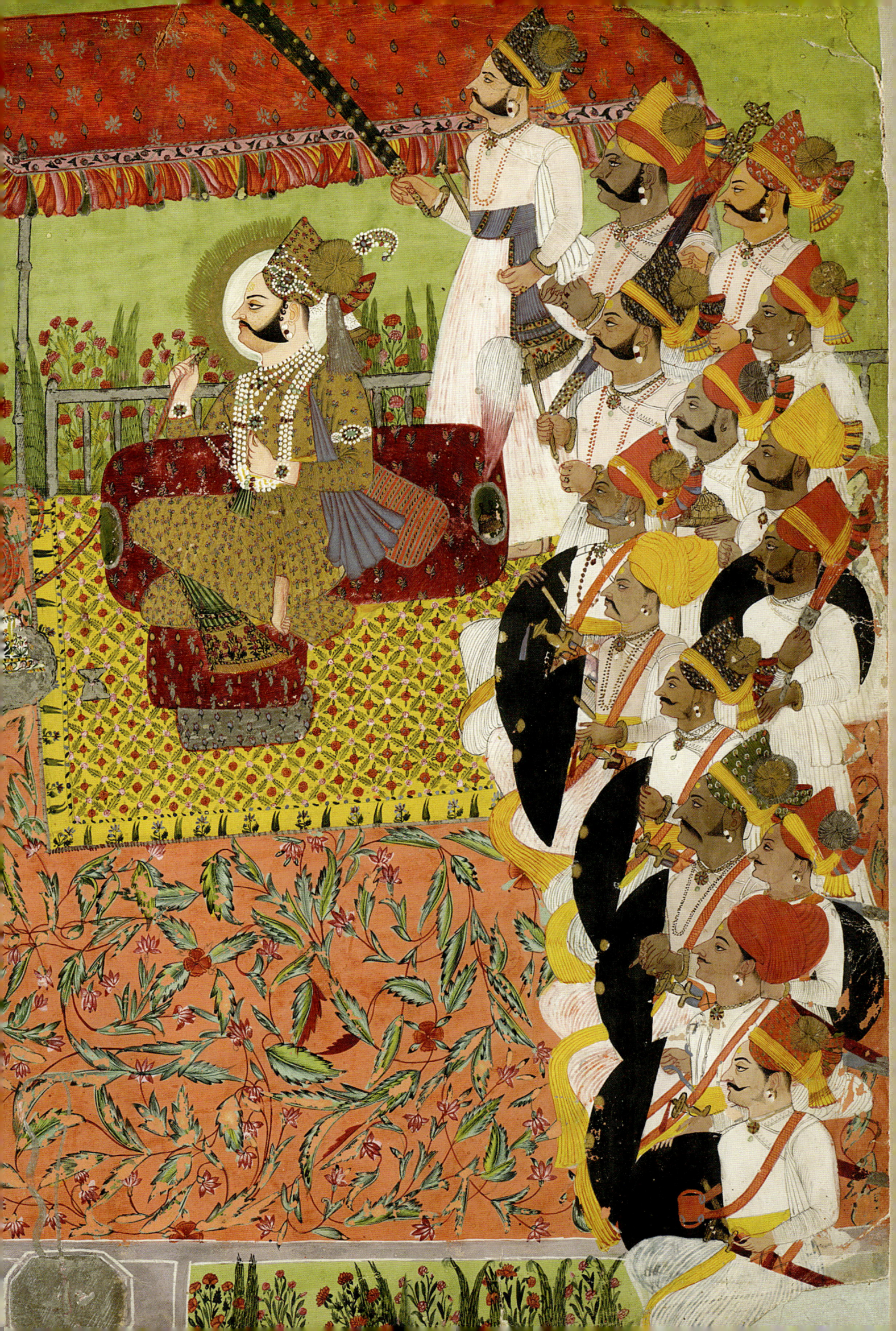

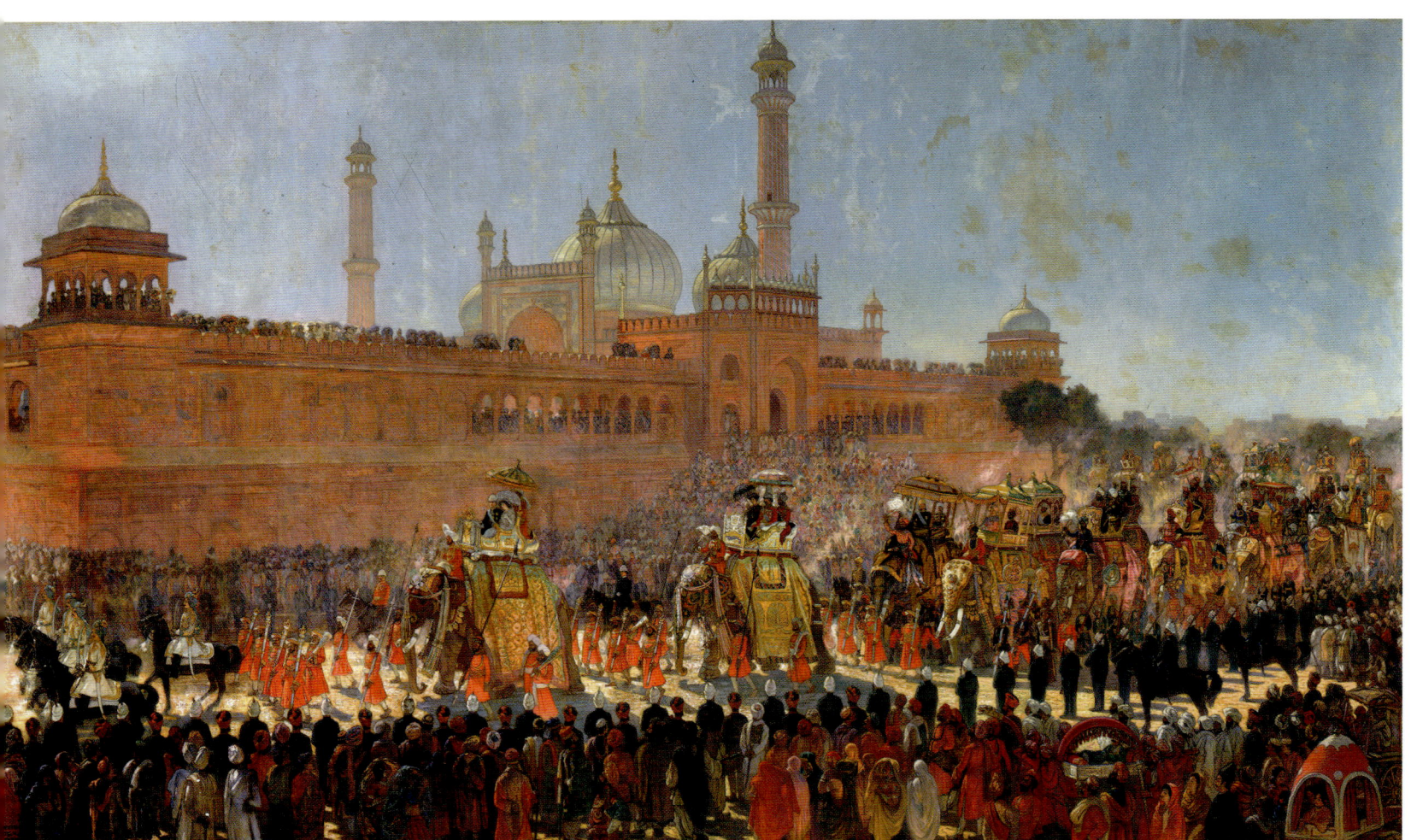

60
Krönungsfeierlichkeiten in Delhi, 1903
Roderick MacKenzie
Möglicherweise Kalkutta (Kolkata), 1907
Öl auf Leinwand
British Empire and Commonwealth Museum

Dieses Gemälde fängt die ganze Pracht des
großen Durbars in Delhi im Jahr 1903 ein.
An der Spitze der Elefantenprozession durch die
Stadt sieht man den Vizekönig, Lord Curzon,
und seine Frau. Hinter ihnen reiten der Herzog
und die Herzogin von Connaught als Vertreter
des britischen Königshauses, gefolgt von den
indischen Herrschern, die der Nizam von Hyderabad und der Maharaja von Mysore anführen.

Treibarbeit aus Silber oder Gold verzierten Stuhl oder Sessel (Abb. 55, 67) unter einem
Baldachin (Abb. 128) handeln kann. Die Höflinge (*sardars*) und der Erste Minister (*diwan*) mit seinem Verwaltungsstab sitzen ihm in würdevoller Haltung gegenüber. Die
livrierten Diener hinter dem Raja präsentieren meistens eine Auswahl der wichtigsten
Embleme des Königtums, wobei Art, Anzahl und Anordnung von dem Rang und der Geschichte des jeweiligen Staates und seiner Beziehung zum Hegemon abhängt. Zu diesen
Insignien gehören Wedel aus dem Schweifhaar von Yaks (*chauri*), Fächer aus Pfauenfedern (*morchhal*), eine Vielzahl verschiedener Herrscherstäbe, darunter auch Streitkolben (*chob*) und runde oder herzförmige Fächer (Abb. 61, 64, 65).

Auch die Gegenstände, die der Raja direkt am Körper trägt – der Turban, die
Roben, die Schuhe und das Reichsschwert –, sind von symbolischer Bedeutung (Abb. 68,
69). Seine gesamte Kleidung ist Ausdruck königlicher Macht. Der juwelengeschmückte
Turban erfüllt dieselbe Funktion wie eine Krone, so dass das Binden des Turbans zu den
rituellen Handlung gehört (Abb. 70). In Indien wird den Füßen ebenso viel Aufmerksamkeit zuteil wie dem Kopf: Kinder berühren die Füße ihrer Eltern, durch eine Berührung
waschen Schüler symbolisch den Staub von den Füßen ihres Gurus und im Tempel wer-
fen sich Gläubige einem Gott zu Füßen. In vielen Gemälden und Fotografien von Durbars
trägt allein der Raja Schuhe, während sein Hofstaat barfuß geht. Früher trugen Rajas die
einst am Mogulhof verbreiteten persischen Pantoffeln, folgten später jedoch zunehmend
der europäischen Mode. In einer Gesellschaft, in der man die Schuhe auszieht, wenn

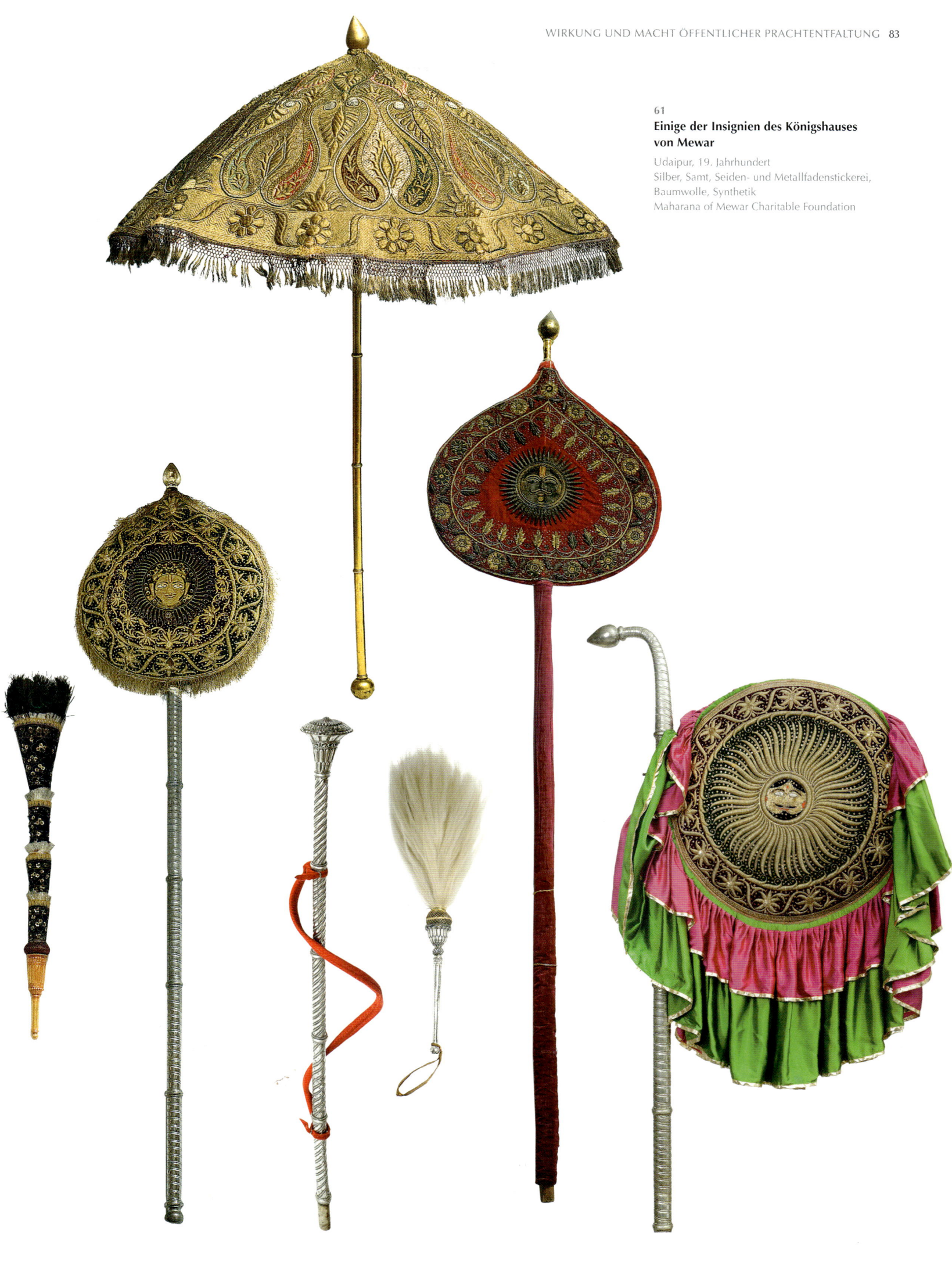

61
Einige der Insignien des Königshauses von Mewar
Udaipur, 19. Jahrhundert
Silber, Samt, Seiden- und Metallfadenstickerei, Baumwolle, Synthetik
Maharana of Mewar Charitable Foundation

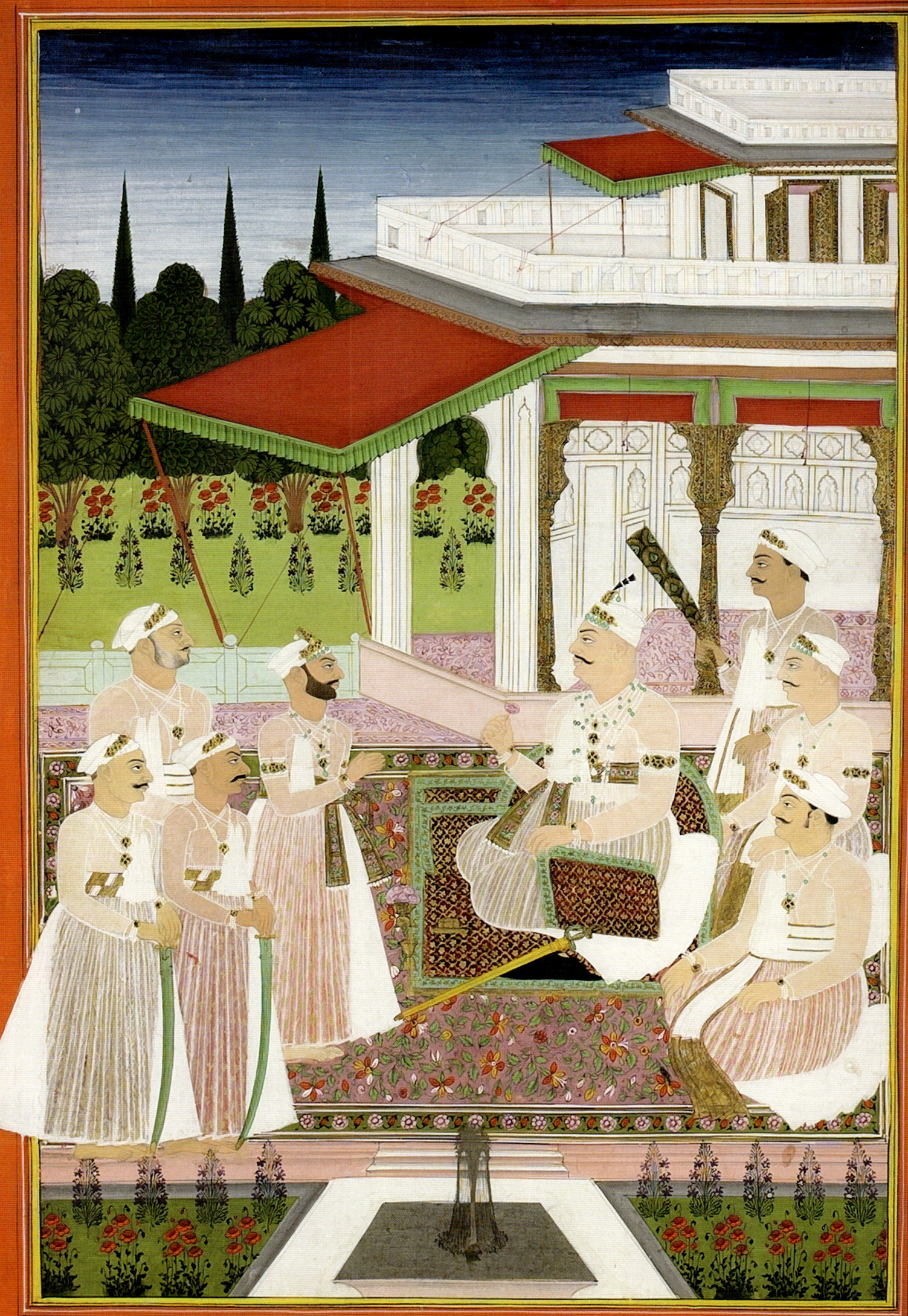

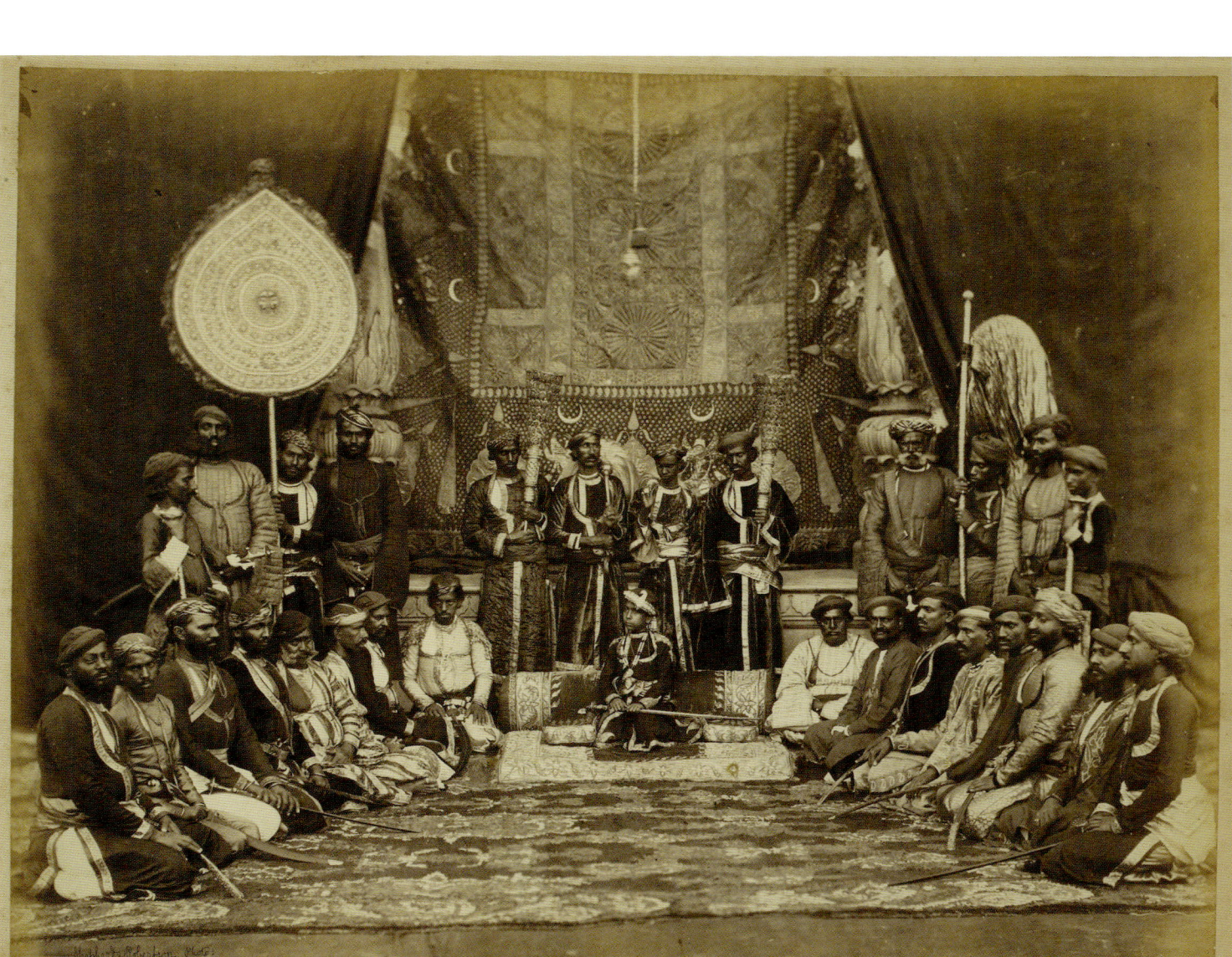

62 *Linke Seite*
Nizam Mir Akbar Ali Khan Sikander Jah
von Hyderabad

Dekkan, ca. 1810
Deckende Wasserfarbe und Gold auf Papier
57,3 x 42,1 cm
Victoria and Albert Museum, London

63 *Oben*
Durbar des Maharaja Jaswant Singh
von Bharatpur (reg. 1851–1893)

Shepherd and Robertson
Bharatpur, 1862
Albuminabzug
23,8 x 30,2 cm
British Library, London

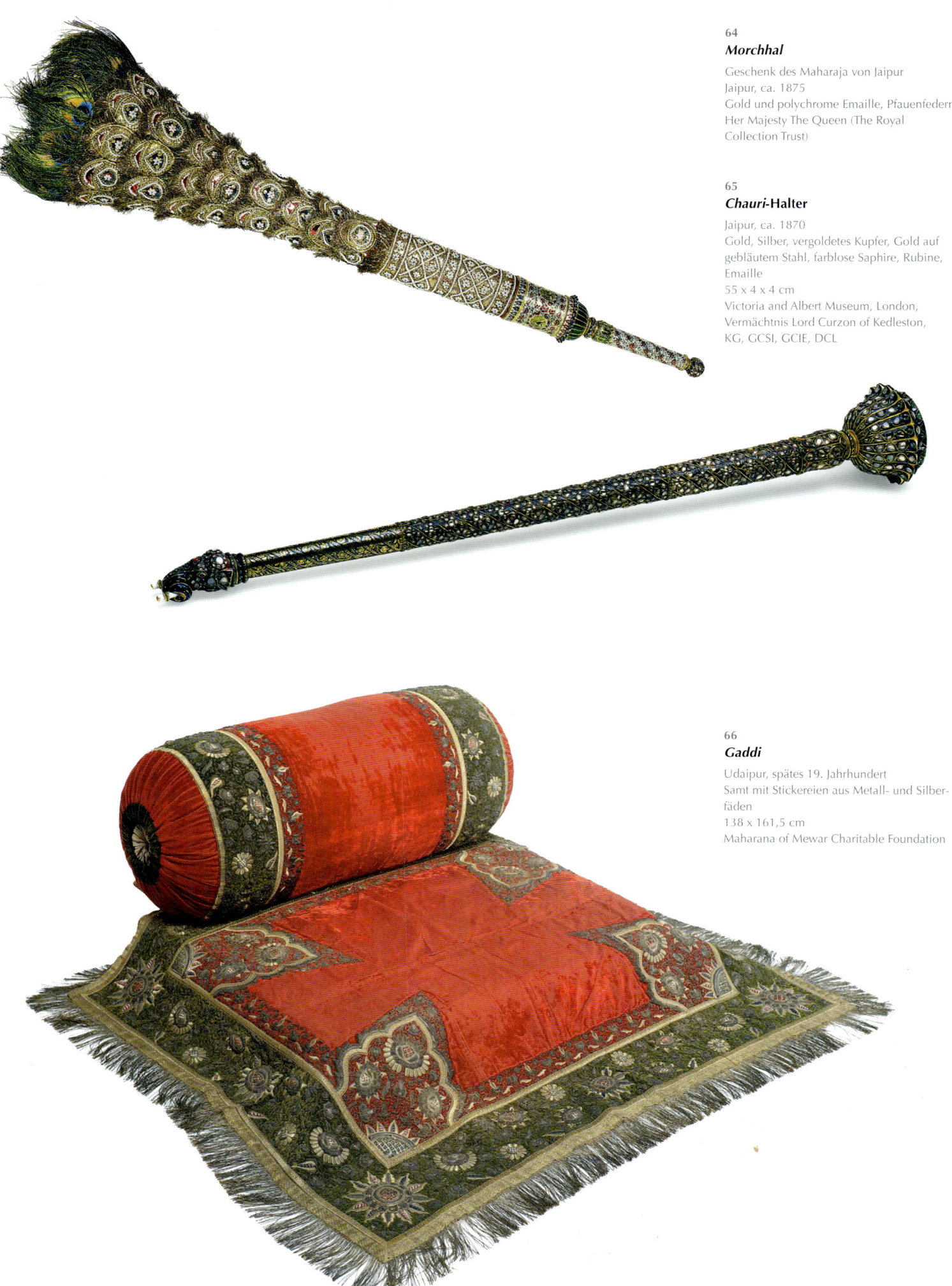

64
Morchhal

Geschenk des Maharaja von Jaipur
Jaipur, ca. 1875
Gold und polychrome Emaille, Pfauenfedern
Her Majesty The Queen (The Royal
Collection Trust)

65
Chauri-Halter

Jaipur, ca. 1870
Gold, Silber, vergoldetes Kupfer, Gold auf
gebläutem Stahl, farblose Saphire, Rubine,
Emaille
55 x 4 x 4 cm
Victoria and Albert Museum, London,
Vermächtnis Lord Curzon of Kedleston,
KG, GCSI, GCIE, DCL

66
Gaddi

Udaipur, spätes 19. Jahrhundert
Samt mit Stickereien aus Metall- und Silber-
fäden
138 x 161,5 cm
Maharana of Mewar Charitable Foundation

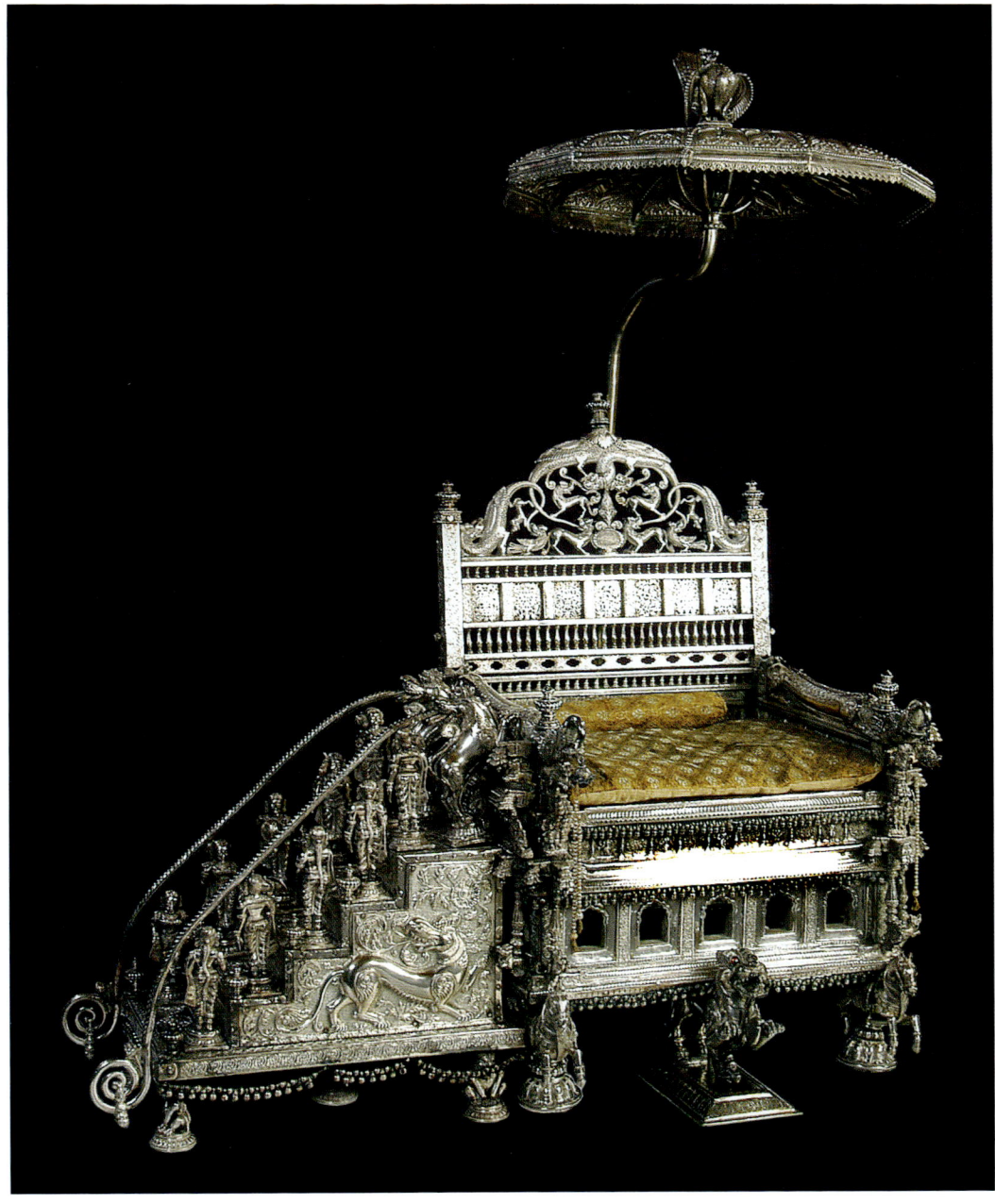

67
Thron

Mysore, ca. 1876
Silber auf geschnitztem Holz, Seidenbrokat
105 x 84 x 51 cm
Knebworth House, Hertfordshire

Diese Silberminiatur des Goldenen Throns von
Mysore überreichte Charmaraja Wodeyar X.
dem neuen Vizekönig von Indien, Lord Lytton.

man ein Haus oder eine heilige Stätte betritt, ist das Tragen von Schuhen ein Zeichen königlicher oder sogar göttlicher Autorität. Als sich in dem großen Epos *Ramayana* der Bruder des verbannten Kronprinzen Rama weigert, dessen rechtmäßiges Erbe an sich zu reißen, legt er zum Zeichen dafür, dass er nur als Regent fungieren will, die Schuhe seines Bruders auf den Thron. Königliche Schuhe gehören auch zu den frühesten plastischen Darstellungen des Buddha, des zum Asketen gewordenen Königs. Im heutigen Indien enthalten Tempel, die einem göttlichen Meister, einem verstorbenen Guru, geweiht sind, oft einfach nur eine Skulptur seiner Schuhe – meistens besondere hohe Sandalen – aus Holz, Stein oder Bronze.

Zwischen dem turbangeschmückten königlichen Haupt und den elegant beschuhten Füßen trug der Maharaja zum Durbar prächtige Zeremonialkleidung. Vom Hals bis zu den Ohren und von der Brust bis zur Taille bedeckte massiver Schmuck seine Gestalt, so dass sein eigentlicher Körper kaum noch zu sehen war und die Gewänder

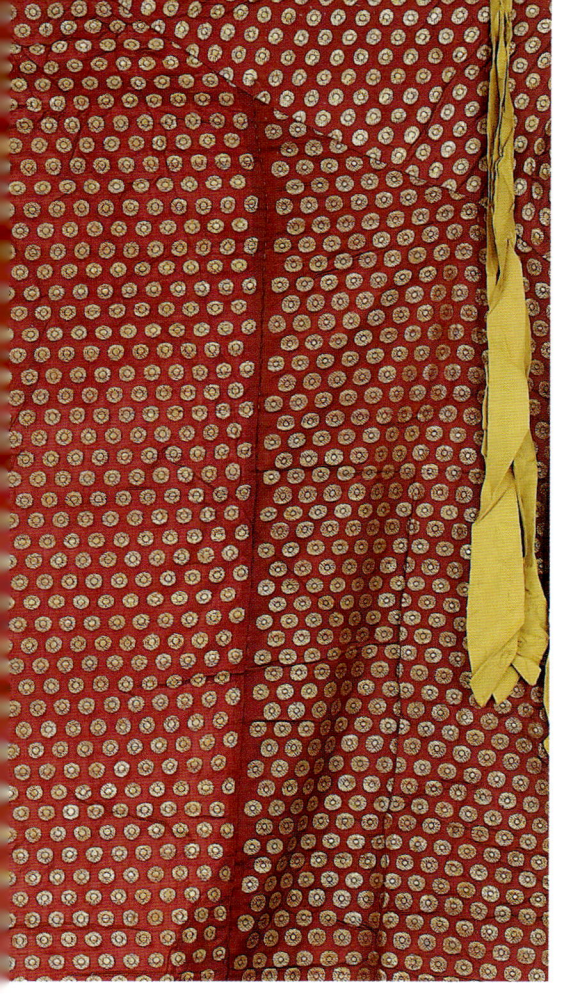

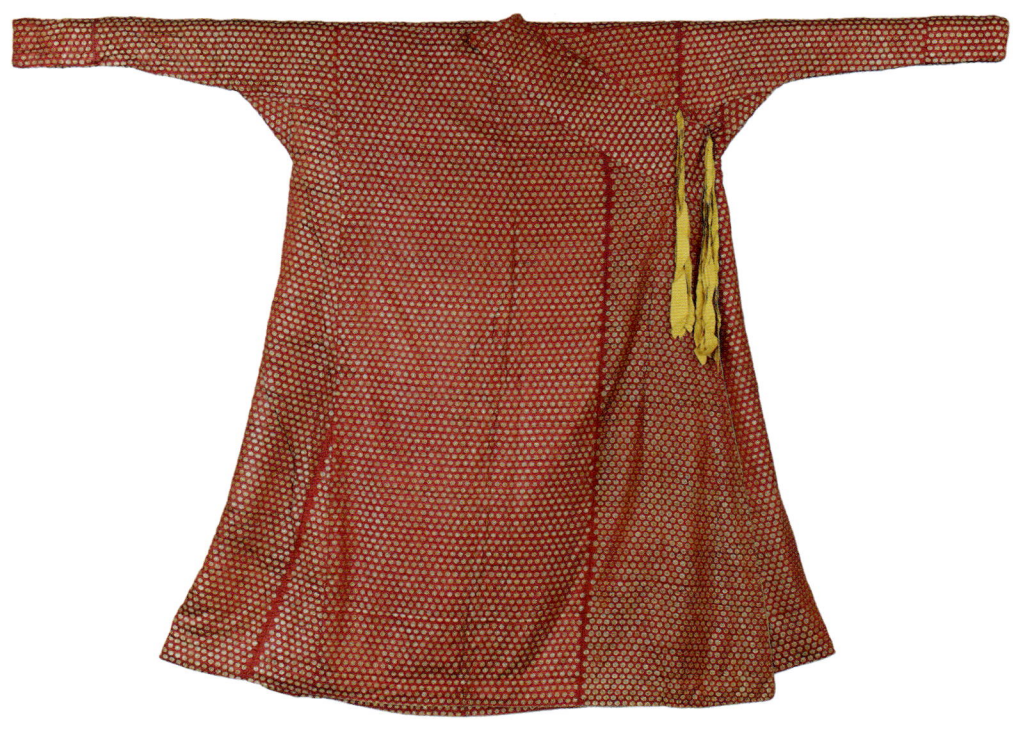

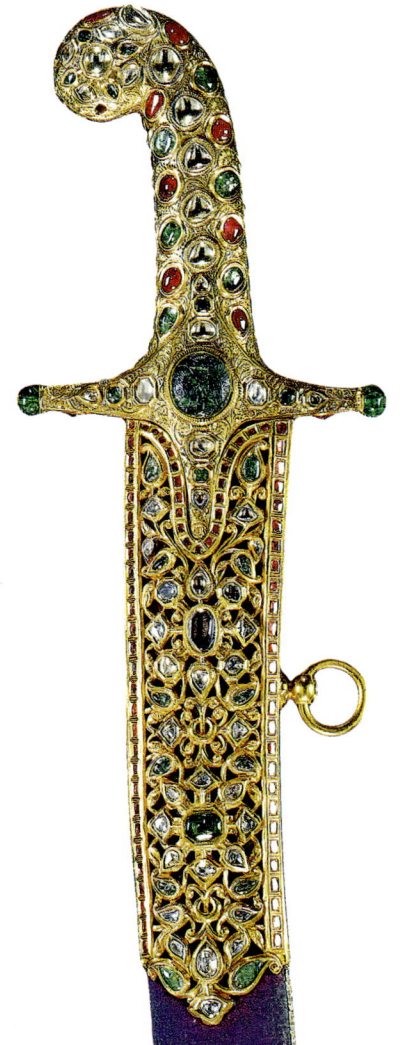

und die reiche Ausstattung zur Anschauung seiner Majestät wurden (Abb. 71–75). So hält ein Maharaja Hof: umgeben von Symbolen seiner Würde, in vollem Ornat, das Zentrum aller Blicke.

Der Begriff »Spektakel« enthält als Teil seiner Bedeutung den Aspekt des Sehens oder Betrachtens eines besonderen Anblicks. Im indischen religiösen Empfinden verleiht der Akt des Schauens (*darshan*), besonders die Schau einer Persönlichkeit von hoher Autorität, sowohl dem Schauenden als auch dem Angeschauten eine besondere Macht. In anderen Worten, brauchte der Raja die Blicke seiner Untertanen, um seine Macht zu erhöhen, während die Untertanen seinen Anblick brauchten, um an seiner Macht teil zu haben. Eine solche Wirkungskraft bewegt sich eindeutig jenseits des »Politischen« in Bereiche, die man eher dem Religiösen zuordnen würde, wobei die hier verwendete Bildsprache Muslimen und Hindus, Herrschern und Untertanen in gewissem Sinne gemeinsam war.

Die Ansammlungen reich verzierter symbolhafter Gegenstände mögen verwirrend wirken, doch sie stellen einen festen Bestand von Zeichen dar, ohne die kein König auskam, der seines Ranges würdig sein wollte – und auch das gilt für muslimische und hinduistische Herrscher gleichermaßen, denn alle Monarchen stellten zumindest einige dieser Insignien bei oder an ihrer Person zur Schau. Noch im 19. Jahrhundert waren in den meisten Fürstenstaaten die Juwelen, Roben und Palladien der Mächtigen vom Stil der Moguln geprägt und wurden mit persischen Wörtern bezeichnet (Abb. 76). Gegenstände wie der Streitkolben, die silbernen Herrscherstäbe und das Schwert sind nahezu universelle Zeichen königlicher Macht. Die Bedeutung anderer Zeichen wie der Fächer und Wedel ist weniger transparent. Diese Gegenstände gelten in Indien zwar generell als

Machtsymbole, doch die Interpretation ihrer spezifischen Bedeutung ist dem Betrachter überlassen, so dass Raum für unterschiedliche theologische und theoretische Auffassungen des Königtums bleibt. Manche hinduistische Könige verkörperten selbst die göttliche Macht und saßen bei Hof wie das göttliche Abbild im Allerheiligsten eines Tempels, dem die Priester mit den gleichen Fächern und *Chauri* huldigten.[3] Die hinduistischen Könige verwendeten in ihren jeweiligen Herrschaftsbereichen die gleichen königlichen Symbole und sogar die gleichen Gewänder wie sie den von ihnen verehrten Göttern zukamen. Muslimische Herrscher konnten keinen Anspruch auf Göttlichkeit erheben, wurden aber manchmal auch als »Schatten Gottes«[4] bezeichnet, vielleicht weil sie den blendenden Glanz der Gottheit in etwas gedämpfteren Farben als ihre hinduistischen Pendants reflektierten. Großartig war ihr Anblick allemal. Die Bildsprache des Königtums brachte also jenseits aller religiösen Dialekte die Faszination der Macht und die Lebenskraft des Herrschers zum Ausdruck.

Bis heute hat sich der Glanz dieser Zeichen königlicher Würde erhalten, der zugleich längst vergangene Zeitalter spiegelt. Vor dem Hintergrund der klassischen Sanskrittexte wirken die vielen Gemälde und Fotografien von Maharajas beim Durbar auf seltsame Weise vertraut. Dass viele der scheinbar wahllos zusammengestellten Gegenstände, die der Maharaja am Körper trägt oder die seine Diener in den Händen

68 *Linke Seite oben*
Angeblich von Maharaja Madho Singh von Jaipur getragene *Jama*

Jaipur, ca. 1750–1768
Goldbrokat, mit Wolle gesteppt, Innenfutter aus Baumwolle
Musée Guimet, Paris

69 *Linke Seite unten*
Schwert und Scheide

Kashmir, ca. 1864
Stahl, Diamanten, Smaragde, Rubine und Samt
100 x 16 cm
Her Majesty The Queen (The Royal Collection Trust)

70 *Unten*
Maharana Bhim Singh von Mewar bindet seinen Turban

Chokha zugeschrieben
Udaipur, ca. 1810
Deckende Wasserfarbe und Gold auf Papier
28 x 37,5 cm
Harvard Art Museum/Arthur M. Sackler Museum, Schenkung von Stuart Cary Welch, Jr.

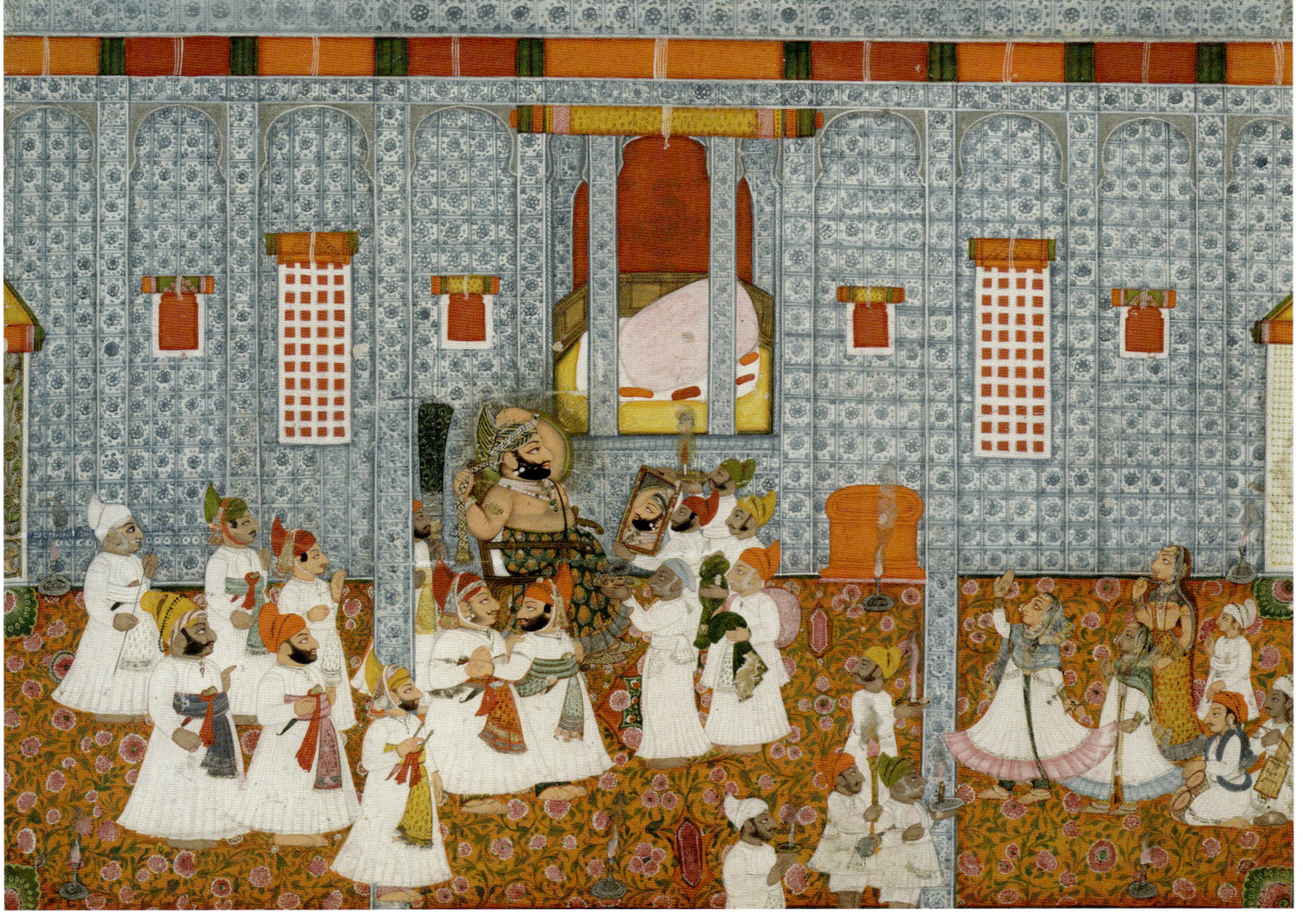

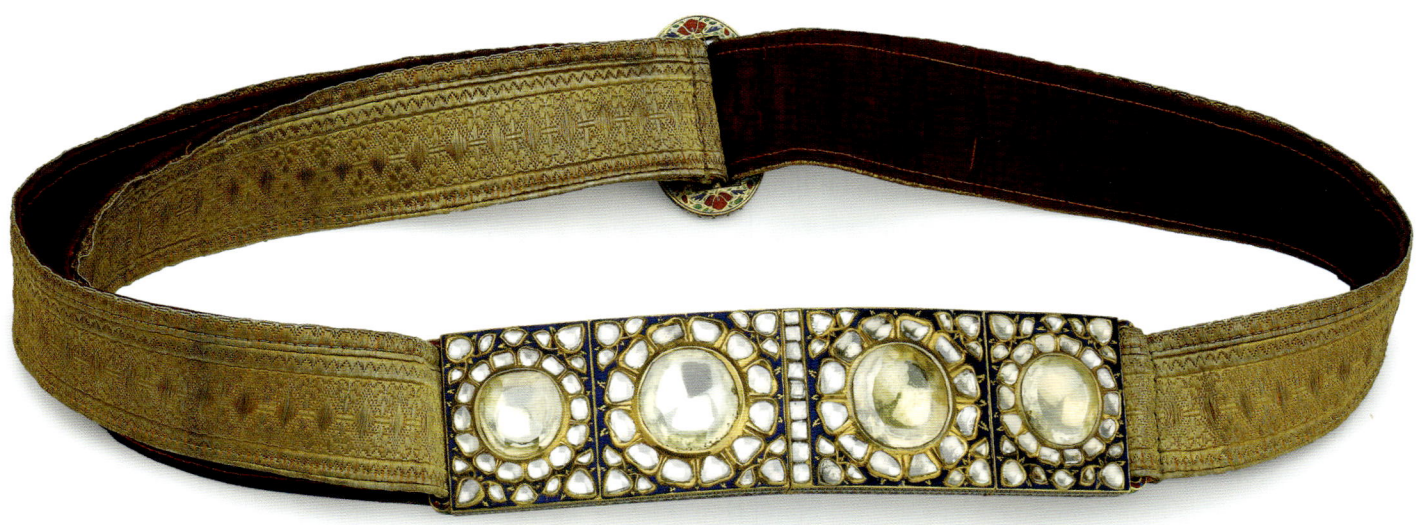

71 *Oben*
Gürtel
Vermutlich Jaipur, Mitte 19. Jahrhundert
Diamanten, Emaille, Gold und Seide
5,5 x 36 x 27 cm
British Museum, London

72 *Unten*
Armband
Vermutlich Jaipur, Mitte 19. Jahrhundert
Diamanten, Gold und Emaille
3 x 19 cm
British Museum, London

73 *Rechte Seite*
Collier
Vermutlich Jaipur, Mitte 19. Jahrhundert
Diamanten, Smaragde, Perlen, Gold
und Emaille
20,5 x 18,9 cm
British Museum, London

halten, in überlieferten Aufstellungen der Insignien königlicher Macht erscheinen, trägt einiges zur Erklärung ihrer sonst rätselhaften Assoziation mit monarchischer Autorität bei. In seinem Standardwerk *Ancient Indian Kingship from the Religious Point of View* führt Jan Gonda als wichtigste Embleme einen weißen Sonnenschirm, Fliegenwedel, Schuhe, einen Turban und den Thron auf, an anderer Stelle nennt er das Schwert, den Sonnenschirm, die Krone, Schuhe und *Chauri*.[5] Die Institution der Höflinge geht möglicherweise auf eine historische Riege königlicher Beamter zurück, die *Ratnin* (wörtlich »Juwelen«) genannt wurden, denn ihre lebendige Gegenwart erhöht den Raja ebenso wie die vielen leblosen Gegenstände, die er als Schmuck trägt.[6] Inmitten seines Hofstaates erscheint der Maharaja seinen Untertanen *Samalamkara*, »in vollem Ornat« oder wörtlich »voller Macht«.[7] Der öffentliche Auftritt in vollem Ornat war und blieb eine der grundlegenden Pflichten des Königs, der dadurch in der Vorstellung von Staatlichkeit die Gesundheit und das Wohlergehen seiner Untertanen und seines Reiches gewährleistete. In diesem Zusammenhang erklärt sich die verschwenderische Prachtentfaltung der indischen Könige eher als religiöse Notwendigkeit denn als frivole Extravaganz.

Beim offiziellen Durbar war der Anblick des Rajas zwar dem Hofstaat, geladenen Gästen und Regierungsbeamten vorbehalten, aber die Öffentlichkeit bekam die Maharajas bei großen Festumzügen zu sehen, die wiederum den regelmäßigen Prozessionen nachempfunden waren, bei denen die Tempelgötter ihren Anhängern gezeigt wurden (Abb. 58). Am eindrucksvollsten muss dabei die Prozession anlässlich des Dassahrafestes

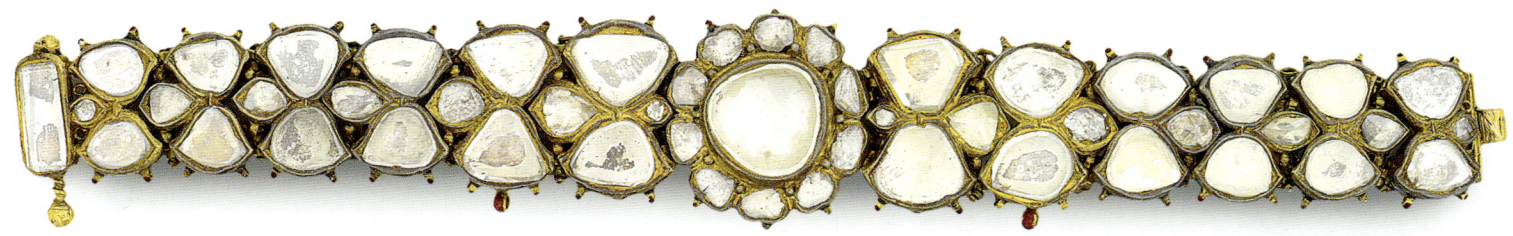

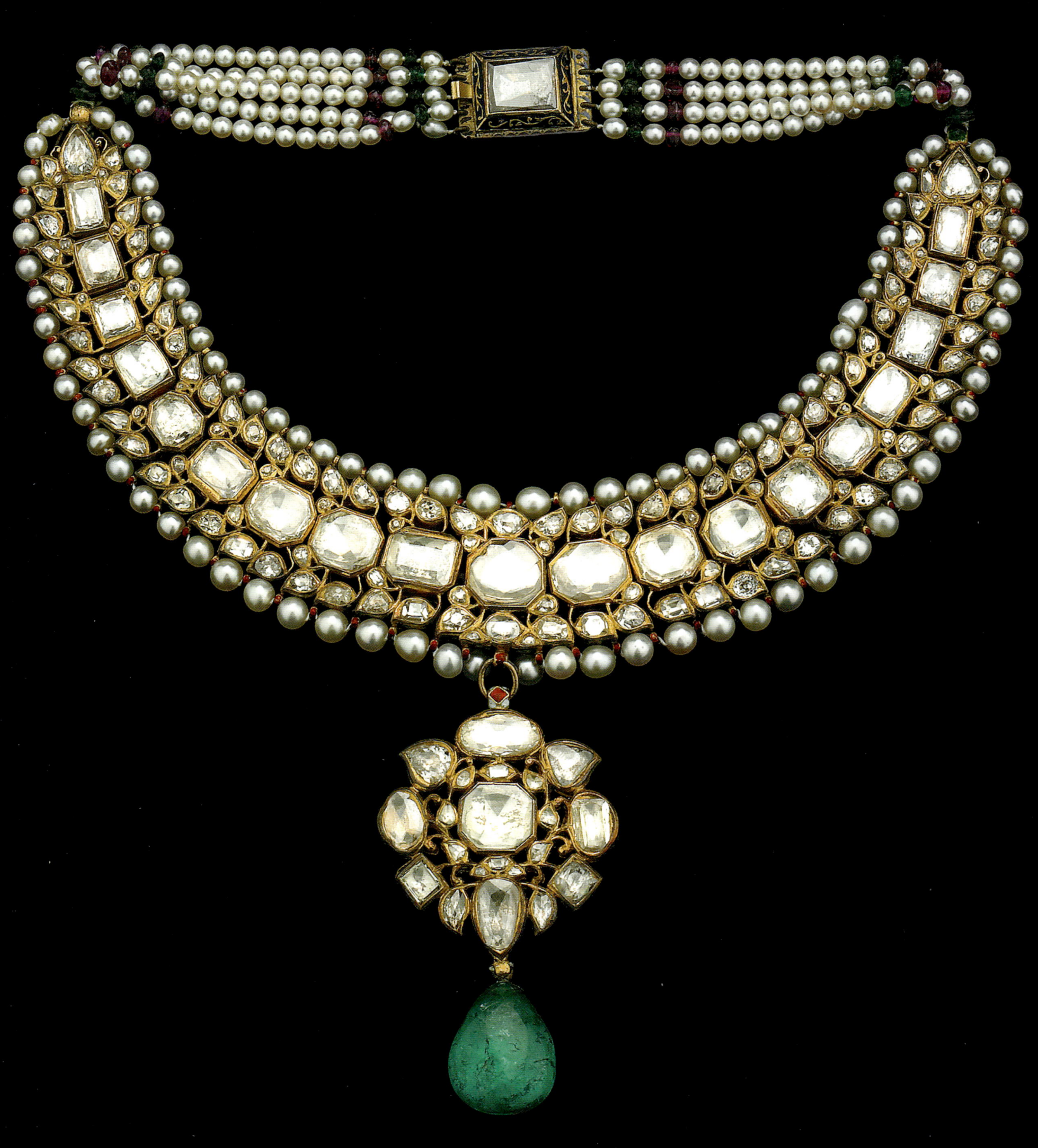

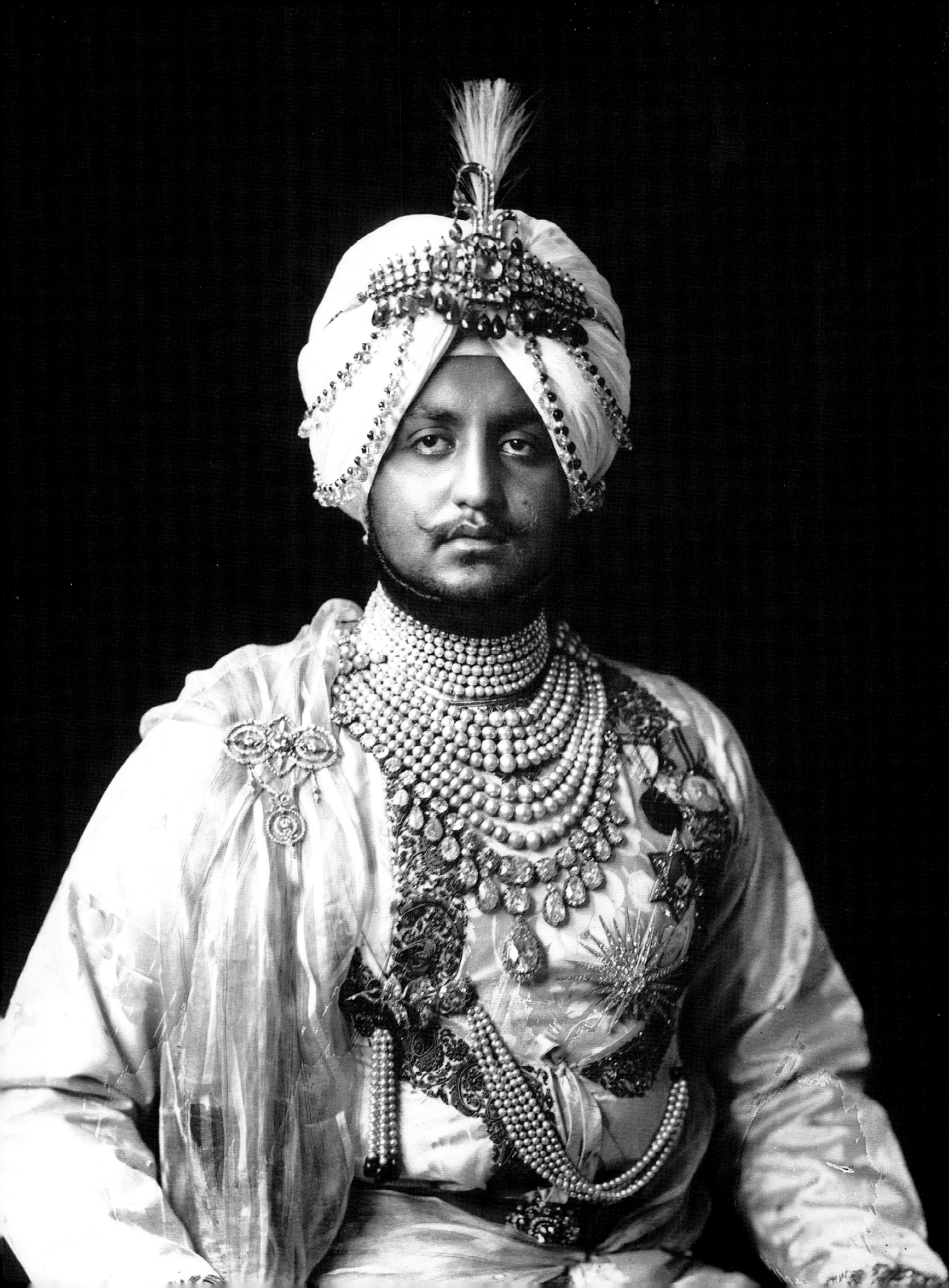

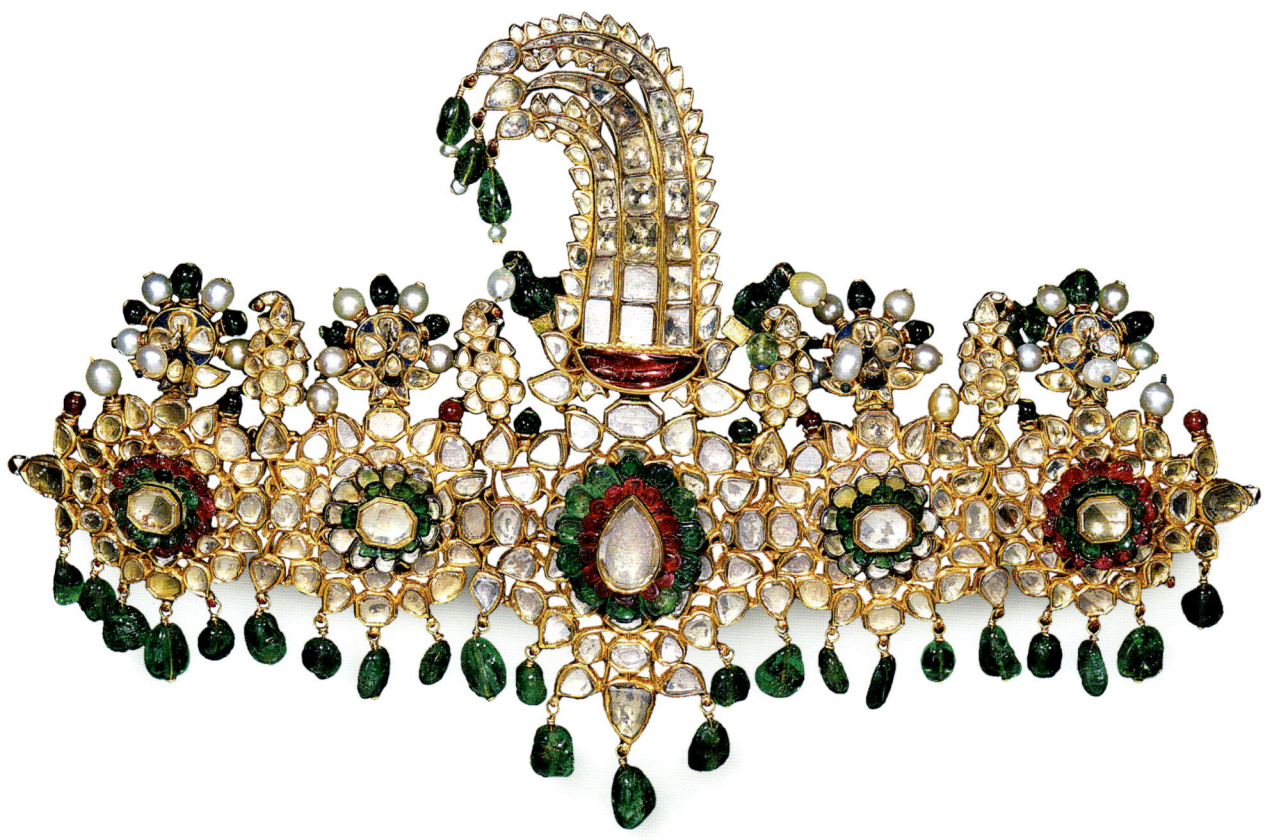

gewesen sein, bei dem zehn Tage lang alle möglichen Formen königlichen oder göttlichen Triumphs über Unordnung, Uneinigkeit und gesellschaftlichen Zerfall dargestellt wurden. Das Dassahrafest galt dem Andenken an den Kampf und endgültigen Sieg des Gottkönigs Rama über den Dämonenkönig Ravana von Lanka; oft wurden dabei auch bestimmte Szenen der Legende nachgespielt. Der Raja hatte am zehnten Tag des Festes seinen Auftritt, bei dem er auf einem aufwendig geschmückten Elefanten erschien; an seiner Seite erschienen Diener mit *Chauri*, Fächern, Silberstäben und dem königlichen Sonnenschirm. Letzterer kam nur dann zum Einsatz, wenn der Raja ins Freie trat, um ihn vor der Sonne oder vielleicht auch um die Sonne vor seinen glänzenden Strahlen zu schützen. Wie viele andere Rajas auch ließen die Herrscher von Mysore Gemälde dieser und ähnlicher wichtiger religiöser Prozessionen anfertigen (Abb. 77). In Teilen Südindiens, wo die Rajas im Allgemeinen eine der Erscheinungsformen der Göttin als Schutzpatronin annahmen,[8] feierten die Fürstenstaaten *Navaratri* (das manchmal auch hier Dassahrafest genannt wird) mit ganz besonderer Pracht. Dabei erschien der Maharaja hoch zu Elefant in einer Prozession am zehnten Tag (*vijajayadasami*) und damit zum Höhepunkt des Festes, das zum Gedenken an die Vernichtung eines Todesdämons in Stiergestalt durch die große Göttin gefeiert wird – ein Ereignis, das als *Mahishasuramardini* auch ein häufiges Thema der bildenden Kunst in Indien ist.[9] Sowohl beim Dassahrafest wie auch an Navaratri wurde an diesem zehnten Tag durch diskrete visuelle Hinweise signalisiert, dass König und Schutzpatronin im Grunde genommen austauschbar seien.

Ohne diese Dimension der behutsamen Gleichsetzung von König und Gottheit scheinen die monarchischen Prozessionen den hyperdramatischen Spektakeln einer Hollywood- oder Bollywoodproduktion nur allzu ähnlich. In Mysore findet das Dassahrafest auch heute noch statt – als Touristenattraktion, aber auch als wirkmächtiges religiöses

74 *Linke Seite*
Maharaja Bhupinder Singh von Patiala
Vandyk
London, 1911
Moderner Abzug von einem Originalnegativ
auf Glas
57,3 x 42,1 cm
National Portrait Gallery, London

75 *Oben*
***Sarpech* aus dem Besitz von Maharaja Bhupinder Singh von Patiala**
Nordindien, spätes 19. Jahrhundert
Diamanten, Smaragde, Rubine, Emaille
und Gold
16,5 x 29 cm
Museum of Islamic Art, Doha

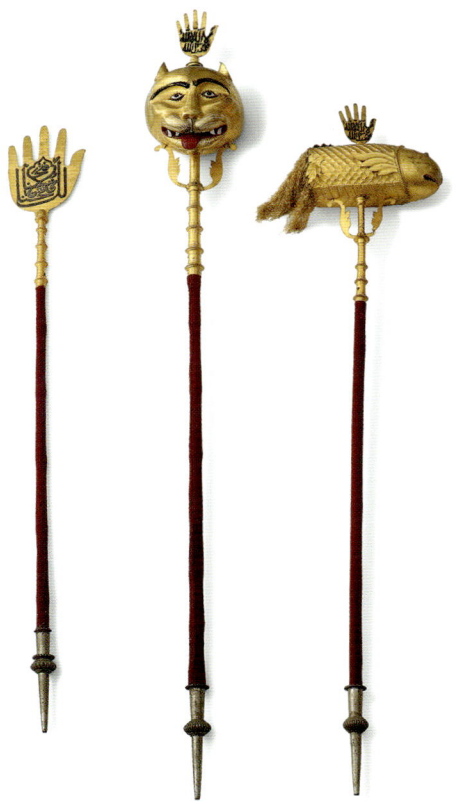

76 *Oben*

Gegenstände aus dem *Mahi Maratav* des Königshauses Gwalior

Delhi, spätes 18. Jahrhundert
Vergoldetes Metall, Holz und Seide
Jyotiraditya M Scindia of Gwalior

Diese Insignien waren ein Geschenk des Großmoguls Shah Alam an den Peshwa, der sie an
seinen obersten General, Scindia von Gwalior,
weitergab.

Ereignis. Der ehemalige Maharaja betätigt sich dabei nicht nur als Sponsor, sondern spielt eine führende Rolle bei der sich langsam durch die Straßen der Stadt windenden großen Prozession. Allerdings reitet er nicht mehr auf einem Elefanten – den Platz hoch oben auf dem königlichen Tier hat er der großen Göttin seines ehemaligen Königreiches überlassen. Ein Gemälde der königlichen Familie von Mysore veranschaulicht, wie weit königliche und göttliche Ikonografie sich überschneiden konnten (Abb. 78). Das Porträt hat eine frappante Ähnlichkeit mit den in Indien allgegenwärtigen Darstellungen des Rama Pattabhisheka, dem nach seiner triumphalen Rückkehr in seine Hauptstadt inthronisierten Rama. Der Gottkönig wird üblicherweise mit seiner Gemahlin Sita auf dem Schoß dargestellt, neben ihm seine Brüder und der ihm treu ergebene Affengott Hanuman zu seinen Füßen kniend. Gleichzeitig erinnert dieses Porträt auch an viele volkstümliche Darstellungen vom Gott Shiva, auf denen er in königlicher Pracht mit seiner Gemahlin und den beiden Söhnen auf dem Schoß dargestellt wird.

Der auf diesem Gemälde dargestellte Maharaja wechselte wie viele andere anscheinend mühelos zwischen den Rollen des die Gottheit Verehrenden und der ihres Stellvertreters. Diese enge Verflechtung von Königtum, Gottheit und Anbetung wird besonders in Südindien durch das weit verbreitete religiöse Empfinden einer Einheit von Gottesverehrung und Göttlichkeit möglich: Wer sich voll und ganz in die Anbetung einer göttlichen Gestalt vertieft, wird eins mit der Gottheit. Aus diesem Grunde ließen die Maharajas auch häufig Gemälde anfertigen, die sie mit bloßem Oberkörper und barfuß beim Gebet im Palast zeigen (Abb. 79) – oder in göttlicher Pose mit der Familie. Der Miniaturthron von Mysore (Abb. 67) verdeutlicht diesen Austausch in plastischer Form, denn viele königliche Familien setzten die Gottesbilder in ihrem Andachtsraum auf solche Miniaturausgaben ihres Throns.

In seiner Rolle als Anhänger der Schutzgottheit seines Reiches zeigte sich der Maharaja scheinbar übertrieben großzügig, indem er Tempeln, hinduistischen Gurus und Gelehrten sowie armen Brahmanen Geschenke machte, deren Umfang die Staatskasse in ernste Bedrängnis bringen konnte.[10] Die muslimischen Fürsten wiederum unter-

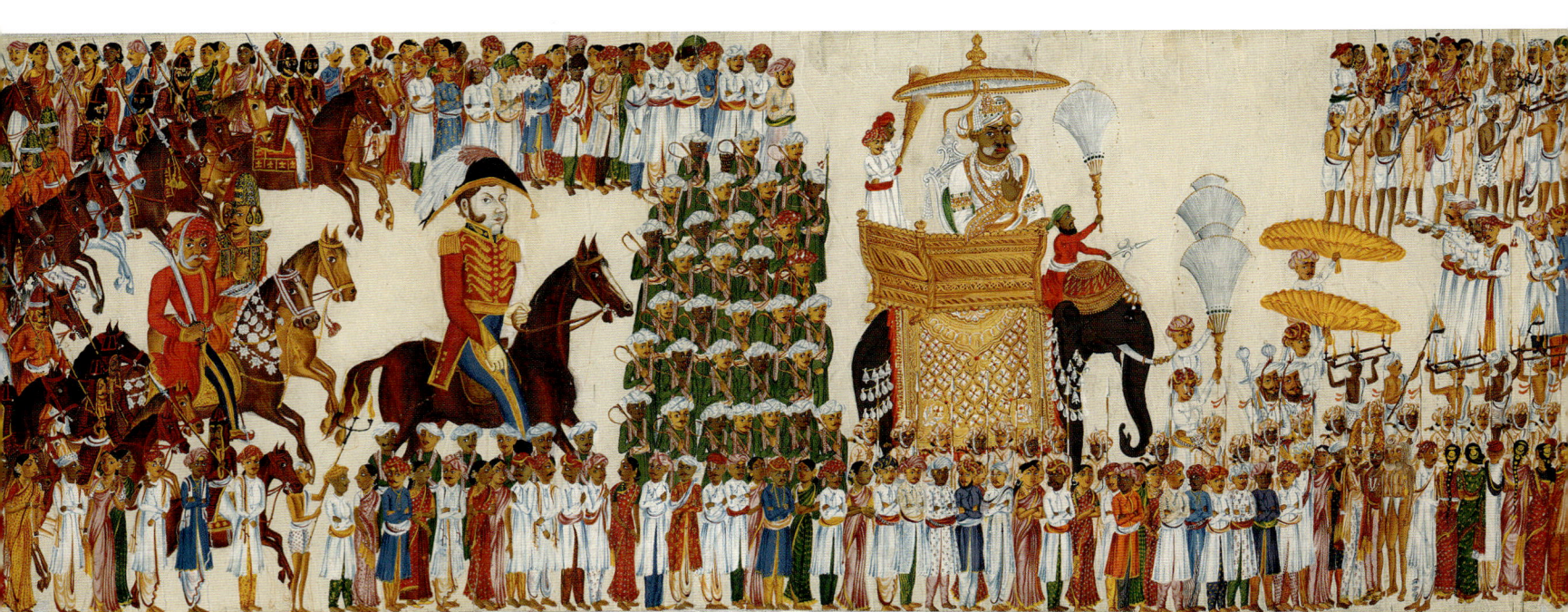

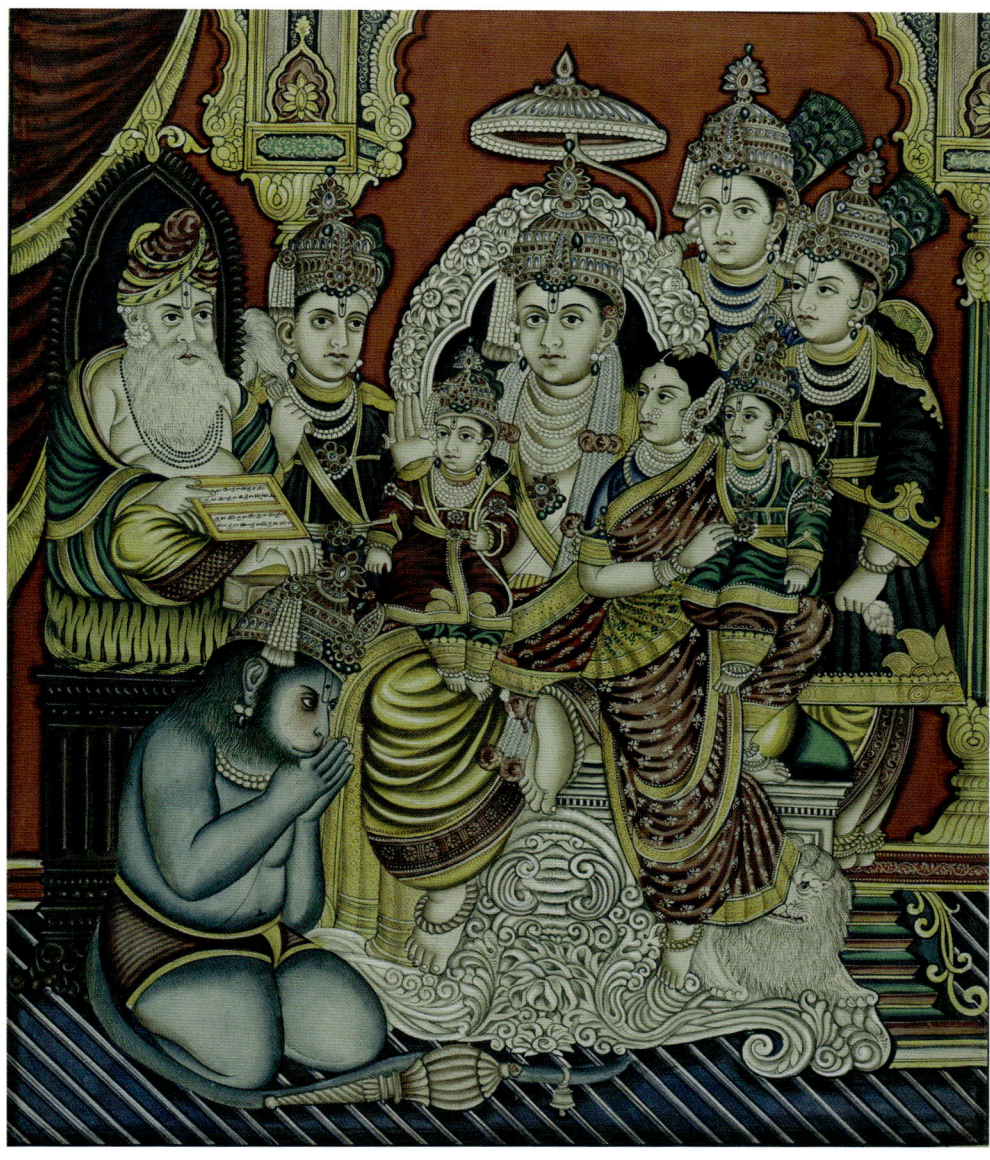

77 *Linke Seite unten*
**Prozession des Maharaja Krishnaraja
Wodeyar III. durch Mysore** (Ausschnitt)

Mysore, 1825–1830
Deckende Wasserfarbe auf Papier, mit Stoff
kaschiert
21,5 x 732 cm
Victoria and Albert Museum, London

78 *Links*
**Die königliche Familie von Mysore
mit ihrem Guru und Hanuman**

Mysore, spätes 19. Jahrhundert
Deckende Wasserfarbe auf Papier
75,9 x 63,8 cm
Harvard Art Museum/Arthur M. Sackler
Museum, Privatsammlung

stützten häufig die Orden und Schreine der Sufis. Als höchsten Akt der Wohltätigkeit konnte sich ein hinduistischer Maharaja anlässlich seines Geburtstages oder einer Hochzeit in der Familie in Gold aufwiegen lassen (Abb. 80). Für die Wohlhabenden Indiens boten Hochzeiten nicht nur einen Anlass zu Wohltätigkeit, sondern auch die Gelegenheit, ihren Reichtum zur Schau zu stellen. Ob eine königliche Familie bei einer Hochzeit nun Gast oder Gastgeber war, die aufwendigen Zeremonien, die Geschenke und die wohltätigen Gaben für die Armen, die den Neuvermählten Segen bringen sollten, konnten die Schatzkammer enorm belasten. Diese wohltätigen Handlungen bezeugten die öffentliche Freigebigkeit des Maharajas ebenso wie seine Frömmigkeit, aber auch den gottähnlichen Zustand der Gnade, in dem er sich befand und der den Wohlstand seines Reiches sicherte.

Wie auch sonst bei dem Gepränge um die indischen Könige lassen sich bei den Prozessionen mehrere Schichten einer visuellen Symbolik erkennen, in der sich uralte Bilder aus Europa und Asien, aus heiligen und säkularen Bereichen überlappen. Die Kriegselefanten der Maharajas und die Kavalkaden bewaffneter Soldaten scheinen auf die großen Triumphzüge der griechischen und römischen Antike zu verweisen, die dem

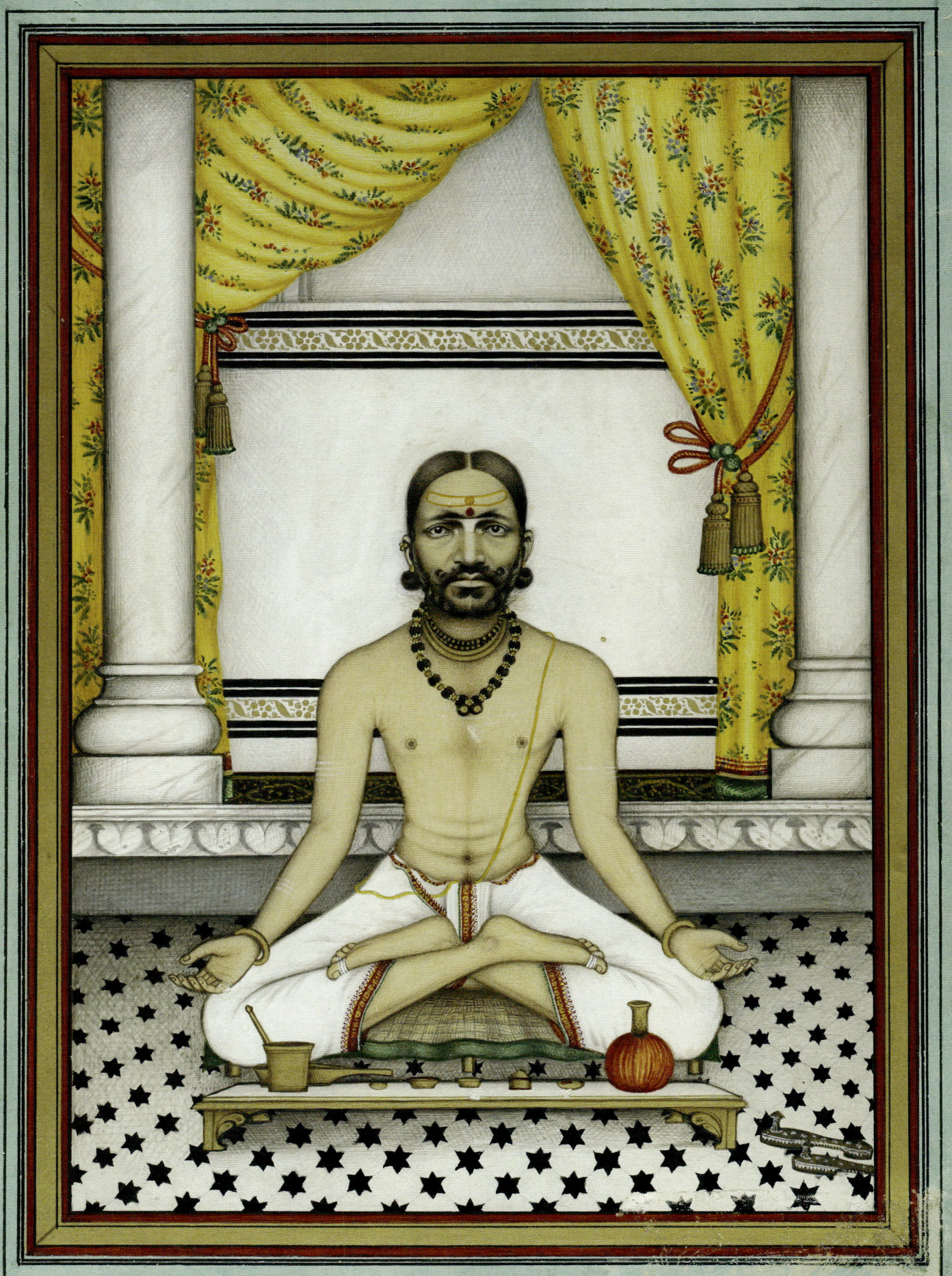

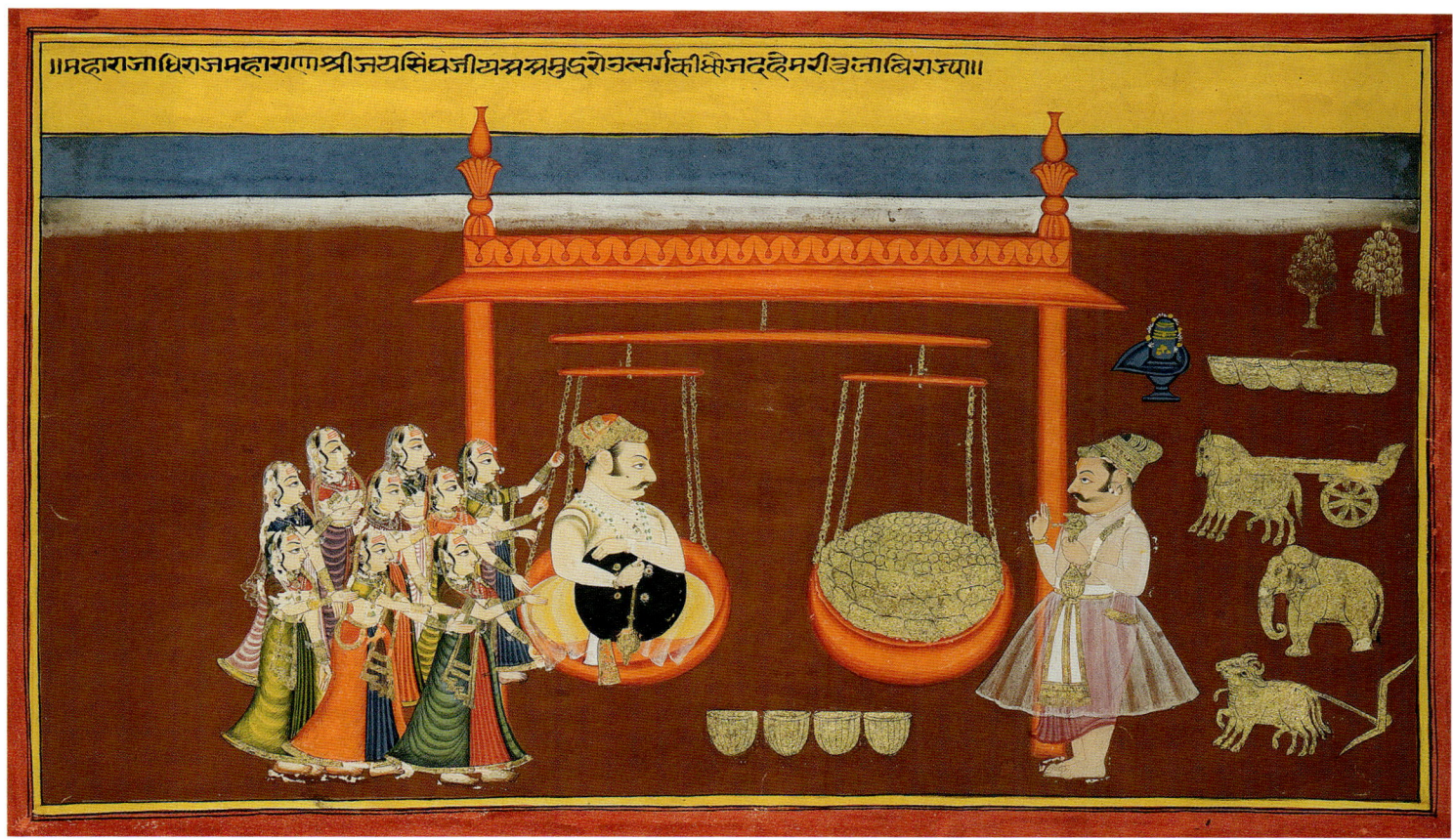

neuen, europäisch-asiatischen Weltreich Mitte des 19. Jahrhunderts durch Ausstellungen im British Museum offenbart wurden. Da immer mehr Historiker des späten 19. Jahrhunderts von gemeinsamen indo-europäischen Wurzeln der Völker Indiens und Großbritanniens ausgingen, stellten auch die gebildeten Schichten beider Länder die britische Herrschaft in Indien, den *British Raj*, zunehmend in den Zusammenhang der europäischen Antike. Als ewiges Vorbild imperialer Herrschaft war Rom eindeutig der Bezugspunkt des 1877 für Königin Victoria gewählten Kaisertitels, der kurz darauf durch den ersten Delhi-Durbar bestätigt wurde: »Kaiser-i-Hind« sollte die östliche Entsprechung des Cäsarentitels sein. Ein weiteres Element visueller Nostalgie war vielleicht, dass die feierlichen Prozessionen der Mogulherrscher und hinduistischen Fürsten auch dann noch stattfanden, als diese einen großen Teil ihrer Macht längst an die britische Ostindiengesellschaft abgegeben hatten. Festgehalten wurden diese Umzüge nicht in Reliefs, wie wir sie aus der griechischen Antike kennen – man denke nur an die berühmten »Elgin Marbles« – sondern in Gemälden (Abb. 81). Zu der Zeit, als Maharana Bhim Singh von Mewar (1778–1828) begann, die Ostindiengesellschaft um militärischen Schutz für seinen Staat zu ersuchen, erschien er auf einem großen und detailreichen Gemälde, das ihn auf einem weißen Schlachtross an der Spitze einer dicht gedrängten Parade berittener Soldaten auf dem Weg zu dem heiligen Tempel Eklingji zeigt (Abb. 82). Es scheint, als hätten diese Prozessionen noch an Bedeutung gewonnen, als die öffentliche Inszenierung – ein gut geplantes Spektakel, eine gelungene Zurschaustellung von Reichtum und Macht – die einzig verbliebene Möglichkeit war, einen Triumph zu erringen.

Weniger im Blick der Öffentlichkeit aber dennoch eine Demonstration der Macht war die königliche Jagd. Sie führte den Raja in die Waldgebiete, wo er sein Können und

79 *Linke Seite*
Maharaja Ram Singh II. von Jaipur im Gebet
Jaipur, ca. 1870
Deckende Wasserfarbe und Gold auf Papier
20,5 x 15,4 cm
Harvard Art Museum/Arthur M. Sackler Museum, gestiftet als Dank an John Coolidge, Spende von Leslie Cheek, Jr., anonyme Stiftung im Gedenken an Henry Berg, Louise Haskell Daly, Alpheus Hyatt, Richard Norton Memorial Funds und dank der Großzügigkeit von Albert H. Gordon und Emily Rauh Pulitzer; vormals in der Sammlung Stuart Cary Welch, Jr.

Die realistische Darstellung von Ram Singhs Gesicht direkt von vorne zeigt den Einfluss der Fotografie, während der drapierte Vorhang im Hintergrund ein häufiges Element westlicher Gemälde aufgreift.

80 *Oben*
Maharana Jai Singh von Mewar lässt sich nach der Fertigstellung des Jai Samand in einer Zeremonie in Gold aufwiegen (*tuladaan*)
Mewar, frühes 19. Jahrhundert
Deckende Wasserfarbe und Gold auf Papier
42,1 x 57,3 cm
Royal Asiatic Society of Great Britain and Ireland

Die Kopie eines älteren Werks stellt die Zeremonie dar, die der Maharana anlässlich der Fertigstellung des Stausees von Jai Samand durchführen ließ.

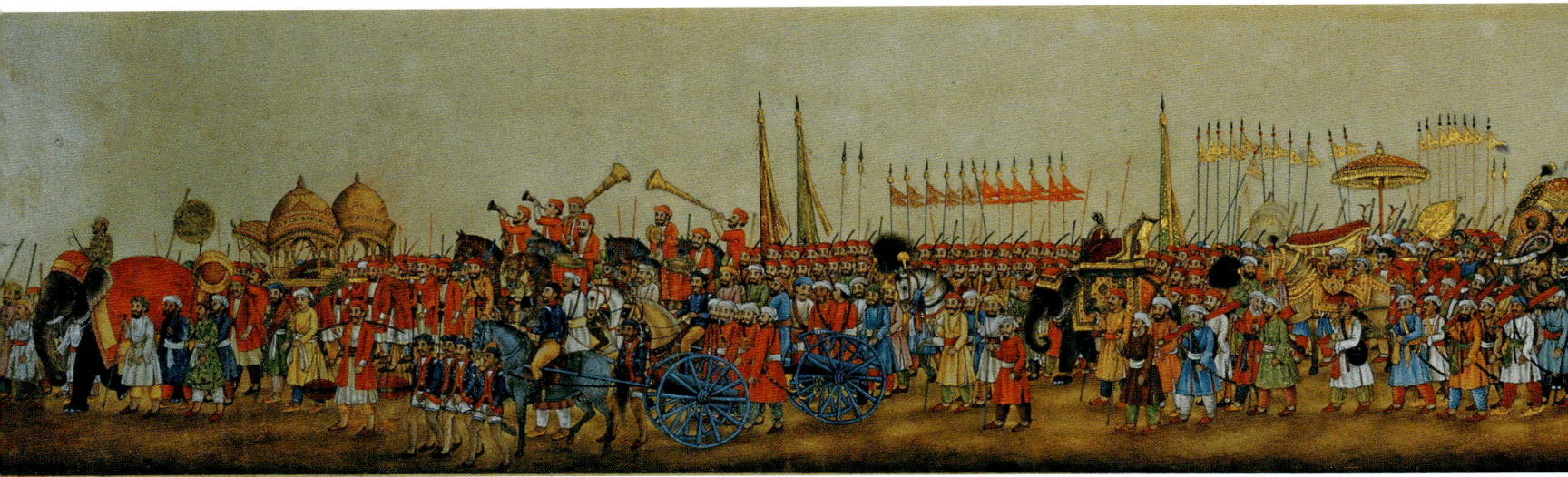

81

**Prozession des Großmoguls Akbar
Shah II. mit seinen Söhnen** (Ausschnitt)

Delhi, ca. 1811–1819
Deckende Wasserfarbe und Gold auf Papier
13,5 x 86,2 cm
Sammlung Cynthia Hazen Polsky, New York

Diese Panoramarolle zeigt einen feierlichen
Umzug mit Großmogul Akbar Shah II.
Hinter ihm reiten seine Söhne und der britische
Gesandte an seinem Hof, Sir Charles Metcalfe,
der zu dieser Zeit die eigentliche Macht in
Delhi ausübte.

seine Macht im Reich der Wildnis beweisen konnte, das nach Gesetz und Brauch ganz
ihm gehörte. Darstellungen des Herrschers auf der Pirsch oder mit einem Jagdfalken
auf dem Arm waren von der Mogulzeit bis in das späte 19. Jahrhundert eine wichtige
Bildgattung (Abb. 83). Doch in diesen Zusammenhängen geht es um mehr als einen beliebten Zeitvertreib: In den Archiven der India Office Collection der British Library liegen
stapelweise Fotografien und Routenpläne mit der Aufschrift »äußerst geheim«, die
königliche Jagden dokumentieren, an denen oft auch der britische Vizekönig oder der
Resident teilnahmen und so nicht nur die britische Vorliebe für die Jagd bezeugten, sondern auch ihre Anerkenntnis der Bedeutung der Jagd als besonderes Privileg der indischen Fürsten. Die Diener mit den *Chauri* und *Morchhal* wichen nicht einmal dann von
des Königs Seite, wenn er auf seinem prächtigen Elefanten zur Jagd (*shikar*) ritt. Denn
diese Embleme stellen eine Verbindung zwischen dem König, den Geschöpfen des
Waldes und den Göttern her; die schön gearbeiteten Elefantenhaken (*ankus*), mit denen
die großen Tiere auch während der Jagd geführt wurden, erscheinen sowohl in den Händen von Rajas als auch von Göttern (Abb. 84): So wird der sehr beliebte Elefantengott
Ganesha mit einem *Ankus* dargestellt. Weitere Machtsymbole, die Göttern und Königen
gemein sind, sind Löwe und Tiger. Viele Königshäuser fügten ihrem Namen ein »Singh«,
also Löwe, hinzu. Die Göttin Durga wird immer auf einem Löwen gezeigt.[11] Der Tiger als
begehrte Beute der königlichen Jagd stellt zugleich einen direkten Bezug zum Gott Shiva
und zur Macht der Askese her. Der Wald ist somit ein heiliger Bereich und paradoxer-
weise ein Bindeglied zwischen den im Wald lebenden und in Lumpen gekleideten Asketen und dem König im prächtigen Ornat.

Kurze und prägnante Darstellungen eines Königs, der auf der Jagd versehentlich
einen Asketen beim Meditieren stört, sind oft der Auftakt epischer Geschichten, die sich
um die Buße drehen, die der erzürnte Yogi verlangt, und die unüberlegten Versprechun-
gen, die der König macht. In diesen Erzählungen tauschen König und Asket die Kleidung und den Herrschaftsbereich: Als Rama in den Wald verbannt wird, kleidet er sich
wie ein Asket in Hirschhaut und Rinde. Tatsächlich wirkten in den Fürstenstaaten viele
Asketen als Guru oder geistlicher Berater der königlichen Familie. Auf dem faszinierenden Gemälde des Königshauses von Mysore erscheint Hanuman, der Affengott und

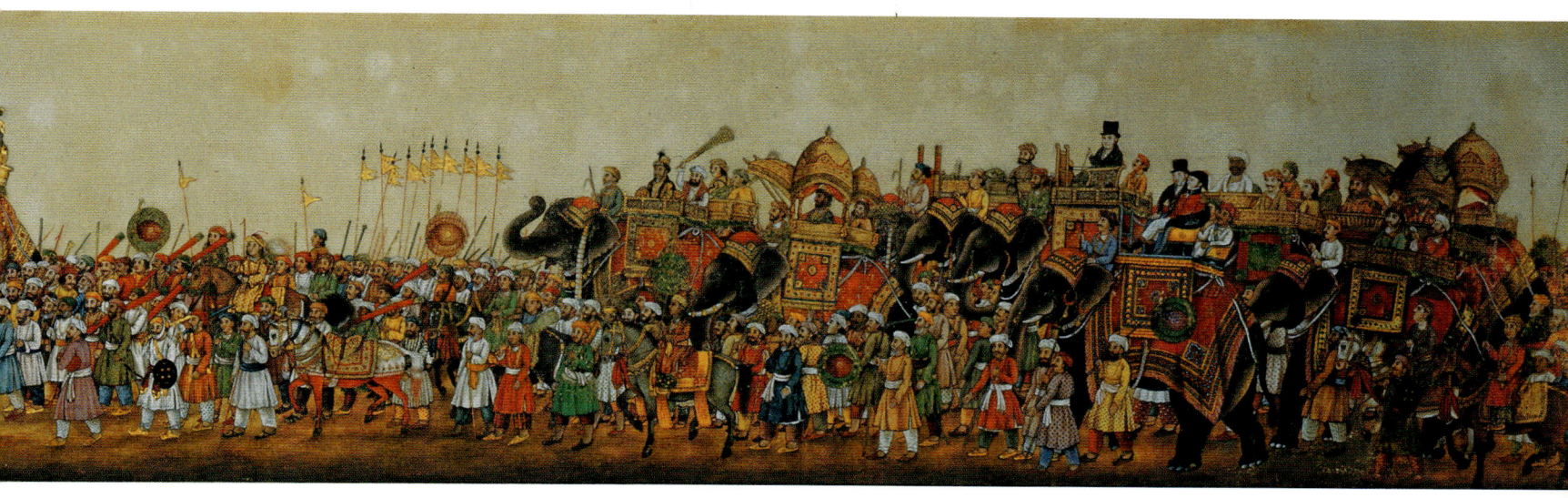

Herrscher über ein Reich des Waldes, kniend zur Rechten des Königs, während der geistliche Lehrer auf einem kleinen, mit Tigerfell bespannten Thron sitzt (Abb. 78). Die Position Hanumans auf dem Gemälde erinnert daran, dass die Autorität des Gurus zugleich in der sicheren Welt des Hofes und in der ortlosen Wildnis beheimatet ist. Das Bild soll den Betrachter aber auch daran erinnern, dass die Macht dieses Maharajas, ähnlich wie die des göttlichen Rama, ihren Ursprung sowohl im wilden Wald als auch am zivilisierten Hof hat. Der strahlende König bleibt also dem halbnackten, im Wald hausenden Asketen und den Tieren des Waldes eng verbunden. In den meisten Fürstenstaaten gehörte der Wald allein dem König und den aus der Gesellschaft ausgegrenzten Bewohnern dieses Reichs – normalerweise Kastenlose –, die als Hüter des Waldes in dem dunklen Bereich überleben konnten, der auf Gemälden der königlichen Jagd so häufig des Nachts, in der Abend- oder Morgendämmerung dargestellt ist (Abb. 83). Der gleichberechtigten Teilhabe von König und Asket an diesen beiden Reichen entspricht, dass der irdische König und der göttliche Herrscher dieselben Rollen spielen. Die befestigten Siedlungen eines Dorfes oder einer Stadt können weder Gott noch König an sich binden, deren eigentliche Bereiche doch Wald und Feld, Hell und Dunkel, Tag und Nacht sind. Die königliche Jagd bekräftigt die Herrschaft des Rajas über den Wald auf dieselbe Weise, auf die der Durbar ihn zum Herrn über die zivilisierte Welt ausruft: in großartigen Bildern einer heiligen Macht, die jedoch zunehmend eher im Rahmen eines Gemäldes denn in der immer stärker zurückgedrängten Wildnis und den überjagten Wäldern der Fürstenstaaten anzutreffen war.

Die britischen Kolonialherren nahmen an den Ritualen des indischen Königtums – vom Durbar bis zur königlichen Jagd – oft als Ehrengäste teil. Sie inszenierten aber auch selbst prachtvolle Spektakel, bei denen die Königin-Kaiserin bzw. später der König-Kaiser von Indien im Mittelpunkt standen. Auch die Briten in Indien lebten in zwei Welten: In den von der Kolonialregierung beherrschten Gebieten Britisch-Indiens wurden immer mehr demokratische Elemente eingeführt, wogegen man in den Beziehungen zu den einheimischen Fürsten zu vergessen schien, dass Großbritannien im Grunde eine Demokratie war. Victoria regierte in England unter dem wachsamen Blick des Parlaments mit einem Hof, dessen Macht allmählich schwand. In den Augen der Amtsträger

82 *Folgende Doppelseite*
Maharana Bhim Singh von Mewar bei der Prozession nach Eklingji
Chokha und Bakhta
Udaipur, 1802
Deckende Wasserfarbe auf Papier
70,5 x 156 cm
Maharana of Mewar Charitable Foundation

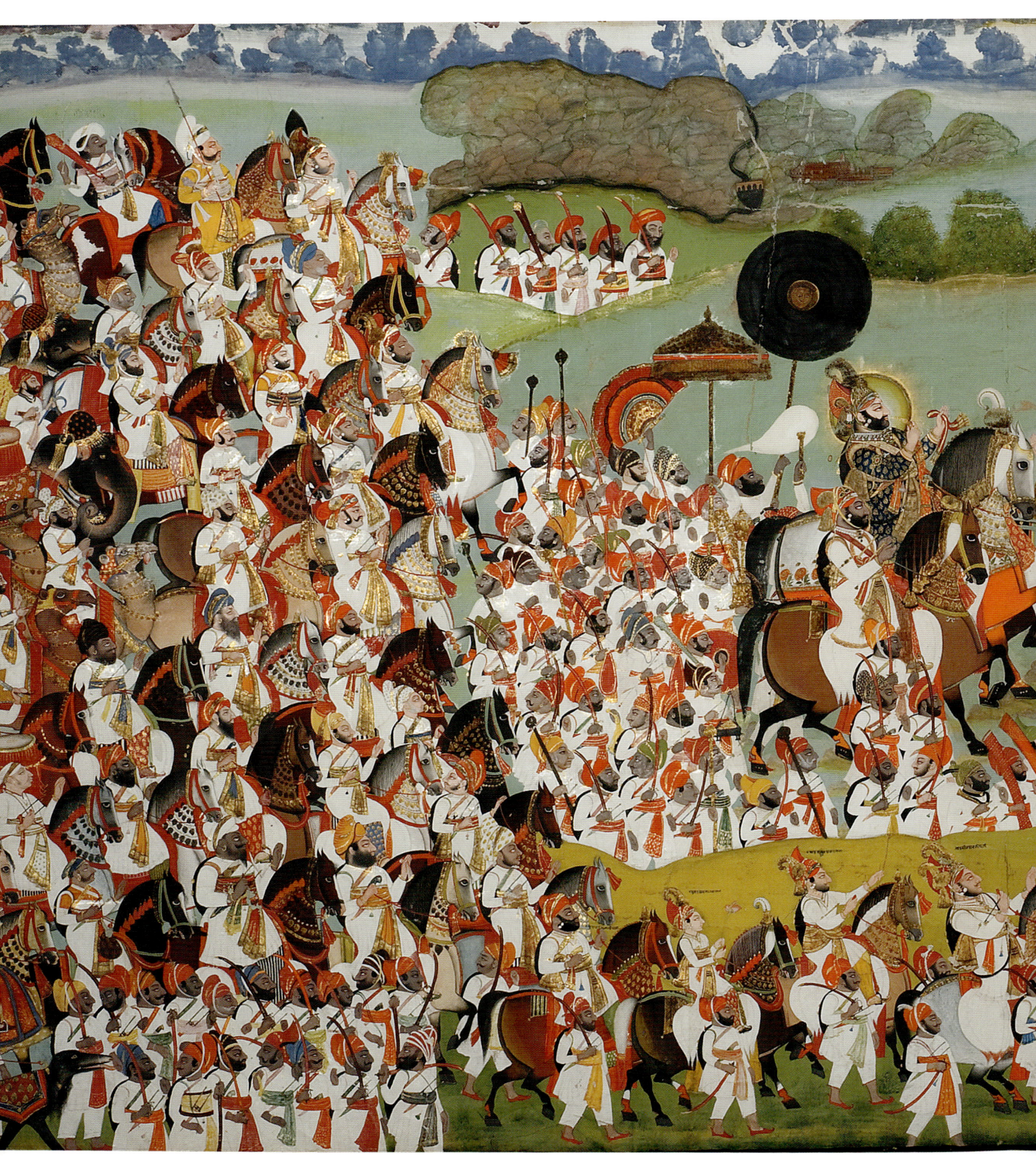

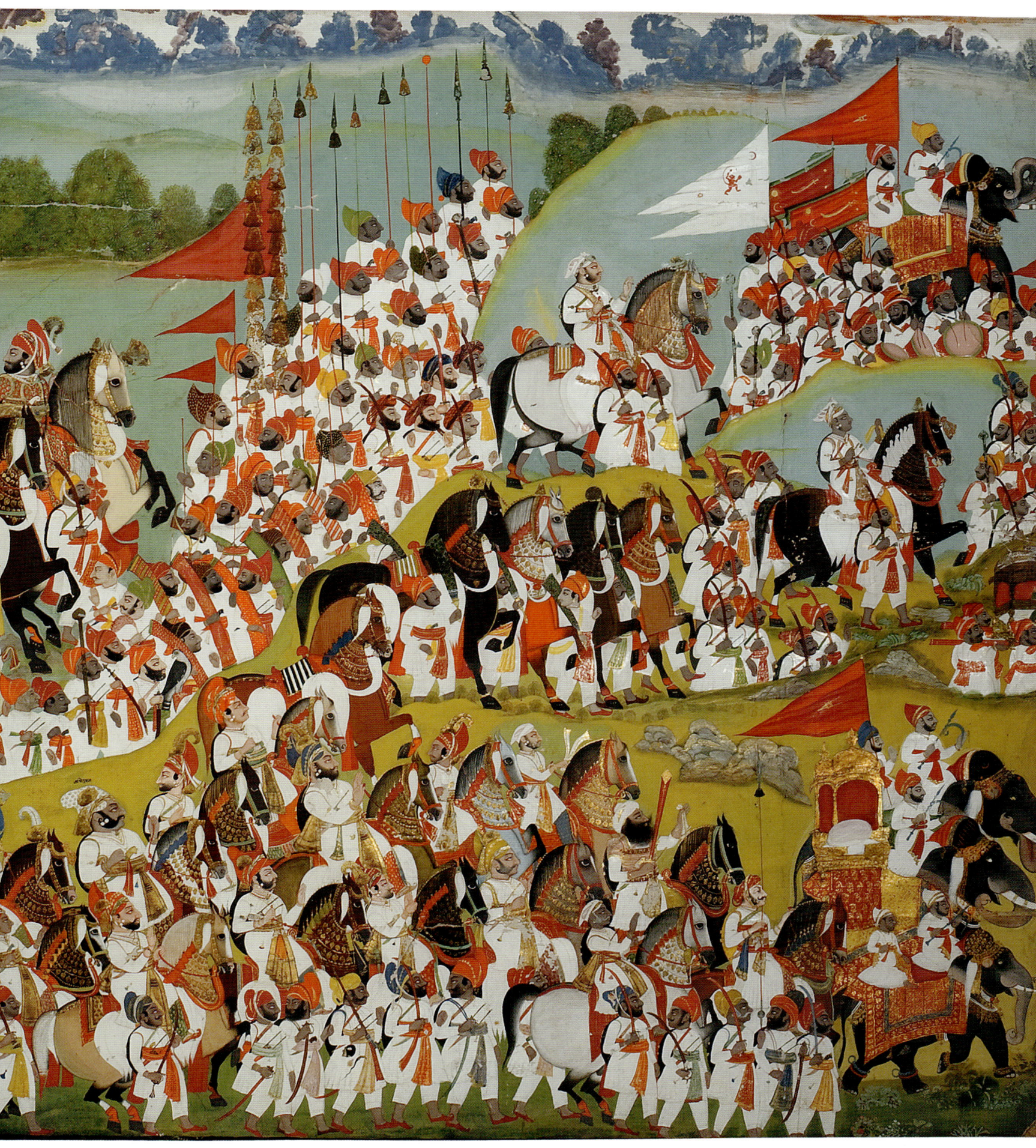

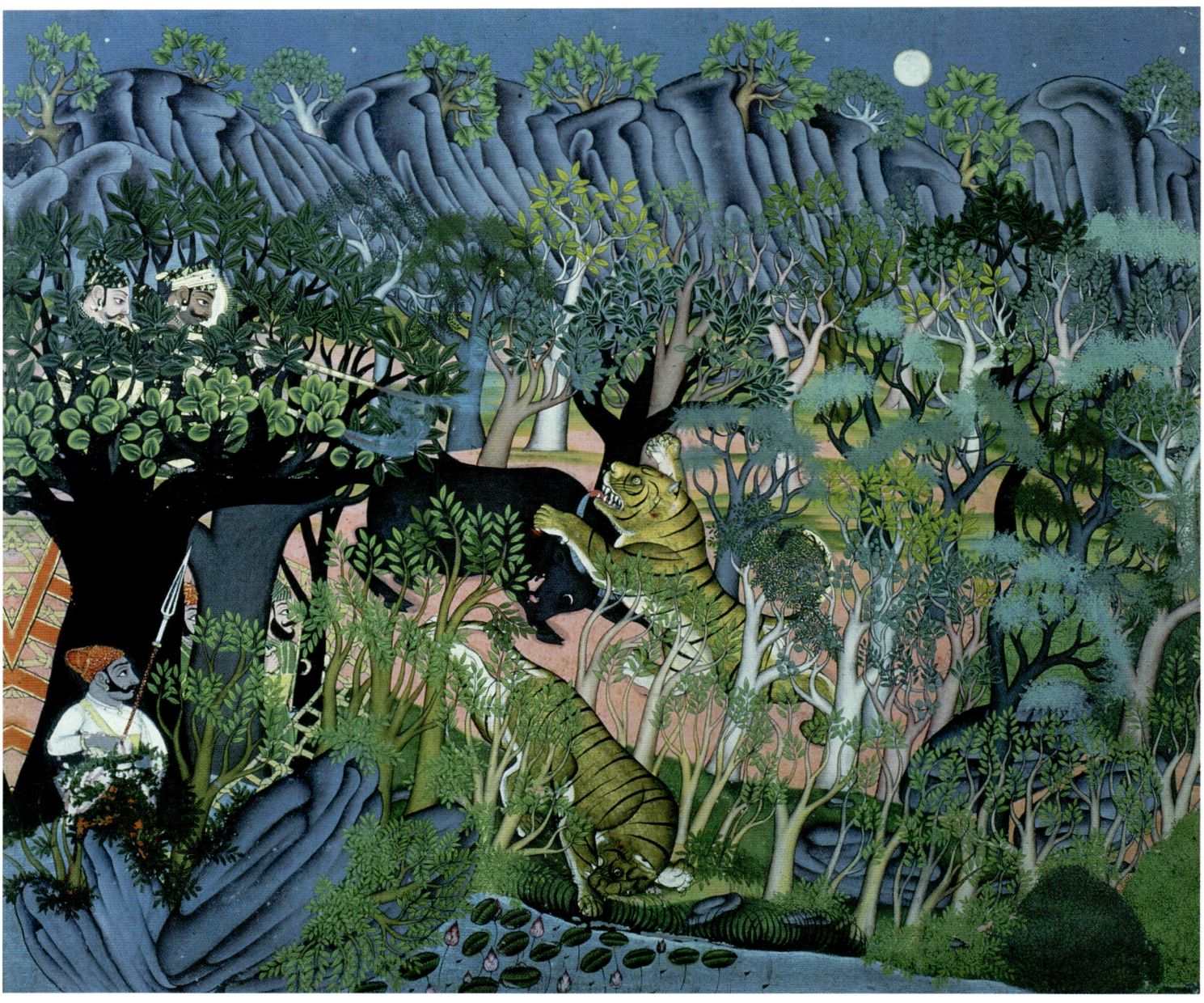

83

**Maharao Umed Singh von Kota
auf der Jagd (bei Nacht)**

Kota, ca. 1790
Deckende Wasserfarbe auf Papier
58,3 x 78,9 cm
Victoria and Albert Museum, London,
gespendet von Colonel T. G. Gayer-Anderson,
C.M.G., D.S.O. und seinem Zwillingsbruder
Major R. G. Gayer-Anderson, Pasha

konnte sie nur noch in ihrer Rolle als Kaiserin von Indien über die Gemütslage – und das Leben – ihres Volkes herrschen. Bei den großen Delhi-Durbars von 1877, 1903 und 1911 spielten die juwelengeschmückten Maharajas die Rolle der loyalen Vasallen, als sie einer nach dem anderen die Treppen zum königlichen Pavillon hinaufstiegen, um der Kaiserin bzw. dem Kaiser die Treue zu schwören (Abb. 85). Die Gemälde, in denen diese majestätischen Szenen dokumentiert sind, scheinen wie die in den Dichtungen Lord Tennysons geschaffenen ätherischen Visionen von den unter fliegenden Fahnen siegreich auf dem Schlachtfeld versammelten treuen Rittern und huldvollen Herrschern in eine indische Welt voller geschmückter Elefanten und ehrerbietiger Fürsten zu versetzen (Abb. 51, 60). Dabei trugen die indischen Rajas die Abzeichen des neuen, speziell für Indien ins Leben gerufenen Ritterordens »The Most Exalted Order of the Star of India« – inklusive besonderer Roben und Titel wie »Grand Knight Commander« (Abb. 86).

Doch Mitte des 20. Jahrhunderts wichen die grandiosen Durbars, Prozessionen und Jagdausflüge der britischen Feudalherren und der ihnen getreuen einheimischen

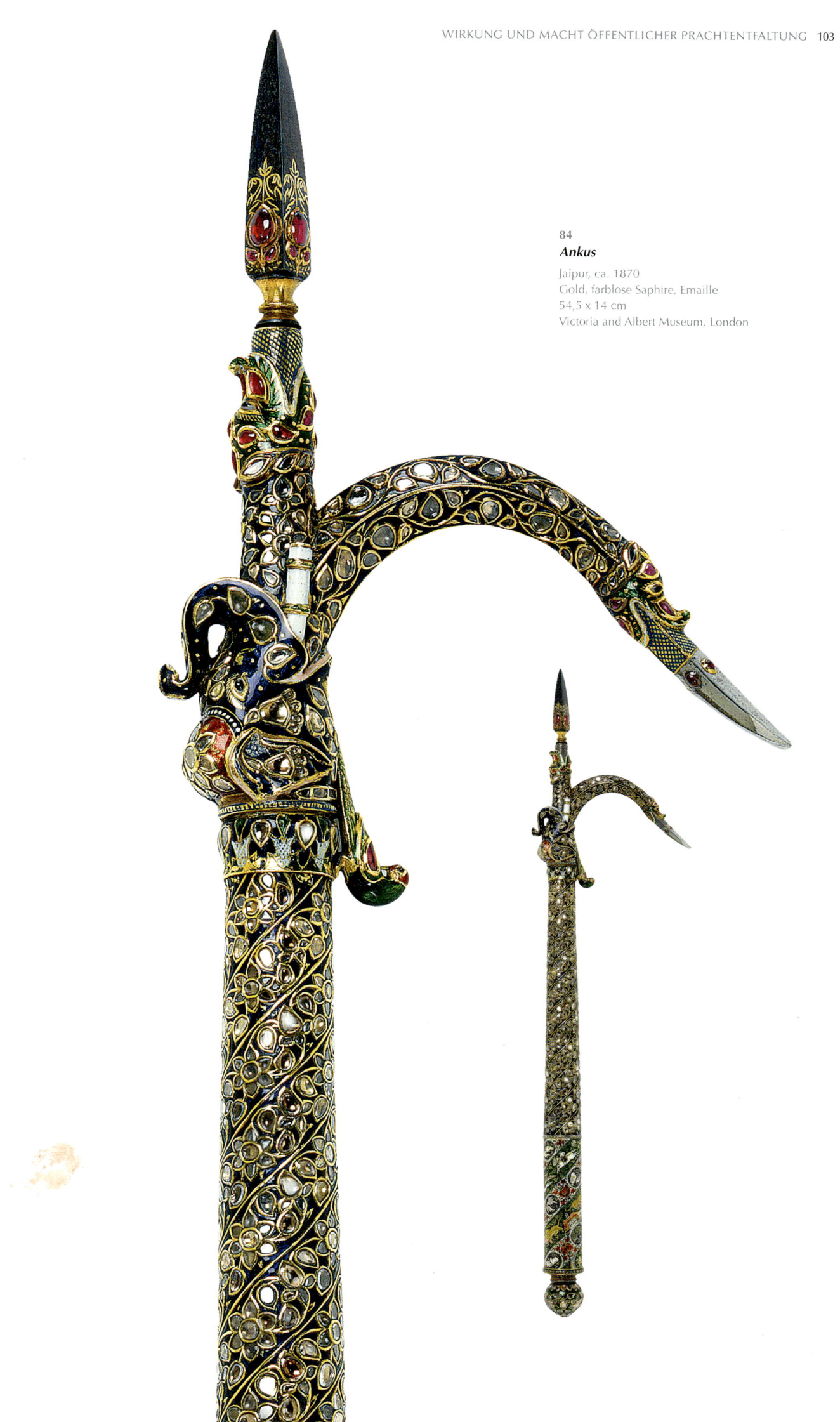

84
Ankus
Jaipur, ca. 1870
Gold, farblose Saphire, Emaille
54,5 x 14 cm
Victoria and Albert Museum, London

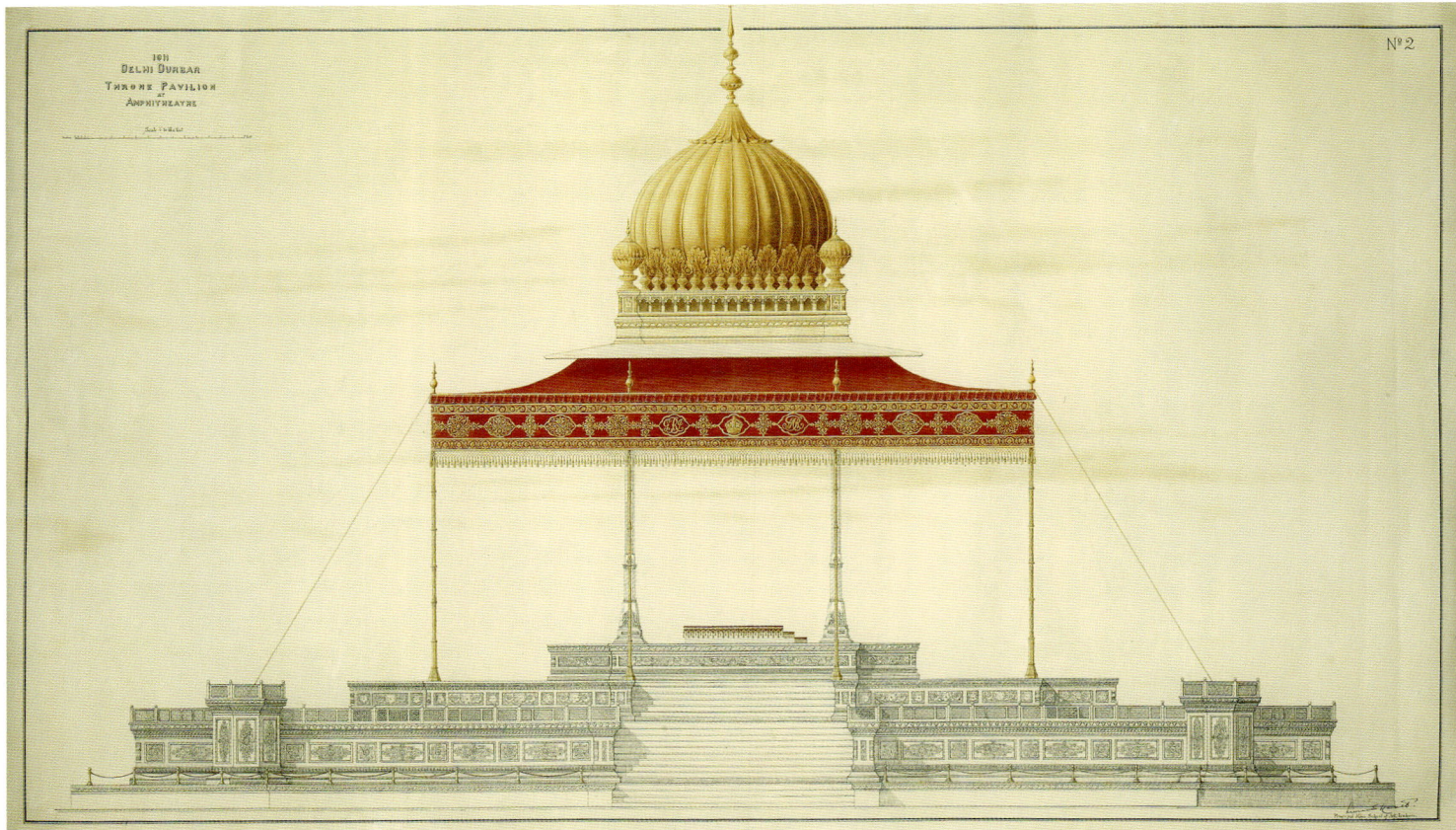

85 *Oben*
Entwurf für den Thronpavillon für die Krönungsfeierlichkeiten in Delhi, 1911

Lahore, ca. 1910
Feder, Tinte und Aquarellfarbe auf Papier
88,3 x 155,3 cm
British Museum, London

86 *Rechte Seite*
Maharaja Pratap Singh von Orccha

R. Holtz
Shimla, ca. 1903
Moderner Abzug von einem Originalnegativ auf Glas
57,3 x 42,1 cm
National Portrait Gallery, London

Fürsten einem anderen Bild: Mahatma Gandhi mit seiner Nickelbrille, der einfachen weißen Wickelhose (*dhoti*) und dem Wanderstab. Sein »Spektakel« war von einer ganz anderen Art: seine mächtige Prozession, der große Salzmarsch, der im Film festgehalten wurde. Die höfischen Rituale der Maharajas überlebten noch viele Jahre nach der Unabhängigkeit Indiens, aber das Ausmaß der Prachtentfaltung wurde zurückgeschraubt. Als in den 1970er Jahren die fürstlichen Apanagen abgeschafft wurden, waren solche Spektakel schon äußerst selten geworden. Doch wenn die Macht als solche durch schöne Gegenstände verkörpert wird, verlieren diese ihre Wirkung nie vollständig. Brokatroben, juwelenbesetzte *Chauri* und *Ankus*, sorgfältig gearbeitetes Gold und geschliffene Edelsteine, ausdrucksstarke Gemälde und alte Fotografien: die Fantasie und das ästhetische Vergnügen an diesen eklektischen Schätzen hält sie auf mysteriöse Weise am Leben.

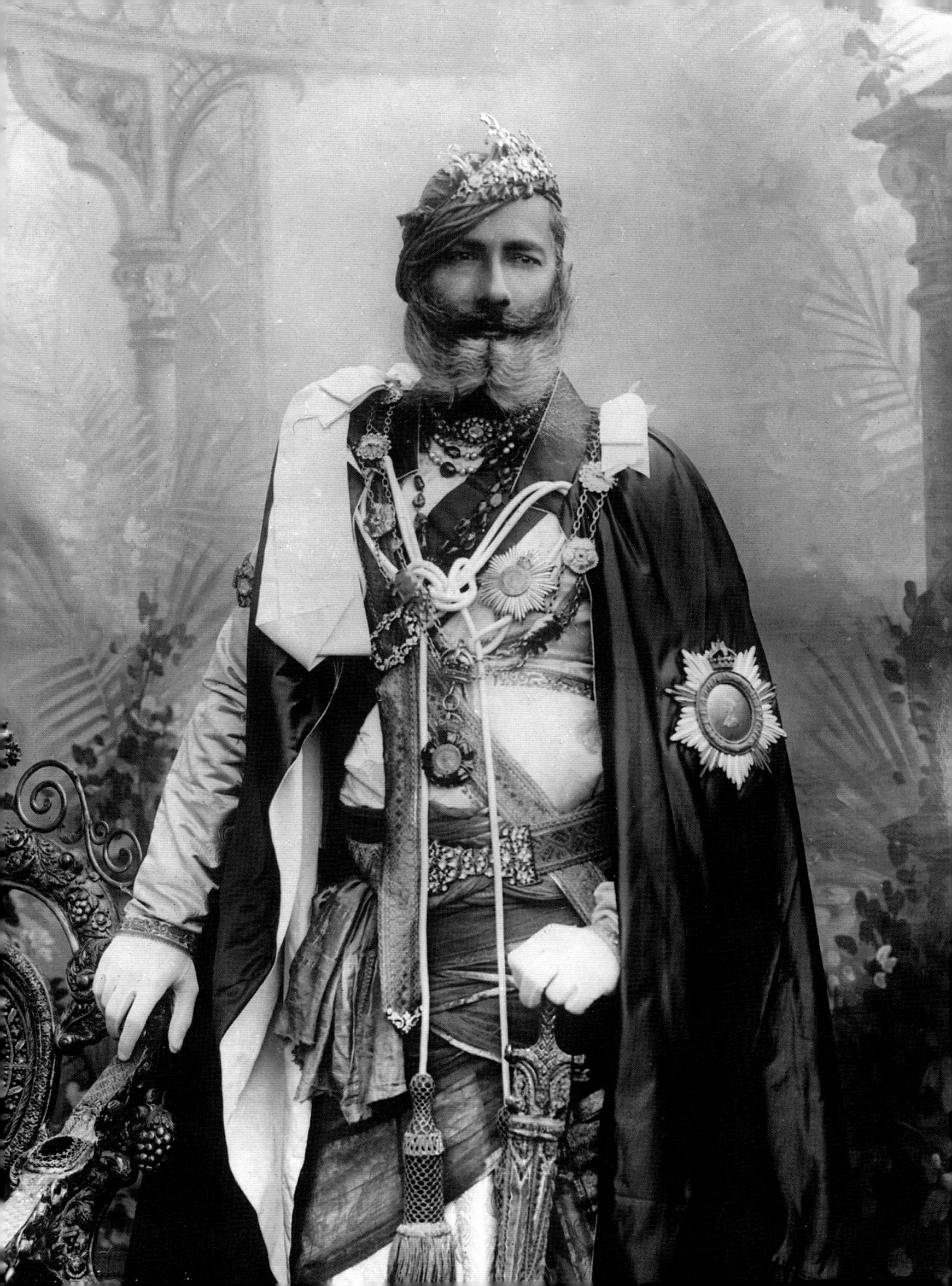

MAHARAJA SAYAJIRAO GAEKWAD III. VON BARODA

1863–1939, reg. 1874–1939

Als der Prince of Wales 1875 in Bombay auf den 12-jährigen Herrscher von Baroda traf, schrieb sein Reiseberichterstatter zu diesem Ereignis: »Alle waren geblendet, als Maharaja Syajee Rao Gaekwar von Baroda auf der Türschwelle erschien – ein Kristall gewordener Regenbogen … Vom Kopf über Hals, Brust, Arme, Finger bis hinab zu den Fußgelenken war er mit solch einer staunenswerten Pracht an riesigen Diamanten, Smaragden, Rubinen und Perlen behangen, wie sie die gesamte Beute manch einer reichen Stadt sein könnten. Es hat wenig Sinn, den mir zu Ohren gekommenen geschätzten Wert dieser Steine hier anzuführen, und der kleine Herr hat noch mehr davon zu Hause.«[1]

Kaum ein Jahr zuvor war Gopal Rao noch ein einfacher Kuhhirte (*gaekwad*) gewesen. Als er mit dem Prince of Wales zusammentraf, war er als Sayajirao III., *der* Gaekwad, das Oberhaupt einer der mächtigsten Marathenfamilien in Indien. Unter den weit verstreuten Nachkommen Pilajis, des Gründers der Dynastie, hatte Jamnabai, die Frau des verstorbenen Gaekwad Khanderao, ihn als nächsten Herrscher auserkoren.[2]

Sayajirao erhielt 1881 die volle Amtsgewalt und gestaltete seine Regierung nach westlichem Vorbild, wobei er selbst direkt an der Leitung aller Ressorts beteiligt war. Er ließ Krankenhäuser, Eisenbahnstrecken und Bewässerungssysteme bauen. Außerdem brachte er weitreichende gesellschaftliche Reformen in Gang, die zum Verbot der Polygamie führten und die Wiederverheiratung von Witwen förderten.[3] Seine bedeutendste Neuerung war die Einführung der obligatorischen und kostenlosen Schulbildung.[4] Mit der Gründung des Baroda College und der Kala Bhawan, einer noch heute maßgeblichen Kunstakademie, machte er aus Baroda ein wichtiges Zentrum für höhere Bildung. Sayajirao förderte auch die Ausbildung des Dalitführers B. R. Ambedkar und unterstützte den Philosophen und Denker Aurobindo Ghosh. Als passionierter Kunstliebhaber förderte er den großartigen klassischen Musiker Ustad Inayat Khan und den »Malerfürstern« Raja Ravi Varma, der zahlreiche Gemälde für ihn anfertigte (Abb. 103).

Bei aller Liebe zur Kunst verfügte Sayajirao über ein durchaus pragmatisches Finanzverständnis. Zur Auffüllung der Staatskasse ließ er die berühmten Gold- und Silberkanonen, die sein Vorgänger hatte anfertigen lassen, in Hartgeld umwandeln und verkaufte einen Teil des berühmten Perlenbaldachins von Baroda (Abb. 138).

Während der großen Hungersnot von 1899 bis 1902 bezichtigte Sayajirao in den von ihm verfassten Anmerkungen (*Notes on the Famine Tour,* 1901) die britisch-indische Regierung, mit ihrer Einmischung effektive Hilfsmaßnahmen verhindert zu haben. Zunehmend unzufrieden über die britische Herrschaft, unterstützte er den Wahlkampf des für das britische Parlament kandidierenden Dadabhai Naoroji und den für die Unabhängigkeit Indiens eintretenden Indian National Congress. Auf zahlreichen Reisen traf er zudem mit Dissidenten wie dem in Vancouver lebenden Babu Tarak Nath zusammen, die für ein unabhängiges Indien kämpften. Dass seine zweite Frau, Chimnabai II., in Verbindung mit Madame Cama und damit auch dem revolutionären indischen Kreis in Paris stand, bereitete dem britischen Geheimdienst erhebliche Sorge.[5]

Auf einem Treffen mit indischen Radikalen in Paris brachte der Gaekwad seinen Unmut über die britische Herrschaft in Indien zum Ausdruck. Er sei nicht willens, bei dem 1911 anlässlich der Krönung von König George V. zum Kaiser von Indien in Delhi abgehaltenen Durbar »einen servilen Tribut zu zollen«. Sein späteres Verhalten bei den Krönungsfeierlichkeiten entsprach dieser Einstellung: Er trug nicht seine vollständigen Insignien und als er an die Reihe kam, sich vorzustellen, machte er nur eine »äußerst flüchtige« Verbeugung vor dem Kaiser und kehrte ihm beim Weggehen sofort den Rücken zu. Trotz dieser schroffen öffentlichen Brüskierung konnte der Gaekwad nicht zur Abdankung gezwungen werden,

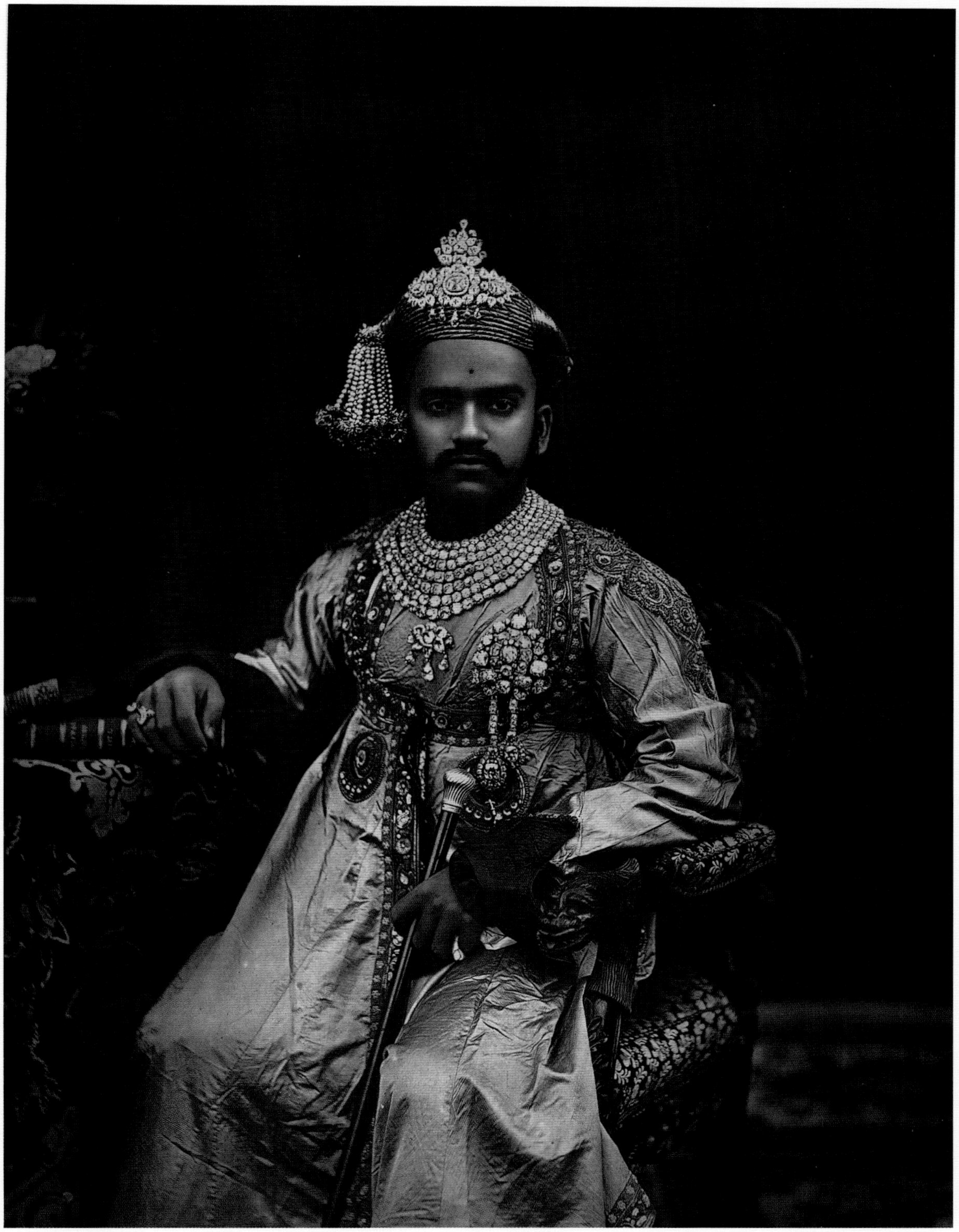

denn die Briten befürchteten, dass ein solcher
Schritt zu einer Verbündung der Fürsten gegen das
Empire führen würde. Hier spielten aber auch die
Errungenschaften des Maharajas als Herrscher eine
Rolle, über den der für Indien zuständige Minister
äußerte: »Wir müssen anerkennen, dass der Gaek-
wad Gutes geleistet hat. Was auch immer seine
Fehler aus politischer Sicht sind, auf Verwaltungs-

ebene ist er der fortschrittlichste Herrscher in
Indien und genießt in dieser Hinsicht großen
Respekt, nicht nur in der Bevölkerung, sondern
auch bei vielen der anderen indischen Herrscher.«[6]
So konnte der »fortschrittlichste Herrscher in Indien« seinen vorbildlichen Staat bis zu seinem Tod
im Jahr 1939 weiterregieren.

Deepika Ahlawat

MAHARAJA GANGA SINGH VON BIKANER

1880–1943, reg. 1887–1943

Maharaja Ganga Singh bestieg 1887 im Alter von sieben Jahren den Thron von Bikaner und regierte unter einem Regentschaftsrat, bis er 1898 die volle Amtsgewalt erhielt. Genau wie seine Vorgänger unter den Moguln nutzte er sein diplomatisches und militärisches Geschick, um die Interessen seines Staates unter der britischen Kolonialherrschaft durchzusetzen.

Ganga Singh war ein Meister einer Disziplin, die Pandit Madan Mohan Malviya, der Gründer der Hindu-Universität in Benares, als »Diplomatie des imperialen Sandflughuhns« bezeichnete: Er nutzte das exzellent besetzte Jagdschießen in seinem Wüstenkönigreich als gesellschaftliche Möglichkeit, um international politischen Einfluss auszuüben. Der Prince of Wales dankte ihm 1907 in einem Brief für »den exzellenten Sport, den Ihr mir an zwei Morgen in Gajner gewährtet«, und erwähnte auf derselben Seite »Euer großartiges Bewässerungsvorhaben«.[1] Damit bezog er sich auf die Pläne für den 1928 eröffneten Gang-Kanal, der den Punjab und die trockene Wüste von Bikaner mit Wasser aus dem Fluss Sutlej versorgte. Mit seiner vollendeten Diplomatie war es dem Maharaja gelungen, Wasserrechte für seinen Staat zu erhalten, die normalerweise nur Anrainerstaaten wie Bahawalpur zugestanden hätten. Ganga Singh stand möglichen Einmischungen der britischen Kolonialregierung in die inneren Angelegenheiten seines Staates sehr skeptisch gegenüber, weshalb er es vorzog, die 236.000 Rupien für den Kanal aus eigenen Mitteln aufzubringen, statt auf einen Regierungskredit zurückzugreifen, der seine Unabhängigkeit gefährdet hätte.

Als Soldat kämpfte Ganga Singh zunächst in China während des Boxeraufstands für das Britische Empire und später im Ersten Weltkrieg (Abb. 88). Als der erste Inder in der britischen Armee, der zum General befördert wurde, vertrat er sein Land im britischen Kriegskabinett und Kriegsrat und war einer der Unterzeichner des Versailler Vertrags.

Bei den Feierlichkeiten zu seinem goldenen Thronjubiläum 1937 ließ er sich in der uralten *Tuladaan*-Zeremonie in Gold aufwiegen, das er dann für Bedürftige spendete (Abb. 89). Solche öffentlichen Zurschaustellungen überlieferter Hindu-Riten – hier von *Dana*, dem König als Geber – zeigen, dass die Fürsten trotz ihrer Annäherung an die westliche Welt weiterhin frühere Traditionen in ihre Staatsführung integrierten.

Als Kanzler der Fürstenkammer, die als gemeinsame Interessenvertretung der indischen Staaten gegründet worden war, wurde Ganga Singh bewusst, dass er und die anderen Herrscher ihr politisches Überleben und ihren Führungsanspruch nur durch die Einführung weitreichender Reformen und durch gute Regierungsführung in ihren jeweiligen Staatsgebieten sicherstellen würden. Er brachte dies in der gesetzgebenden Versamm-

88

Maharaja Ganga Singh von Bikaner

Vandyk
London, 1915
Moderner Abzug eines Original-
negativs auf Glasplatte
57,3 x 42,1 cm
National Portrait Gallery,
London

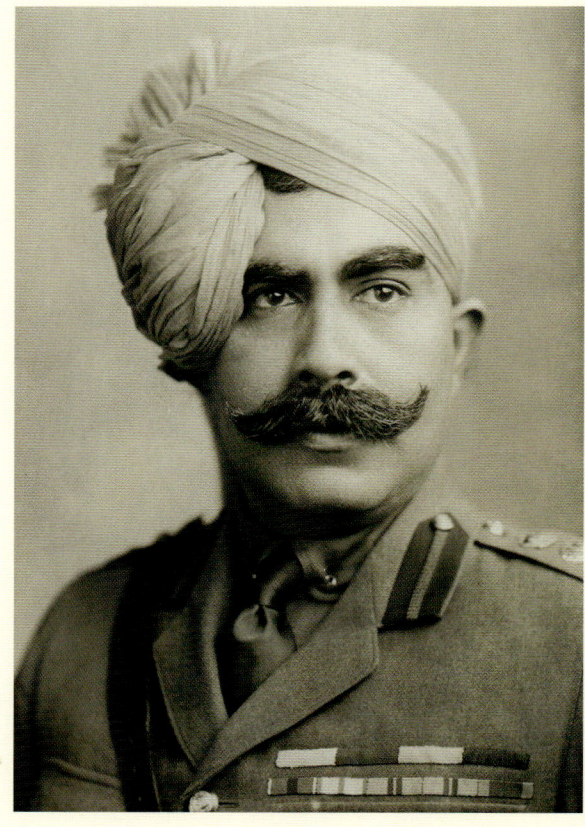

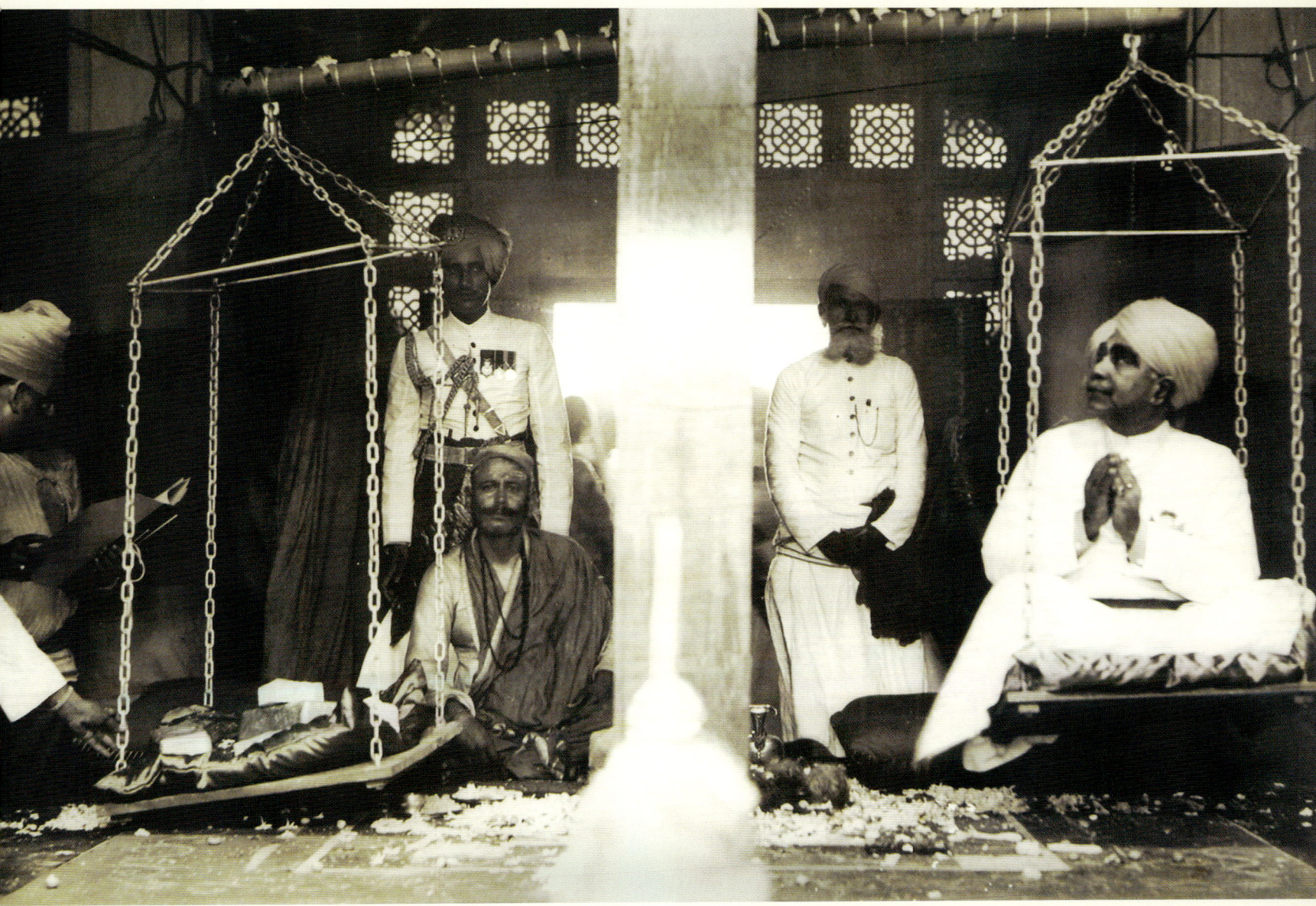

lung mit folgenden Worten zum Ausdruck: »Ich habe nicht vergessen, dass ein König an manchen Orten als die Person beschrieben wird, die den göttlichen Funken in sich trägt, aber dieser Funke ist umgeben und umhüllt von strengen Weisungen und heiligen Geboten, zu deren Einhaltung der Herrscher sich durch seinen bei der Krönung geleisteten Eid verpflichtet hat.«

Dem 1929 mit der Entscheidung über die Zukunft der indischen Fürsten betrauten Ausschuss empfahl er einige Mindestanforderungen: Trennung von persönlichen und Staatsausgaben, Garantie der Rechte auf Leben und Eigentum, unabhängige Gerichtsbarkeit, stabile öffentliche Dienste, eine effiziente und kontinuierliche Verwaltung und eine gütige Herrschaft im Interesse der Menschen.

Bei den Gesprächen zwischen der britischen Regierung, der Kolonialregierung Indiens und einer Abordnung der indischen Fürsten bei den zwischen 1930 und 1932 abgehaltenen »Konferenzen am runden Tisch« schlug Ganga Singh ein föderiertes Indien vor, in dem es in einer modernen Form des »Treaty of Paramountcy« eine Gewaltenteilung zwischen den Staaten und einer unabhängigen Nation geben sollte. Diese Idee einer indischen Föderation kam nie zum Tragen, aber sein Drängen, dass die Fürsten ihre Position stärken sollten, indem sie sich die Unterstützung ihres Volkes sicherten, führte in vielen der Fürstenstaaten zu weitreichenden Reformen.

Ganga Singh starb 1943 kurz vor der Unabhängigkeitserklärung. Sein Nachfolger wurde sein Sohn Sadul Singh.

Deepika Ahlawat

89
Maharaja Ganga Singh von Bikaner auf der Goldwaage bei der *Tuladaan*-Zeremonie

Bikaner, 1937
Silbergelatineabzug
Maharaja Ganga Singhji Trust

PALASTLEBEN

RAMYA SREENIVASAN

Wesentliche Aspekte dessen, was wir im 21. Jahrhundert als »Privatleben« der Maharajas bezeichnen würden – Heirat, Familie, das Leben im Frauenbereich (*zenana*), die Stellung der Frauen im Palast sowie Organisation und Größe des königlichen Hausstands – waren äußerst öffentlich und politisch.[1] Einen Eindruck davon vermittelt das Werk *Pratapa Prakasha* (Die Lobpreisung des Pratap) des Hofdichters von Jaipur, Krishnadatta, aus der Zeit um 1802. Mit einer detaillierten Beschreibung des königlichen Alltags (Abb. 91–94) rühmt Krishnadatta darin seinen Schirmherrn Sawai Pratap Singh (reg. 1778–1803) gegenüber dem rivalisierenden Marathenherrscher Peshwa Baji Rao II. (reg. 1775–1818):

»Der König steht in der heiligen Stunde vor der Morgendämmerung [*Brahmamuhurta*] auf, meditiert über seinen Guru, den Herrn, und stellt, nachdem er einen Blick auf die heilige Kuh geworfen und zeremoniell Almosen verteilt hat, seinen linken Fuß auf den Boden. Dann lässt er sich auf einem edelsteinbesetzten Hocker nieder und wäscht sich den Mund. Nach der Anhörung der Bittgesuche lauscht er gern von ihm selbst komponierter Musik und nimmt anschließend ein Bad in dem Wasser, das ihm eigens von den fünf heiligen Flüssen gebracht wird. Anschließend verteilt er die täglichen Spenden an die von überall herbei kommenden Brahmanen, er kleidet sich festlich und begibt sich zum zeremoniellen Gebet in den Tempel seiner Schutzgottheit Govinddevji. Zu seiner Unterhaltung wird ein Elefantenkampf veranstaltet und gleich im Anschluss reitet er bei den königlichen Stallungen auf preisgekrönten Rassepferden mit edelsteingeschmücktem Sattelzeug. Nun zieht er sich in seinen Palast zurück und ruht sich eine Weile aus, bevor ihm, seinen Adligen und seinen Angehörigen das Mittagsmahl serviert wird. Danach ist jedermann zur öffentlichen Audienz geladen, bei der die Adligen und Verwandten die ihnen zugewiesenen Plätze einnehmen. Der König legt für die Audienz eine Amtsrobe an; sein Gefolge besteht aus Hunderten Bediensteter, Wächter und Würdenträger. Ein Gefäß mit heiligem Gangeswasser, ein goldenes Tintenfass, Fächer, Schwerter, Schilde und Streitkolben werden von den Dienern herbeigetragen. Nachdem der König die Regierungsgeschäfte erledigt hat, wendet er sich den Gelehrten und Künstlern zu, folgt philosophischen Streitgesprächen, lauscht Lobgedichten oder musikalischen Darbietungen. Dann wird der Hofstaat entlassen, der König zieht sich erneut um und widmet sich dem Bogenschießen. Sein Badehaus ist gut gerüstet und so nimmt er ein Bad und kleidet sich erneut um. Ein anderer Pavillon ist der Zerstreuung gewidmet. Hier spielt der

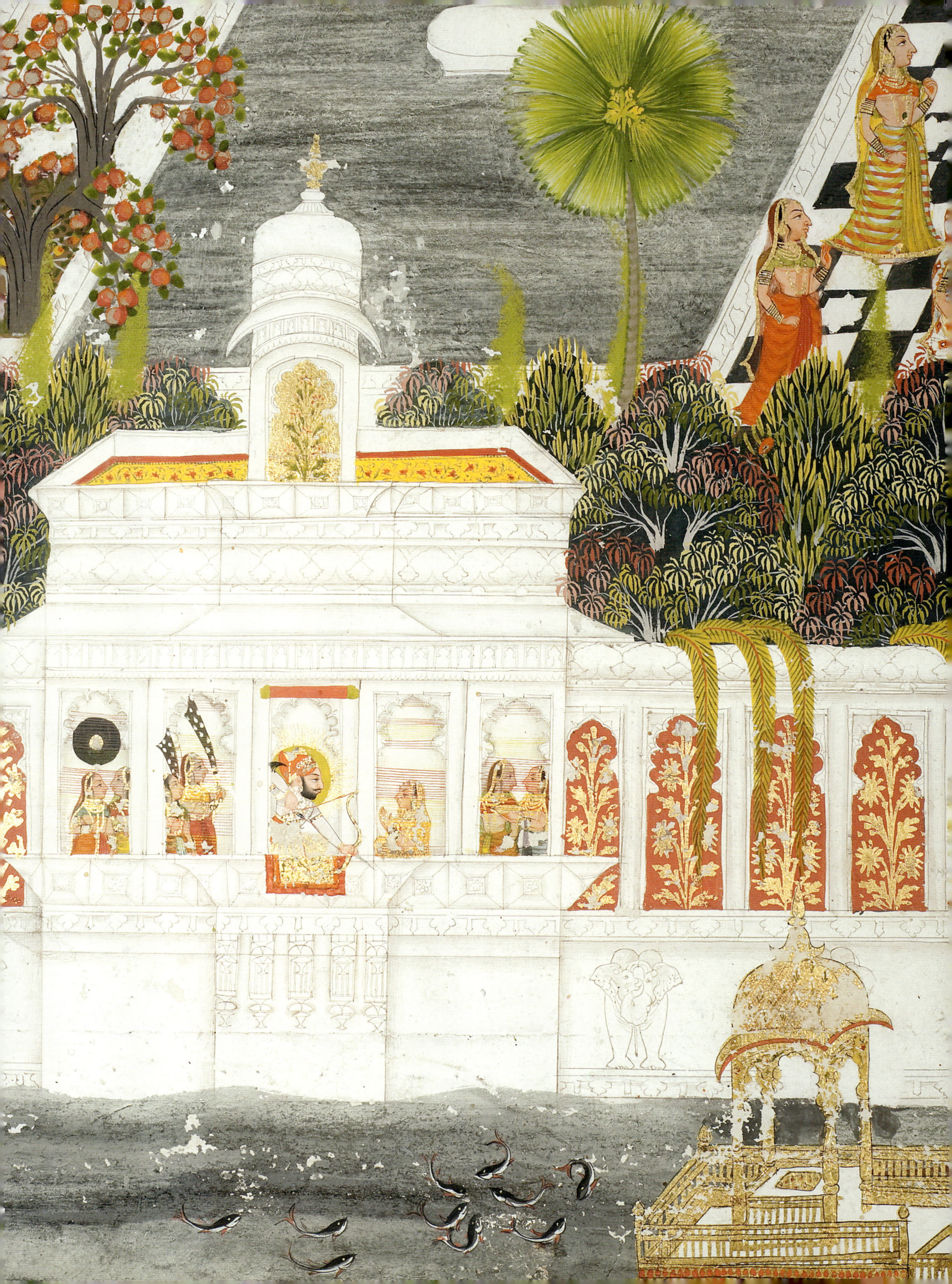

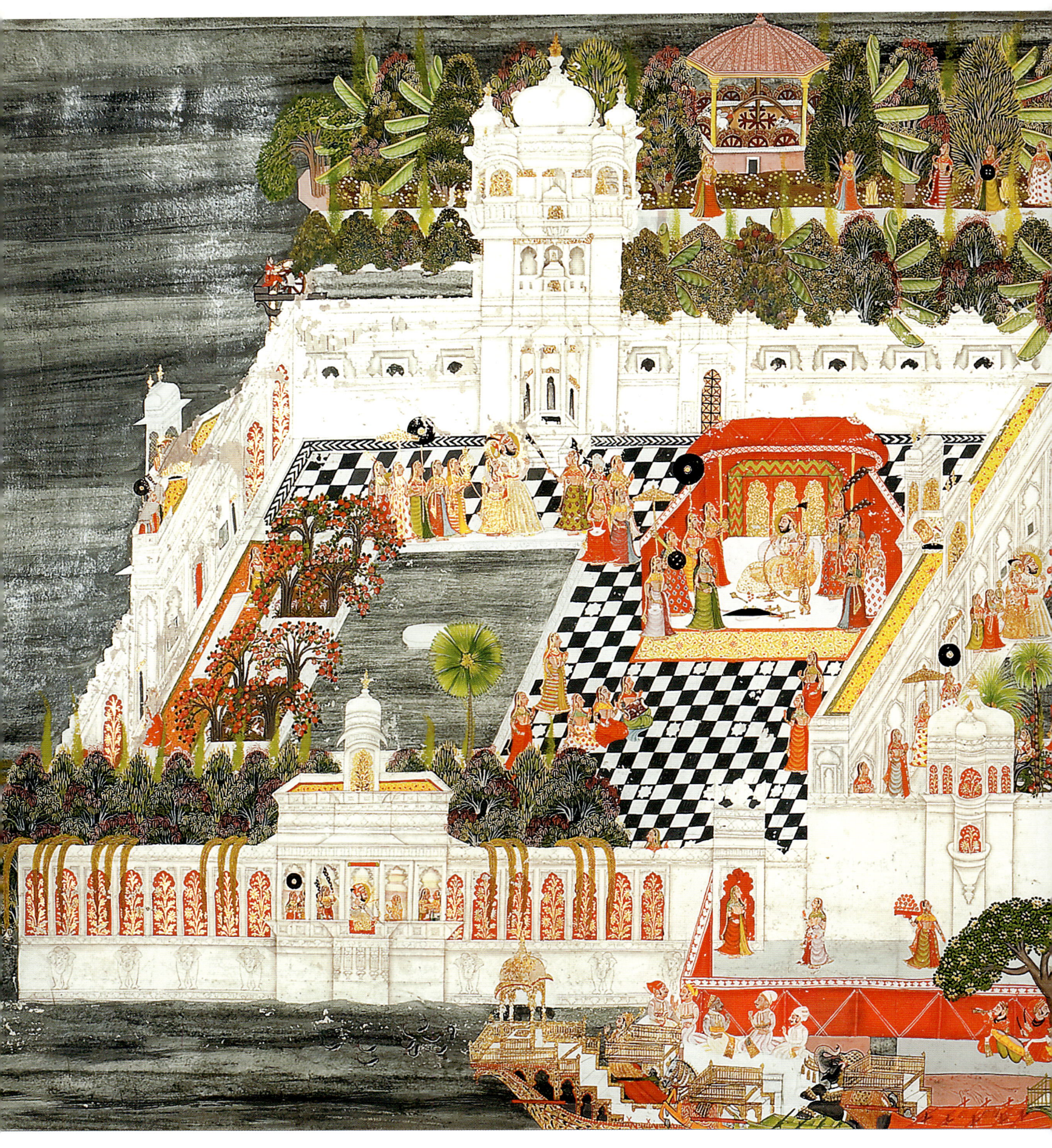

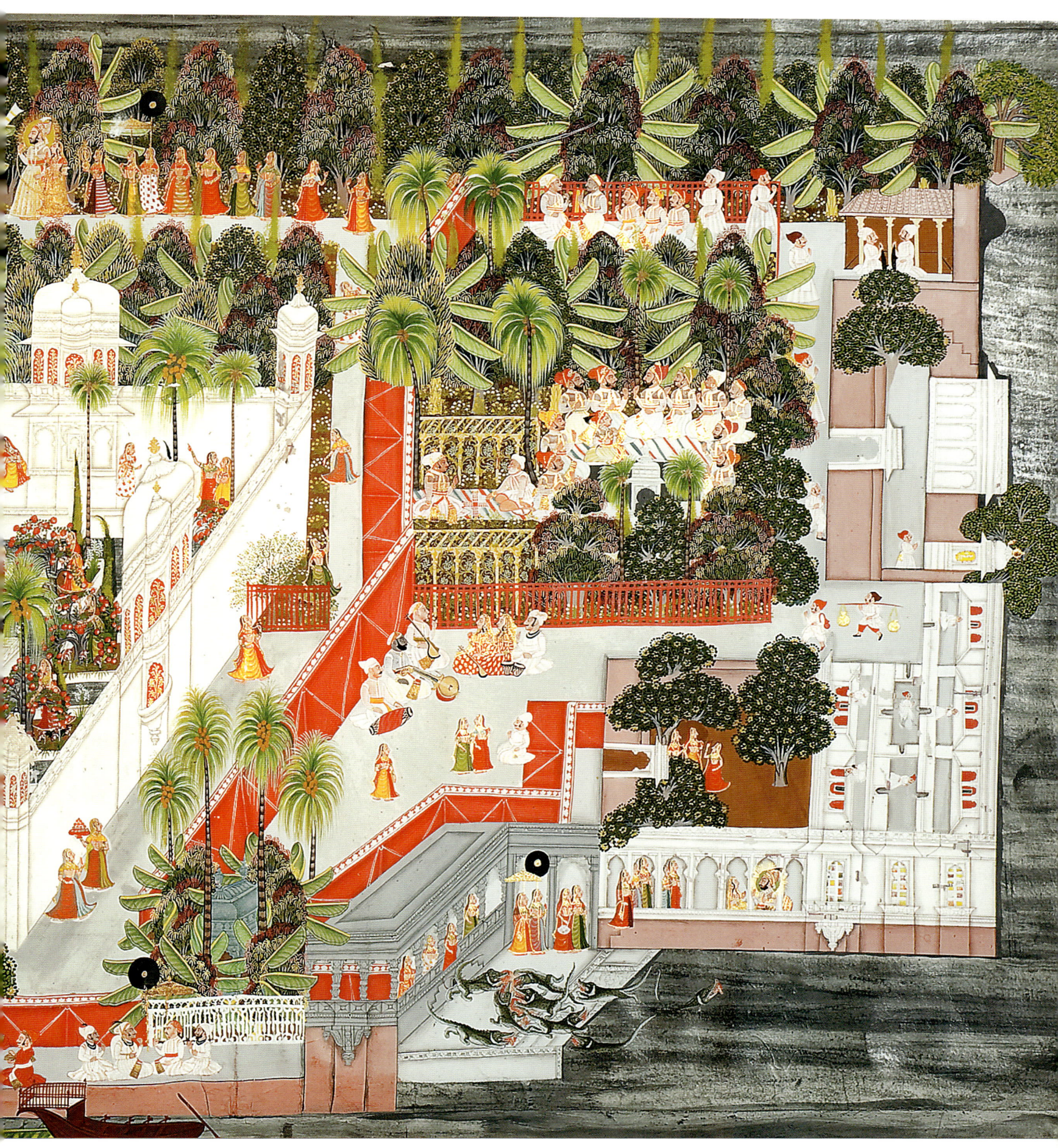

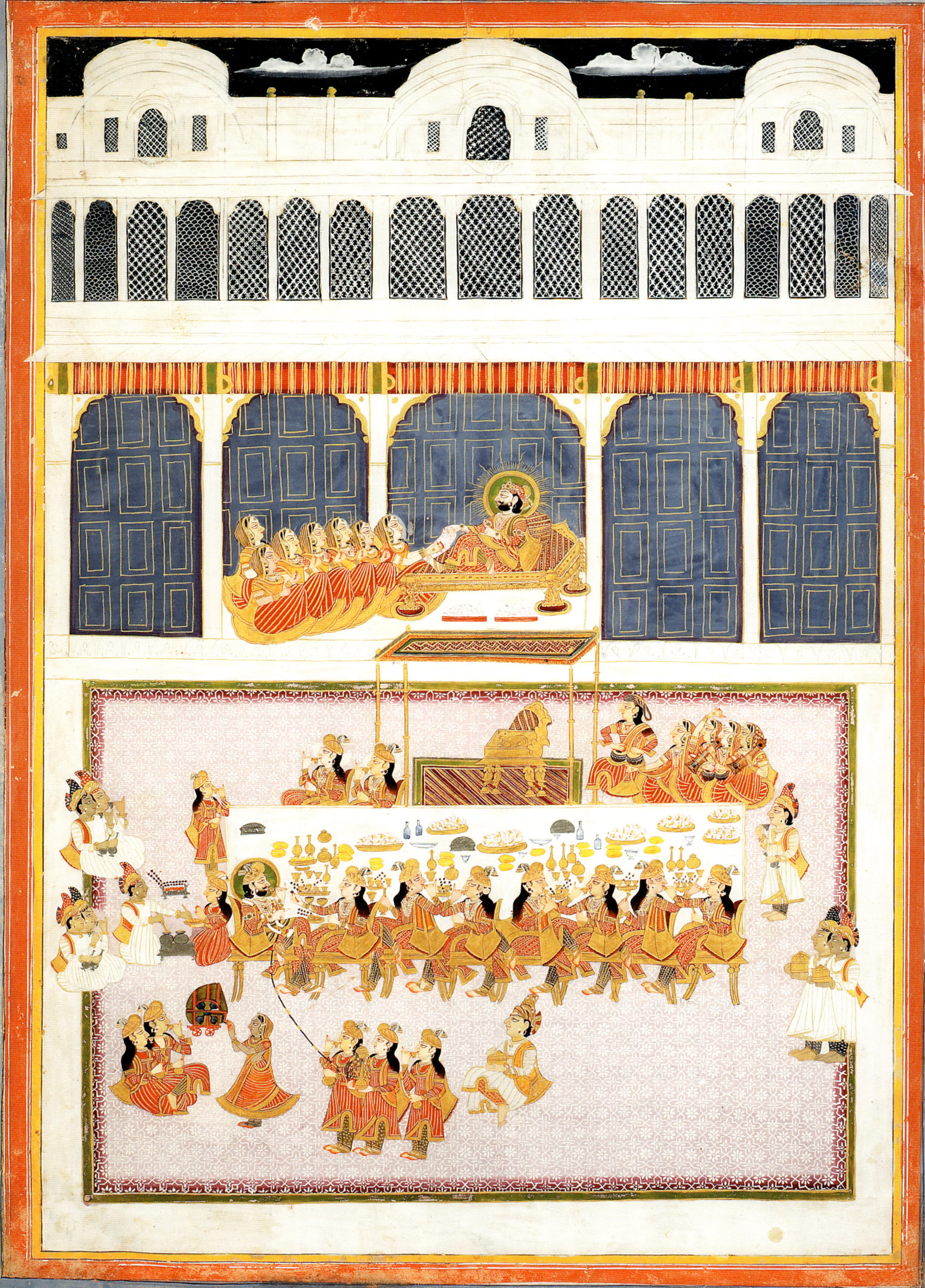

König eine Partie Schach, bevor er nach Musik und Tanz verlangt. Die Tänzerinnen sind von erlesener Schönheit und werden großzügig entlohnt. Gegen Mitternacht endet das Programm, das Abendessen wird serviert und anschließend zieht sich der König in Begleitung der Eunuchen in die inneren Gemächer zurück.«[2]

Diese ausführliche und nahezu ritualisierte Beschreibung veranschaulicht die gewaltige symbolische Bedeutung jedes einzelnen Aspekts des königlichen Alltags. Die meisten vorkolonialen Quellen, die bislang untersucht wurden, vermitteln auf ähnlich formelhafte Weise einen Eindruck aufwendigen Zeremoniells, der nur wenig über die Wirklichkeit des damaligen Palastlebens aussagt. Erst nachdem sich im 19. und 20. Jahrhundert die neuen Genres kolonialer Reiseberichte und königlicher Memoiren entwickelten, konnte die breite Öffentlichkeit einen tieferen Einblick in das höfische Leben gewinnen. Das zentrale Thema dieses Kontextes ist die Heiratspolitik und ihre Bedeutung für das gesellschaftliche Gefüge im Palast, das Familienleben und die persönlichen Beziehungen innerhalb der herrschenden Oberschicht. Im Mittelpunkt stehen dabei immer die Frauen in ihren verschiedenen Rollen als Ehefrauen, Mütter, Töchter, Konkubinen oder Dienstmädchen.

DIE HEIRAT

Eine kluge Heiratspolitik diente den indischen Herrschern schon seit langem als Mittel zur Festigung politischer und militärischer Allianzen. Das wird in den Gemälden offenkundig, die zur Erinnerung an solche Anlässe von den königlichen Höfen in Auftrag gegeben wurden wie etwa die Darstellung der Hochzeit von Jagat Singh in den 1730er Jahren in Udaipur (Abb. 95). Ab dem 16. Jahrhundert waren über viele Generationen hinweg dynastische Verbindungen zwischen den führenden rajputischen Herrschergeschlechtern von Amber, Marwar und Mewar die Regel, die so den politischen Zusammenhalt untereinander ebenso zu stärken suchten wie ihre Position gegenüber anderen Herrscherhäusern. Auch neu aufstrebende Herrscherfamilien folgten diesem Prinzip: So verheiratete der Marathenfürst Shivaji (reg. 1664–1680) seinen zweitältesten Sohn Rajaram mit Tarabai, der Tochter von Hambir Rao Mohite, der einer anderen angesehenen Marathenfamilie entstammte und außerdem Heerführer von Shivajis Armee war.[3] Angesichts des politischen Nutzens, nicht zuletzt bei der Formulierung der Rangordnung innerhalb einer umfassenderen Hierarchie der herrschenden Eliten, gingen die Söhne mächtiger Familien oft mehrere Ehen ein. So konnten die Machthaber ein weitangelegtes Netz von Bündnissen knüpfen, mit denen sie ihre politische Macht sicherten. Darüber hinaus dürfte die Zahl der Ehefrauen eines Herrschers von seinem Prestige und seinen Entfaltungsmöglichkeiten abhängig gewesen sein.

Im 19. Jahrhundert dehnte die britische Ostindiengesellschaft und anschließend die britische Kolonialregierung ihren Einfluss in den indischen Fürstentümern stetig aus. In der Regel geschah dies mithilfe von Bündnisverträgen, die eine indirekte Machtausübung ermöglichten. Durch verschiedene, mit den veränderten historischen Bedingungen einhergehende Faktoren kam es schließlich zu einem Rückgang der Polygynie in den indischen Fürstenhäusern. Einer dieser Faktoren war die Etablierung eines militärischen Gewaltmonopols durch die Briten, die nun auch die Außenbeziehungen der Fürstenstaaten kontrollierten und Streitigkeiten zwischen ihnen beilegten. Ein zweiter

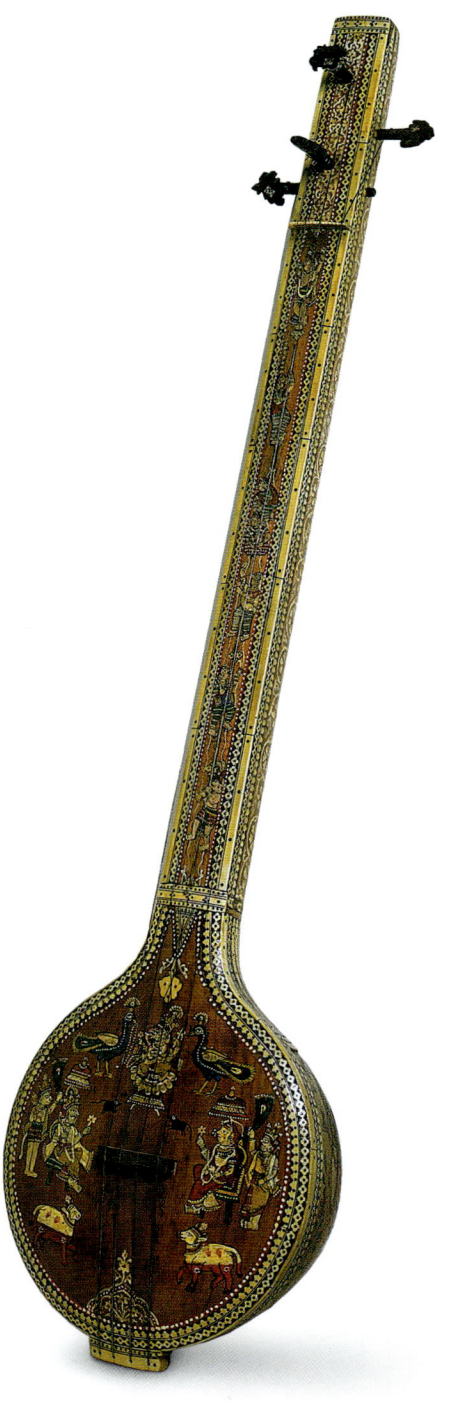

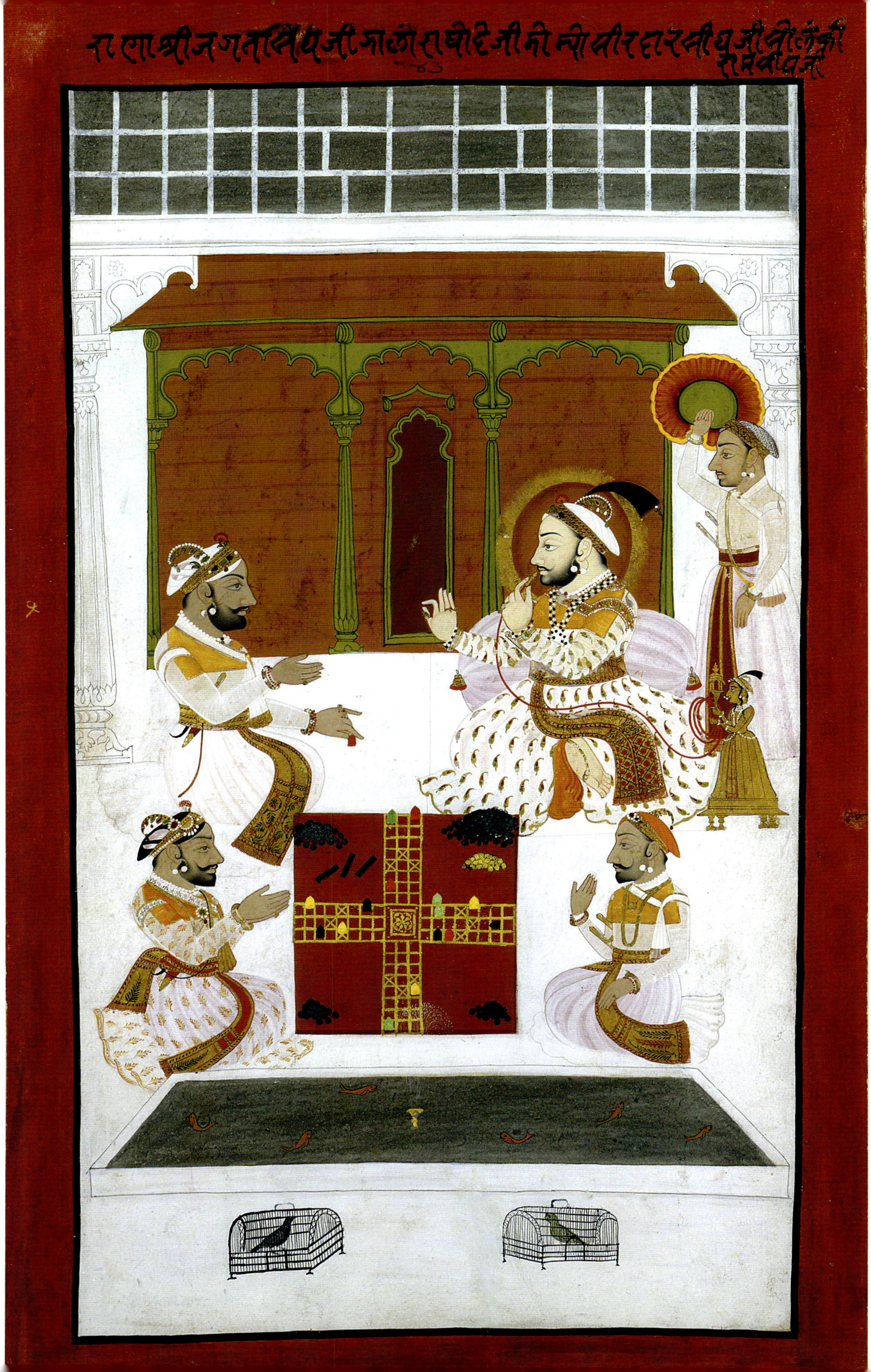

war die deutliche Missbilligung seitens der Kolonialmacht, die daran abzulesen ist, dass die britischen Residenten an verschiedenen Fürstenhöfen auf eine Einschränkung der Haushaltsausgaben einschließlich der Bezüge für den Unterhalt mehrerer Ehefrauen drängten.[4] Unter diesen Bedingungen verlor die Vielehe ihren materiellen Nutzen. Einen weiteren Faktor im Rückgang der Polygynie bildete der starke Modernisierungsdruck, dem die Fürsten zu verschiedenen Zeiten und in unterschiedlichem Maß ausgesetzt waren. Insofern sich indische Sozialreformer mit den spätviktorianischen Vorstellungen kolonialer Modernität auseinandersetzten, galten (serielle) Monogamie (also die erneute Ehe erst nach dem Tod des Ehepartners) und Liebes- oder Kameradschaftsehe (auf der Grundlage emotionaler Bindung) zunehmend als wünschenswerte Lebensform für die indische Oberschicht des frühen 20. Jahrhunderts. Einige der Fürsten taten sich daher als besonders fortschrittlich hervor und bewegten sich allmählich in Richtung Monogamie, doch die Vielehe war noch bis in die 1930er Jahre recht verbreitet, wobei allerdings eher finanzielle Argumente als politische Motivationen angeführt wurden. Der Maharawal von Dungarpur (reg. 1918–1989) erinnert sich entsprechend an die Umstände seiner ersten Heirat als Elfjähriger im Jahr 1919: »Meine erste Ehe wurde, wie ich glaube, wegen des Geldes geschlossen. Die Staatskasse war praktisch leer, weil mein armer Vater so viel zum Krieg von 1914 bis 1918 beigesteuert hatte. Und so wurde die Hochzeit vertraglich vereinbart und in der *theka* (Übereinkunft) erhielt er zwei Lakhs Rupien, mit deren Hilfe er hoffte, den Staatshaushalt einigermaßen sanieren zu können.«[5]

Allerdings hatten sich die Einstellungen noch längst nicht überall geändert. Zeugnisse aus dem frühen 20. Jahrhundert deuten darauf hin, dass mehrere Ehefrauen und Konkubinen noch immer als angemessenes Zeichen eines virilen Königtums galten: »Jeder Rajputenfürst, der nicht ein halbes Dutzend Ehefrauen und wenigstens ebenso viele Nebenfrauen sein Eigen nannte, wäre von seinen Standesgenossen als etwas verschroben angesehen worden, schlimmer noch, als zu arm oder sogar, und das wäre die schlimmste Beleidigung, als nicht Manns genug, um sich einen angemessenen Harem zu halten.«[6]

93 *Linke Seite*
Maharana Jawan Singh von Mewar beim *chaupar*-Spiel
Udaipur, ca. 1740
Deckende Wasserfarbe, Gold und Silber auf Papier
42,8 x 26,5 cm
Privatsammlung, mit freundlicher Genehmigung von Simon Ray, London

94 *Unten*
***Chaupar*-Spiel**
Nordindien, 19. Jahrhundert
Spielsteine: Gold, Emaille, Diamanten, Smaragde, Saphire und Rubine; Spielunterlage: Samt, Perlen, Glasperlen und Silberfaden
Spielsteine: 3,5 x 3 x 3 cm
Privatsammlung, mit freundlicher Genehmigung von Joost van der Bergh

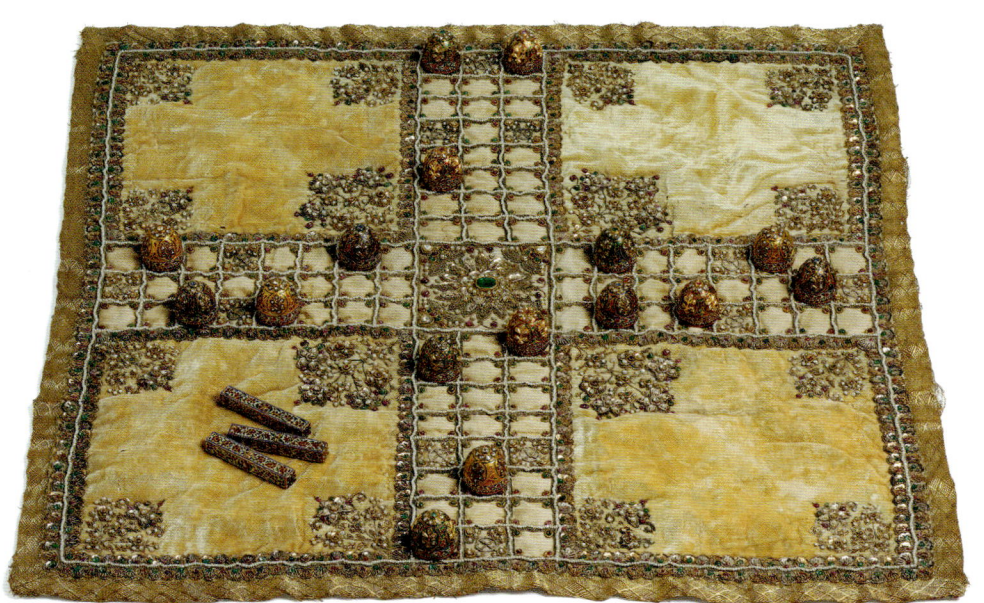

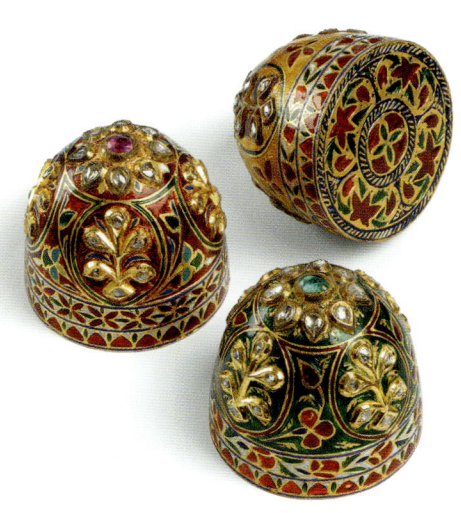

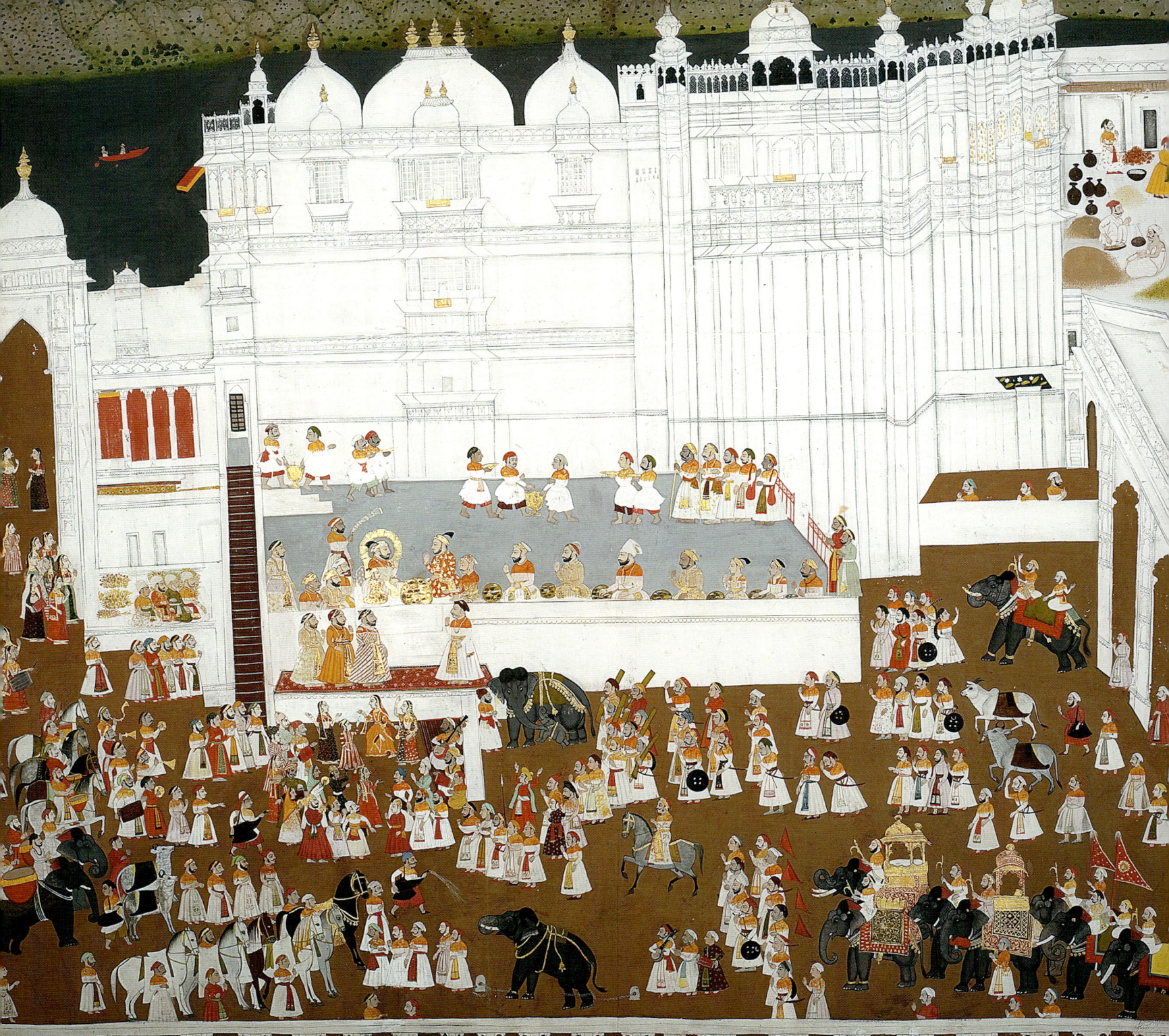

95
**Maharana Sangram Singh von Mewar
beim Hochzeitsfest des Prinzen
Jagat Singh**

Udaipur, ca. 1730
Deckende Wasserfarbe und Gold auf Papier
Maharana of Mewar Charitable Foundation

Seit Anfang des 20. Jahrhunderts kam es jedoch auch vor, dass Mitglieder der indischen Oberschicht Ehepartner ihrer eigenen Wahl heirateten und damit eine Entwicklung hin zum Ideal der Liebesheirat einläuteten. So ehelichte Indira Devi von Baroda trotz strenger elterlicher Missbilligung im Jahr 1913 Jitendra Narayan von Cooch Behar (reg. 1913–1922); bei der Hochzeit in London war kein einziges Familienmitglied der Braut anwesend. Ihre Tochter Gayatri Devi setzte sich über die mütterliche Skepsis gegenüber der Heirat mit dem attraktiven Man Singh II. von Jaipur (reg. 1922–1970) hinweg und wurde 1939 seine dritte Ehefrau.[7] Ganz ähnlich beschloss George Jivaji Rao Scindia von Gwalior (reg. 1925–1961) im Jahr 1941 nach dem Scheitern der Hochzeitsverhandlungen mit Tripura, sich mit Lekha Divyeshwari Devi zu verheiraten, der Tochter eines Exilanten aus der nepalesischen Königsfamilie.[8] Vermutlich im Zusammenhang

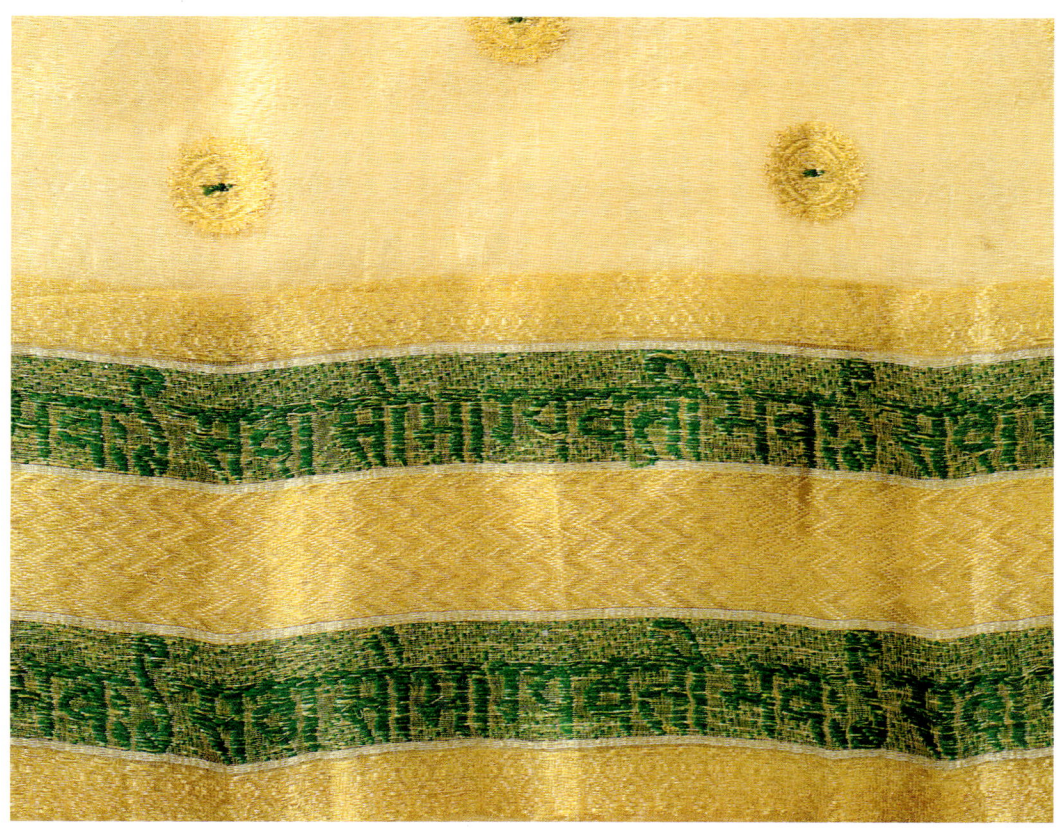

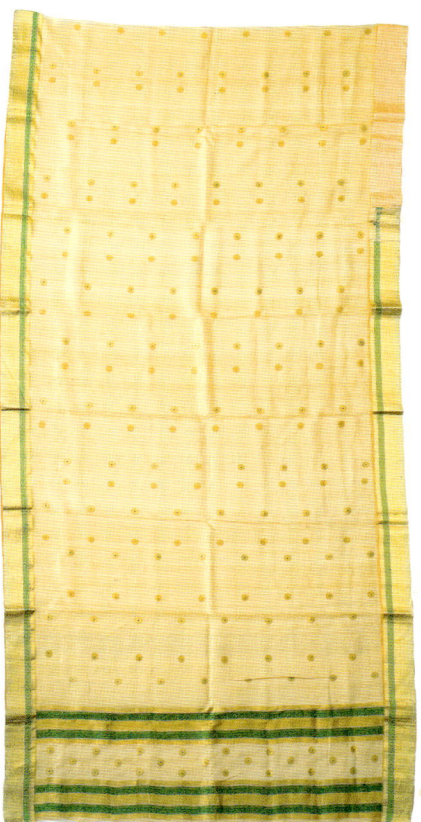

mit den aufkommenden Unabhängigkeitsbestrebungen und dem wachsenden politischen Druck auf die indischen Fürsten war mit dem Beginn der 1940er Jahre die Vielehe aus den Herrscherhäusern so gut wie verschwunden.

DIE RANIS AM KÖNIGLICHEN HOF

Für eine Frau aus der Oberschicht, die in eine Herrscherfamilie einheiratete, blieb die Herkunft von großer Bedeutung für ihre Stellung im ehelichen Hausstand, besonders in einem polygynen Umfeld mit rivalisierenden Ehefrauen.[9] Die Abstammung einer Rani konnte über ihren Rang am Hof, ihre Nähe zum Herrscher und die Geschicke ihrer Nachkommen entscheiden. Dies galt vor allem in einem Kontext, in dem die Primogenitur zwar prinzipiell angestrebt, die Erbfolge aus diversen Gründen aber oft auf einen jüngeren Sohn übertragen wurde – etwa wegen der Größe und des Einflusses seiner Gefolgschaft bei Hofe. Derartige Thronfolgestreitigkeiten konnten durchaus gewalttätige Formen annehmen, wie es zum Beispiel im Fall des Rana Raj Singh von Mewar (reg. 1653–1680) geschah. Eine seiner Ranis wollte ihren eigenen Sohn Sardar Singh als Erben sehen und hetzte ihren Ehemann gegen seinen ältesten Sohn Sultan Singh auf. Der Rana erschlug daraufhin den Erbprinzen mit seinem Streitkolben. Als die Verschwörung jedoch aufgedeckt wurde, soll der Rana die ehrgeizige Rani ebenfalls getötet haben, worauf Sardar Singh sich umbrachte.[10]

Die Ranis der älteren Generation konnten aber auch um die Gunst eines in seiner Position sicheren Erben wetteifern, wenn die Nähe zu dem zukünftigen Thronfolger Rang und Macht versprach. Vijaya Raje, die in die herrschende Scindia-Familie von

96
Hochzeitssari

Gwalior, 19. Jahrhundert
Gewebte Seide mit Goldfaden
Jyotiraditya M Scindia von Gwalior

Dieser golddurchwirkte Sari wurde in Chanderi hergestellt, einem Ort, der für seine unverwechselbar zarten Stoffe aus Seide und Edelmetallfäden berühmt ist. Die Königsfamilie von Gwalior war ein wichtiger Abnehmer der Weber Chanderis. In der Bordüre dieses Hochzeitssaris findet sich der eingewobene Sanskrit-Segenswunsch »Sada sau bhagya wait bhawa« oder »Sei für immer glücklich«.

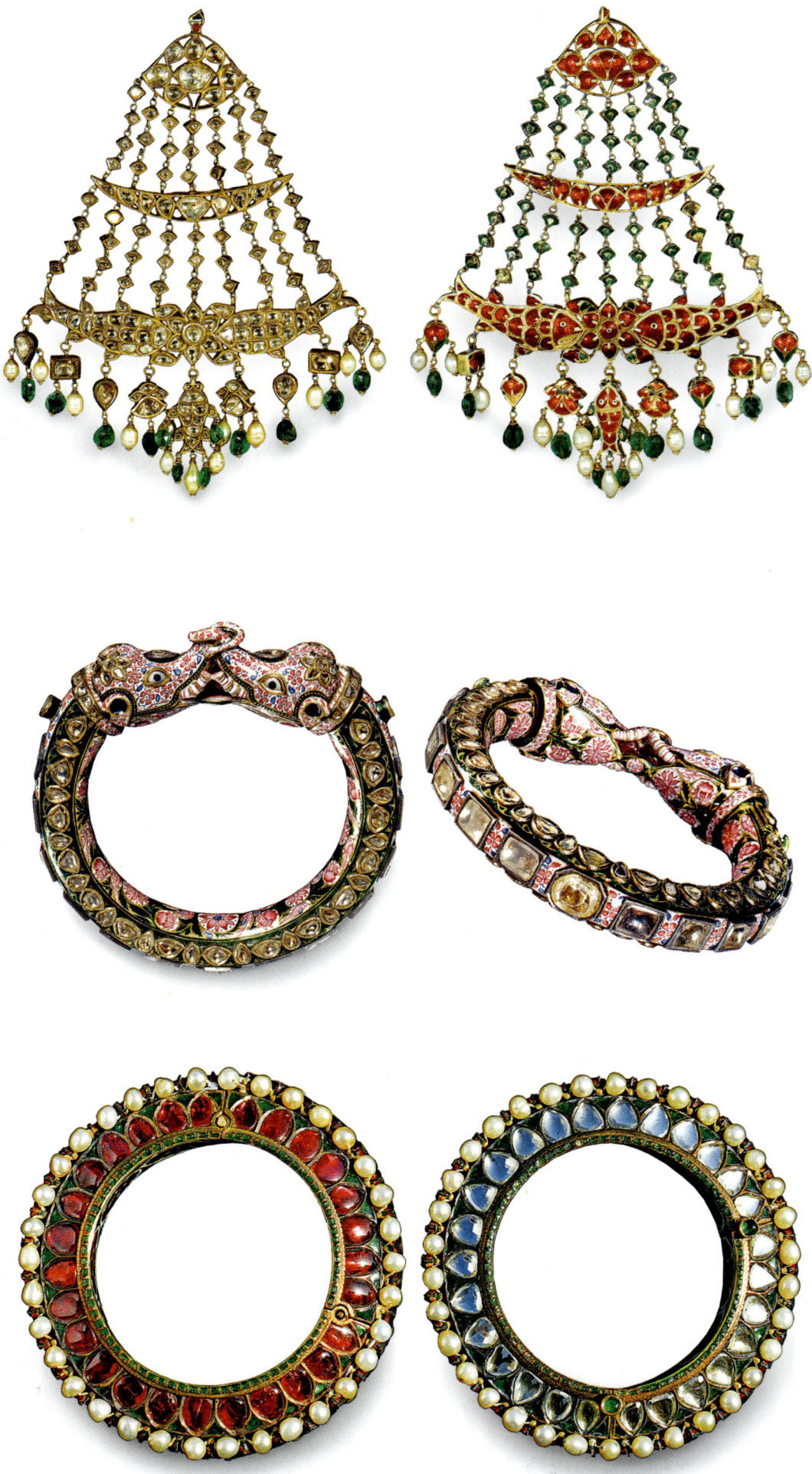

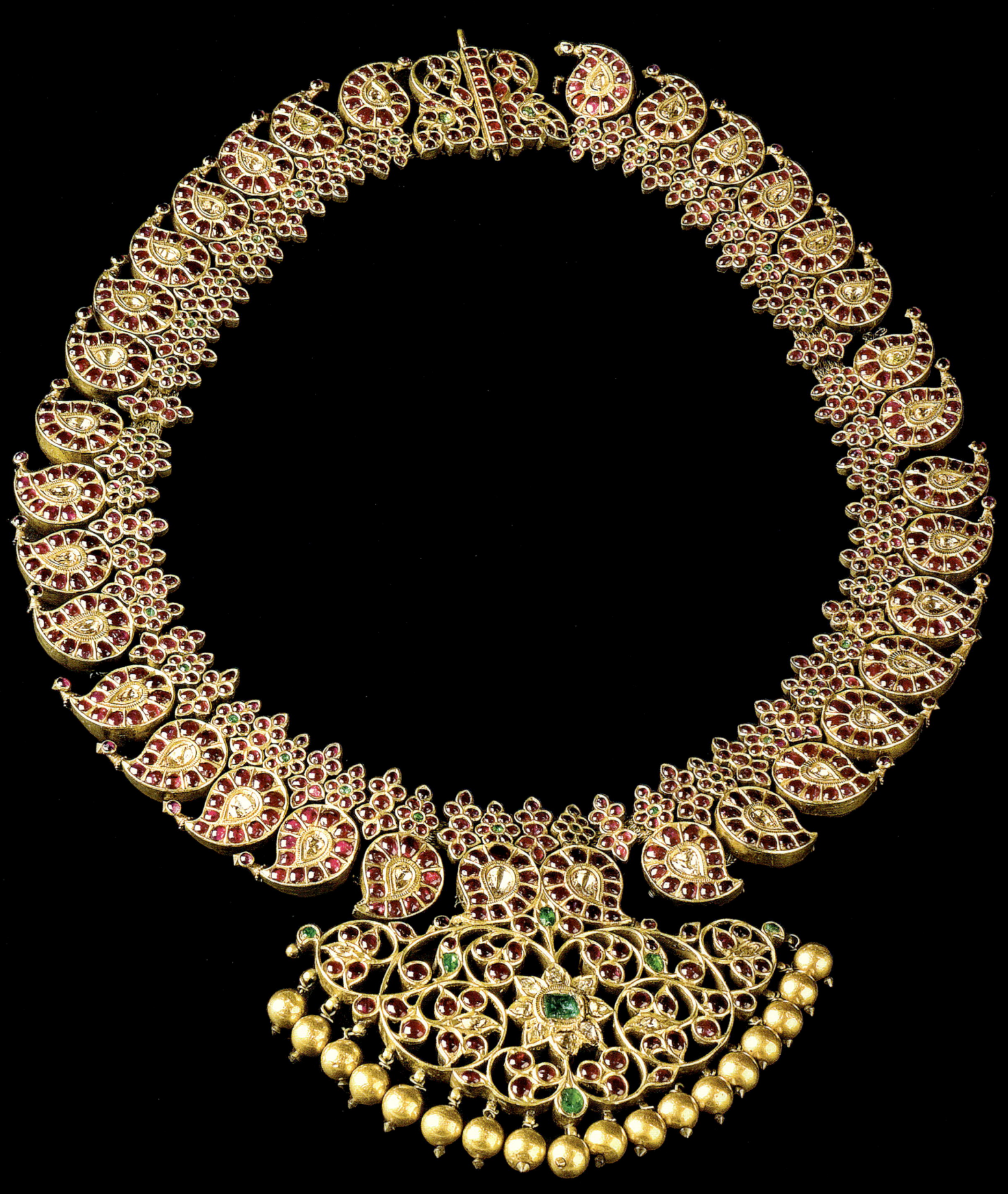

Gwalior einheiratete, erinnert sich, wie ihr Ehemann Jivaji Rao Scindia in den 1920er Jahren »der Verhätschelung zweier Mütter ausgeliefert war, die beide um seine Zuneigung wetteiferten. Sie verwöhnten ihn unglaublich und jede versuchte auf raffinierte Weise, ihn gegen die andere einzunehmen. Außerdem war die Sorge seiner leiblichen Mutter allgegenwärtig, die selbst kinderlose ranghöchste Maharani könnte ihrem Sohn Schaden zufügen, so dass sie niemals Ruhe fand, es sei denn, dass er in ihrer Sichtweite war. Sie hatte sein Kinderbett neben ihr eigenes Bett gestellt und ließ ihn später, selbst nachdem er schon herangewachsen war, in ihrem Zimmer schlafen.«[11]

Eine weitere Quelle möglicher Spannungen innerhalb der Fürstenhöfe war das eigene Einkommen von Ehefrauen, die selbst aus einer Herrscherfamilie stammten. In einer Quelle aus dem frühen 20. Jahrhundert wird als Zweck dieser oft schon vor der Hochzeit ausgehandelten Apanagen die Absicht genannt, das Wohlergehen der Braut beim zukünftigen Ehemann sicherzustellen. Die Verwaltung dieses Einkommens erforderte eigenes Personal (*kamdar*), das im Dienste der jeweiligen Rani stand und aufgrund seiner vielschichtigen Loyalitäten und seines Einflusses auf die Rani »für großen Unfrieden im Palast sorgen konnte«.[12]

PURDAH UND ZENANA

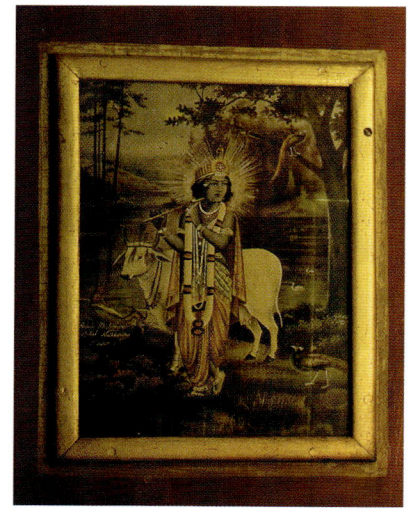

101 *Detailabb. unten und rechte Seite oben*
Sänfte
Rajasthan, frühes 20. Jahrhundert
Bemaltes und lasiertes Holz, Metallunterbau, gerahmte Drucke
145 x 250 x 88 cm
Mehrangarh Museum Trust

Nach ihrem aufwendigen Dekor zu schließen, scheint diese Sänfte aus der Sammlung der Maharajas von Marwar Teil der Aussteuer einer königlichen Braut gewesen zu sein.

Die räumliche Absonderung der Frauen in den Frauengemächern (*zenana*) war ebenso wie die Verschleierung ein Brauch, der den Rang der Frau und ihres Hausstandes bekräftigen sollte (*purdah*). Giles Tillotson weist darauf hin, dass »das Konzept, nach dem ein Herrschaftspalast Gemächer für Frauen enthalten sollte, die sich dem Blick der Öffentlichkeit entziehen … deutlich im *Manasara* zum Ausdruck gebracht« wird, dem klassischen Sanskrit-Text zu den Normen der Palastarchitektur.[13] Zeugnisse aus Jodhpur aus dem 17. Jahrhundert zeigen, wie es zu einer zunehmenden Einschränkung des Zugangs zu den Frauengemächern kommen konnte: Sur Singh von Marwar (gest. 1619) festigte seine Macht gegenüber Rivalen aus seinem eigenen weitläufigen Klan, indem er alle Nachkommen seines Vorfahren Rao Jodha einer hierarchischen Ordnung unterwarf, die er selbst bestimmte. Außerdem verbot er zur gleichen Zeit seinen Brüdern und Söhnen und sogar den Ehefrauen seiner Vasallen, die königlichen *Zenana* zu betreten.[14] Durch diesen Erlass dürfte er eine deutliche Abgrenzung der Frauen des königlichen Hofes von den ihnen eigentlich ebenbürtigen Adelsfrauen erreicht haben. Demnach wurde die Abgeschiedenheit und Verschleierung der Frauen offenbar umso strenger durchgesetzt, je mehr politische Macht eine Herrscherfamilie erlangte und je höher ihr Ansehen war. Außerhalb des Palastes wurden diese Frauen in Sänften befördert, die sie von den Blicken jedes Außenstehenden abschirmten (Abb. 101).

Es gab jedoch im 18. und 19. Jahrhundert auch bemerkenswerte Ausnahmen: Einige wenige Fürstenfrauen legen den Schleier bewusst ab. Hatte ein König keine oder noch minderjährige Erben, so konnte sein Tod eine politische Krise in seinem Reich auslösen. Oft versuchten am Hofe einflussreiche Adlige, selbst einen Anspruch auf den Thron zu erheben, doch gelegentlich ergriff auch eine politisch geschickte Rani die sich bietenden Möglichkeiten. Der Ehemann von Ahalyabai Holkar starb 1754 auf dem Schlachtfeld und ließ sie mit ihrem kleinen Sohn zurück. Ihr Schwiegervater, der Raja von Indore, bildete sie daraufhin in militärischen Angelegenheiten und in der Verwaltung

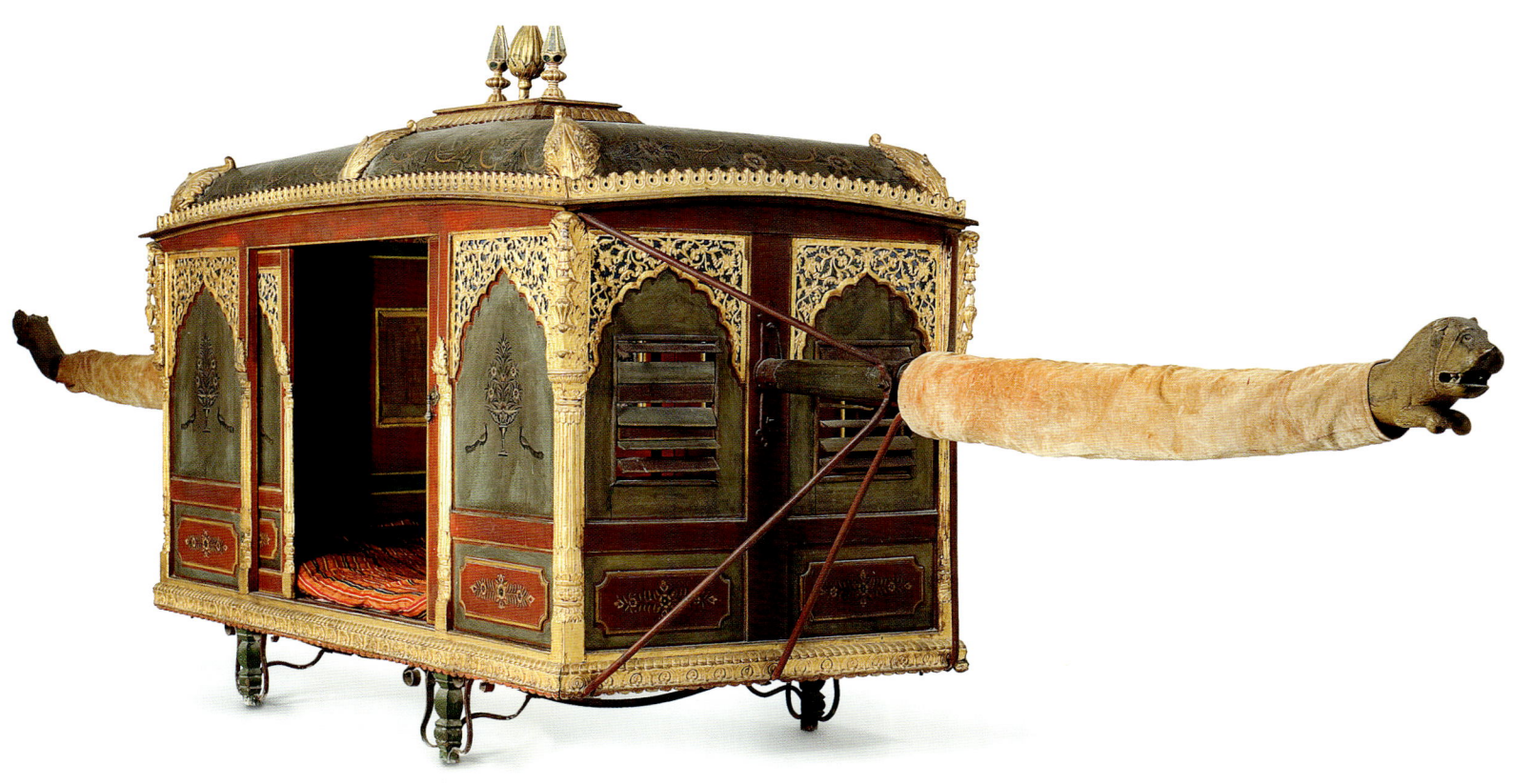

aus. Unter seiner Aufsicht führte sie einige sehr erfolgreiche Feldzüge in Zentralindien. Nach dem Tod ihres Schwiegervaters kam ihr Sohn auf den Thron, starb jedoch geistig umnachtet nach nur einem Jahr. Statt nun einen Erben zu adoptieren, übernahm die Rani selbst die Kontrolle über die Verwaltung in Holkar und regierte drei Jahrzehnte lang bis zu ihrem Tod in den 1790er Jahren.[15] Ob eine militärische Ausbildung für Prinzessinnen üblich war, muss noch erforscht werden, doch scheinen die Keulen aus der Sammlung des Palasts von Jodhpur darauf hinzudeuten, dass ein gewisses Maß an körperlicher Ertüchtigung für königliche Frauen weit verbreitet war (Abb. 102).

Qudsia Begum, die 19-jährige Witwe des jungen Fürsten Nazar Mohammad Khan, überredete 1819 in Bhopal rivalisierende Gruppierungen des Herrscherklans und am Hof, ihre noch minderjährige Tochter Sikandar als Thronfolgerin von Bhopal anzuerkennen. Bis zur Volljährigkeit ihrer Tochter übernahm Qudsia an ihrer Stelle die Regierungsgeschäfte.[16] Gleichwohl sie gläubige Muslimin war, die das freiwillige Nachtgebet (*tahajjud*) vollzog, legte Qudsia den Schleier ab, lernte zu reiten und führte ihre Truppen im Kampf.[17] Ihre Tochter, Enkelin und Urenkelin folgten ihrem Vorbild und regierten über das nächste Jahrhundert das Fürstentum von Bhopal (Abb. 50).

Derartige Beispiele blieben jedoch die Ausnahmen. Als die aus dem zentralindischen Dewas stammende Gajra Bai Ende der 1880er Jahre Sayajirao Gaekwad III. von Baroda (reg. 1875–1939) nach dem Tod seiner ersten Frau Chimnabai heiratete, nahm sie den Namen Chimnabai II. an; sie war 14 Jahre alt und »befolgte strengsten *purdah*«. Im Jahr 1901 schrieb Sayajirao über die sich wandelnden Ansichten seiner Ehefrau: »Nach der Meinung Ihrer Hoheit ist der Brauch der Abgeschiedenheit schlecht, ihr ist jedoch bewusst, dass zum jetzigen Zeitpunkt niemand in Indien, nicht einmal ich selbst, ihr Ehemann, den Schleier lüften könnte. Denn obschon Frauen allgemein mehr Freiraum benötigen, wie Ihre Hoheit meint, befürworten die Männer, von denen ein Großteil ungebildet ist, weder Freizügigkeit noch Bildung für Frauen.«[18]

102 *Unten*
Ein Paar Keulen
Jodhpur, spätes 19. Jahrhundert
Bemaltes und lackiertes Holz, Einlagen aus Bein
Mehrangarh Museum Trust

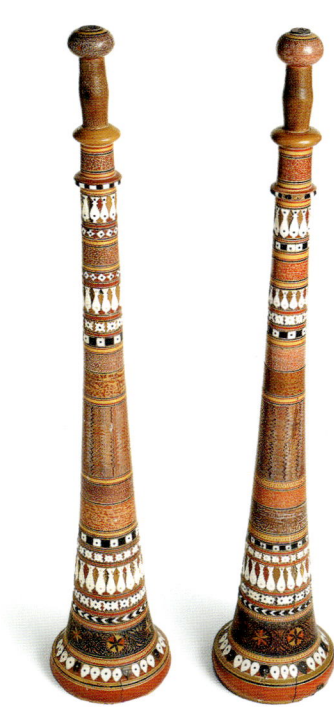

103 *Rechte Seite*
Maharani Chimnabai II. von Baroda

Raja Ravi Varma
Baroda (Vadodara), 1889
Öl auf Leinwand
168 x 107 cm
Maharaja Fatesingh Museum

Während Chimnabai II. Anfang des 20. Jahrhunderts in ihrer Heimat noch immer am strengen *Purdah* festhielt, »erlaubte sie sich einen gewissen Spielraum, wenn sie außerhalb von Baroda unterwegs war« (Abb. 103, 167).[19] Im Jahr 1911 erschien ihr Buch über die Stellung der Frau in Indien, *The Position of Women in Indian Life*, in dem sie diese den mehr oder weniger erfolgreichen Veränderungen der Situation der Frauen Europas, Amerikas und Japans gegenüberstellte. Das Buch kritisiert unter anderem die Ausbeutung von Frauenarbeit, schlägt genossenschaftliche Kreditinstitute vor und erörtert ihr Thema für männerdominierte Berufe wie das Rechtswesen und im Bereich der Werbung.[20] Chimnabai II. war mit der Revolutionärin Madame Bhikaji Cama und der Rechtsanwältin Cornelia Sorabji, der ersten Anwältin Indiens mit Zulassung an Hohen Gerichten, befreundet, die 1894 auf Bitte von Sayajirao das Bildungssystem im Staat Baroda begutachtete.[21] Sayajirao selbst setzte eine umfassende und durchaus radikale Reform der Rechte der Frau in Baroda durch: Ein Gesetz aus dem Jahr 1902 erlaubte es Hindu-Witwen, erneut zu heiraten, und 1904 wurde ein Gesetz gegen die Kinderehe verabschiedet.[22]

Der Zweite Weltkrieg brachte in den Fürstenstaaten für einige der Herrscherfrauen Lockerungen im Gebrauch des *Purdah* mit sich. In Patiala und Jaipur legten die Ranis, zum Teil auf Anregung ihrer Ehemänner, den Schleier ab. Gayatri Devi von Jaipur erinnert sich, wie ihr Gatte Man Singh II. den Wunsch äußerte, »etwas für die Aufhebung des *Purdah* zu tun«, was sie dazu veranlasste, eine Schule für Mädchen der Oberschicht zu gründen, die Maharani Gayatri Devi School.[23] Einige der Herrscherfrauen aus der Generation, die den *Purdah* ablehnte, hatten eine Bildung genossen, die sich beträchtlich von der ihrer Vorgängerinnen aus dem 19. Jahrhundert unterschied. Spätestens seit dem 16. Jahrhundert wurden die Fürstenfrauen in aristokratischen Aktivitäten wie Reiten und Jagen unterrichtet, so zu sehen in einer Darstellung von Chand Bibi von Bijapur mit ihrem Gefolge (Abb. 104) und einer anderen von Man Singh von Marwar (reg. 1803–1843) beim Polospiel mit seinen Damen (Abb. 43). In den 1870er Jahren fand die Erziehung der zehnjährigen Sultanin Jahan als Thronfolgerin von Bhopal noch mit einem Privatlehrer zu Hause statt, wobei ihr Lehrplan neben der Unterweisung im Koran auch Rechnen, Kalligraphie, Persisch, Englisch und Paschtu und überdies Reiten und Fechten umfasste.[24] Indira Devi von Baroda wurde Anfang des 20. Jahrhunderts zunächst privat unterrichtet und ging später ans Baroda College, der von ihren Eltern gegründeten öffentlichen Einrichtung für die Ausbildung von Frauen – »sehr zur Empörung einiger braver Leute, die es für unter ihrer Würde hielten«.[25] Ihre Tochter Gayatri ihrerseits ging von einem privaten Hauslehrer in Cooch Behar kurzzeitig in die höhere Schule in Santiniketan, wie viele Kinder der fortschrittlichen Oberschicht Bengalens in dieser Zeit. Ungefähr zehn Jahre vorher hatte der westlich orientierte Sikh-Fürst von Kapurthala seine zukünftige Schwiegertochter Brinda (aus dem winzigen Fürstentum Jubbal im Himachal Pradesh) zur Ausbildung nach Frankreich geschickt, da sein Sohn eine moderne, europäisch gebildete Braut heiraten sollte.[26]

Jedoch blieben solche Frauen eher die Ausnahme. Am Hofe von Kutch wurde bis zur Unabhängigkeit Indiens im Jahr 1947 strenger *Purdah* eingehalten. Der frühere Herrscher erinnert sich: »Meine Großmutter ging niemals irgendwohin. Meine Mutter fuhr in Begleitung meines Vaters nach Bombay, allerdings nur nach sorgfältiger Organisation, im Damenabteil in der Eisenbahn und in Automobilen mit verdunkelten Scheiben. Sie entsagte dem *Purdah* nie – während es meine Frau 1948 tat.«[27]

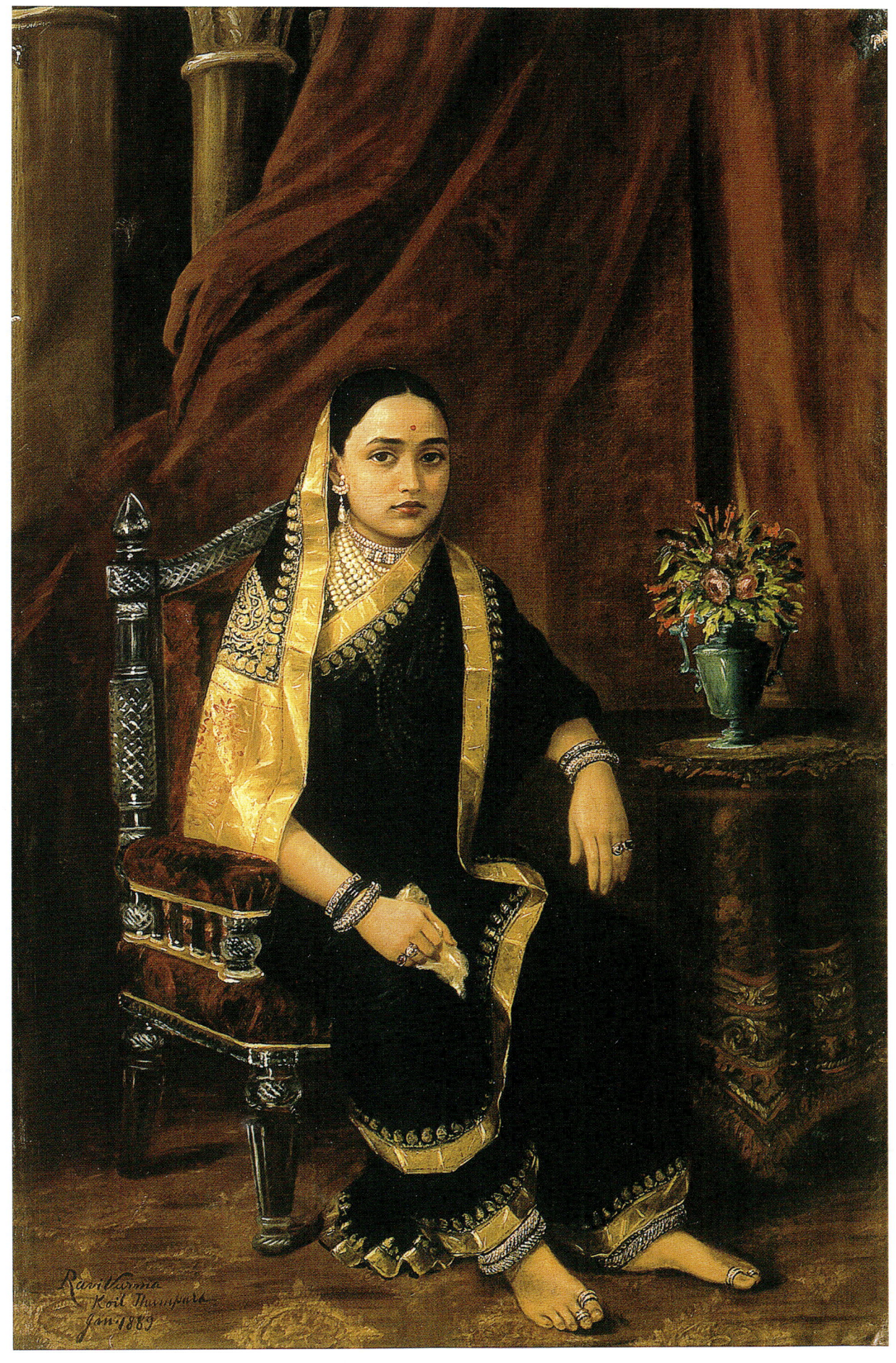

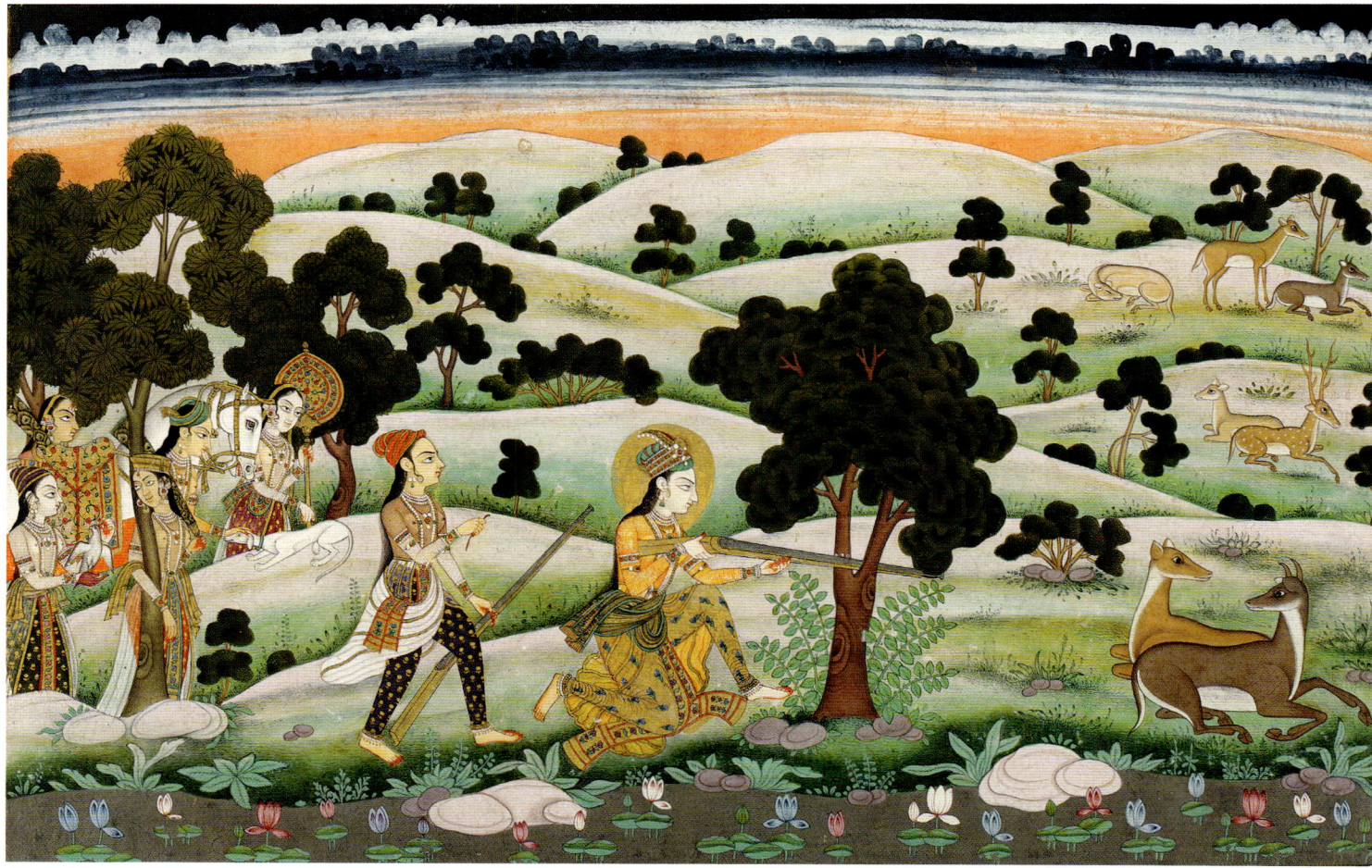

KONKUBINEN UND DIENERINNEN

104
**Chand Bibi von Bijapur auf der Jagd
mit ihren Hofdamen**

Dekkan, ca. 1750
Deckende Wasserfarbe und Gold auf Papier
42,1 x 57,3 cm
Victoria and Albert Museum, London,
gespendet von Colonel T.G. Gayer-Anderson,
C.M.G., D.S.O. und seinem Zwillingsbruder
Major R. G. Gayer-Anderson, Pasha

Die sagenumwobene Kriegerkönigin Chand
Bibi von Bijapur verteidigte im 16. Jahrhundert
ihr Reich erfolgreich gegen die Mogulstreit-
kräfte. Eine geschickte Kriegerin, aber auch
begabte Dichterin und Musikerin: diese
idealisierende und elegante Darstellung bezeugt ihren anhaltenden Ruhm.

Zum königlichen Haushalt gehörten auch Konkubinen und ganze Gefolge von Dienerinnen und Dienern. An der Spitze der Pyramide standen die Konkubinen, die wie ihre
»Vorgesetzten«, die Ranis, den Schleier tragen durften. Ausschlaggebend dafür, ob eine
Frau als Rani oder als Nebenfrau, durch Heirat oder ohne Eheschließung an den Hof
kam, war ihre soziale Herkunft und/oder Kastenzugehörigkeit. Dem Herrscher war die
Ehe nur mit gleich- oder höherrangigen Frauen gestattet. Wurden derartige Statusregeln
von einem Fürsten und einer Favoritin gebrochen, konnte das ernste politische Konse-
quenzen haben. So war im frühen 19. Jahrhundert Raskapur die Geliebte von Jagat
Singh von Jaipur (reg. 1803–1818); er erhob sie in den Stand einer Rani, ließ auf ihren
Namen Geldmünzen prägen und nötigte seine Adligen zu Respektsbezeugungen ihr
gegenüber. Mindestens einer von ihnen widersetzte sich, und insgesamt wurden Jagat
Singhs Forderungen zugunsten Raskapurs als seiner Führungsautorität sehr abträglich
betrachtet.[28] Die britische Kolonialregierung folgte im Umgang mit den Fürsten denselben Grundsätzen sozialer Rangfolge. Demgemäß erklärten die Briten die in den 1920er
Jahren geschlossene Ehe zwischen dem Fürsten von Pudukkottai und einer bürgerlichen
Ausländerin – der Australierin Molly Fink (Abb. 105) – als morganatische Verbindung
und weigerten sich, den Sohn als rechtmäßigen Thronfolger des Fürstenstaates anzuerkennen. Ähnliche Kontroversen umgaben die Hochzeit von Jagatjit Singh von Kapurthala (reg. 1877–1949) mit der spanischen Tänzerin Anita Delgado.[29]

Die Hausarbeit wurde von Bediensteten erledigt, die in Notzeiten, etwa während Hungersnöten, angeschafft worden waren oder von einer früheren Generation von Hausangestellten (*daroga* in Rajasthan) abstammten, die schon immer im Dienste eines Fürsten standen. Dienerinnen kamen als Mitgift der Töchter von Herrschern und Vasallen in den ehelichen Haushalt ihrer Eigentümerin, wo sie mit anderen Bediensteten verheiratet wurden oder alleinstehend bleiben konnten. Auch ganze Familien einer bestimmten beruflichen Kastenzugehörigkeit konnten als Mitgift gegeben werden und zusammen mit der Braut in den Ehehaushalt umziehen – etwa Schneider, Färber, Köche, Ammen oder Wäscherinnen.[30] Durch die Arbeitskraft dieser Dienerschaft war es der Neuvermählten möglich, ihren eigenen Bereich innerhalb der Gesamtstruktur des ehelichen Hausstandes zu etablieren. Im Grunde genommen handelte es sich hier um Sklaven der diversen Herrscherfamilien, da sowohl sie selbst als auch ihre Nachfahren als Eigentum ihrer Gebieter und Besitzer galten.

Im frühen 18. Jahrhundert bildete in Rajasthan die Anzahl der in der Mitgift enthaltenen Diener eine Kennziffer für den Rang der Braut und ihrer Familie. So enthielt die Mitgift der Tochter von Amar Singh II. von Mewar, Chandrakunwar Bai, bei ihrer Hochzeit mit Jai Singh II. von Amber im Jahr 1708 »zwei Elefanten, beladen mit Silber, fünfundvierzig Pferde, einen Wagen, Geschmeide, Gerätschaften aus Gold und Silber, zwanzigtausend Rupien in bar, achthundert Festgewänder für Männer und 616 solcher [Gewänder] für Frauen. Außerdem erhielt die Braut als Mitgift Schmuck, Kleidung, männliche und weibliche Sklaven sowie viele weitere Dinge«.[31]

Im Verlauf des 19. Jahrhunderts wurden die eigentlichen Sklavenkäufe durch das Eingreifen der Kolonialmacht schrittweise eingeschränkt. Die Fürstenhöfe besaßen jedoch auch im darauf folgenden Jahrhundert noch eine große Zahl solcher Bediensteter. Vijayaraje Scindia erinnert sich der Zahl der Dienerschaft im Haushalt ihrer Großmutter, die zu einem nachrangigen Zweig der nepalesischen Königsfamilie im Exil in Gwalior gehörte: »Die Unterkünfte hinter dem Haus waren völlig überfüllt. Neben dem Gefolge aus Dienstmädchen und Hausdienern, das jedem Familienmitglied zustand, gab es auch allgemeines Hauspersonal, wie Köche (jeweils für vegetarische Speisen und für Fleisch und Fisch, mit Gehilfen), Träger, Servierer, Wasserträger, Kehrer, Dienstmädchen, Syces oder Stallknechte und Wächter, ganz zu schweigen von einigen Darzis oder Hofschneidern und Masalchis oder Lampenanzündern, einem oder zwei Masseuren, einem Chauffeur und einem Automechaniker, einem Zimmermann und einer ganzen Schar Pujaris oder Priester … Außerdem gab es da noch ungefähr ein Dutzend andere, die keine besondere Aufgabe hatten, außer auf Abruf verfügbar zu sein. Sie wurden eher als arme Verwandte denn als Diener behandelt und waren dem Haus durch Bande der Treue und der geteilten Not verbunden – und auch des Blutes, würde ich vermuten, da die Ranas nicht gerade für ihre Enthaltsamkeit bekannt waren. Mehrere Ehefrauen, Konkubinen und spontane Liebschaften mit hübschen Dienstmädchen waren eher die Regel als die Ausnahme, und die so gezeugten Nachkommen schlossen sich unweigerlich den Haupthaushalten an.«[32]

Die weibliche Dienerschaft besorgte die Haus- und Reproduktionsarbeit, die zur Aufrechterhaltung der Funktionen des Fürstenhofes und -palastes und damit auch des für Rang und Ansehen so entscheidenden Prestiges notwendig war. Dienerinnen spielten außerdem eine ganz wesentliche Rolle bei der Kommunikation mit der Welt jenseits des *Zenana*: Auf der einfachsten Ebene überbrachten sie Verwaltungsbeamten und männlichen Bediensteten Botschaften zu bestimmten Aufträgen oder Belangen; sie konnten aber auch ausgesandt werden, um zukünftige Bräute in deren elterlichen Haus in Augenschein zu nehmen; sie bereiteten nahen Verwandten der Ranis einen angemessen förmlichen Empfang, begleiteten Hochzeitsgesellschaften, nahmen an Prozessionen anlässlich religiöser Festlichkeiten teil und führten anstelle ihrer Ranis die rituellen Gebete durch, wenn diese durch Krankheit oder Wochenbett verhindert waren.[33]

Im 18. und frühen 19. Jahrhundert konnten erfahrene Dienerinnen sehr viel Macht erlangen. Ram Pyari war zwar die Tochter von *Gujars*,[34] übte aber im späten 18. Jahrhundert einen beachtlichen Einfluss am Hofe von Mewar aus. Es ist nicht bekannt, wie sie Sklavin im königlichen Haushalt von Mewar geworden war. Nach dem Tod von Maharana Ari Singh (reg. 1761–1773) führte seine Jhala-Königin Sardar Kanwar als Regentin die Staatsgeschäfte, solange ihre Söhne noch minderjährig waren. Ram Pyari vertrat sie nach außen und führte in ihrem Namen Verhandlungen mit den Rajputenführern Mewars und mit den gegnerischen Marathen. Ihre wichtige Stellung wird durch eine Tempelinschrift bezeugt, in der ihrer Großzügigkeit gedacht wird.[35] Sie hatte eigene Truppen und es gelang ihr, die Stammesführer in Mewar zu überreden, die Zahlungsforderungen der Marathen zu akzeptieren und so eine militärische Auseinandersetzung zu verhindern.[36] Unter dem Einfluss, den die Bündnisverträge der britischen Kolonialregierung in den Fürstentümern gewährten, verschwand die Figur der einflussreichen Dienerin oder Konkubine im Laufe des 19. Jahrhunderts.[37]

DIE GRÖSSE DER HERRSCHAFTSHÄUSER

Eine weitere Folge kolonialer Einflussnahme war ein allmählicher Wandel im Aufwand der fürstlichen Höfe. Da die Briten im 19. Jahrhundert ein jährliches Einkommen von den Fürstenstaaten erhoben, bemühten sie sich auch um die Kontrolle ihrer Ausgaben. Mit ihrem komplizierten Geflecht aus finanziellen Vereinbarungen, Unterhaltsansprüchen und zahlreichen sowohl verwandtschaftlichen als auch anders gearteten Abhängigkeiten wirkten die fürstlichen Haushalte auf westliche Betrachter extrem verschwenderisch. Der Umfang und die Größe eines solchen Haushalts war indes schon seit langem eines der wichtigsten Statussymbole innerhalb der Fürstenhierarchie des Subkontinents. Der Prestigeaufwand, der in den Augen der Kolonialherren so ausschweifend wirkte, zielte eigentlich darauf ab, den eigenen Rang im Kreise fürstlicher Kollegen und Konkurrenten zu behaupten. Außerdem bedeutete die Trennung der Frauen- und Männerbereiche in den Königspalästen die Aufrechterhaltung zweier paralleler Einrichtungen, und selbst in relativ verwestlichten und modernen Fürstenhäusern konnte dies noch sehr aufwendig sein.[38]

Die deutlichste Form der öffentlichen Zurschaustellung der Größe eines Fürstenhauses war das Gepränge des herrschaftlichen Begleittrosses auf Reisen. Als Sikandar Begum von Bhopal (reg. 1860–1868) im Jahr 1863 nach Agra reiste, um an einem britischen Hoftag teilzunehmen, gehörten zu ihrem Gefolge 2460 Menschen.[39] Ihre Tochter Shah Jahan Begum wurde 1871 auf ihrer Bahnreise zu einem Staatsempfang in Kalkutta von nur 550 Personen begleitet, und als ihre Tochter Jahan im Januar 1903 gleichfalls mit der Eisenbahn zu den Krönungsfeierlichkeiten nach Delhi reiste, war ihr Gefolge von 568 Personen ebenfalls vergleichsweise klein.[40] Ab dem 20. Jahrhundert wurde der mitreisende Hofstaat noch sehr viel kleiner, besonders, wenn eine Fürstenfamilie aus persönlichen Gründen reiste. So erinnert sich Gayatri Devi an Ausflüge ihrer Kindheit in den 1920er Jahren, die sie mit ihrer Mutter und ihren Geschwistern in das Herrschaftshaus ihrer Großeltern mütterlicherseits nach Baroda unternahm: »Wir hatten mindestens drei Erster-Klasse-Vierbett-Abteile [im Zug]. Meine Mutter, meine ältere Schwester und eine Freundin oder Verwandte belegten eins davon; meine jüngere Schwester, eine Gouvernante und ich waren in einem anderen, meine zwei Brüder und ihr Begleiter mit einem Berater in einem weiteren. Die Berater und die Sekretäre hatten im Allgemeinen einige Zweiter-Klasse-Abteile für sich, während die Zofen, Kammerdiener und Butler dritter Klasse reisten.«[41]

Am anderen Ende der fürstlichen Hierarchie stand der jüngere Bruder des Rajputenherrschers von Jubbal in Himachal Pradesh. Seine Tochter erinnert sich, wie ein Teil der Familie mit ihrem Vater wegen einer Familienstreitigkeit nach Shimla reiste: »Meine Mutter und wir fünf Kinder wurden von Kulis in Palkees [mit Seidenvorhängen umschlossenen Sänften] getragen, während mein Vater auf einem Bergpony ritt. Begleitet wurden wir von lediglich zehn persönlichen Dienern und einer Vielzahl Kulis«.[42]

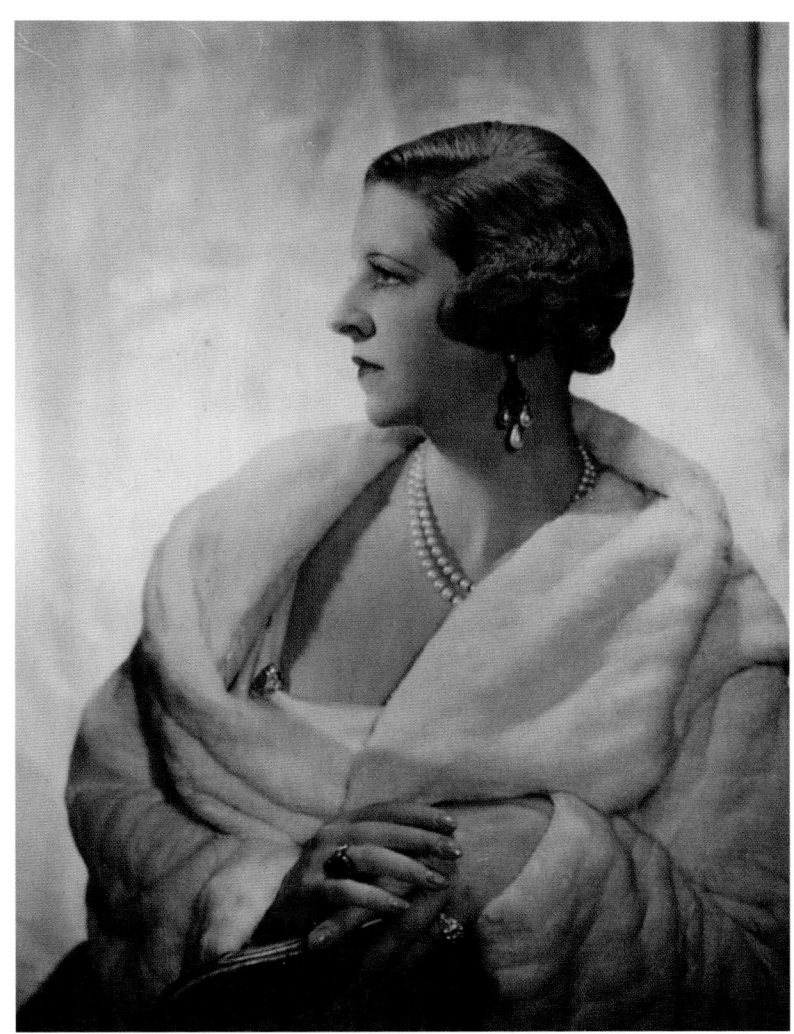

105
Molly von Pudukkottai

Cecil Beaton
Silbergelatineabzug
57,3 x 42,1 cm
Wahrscheinlich London, ca. 1932
The Fashion Museum, Bath und
North East Somerset Council

DIE MAHARAJAS IM UNABHÄNGIGEN INDIEN

Als Indien im Jahr 1947 seine Unabhängigkeit erlangte, gingen die Fürstenstaaten im nunmehr geeinten Gebiet der souveränen Indischen Union auf. Die Maharajas verloren damit nicht nur die Herrschaft über ihre Gebiete, sondern mussten auch mit dem neuen Staat eine Apanage für sich aushandeln. Die veränderten Umstände zogen innerhalb der Fürstentümer einen rapiden Wandel nach sich. Gayatri Devi beschrieb die Auswirkungen auf ihren Haushalt in Jaipur: Ein Palast wurde in ein professionell betriebenes Luxushotel verwandelt; Teile eines anderen Komplexes wurden in ein Museum umgebaut und somit für Touristen zugänglich gemacht. Die meisten Haushaltsmitglieder, darunter frühere Bedienstete und Sklaven, wurden als Mitarbeiter in die neuen Unternehmen übernommen.[43] Die Vielehe war so gut wie verschwunden und für Hindus durch ein neues Gesetz seit 1956 verboten. Schon im 19. Jahrhundert hatte die indirekte Herrschaft der britischen Kolonialmacht zahlreiche tiefgreifende Veränderungen im Palastleben der Maharajas und in deren Hofstaat bewirkt; die Unabhängigkeit bedeutete nun einen weiteren radikalen Wandel, der die Macht der Fürsten und ihrer Höfe dramatisch schwinden ließ. Zwar gibt es in den größten der früheren Fürstentümer wie etwa in Rajasthan vereinzelt noch eine lebendige Tradition höfischer Kultur, das Palastleben in seiner althergebrachten Größe und Form ist jedoch so gut wie verschwunden.

MAHARAJA JAGATJIT SINGH VON KAPURTHALA

1872–1949, reg. 1877–1949

Der fünfjährige Jagatjit Singh bestieg 1877, dem Jahr, in dem Königin Victoria in Delhi zur Kaiserin von Indien ausgerufen wurde, den Thron des kleinen Sikh-Königreichs von Kapurthala. Er gehörte zum Klan (*misl*) der Ahluwalia, der im Zuge des Zerfalls des Mogulreichs im 18. Jahrhundert zu Macht und Einfluss gelangt war. Kapurthala hatte während der Kriege zwischen Engländern und Sikhs an Macht verloren, aber die strategische Unterstützung für die Briten während der Aufstände von 1857 hatte das Schicksal des Staates wieder gewendet.

Wie viele andere Herrscher begann auch der junge Maharaja seine Amtszeit unter der Führung eines Regentschaftsrats und erhielt die volle Regierungsgewalt 1890, als er 18 Jahre alt wurde. Aus einem übergewichtigen Kind war ein schlanker und kultivierter Mann von Welt geworden, der sich diplomatisch und weltgewandt den neuen politischen Gegebenheiten anpasste. Er war sehr sprachbegabt und beherrschte nicht nur indische Sprachen (Sanskrit, Persisch und Gurmukhi), sondern auch einige europäische (Französisch, Englisch, Italienisch), die er auf seinen ausgedehnten Reisen anwenden konnte. Über seine Aufenthalte in Nord- und Südamerika, Europa, China und Japan veröffentlichte er Berichte, in die er sanfte Ironie über seine Rolle als »Maharaja« – eine exotische Figur in einem fremden Land – einfließen ließ und in denen er im Bewusstsein, ständig im Licht der Öffentlichkeit zu stehen, viel über das Wesen fürstlicher Herrschaft im britisch dominierten Indien offenbarte.[1] Dem Zeitgeist verpflichtet, betrachtete er Reisen als Bildungsmöglichkeit und nicht nur als Gelegenheit, sich mit westlichen Waren einzudecken oder nach weiteren Frauen Ausschau zu halten, wie es seinerzeit sein Ruf war.[2] Über seinen Besuch in Amerika berichtete er beispielsweise: »Man sagt mir nach, ich hätte 55 Frauen und Ziel meiner Reise sei es, diesen Kreis noch mit einer amerikanischen Dame zu bereichern. Ebenso glaubt man,

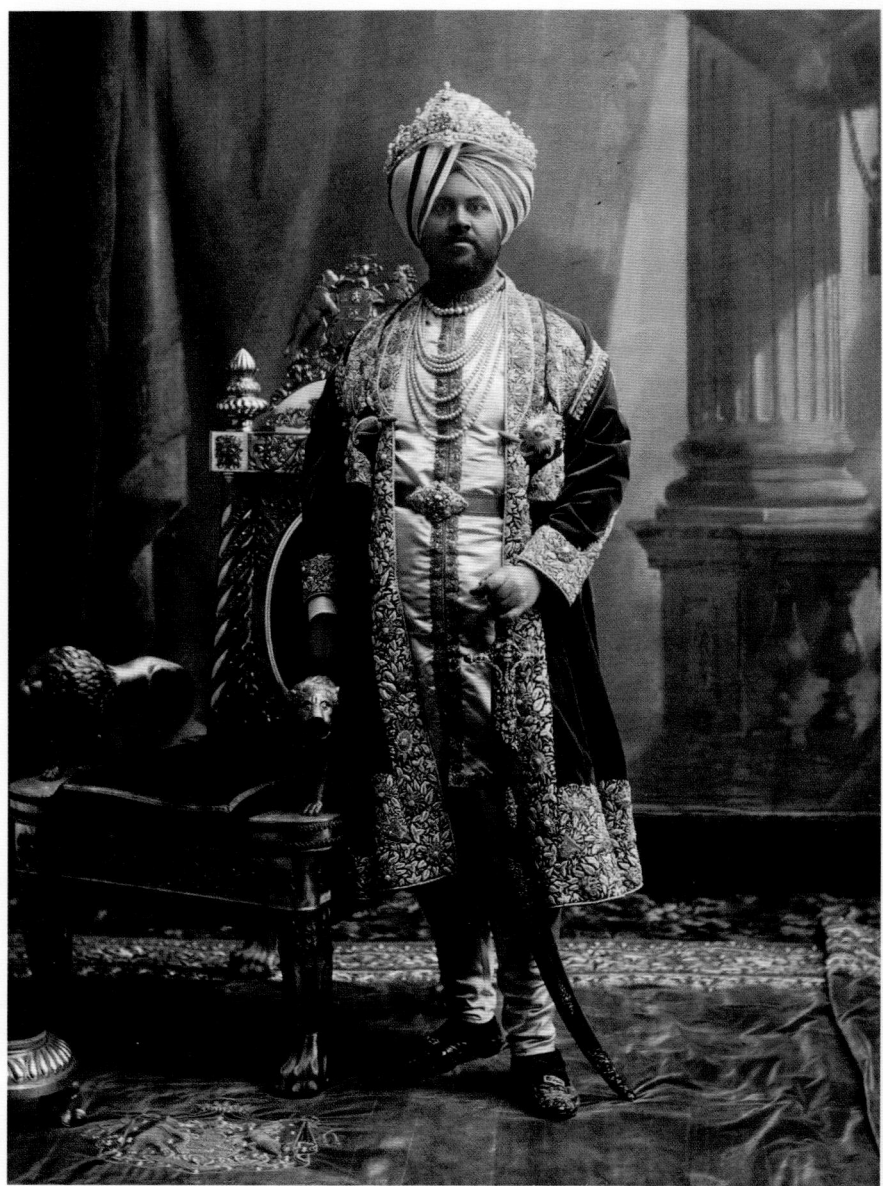

ich würde riesige Zigarren rauchen und den ganzen Tag Champagner trinken.«[3]

Seine Reisen motivierten ihn dazu, Kapurthala in einen Modellstaat zu verwandeln. Er ließ die Infrastruktur weitläufig ausbauen (Straßen, Schienen, Bewässerung, Telefon- und Postnetz), trieb die Industrialisierung und Sozialreformen voran und entwickelte das Bildungswesen.

106
Maharaja Jagatjit Singh von Kapurthala

Bourne und Shepherd
Kalkutta, ca. 1903
Albuminabzug
British Library Board

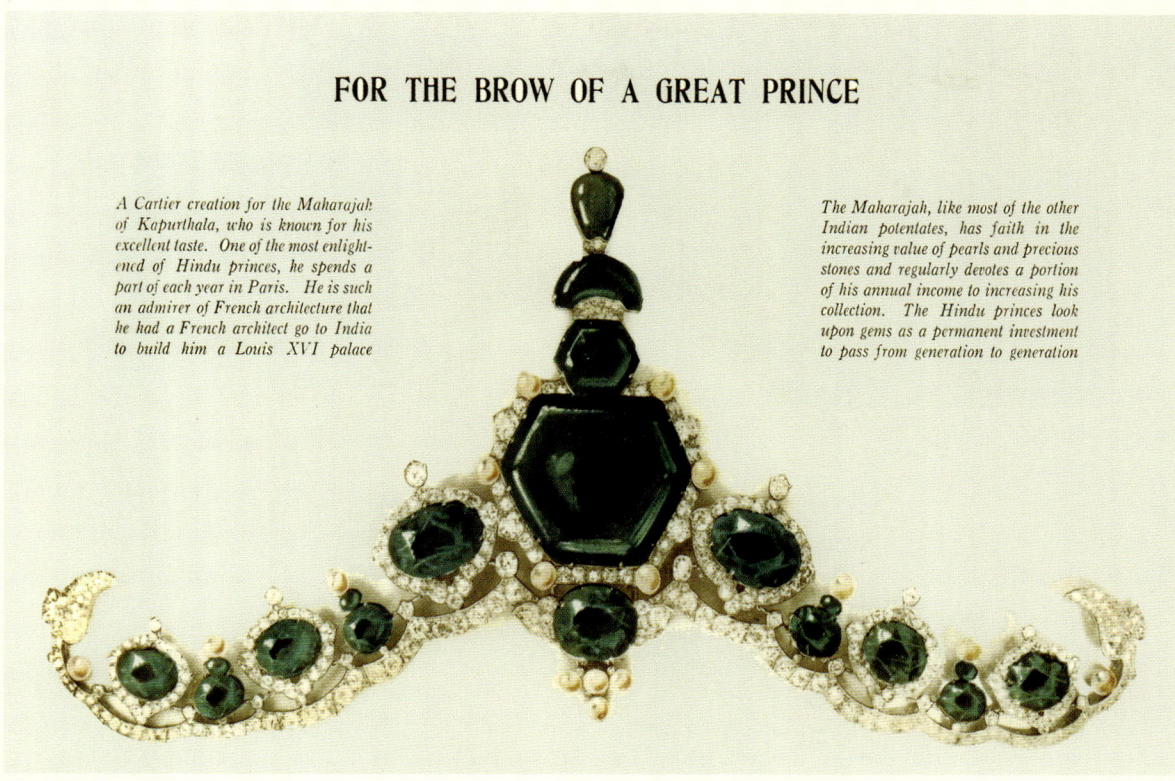

FOR THE BROW OF A GREAT PRINCE

A Cartier creation for the Maharajah of Kapurthala, who is known for his excellent taste. One of the most enlightened of Hindu princes, he spends a part of each year in Paris. He is such an admirer of French architecture that he had a French architect go to India to build him a Louis XVI palace

The Maharajah, like most of the other Indian potentates, has faith in the increasing value of pearls and precious stones and regularly devotes a portion of his annual income to increasing his collection. The Hindu princes look upon gems as a permanent investment to pass from generation to generation

107
Cartier-Werbung, 1926
Archiv Cartier

Der Turban-Schmuck, 1926 von Maharaja Jagatjit Singh von Karpurthala in Auftrag gegeben, wurde von Cartier mit 19 Smaragden, Diamanten und Perlen gefertigt. Der mittlere sechseckige Smaragd hatte 177,40 Karat.

Kulturell orientierte sich Jagatjit Singh eher an Frankreich als an England und erbaute den Jagatjit-Palast im architektonischen Stil dieses Landes. Er wurde zu einem berühmten Kunden französischer Juweliere und gab wertvolle Stücke bei Boucheron und Cartier in Auftrag. Letzterer benutzte den außergewöhnlichen Turbanschmuck aus Smaragden, den der Maharaja 1927 anlässlich seines goldenen Thronjubiläums hatte anfertigen lassen, um die Kunstfertigkeit und Überlegenheit der Firma als Hersteller erlesensten Geschmeides anzupreisen (Abb. 107).

Jagatjit Singhs Image als »märchenhafter Maharaja« wurde bisweilen auch ohne seine Zustimmung missbraucht. Beispielsweise sorgte eine Abbildung von ihm auf einer Zigarettenschachtel bei den Sikhs für große Empörung, da sie eine solche Assoziation als seiner Position unwürdig erachteten. Jagatjit Singh selbst nahm seine Rolle als Herrscher äußerst ernst, ebenso wie seine Pflichten im Völkerbund und in der Fürstenkammer.

Obwohl er sich selbst als »loyalen Untertan« bezeichnete, war seine Beziehung zu den Briten nicht immer konfliktfrei. Mit seinen Verfassungsreformen von 1934 erwies er sich als vorausschauender Herrscher, der die Welle des indischen Nationalismus und antibritischen Ressentiments, die über das Land rollte, sehr wohl wahrnahm.

Allerdings stieß seine Idee, durch allgemeines Wahlrecht für (männliche) Erwachsene eine Volksvertretung wählen zu lassen, bei der Kolonialregierung auf Ablehnung, die dadurch ihren Einfluss in Kapurthala bedroht sah.[4] Die Briten hatten auch Bedenken, dass sich die Einführung eines allgemeinen Wahlrechts destabilisierend auf die Regierung anderer Staaten auswirken könnte, und vor allem, dass sie in dem Sikh-Staat Kapurthala eine ständige muslimische Mehrheit sichern würde. Für Jagatjit Singh waren dagegen alle Bürger seines Staates ungeachtet ihrer religiösen Überzeugungen gleichberechtigt. Als der Vizekönig ihm die enorme Summe von vier *Lakh* (400.000) Rupien zum Vorwurf machte, die er für die Errichtung der im Stil der Qutbia-Moschee in Marrakesch gebauten *Jammi Masjid* ausgegeben hatte, erwiderte der Maharaja: »Eure Exzellenz sind sich vielleicht nicht bewusst, dass 60 Prozent meiner loyalen Bevölkerung Muslime sind. Es ist daher nur angemessen, dass der beste Andachtsort in meinem Staat ihnen gewidmet ist.«[5]

Jagatjit Singh gelang es, sein althergebrachtes *Dharma* als König mit einer modernen Identität als Fürst zu vereinen, indem er mit großem diplomatischem Geschick zwischen den Welten von Kapurthala und Paris vermittelte.

Deepika Ahlawat

MAHARAJA KRISHNARAJA WODEYAR IV. VON MYSORE

1884–1940, reg. 1895–1940

Die Wodeyar-Rajas von Mysore hatten ab dem 14. Jahrhundert in Südzentralindien geherrscht, bis der plötzlich auftauchende Abenteurer Haider Ali sie in den 1760er Jahren aus ihrer Machtposition verdrängte. Nach der Niederlage von Haider Alis Sohn Tipu Sultan gegen die Briten im Jahr 1799 (s. S. 21) setzten diese die Wodeyar-Dynastie wieder ein. Landesweite Bauernunruhen in den 1830er Jahren führten dazu, dass der Staat direkt unter britische Verwaltung gestellt wurde, doch ab 1881 regierten wieder die Wodeyars. In Britisch-Indien wurden Mysore aufgrund seiner Größe, Bedeutung und dem alten Herrschergeschlecht 21 Salutschüsse zuerkannt und es blieb nach dem benachbarten Hyderabad der zweitwichtigste Fürstenstaat Indiens.

Krishnaraja Wodeyar IV. war elf Jahre alt, als er 1895 den Thron bestieg. Bis 1902 regierte er unter einem Regentschaftsrat, dem seine Mutter, die Maharani-Regentin Vani Vilas Sannidhanam, vorstand. Seine Heirat mit Pratap Bai von Kathiawar im Jahr 1900 ist mit zahlreichen zeitgenössischen Fotografien gut dokumentiert, wobei insbesondere die Anwesenheit der Maharani auf dem Hochzeits-Durbar bemerkenswert ist (Abb. 108).

Der Maharaja war sehr bemüht, Mysore in ein modernes Fürstentum zu verwandeln. Er arbeitete mit den Regierungen von Madras und Coorg

108
Hochzeit von Maharaja Krishnaraja Wodeyar IV. von Mysore mit Pratap Bai von Kathiawar
Mysore, 1900
Albuminabzug
British Library, London

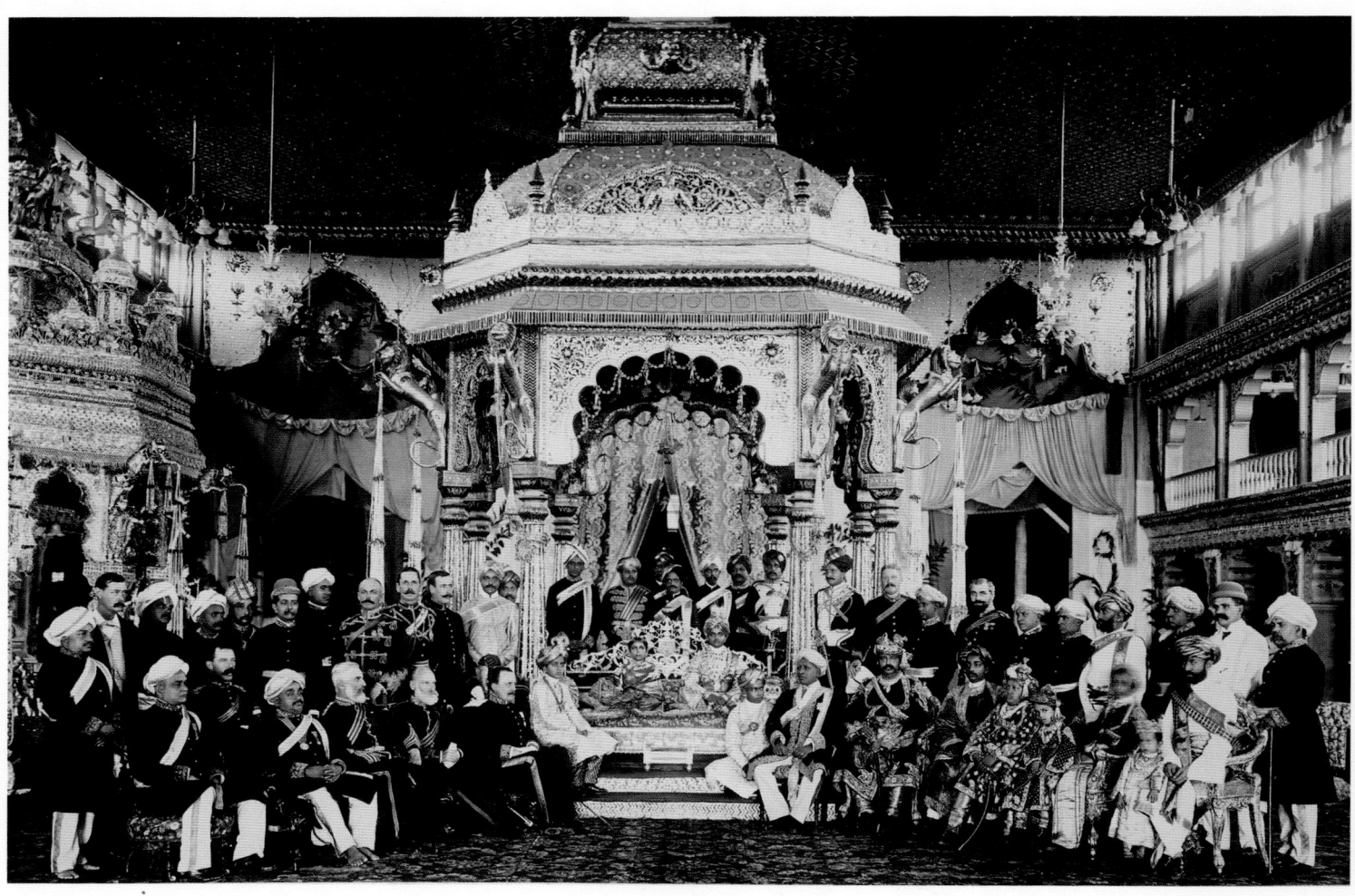

zusammen, um die Sandelholz-Ressourcen seines Landes zu erschließen und das Edelholz wirtschaftlich zu nutzen sowie Produkte aus seiner Verarbeitung zu vermarkten. Auch zur Industrialisierung des Staates trug er entscheidend bei, indem er Textil-, Papier- und Eisenwerke gründete. Bahnbrechend war zudem der Bau eines Wasserkraftwerks in Sivasamudram, das die Goldminen von Kolar und die Stadt Bangalore mit Strom versorgte, die so zur ersten elektrifizierten Stadt Indiens wurde. Außerdem war er der Hauptgeldgeber bei mehreren wichtigen Bewässerungsprojekten, darunter die Talsperre Krishnaraja-Sagar am Fluß Kaveri, für deren Finanzierung er sogar seinen persönlichen Schmuck verkaufte. Zusammen mit dem Industriellen J. S. Tata gründete er das »Indian Institute of Science«, die erste Einrichtung dieser Art in Indien.

Mit seiner Schwerpunktsetzung auf die Industrialisierung, insbesondere unter der Leitung seines Ersten Ministers (diwan) Visvesvaraya, der von Beruf Ingenieur war, geriet Mysore in direkten Konflikt mit der Politik der Kongresspartei. Mahatma Gandhis Einstellung »Industrialisierung ist Untergang« war das genaue Gegenteil von Visvesvarayas Aufruf »Industrialisierung oder Untergang«. Der Mahatma zollte allerdings der Regie- rung des Maharajas und seinem persönlichen Führungsstil höchsten Respekt und nannte ihn mit einem Sanskritbegriff *Raj rishi*, was in etwa Platos »Philosophenkönig« entspricht.

Auch bei den Briten genoss Krishnaraja Wodeyar IV. hohes Ansehen. Abgesehen davon, dass sie seine enger werdenden Beziehungen zu Japan beunruhigten, hielten sie seinen Staat für sehr gut regiert. Junge Herrscher anderer Staaten wie der Maharaja von Travencore[1] wurden nach Mysore geschickt, um sich in Verwaltungsfragen weiterzubilden. Der Maharaja seinerseits bemühte sich um eine Politik, die ihn nicht in Konflikt mit der britischen Herrschaft bringen würde. Im Krieg unterstützte er die Briten, indem er Truppen unterhielt und den verschiedenen Kriegsfonds Gelder spendete. Er nahm auch an den offiziellen Hoftagen teil und bewirtete auf Verlangen die Vizekönige und andere Regierungsvertreter.

Der Maharaja reiste nur ein einziges Mal in den Westen, als er sich 1936 dort medizinisch behandeln ließ. Als strenger Hindu hatte er seine eigenen Köche im Gefolge und ließ Lebensmittel und Wasser aus dem Ganges mitnehmen. Insge-

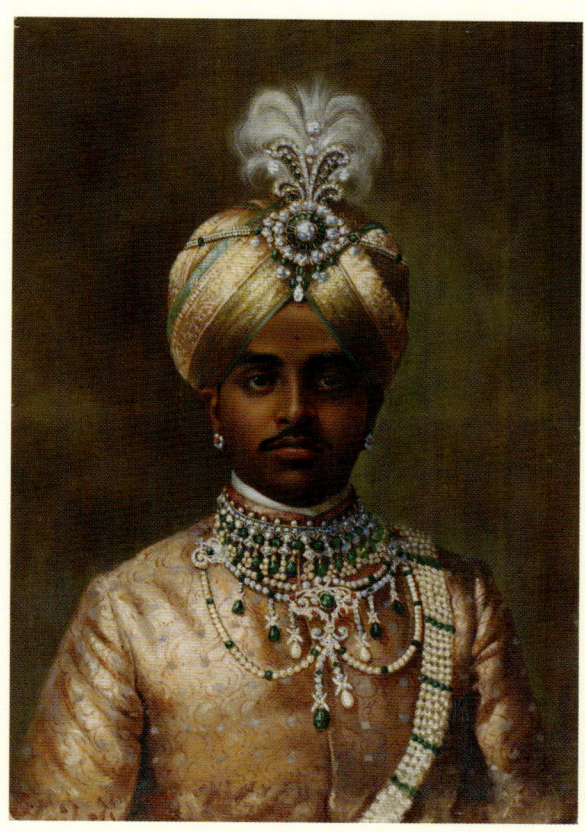

samt war er jedoch bemüht, eine eher indische als hinduistische Identität zu verkörpern, wie er es 1916 bei der Gründung der Hindu-Universität in Benares zum Ausdruck brachte: Während er erwartete, dass die Institution »der Inbegriff der wahren Seele des hinduistischen Indiens, seiner erhabenen Traditionen, seinem Streben nach Höherem und seiner Spiritualität« sein werde, wollte er doch, dass sie »zuerst indisch und erst dann hinduistisch« sei.[2]

Krishnaraja Wodeyar war ein Förderer des Künstlers Raja Ravi Varma, dessen Stil Künstler in Mysore beeinflusste, darunter auch den Hofkünstler Keshavayya (Abb. 109). Ebenso förderte der Maharaja die hindustanische und karnatische Musik; unter seiner Herrschaft wurde Mysore zu einem vielfältigen Kunst- und Kulturzentrum. So machte er auch die *Dassahra*-Prozession (s. S. 93 f.), bei der der Maharaja – wie früher die Vijaynagar- und Nayakakönige – feierlich in einem Festzug durch die Stadt reitet, zu einem spektakulären kulturellen Ereignis, das heute noch durchgeführt wird.

Deepika Ahlawat

109
**Maharaja Krishnaraja
Wodeyar IV. von Mysore**
Keshavayya
Mysore, 1906
Öl auf Leinwand
Victoria and Albert Museum,
London

KUNST UND KUNSTHANDWERK AM HOF

ROSEMARY CRILL

Seit dem 17. Jahrhundert äußerten sich europäische Besucher immer wieder zutiefst beeindruckt von der materiellen Pracht, die ihnen an den indischen Herrscherhöfen begegnete. In ihren Berichten kommentieren sie zwar das Fehlen erkennbaren Mobiliars – abgesehen vielleicht von dem erhabenen Thron des Herrschers –, beschreiben aber auch die verschwenderische Ausstattung der Paläste und die märchenhaften Gewänder der Adligen, die sie willkommen hießen. Dieser überwältigende Glanz ist vor allem auf die reichen Stoffe zurückzuführen, die für Baldachine, Teppiche und Wandbehänge sowie Kleidung verwendet wurden, aber auch aufwendig gestaltete Gebrauchsartikel wie Wasserpfeifen, emaillierte Utensilien zur Bereitung von stimulierenden Betelbissen oder andere, manchmal mit Edelsteinen besetzte Gebrauchsgegenstände gaben einen Blickfang der Erlesenheit (Abb. 110, 111). Herrscher und Höflinge waren oft prachtvoll in goldbestickte Roben gekleidet und über und über mit edlem Geschmeide behängt. Die juwelengeschmückten Turbane verliehen diesen in europäischen Augen so exotischen Gestalten zusätzliche Ausstrahlung.

Das Sammeln von Kostbarkeiten galt den Herrschern als Ausdruck von Reichtum, Rang und militärischer Stärke. Durch die Förderung von Kunst und Kunstgewerbe demonstrierten sie zudem ihren Sinn für das Schöne und ihre Macht. Im *Arthashastra*, einer im 4. Jahrhundert v. Chr. entstandenen Abhandlung über die Staatskunst, heißt es, dass Könige sowohl die Ausübung als auch die Lehre der Kunst fördern sollten.[1] In der jüngeren Geschichte zeigte sich die Bedeutung der Kunstförderung selbst in den kleinsten Territorien, wenn die dort ansässigen Maler, Steinmetze und Holzschnitzer den materiellen Rahmen für die Amtsgeschäfte des Herrschers und seiner Minister gestalteten. An den reicheren Höfen war das Spektrum der geförderten Künste entsprechend größer und konnte Musik, Literatur (von historischen und religiösen Abhandlungen bis zu lyrischer Dichtung), Malerei (von einzelnen Miniaturen über illuminierte Handschriften bis zu Wandmalereien in Palästen), Baukunst (von hydrotechnischen Bauten über Festungen und Tempel bis hin zu Lustschlössern) und Kunsthandwerk aller Art (von Schmuck bis hin zu Schwertern und Dolchen) umfassen. Auch Alltagsutensilien aus edlen und unedlen Metallen und eine Vielzahl verschiedener Einrichtungs- und Bekleidungsstoffe gehörten zum Bedarf des herrscherlichen Haushalts. Insbesondere Stoffe und Gewänder wurden auf Vorrat angeschafft, um passende Geschenke für hochgestellte

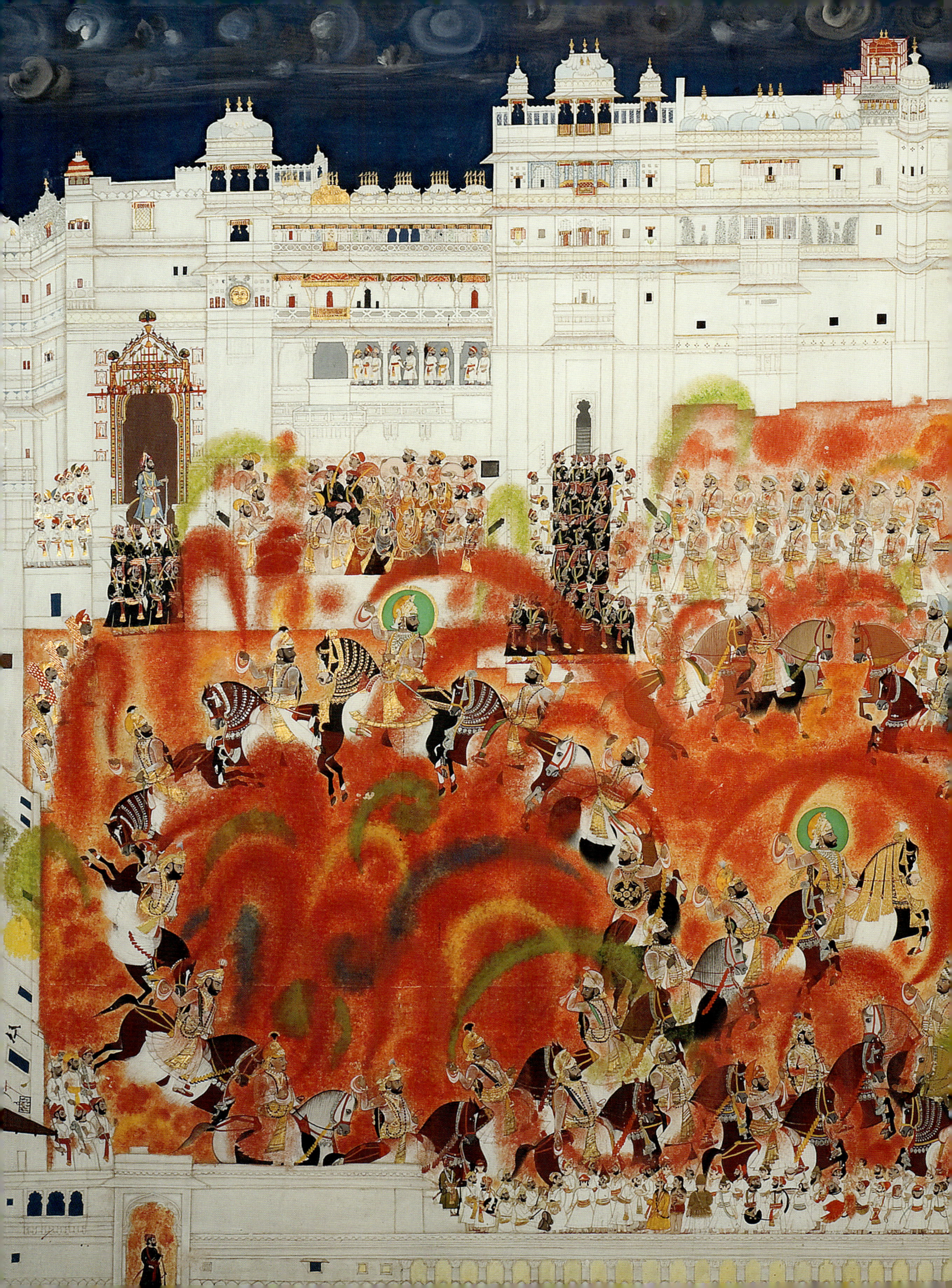

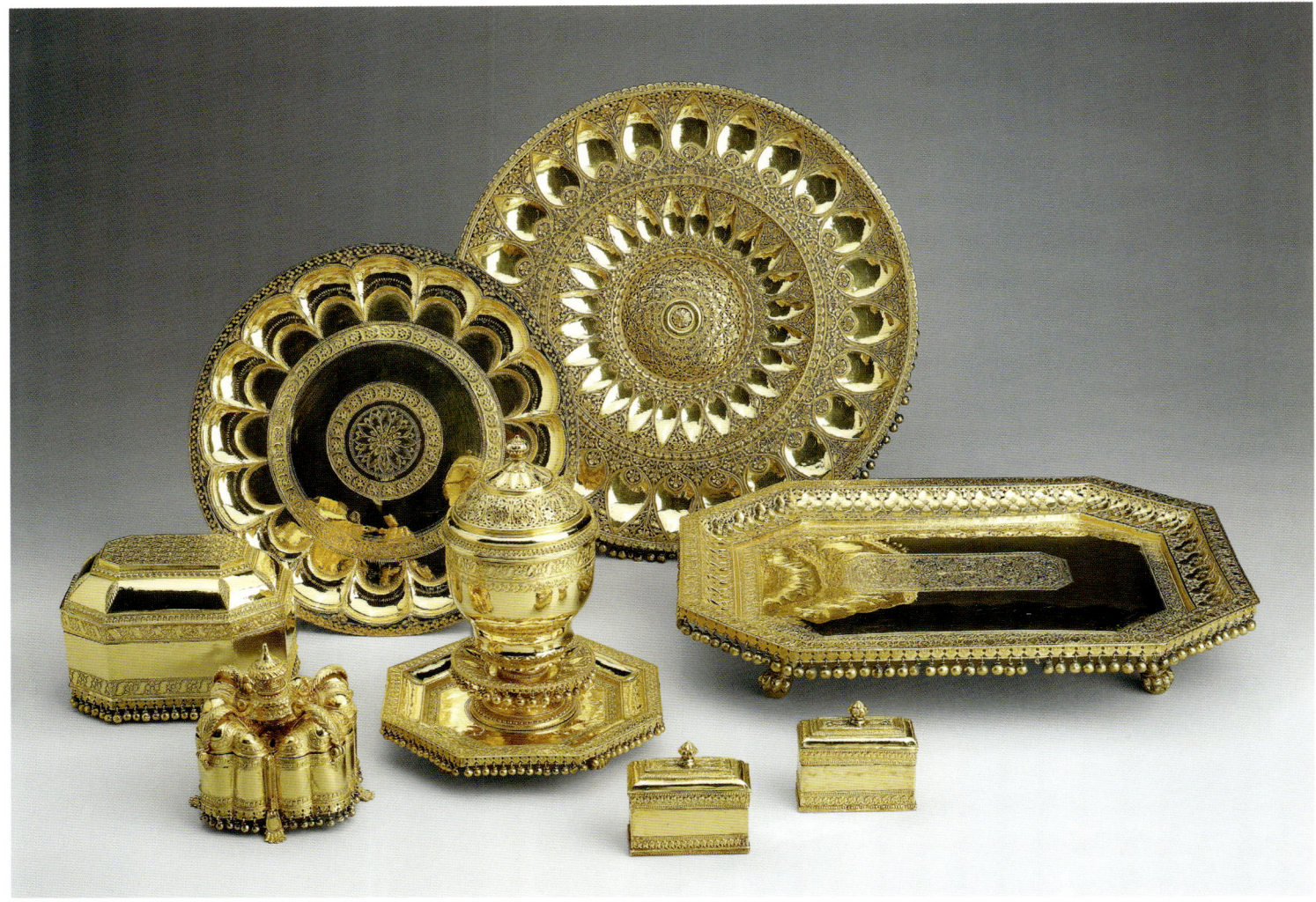

110
Prunkservice

Geschenk des Maharajas von Mysore
anlässlich eines Durbars
Mysore, ca. 1875
Gehämmertes, zisieliertes und
durchbrochenes Gold
Her Majesty The Queen (The Royal
Collection Trust)

Besucher zu haben. Bereits unter dem Sultanat war es üblich, Amtsträger mit Ehren-
roben und anderen kostbaren Geschenken zu belohnen. Da sowohl die Großmoguln als
auch die Rajputen diesen Brauch fortführten, konnten Textilarbeiter und andere Handwerker mit einem steten Strom von Aufträgen rechnen. Gelegentlich wurden Textilien,
Schmuckstücke oder Kultgegenstände (Abb. 113) als Spende für einen Tempel oder eine
Moschee bestellt. Die Herrscher und ihre Gemahlinnen gaben aber auch ganze Gebäude
in Auftrag – Sakralbauten ebenso wie Paläste. Ab Mitte des 19. Jahrhunderts führte zudem eine Reihe von Ausstellungen in Indien und im Ausland, die der Kunst und dem
Kunstgewerbe des Subkontinents gewidmet waren und zu denen einheimische Fürsten
viele Ausstellungsstücke beisteuerten, zu einer Intensivierung der Kunstförderung.

Geschickte Handwerker galten als große Bereicherung für ein Königtum. Um die
Vielfalt und Qualität der einheimischen Waren zu verbessern, holten die Monarchen
häufig Vertreter bestimmter Gewerbe in ihre Gebiete. Besonders die Weber und Färber
mit ihren oft stark regional geprägten Kenntnissen und Fähigkeiten waren über Jahrhunderte sehr gefragt: Als eine Gruppe von Webern im 5. Jahrhundert von Gujarat in
das zentralindische Mandasor übersiedelte, geschah dies höchst wahrscheinlich auf
Einladung eines großen Auftraggebers,[2] und im 17. Jahrhundert holte der Herrscher
von Thanjavur in Tamil Nadu Weber und Färber aus Gujarat an seinen Hof.[3] Weniger
glanzvolle Zweige dieses Gewerbes stießen ebenso auf Interesse, so dass zum Beispiel

im 18. Jahrhundert Zeugdrucker aus Multan nach Nagaur berufen wurden.[4] Reiche
Mäzene lockten Maler und andere Kunsthandwerker in die Ferne: Dass die Rajputen
viele ihrer Künstler von den Mogulhöfen abwarben, ist bekannt und zum Teil gut dokumentiert;[5] auch Kalligraphen und Buchbinder nahmen weite Reisen auf sich, um von
der Förderung eines neuen Mäzens zu profitieren, wie beispielsweise der des Herrschers
von Alwar in Rajasthan Mitte des 19. Jahrhunderts.[6] Auch Angehörige der alten nord-
indischen Musikersippen (*gharanas*) wurden an die Rajputenhöfe gerufen, so dass etwa
der *Dhrupad*-Sänger Behram Khan Dagar an den Hof von Alwar ging, nachdem er zuvor bei Großmogul Bahadur Shah II. (reg. 1838–1857) in Delhi und bei Ranjit Singh
(reg. 1799–1839) in Lahore angestellt gewesen war.[7] Diese Praxis setzte sich bis weit in
das 20. Jahrhundert fort; noch in den 1940er Jahren wurde Ustad Ali Akbar Khan als
Hofmusiker nach Jodhpur eingeladen. Die Mobilität der Künstler und Handwerker trug
über viele Jahrhunderte erheblich zur Verbreitung von Kenntnissen und Techniken auf
dem gesamten Subkontinent bei.

Die Produktion für die Höfe konnte in verschiedenen Zusammenhängen statt-
finden. Vor allem große Höfe hatten ihre eigenen Fachwerkstätten (*karkhanas*) und Abu'l
Fazl beschreibt in seiner Chronik der Regierungszeit von Großmogul Akbar detailfreudig
die verschiedenen Gewerke, die am Mogulhof vertreten waren. Wenn wie im Fatehpur-
Sikri-Palast ausreichend Platz vorhanden war, befanden sich die Werkstätten innerhalb
der Palastmauern, sie konnten aber auch in nahe gelegenen Städten angesiedelt sein.
Dieses System ist auch in den Berichten von Reisenden wie dem französischen Juwelier
François Bernier beschrieben, der 1670 den Hof des Großmoguls besuchte: »Überall [im
Roten Fort von Delhi] sieht man große Säle, die *Kar-kanays* [persisch *karkhanas*] genannt
werden, also Werkstätten für Kunsthandwerker. In einem Saal wird unter der Aufsicht
eines Meisters fleißig gestickt, in einem anderen sieht man den Goldschmied, in einem

111
Wasserpfeife mit Zubehör
Lucknow, ca. 1750
Teilvergoldetes Silber, farblose Saphire,
Rubine und Emaille
75 x 30 cm
Museum of Islamic Art, Doha

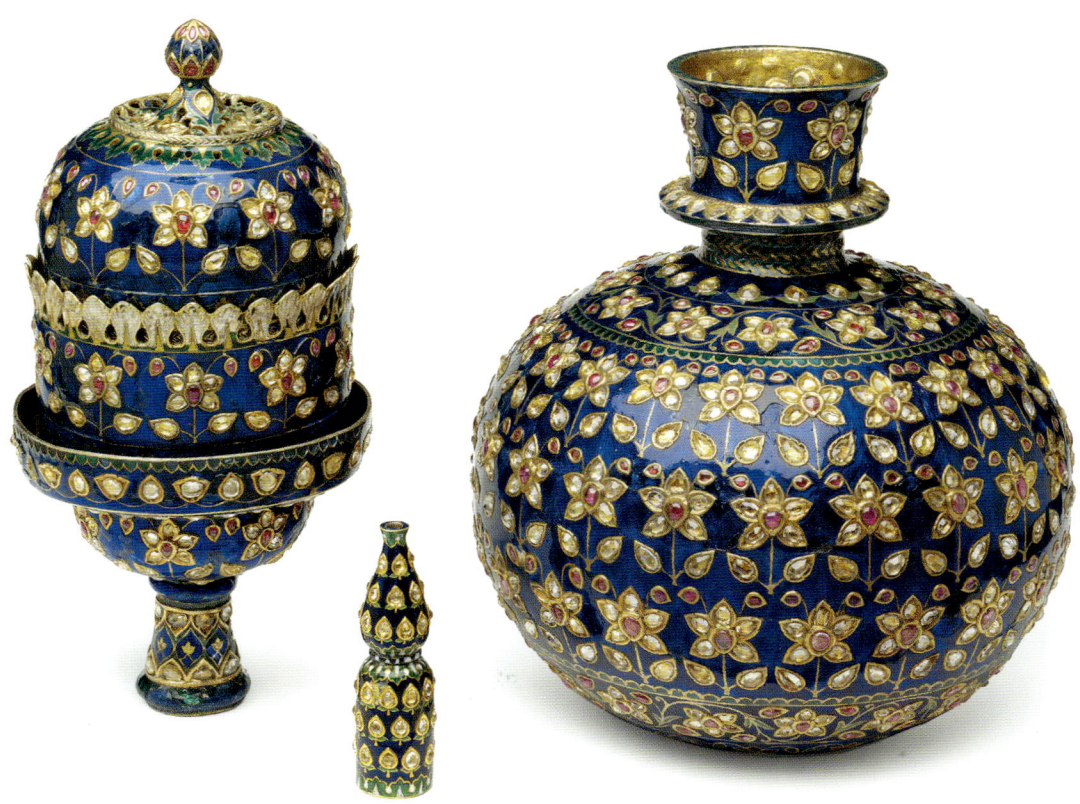

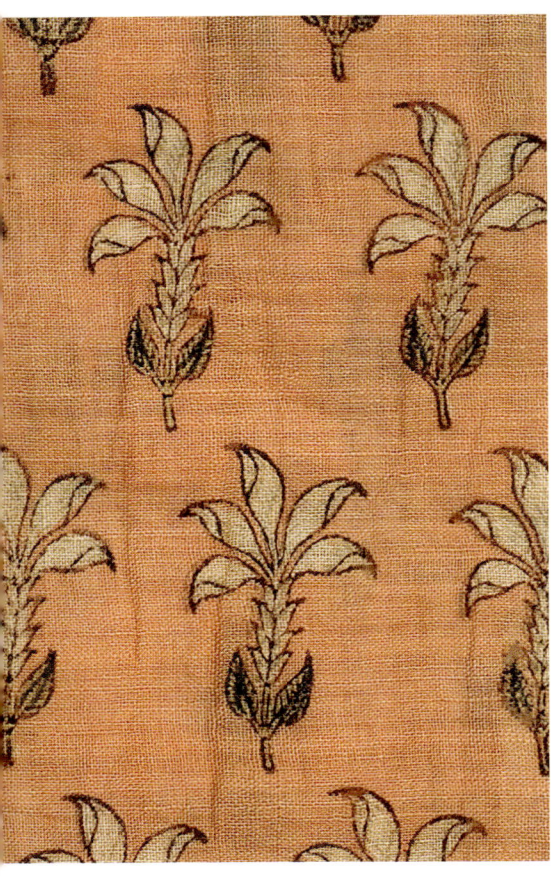

dritten die Maler, in einem vierten die Lackkünstler, in einem fünften die Tischler, Drechsler, Schneider und Schuster, in einem sechsten die Weber von Seide, Brokat und jenen feinen Musselinstoffen, aus denen Turbane, Gürtel mit goldenen Blumen und die Beinkleider der Damen gemacht werden – so zart und fein, dass sie häufig nach nur einem Abend verschlissen sind.«[8]

Den Großteil des heutigen detaillierten Wissens über das Werkstattsystem und die königliche Kunstförderung verdanken wir zwar mogulischen Dokumenten oder Berichten europäischer Reisender aus der Mogulzeit, doch es besteht kein Zweifel, dass ähnliche Systeme auch an den kleineren Höfen und später in den hinduistischen Königreichen existierten: Einige Höfe beschäftigten ihre eigenen Fachhandwerker, und als Jayaji Rao Scindia (s. S. 180) im späten 19. Jahrhundert den neuen Jai-Vilas-Palast bauen ließ, sah der Grundriss besondere Räume für die Goldschmiede vor. Werkstätten für die breitere Kundschaft fanden sich im Basar, wo die Handwerker allerdings den Auf- und Abschwüngen des Marktes unterworfen waren. Von der Mogulzeit im 17. Jahrhundert berichtet Bernier, dass »die vornehmen Herren ein Kunstwerk erheblich unter Wert bezahlen, wie ihnen eben so der Sinn steht, und … keine Hemmungen haben, einen aufmüpfigen Künstler oder Handwerker mit der *Korrah* zu züchtigen, dieser langen und schrecklichen Peitsche, die bei jedem *Omrah* [Adligen] am Tor hängt«.[9] Bernier hält außerdem fest, dass die einzigen Kunsthandwerker, die »einen gewissen Ruhm in ihrer Kunst erreichen, jene sind, die im Dienste des Königs oder eines mächtigen *Omrah* stehen und ausschließlich für ihren Mäzen arbeiten«.[10] Tatsächlich konnte die Förderung

112
Jama
Jodhpur, 19. Jahrhundert
Baumwolldruck
Mehrangarh Museum Trust

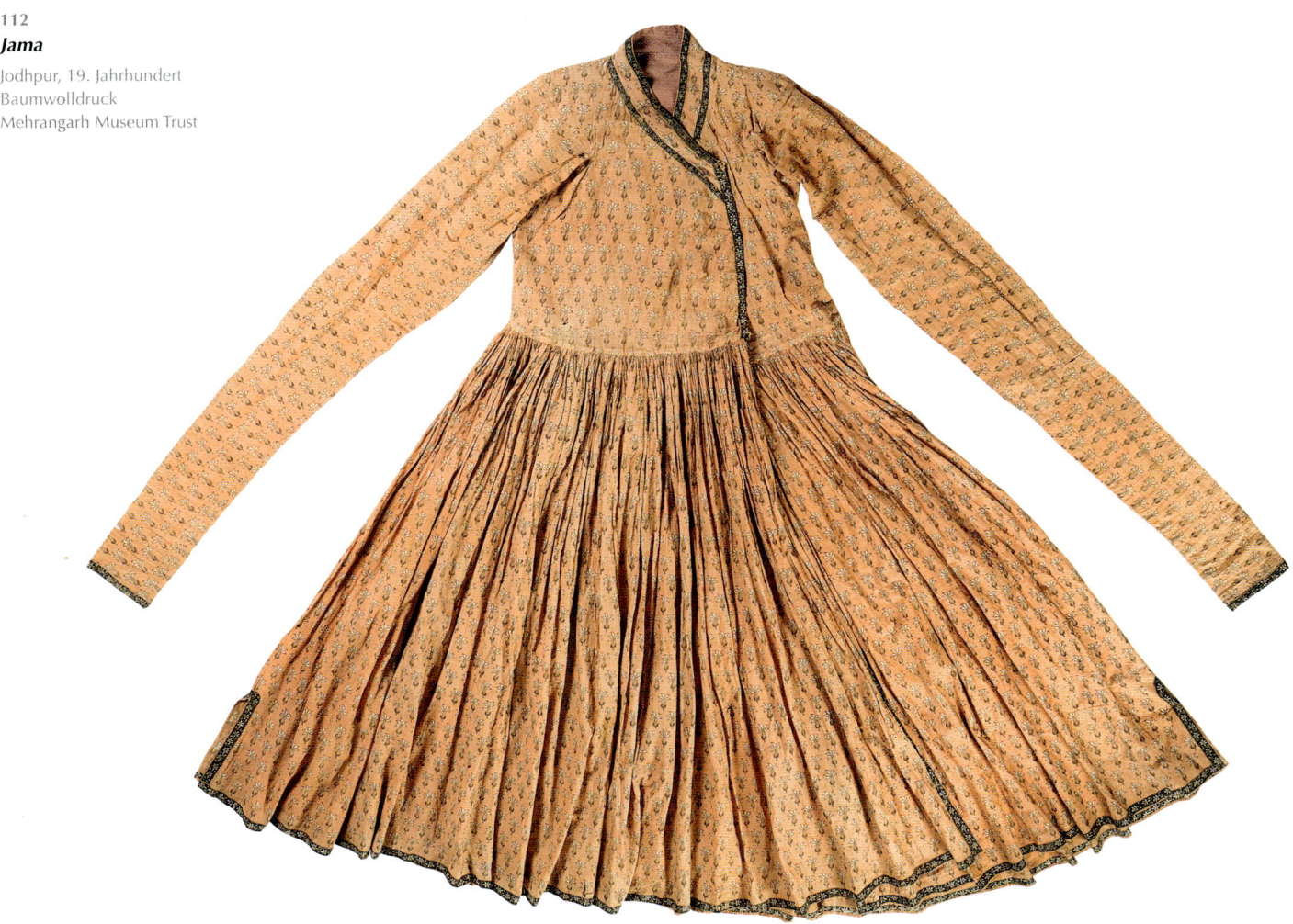

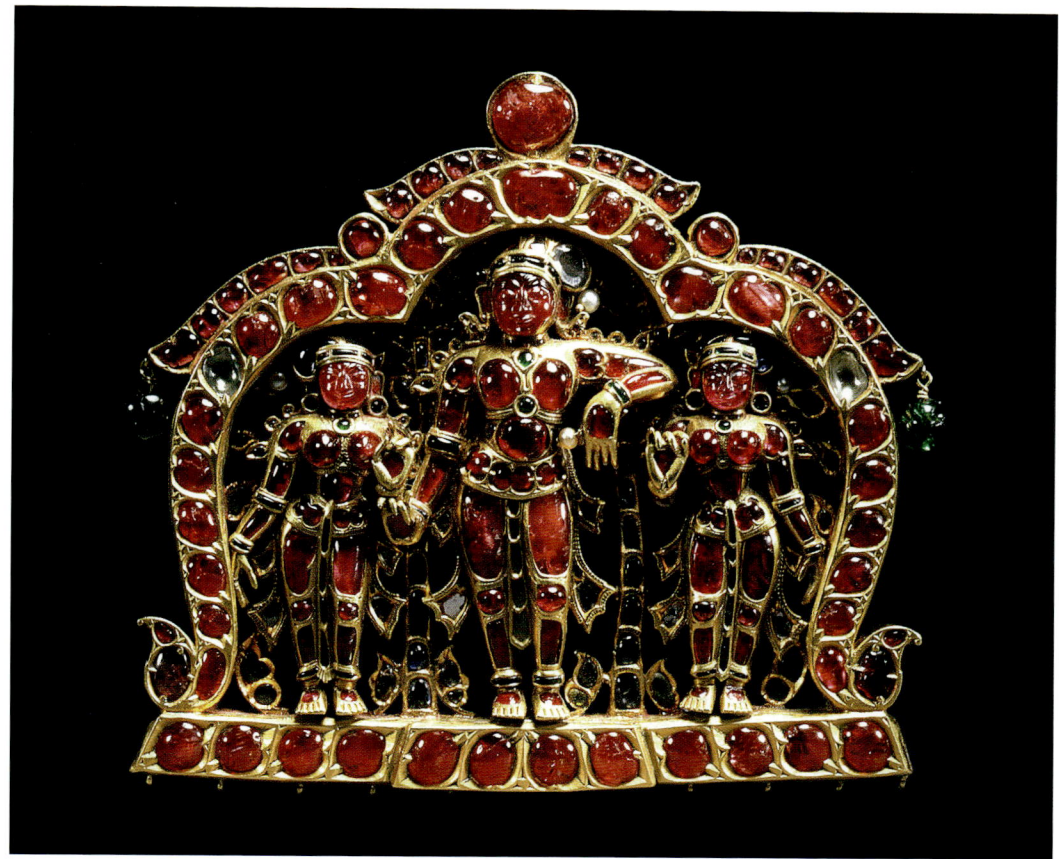

113
**Gopalakrishna mit Satyabhama
und Rukmini**
Südindien, möglicherweise 17. Jahrhundert
Gold, Rubine, Smaragde, Saphire, Diamanten
und Perlen
8,8 x 9,5 x 1,3 cm
Museum of Islamic Art, Doha

durch den Königshof einem Maler, Musiker oder Dichter das Tor zum Reichtum öffnen. Die Rajputenherrscher beschenkten ihre Hofmaler mit Ländereien und sogar ganzen Dörfern; sonst waren eher kleinere Geschenke als Lohn für gute Arbeit üblich (oder auch größere, wie etwa ein Elefant). Auf einem der beiden Gemälde, die Maharaja Abhai Singh von Marwar (reg. 1724–1749) mit dem Hofdichter Prithvi Raj zeigen, überreicht der Maharaja dem Dichter gerade eine Juwelenhalskette, wahrscheinlich anlässlich der Vollendung von dessen Hauptwerk *Abhai Vilas*, eines Lobgesangs auf die Herrschaft Abhai Singhs (Abb. 114).[11] Besonders kleinere Höfe konnten die dort angesiedelten Kunsthandwerker jedoch nicht ständig in Lohn und Brot halten, denn oft wurden Aufträge eher sporadisch zu bestimmten Anlässen vergeben: Hohe Feiertage, königliche Hochzeiten, eine Thronbesteigung oder ein königlicher Geburtstag lösten eine Flut neuer Aufträge aus. Es gab aber auch regelmäßige Aufträge für Artikel, die häufig ersetzt werden mussten. Noch heute hat beispielsweise der Stofflieferant des Hofes von Jodhpur, der die Stoffe normalerweise in Abbindetechnik färbt, für besondere Anlässe und Feste die Turbanstoffe mit auswaschbaren Färbemitteln in den fünf Farben (*panch rang*) Rajasthans einzufärben. Einige Handwerke standen immer hoch in der Gunst des Fürsten, so etwa die Schmiedekunst, denn die rajputischen Maharajas legten großen Wert auf eine erlesene Waffenkammer (*silahkhana*) (Abb. 115). Anfang der 1830er Jahre berichtete James Tod, der damalige Verwalter der westlichen Raiputana-Staaten:

»Kein Fürst oder Klanführer kommt ohne eine *silahkhana* oder Waffenkammer aus, wo er Stunden damit verbringt, seine Waffen anzuschauen, an- und umzuordnen. Jede Lieblingswaffe, sei es ein Schwert, ein Luntenschlossgewehr, ein Speer, Dolch oder Bogen, erhält einen markanten Beinamen. Unter den Hofbeamten genießt der Waffen-

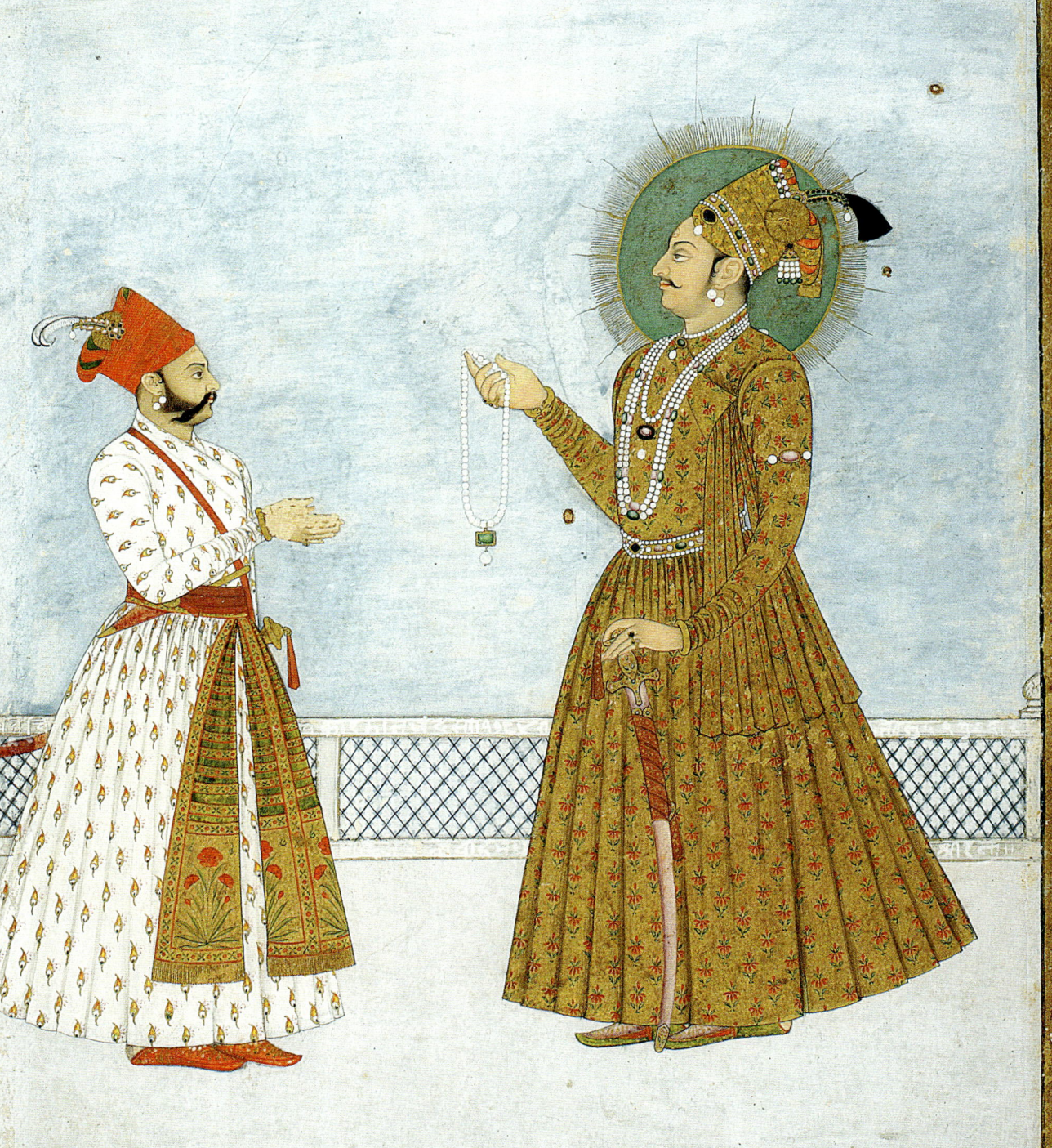

गमाहाराजश्रीजेनिसिंघजी

meister das besondere Vertrauen des Fürsten. Diese Waffen sind herrlich und kostbar. Die *Sirohi*, die leicht gekrümmte Klinge … ist in ganz Rajputana unter allen Säbelarten die beliebteste … Der oft mit Tieren dekorierte Schild aus Rhinozeroshaut ist am widerstandskräftigsten, wunderbar bemalt und in Gold und Silber emailliert.«[12]

Handwerker konnten für einen bestimmten Auftrag unter Vertrag genommen oder zur ausschließlichen Arbeit für den Hof bestellt werden, wie es etwa im Jahr 1766 der Fall war, als den Webern von Nagaur befohlen wurde, nur noch für den Maharaja von Marwar zu arbeiten.[13] Diese Bestimmung ermöglichte es dem Hof nicht nur, seinen Bedarf an hochwertigen Stoffen zuverlässig zu decken, sondern verlieh den Stoffen auch Exklusivität, die sie als Geschenk umso begehrter machte. Umgekehrt waren die königlichen Auftraggeber natürlich keineswegs verpflichtet, nur bei den von ihnen bestellten Handwerkern zu kaufen, und so gelangten gelegentlich auch hervorragende Arbeiten anderer Kunsthandwerker in die königlichen Sammlungen.

An fast allen Höfen hielt man Käufe, Aufträge und Geschenke in genauen Verzeichnissen fest. In Rajasthan wurden die Einzelheiten alltäglicher Käufe am Hof ebenso wie die anlässlich Hochzeiten und anderer Zeremonien gemachten und erhaltenen Geschenke akribisch in umfangreichen, auffällig in rote Baumwolle gebundenen Registern (*bahi*) erfasst. Wenn etwa ein ganzes Kostüm (*siropao*, wörtlich »Kopf und Fuß«) verschenkt wurde, war im Register genau festgehalten, aus welchem Stoff die Gewänder gemacht waren und wem sie überreicht wurden. Der größte Teil der Einträge betrifft Geschenke für Hochzeitsgesellschaften, besonders für das Geleit (*barat*) des Bräutigams zum Haus oder Dorf der Braut. Auch wenn das Geschenk beim Beschenkten keinen Gefallen fand, wurde dies verzeichnet. So sorgte bei der Vermählung des Maharaja Takhat Singh von Marwar (reg. 1843–1873) mit Jadeshiji Pratap Kunwar von Jamnagar, seiner achten Frau, der Obereunuch für erhebliche diplomatische Spannungen, als er sich weigerte, das ihm von der Familie der Braut geschenkte Gewand anzunehmen, weil er eine beleidigend schlechte Qualität zu monieren hatte.[14]

114 *Linke Seite*
Maharaja Abhai Singh von Marwar schenkt dem Barden Prithvi Raj eine Halskette
Dalchand
Jodhpur, 1727
Deckende Wasserfarbe auf Papier
Sammlung David, Kopenhagen

115 *Unten*
Zwei Dolche
Mogulhof, 17. Jahrhundert
Stahl, Jade, Bernstein, Rubine, Smaragde und Gold; Scheide aus Samt mit Seidenlitze (oben); Stahl, Rubine und Smaragde, Gold; Scheide aus Samt (unten)
British Museum, London

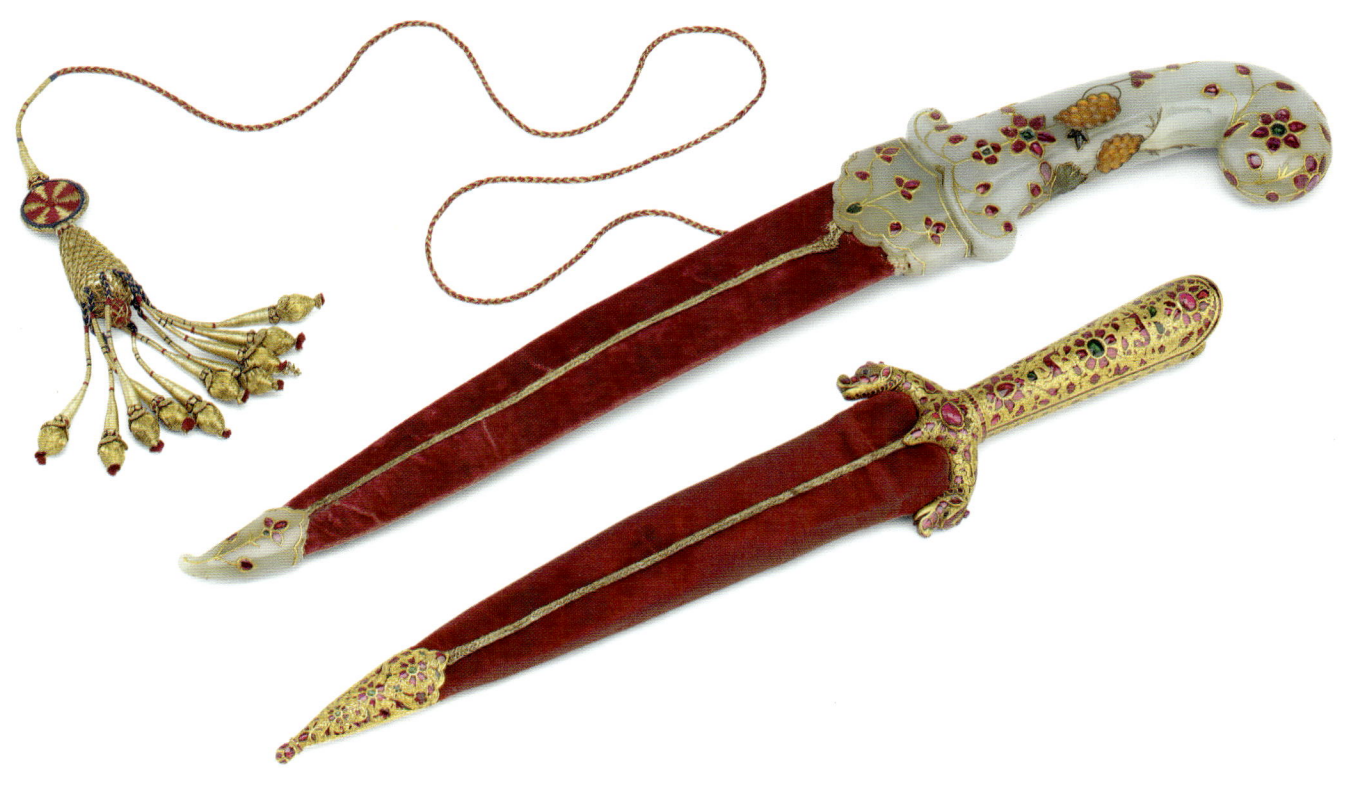

Die am besten dokumentierte Form höfischer Kunstförderung in Indien ist die der Malerei. Während die Hersteller anderer Produkte selten genannt werden, sind viele Maler und ihre Werke namentlich bekannt – von den berühmten Meistern der Mogulhöfe, die Abu'l-Fazl in *A'in-i Akbari*[15] einzeln aufzählt, bis hin zu den lokalen Künstlern, die in Rajasthans kleinen ländlichen Herrschaftsgebieten (*thikana*) arbeiteten. Nach ihrer Unterwerfung durch die Moguln waren viele der hinduistischen Rajputenherrscher verpflichtet, am Mogulhof Präsenz zu zeigen. Einige verheirateten sogar weibliche Familienangehörige mit Mogulfürsten. Trotz des gespannten und oft auch feindseligen Verhältnisses zwischen Rajputen und Moguln reichte die räumliche Nähe offensichtlich für ein gewisses Maß an Kulturtransfer aus. Jedenfalls fanden im Mogulstil gearbeitete Produkte häufig den Weg in die Sammlungen verbündeter Rajputenherrscher, die sie vom Großmogul geschenkt bekamen oder selbst bei den entsprechenden Künstlern in Auftrag gaben (Abb. 116). Manche dieser Sammlungen, vor allem die von Jaipur, wurden zu wahren Schatzkammern der Kunst im Mogulstil. Der Einfluss der Mogulkultur auf die rajputischen Höfe reichte von Kleidungs- und Stoffmustern bis hin zur Baukunst, in der islamisch-mogulische Stilelemente sichtbar wurden, und führte auch zu einem radikalen Wandel in der rajputischen Malerei, insbesondere als lokale Künstler die Porträtmalerei in ihr Repertoire aufnahmen.

Ursprünglich waren Maler in Rajasthan vor allem mit der Illustration religiöser Texte oder Volkserzählungen beauftragt worden – wobei die Auftraggeber aus verschiedenen Gesellschaftsschichten kommen konnten –, doch ab dem 17. Jahrhundert bildeten die rajputischen Hofkünstler auch wirkliche Personen und Ereignisse ab. Der elegante Stil des um 1645 angefertigten Porträts von Jaswant Singh im Kreise seiner Edlen (Abb. 117) lässt auf die Hand eines Mogulkünstlers schließen oder auf einen lokalen Zeichner, der in einer mogulischen Werkstatt gelernt hat. Eine wunderbar individualistische Variante des Herrscherporträts stammt von Chokha, dem Meister aus Mewar, dessen Darstellung von Maharana Bhim Singh (reg. 1778–1828) beim Binden seines Turbans einen sehr persönlichen Einblick in das Ankleidezimmer dieses auch vom Körperbau her mächtigen Herrschers bietet (Abb. 70).[16]

Unter der Herrschaft des Großmoguls Aurangzeb (reg. 1659–1707) verließen viele Künstler den Dienst des Mogulhofes, da die Kunstförderung dort mehr oder weniger versiegte, und fanden an den Fürstenhöfen neue Auftraggeber. Einer von ihnen war der

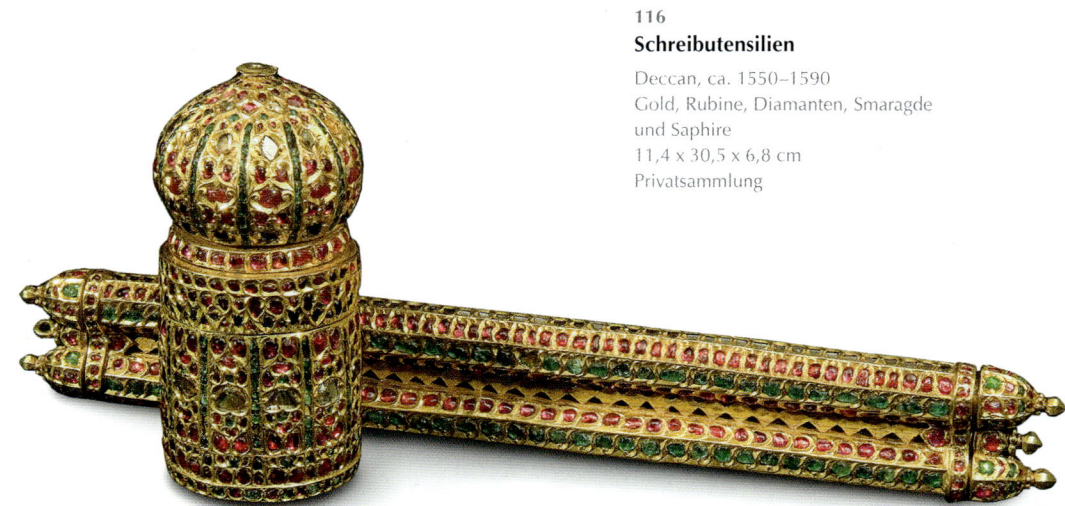

116
Schreibutensilien
Deccan, ca. 1550–1590
Gold, Rubine, Diamanten, Smaragde
und Saphire
11,4 x 30,5 x 6,8 cm
Privatsammlung

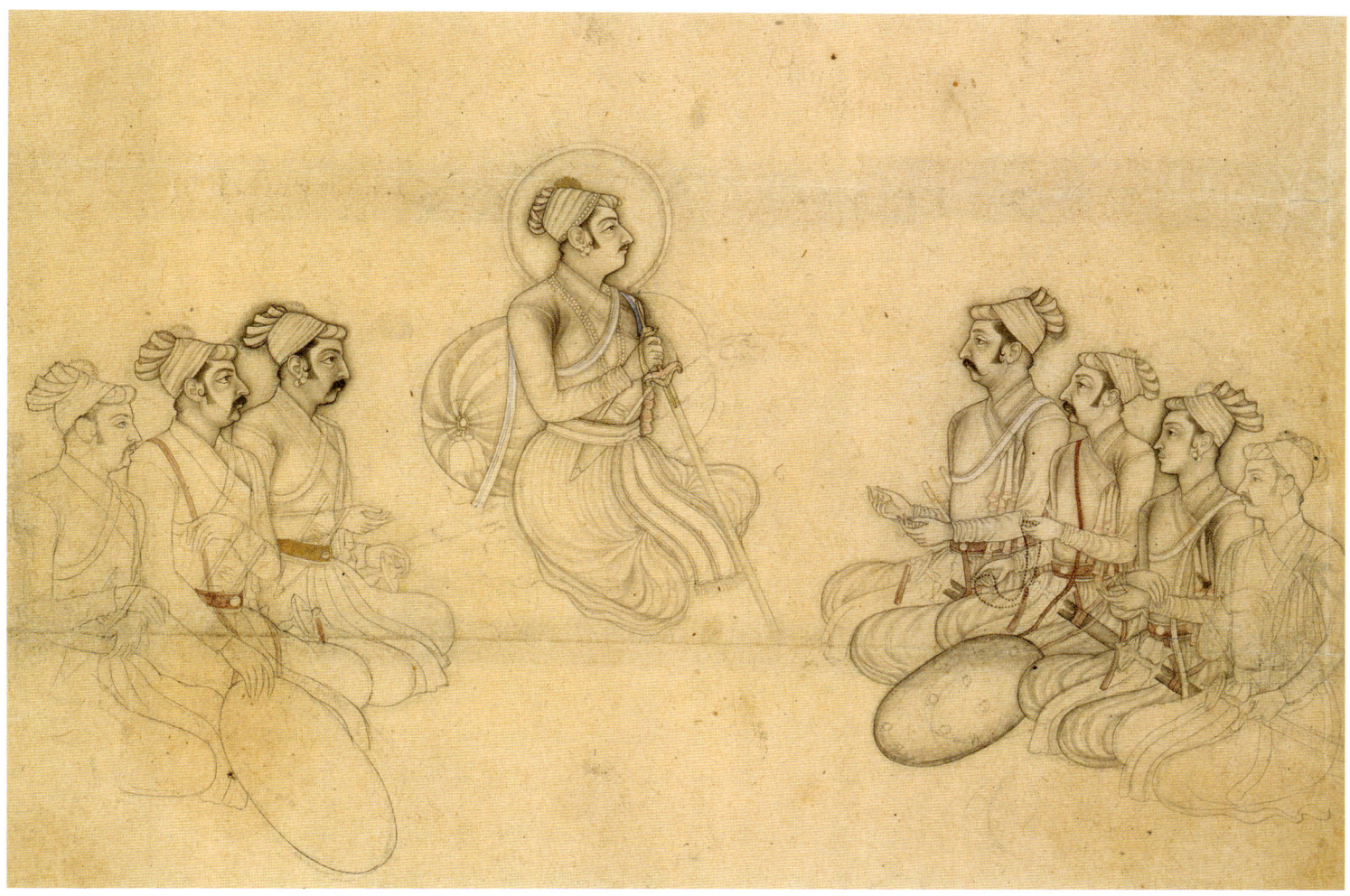

117
**Maharaja Jaswant Singh von Marwar
mit Adligen**
Jodhpur, ca. 1645
Tinte auf Papier
42,1 x 57,3 cm
Victoria and Albert Museum, London,
gespendet von Colonel T. G. Gayer-Anderson,
C.M.G., D.S.O. und seinem Zwillingsbruder
Major R. G. Gayer-Anderson, Pasha

Künstler Dalchand, der im frühen 18. Jahrhundert von Delhi nach Kishangarh und später Jodhpur ging und dessen sorgfältig gemalte Szenen der Hofmalerei an beiden seiner rajputischen Wirkstätten neues Leben einhauchten (Abb. 114). Auch die kleineren Herrschaftsgebiete (*thikanas*) unterhielten eigene Hofkünstler, so dass etwa das an der Grenze zwischen Mewar und Marwar gelegene Ghanerao auf eine ungewöhnlich reiche und ungebrochene Tradition höfischer Kunstförderung zurückblicken kann, die sich über mehrere Herrschergenerationen erstreckt.[17] Einige dieser lokalen Porträts zeigen den unverwechselbaren Einfluss des Mogulstils, andere wirken sehr viel rustikaler, was auf die Entstehung eigener Stilrichtungen im Rajasthan des frühen 18. Jahrhunderts zurückzuführen ist.

Nicht anders als Holzschnitzer oder Steinmetze gehörten Maler an den Rajputenhöfen zunftartig organisierten Familienverbänden an und hatten auch ungefähr denselben Status. Die zu bestimmten Anlässen bei ihnen bestellten Bilder sollten den eher unflexiblen Konventionen bestimmter Genres folgen, zum Beispiel denen der kleinen Geschenkbildchen (*nazar*), von denen die am Hof von Bikaner tätige Malersippe im 17. und 18. Jahrhundert große Mengen fertigte. Man konnte sie in der Hand halten, um sie dann – etwa zum Geburtstag, bei den Festlichkeiten zu *Diwali* oder *Holi*, zum Jahrestag der Thronbesteigung – dem Maharaja zu überreichen. Dass sie zu solchen Anlässen gefertigt wurden, geht aus Inschriften auf der Rückseite der Bilder hervor.[18] Diese Bildchen zeigen im Allgemeinen Einzelfiguren, oft Frauen, die sich mit verschiedenen

118 *Rechte Seite*
Eine Dame lässt einen Drachen steigen
Bikaner oder Jodhpur, 18. Jahrhundert
Deckende Wasserfarbe auf Papier
57,3 x 42,1 cm
Victoria and Albert Museum, London

119 *Folgende Doppelseite*
**Maharana Swarup Singh von Mewar
feiert *Holi***
Tara zugeschrieben
Udaipur, 1851
Deckende Wasserfarbe und Gold auf Papier
80 x 113,5 cm
Maharana of Mewar Charitable Foundation

Beschäftigungen die Zeit vertreiben: Sie machen sich das Haar, sehen in einen Spiegel, lassen einen Drachen steigen (Abb. 118) oder spielen mit einem Jojo. In den Liebesgedichten der damaligen Zeit versinnbildlichten solche Tätigkeiten die Sehnsucht nach dem Geliebten.

Herrlich farbenfrohe Gemälde wie die großformatigen Arbeiten im Stadtschloss von Udaipur (Abb. 119) dokumentieren eindrücklich die Ausgelassenheit der Feiernden beim Frühlingsfest *Holi*. Einzelporträts von lokalen Herrschern und Adligen wurden oft in Serie gefertigt – ob für einen bestimmten Zweck oder auf Vorrat als Geschenke ist dabei nicht ganz klar. So finden sich in den Bilderdepots des Mehrangarh Museum Trust in Jodhpur immer mehrere Versionen von Studien der Maharajas zu Pferde oder bei verschiedenen Vergnügungen im Palast. Ebenso gibt es einige fast identische Darstellungen von Maharaja Takhat Singh (reg. 1843–1873) mit Damen auf einem Riesenrad[19] und zahlreiche Variationen über das Thema des in den Frauengemächern (*zenana*) von den Damen umgebenen Herrschers (Abb. 120). Gruppenporträts des Herrschers mit Adligen wurden häufig anlässlich einer Hochzeit oder anderer Familienfeste angefertigt, aber auch zu weniger formellen Zusammenkünften wie etwa Jagdgesellschaften oder Banketten. Bei Darstellungen dieser Art des Zeitvertreibs schwang unterschwellig immer mit, dass man hier den Herrscher bei einer angemessen königlichen Beschäftigung sah; das galt auch für die erotischen Begegnungen mit den Damen des *Zenana*, bei denen die Männlichkeit und Potenz des Herrschers zum Ausdruck kam (Abb. 46, 121).

Es gibt jedoch einen Hofkünstler, dessen Bildnisse seines königlichen Auftraggebers mit den offenkundig königlichen Attributen eher sparsam umgehen. Dabei handelt es sich um den Maler Nainsukh, der zwischen 1740 und dem Tod seines Fürsten 1763 wunderbar intime Bilder von Raja Balwant Singh (reg. ca. 1742–1763) schuf. Weit davon entfernt, herrscherliche Macht und Autorität zu glorifizieren, betonen diese Porträts die menschlichen Eigenschaften eines zurückgezogen lebenden und womöglich recht einsamen Mannes, der zufällig auch Herrscher eines kleinen Staates im Bergland des Punjab war. Auf vielen Bildern Nainsukhs wird Balwant Singh zwar bei königlichen (oder doch zumindest höfischen) Tätigkeiten gezeigt – er hört Musik (Abb. 122), geht auf die Jagd oder betet (Abb. 45) –, aber oft sind auch Momente eingefangen, die kein anderer Hofkünstler je dargestellt hat. Man sieht den Herrscher bei der Rasur, beim Briefeschreiben oder beim Bewundern eines Gemäldes, das ihm der Künstler selbst zeigt.[20] Die Beziehung zwischen Balwant Singh und seinem Angestellten Nainsukh ging offensichtlich weit über eine bloße Mäzen-Künstler-Beziehung hinaus, und aller Wahrscheinlichkeit nach war ein solcher kreativer Umgang nicht die Ausnahme.

Vom Großmogul bis hin zum Herrn einer winzigen rajputischen *Thikana* galten Gemälde den Herrschern als wichtiges Instrument der Selbstdarstellung. Ebenso wurden Schmuck und Edelsteine von den Monarchen nicht allein als an sich begehrenswerte und kostbare Objekte gesammelt, sondern auch als Zeichen ihres Königtums (Abb. 123, 126, 127). Die hohe Wertschätzung für die akribisch beschrifteten Spinelle, auf denen über Generationen von Großmoguln der jeweilige Eigentümer verzeichnet wurde, rührte offensichtlich jenseits der materiellen Kostbarkeit auch von der dynastischen Bedeutung dieser Steine her.[21] Immer wieder machte der Großmogul teure Edelsteine oder juwelenbesetzte Schmuckstücke treuen Höflingen zum Geschenk, ein Brauch, den spätere regionale Herrscher wie Aliverdi Khan von Murshidabad (reg. 1740–1756) fortführten (Abb. 144). Juwelen spielten auch als Geschenke für Würdenträger außerhalb des Hofes

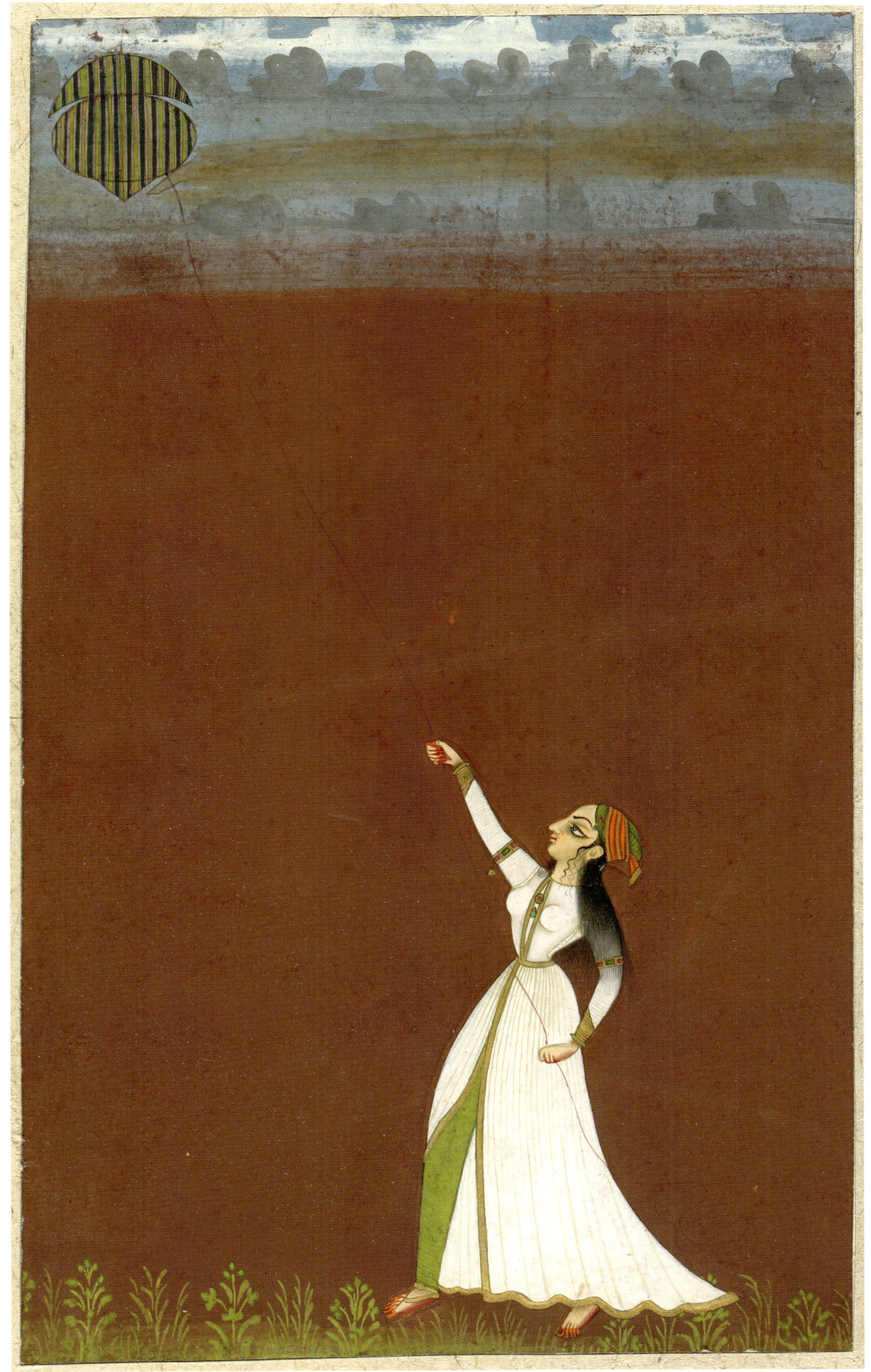

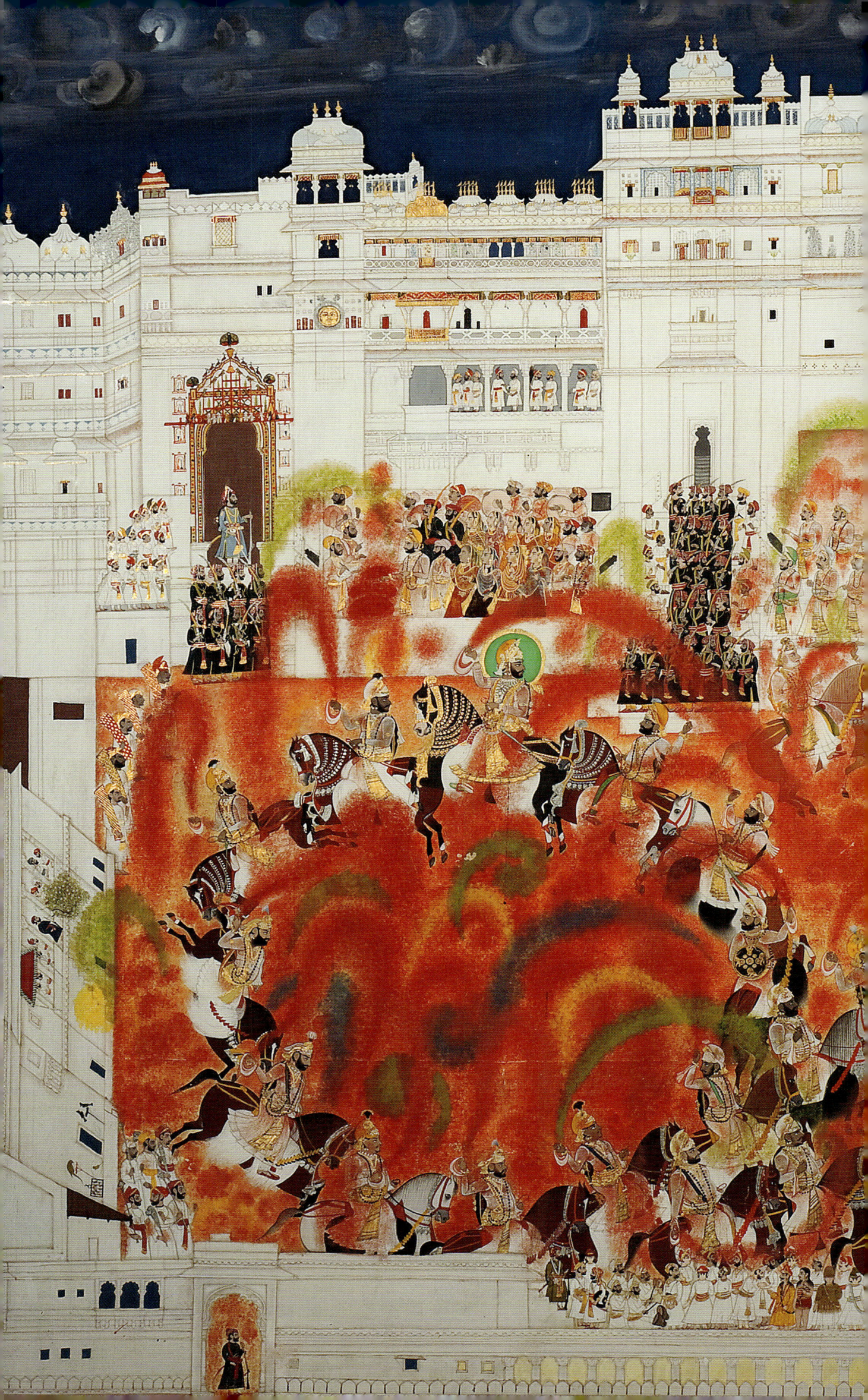

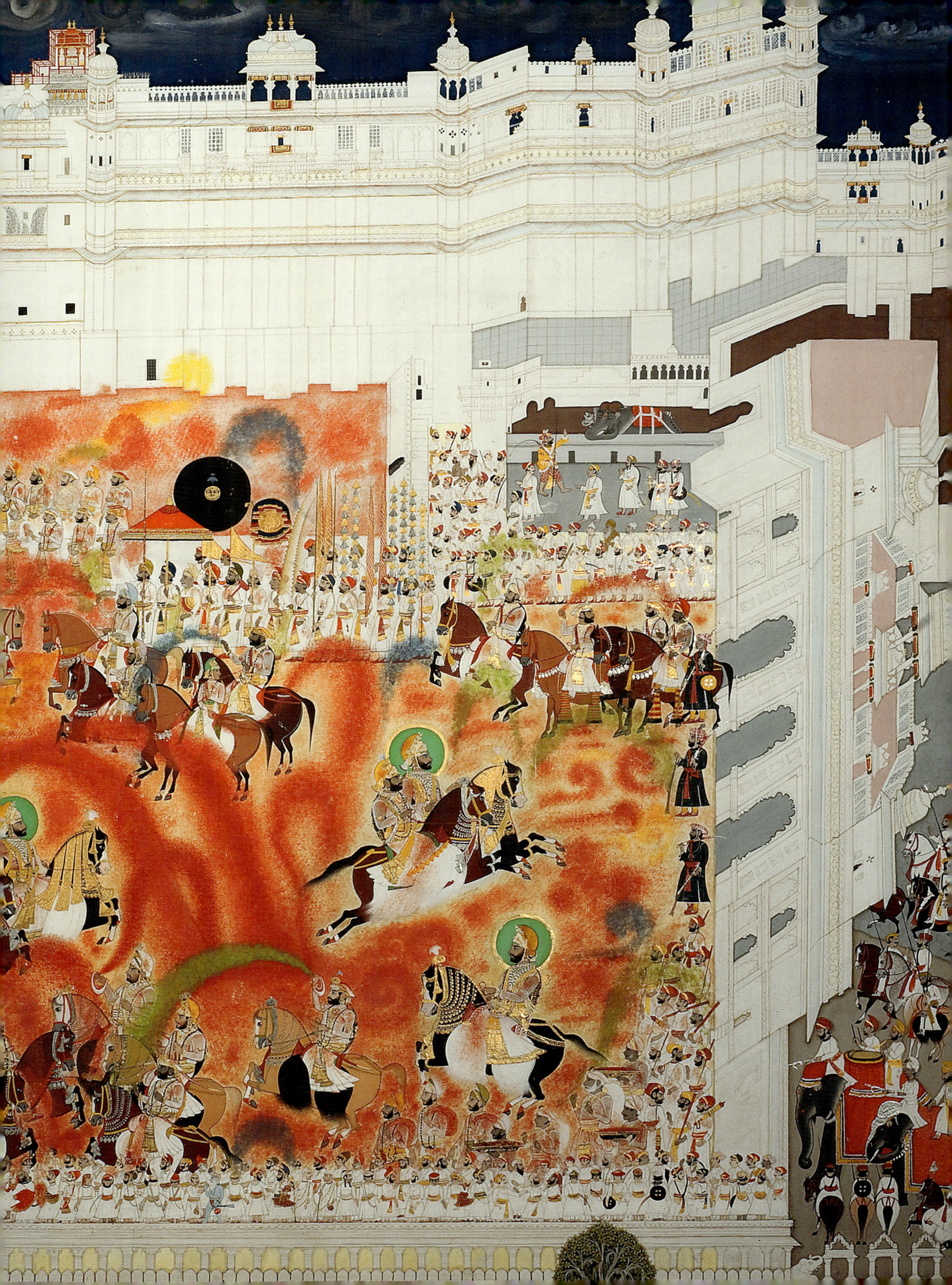

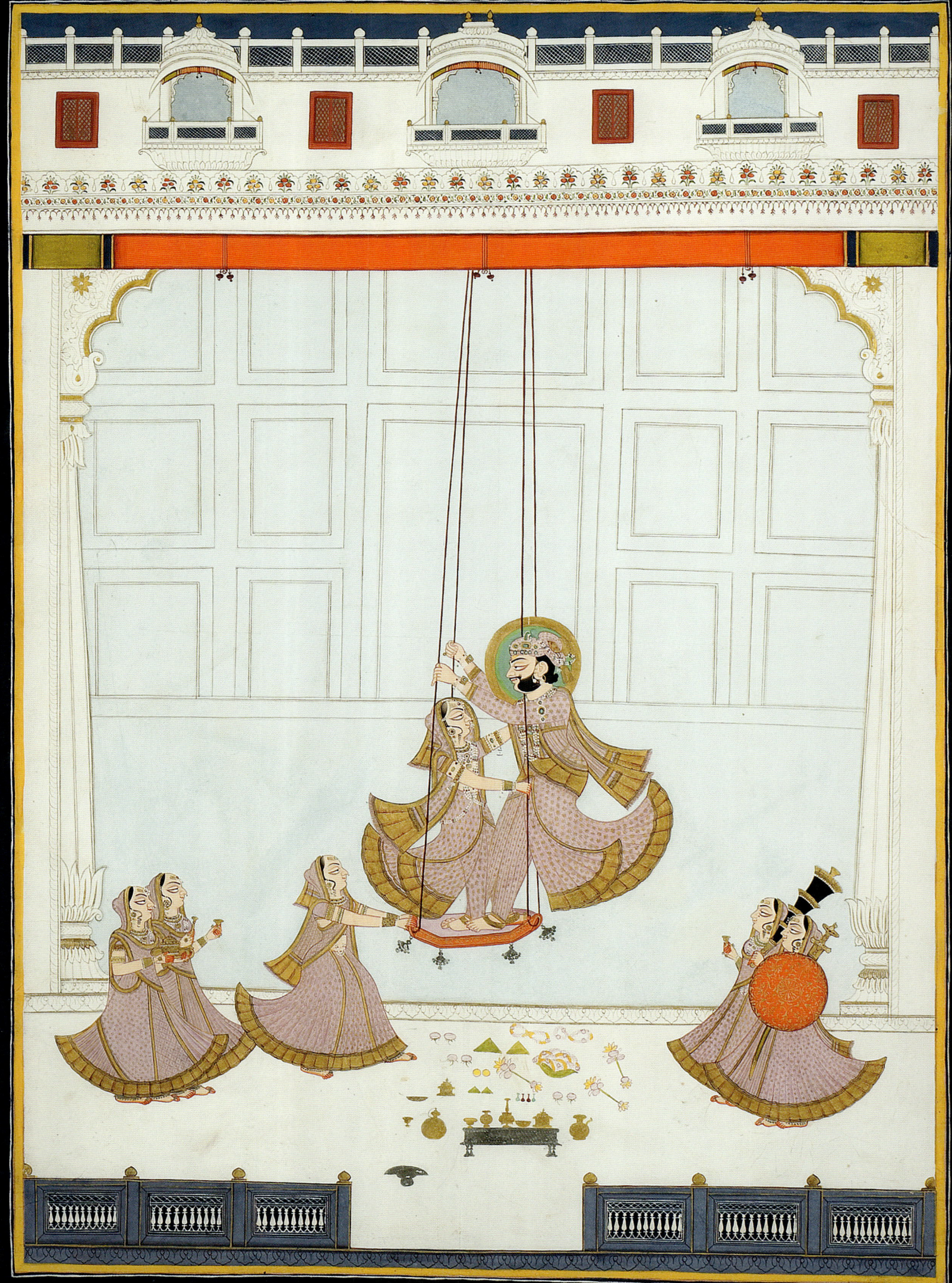

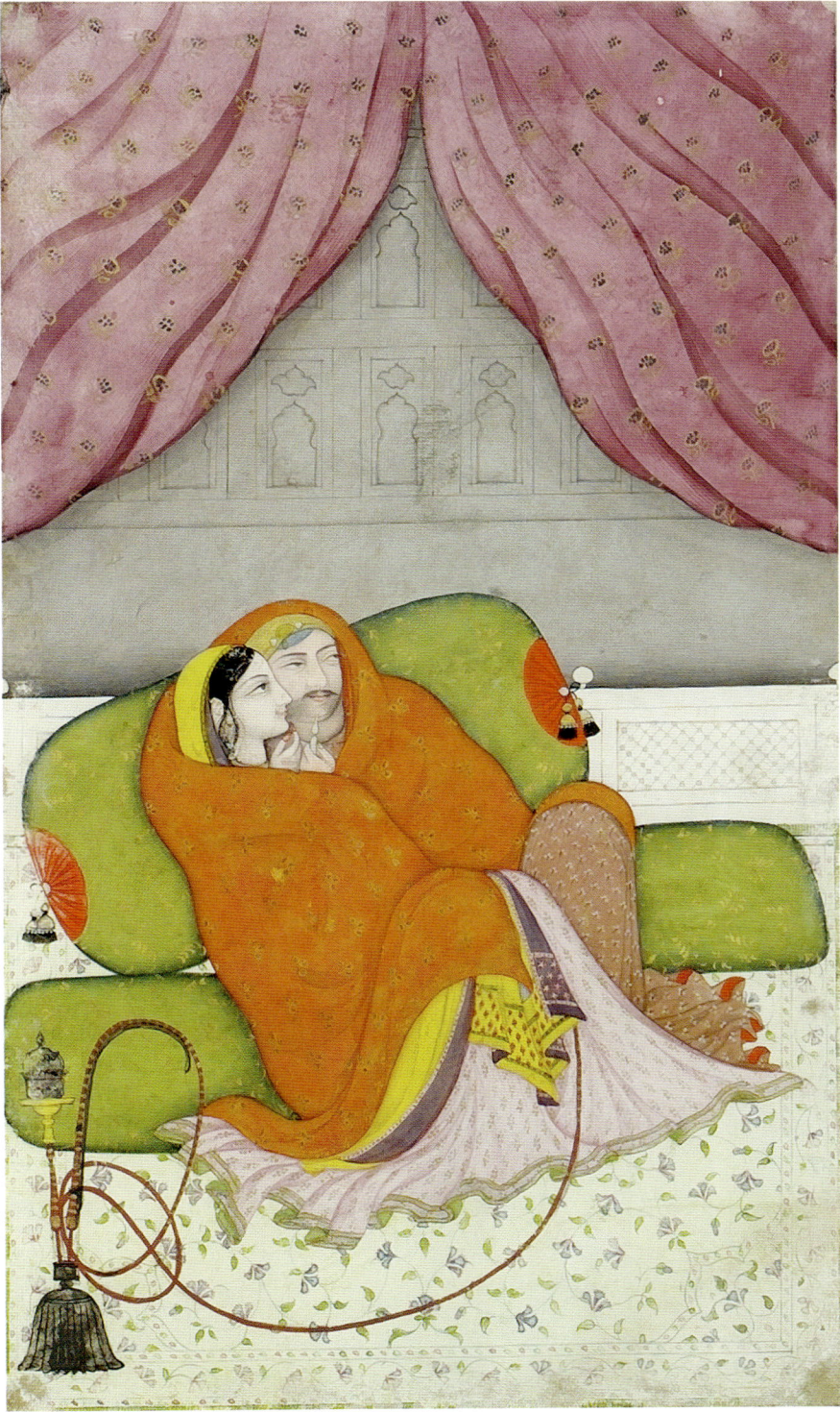

120 *Linke Seite*
Maharaja Takhat Singh von Marwar schaukelt mit seinen Damen

Jodhpur, Mitte 19. Jahrhundert
Deckende Wasserfarbe und Gold auf Papier
64,5 x 49,8 cm
Mehrangarh Museum Trust

121 *Links*
Raja Bhup Singh von Guler unter einer Decke mit einer Rani

Guler, ca. 1800
Deckende Wasserfarbe auf Papier
57,3 x 42,1 cm
Victoria and Albert Museum, London

eine wichtige Rolle: Die prachtvollen Turbanjuwelen, die Mir Jafar von Murshidabad (reg. 1757–1765) Admiral Charles Watson überreichte, der ihn zusammen mit Lord Clive zum *Nawab* gemacht hatte, verweisen darauf, dass auch er dem alten Brauch von Herrschern folgte, als besonderes Zeichen der Anerkennung juwelenbesetzten Turbanschmuck zu verschenken (Abb. 125).

Heute noch erhaltene Schmuckstücke und Gemälde geben darüber Aufschluss, welcher Schmuck an den Mogul- und Rajputenhöfen gewöhnlich getragen wurde. Bei den Männern sieht man juwelenbesetzte Turbanornamente, Daumenringe, Dolche mit

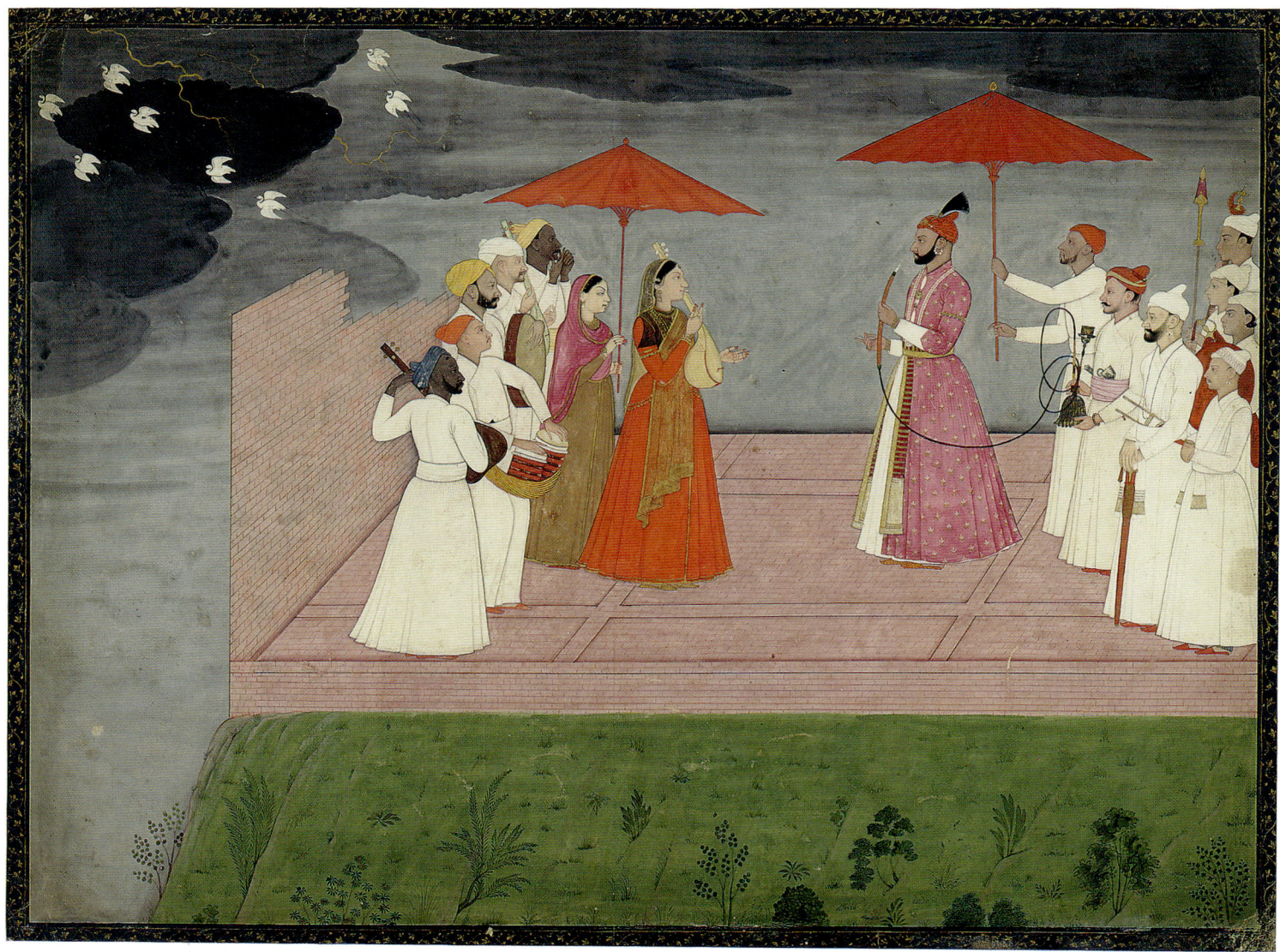

122 *Oben*

Musiker spielen für Raja Balwant Singh von Jasrota einen *Raga*

Nainsukh
Vermutlich Jasrota, ca. 1745–1750
Deckende Wasserfarbe auf Papier
51,5 x 39 cm
Privatsammlung

123 *Rechte Seite oben*

Jigha

Südindien
19. Jahrhundert
Gold, Rubine, Diamanten und Smaragde
8,2 x 6,3 cm
Privatsammlung

124 *Rechte Seite unten*

***Pankhiyan almas* (Ohrringe)**

Deccan
1800–1900
Silber, Diamanten, Perlen und Glasperlen
Privatsammlung

edelsteinverziertem oder aus Jade geschnitztem Heft, Ohrringe, Perlenschnüre und juwelenschwere, emaillierte oder aus Jade gemachte Anhänger, die neben ihrer schmückenden Funktion auch als Amulett (*ta'wiz*) bzw. Kultbild Krishnas oder der Göttin getragen wurden, je nachdem, ob der Träger ein Muslim oder ein Hindu war. Zum Schmuck der Frauen gehörten Armspangen, Arm- und Fußreifen, Halsketten, Finger-, Zehen-, und Nasenringe sowie Haarschmuck aus Gold mit eingelegten Ziersteinen (Abb. 124).

Eine Besonderheit der indischen Höfe war die vielseitige Verwendung großer und prächtiger Textilien. Der 1614 bis 1618 mit Botschafter Thomas Roe reisende Geistliche Edward Terry notierte anlässlich eines Besuchs am Hofe Jahangirs: »All ihre Bravour liegt dort auf den Fußböden, auf denen gar exquisite Teppiche ausgebreitet sind.«[22] Damit spielte er auch auf das Fehlen von Gemälden an den Wänden und von aufwendigem Mobiliar in den Räumen an, denn sowohl an den Mogul- wie auch an den Rajputenhöfen bestand die Einrichtung im Wesentlichen aus dekorativen Teppichen, textilen Wandschirmen (*qanat*) und Baldachinen (*shamiana* oder *mandap*). Die dabei verwendeten Stoffe waren aus oft recht robuster Baumwolle und konnten auch doppelt gelegt, gesteppt oder großzügig mit üppiger Seidenstickerei versehen sein (Abb. 128). Die Sticker arbeiteten entweder am Hof selbst oder in Fachbetrieben in der Stadt, wobei

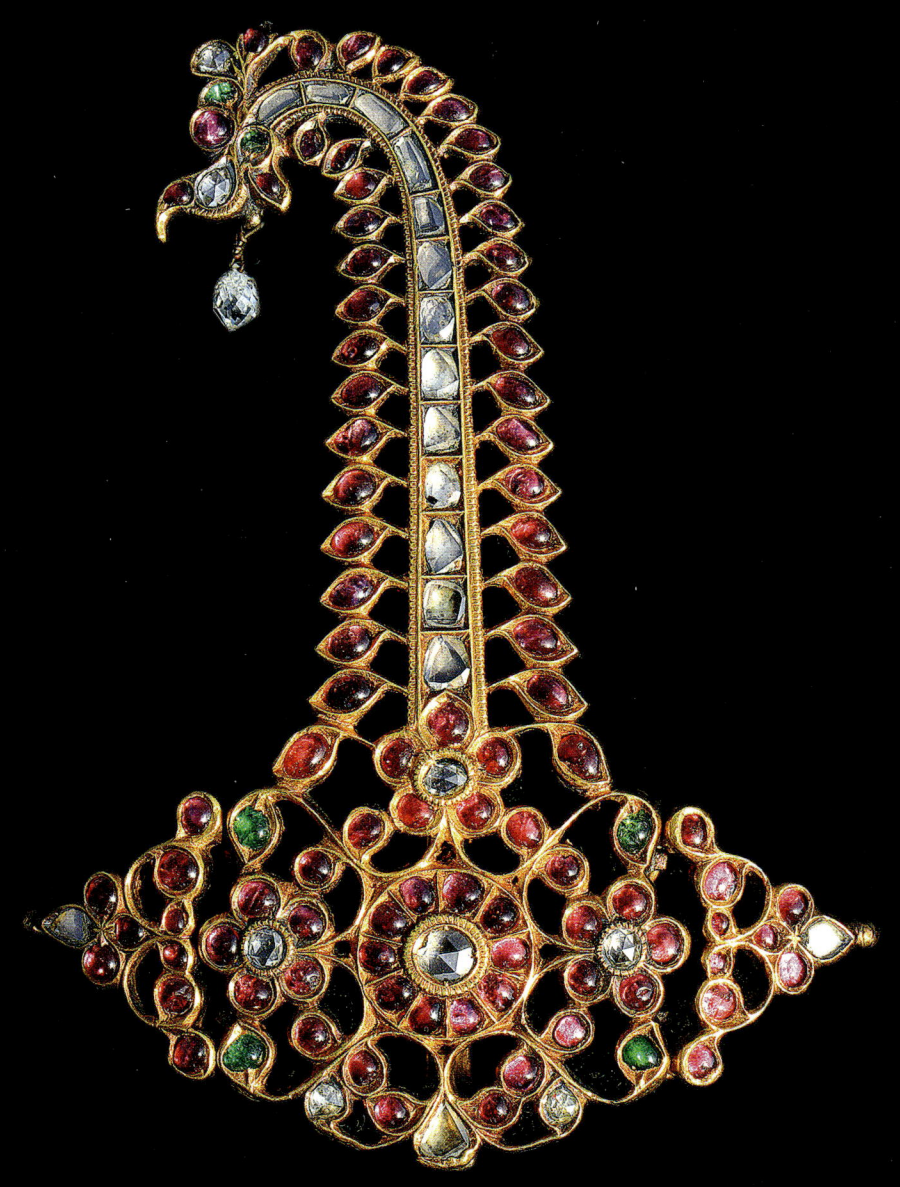
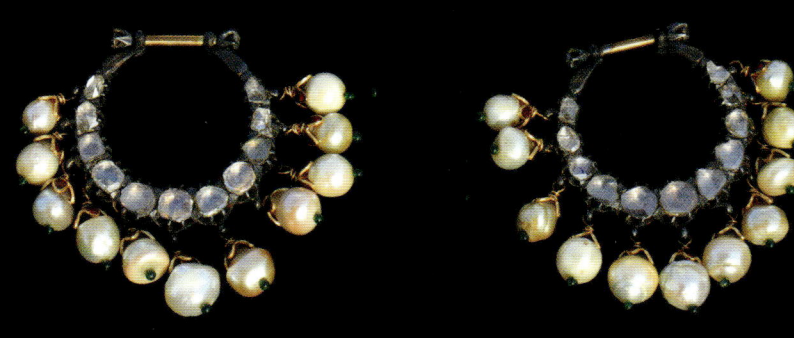

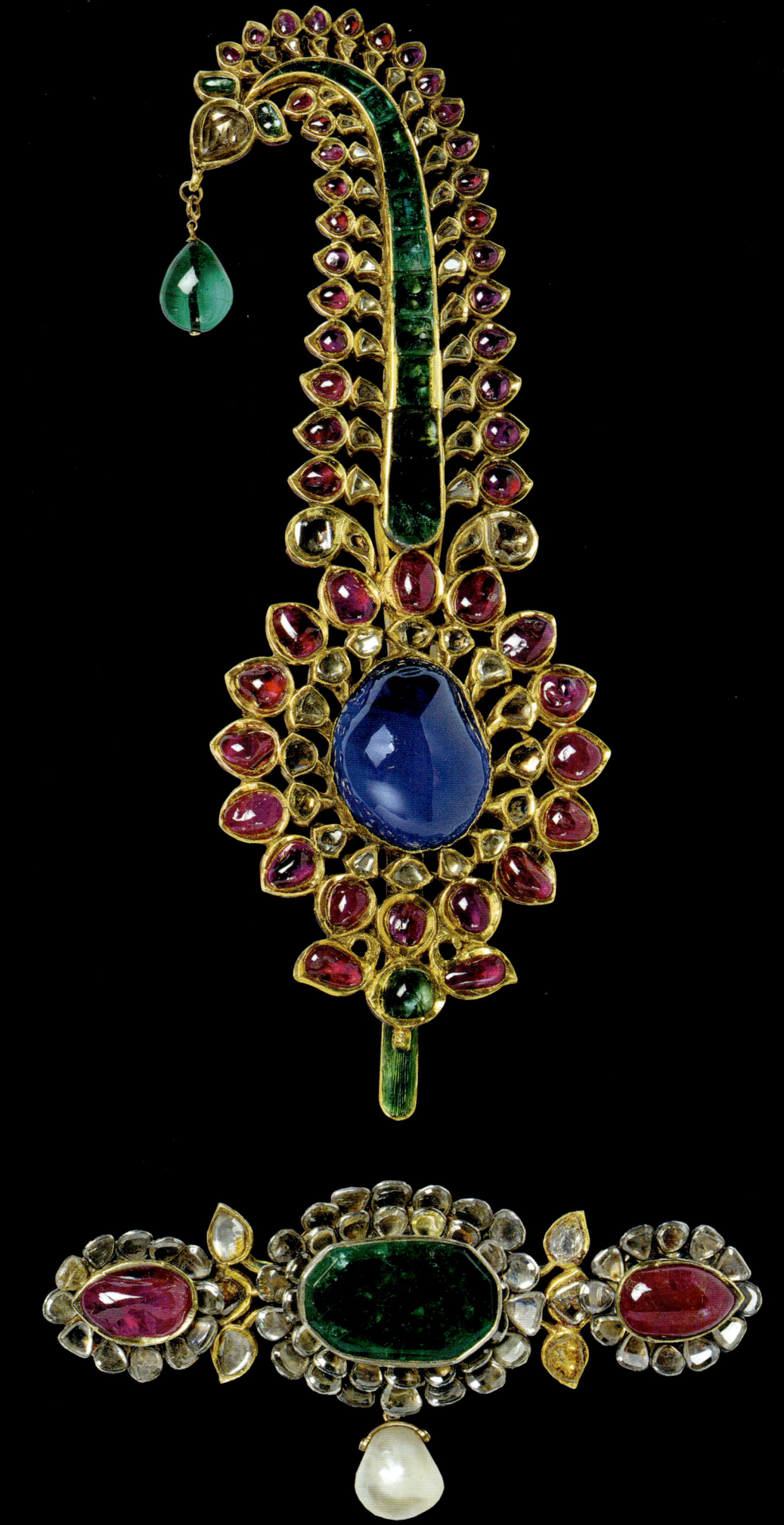

125 *Linke Seite*
Sarpech (Turbanschmuck)

Vermutlich Murshidabad
Mitte 18. Jahrhundert
Gold, Rubine, Smaragde, Diamanten,
ein Saphir und eine Perle
16,9 x 6,1 cm
Victoria and Albert Museum, London

126 *Oben*
Kara (Armband) für einen Mann

Nordindien, 18. Jahrhundert
Gold, Rubine, Spinelle und Diamanten,
Rückseite emailliert
22 x 4,2 x 0,8 cm
Privatsammlung

127 *Unten*
Bazuband (Oberarmschmuck)
für einen Mann

Vorder- und Rückseite
Nordindien, frühes 19. Jahrhundert
Gold, Spinelle, Smaragde und Diamanten,
Rückseite emailliert
7,5 x 4,1 x 1,9 cm
Privatsammlung

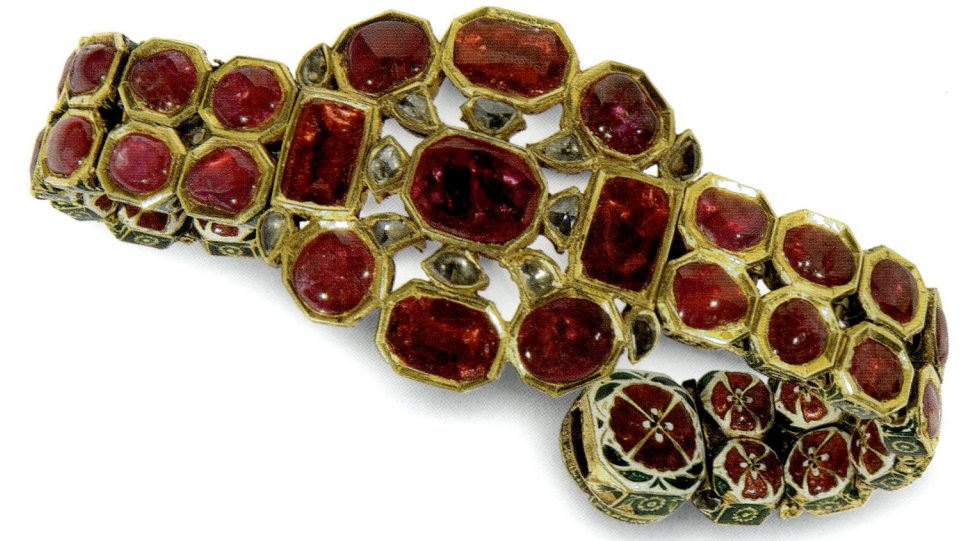

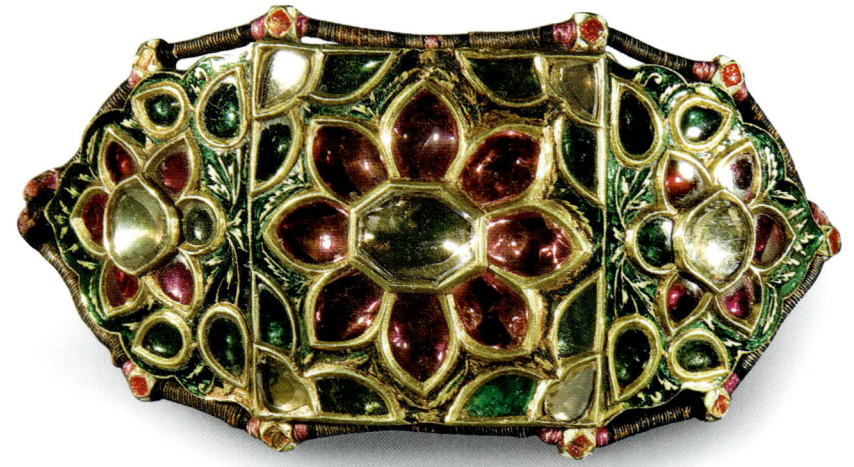

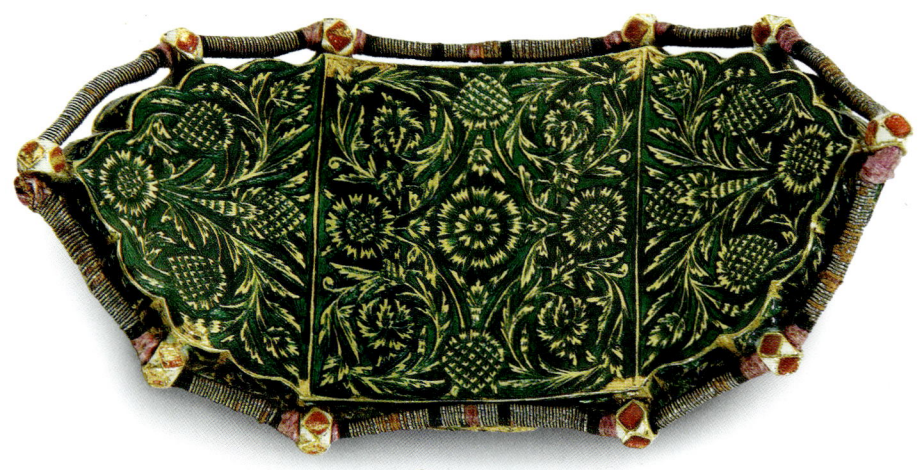

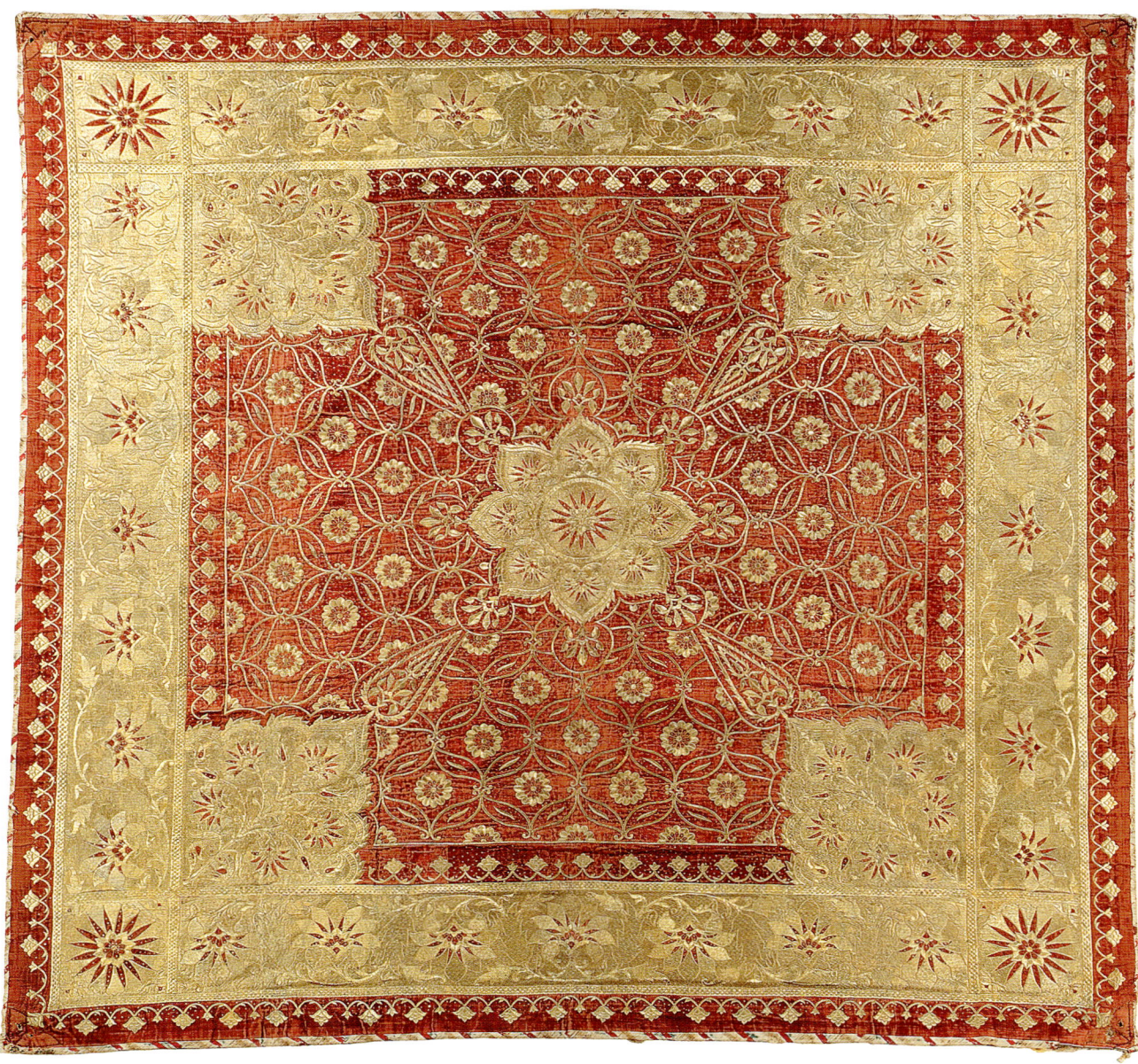

128 *Oben*
Baldachin

Jodhpur, frühes 19. Jahrhundert
Samt mit Goldstickerei
276 x 276 cm
Mehrangarh Museum Trust

129 *Rechte Seite*
Zeltbehang

Vermutlich Dekkan, spätes 17. Jahrhundert
Baumwolle mit Stickereien aus Seide und
Goldfäden
184 x 122 cm
Victoria and Albert Museum, London

Dieser Zeltbehang zeigt eine Gartenszene aus
einer so genannten Stimmungsgirlande (*raga-
mala*) und ist einer von vier Behängen, die Nawab Aliverdi Khan von Murshidabad 1744 vom
Marathengeneral Raghuji Bhonsle erbeutete.

große und wohlhabende Höfe nach dem Vorbild der mogulischen *Karkhanas* ein breites
Spektrum palasteigener Textilwerkstätten unterhielten. So fanden sich am Hof von
Jaipur eine Färberei (*rangkhana*), eine Stoffdruckerei (*chhapakhana*) und eine Näh- und
Stickwerkstatt (*siwankhana*),[23] doch Textilien konnten auch in den entsprechenden
Manufakturen außerhalb des Palastes bezogen werden, so in Sanganer, wo im 18. Jahrhundert eine Stoffdruckerei eingerichtet wurde, um den Hof mit bedruckten Baumwollstoffen zu versorgen. Normalerweise wurden Arbeiten wie Drucken und Färben außerhalb der Palastmauern ausgeführt, da sie die Nähe eines Fließgewässers erforderten, in
dem der Stoff gewaschen und überschüssige Farbe ausgespült werden musste. Die Han-
delswege für Textilien und andere Qualitätsware konnten aber sehr viel weiter sein: Da
die Waren in Jaipur bei Anlieferung mit einem Herkunftsvermerk versehen wurden, weiß
man beispielsweise, dass die wunderbar bemalten Baumwollstoffe aus dem 17. Jahrhundert aus Südostindien stammen[24] und die Sammlung in Jaipur auch Teppiche aus Lahore
enthält.[25]

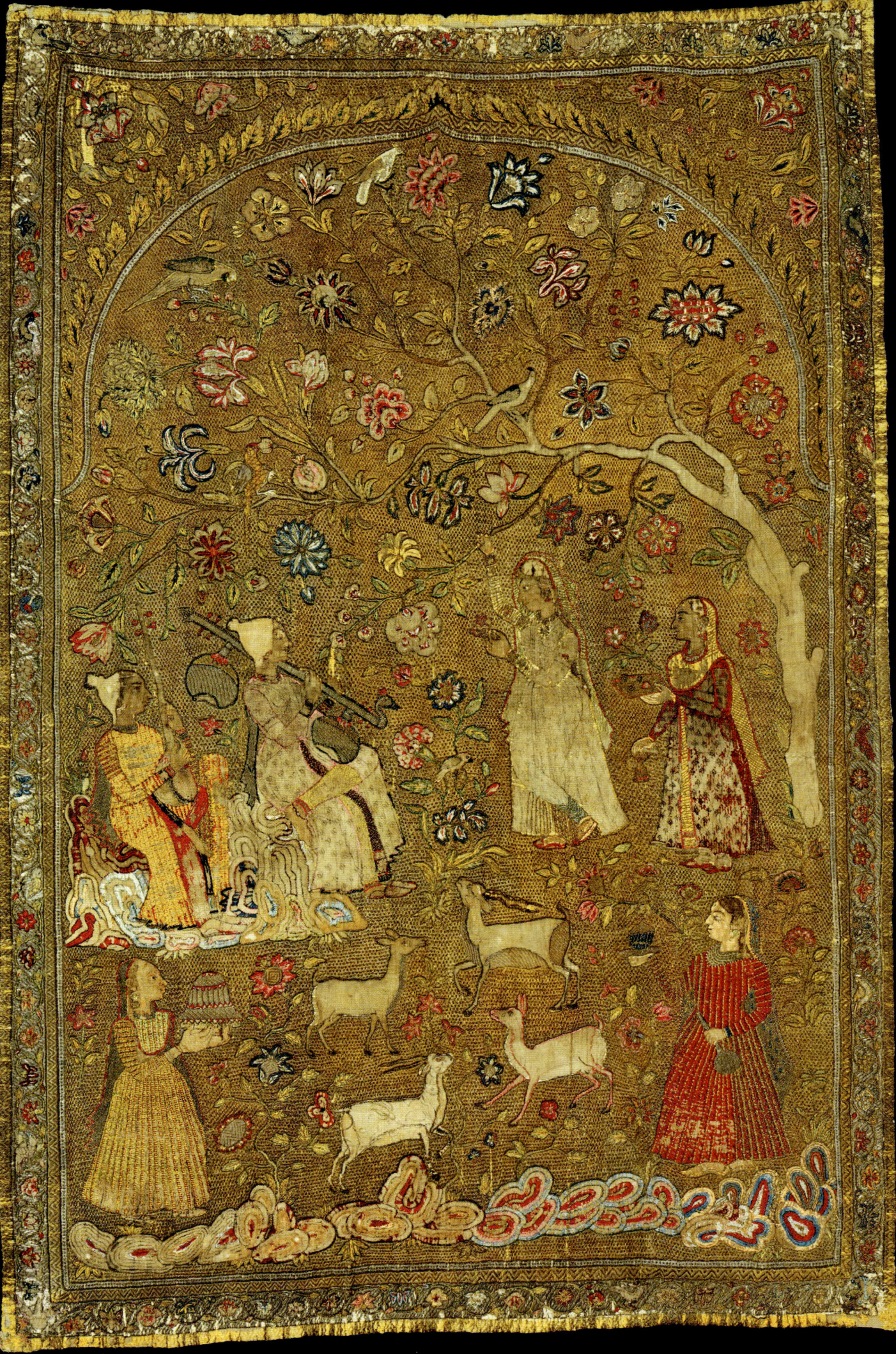

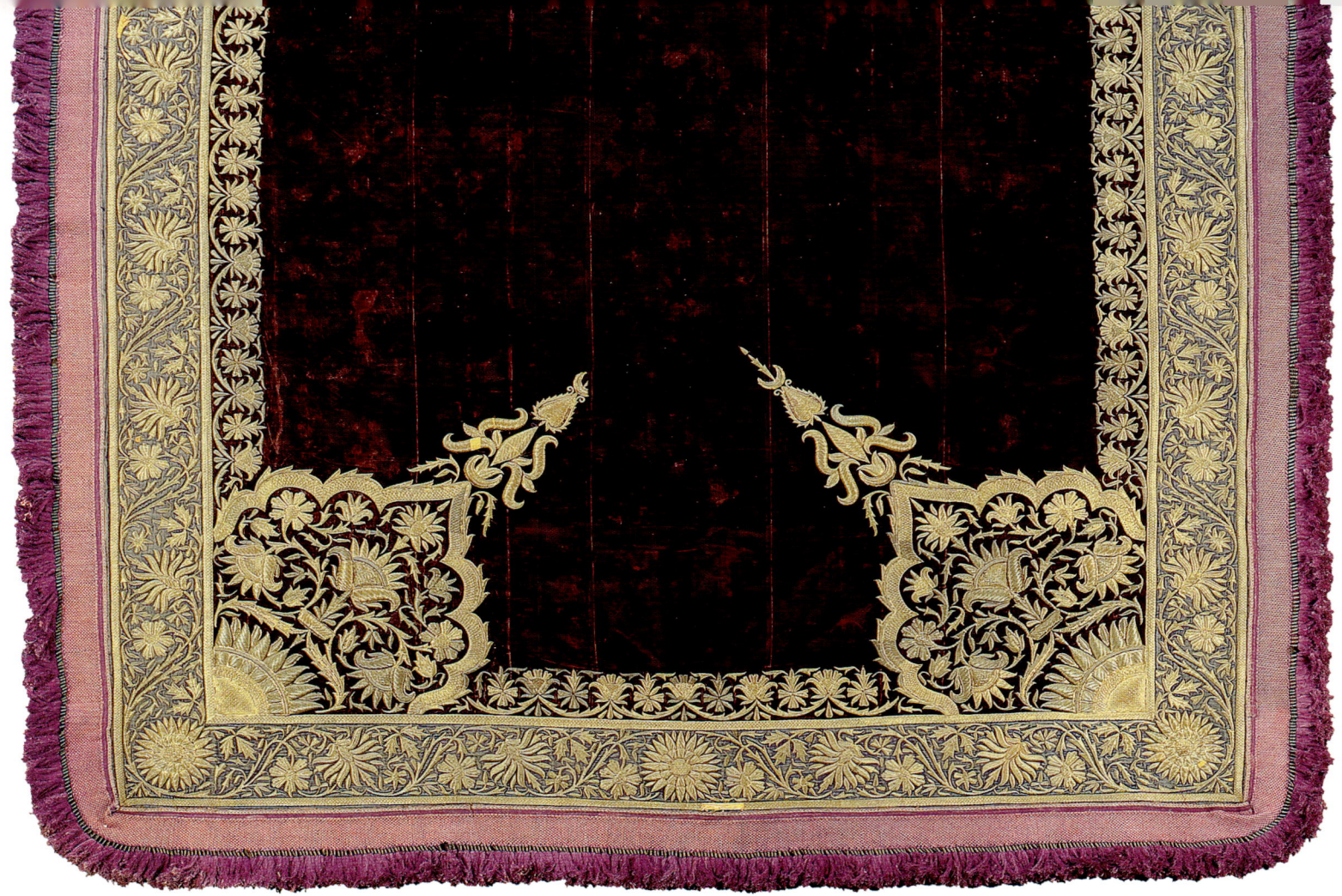

130
Elefantenschabracke (*jhool*) (Ausschnitt)

Jodhpur, spätes 19. Jahrhundert
Samt mit Goldstickerei
590 x 304 cm
Mehrangarh Museum Trust

Einrichtungsstoffe kamen im Palast und im Freien zum Einsatz. Als Wandschirme schützten sie in den großen, offenen Sälen vor Zugluft und neugierigen Blicken; außen schufen sie beispielsweise bei Jagdausflügen als Stoffwände einen eigenen Bereich für den Herrscher, zu dem rangniedere Höflinge keinen Zugang hatten. Bei solchen Ausflügen wurden entweder Zelte errichtet, die oft aufwendig gestaltet und angelegt waren, oder Baldachine und Schirmwände aufgestellt, die zusammen Schutz vor der Witterung und eine Rückzugsstätte boten. Die Außenwände der Zelte bestanden normalerweise aus einem einfachen, gröberen Baumwollstoff, der einer von den Rajputen übernommenen mogulischen Konvention folgend beim Zelt des Monarchen rot war. Die Innenausstattung bestand aus fein gearbeiteten Behängen mit dekorativen Mustern oder aufgedruckten, eingewebten oder gestickten Motiven, die oft blühende Bäume oder Zypressen darstellten. Eine besonders aufwendig gestaltete Garnitur solcher Behänge zeigt figürliche Szenen, die möglicherweise auf die beliebten Darstellungen des Liebeswerbens über das Jahr (*barahmasa*, »zwölf Monate«) zurückgehen, oder auf die so genannten Stimmungsgirlanden (*ragamalas*), die musikalische Stimmungen visuell umsetzen (Abb. 129).[26]

Die umfangreiche Wäschekammer (*kapad-dwara*) in Jaipur enthielt Hunderte Bahnen unbenutzten Stoffes, Gewänder, Tücher, Ausstattungsgegenstände, Teppiche und Prunkgeschirre für verschiedene Reittiere. Das Zaum- und Sattelzeug für die Pferde und Elefanten des Königs bestand aus verschwenderisch dekoriertem Leder oder Samt und war mit ähnlichen großformatigen Mustern in metallumwundenen Garnen bestickt wie Teppiche und Überwürfe für das Thronpodest (Abb. 130, 131). Von Gemälden weiß man, dass Pferde und Elefanten außer Prunkschabracken häufig auch aufwendig gestalteten Halsschmuck trugen, der dem Schmuck ihres Reiters ähnelte. Bei der regelmäßigen Inspektion der Wäschekammer wurden die Bestände gelüftet, frische Neemblätter zur Schädlingsbekämpfung zwischen die Stoffe gelegt und einzelne Stücke zum Gebrauch im Palast oder zur Verwendung als Geschenk herausgenommen.

Die feineren Gewebe in der Wäschekammer waren im Allgemeinen für die Kleider des Herrschers und seiner Angehörigen vorgesehen. Die Alltagskleidung wurde aus einfachen Baumwollstoffen genäht, an Hoftagen oder zu Zeremonien trug man aufwendiger gearbeitete Materialien. Die meisten Gewänder für Männer und Frauen bestanden aus feiner Baumwolle, aus zartem bengalischen Musselin oder dünnem Kattun aus Zentralindien, aus Burhanpur oder Chanderi.[27] Die Hofschneider fertigten alle Kleider nach Maß an. Die häufigsten Gewandtypen waren die an der Seite zu bindende *Jama* (Abb. 112, 133) und der *Angarkha*, dessen charakteristischer runder Brustausschnitt mit einem rechteckigen Stück Stoff hinterfüttert war. Auch wenn sie meistens aus einfacher weißer Baumwolle waren, konnten diese Gewänder doch wunderbar pompös gearbeitet sein. Der Rock der hier abgebildeten *Jama* aus Bharatpur (Abb. 133) besteht aus erstaunlichen 277 Stoffbahnen, die den (männlichen) Träger des Kleidungsstücks mit einem eindrucksvollen Materialvolumen umgaben. Zur *Jama* trug man Baumwollhosen (*paijama*) und eine hübsche Schärpe (*patka*) um die Taille. Auch die Kleidung der Frauen bestand normalerweise aus einem meist vorne geschlossenen langen Obergewand, das über Hosen getragen wurde. Festliche Kleidung für beide Geschlechter zeichnete sich vornehmlich durch das kostbarere Material aus. Oft wurden Gold und Silber in schmalen Streifen in den Stoff eingewebt oder auf das Material aufgenäht. Bei einer anderen Technik waren Seidenfäden mit geplättetem Draht aus Silber oder vergoldetem Silber

131
Satteldecke (Ausschnitt)
Udaipur, ca. 1800–1850
Samt, Baumwoll- und Papierschichten, Seide und vergoldetes Messing
170 x 100 cm
Victoria and Albert Museum, London

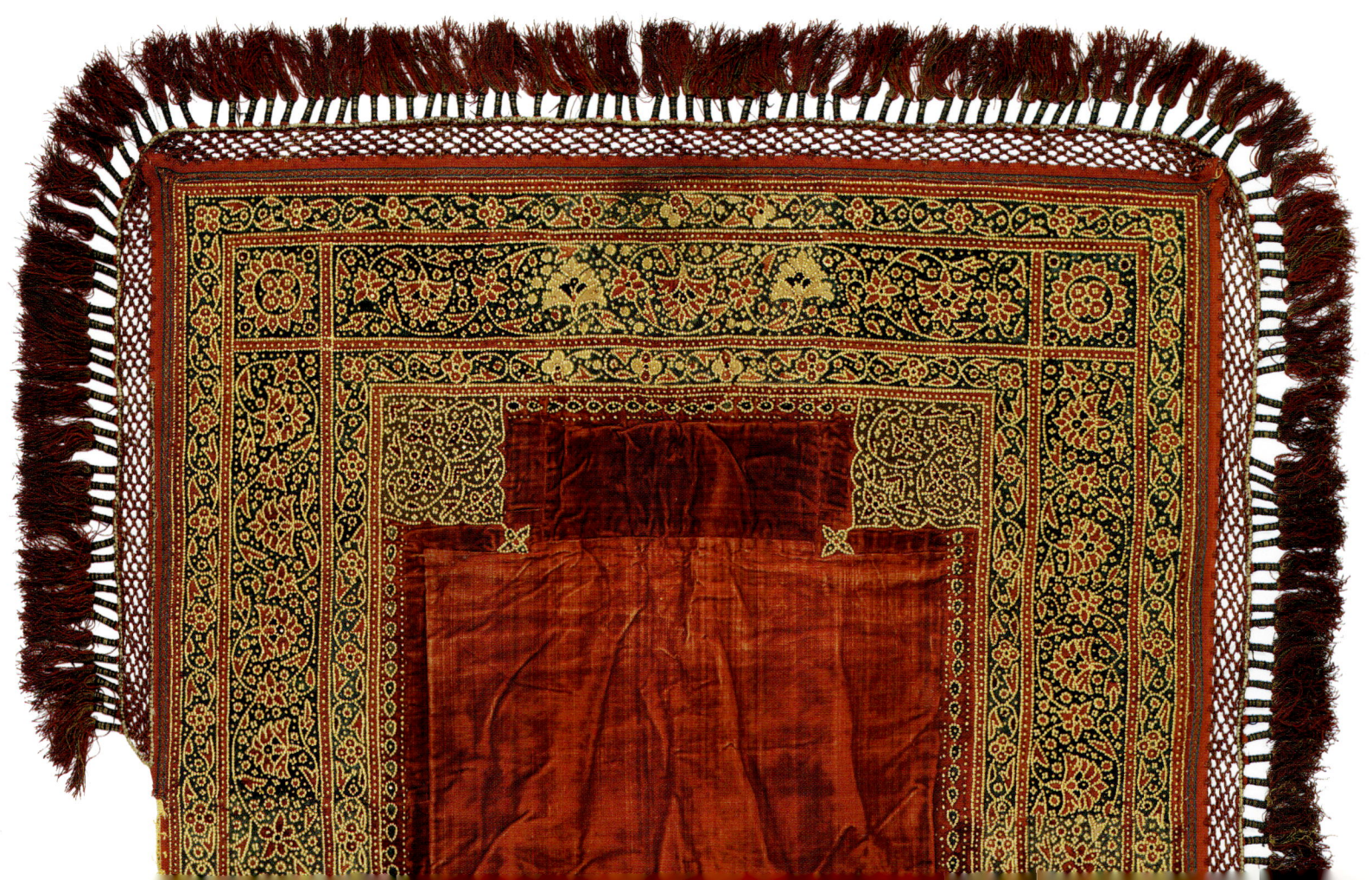

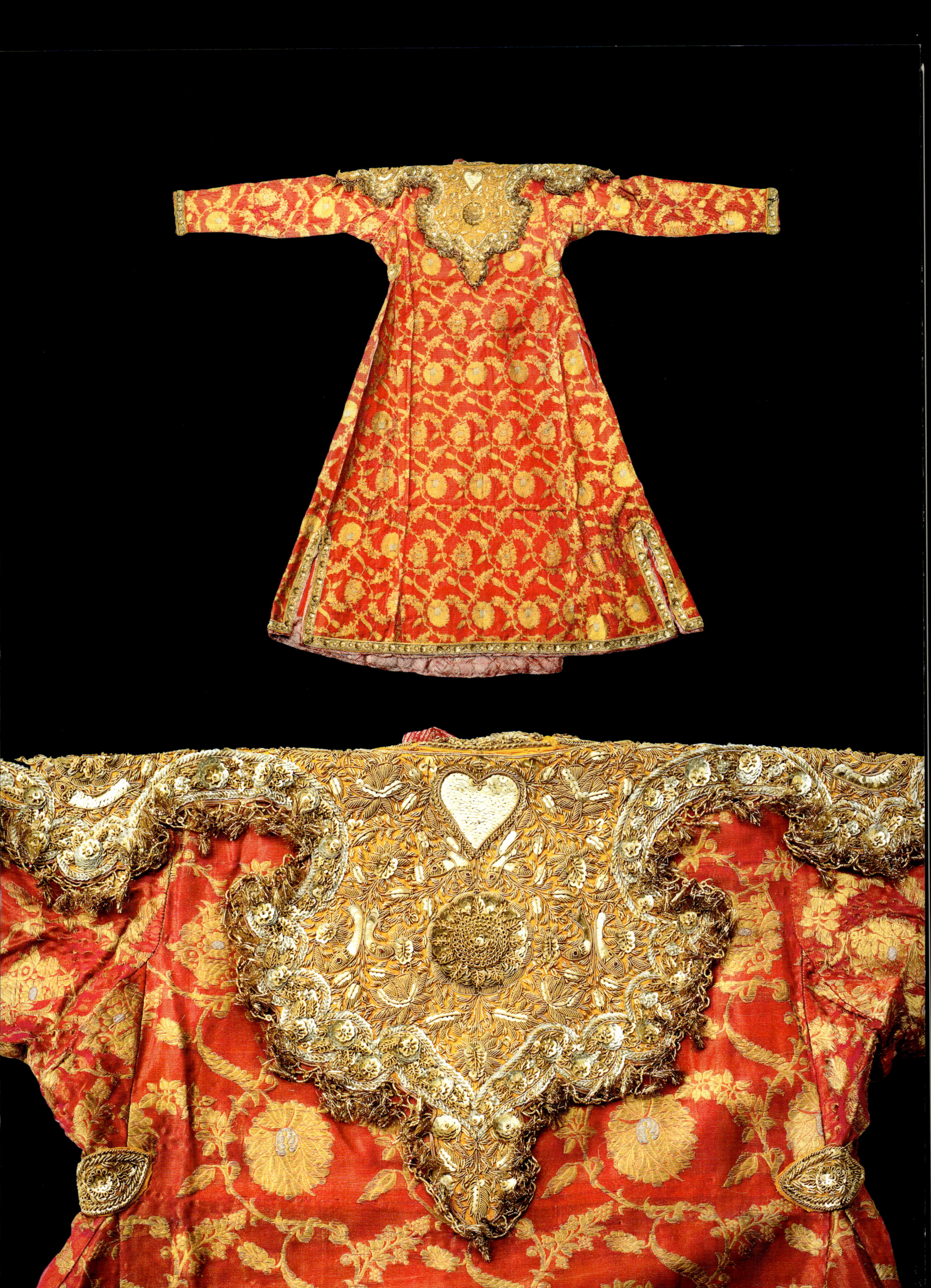

umwunden und zu prachtvollen Stickereien verarbeitet (Abb. 132). Diese Metallgewebe konnten noch weiter verfeinert werden, indem in einem nach dem türkischen Wort für Eisen als *Uttu* bezeichneten Verfahren mit glühenden Stempeln Muster auf die Oberfläche gedruckt[28] oder Schmuckelemente wie Käferflügel, Pailletten oder Perlen appliziert wurden (Abb. 134). Da die Verwendung von Metallfäden oder Metallgeweben diese Gewänder sehr schwer und unpraktisch machte, wurden sie nur bei hochoffiziellen Anlässen getragen.

So wie der enge Kontakt mit den Moguln sich sichtbar auf die Geschmacks- und Stilentwicklung an den Höfen Rajasthans ausgewirkt hatte, so traf dies zu einer späteren Zeit auch auf die Begegnung mit der westlichen Kultur zu. Lokal verankerte Verfahren und Stile wie etwa die Emailliertechnik aus Jaipur mochten mehr oder weniger unverwüstlich sein, doch die Konsumwünsche und Prestigevorstellungen der Maharajas und Nawabs änderten sich unweigerlich unter dem westlichen Einfluss. Ein anschauliches Beispiel dafür ist die Art, wie sich die indischen Aristokraten kleideten. Durch den Einfluss westlicher Modelle entstanden Mischformen indischer und europäischer Kleidungsstücke, so dass beispielsweise der Schnitt von *Jamas* und *Angarkhas* mit der mittigen Knopfreihe des an der Vorderseite verschließbaren Herrenrocks kombiniert wurde (Abb. 135). Das dadurch entstandene Kleidungsstück verdrängte nach und nach so traditionelle Oberbekleidung wie das ursprünglich aus Zentralasien stammende weit geschnittene Übergewand (*choga*), das für einen modernen, westlich orientierten Hof bald als zu »orientalisch« empfunden wurde. Auch bei den Beinkleidern flossen östliche und westliche Stilrichtungen ein, wenn etwa mit den so genannten *Jodhpurs* Hosen geschneidert wurden, die am Unterschenkel so eng anlagen wie der traditionelle *Churidar paijama*, oben aber so weit waren wie eine englische Reithose. Der Einfluss europäischer Militäruniformen lässt sich an Elementen wie Goldlitze und Epauletten mit rein dekorativer Funktion ablesen (Abb. 136). Zu diesen Stilhybriden trug man jedoch nach wie vor die üppigen Juwelenschnüre, die seit der Mogulzeit als typischer Schmuck eines indischen Herrschers galten und in westlichen Augen zum Markenzeichen des indischen Königtums wurden.

Die königliche Förderung einheimischen Kunsthandwerks erreichte einen ihrer letzten Höhepunkte im Zusammenhang mit einer Reihe von Ausstellungen, in denen die Leistungen indischer Kunsthandwerker gewürdigt wurden. Nach dem großen Erfolg der Londoner Weltausstellung 1851, bei der eine bedeutende Anzahl eigens zu diesem Anlass in Auftrag gegebener Artikel vom Subkontinent zu sehen war, begann man auch in Indien, Ausstellungen des einheimischen Kunsthandwerks zu organisieren. Besonders aktiv war hier Maharaja Madho Singh II. von Jaipur (reg. 1880–1922), der mit Unterstützung seines Hofarztes Thomas Holbein Hendley und des Architekten Samuel Swinton Jacob im Jahr 1883 in seiner Hauptstadt eine großartige Kunsthandwerksmesse ausrichtete.[29] Mit insgesamt 7.000 Exponaten aus ganz Indien, hauptsächlich aber aus Rajasthan und vor allem aus Jaipur, war hier eine schier unglaubliche Vielfalt zu sehen. Der Schwerpunkt der fürstlichen Patronage verlagerte sich damit von dem exklusiven Bereich der Höfe auf Kunsthandwerksmessen und -ausstellungen für ein allgemeines Publikum. Hendley dokumentierte die ausgestellten Arbeiten in einem aufwendigen vierbändigen Katalog, in dem in einigen Fällen sogar die Namen der Kunsthandwerker genannt wurden, die Auftragsarbeiten für die Ausstellung angefertigt hatten (Abb. 137).[30] Manche Ausstellungsstücke stammten aus der neu gegründeten Jaipur School of Art und über-

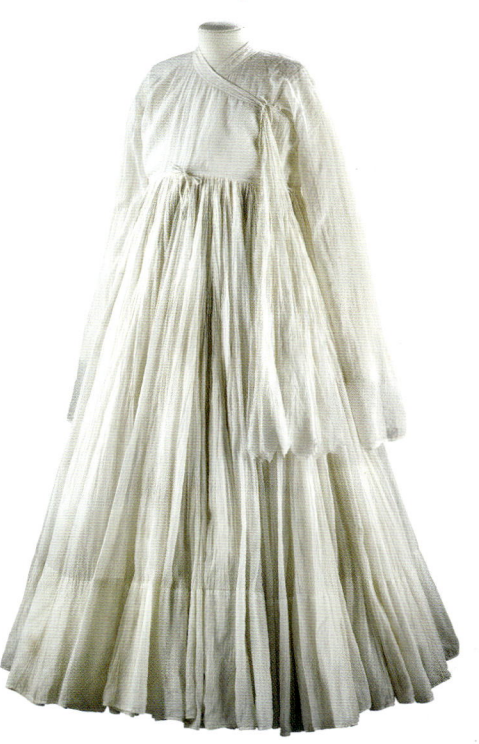

134
Anga (Robe), *dupatta* (Stola), *pagri*
(Turban) und *juti* (Schuhe)

Gwalior, spätes 19./frühes 20. Jahrhundert
Mit Gold bestickte Seide, gestepptes Wollfutter,
applizierte Fotografien; Seide mit eingewebten
Goldstreifen; Baumwolle mit eingewebten
Goldstreifen, Goldlitze; Leder, Baumwollsamt,
Goldstickerei
Jyotiraditya M Scindia von Gwalior

Die Oberfläche der Robe weist ein Muster in
utta-Technik auf. Die applizierten Fotografien
an den Armen und auf der Rückseite sind mit
Stickereien umgeben.

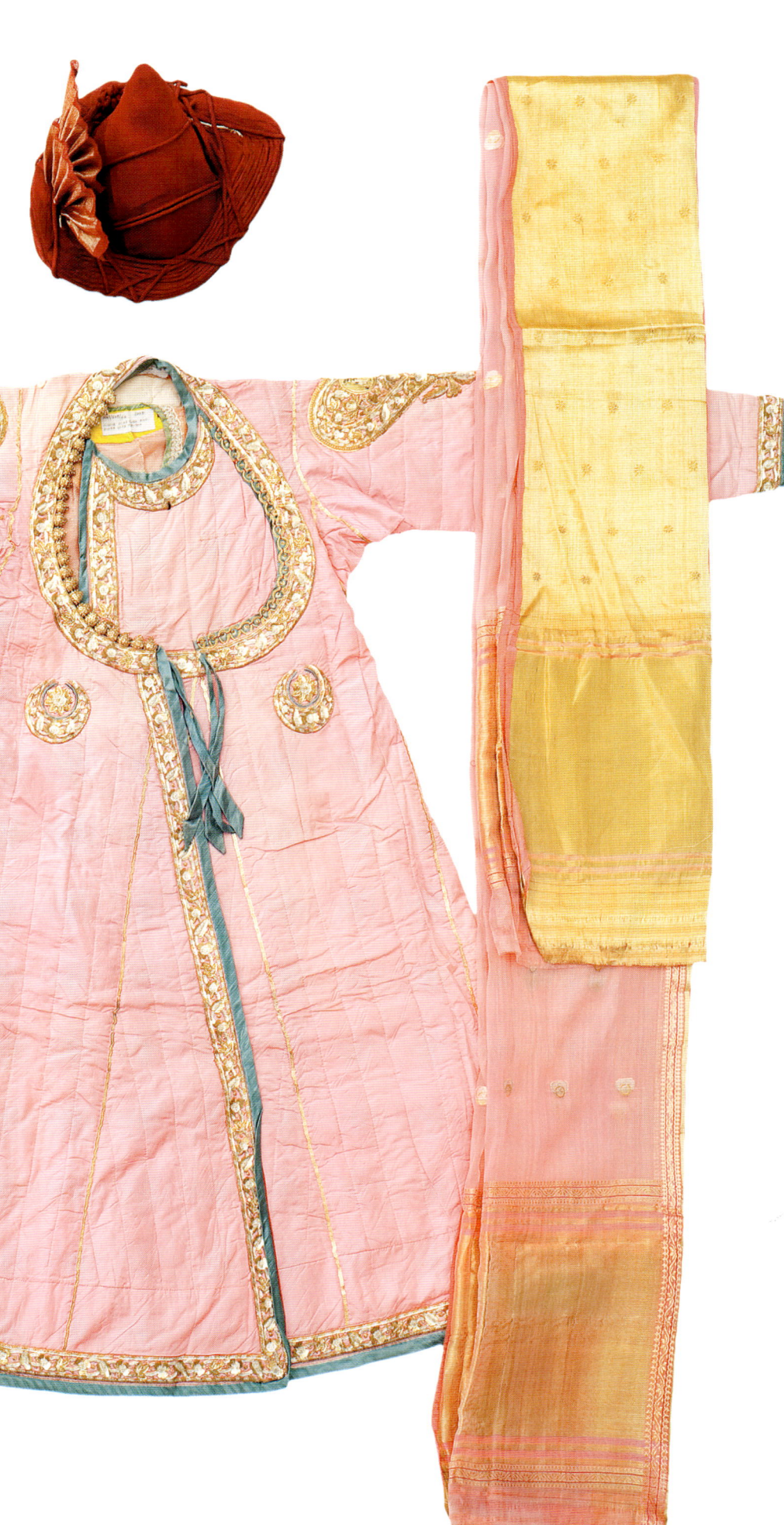

135
Herrenrock aus dem Besitz von Nawab
Sadiq Muhammad Abassi IV.
von Bahawalpur

Vermutlich Bahawalpur, ca. 1880
Mit Seide und Gold bestickter Samt
Privatsammlung

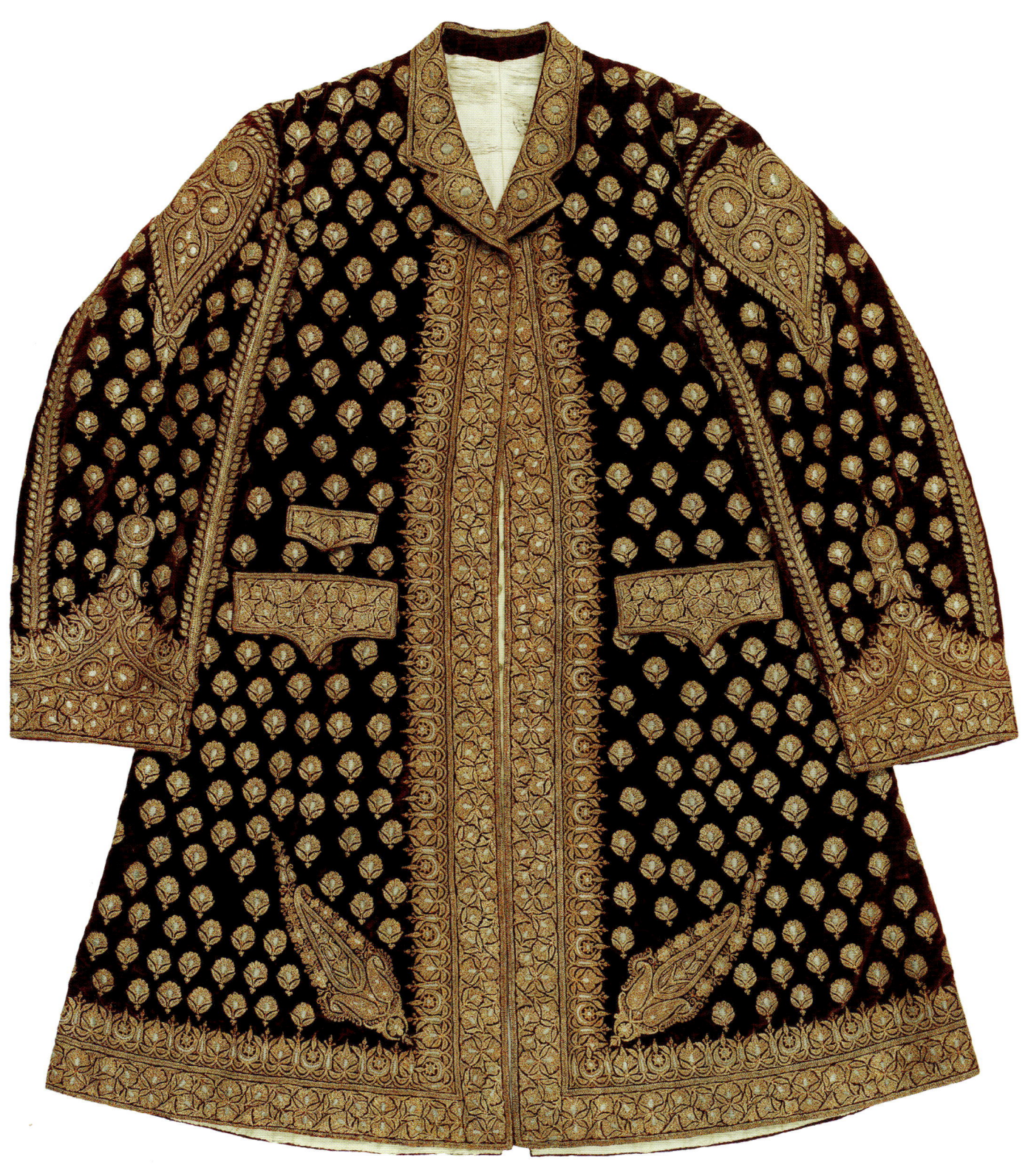

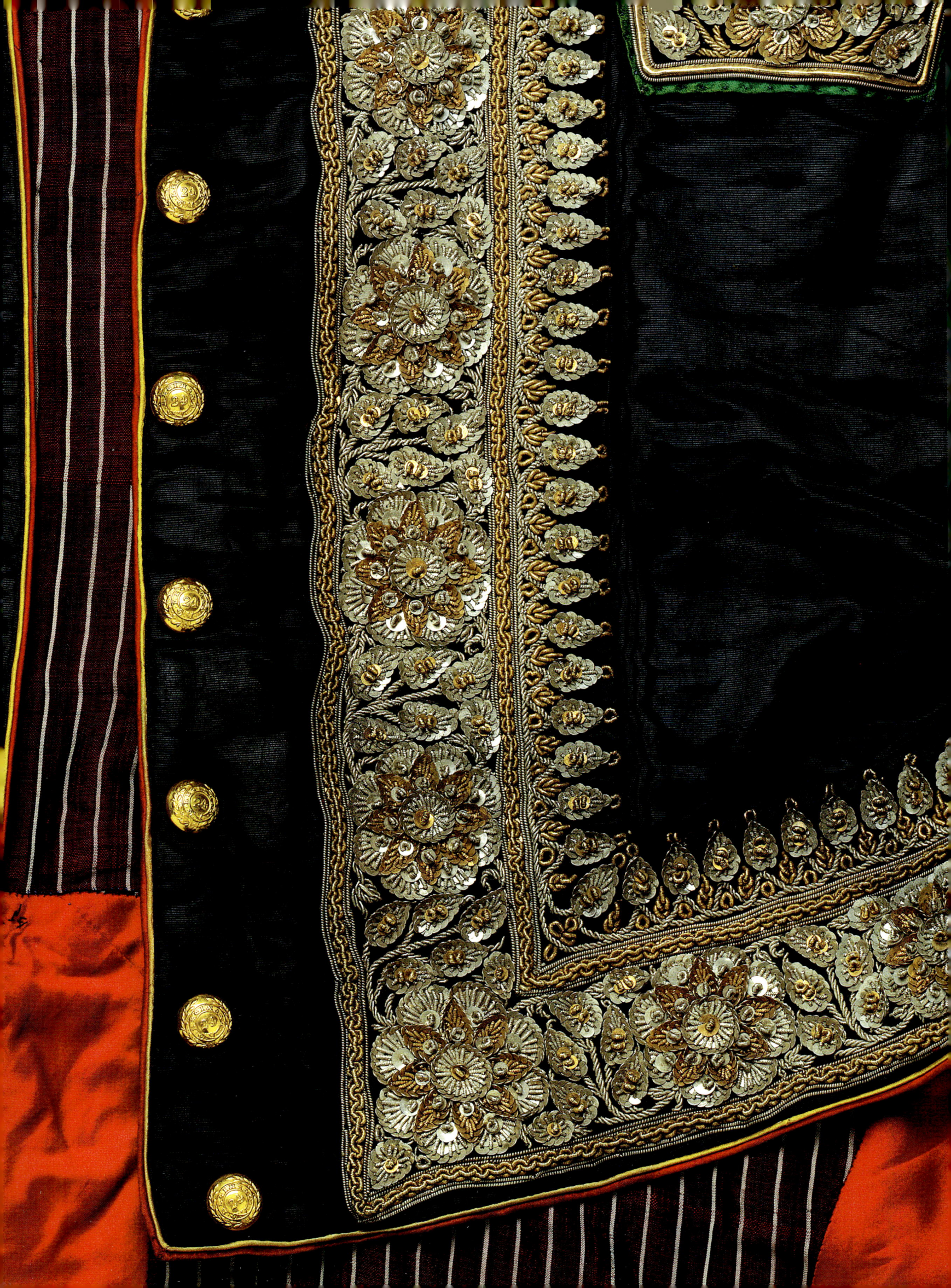

haupt bietet der Katalog wertvolle Einblicke in die handwerkliche Produktion im damaligen Jaipur. Abgesehen von den Leihgaben aus anderen Fürstenstaaten wurden die Ausstellungsstücke später in die ständige Sammlung des neuen Museums von Jaipur aufgenommen, das nach dem Prinzgemahl »The Albert Hall« getauft wurde.

Weitere Ausstellungen in Indien und Großbritannien folgten. Im Jahr 1886 fand in London die »Colonial and Indian Exhibition« statt, die indischen Exponaten über 30.000 Quadratmeter Ausstellungsfläche bot,[31] wobei zwei große Areale dem Kunsthandwerk Jaipurs vorbehalten waren. Noch bemerkenswerter war die 1903 in Delhi abgehaltene »Indian Art Exhibition«,[32] zu der die indischen Fürsten besonders gelungene Beispiele des traditionellen Handwerks in ihren Gebieten als Leihgaben beisteuerten. So schickte der Maharaja von Marwar eine Replik der reich verzierten Steinfassade eines Hauses in Jodhpur sowie »ein paar sehr interessante Emaillearbeiten«, deren Beschreibung jedoch eher auf eine Herkunft aus Jaipur schließen lässt.[33] Ebenfalls aus Jodhpur stammte ein seltsames Objekt, das in Watts Katalog leider nicht abgebildet, aber folgendermaßen beschrieben ist: »Ein *Golab-dani* [Behälter für Rosenwasser] aus Silber, dessen untere Hälfte nielliert, der Rest vergoldet ist. Die Form ist recht wunderlich, denn sie besteht aus zwei trompetenförmigen Teilen, die eine Art Sockel für ein Tigerpaar bilden.«[34] Einige Staaten sandten antike Stücke, wobei sich unter den aus Jodhpur stammenden Exponaten »eine hervorragende Reihe von Luntenschlossgewehren und anderen Waffen hohen künstlerischen und historischen Werts«[35] befand. Eines der bemerkenswertesten Exponate war der so genannte »Perlenteppich von Baroda«, der zu einer Garnitur von ursprünglich vier rechteckigen Teppichen und einem runden Baldachin gehörte (Abb. 138), die einige Jahre zuvor im Auftrag von Khanderao Gaekwad von Baroda (reg. 1856–1870) angefertigt worden war und angeblich 6 Millionen Rupien gekostet hatte.[36] Das Grundgewebe der Teppiche und des Baldachins war vollkommen mit Saatperlen und farbigen Glasperlen bedeckt, die ein für Teppiche typisches Muster bildeten, wobei in die Blumenmotive zusätzlich Rubine, Smaragde und Diamanten eingesetzt waren. Die verschwenderische Kostbarkeit dieser Stücke wurde von einigen kritisiert, von anderen wiederum ausdrücklich goutiert, da die Teppiche und der Baldachin anscheinend als Geschenk für das Grab des Propheten Mohammed in Medina gedacht waren. Indem er einen solchen Auftrag erteilte, habe der Gaekwad seine Achtung vor dem Islam und seinen muslimischen Untertanen bezeugt.[37] Auch der Maharaja von Bikaner unterstützte die Ausstellung mit Leihgaben, darunter ein in Jodhpur gefertigtes Silbergestell für ein Kultbild und »eine Sammlung von Utensilien aus Gold und Silber wie etwa eine in Entenform gestaltete Rotweinkaraffe, einen Rosenwassersprenger aus Silber im ›China-Stil‹, ein Paar von Rattu und Kesa Thathera aus Bikaner gefertigte Silberenten«.[38] Die merkwürdig hybride Gestalt der neueren, für die Ausstellung in Auftrag gegebenen Arbeiten deutet jedoch auf ein Erlahmen des aristokratischen Interesses an traditionellen einheimischen Formen im Kunsthandwerk hin. Der kulturelle Eklektizismus von Stücken wie der Rotweinkaraffe des Maharaja von Bikaner oder seinem Rosenwassersprenger im chinesischen Stil sind Symptome einer Stilvermischung, die zweifellos auf den Versuch zurückzuführen ist, fremde ästhetische Vorstellungen auf einheimische Waren zu übertragen.

Die höfische Förderung von Kunst und Kunsthandwerk entsprang einerseits der Notwendigkeit, Tradition und Etikette Genüge zu tun, andererseits aber dem Wunsch nach Neuem. Die königlichen Kammern sowohl der Moguln als auch der Rajputen hiel-

136 *Linke Seite*
Jacke aus dem Besitz von Maharaja Khanderao Gaekwad von Baroda (Ausschnitt)

Bombay (Mumbai), ca. 1860–1870
Seide, Goldstickerei, Pailletten und Litze
Victoria and Albert Museum, London

Diese Jacke gehört zu einer Uniform mit passenden Hosen und einem Helm mit Federbusch.

137 *Unten*
Schwert mit Scheide

Handzeichnung
Rakhi Chand und Murli
Jaipur, 1883
Aquarellfarbe auf Papier
Victoria and Albert Museum, London

Das emaillierte und juwelenbesetzte Schwert mit Scheide auf dieser Zeichnung wurde 1883 als Leihgabe des Maharajas von Alwar auf der Ausstellung indischen Kunsthandwerks in Jaipur gezeigt.

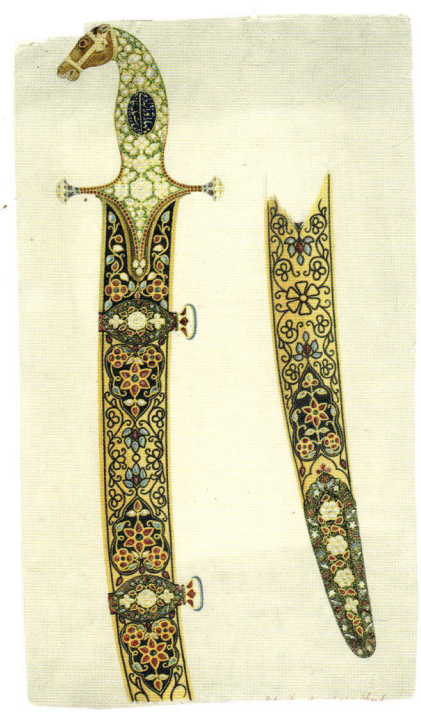

ten einen schier unerschöpflichen Vorrat an Ehrengewändern und anderen Geschenkartikeln bereit; dazu kamen Textilien und allerlei Utensilien für den Gebrauch am Hof, und zu besonderen Zeremonien oder Festtagen wurden zusätzliche Waren in Auftrag gegeben. Für all diese Erzeugnisse gab es einen klar vorgegebenen, traditionsgebundenen Gestaltungsrahmen, doch äußere Einflüsse sorgten in fast allen Bereichen der Kunst und des Kunsthandwerks an den Höfen der Moguln und der Rajputen für wichtige innovative Impulse. Die Entwicklung von Geschmacksvorstellungen und Stilrichtungen lässt sich so als Ergebnis der nachhaltigen Förderung von Kunst und Kunsthandwerk durch den Herrscher und sein Umfeld darstellen.

138 *Links und rechte Seite*
Baldachin, angefertigt für Maharaja Khanderao Gaekwad von Baroda
Baroda (Vadodara)
Perlen, Rubine, Smaragde und Diamanten auf Seide
Ø 119 cm
Privatsammlung

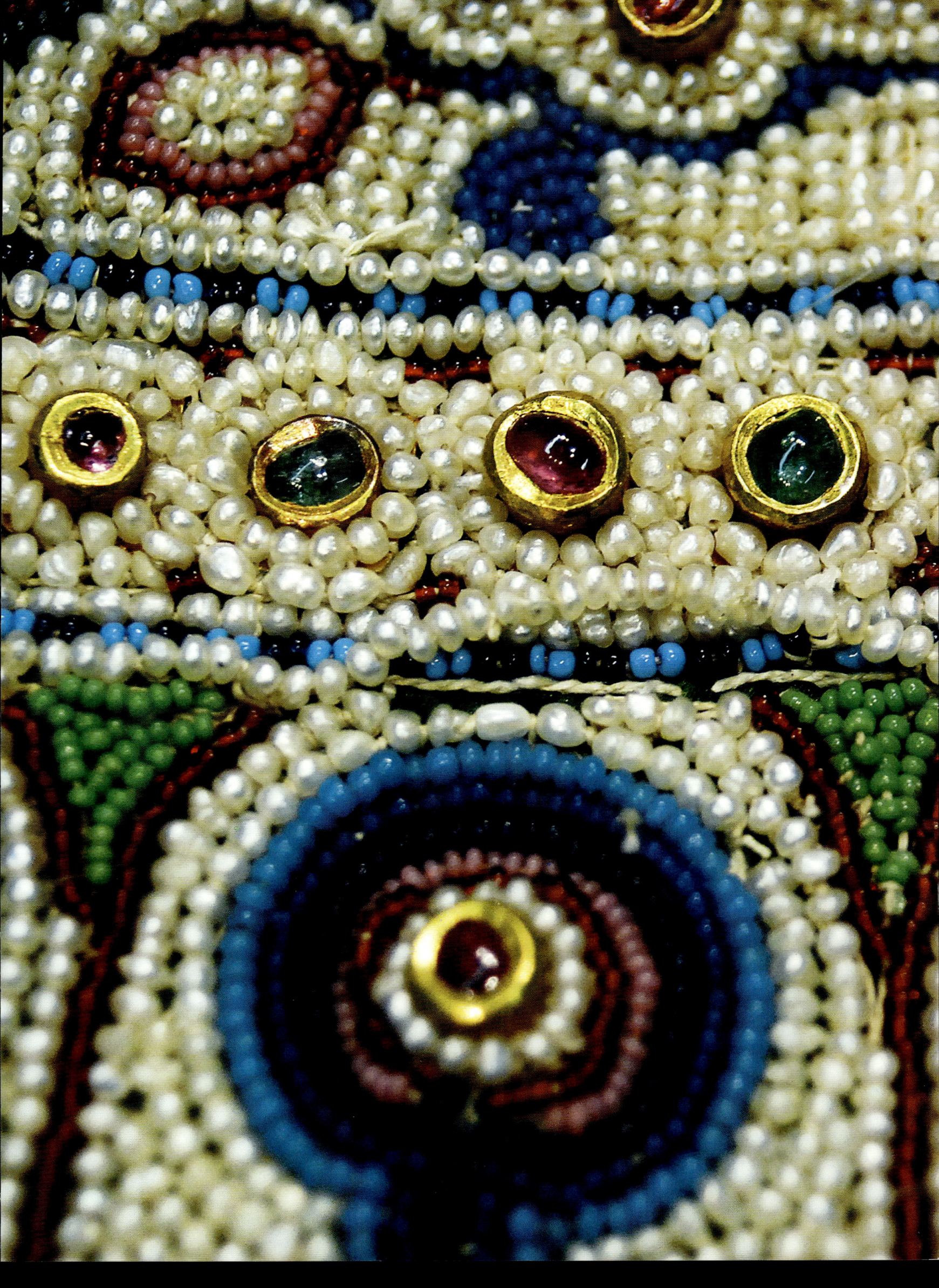

MAHARANA FATEH SINGH VON MEWAR

1849–1930, reg. 1884–1921[1]

Fateh Singh trat 1884 die Nachfolge als Maharana von Mewar an. Die Herrscher dieses Staates hatten traditionell Vorrang gegenüber den anderen Potentaten Rajputanas, weshalb sie die britische Hierarchie der Salutschüsse, die sie niedriger als die neueren Fürstenstaaten Hyderabad, Baroda, Mysore, Gwalior und Kaschmir stellte, nur ungern akzeptierten.[2] Fateh Singh, der sich der Stellung seines Klans in der Geschichte mehr als bewusst war, nahm an keinem einzigen der von den Briten prachtvoll ausgerichteten Hoftage teil, die ihn dazu gezwungen hätten, das durch die Fremdherrschaft auferlegte System anzuerkennen.[3]

Im Gegensatz zu vielen seiner Zeitgenossen verließ Fateh Singh seine Gebiete nur selten. Seine Zurückhaltung gegenüber der Außenwelt führte zu einer politisch motivierten Typisierung des Fürsten als bemitleidenswert rückständig und von Mewar als anachronistischem Staat.[4] Die Regierungszeit von Fateh Singh geriet zum Ringen zwischen der britischen Regierung und ihrer Politik der verstärkten Kontrolle über die indischen Fürstenstaaten einerseits und dem Beharren des Maharanas auf der buchstabengetreuen Einhaltung des Abkommens aus dem Jahr 1818 andererseits.[5] Nachdem Fateh Singh sich schon geweigert hatte, an den Krönungsfeierlichkeiten von 1911 teilzunehmen, kam es im Jahr 1914 zu ernsten Differenzen, die durch die Klagen einiger Adliger seines Hofes gegen seine Herrschaft noch vertieft wurden.[6] Der sehr traditionsverbundene Maharana setzte seine Autorität innenpolitisch durch, indem er seine historischen Rechte geltend machte, so das Vorrecht, Lehen (*jagir*) gegenüber den Erben zu erneuern oder zu versagen (*talwarbandi*),[7] und indem er streng darauf achtete, dass die Adligen ihren Pflichten gegenüber dem Herrscher nachkamen (*kaulnama*).[8] Die britische Kolonialregierung konnte zu diesem Zeitpunkt nicht offen eingreifen und erklärte, dass keinerlei Verfehlungen seitens des Maharanas bekannt seien und dass »aufgrund seines beeindruckenden Charakters und

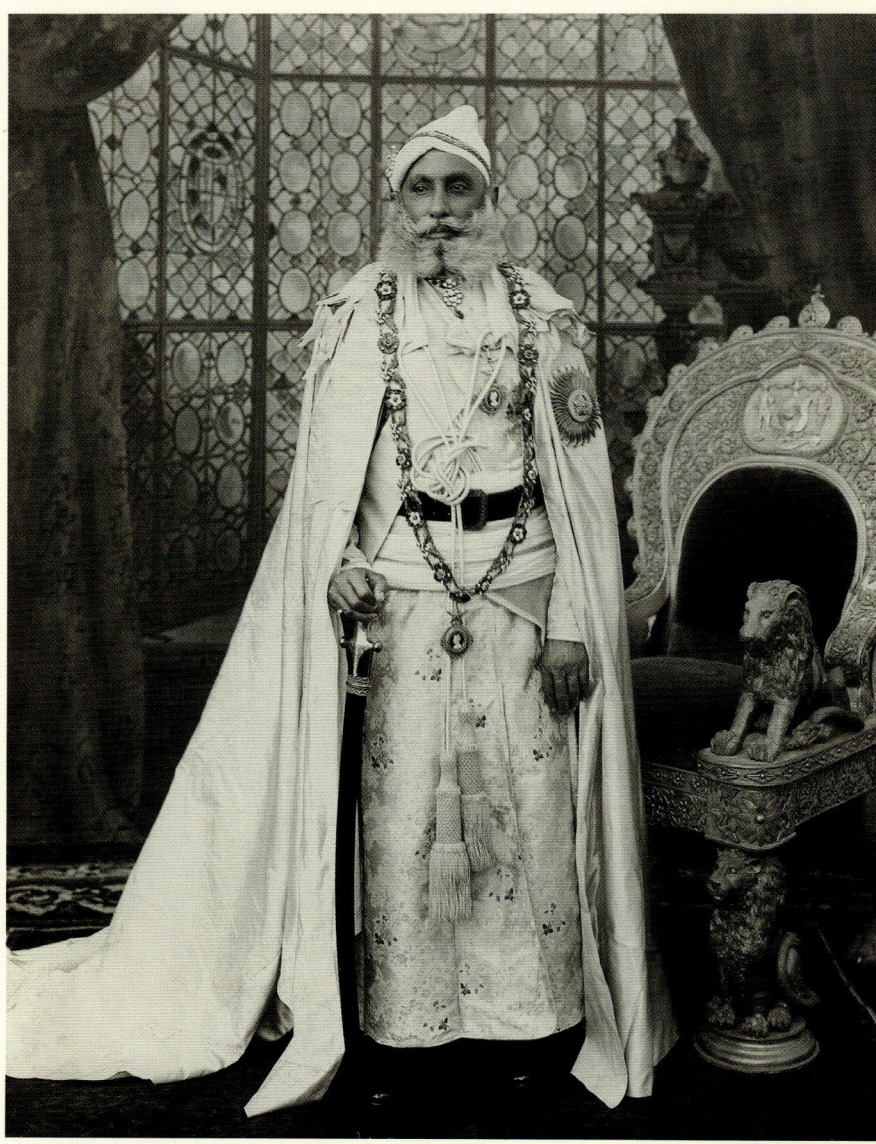

seiner anziehenden und interessanten Persönlichkeit«[9] eine Amtsenthebung die anderen Fürsten sehr negativ beeindrucken würde.

Die Beziehungen zwischen der britischen Regierung und dem Maharana verschlechterten sich indes weiter, bis schließlich am 10. August 1921, am Vorabend des Besuchs des Prince of Wales, in einer Presseerklärung verlautbart wurde: »Seine Hoheit der Maharana von Udaipur, rang-

139
Maharana Fateh Singh von Mewar
Bourne and Shepherd
Udaipur, Delhi oder Shimla,
ca. 1918
Moderner Abzug eines Originalnegativs auf Glasplatte
National Portrait Gallery,
London

140
***Surahi, bajot* und Kelche
aus Kristallglas**

F & C Osler
Birmingham, ca. 1880
Klares und geschliffenes Glas
14,5 x 32,5 x 32,5 cm
Maharana of Mewar Charitable
Foundation

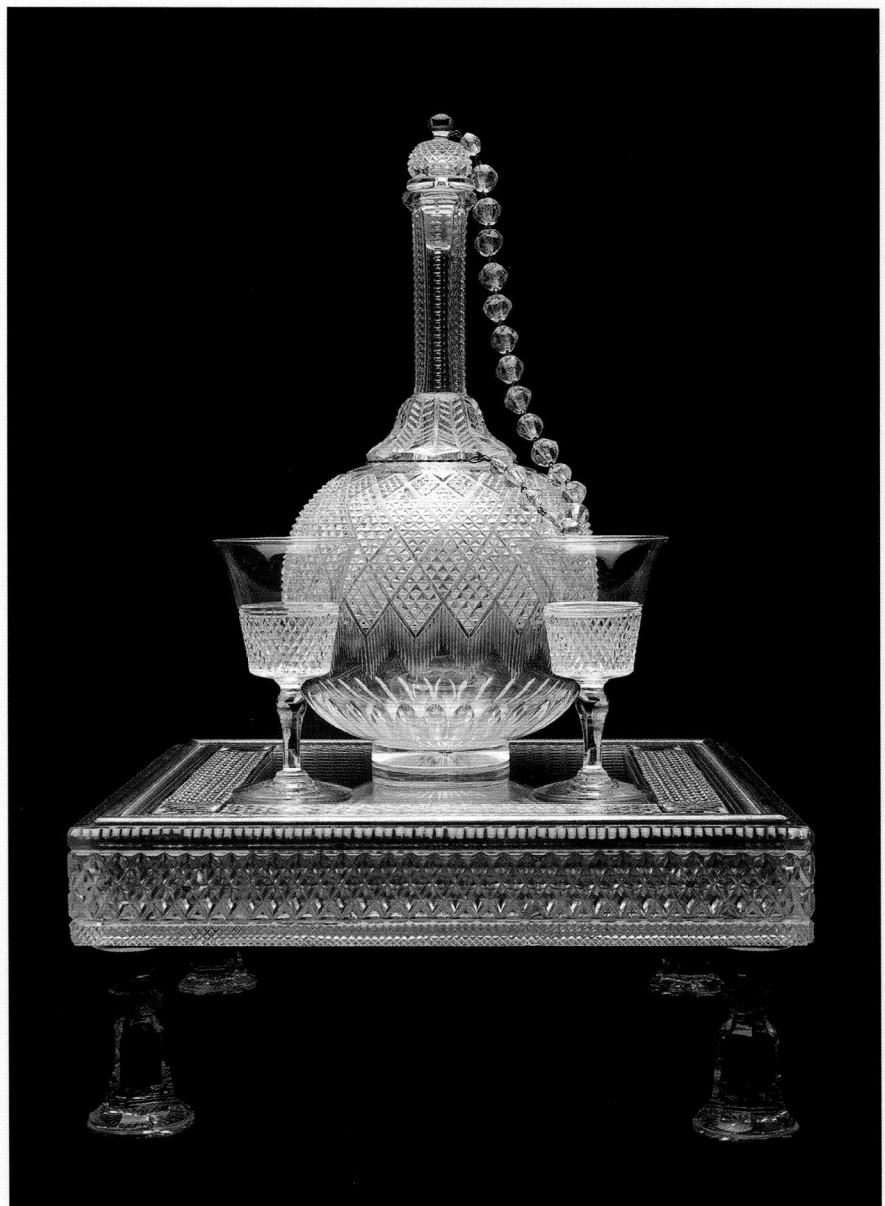

höchster Fürst von Rajputana – der nun ein Alter
von fast 75 Jahren erreicht hat, hat umfassende
Befugnisse auf seinen Sohn, den Maharaj Kumar
Sir Bhupal Singh, KCIE, übertragen.«

Der Maharana wurde über seine eigene Abdankung durch ein Glückwunschtelegramm des
Vizekönigs in Kenntnis gesetzt. Erbost über diesen
politischen Winkelzug reiste er nach Delhi, um
seinen Fall dort vorzubringen, wobei er betonte,
dass er der britischen Kolonialregierung einen
großen Dienst erwiesen habe, »indem er seine
Lippen versiegelte und kein Sterbenswörtchen
darüber in der Öffentlichkeit verlautbarte, dass
er zur Abdankung gezwungen worden war.«[10]
Er bemühte sich, alle Vorwürfe wegen schlechter
Regierungsführung zu widerlegen, blieb jedoch
erfolglos. Tatsächlich rührten die Einwände der
britischen Regierung gegen den Maharana weder
von seinem Alter noch seinem Führungsstil her.
Gandhi hatte in Mewar eine breite Anhängerschaft
gewonnen und es bestand Anlass zur Sorge, dass
auch der Maharana die Kampagnen des zivilen
Ungehorsams (*satyagrah* bzw. *swadeshi*) unterstützen könnte. Trotz aller Darstellungen der Abdankung als freiwillige Entscheidung reagierte die
Öffentlichkeit empört, wie aus einem Bericht der
Zeitung *Pratap* vom 6. Februar 1922 hervorgeht:

»Der Maharana war äußerst korrekt hinsichtlich
der Ehre von Mewar und die Engländer konnten
sich nicht in dessen innere Angelegenheiten ein-
mischen. Nun aber, da sie die meisten Befugnisse
in die Hände des gefügigen Maharaj Kumar übertragen haben, können sie ihren Einfluss ungehin-
dert geltend machen. Es ist bedauerlich, dass,
obgleich der Maharana in 40 [sic] Jahren seiner
Regierung nicht eine einzige politische Verhaftung
veranlasste, sein Sohn die Gefängnisse bereits in
wenigen Monaten mit politischen Gefangenen gefüllt hat.«

Der Maharana blieb jedoch auch nach seiner
Abdankung eine einflussreiche Persönlichkeit in
Udaipur. Er förderte weiterhin Künstler und Foto-

grafen und ihm ist zu verdanken, dass Udaipur
eine der letzten Domänen indischer Miniatur-
malerei geblieben ist. Künstler wie Shivlal und
Kundanlal wurden vom Hof begünstigt; letzterer
wurde zur Ausbildung an die Slade School of Fine
Art in London geschickt. Der Maharana verwirk-
lichte umfangreiche Bauvorhaben, darunter den
Shiv-Niwas-Palast, der mit Glasmöbeln der Firma
F. & C. Osler eingerichtet wurde, und den Fateh-
Prakash-Palast (Abb. 140; s. auch Abb. 189–191).

Fateh Singh starb im Jahr 1930, nach einer
Regierungszeit von 46 Jahren und noch immer
ungebrochen im Bewusstsein seiner Würde als
Maharana von Mewar.

Deepika Ahlawat

MAHARAJA RANJITSINHJI VON NAWANAGAR

1872–1933, reg. 1907–1933

Kumar Ranjitsinhji vom rajputischen Klan der Jadeja, die in der Region Kathiawar in Westindien regierten, kam 1891 als indischer Prinz, der etwas Cricket spielen konnte, nach Cambridge. Bald wurde er ein außergewöhnlich guter Schlagmann mit einer so überragenden Technik, dass Sportjournalisten auch noch 100 Jahre später einen besonders virtuosen Umgang mit dem Schlagholz als »ranjiartig« bezeichnen. Der Prinz spielte später für England, erzielte gleich bei seinen Debütspielen sowohl zuhause als auch auswärts mehrere Hunderter (Punkte), wurde Mannschaftskapitän von Sussex und erreichte zweimal innerhalb einer Saison 3.000 Runs (Abb. 141).

Trotz seiner fantastischen Leistungen auf dem Spielfeld war Ranji – oder »Rum Ginger Whisky«, wie die begeisterten Fans ihn nannten, die seinen indischen Namen nicht aussprechen konnten – bei der Aufstellung der englischen Nationalmannschaft zunächst mit der Begründung abgelehnt worden, er sei kein richtiger Engländer. Er zählte jedoch bald zu den größten Sportlern Englands und wurde in einem Bildband neben dem König und dem Prince of Wales als einer der »50 Großen des britischen Sports« aufgelistet.[1]

Ranjitsinhji, der sich sehr bemühte, unter dem Namen Prinz Ranji bekannt zu werden, hatte ständig Geldsorgen und Ärger mit seinen Gläubigern in England. Daher war es für ihn ein Glücksfall, dass er zum Nachfolger seines Onkels als Herrscher über Nawanagar auserkoren wurde.[2] Möglicherweise waren es seine Popularität in Großbritannien und seine sportlichen Fähigkeiten, die ihn in den Augen der Regierung Indiens als geeigneten Kandidaten erscheinen ließen. Im Jahr 1907 ging er als Maharaja oder »Jam Saheb« nach Nawanagar.

Neben dem Herrschertitel erbte Ranjitsinhji eine Reihe wertvoller Juwelen und erweiterte diese Sammlung an Edelsteinen sowohl als Kapitalanlage als auch als Staatsschatz (Abb. 142). Er war Stammkunde bei Jacques Cartier, der ihm be-

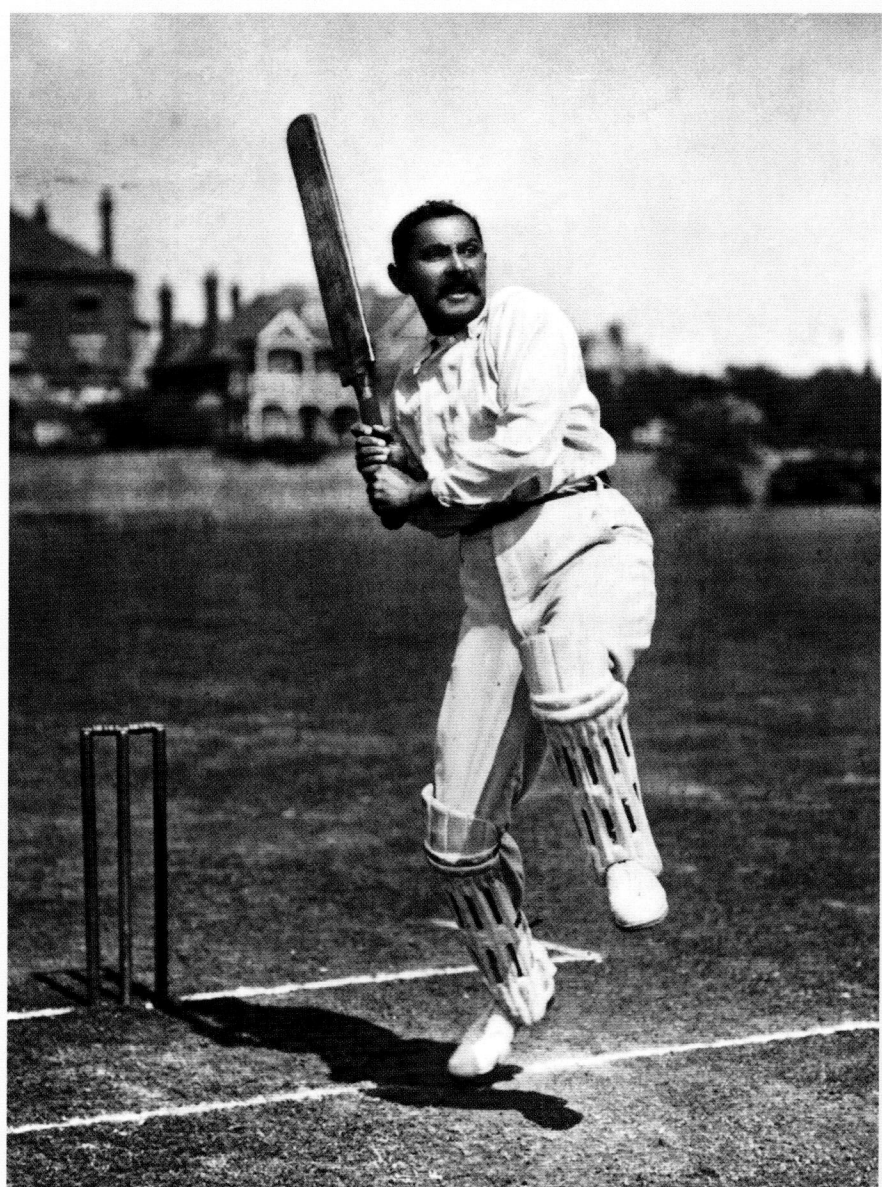

scheinigte, ein Juwelenkenner zu sein und ihn als »einen Fürsten mit wahrhaft fürstlichem Geschmack« bezeichnete. Cartier erinnerte sich insbesondere an das Nawanagar-Collier mit seinem Mittelstück aus den erlesensten und seltensten farbigen Diamanten der Welt (s. S. 216 f., Abb. 186): »… eine wahrlich großartige Verwirklichung des Traums eines jeden Kenners … Hätte unser Zeit-

141
Maharaja Ranjitsinhji von Nawanagar

George Belham
London oder Hove, 1901
Silbergelatineabzug
57,3 x 42,1 cm
Privatsammlung

alter nicht eine nie da gewesene Folge von welt-
erschütternden Ereignissen erlebt, wären solche
Edelsteine unbezahlbar gewesen; zu keiner
anderen Zeit in der Geschichte hätte ein solches
Collier entstehen können.«[3]

Obwohl Ranji oft außer Landes war, leitete er
die Modernisierung Nawanagars ein, indem er
Straßen sowie Schulen und Krankenhäuser bauen
ließ. Dem Beispiel von Baroda folgend, führte er
ebenfalls eine allgemeine kostenlose Grundschul-
bildung ein, baute einen neuen Hafen und versorgte die Hauptstadt mit Elektrizität. Trotzdem
war er als Herrscher nicht immer beliebt, vielleicht
weil er mehr Engländer als Inder war – er lehnte
es ab, 1914 die indische Nationalmannschaft nach
England zu führen und bezeichnete sich als »englischen Cricketspieler«. Unter seinen Mitfürsten war
er jedoch sehr angesehen und bemühte sich sehr,
die Fürstenkammer zu einem politisch effizienten
Forum zu machen. In den Jahren 1920, 1922 und
1933 war er der Repräsentant der indischen
Fürsten beim Völkerbund.

In den Augen der Briten nahm Ranji eine eigen-
artige Stellung ein: Es war, als wären sämtliche
»orientalischen Makel« seines Wesens durch die
charakterprägende Sportlichkeit und Ernsthaftig-
keit des »Gentleman's Game« ausgelöscht worden,
was ihn zu einer Art Galionsfigur machte, die zugleich die Existenz des Empire zu rechtfertigen
schien. Ein Journalist einer bekannten Tages-
zeitung drückte es so aus: »Es ist, als ob ein
Hauskätzchen anfinge, über die Einführung von
Schutzzöllen zu sprechen – das ist seine Position
in den Augen der Öffentlichkeit. Der Jamsaheb
hat den Osten in die Herzen unserer Bevölkerung
gebracht und hat sie gelehrt, den Osten als etwas
Menschliches und Freundliches zu empfinden.«[4]

Ranjitsinhji feierte 1932 sein silbernes Thronjubiläum als Jamsaheb, starb aber im folgenden
Jahr. In Indien lebt sein Name im Ranji-Trophy-
Cricketturnier fort, das 1934 zum Gedenken an
ihn von Maharaja Bhupinder Singh von Patiala
ins Leben gerufen wurde.

Deepika Ahlawat

142
Elefantenuhr »Mysterieuse«
Coüet, Cartier
Paris, 1928
Platin, Gold, Jade, Korallen,
Onyx, Perlmutt, Perlen, Kristall,
Diamanten und Emaille
20 x 15,5 x 9,2 cm
Sammlung Cartier

Vormals Sammlung des Maharaja Ranjitsinhji von Nawanagar

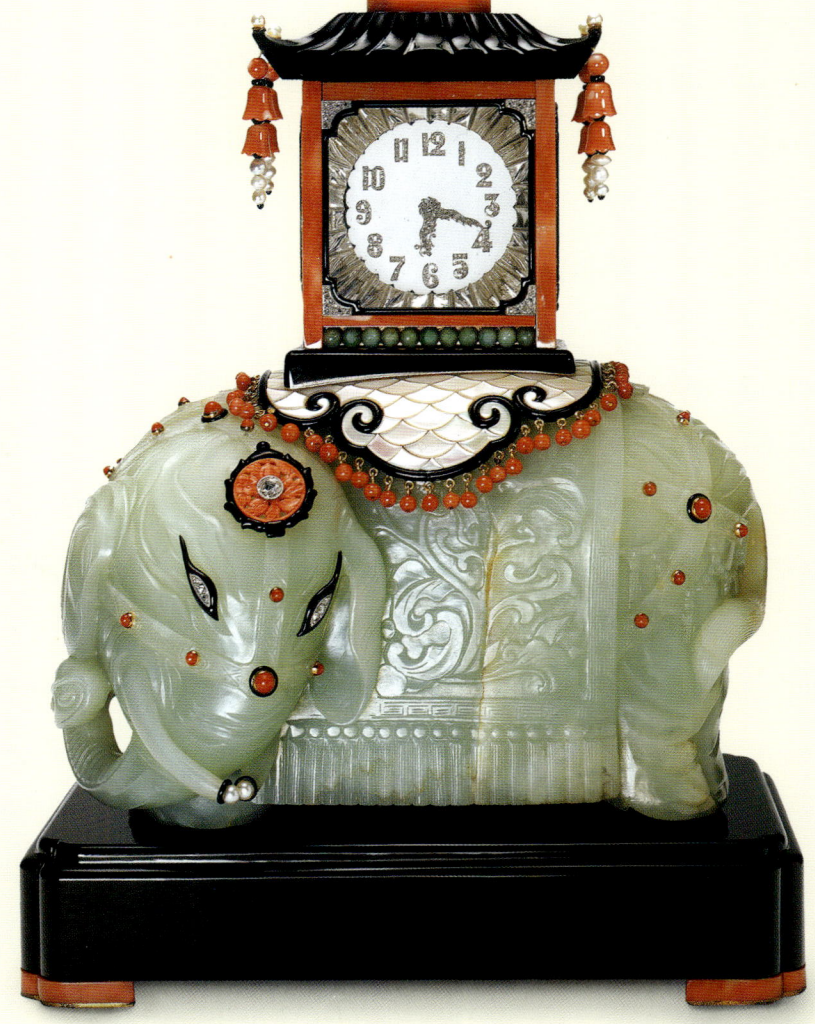

PALASTBAU UND STILPOLITIK

GILES TILLOTSON

Rechte Seite
Ein Saal im Jai-Vilas-Palast
Vgl. Abb. 151

»Man darf nicht aus dem Blick verlieren, dass die einheimischen Rajas und Klanführer Indiens sich in einer Übergangsphase befinden, und dass ein alter Palast wie der von Amber für den gegenwärtigen Gaekwad von Baroda genauso nutzlos wäre wie für einen ganz normalen englischen Gentleman.«[1]

So verteidigte der Architekt Robert Chisholm den Baustil von Laxmi Vilas, dem 1890 fertiggestellten neuen Palast des Maharaja von Baroda, dessen Einrichtung und Ausstattung eher zu einem englischen Landsitz zu passen schienen als zu einem traditionellen indischen Palast (Abb. 152). Dass Chisholm den Maharaja überhaupt mit einem Engländer vergleichen konnte, spricht für den Erfolg der ab 1830 einsetzenden britischen Bemühungen, die indische Oberschicht gezielt zu verwestlichen. Die von ihm angesprochene »Übergangsphase« hatte jedoch schon lange vorher begonnen.

Der von Chisholm erwähnte Palast der Rajputenherrscher in Amber war über die gesamte Mogulzeit vom 15. bis ins frühe 18. Jahrhundert nach und nach von aufeinanderfolgenden Generationen gebaut worden, galt jedoch schon in den 1720er Jahren als zu veraltet, um noch bewohnbar zu sein. Amber liegt in einem schmalen Tal zwar sehr geschützt, aber so beengt, dass für bauliche Erweiterungen schlichtweg kein Platz war. Maharaja Sawai Jai Singh II. (reg. 1699–1743) verlegte die Hauptstadt daher in das damals neu gegründete Jaipur. Das von ihm dort errichtete Stadtschloss folgte stilistisch und strukturell den herrschenden Prinzipien der Mogul- und Rajputenarchitektur, denen zufolge ein Palast immer in drei separate Bereiche aufgeteilt war: ein öffentlicher Bereich mit Audienzsaal für den Durbar und andere höfische Zeremonien, der private Bereich des Herrschers und die Frauengemächer (*zenana*). Doch die großzügige Gestaltung der Innenhöfe, Gärten und auch einiger Räume markierte bereits einen deutlichen Wandel (Abb. 143) und die eher auf ein reges Geschäftsleben denn auf militärische Verteidigung ausgerichtete Anlage der Stadt selbst war etwas ganz Neues für eine rajputische Hauptstadt. Ihre Stärke sollte im Handel liegen und nicht so sehr bei der Macht der Waffen (s. S. 43).[2]

Das traf aber nicht nur auf Jaipur zu. Der Ausbau von Jai Singhs Stadt und Schloss war nur eines von mehreren regionalen Stadtentwicklungsprojekten im Indien des 18. Jahrhunderts, zu denen auch die Hauptstädte der drei wichtigsten Nachfolgestaaten des Mogulreichs gehörten: Murshidabad in Bengalen (Abb. 144), Hyderabad auf dem

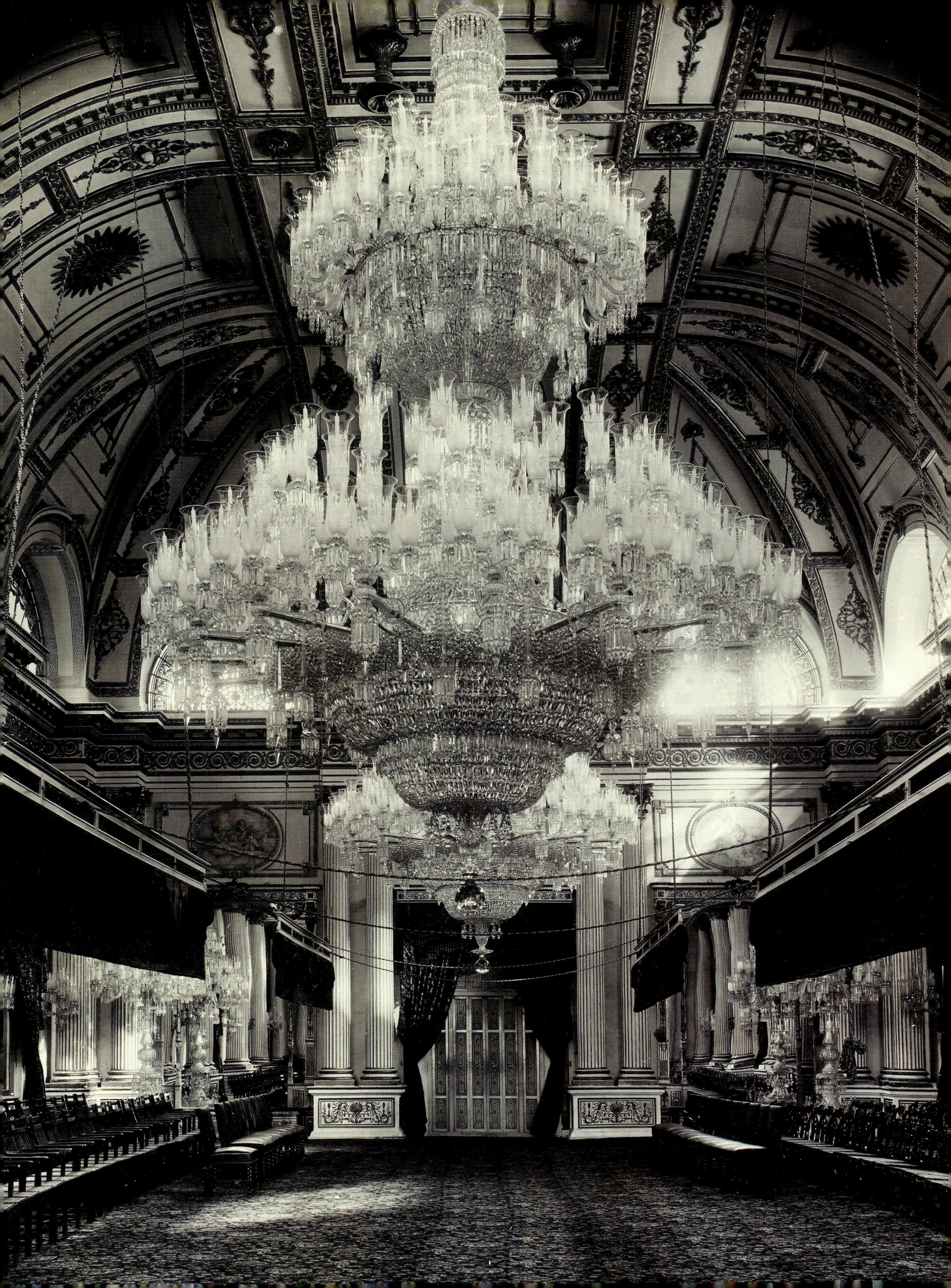

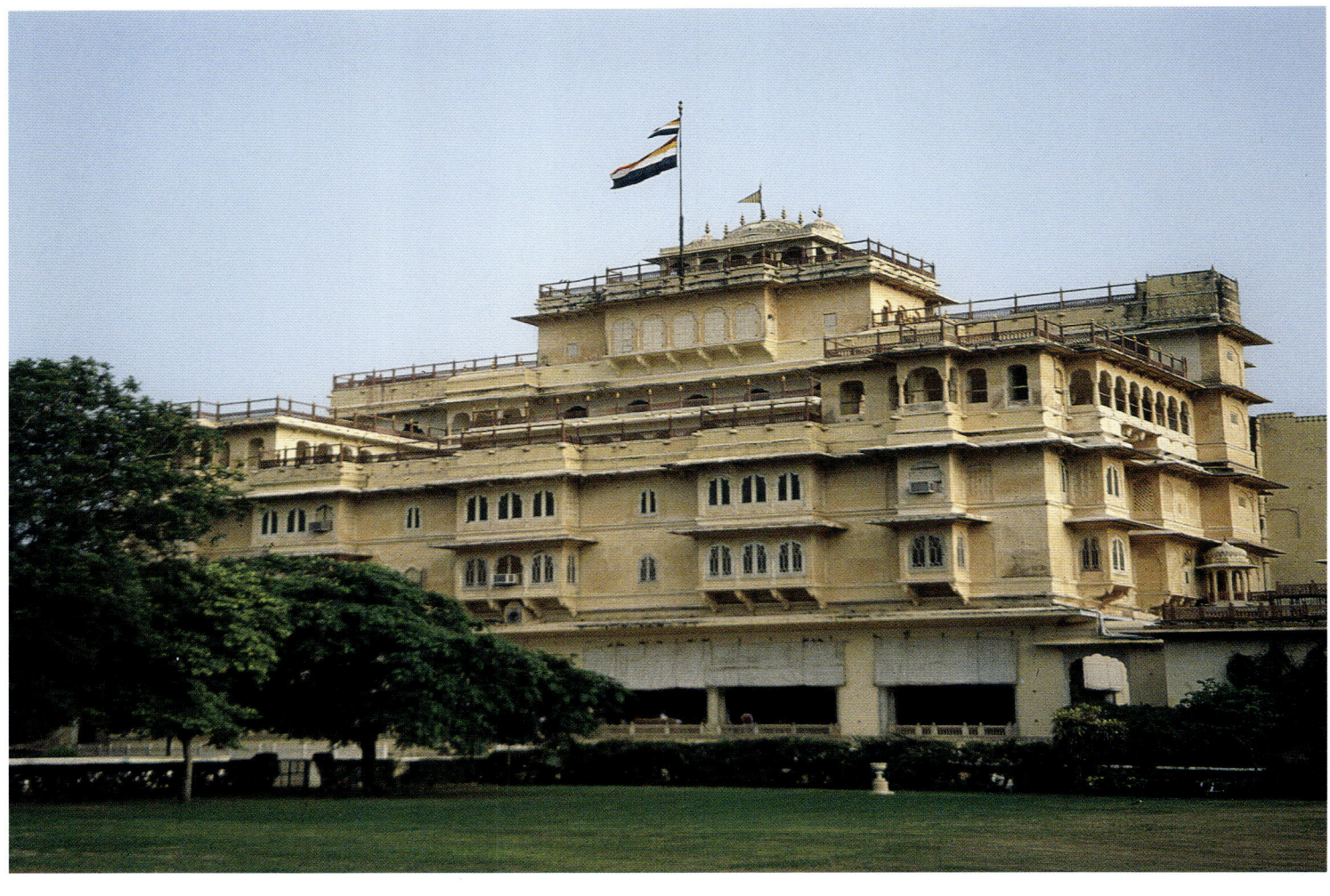

143
Der Stadtpalast von Jaipur

Dekkan und Faizabad bzw. später Lucknow in Awadh. Fernab von der ohnehin schwin-
denden Macht des Mogulhofes untermauerten die von den Moguln eingesetzten regionalen Herrscher ihre Autonomieansprüche durch ehrgeizige Bauprojekte in neu gegründeten Städten. Die Errichtung raumgreifender Paläste war ein zentrales Moment
dieser Strategie.[3]

Andernorts wurden alte Paläste renoviert oder erweitert, um sie auf den neuesten
Stand zu bringen und angemessene Räumlichkeiten für immer pompösere Zeremonien
zu schaffen – oder vielmehr angemessene Schauplätze, denn auch die Hochzeitsgesellschaften und königlichen Festzüge im öffentlichen Raum um die Paläste wurden immer
aufwendiger. In Jodhpur baute Maharaja Ajit Singh (reg. 1707–1724) die Paläste in der
Festung Mehrangarh komplett um. In Udaipur wurde dem Hauptschloss um 1700 der als
Amar Vilas bekannte große hängende Garten hinzugefügt, wenig später ließ Maharana
Sangram Singh II. (reg. 1710–1734) die Pavillons auf der Insel Jag Mandir umbauen und
erweitern, und Maharana Jagat Singh II. (reg. 1734–1751) errichtete schließlich den
heute als »Lake Palace« bekannten zauberhaften Inselpalast Jag Niwas. Zeitgenössische
Gemälde zeigen diese Bauwerke als Orte der Erholung: Hier verbrachte der Herrscher
Zeit mit den Frauen des *Zenana* oder zelebrierte mit seinen Höflingen religiöse Feiertage
(Abb. 90, 145, 146).[4]

Das indische 18. Jahrhundert galt lange als eine Epoche des Zerfalls und des wirtschaftlichen Niedergangs, doch in jüngerer Zeit betonen Wissenschaftler eher den Aspekt

der Dezentralisierung und des regionalen Wachstums. Die Architekturgeschichte jedenfalls stützt diese revidierte Ansicht und lässt auf ein trotz mangelnder politischer Stabilität wachsendes Selbstbewusstsein der regionalen Höfe schließen. Einhundert Jahre später änderte sich das politische Umfeld erneut, diesmal durch die wachsende Macht der britischen Ostindiengesellschaft, die sich in den indischen Fürstenstaaten zunehmend bemerkbar machte. Viele von ihnen – wie etwa Awadh – gingen bekanntlich in den Gebieten der Ostindiengesellschaft auf; andere – wie die westlichen Rajputenstaaten – schlossen mit der Ostindiengesellschaft Schutzabkommen; und jene, die die Umwälzungen von 1857/58 überstanden, blieben bis zum Ende der britischen Herrschaft im Jahr 1947 bestehen. Während also die indischen Herrscher des 18. Jahrhunderts Architektur unter anderem dazu einsetzten, ihre Eigenständigkeit gegenüber dem untergehenden Mogulreich zu formulieren, ging es im 19. und 20. Jahrhundert um die Bestimmung ihres Verhältnisses zur britischen Hegemonialmacht.

Im Folgenden werden die verschiedenen mit diesem Ziel eingeschlagenen Wege untersucht und dabei einige der vorherrschenden Entwicklungen in der indischen

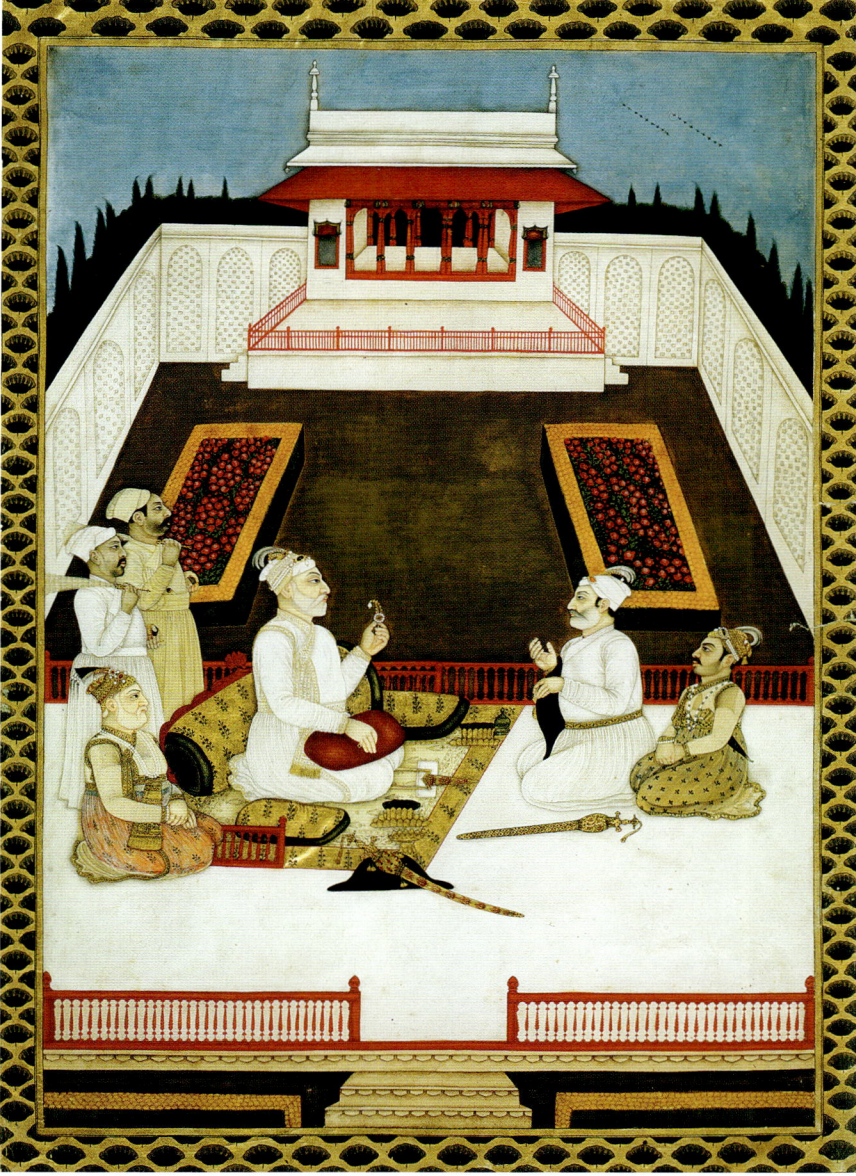

144

Nawab Aliverdi Khan von Murshidabad mit seinen Neffen und seinem Enkel auf einer Terrasse

Murshidabad, ca. 1750–1755
Deckende Wasserfarbe und Gold auf Papier
Victoria and Albert Museum, London

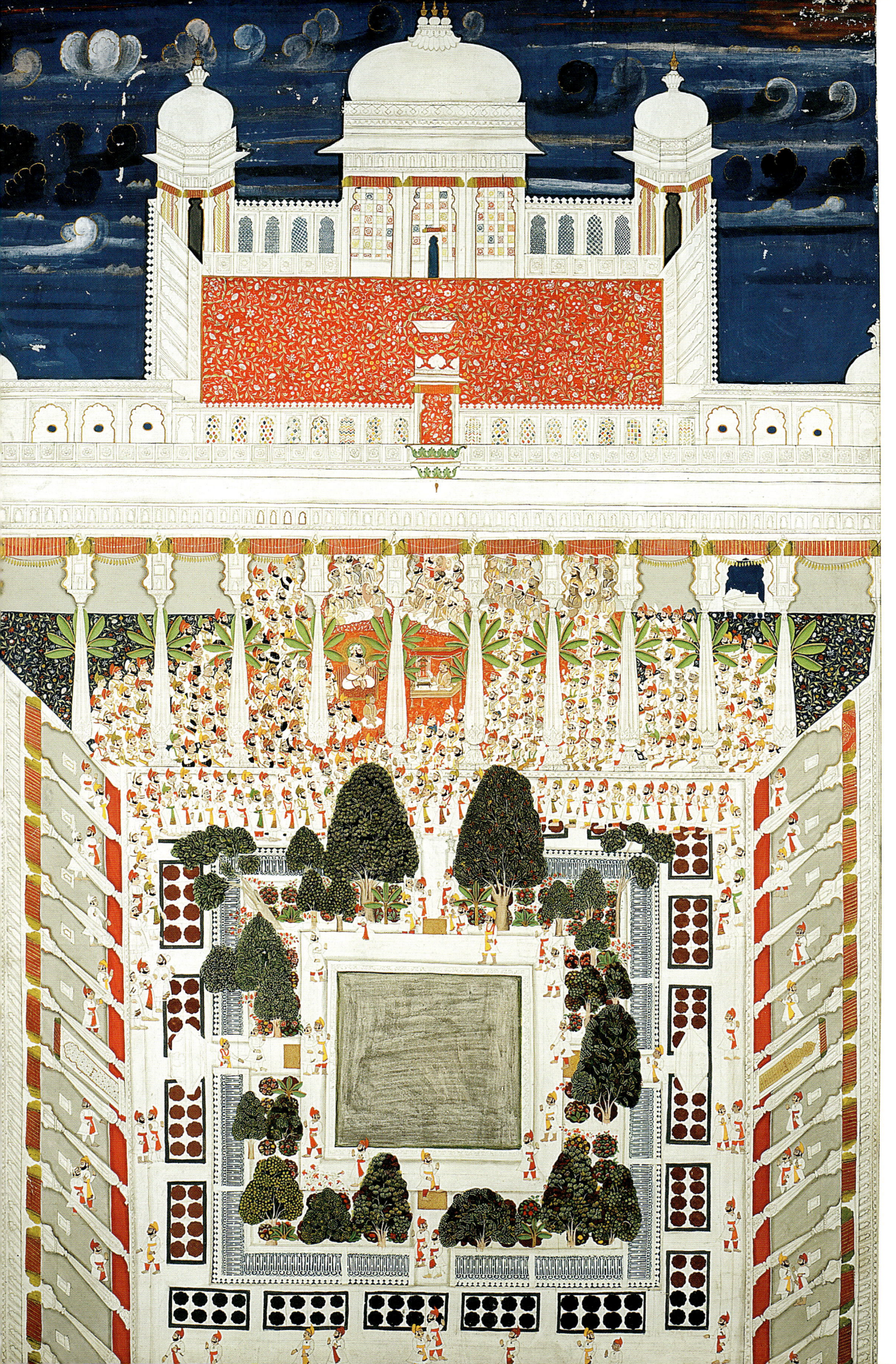

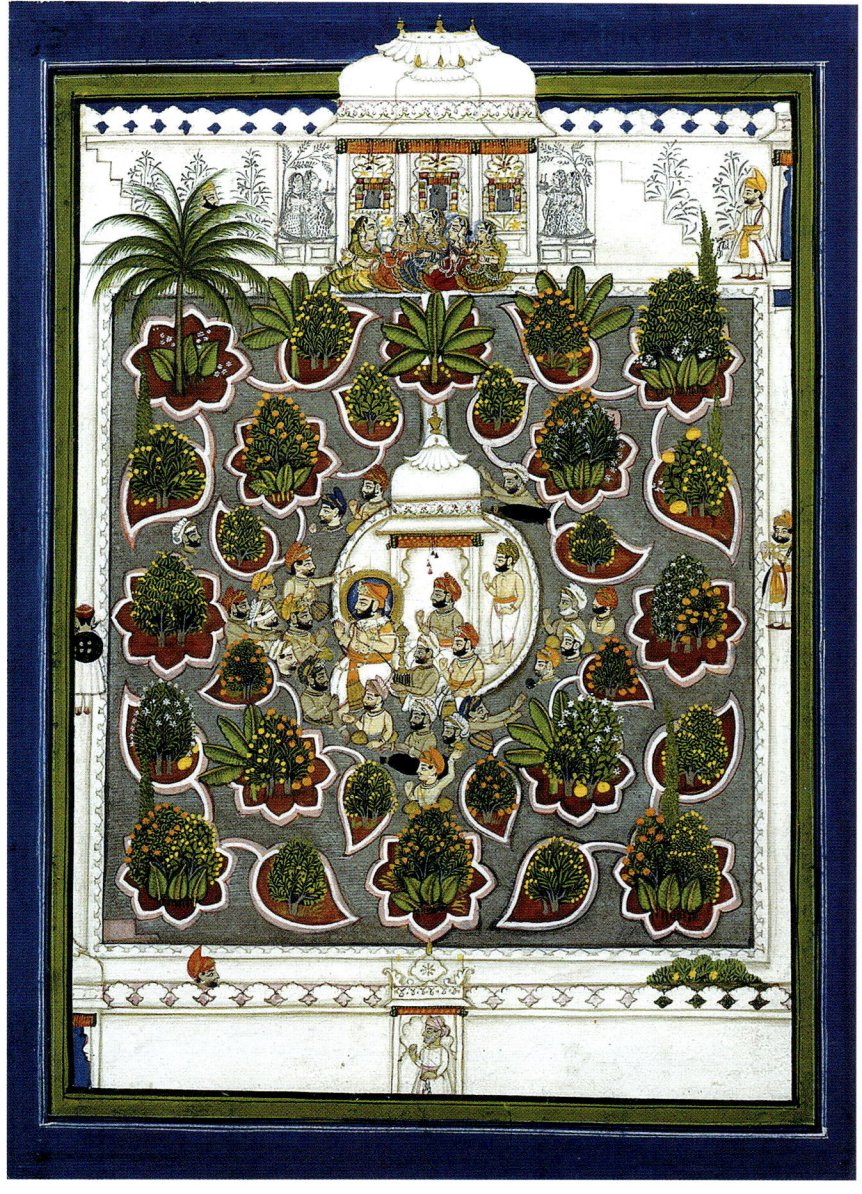

145 *Linke Seite*
**Maharana Jawan Singh von Mewar
bei einer Puja im Amar Vilas**
Udaipur, ca. 1835
Deckende Wasserfarbe und Gold auf Papier
162,5 x 117,5 cm
Maharana of Mewar Charitable Foundation

Mit bloßem Oberkörper sitzt der juwelengeschmückte Maharana ins Gebet vertieft auf
einer *gaddi* im Amar Vilas. Vor ihm spricht
ein Priester die heiligen Verse, während rund
herum eine große Ansammlung von Adligen
und Höflingen zuschaut. Der leicht erkennbare
architektonische Rahmen ist aus der Vogel-
perspektive dargestellt, doch hat der Künstler
geschickt weitere Blickwinkel integriert, um
das eindrucksvolle öffentliche Andachtsritual
möglichst dramatisch zu gestalten.

146 *Links*
**Maharana Jawan Singh von Mewar
im Jag Niwas beim Bade mit seinen
Höflingen**
Udaipur, ca. 1830–1835
Deckende Wasserfarbe auf Papier
Privatsammlung, mit freundlicher Genehmigung
von Simon Ray, London

Palastarchitektur aufgezeigt. Der Schwerpunkt liegt dabei auf dem Baustil, denn er ist
das sichtbarste Merkmal der Paläste und läßt das vorrangige Anliegen ihrer Erbauer anschaulich werden.[5] Allerdings lassen sich im Umgang mit den landesüblichen Bauauf-
gaben auch einige stilunabhängige Kontinuitäten zeigen.

EXOTISCHE EUROPÄISIERUNG

Ein weitverbreitetes Merkmal der Paläste des 19. Jahrhunderts ist die Integration westlich beeinflusster Bauelemente in traditionelle Strukturen. Vorherrschend waren dabei
klassizistische Formen, also eher Rundbögen als zweischenklige Spitzbögen; auch Drei-
ecksgiebel, Lünetten und Jalousiefenster waren allgemein beliebte Motive, da sich ihre
Verwendung nicht auf Anlage oder Funktion des Palastes auswirkte. Das galt auch für
europäische Möbelstücke wie Stühle und vergoldete Spiegel, die allerdings schon einen
Einfluss auf höfische Verhaltensformen hatten. Traditionell saß man bei Durbars oder

Audienzen bei Hof an Polster gelehnt auf dem Fußboden – ein für die frühen europäischen Gesandten wahrlich unbequemer Brauch, dem sie sich jedoch beugen mussten. Die Einführung von Stühlen änderte die Dynamik solcher Ereignisse grundlegend.[6]

Ein frühes Beispiel für die dekorative Dimension dieser Entwicklung ist der für Rao Lakhpatji (reg. 1741–1760) gebaute Aina Mahal in Bhuj, der Hauptstadt von Kutch. Die vergoldeten Gesimse und Giebel, aufwendig gestalteten Säulenkapitelle, Kronleuchter und gefliesten Fußböden stellen exotische Besonderheiten in einer ansonsten konventionell angelegten königlichen Raumfolge dar. Dass diese europäischen Elemente Eingang in den Bau des Palastes fanden, lange bevor diese Gegend in Berührung mit den Briten kam, erklärt sich dadurch, dass der führende Baumeister des Königs, Ramsingh Malam, während eines Aufenthaltes in Holland die europäische Architektur studiert hatte.[7] Ein ähnliches Konzept wurde bei dem etwas später für Raja Serfoji (reg. 1798–1832) in Tanjore gebauten Palast verfolgt. Dank einer umfassenden Bildung in europäischen Wissenschaften und indischer Philosophie war Serfoji intellektuell ungewöhnlich aufgeschlossen: Er gehörte nicht nur verschiedenen gelehrten Gesellschaften an, sondern beteiligte sich auch an Pilgerfahrten (siehe S. 44 f.). Als weiteres Zeichen seiner eklektischen Haltung könnte der Entwurf für die antikisch instrumentierte Fassade eines Palastes gelten, an der sich Segmentfenster mit indischen Balkonen abwechseln. Den oberen Abschluss des Gebäudes bildete ein Shiva-Dreizack, der sich bis über die klassizistische Balustrade des obersten Stockwerks erhob (Abb. 147).[8]

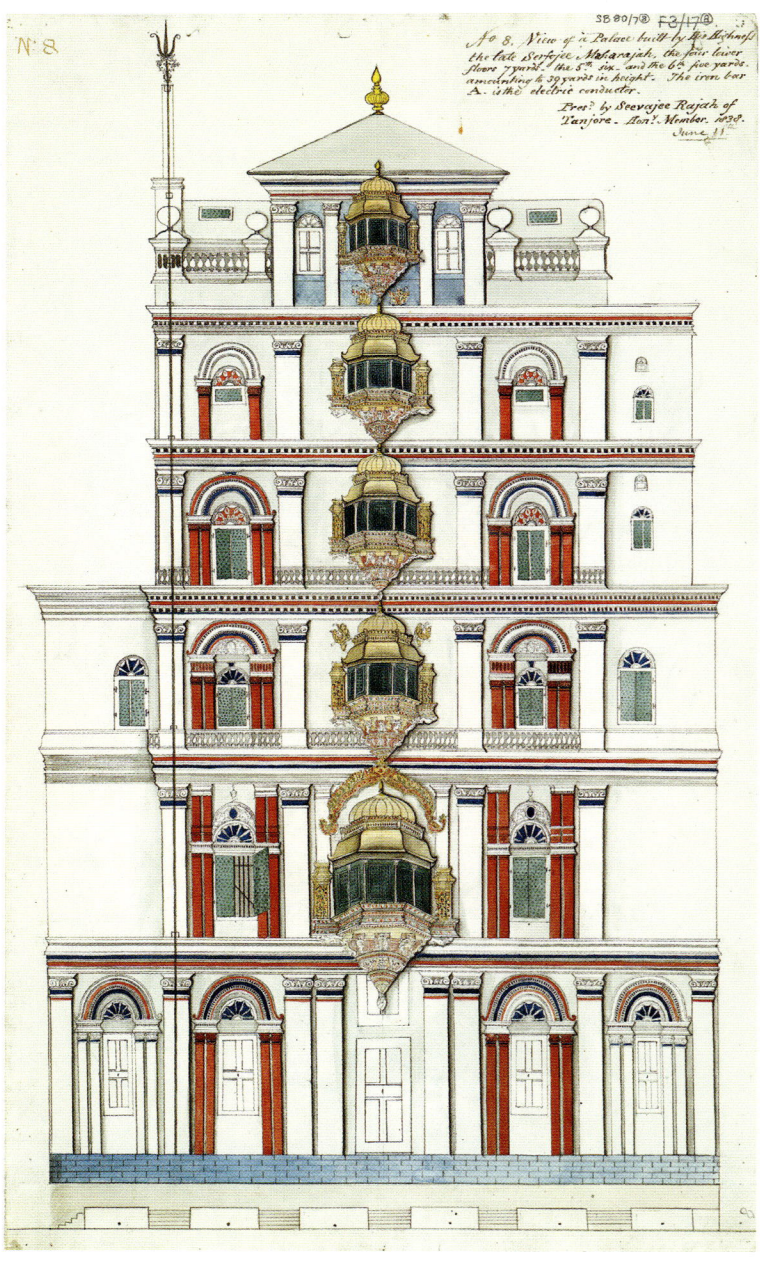

Auf einem ganz anderen Maßstab als diese vereinzelten und leicht exzentrischen Experimente waren die Bauprojekte in Lucknow, insbesondere der Chattar Manzil, eine im Verlauf des frühen 19. Jahrhunderts für die jeweils regierenden Nawabs gebaute Gruppe von Palästen, und die großen Palastanlagen Kaisarbagh und Sikandarbagh, die für den letzten Nawab, Wajid Ali Shah (reg. 1847–1856), errichtet wurden (Abb. 148, 149). Heute stehen davon nur noch Fragmente; der Großteil der Paläste in Lucknow wurde während des indischen Aufstandes oder im Zusammenhang mit seiner Niederschlagung 1857 zerstört und ist uns vor allem durch Fotografien bekannt.[9] Auf diesen zeigt sich die Architektur in Lucknow als fantasievolle Neuerfindung des westlichen Klassizismus. Elementreiche Fassaden sind von üppigen Ornamenten überwuchert – jede Menge Girlanden und bemalter Stuck – darüber eine pittoreske Silhouette aus allerlei Kuppeln und Türmchen, über denen wiederum Kronen, Schirme und andere königliche Insignien aufragen.

Die Haupstadt Junagadh in Kathiawar wurde unter der aufgeklärten Herrschaft von Nawab Mahabat Khan (reg. 1878–1892) saniert. Während er für seinen Au-

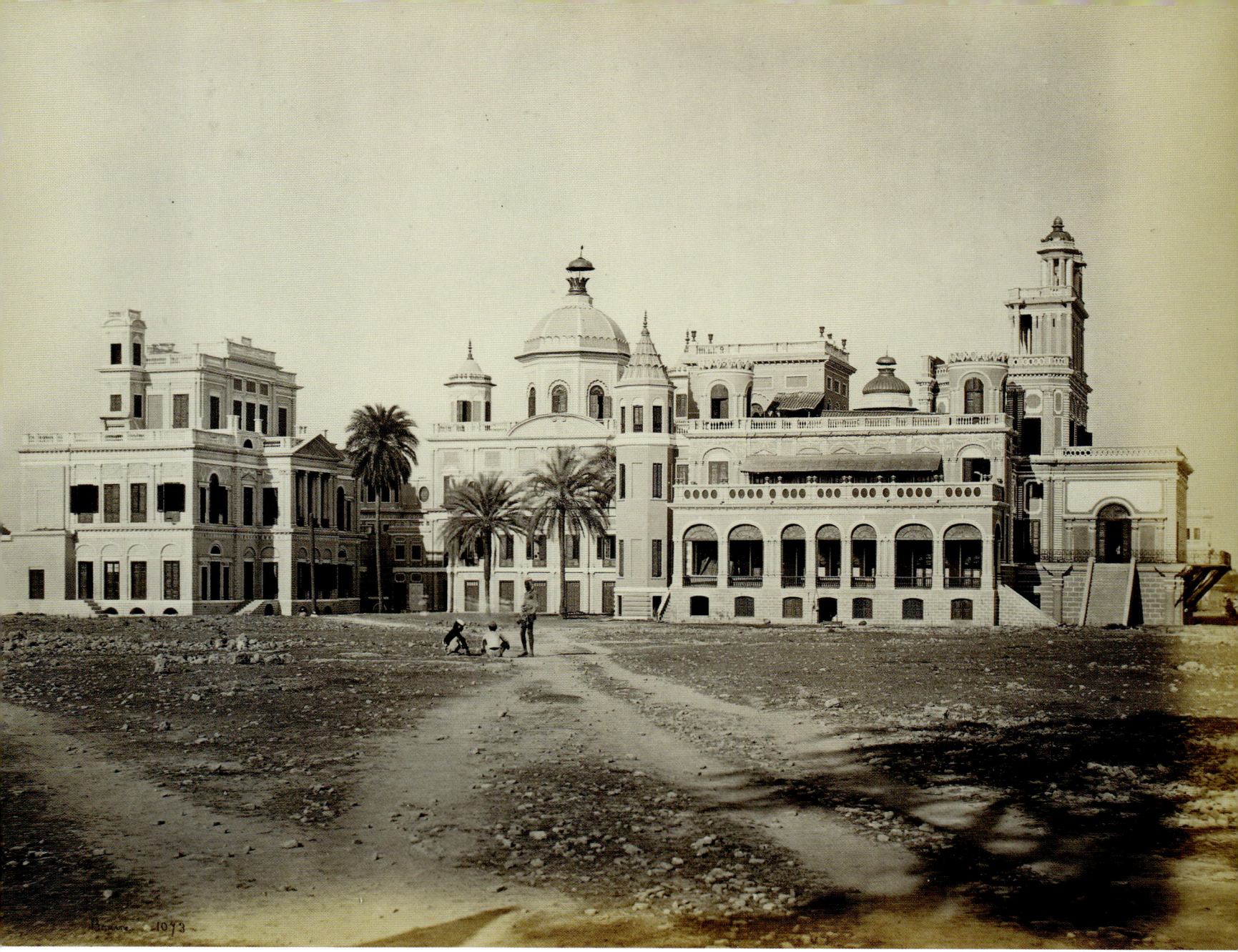

148
Blick auf den Chattar Manzil, Lucknow

Samuel Bourne
Lucknow, 1864
Albuminabzug
British Library, London

dienzsaal einen italienisierenden Stil wählte und ihn mit silbernen Stühlen und venezianischen Kronleuchtern ausstatten ließ, sind die unter seiner Regierung errichteten Palastbauten und Grabmäler sonst eher einem gotisch orientierten Stil verpflichtet – eine ungewöhnliche Wahl, die vielleicht der Nähe zu Bombay zuzuschreiben ist, wo in den 1860er und 1870er Jahren zahlreiche große öffentliche Gebäude aus diesem Formenrepertoire erbaut wurden. Das monumentale Grabmal (*maqbara*) für den Nawab ist zwar von althergebrachten indo-islamischen Bauprinzipien bestimmt, doch seine Bögen und die Bauornamentik würden eher zu einer englischen Kirche passen. Auch die Anlage der Mitte des 19. Jahrhunderts für die Begums von Bhopal auf dem Deich zwischen den beiden Seen der Stadt gebauten Paläste Shaukat Mahal und Sadar Manzil folgt den traditionellen Mustern der Mogularchitektur, wo man durch Eingangshof und Garten in den Audienzsaal (*diwankhana*) gelangt. Einige der blumigeren Schmuckelemente sind jedoch europäisch inspiriert.[10]

Die bei diesen Bauten sichtbare Experimentierfreude stieß bei den Europäern nicht immer auf Zustimmung. Die ungehemmte Vermischung von Elementen aus ganz verschiedenen Traditionen wurde oft belächelt und nicht selten gab es strengen Tadel wegen der Missachtung architektonischer Feinheiten. Eine für seine Zunft typische Reak-

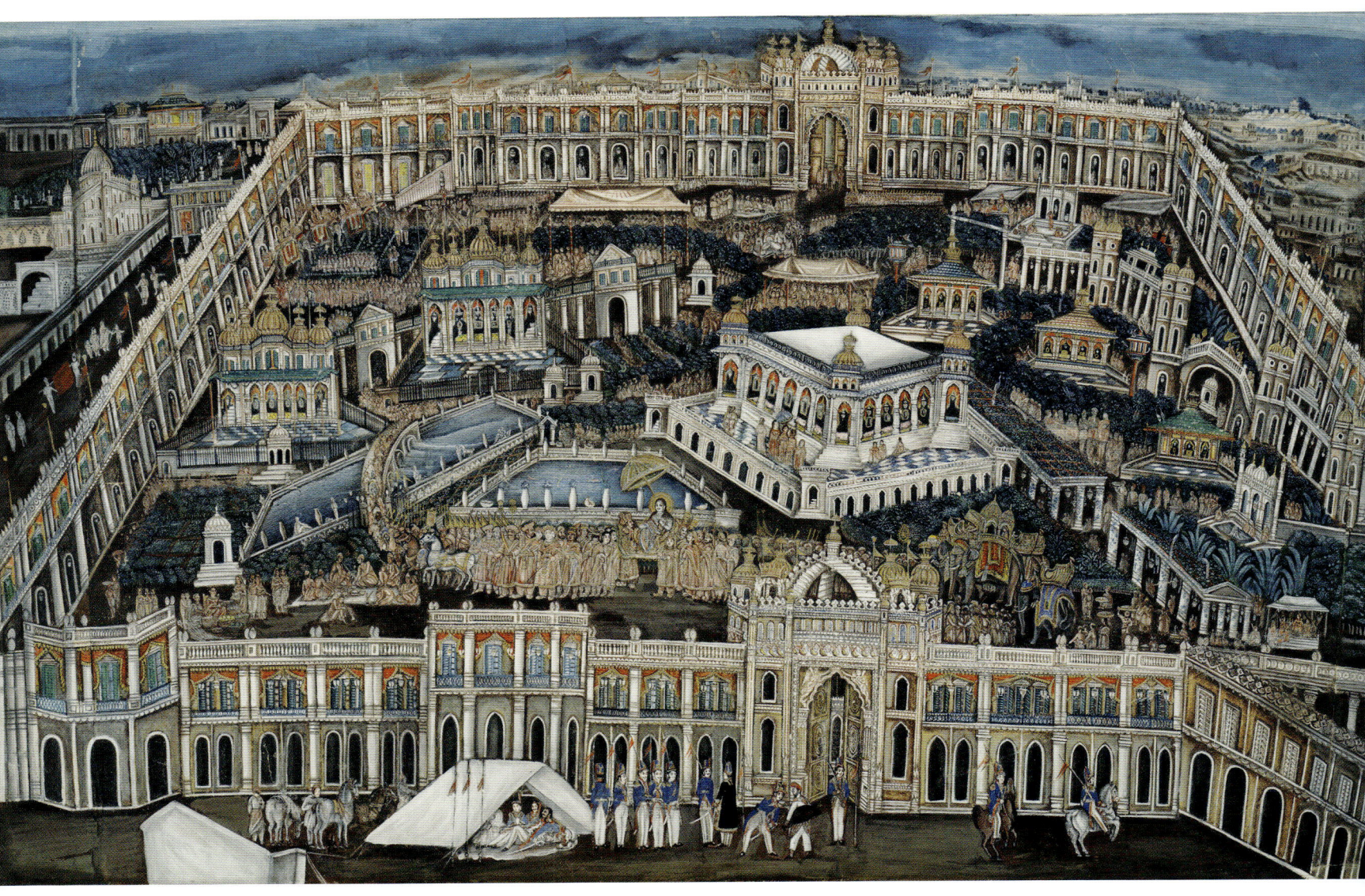

149

**Nawab Wajid Ali Shah von Awadh
in Kaisarbagh**

Lucknow, ca. 1850–1856
Deckende Wasserfarbe auf Papier
76 x 111 cm
Privatsammlung

Dieses Bild zeigt den letzten Herrscher von
Awadh bei einer aufwendigen Prozession
innerhalb der Mauern von Kaisarbagh.
Zu dieser Zeit lag die Macht in Lucknow ganz
in den Händen der britischen Ostindiengesellschaft – der Nawab erscheint fast als
Gefangener in seinem eigenen Palast, vor dem
britische Truppen ihre Zelte aufgeschlagen
haben.

tion zeigte etwa der Architekturgeschichtler James Fergusson, der den Palast in Tanjore
als »unglaublich lächerlich und schlecht« bezeichnete. Er monierte, dass Junagadh von
einer »fatalen Nachahmungssucht« befallen sei, dass die Verwendung klassizistischer
Formen in Lucknow ein »vollkommenes Desaster« und das Ergebnis eine »geistlose Beleidigung fürs Auge« sei.[11]

Es ließe sich argumentierten, dass es bei der Übernahme europäischer Motive – besonders bei den frühen Beispielen, bevor die Briten ihre Macht durchsetzten – weniger
um politische Positionierung ging als um ästhetische Entscheidungen, die den für Indien typischen eklektischen Geschmack reflektierten. Die europäische Rezeption dieser
Architekturen wird dagegen im Allgemeinen politisch interpretiert, selbst wenn sie, wie
es bei Fergusson der Fall war, einer ehrlichen Bewunderung für ältere indische Baustile
und einer genauen Kenntnis des klassischen Formenkanons entsprang. Auch wenn die
Beweggründe nicht immer klar sein mögen, überlebte dieses Muster bis weit in das
20. Jahrhundert. Zu diesem Zeitpunkt war die Mode der »exotischen« europäischen Bauelemente längst zur Mittelschicht vorgedrungen, wie sich an Kaufmannshäusern auf
dem gesamten Subkontinent unschwer erkennen lässt; und europäische Kritiker äußerten weiterhin ihre Empörung.

KLASSIZISMUS

Wer jenseits derartiger Hybridstile eine wirklich klassizistische Architektur anstrebte, der stellte oft einen europäischen Baumeister oder Ingenieur ein oder verwendete sogar einen vorgefertigten Bauplan. Bei der Ostindiengesellschaft angestellte Ingenieure, die nicht unbedingt über architektonische Kenntnisse verfügten, aber trotzdem oft große öffentliche Gebäude für Städte wie Kalkutta planen mussten, griffen in dieser Lage auf Bücher über die Meisterwerke führender Architekten in Großbritannien zurück. So ging auch Nawab Saadat Ali Khan (reg. 1798–1814) in Lucknow vor, als er Dilkusha bauen ließ, ein großartiges Landhaus, das nach John Vanbrughs Entwurf für Seaton Delavel errichtet wurde, den Colin Campbell 1725 in seinem Architekturtraktat *Vitruvius Britannicus* dokumentiert hatte.[12]

Der Nawab von Murshidabad engagierte den Chefingenieur von Bengalen, Duncan MacLeod, für den Bau seines neues Palastes Hazarduari. Dessen Architektur soll an die des Government House in Kalkutta angelehnt sein, das Charles Wyatt zwischen 1799 und 1802 als Sitz des Generalgouverneurs Lord Wellesley errichtete und das wiederum an den Entwürfen von James Paine und Robert Adam für Kedleston Hall in Derbyshire orientiert war. Es ist gut möglich, dass der Nawab sich von der imposanten Architektur des neuen Gebäudes in Kalkutta inspirieren ließ, da er die Pläne für seinen Palast in den Jahren unmittelbar nach der Fertigstellung des Government House anfertigen ließ. Der Entwurf, den er im Jahr 1837 zur Ausführung bestimmte, unterschied sich jedoch erheblich von dem architektonischen Vorbild. Die Säulenordnung ist nicht ionisch, sondern dorisch, und das Gebäude hat keine Seitenflügel. Zwei auffällige und ungewöhnliche Gestaltungselemente sind die großen Innenhöfe und der zentral gelegene runde Audienzsaal. Die Anlehnung an den Klassizismus markiert einen Bruch mit dem bisher bei den Gebäuden der Stadt vorherrschenden Mogulstil und ermutigte auch einige von Murshidabads reichen Kaufleuten, ihre palastartigen Häuser in dem neuen Stil zu bauen. Dieser wurde jedoch nicht immer als angemessen empfunden: Die zehn Jahre später gegenüber dem Palast errichtete große Versammlungshalle der Schiiten (*imambara*) verbindet behutsam europäisches und indisches Formenvokabular, vielleicht um der sakralen Funktion des Gebäudes Rechnung zu tragen, vielleicht weil der Architekt, Sadiq Ali, Inder war.[13]

Dies waren nur die ersten Anzeichen einer geradezu epidemischen Ausbreitung des Klassizismus bei indischen Palastbauten der zweiten Hälfte des 19. Jahrhunderts. Denn als die Neuausrichtung der politischen Ordnung nach dem Aufstand von 1857 einigen indischen Herrschern ein größeres Gewicht durch ihre Nähe zu den Briten verlieh, entstanden andere Repräsentationsbedürfnisse, die nur der Bau moderner Paläste befriedigen konnte. Als Symbole der neuen Ordnung boten sie zugleich einen angemessenen Rahmen für den Empfang der Abgesandten des gerade ausgerufenen Kaiserreichs.

Der Fürstenstaat Gwalior ist ein typisches Beispiel. Obgleich ein Teil seiner Armee im Jahr 1857 der Rani Lakshmibai im nahegelegenen Jhansi zu Hilfe eilte, folgte der junge Maharaja Jayaji Rao Scindia (reg. 1843–1886) dem Rat seines Ersten Ministers Dinkar Rao und blieb den Briten gegenüber loyal. Noch zu seinen Lebzeiten erreichte Gwalior den Rang eines der fünf führenden indischen Fürstenstaaten mit Anspruch auf einen Salut von 21 Kanonenschüssen. Ein kolossaler Palast gehörte notwendig zur Infrastruktur eines solchen Staates, und so wurde Sir Michael Filose mit der Erarbeitung eines Entwurfs beauftragt. Der Jai-Vilas-Palast wurde 1874 fertiggestellt (Abb. 150). Das Zentrum des weitläufigen Gebäudekomplexes im italienischen Stil bildet der Audienzsaal im ersten Stockwerk, ein riesiger Raum mit gewölbter Decke, von der zwei der größten Kronleuchter der Welt herabhängen (Abb. 151). Berühmt ist auch die Modelleisenbahn, die im benachbarten Bankettsaal auf dem überdimensioniert langen Tisch umherfuhr, um die Gäste mit Brandy und Zigarren zu versorgen.[14]

Innerhalb der nächsten zehn Jahre wurden ähnliche klassizistische Palastbauten in ganz Indien errichtet, darunter auch der im Stil der Renaissance gehaltene New Palace in Cooch Behar, dessen Kuppel dem Petersdom in Rom nachempfunden ist, und der palladianische Falaknuma-Palast in Hyderabad, an dessen Hauptfassade ein Giebeldreieck einen über zwei Geschosse reichenden Portikus bekrönt, der wiederum einer Terrasse vorgelagert ist. Der Falaknuma-Palast sollte 1872 ursprünglich für einen der führenden Adligen des Staates gebaut werden, der sich damit aber anscheinend finanziell übernommen hatte, so dass Nizam Mahboob Ali Khan (reg. 1869–1911) ihn freikaufte, indem er das Gebäude 1897 erwarb. Dass der Nizam den neuen Palast dem eher islamisch wirkenden Chaumahalla als Privatwohnung vorzog, trug auch zur Etablierung des Klassizismus als fortschrittlichem Architekturstil bei.

Doch der Schein kann trügen: Man darf nicht übersehen, dass sowohl in Hyderabad als auch in Gwalior die Frauengemächer in einem eigenen Flügel untergebracht waren. Trotz aller Anpassung an neue Formen änderte sich der traditionelle Lebensstil nicht grundsätzlich. So nahmen die Frauen der fürstlichen Familie normalerweise nicht an Banketten teil, auch nicht, wenn unter den ausländischen Gästen Frauen waren; Durbars und andere Empfänge beobachteten sie, selbst unsichtbar, von einem abgetrennten Bereich aus.

Mit dem Lalbagh in Indore setzte sich der klassizistische Stil auf grandiose Weise bis in das 20. Jahrhundert fort. Dieser Umbau eines existierenden Gartenpalastes wurde im Wesentlichen von Bernard Triggs für Tukoji Rao III. (reg. 1903–1926) entworfen, der auch nach seiner Abdankung 1926 weiter dort lebte und sich mit der Gestaltung der Gärten beschäftigte. Bei dieser ungewöhnlichen Anlage gelangt man über den Eingang an der nördlichen Schmalseite in eine Flucht von Räumen, zu denen auch ein Bankettsaal mit Schlussapsis und ein zwei Geschosse hoher Ballsaal gehören. Es gibt zwei »indische« Speisezimmer, die im Stil des viktorianischen Orientalismus gestaltet sind, und im obersten Stockwerk befindet sich ein Planetarium. Der Audienzsaal und der Salon sind im Stil des französischen Barock des 18. Jahrhunderts gehalten und beeindrucken durch üppigen vergoldeten Stuck, Kronleuchter und Deckenmalereien in zarten Pastelltönen.[15] Eine Vorliebe für französische Elemente zeigt sich noch deutlicher bei dem von 1900 bis 1908 von Alexandre Marcel für Maharaja Jagatjit Singh (reg. 1877–1949) errichtete Elysée-Palast von Kapurthala. Außen übersät mit *œuil-de-bœuf*-Fenstern, war er innen reich mit französischen Möbeln und Tapisserien bestückt.[16]

INDO-SARAZENISCHER STIL

Eine andere Antwort auf die Frage des Baustils gab eine architektonische Bewegung, die ab 1870 zunehmend Fuß fasste und allgemein als indo-sarazenischer Stil bezeichnet wird. Der umständliche Name hängt mit der Entstehung dieses Stils in den Jahren nach

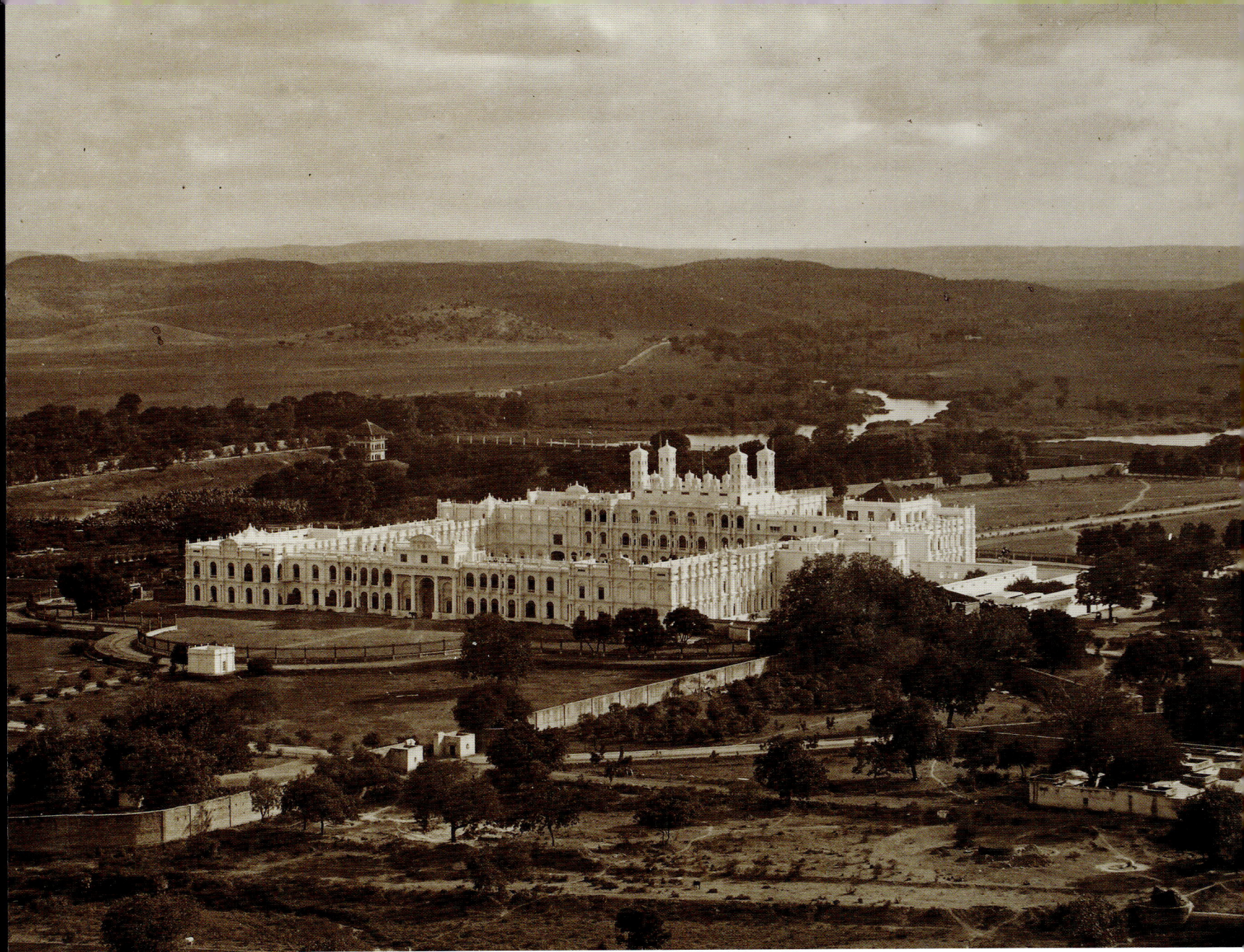

1857 zusammen, als man das neue Selbstverständnis der britischen Herrschaft auch in der Architektur zum Ausdruck bringen wollte. Die Vertreter des immerhin mediterran verwurzelten Klassizismus und die der autochthon nordischen Gotik waren sich schon in der Frage nicht einig, ob diese Baustile den klimatischen Bedingungen angemessen seien, und eine noch komplexere Frage war die nach der kulturellen Aussage: Sollte Britisch-Indien sich als Nachfolger des römischen Weltreichs oder eher als christliche Macht darstellen? Eine dritte Möglichkeit wurde von denjenigen ins Spiel gebracht, die die indische Identität Britisch-Indiens und eine angebliche Nähe zum Volk in den Blickpunkt rücken wollten. Sie drängten darauf, bei den imperialen Bauten weniger auf die europäische Architekturgeschichte als vielmehr auf einheimische Vorbilder zurückzugreifen, damit aus dem intensiven Studium und der Rezeption der lokalen Baudenkmäler eine völlig neue Architektur entstehe. Die Verwendung des Begriffs »indo-sarazenische Architektur«, der aus früheren kunstgeschichtlichen Beschreibungen der Mogularchitektur stammte, sollte dabei eine nur zeitweise unterbrochene Kontinuität der architektonischen Entwicklungen zum Ausdruck bringen. Der neue Stil wurde zunächst ab 1870 bei einigen öffentlichen Gebäuden in Madras erprobt und hatte bereits im frühen 20. Jahrhundert Bombay erreicht.

152 *Unten*
Laxmi Vilas, Baroda

153 *Rechte Seite*
Ein Saal im Bashir Bagh, Hyderabad
Deen Dayal
Hyderabad, 1880
Albuminabzug
British Library, London

Dass die Bewegung auch von den Maharajas aufgegriffen wurde, könnte als Beleg für eine konventionelle Sichtweise gedeutet werden, der zufolge sie als Fürsten fest in das britische Kolonialgefüge integriert waren, doch ist zu bedenken, dass der indo-sarazenische Stil für die indischen Herrscher wahrscheinlich eine etwas andere Bedeutung hatte als für die Briten. Indem sie klassizistische Gestaltungselemente übernahmen, signalisierten sie eine politische und kulturelle Anpassung an den Westen, was jedoch auf Kosten einiger langgehegter Traditionen ging. Die indo-sarazenische Architektur war dagegen zugleich imperial und einheimisch, was ihr eine für einen indischen Bauherrn vorteilhafte Doppeldeutigkeit verlieh. Hier handelte es sich um einen offiziell anerkannten imperialen Stil mit autochthon indischem Anstrich, von dem ein Herrscher erwarten konnte, dass er nicht nur bei seinen Untertanen gut ankommen würde, sondern auch bei den Kolonialherren.

Das könnte erklären, warum der indo-sarazenische Baustil in Fürstenstaaten wie Hyderabad und Gwalior, wo zuvor klassizistische Paläste gebaut worden waren, so gerne bei öffentlichen Gebäuden angewandt wurde, bei Hochschulen, Krankenhäusern, Gerichtsgebäuden und Bahnhöfen.[17] Bald kam er jedoch auch beim Palastbau in Mode. Das spektakulärste Beispiel ist gewiss Laxmi Vilas, der von Charles Mant entworfene und zwischen 1878 und 1890 von Robert Chisholm in Baroda gebaute Palast von Maharaja Sayajirao Gaekwad III. (reg. 1875–1938) (Abb. 152).[18] Der Palast ist von Kuppeln, stark gebogenen Traufbrettern (*bangaldar*), Dachpavillons (*chhatri*), kunstvoll durchbrochenen Steingittern und allen möglichen einheimischen Schmuckelementen geradezu überwuchert; über diesem pittoresken Gebilde ragt beherrschend ein hoher Turm. Ähnliche

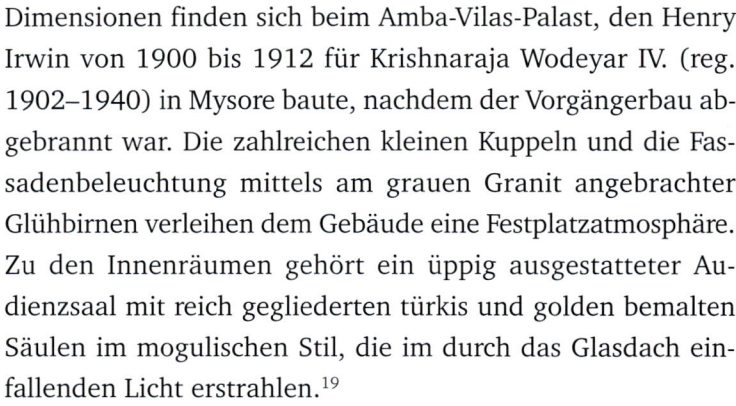

Dimensionen finden sich beim Amba-Vilas-Palast, den Henry Irwin von 1900 bis 1912 für Krishnaraja Wodeyar IV. (reg. 1902–1940) in Mysore baute, nachdem der Vorgängerbau abgebrannt war. Die zahlreichen kleinen Kuppeln und die Fassadenbeleuchtung mittels am grauen Granit angebrachter Glühbirnen verleihen dem Gebäude eine Festplatzatmosphäre. Zu den Innenräumen gehört ein üppig ausgestatteter Audienzsaal mit reich gegliederten türkis und golden bemalten Säulen im mogulischen Stil, die im durch das Glasdach einfallenden Licht erstrahlen.[19]

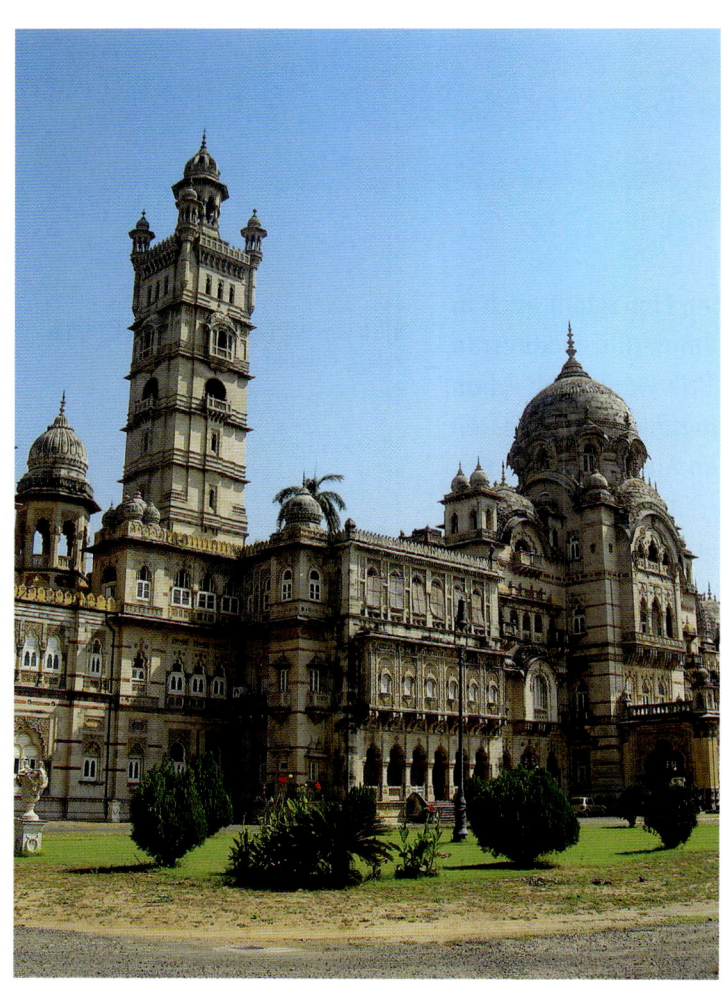

Trotz der in einigen Elementen erkennbaren historischen Bezüge unterscheiden sich die Palastbauten im indo-sarazenischen Stil hinsichtlich der Anlage und Ausstattung der Innenräume nur geringfügig von ihren klassizistischen Vorgängern. Unabhängig vom Architekturstil folgen sie der indischen Norm der Trennung von öffentlichen und privaten Bereichen, Männer- und Frauengemächern. Und unabhängig von ihrem Stil weisen sie auch innenarchitektonische Gemeinsamkeiten auf wie etwa westliche Bade- und Billardzimmer oder Kunstwerke und Möbel im europäischen Stil, von denen einige auch tatsächlich aus Europa stammten (Abb. 153). Da sein sichtbarstes Merkmal das kleinteilige Außendekor ist, kann man folgern, dass der angeblich indische Charakter der indo-sarazenischen Architektur nicht strukturell angelegt war.

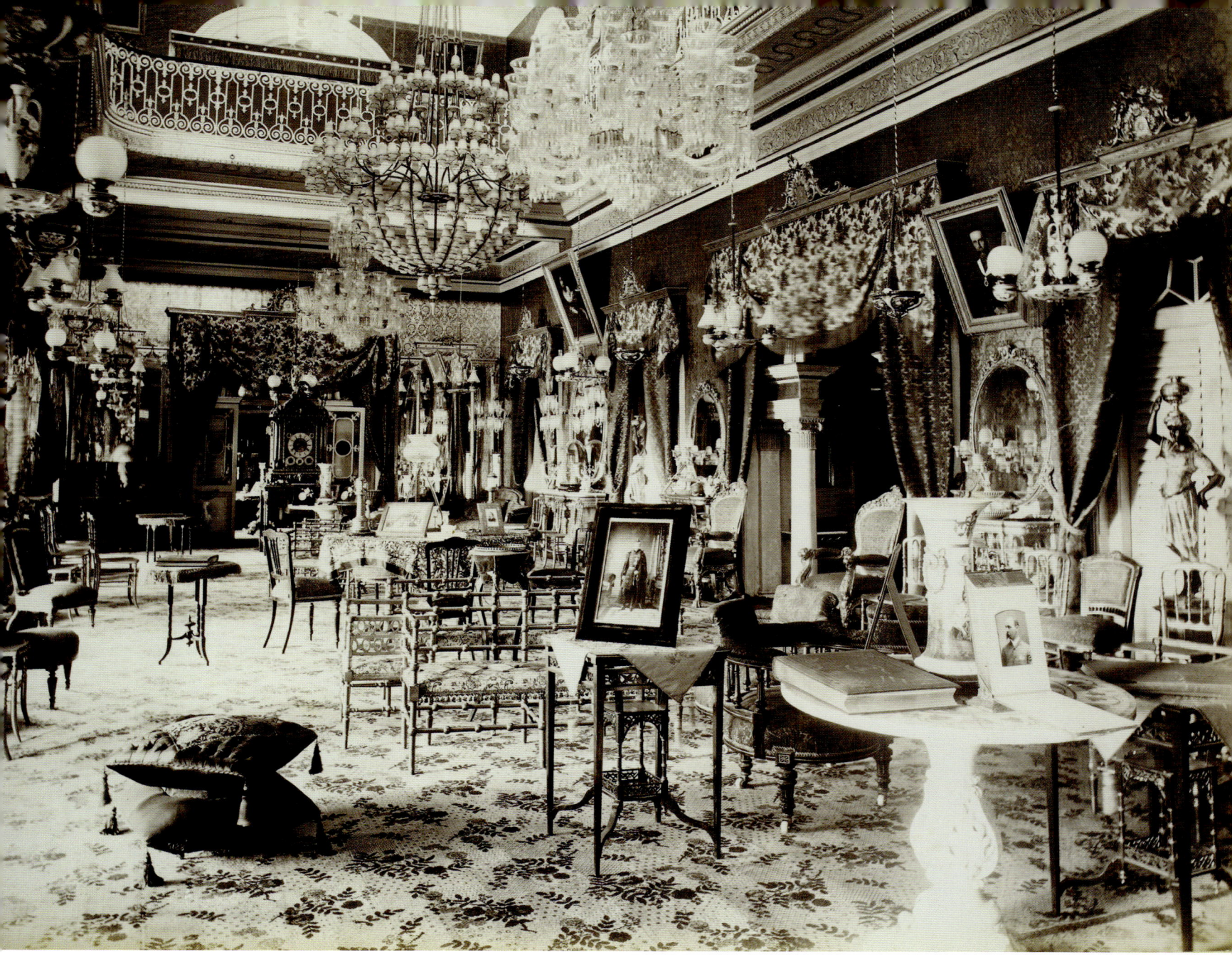

Die Vertreter dieses Stils waren jedenfalls geteilter Meinung darüber, ob es sich wirklich um eine Renaissance indischer Bautraditionen oder um einen ganz neuen Baustil handelte. Chisholms Auftraggeber Lord Napier, der damalige Gouverneur von Madras, beschrieb dessen Arbeiten zwar als »eine Renaissance einheimischer Kunst«,[20] doch Chisholm selbst war sich da weniger sicher. Ihm zufolge ging es beim Umgang mit dem indo-sarazenischen Formenrepertoire um die Anpassung von Tradition an die Moderne und um die Unterordnung »einheimischer Kunst und autochthoner Formen unter die Bedingungen und Erfordernisse der heutigen Zeit«.[21] Für William Emerson, der einen 1894 in Bhavnagar errichteten Palast indo-sarazenischen Zuschnitts entwarf, »verwirklicht [dieser Baustil] die Idee, den Einfluss der britischen Hegemonie auf moderne indische Gebäude zu zeigen«, wobei er einräumt, dass »manche dies ablehnen, weil es zur Entstehung einer hybriden Architektur führt«.[22]

Tatsächlich ist der indo-sarazenische Baustil als Neuerfindung einer Tradition, in der die Architekten, die damit arbeiteten, nicht heimisch waren, in gewisser Hinsicht das Gegenstück zur Verwendung europäischer Baustile als exotisches Element im indischen Kontext, wie etwa in Lucknow. Schon damals zogen einige Kritiker diesen Vergleich und erhoben dieselben Einwände wie gegen die Verwendung klassizistischer Elemente. E. B. Havell beschrieb das indo-sarazenische Kompositum als »die Anwendung indischer Archäologie auf westliche Baumethoden … so dass scheinbar ein anglo-indischer ›Stil‹ entsteht.«[23] Edwin Lutyens mokierte sich beißend über die Entwürfe eines führenden Vertreters dieses Baustils, die er als »Sammelsurien der hübschesten Stücke aller möglichen Gebäude aller möglichen Epochen, die ohne Sinn und Verstand zusammengewürfelt sind«,[24] beschrieb.

INDISCHER TRADITIONALISMUS

Parallel aber gegenläufig zum indo-sarazenischen Stil entstand ein Ansatz, den man als »indischen Traditionalismus« bezeichnen könnte. Auch hier lag der Schwerpunkt auf der Fortentwicklung traditioneller regionaler Baustile unter Einbeziehung neuer Baumaterialien und -methoden wie etwa der Stahlträgerdachkonstruktion. Die ausführenden Architekten – zumeist in Indien ausgebildete Inder – gingen dabei jedoch weniger eklektisch vor und hatten nicht das Sendungsbewusstsein der Ingenieure und Architekten britischer Herkunft wie Mant oder Chisholm, die eigens für bestimmte Aufträge herangezogen worden waren.

Bei manchen Beispielen für diese Richtung handelt es sich um Umbauten bestehender Palastanlagen. Die Renovierung der Haupträume des Chandra Mahal in den 1880er Jahren zeigt, dass der siebengeschossige Turm im Zentrum des Stadtschlosses von Jaipur damals durchaus noch genutzt wurde. Weitere Ausbauten, die Maharaja Madho Singh II. (reg. 1880–1922) durchführen ließ, betrafen den *Zenana*-Flügel und den Wirtschaftstrakt.[25] Ein umfangreicheres Unterfangen war der Ausbau des Stadtpalastes in Udaipur, im Zuge dessen der Shambhu-Niwas-Palast als persönliche Residenz des Maharana Sajjan Singh (reg. 1874–1884) errichtet wurde; ab 1909 wurden

154
Fateh Prakash, Udaipur

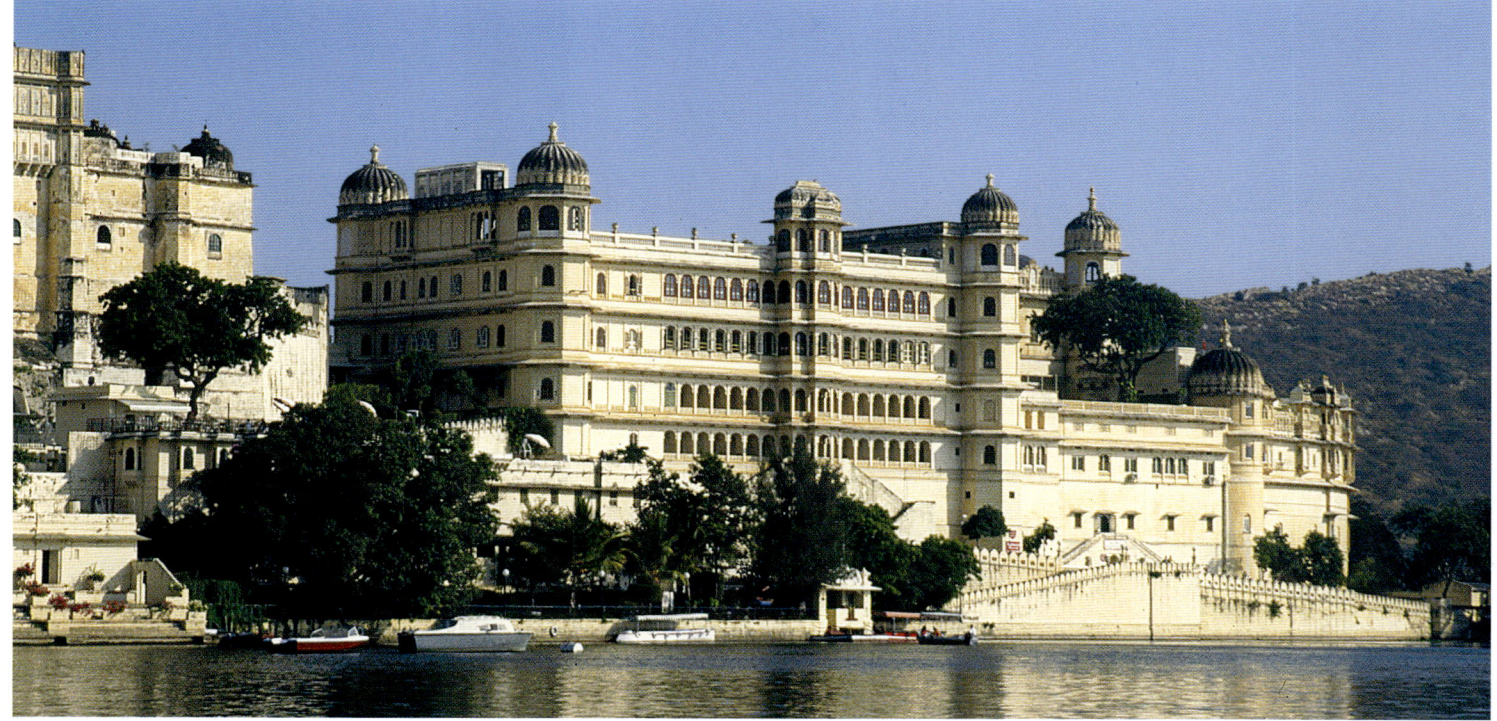

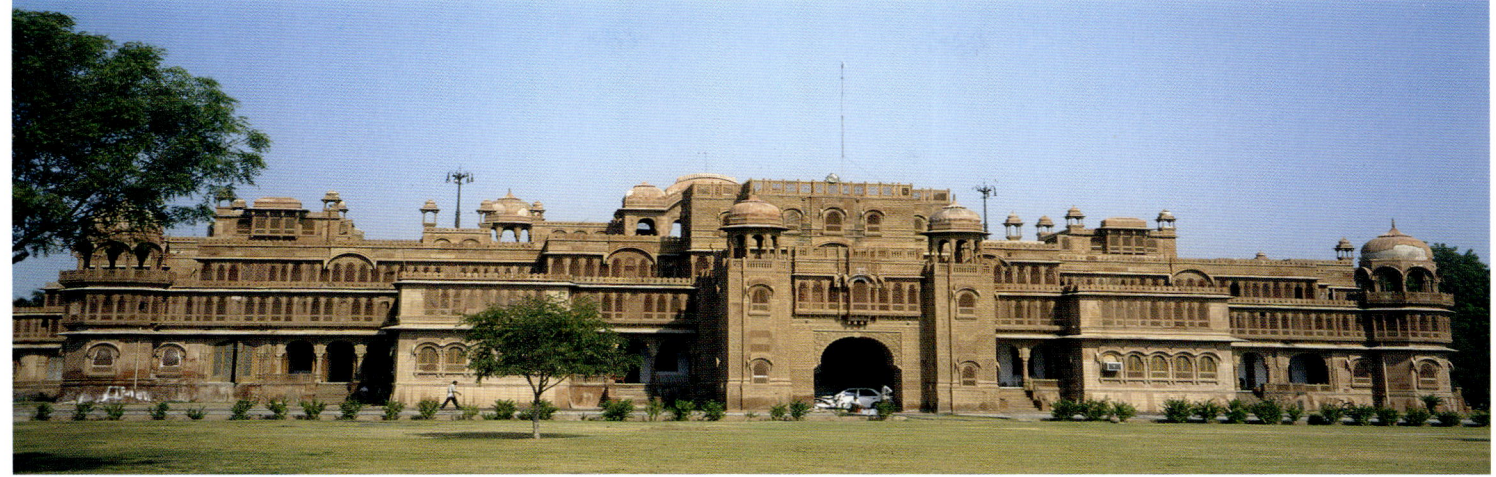

dann im Auftrag von Maharana Fateh Singh (reg. 1884–1930) die unter dem Namen Fateh Prakash zusammengefassten Raumfolgen mit zentralem riesigen Audienzsaal gebaut (Abb. 154).[26] Fateh Singh blieb politisch und kulturell genauso stolz auf Distanz zu den Briten wie seine Vorfahren zu den Moguln, und obwohl seine Architekten neue Methoden aufgriffen, um in größeren Dimensionen bauen zu können, gelang ihnen ein nahtloser Übergang von den neuen Raumfolgen zu dem angrenzenden alten Palast, der baulich zum Teil bis auf das 16. Jahrhundert zurückgeht.

Auch zu den von Maharaja Ganga Singh (reg. 1887–1943) in Auftrag gegebenen Ausbauten der alten Festung von Bikaner gehört ein riesiger Audienzsaal, dessen üppige Wandreliefs ihn einem gigantischen umgestülpten Kaschmir-Kästchen gleichen lassen. Unter der Leitung von Bokar aus Jodhpur wurde der Saal zwischen 1887 und 1896 von einheimischen Handwerkern ausgestaltet, die auf ausdrücklichen Wunsch des Auftraggebers keinerlei europäische Elemente verwendeten.[27] Obwohl Ganga Singh als überzeugter Befürworter der britischen Herrschaft gilt, bevorzugte er ähnlich wie Fateh Singh in der Architektur einheimische Formen.

Neben weiteren Beispielen aus Jaipur könnte man hier auch den Umed-Bhawan-Palast in Kota (1894/95) und den Lallgarh-Palast in Bikaner (abschnittsweise 1896–1926 gebaut, Abb. 155) anführen. Obwohl diese alle unter der Ägide von Samuel Swinton Jacob und seinen Mitarbeitern entstanden, können sie dem indischen Traditionalismus insofern zugerechnet werden, als Jacob zwar im Bauamt der britisch-indischen Regierung ausgebildet worden war, sich von dieser Behörde später jedoch deutlich distanzierte.[28] Er arbeitete lange Zeit eng mit indischen Kollegen zusammen, so mit Tajmoul Hussein und Chiman Lal, deren gleichberechtigter Anteil an der Planungs- und Entwurfsarbeit sich aus den Bürodokumenten entnehmen lässt.[29] Die Paläste in Bikaner und Kota waren wie der etwas später gebaute Rambagh in Jaipur als ländliche und doch stadtnahe Refugien konzipiert und sollten die älteren Anlagen nicht unbedingt ersetzen. So nutzte Maharaja Ganga Singh die Festung nach wie vor für offizielle Anlässe und als privates Verwaltungsgebäude, während Lallgarh ergänzend als seine Residenz diente. Auch andernorts wurden die älteren Paläste selbst dann weiterhin täglich genutzt, wenn neue gebaut wurden. Manche Paläste können zudem nicht vernachlässigt oder einfach aufgegeben werden: Im ältesten Teil des Palasts von Udaipur befinden sich beispielsweise Schreine, die von großer ritueller Bedeutung für die Dynastie sind.

AUFBRUCH IN DIE MODERNE

Da die traditionalistische Gegenbewegung bei aller Erweiterung der Möglichkeiten der indischen Architektur zugleich auf ihre eigenständige Identität pochte, kann man sie als grundsätzlich konservativ bezeichnen. Im Gegensatz dazu stand der stärker zukunfts- orientierte, bewusst moderne und internationale Ansatz, dem sich einige in den letzten Jahrzehnten der britischen Herrschaft aufkommende Baustile zuordnen lassen.

Zum Teil war diese Entwicklung durch Edwin Lutyens' Wirken in Neu-Delhi (1912– 1931) inspiriert. Neben der Residenz des Vizekönigs und dem »All India War Memorial« baute er dort auch zwei Paläste für indische Fürsten, Baroda House (1921) und Hyde- rabad House (1926). Lutyens' Kombination eines klassizistischen Stils mit indischen Mo- tiven könnte als Wiederaufgreifen altbekannter Themen erscheinen, hätten seine Ge- bäude nicht eine ganz eigene, moderne Ästhetik.[30] Zu seinen zahlreichen Mitarbeitern und Nachahmern gehörte C. G. Blomfield, der zwei weitere fürstliche Paläste in Delhi ver- antwortete: Bikaner House (1931) und Jaipur House (1938). Die für Maharaja Sawai Man Singh II. von Jaipur (reg. 1922–1970) gebaute Stadtresidenz veranschaulicht den neuen, kompromisslosen Klassizismus auf besonders gelungene Weise.[31] Zu den zahlrei- chen weiteren Beispielen an anderen Orten in Indien gehören der New Palace in Pataudi (1935) und Lalita Mahal, das von E. W. Fritchley gebaute Gästehaus des Maharajas in Mysore (1930).

Weniger Epigone als Rivale von Lutyens war Henry Vaughan Lanchester, der die Pläne für einen der größten Paläste ganz Indiens entwickelte, den zwischen 1929 und 1942 für Maharaja Umaid Singh (reg. 1918–1947) gebauten Umaid Bhawan in Jodhpur (Abb. 156). In seiner Beschreibung des Palastes betont der Architekt, wie stark der Bau den Traditionen Rajasthans verpflichtet sei, wo »der Hindu-Baustil viele charakteristische und interessante Züge aufweist.«[32] Doch die klaren Linien und geometrischen Formen verraten den unverwechselbaren Einfluss des Art déco, der bei den Wandmalereien und Raumprogrammen von Stefan Norblin noch deutlicher hervortritt (Abb. 157). Dieser

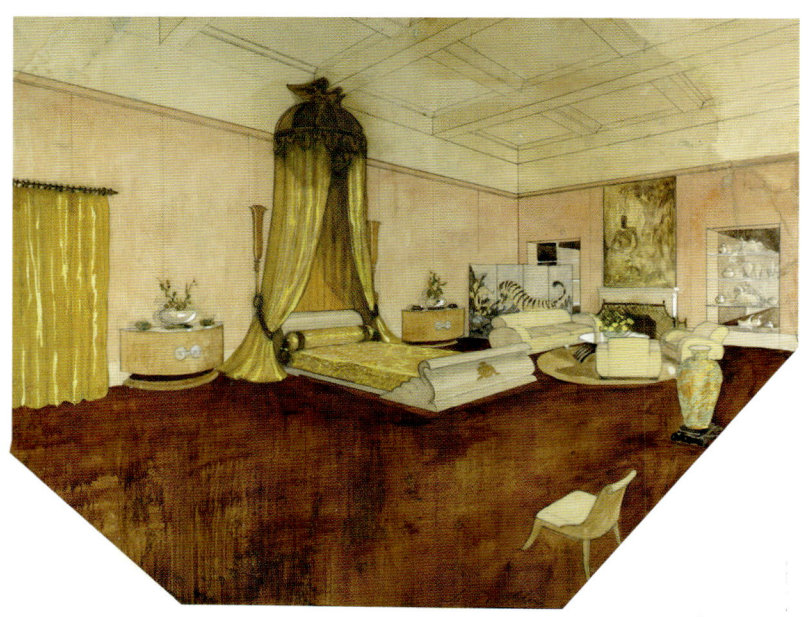

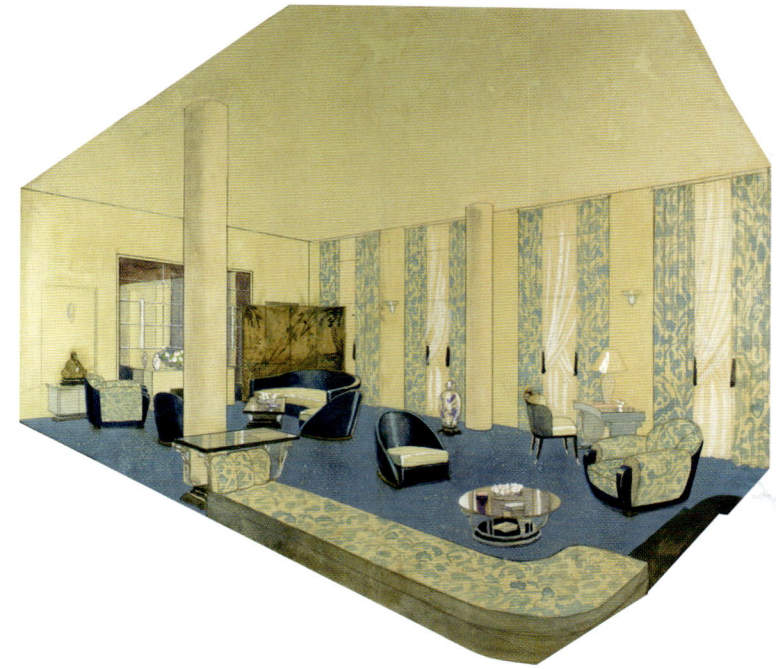

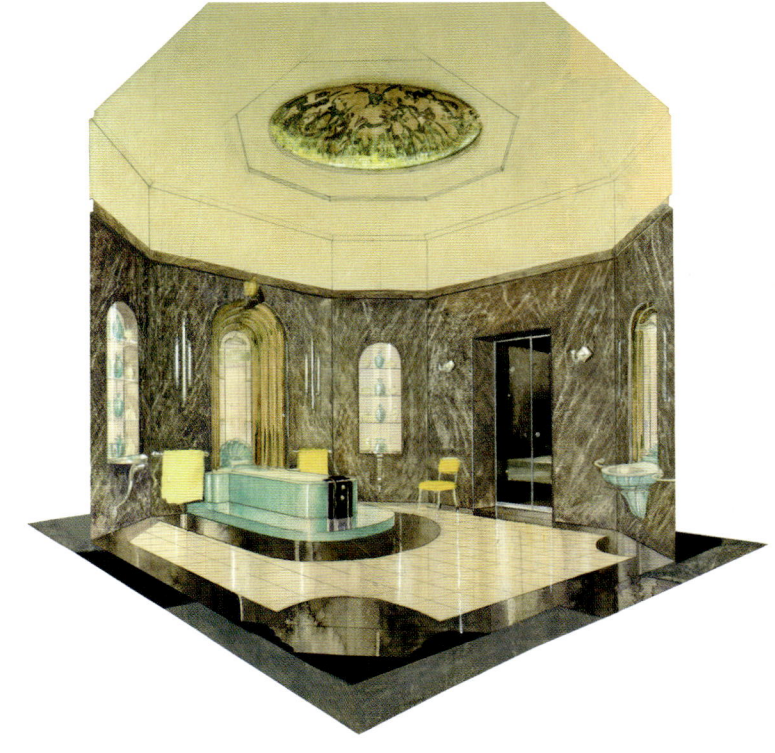

polnische Künstler arbeitete auch an dem für Maharaja Lakhadiraj (reg. 1922–1947) gebauten New Palace in Morvi (1931) mit, wo er eines der überschwänglichsten Art-déco-Programme überhaupt gestaltete.[33] Die Cocktailbars und Schwimmbecken in diesen Palästen signalisieren einen weiteren Schritt im Wandel der Gewohnheiten und spiegeln den befreiten Geist des Jazz-Zeitalters wider. Mit dem Bau des Manik Bagh in Indore (1930–1934), den Eckart Muthesius für Yeshwant Rao II. (reg. 1926–1961) entwarf, war die architektonische Moderne schließlich in Indien angekommen (Abb. 158, 159) – zwanzig Jahre bevor Le Corbusier eintraf, um Chandigarh zu bauen.[34]

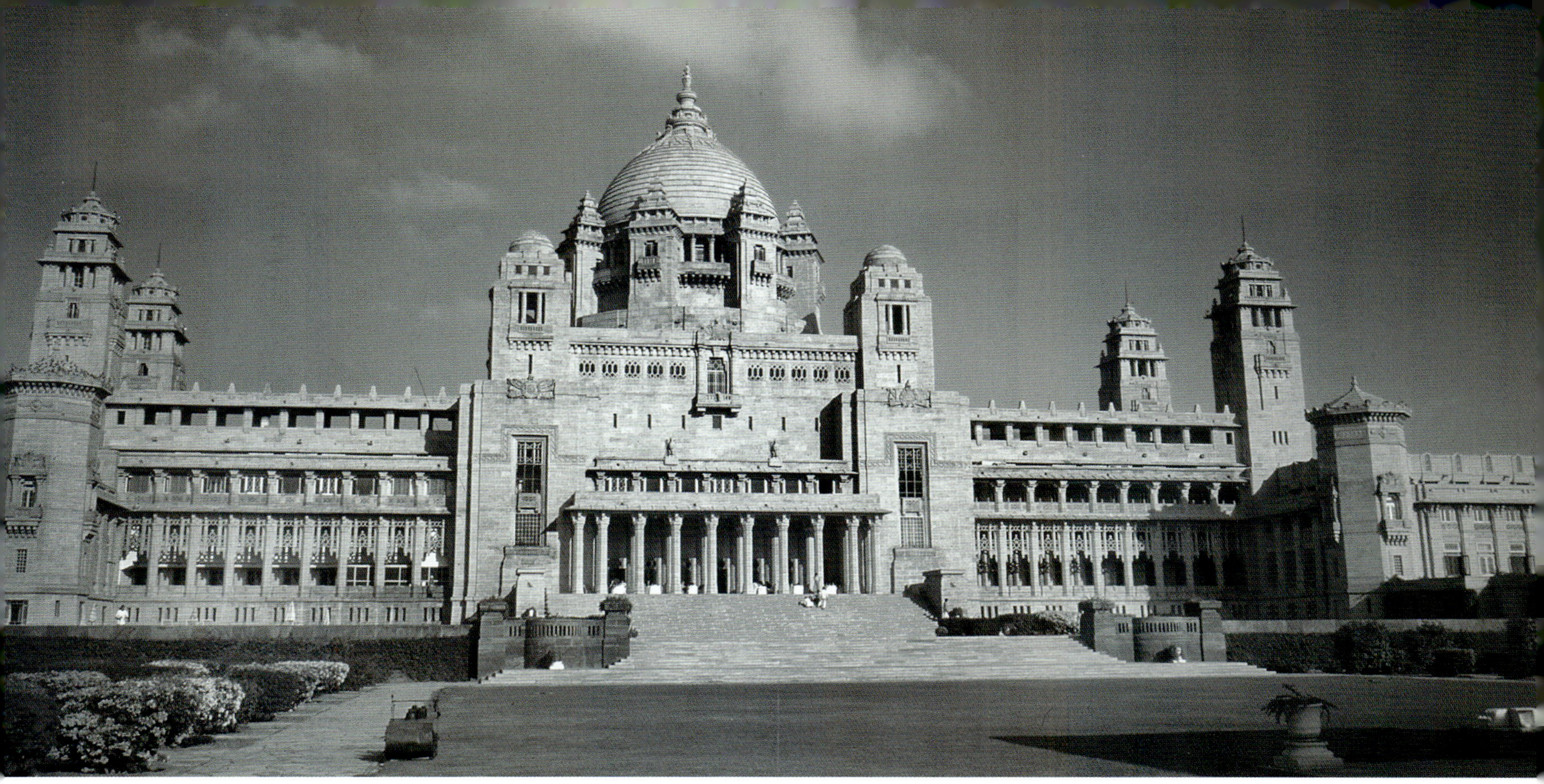

Die Entscheidung für den Stil der Moderne fiel selten aus rein architektonischen Gründen, sondern stand zumeist mit anderen innovativen Projekten im Zusammenhang,

158 *Unten*
Bibliothekssessel

Eckart Muthesius
Berlin, ca. 1931
Vinyl, Silber, vernickeltes Silber und Glas
94 x 89 x 110 cm
Sammlung Al-Thani

159 *Rechts und rechte Seite*
Außen- und Innenansichten von Manik Bagh

Eckart Muthesius
Indore, ca. 1933
Silbergelatineabzug
Sammlung Al-Thani

Die Innenansicht zeigt das Schlafzimmer der Maharani. Der Entwurf für den Ankleidespiegel (»Psyche«) mit Sessel stammt von Louis Sognot und Charlotte Alix.

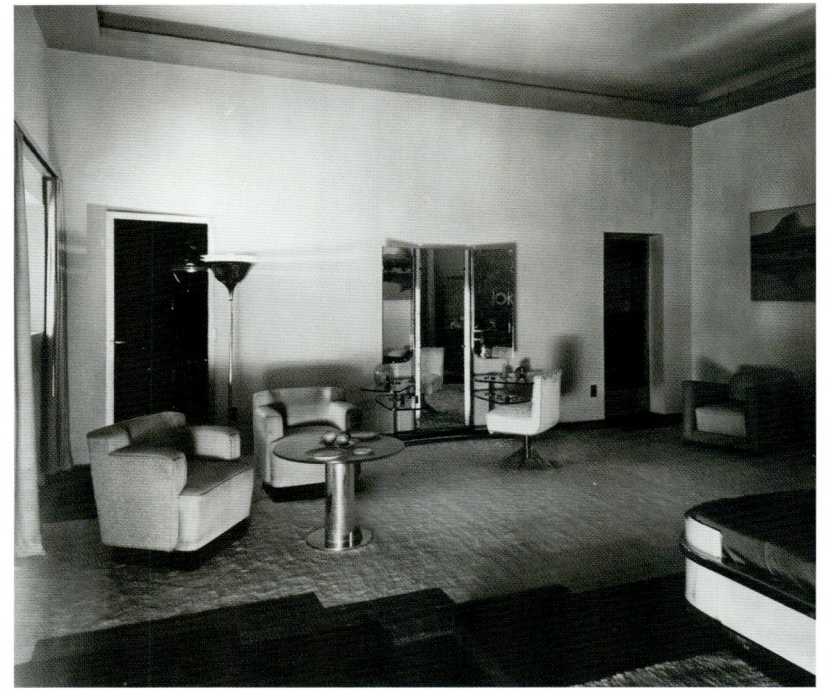

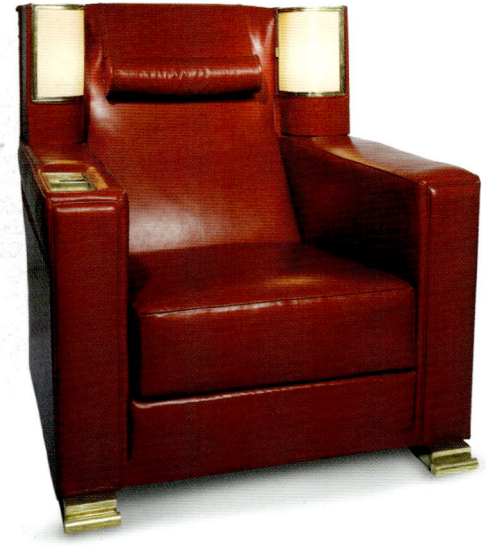

in Jodhpur etwa mit der Einführung des Flugverkehrs in Indien. Umaid Singh machte als erster Maharaja den Pilotenschein; im Jahr 1924 baute er einen von Indiens ersten Flugplätzen und 1934 ließ er in den ländlichen Gegenden seines Fürstenstaates Landepisten anlegen, um so die nicht an das Straßennetz angeschlossenen Wüstengebiete persönlich besuchen zu können.[35] Indore war nur einer von mehreren Fürstenstaaten, in denen man beim Städtebau neue sozialplanerische Ansätze aufgriff und sich beispielsweise durch den umstrittenen Theoretiker Patrick Geddes beraten ließ. Als Gegner der Vorstellung, dass der Sinn von Stadtplanung die Anlage großer geometrischer Strukturen wie in Neu-Delhi sei, ging es Geddes vor allem um die Menschen, die der deprimierenden Wirkung solcher lebensfeindlichen städtischen Bedingungen ausgesetzt waren. Er setzte daher auf »erhaltende Operationen« statt radikaler Schnitte zur Bekämpfung städtischer Übervölkerung. Als er 1917 in Indore eintraf, grassierte in der Stadt eine Pestepidemie, und Geddes nutzte die Prozessionen zu Diwali, um die Menschen über Fragen der öffentlichen Gesundheit zu informieren.[36]

Nicht anders als ihre konservativen Kollegen sahen auch die Maharajas, die sich mit innovativen Ideen und Technologien auseinandersetzten, ihre Bautätigkeit als Mittel der Selbstdarstellung ihres Staates. Wenn sie moderne Architektur förderten, dann in dem Bewusstsein, dass ein fürstlicher Palast jenseits seiner Funktion als Wohnort immer auch Träger einer Botschaft an die Öffentlichkeit ist, durch die der Fürst seine Vorstellung der Identität und Perspektiven seines Staates kundtun kann. Die Baustile mochten im Laufe von zweihundert Jahren gewechselt haben, doch die Stilpolitik verlor niemals ihre Bedeutung.

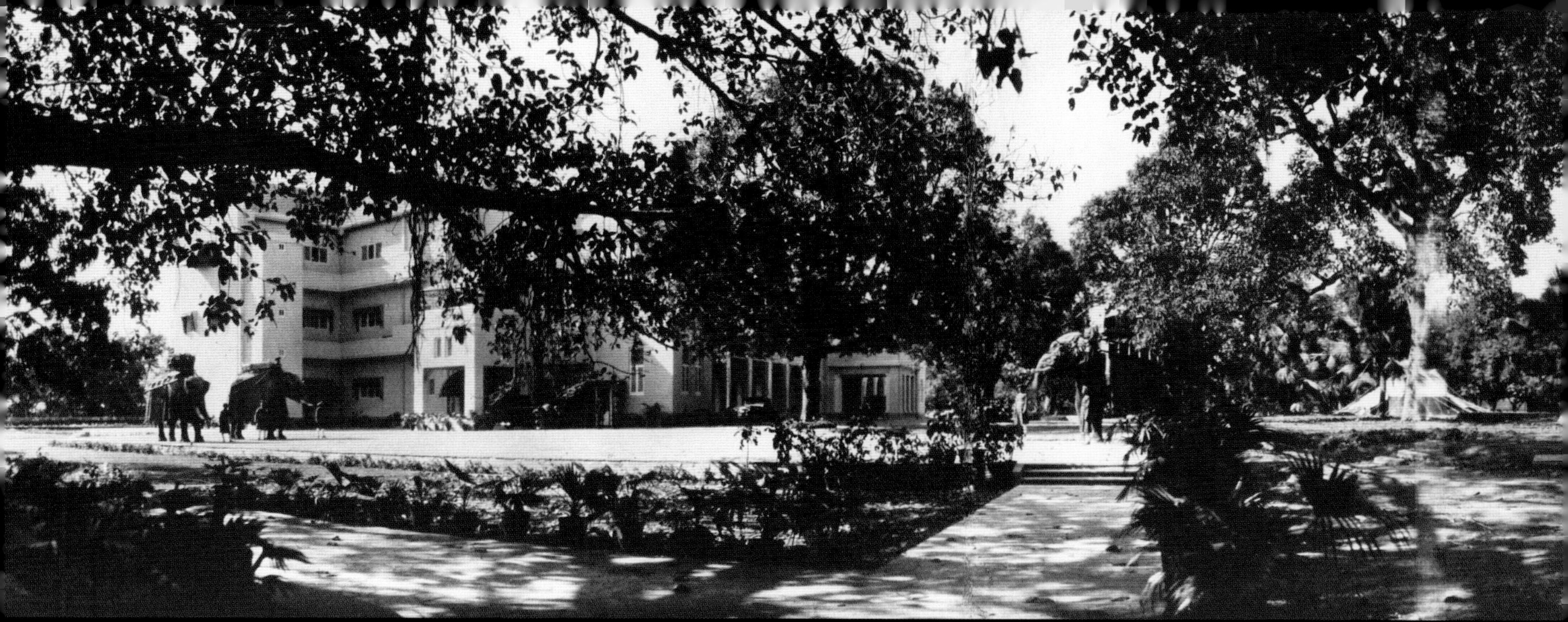

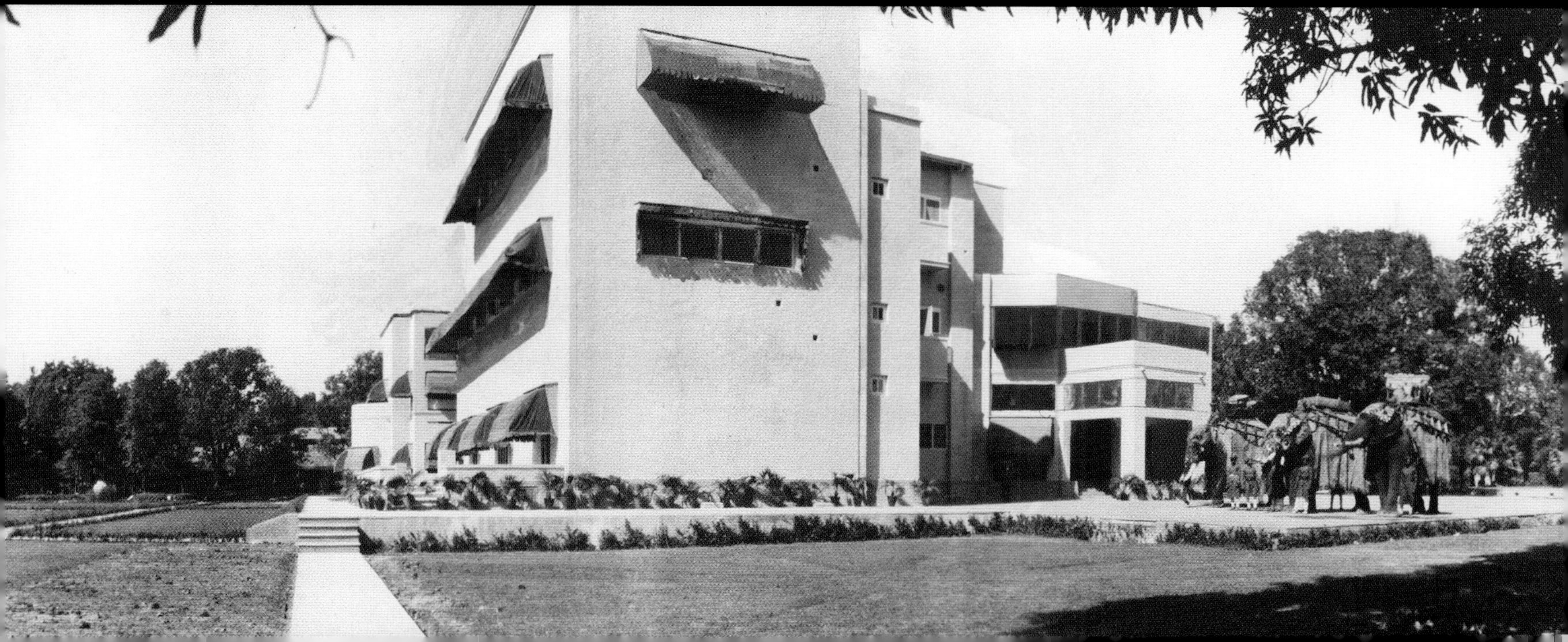

NIZAM OSMAN ALI KHAN ASAF JAH VON HYDERABAD

1886–1967, reg. 1911–1967

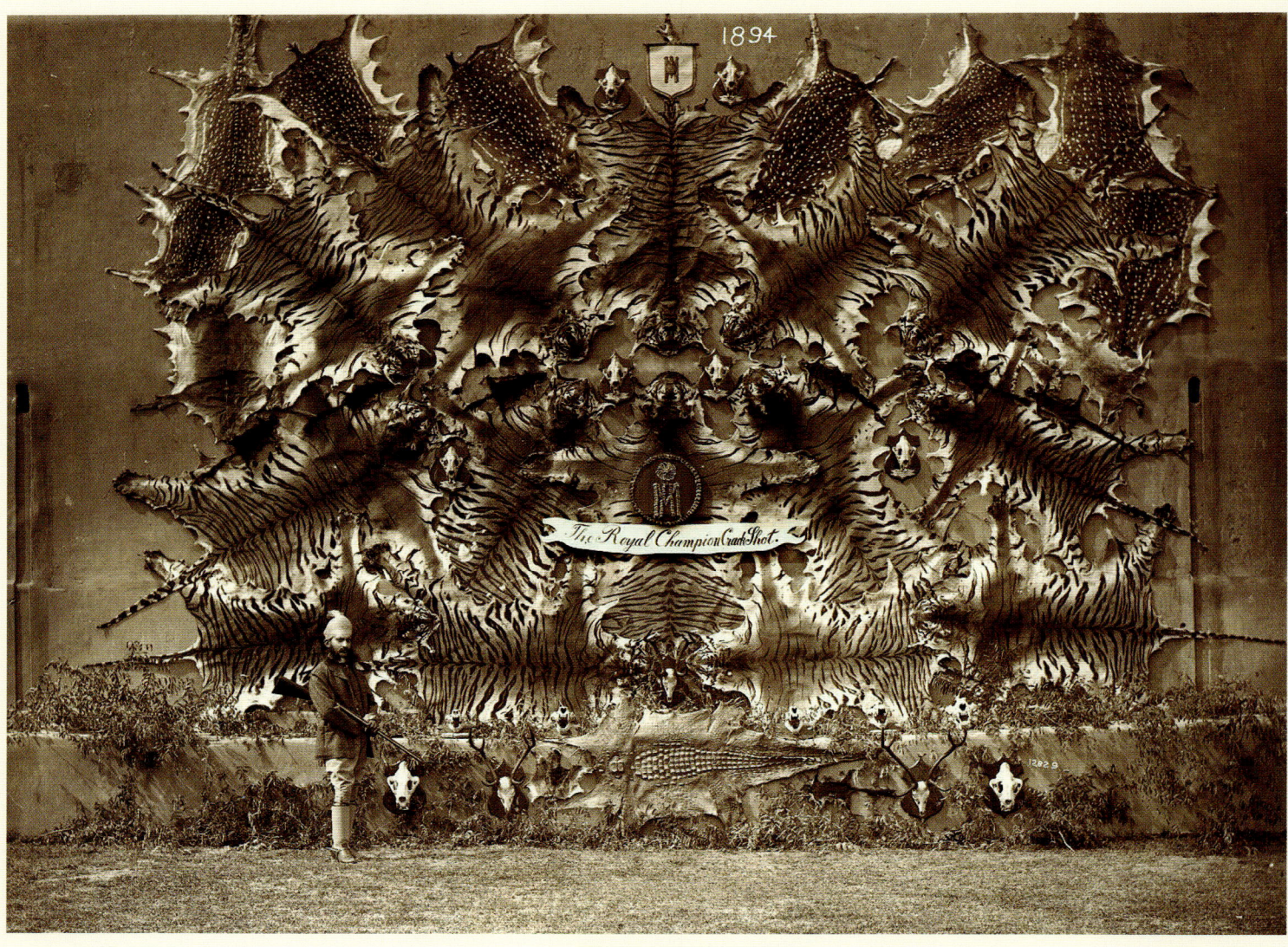

Der Titel Nizam ul-mulk, Verwalter des Reiches, wurde Mir Qamarrudin, einem persischen Adligen im Dienst der Moguln, verliehen, als er 1712 von Großmogul Farruksiyar zum Gouverneur des Dekkan ernannt wurde. Mit Gründung der Asaf-Jah-Dynastie behaupteten er und seine Nachfolger ihre Unabhängigkeit von der Herrschaft der Moguln.[1] Mit strategischer Kriegsführung und durch Verhandlungen mit den Marathen und der britischen Ostindiengesellschaft errichtete diese Familie im Zentrum Südindiens ein gewaltiges Königreich mit der Hauptstadt Hyderabad.[2] Die Engländer schlossen 1798 ein »Treaty of Paramountcy« mit dem zweiten Nizam. Die Dynastie unterstützte die Ostindiengesellschaft in ihren Kriegen gegen Mysore und bei der Niederschlagung des Aufstandes von 1857, was sich als entscheidend für die britische Vorherrschaft in Indien erwies und wofür die Asaf Jahs reich belohnt wurden. Zusammen mit dem vom mogulischen Hof geerbten Reichtum, den Golkonda-Diamantenminen auf ihrem Territorium und der Beute aus verschiedenen Kriegen machte dies die Nizams zu den reichsten Fürsten Indiens.

In der Rangordnung, die die Briten für die 1877 anlässlich der Proklamation Königin Victorias als Kaiserin von Indien in Delhi abgehaltenen Feierlichkeiten aufstellten, wurde der Nizam als wichtigster Herrscher in Indien an oberste Stelle gesetzt; ihm wurden 21 Salutschüsse zuerkannt. Der sechste Nizam, der diesem Durbar als Kind von elf Jahren beigewohnt hatte, entfaltete einen aufwendigen Lebensstil und wurde als Mahboob (der geliebte) Ali Pasha bekannt. Er war berühmt für seine enormen Ausgaben und für so großartige Paläste wie den Chaumahalla und den Falaknuma. Er war auch ein Förderer des Fotografen Deen Dayal, der das Leben des Nizam und seines Hofes dokumentierte (Abb. 160).

Sein Nachfolger, Osman Ali Khan (Abb. 161), hatte einen völlig anderen Charakter. Trotz seines Rufs als reichster Mann der Welt lehnte er die Extravaganz seines Vaters ab und zog einen einfachen, nahezu kargen Lebensstil vor. Der Nizam spendete während des Ersten Weltkriegs großzügig in die britische Kriegskasse, wofür ihm die Titel »Faithful Ally of the British Government« und »His Exalted Highness« verliehen wurden. Als muslimischer Fürst hohen Ranges spielte der Nizam auch in einem größeren politischen Rahmen eine wichtige Rolle, insbesondere während Krisenzeiten in der islamischen Welt. Osman Ali Khan verheiratete seine zwei ältesten Söhne, die Prinzen Azam Jah und Muazzam Jah, mit der Tochter bzw. der Nichte des abgesetzten Herrschers der Osmanen, Kalif Abdul Majid II. (vgl. Abb. 176) und vereinte so die wichtigsten und reichsten islamischen Dynastien jener Zeit.

Die Regierung des Nizam wurde zunehmend durch die politischen Spannungen des frühen 20. Jahrhunderts belastet. Die hohe Kultur, für die Hyderabad berühmt war, die anspruchsvolle Literatur, raffinierte Küche und erlesene Musik der muslimischen Elite, wurde als Zumutung für die andersgläubige arme Bevölkerung empfunden. Als Indien nach 1947 entlang der Religionsgrenzen aufgeteilt wurde, nahmen diese Spannungen zu und es kam in den Gebieten des Nizam zu bewaffneten Bauernaufständen und gewalttätigen Auseinandersetzungen in den Städten.

Der Nizam wollte seine Gebiete nicht an Indien oder Pakistan abtreten, sondern seinen eigenen unabhängigen Staat erhalten. Seine Bemühungen waren jedoch nur halbherzig, und so marschierte Indien 1948 in Hyderabad ein. In einer versöhnlichen Geste wurde Osman Ali Khan zum Gouverneur (*rajpramukh*) des annektierten Staates Hyderabad ernannt und sogar für zwei aufeinanderfolgende Legislaturperioden Parlamentsabgeordneter. Er starb 1967. Testamentarisch hatte er verfügt, dass sein Titel auf seinen Enkel Mukarram Jah anstatt auf seinen ihm entfremdeten Sohn übergehen solle.

Deepika Ahlawat

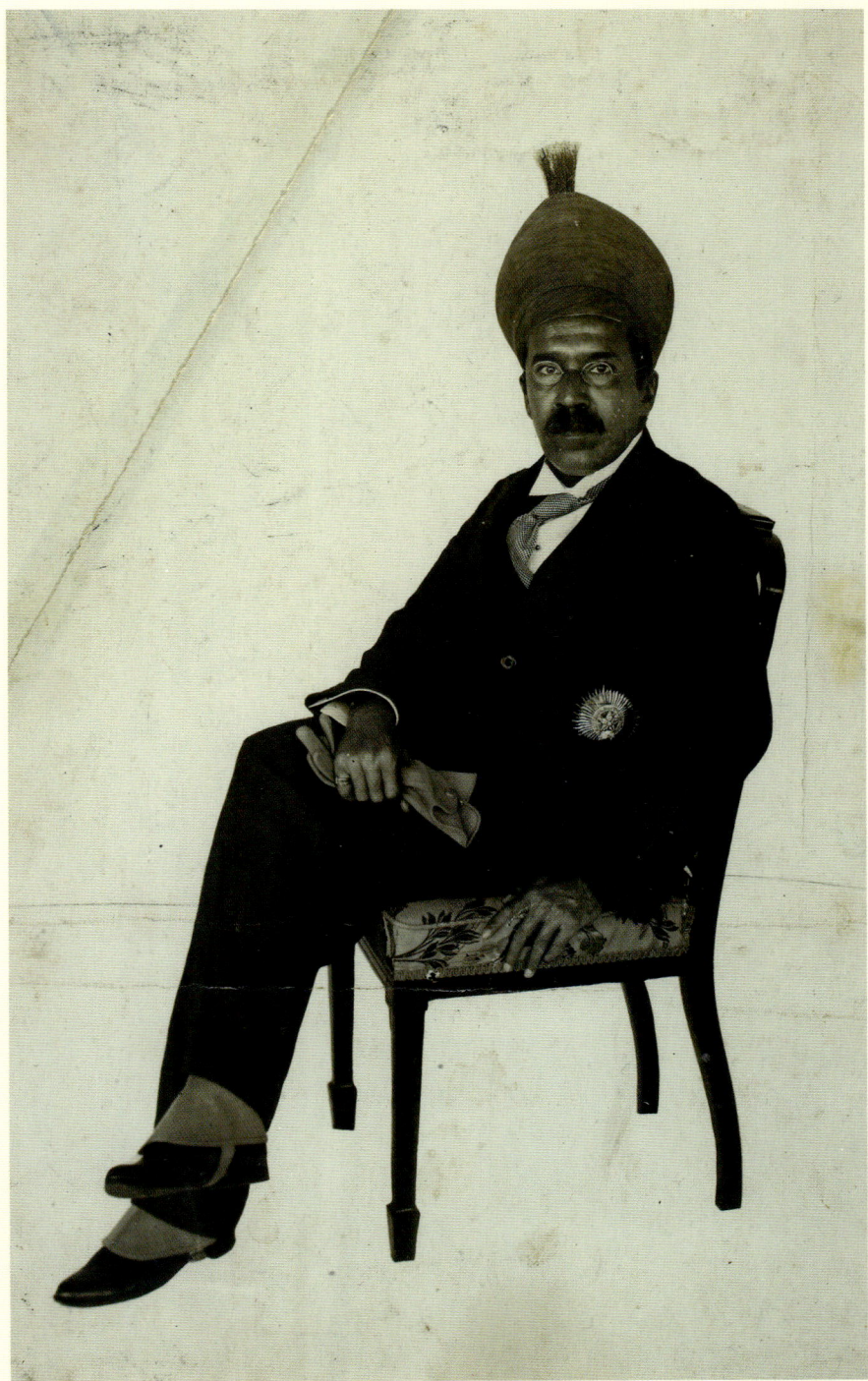

161
Nizam Osman Ali Khan Asaf Jah VII. von Hyderabad

Hyderabad, ca. 1915
Albuminabzug
British Library, London

MAHARAJA YESHWANT RAO HOLKAR II. VON INDORE

1908–1961, reg. 1926–1961

Yeshwant Rao Holkar II. kam 1926 auf den Thron des Marathenstaates Indore in Zentralindien, als sein Vater Tukoji Rao Holkar III. wegen seiner Verwicklung in einen Mord auf britischem Territorium abdanken musste. In den Augen der Briten war Tukoji Rao ein typischer Holkar[1] – ein orientalischen Maßlosigkeiten und Ausschweifungen hemmungslos ergebener Despot. Daher überwachte die britische Kolonialregierung den Kontakt zwischen Vater und Sohn sehr genau und versuchte sogar, ihn ganz zu unterbinden.

Yeshwant Rao besuchte die Privatschule im englischen Charterhouse und studierte in Oxford Volkswirtschaft, Geschichte und Französisch. Er erhielt 1930, im Alter von 22 Jahren, volle Regierungsgewalt, die er aber nur zögernd an-

nahm, weil er noch nicht nach Indien zurückkehren wollte. Sein Vormund Dr. Hardy erklärte die Vorbehalte des Maharajas in einem Brief an den Vertreter der Britischen Krone in Indore damit, dass der Prinz in einer frühzeitigen Rückkehr nach Indien seinen eigenen moralischen Untergang sehe. Der Vertreter der Krone antwortete pragmatisch: »Ich bin nicht ganz sicher, ob es nur moralische Gründe sind, die ihn ein heiteres Leben ohne Verantwortung in England der wahrscheinlichen Langeweile von Indore und dem Mangel an weiblicher Gesellschaft aus Europa vorziehen lassen.« Diese Unterstellung war allerdings nicht unbedingt gerecht, da die frühen Erwachsenenjahre des Maharajas durch eine starke romantische Zuneigung zu seiner jungen Frau, der Maharani Sanyogita

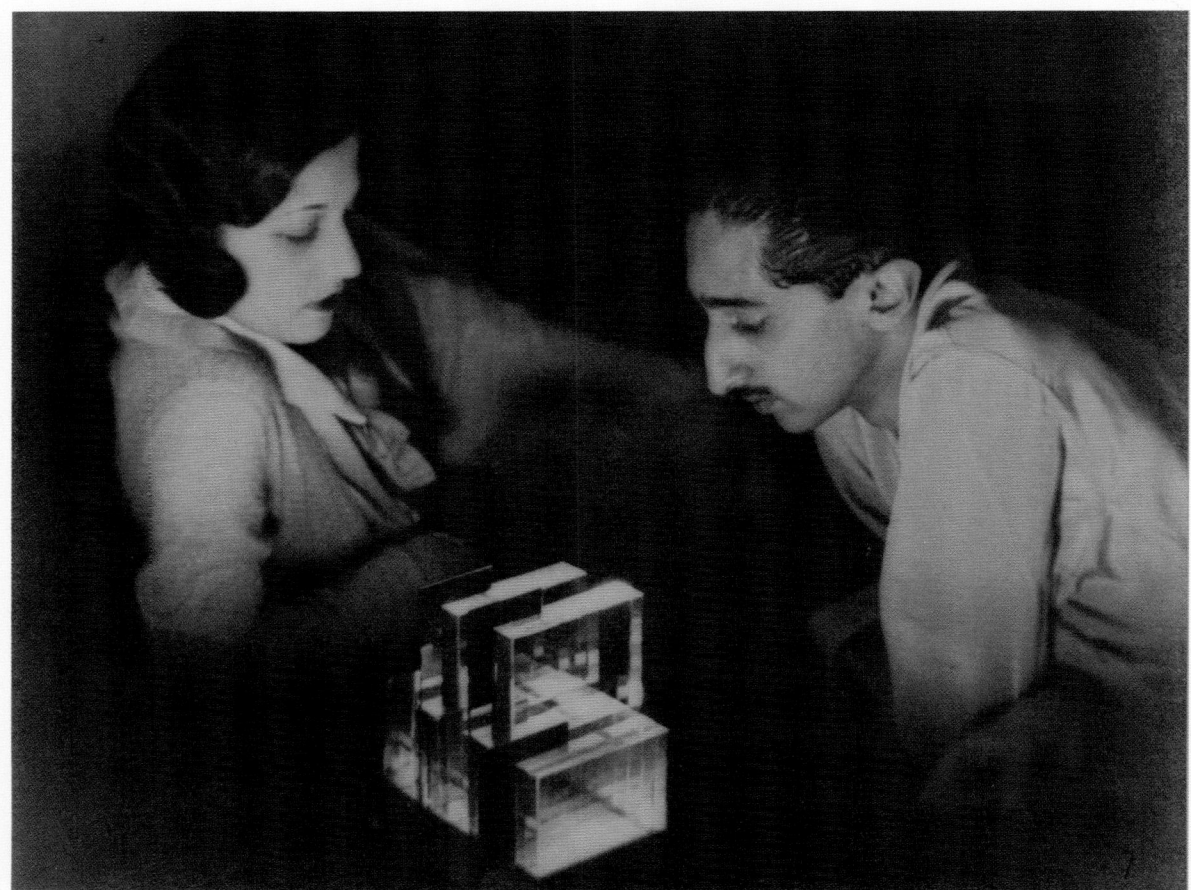

162
Maharaja Yeshwant Rao Holkar II. und Maharani Sanyogita Devi von Indore

Man Ray
Frankreich, ca. 1930
Silbergelatineabzug
Sammlung Al-Thani

(Abb. 162), geprägt waren, die er vor seiner Abreise nach England geheiratet hatte und die ebenfalls dort zur Schule geschickt worden war. Der Grund für Yeshwant Raos Widerwillen gegen eine Heimkehr nach Indien ist wohl eher darin zu suchen, dass das Land in seinen Augen für Rückständigkeit und sittlichen Verfall stand und er nicht davon korrumpiert werden wollte, wie es seiner Meinung nach seinem Vater passiert war. Er brachte dies in einem Brief von 1928 zum Ausdruck, in dem er schrieb: »Ich will nicht, dass ihre [der Maharanis] Jugend durch indische Einflüsse verdorben wird«, und: »Ich möchte nie länger als vier Monate hintereinander in Indien bleiben«.[2]

Das beunruhigte die Kolonialregierung verständlicherweise, denn offenbar hatte die von ihr sorgfältig geplante Ausbildung des jungen Maharajas ihm nicht nur die Lust genommen, seinen Pflichten in Indien nachzukommen, sondern ihn stattdessen auf das Leben des Müßiggangs eines Gentleman in Europa vorbereitet.

Nachdem er die Volljährigkeit erreicht hatte und heimgekehrt war, förderte der Maharaja weiterhin die jungen Künstler und Designer, die er während seines Europaaufenthalts kennengelernt hatte, insbesondere Eckart Muthesius, der den modernistischen Manik-Bagh-Palast für ihn entwarf (Abb. 158, 159, 163), und Bernard Boutet de Monvel, der den Maharaja und die Maharani in Pendantporträts in westlicher und in marathischer Kleidung malte (Abb. 170–173).[3] Yeshwant Raos Interesse an radikal modernem Design spiegelte seinen Wunsch wider, Indore zu modernisieren und dem Westen anzunähern, den er so widerstrebend verlassen hatte.[4]

Der Tod der Maharani Sanyogita im Jahr 1937 war ein Wendepunkt im Leben des Maharajas. Er verlor das Interesse an vielen seiner Projekte, darunter auch am Bau eines Meditationstempels, den er mit dem Bildhauer Constantin Brâncuşi geplant hatte und der dessen Werke *Vogel im Raum* (1931–1936) und *König der Könige* (ca. 1938) beherbergen sollte.

Als intellektueller Mensch zog sich Yeshwant Rao jedoch nicht vollständig aus der Politik zurück. Im Jahr 1942 schrieb er einen offenen Brief an Präsident Roosevelt, in dem er ihn ersuchte, mit Russland und China zusammen einen Vermittlungsausschuss zu bilden, um Indiens politische Probleme zu lösen. Darin heißt es: »Ich würde ohne Frage und ungeachtet der möglichen Folgen

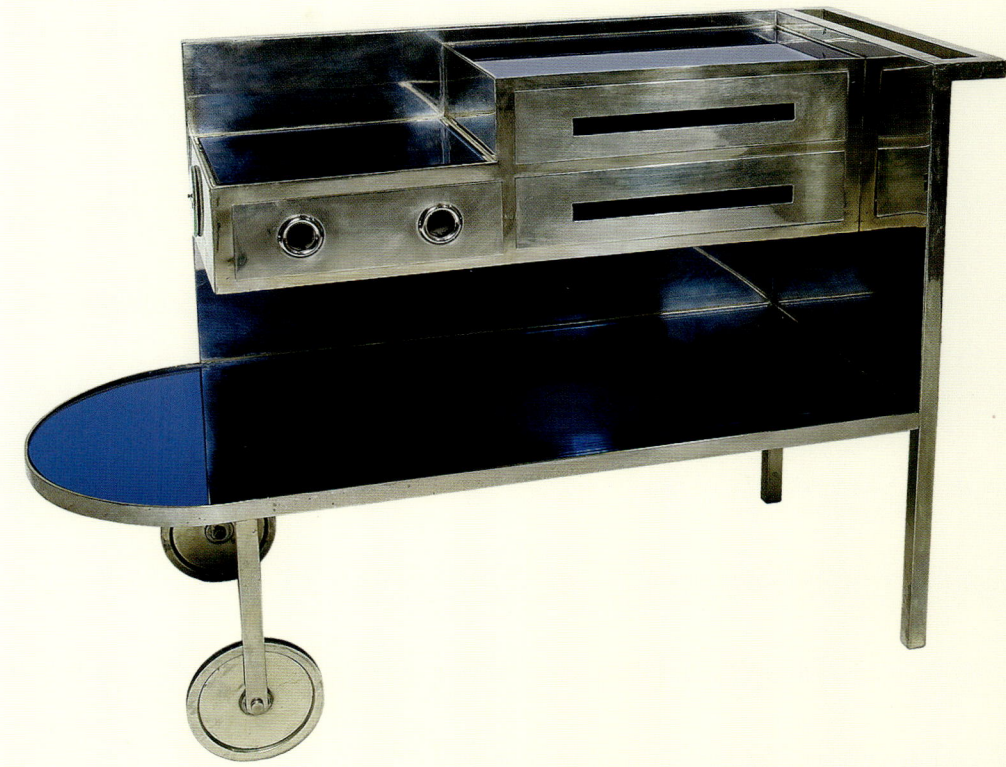

jeder meinen eigenen Staat betreffenden Entscheidung Folge leisten, die ein solches internationales Schlichtungsgremium treffen würde. Denn durch den Zufall der Geburt bin ich zwar ein regierender Fürst, aber aus Überzeugung ein Internationalist und Demokrat und glaube fest daran, dass es zwischen Autokratie und Demokratie keine Berührungspunkte gibt.«[5]

Yeshwant Rao war ein Idealist und wie viele seiner Mitfürsten kämpfte er darum, seinen Wunsch nach persönlicher Freiheit mit den Pflichten und Einschränkungen eines regierenden Fürsten in Einklang zu bringen. Er setzte sich für Demokratie und Gleichberechtigung ein, schien sich aber nicht bewusst zu sein, dass ihre Durchsetzung die Privilegien seines Ranges empfindlich beschneiden würde. Durch die politischen Entwicklungen von 1947 war Yeshwant Rao gezwungen, Indore an die Indische Union abzutreten. Er selbst wurde zum Vizegouverneur (*up-rajpramukh*) von Madhya Bharat ernannt. Er starb 1961 in Bombay. Seine Tochter Usha Raje trat seine Nachfolge an.

Deepika Ahlawat

163
Ankleidetisch auf Rädern

Eckart Muthesius
Berlin, ca. 1930
Weißes Metall, blaues Spiegelglas
Sammlung Al-Thani

INDISCHE FÜRSTEN UND DIE WESTLICHE WELT

AMIN JAFFER

Seit ihrer ersten Berührung mit Europäern legten die indischen Herrscher ein Interesse an seltenen und exklusiven Waren aus der westlichen Welt an den Tag, die dann sehr schnell Teil der üblichen Inneneinrichtung indischer Paläste wurden. Wenn Herrscher engeren Umgang mit Europäern pflegten, begannen sie oft auch, Gewohnheiten des westlichen Lebensstils und Verhaltens zu übernehmen, saßen auf Stühlen statt auf Teppichen am Boden oder fuhren in Kutschen, statt sich in Sänften tragen zu lassen. Der Einfluss des Westens auf das Leben der indischen Könige war in der zweiten Hälfte des 18. Jahrhunderts besonders in Zentren wie Arcot, Murshidabad und Lucknow unübersehbar. Die Herrscher dieser Staaten waren politisch von der britischen Ostindiengesellschaft abhängig und machten es sich zur Gewohnheit, ausländische Gäste zu empfangen und zu bewirten, Luxusgüter aus Europa zu bestellen und sogar in Indien arbeitende europäische Künstler zu fördern (Abb. 164, 165). Die Unterwerfung des Subkontinents unter britische Vorherrschaft veränderte zwangsläufig das Verhältnis zwischen den indischen Fürsten und dem Westen, insbesondere nachdem die britische Krone nach 1858 die direkte Regierungsgewalt über Indien übernommen, es in das britische Empire eingegliedert und die Rajas zu Vasallen gemacht hatte.

Die Briten wollten in Indien eine harmonische imperiale Ordnung aufbauen und waren der Ansicht, dass die indischen Herrscher Britisch-Indien nur dann voll und ganz akzeptieren würden, wenn ihnen westliche Werte eingeimpft würden. Daher bestand eine der Regierungsmaßnahmen darin, junge Herrscher und Thronfolger aus dem Einflussbereich des *Zenana* zu entfernen, der als Ort weiblicher Intrigen und ignoranten Aberglaubens galt, und sie im westlichen Stil erziehen und bilden zu lassen.[1] Sorgfältig ausgewählte englische Hauslehrer wurden zu einem gewohnten Anblick in den Palästen, und um den Söhnen der Herrscher eine ähnliche Erziehung angedeihen zu lassen, wurden in ganz Indien Schulen für sie eingerichtet, in denen sie de facto zu englischen Gentlemen herangezogen wurden. Die Konsequenzen dieser Art der Ausbildung machten sich auf vielen Ebenen bemerkbar. Am augenfälligsten war vielleicht der Wandel in der Architektur: Einige Fürsten ließen sich von westlichen Baumeistern neue Paläste entwerfen, die nicht nur den aktuellsten Stil widerspiegelten, sondern auch dem neuesten Stand der Technik entsprachen (s. S. 179–189). Zwar gab es immer noch Räumlichkeiten für höfische Traditionen und Zeremonien wie den Durbar, aber grundsätzlich

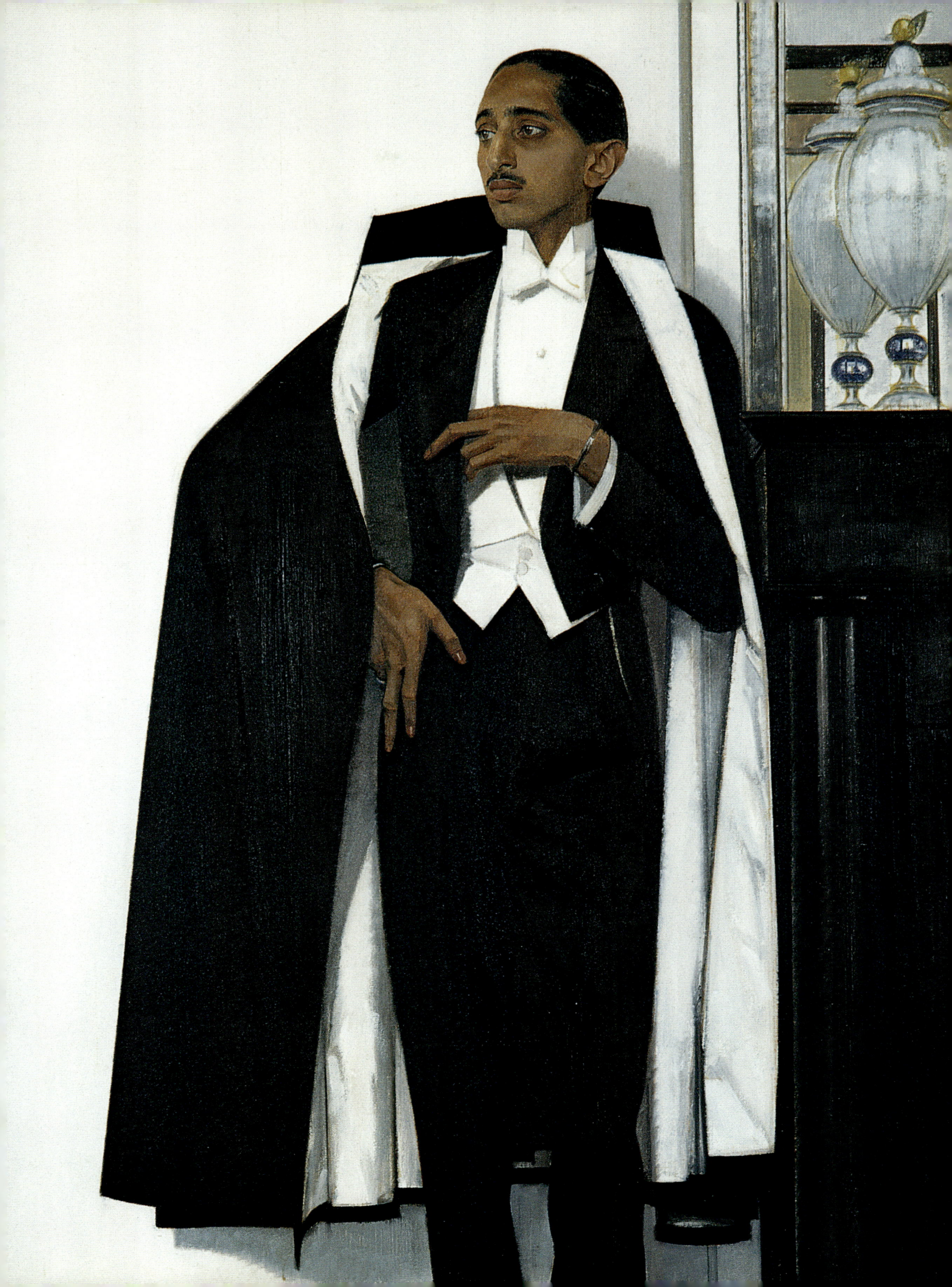

zeigten diese Residenzen mit Ess-, Schlaf- und Wohnzimmern westlichen Lebensstil. Durch diese Verwestlichung waren die Fürsten beim Kauf ihrer häuslichen und persönlichen Güter auf europäische Produzenten angewiesen. Es entstand eine Beziehung zwischen fürstlichen Kunden und europäischen Händlern, die im frühen 20. Jahrhundert ihren Höhepunkt erreichte, als einige Maharajas zu führenden Stammkunden westlicher Luxusgeschäfte wurden. Ihre sagenhaften Sonderaufträge bieten heute noch Stoff für Legenden. In diesem Kapitel geht es um die Rezeption westlicher Luxusgüter und Gebräuche durch die indischen Fürsten, wobei gezeigt wird, wie sich die britische politische Herrschaft auf die Konsumgewohnheiten auswirkte (Abb. 166).

Nachdem Indien zur britischen Kronkolonie geworden war, förderte die britische Regierung in Indien das Reisen der wohlhabenderen Maharajas nach Großbritannien. Anfangs hatten diese Besuche noch einen pädagogischen Zweck, weil sie von der Idee getragen waren, dass eine Reise durch das britische Mutterland die Herrscher dazu motivieren würde, britische Standards der Regierungsführung in ihren Heimatstaaten zu übernehmen. Hochrangige Fürsten wurden gelegentlich auch nach London eingeladen, um Indien bei Krönungs- und Jubiläumsfeierlichkeiten zu repräsentieren (Abb. 167). Aber nicht allen Fürsten wurden solche Ehren zuteil. Als der 22-jährige Martanda von Pudukkottai um die Erlaubnis bat, an den 1897 stattfindenden Feierlichkeiten zum diamantenen Thronjubiläum von Königin Victoria teilnehmen zu dürfen, wurde ihm diese verwehrt. Die Regierung vertrat die Auffassung, dass diese Reise »in Gesellschaft vieler

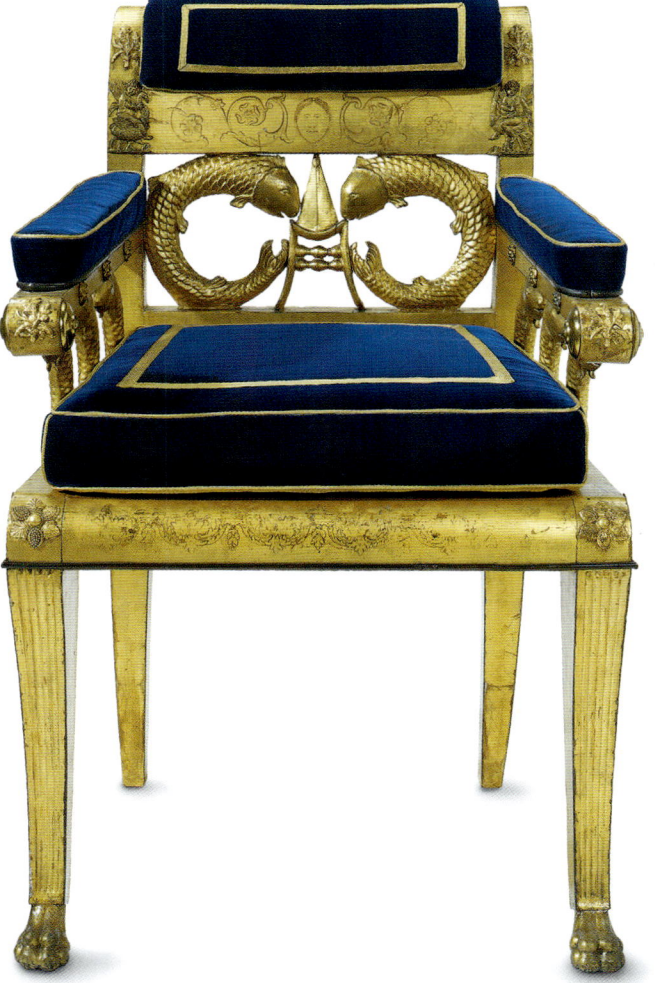

164
Thronsessel

Auftragsarbeit für Nawab Ghazi-ud-din
Haidar von Awadh
Robert Home zugeschrieben
Lucknow, ca. 1820
Bemaltes Holz, vergoldetes Messing und
Gesso, Samt mit Goldlitze
89 x 61 x 65,5 cm
Victoria and Albert Museum, Schenkung
des 5. Earl Amherst of Arracan

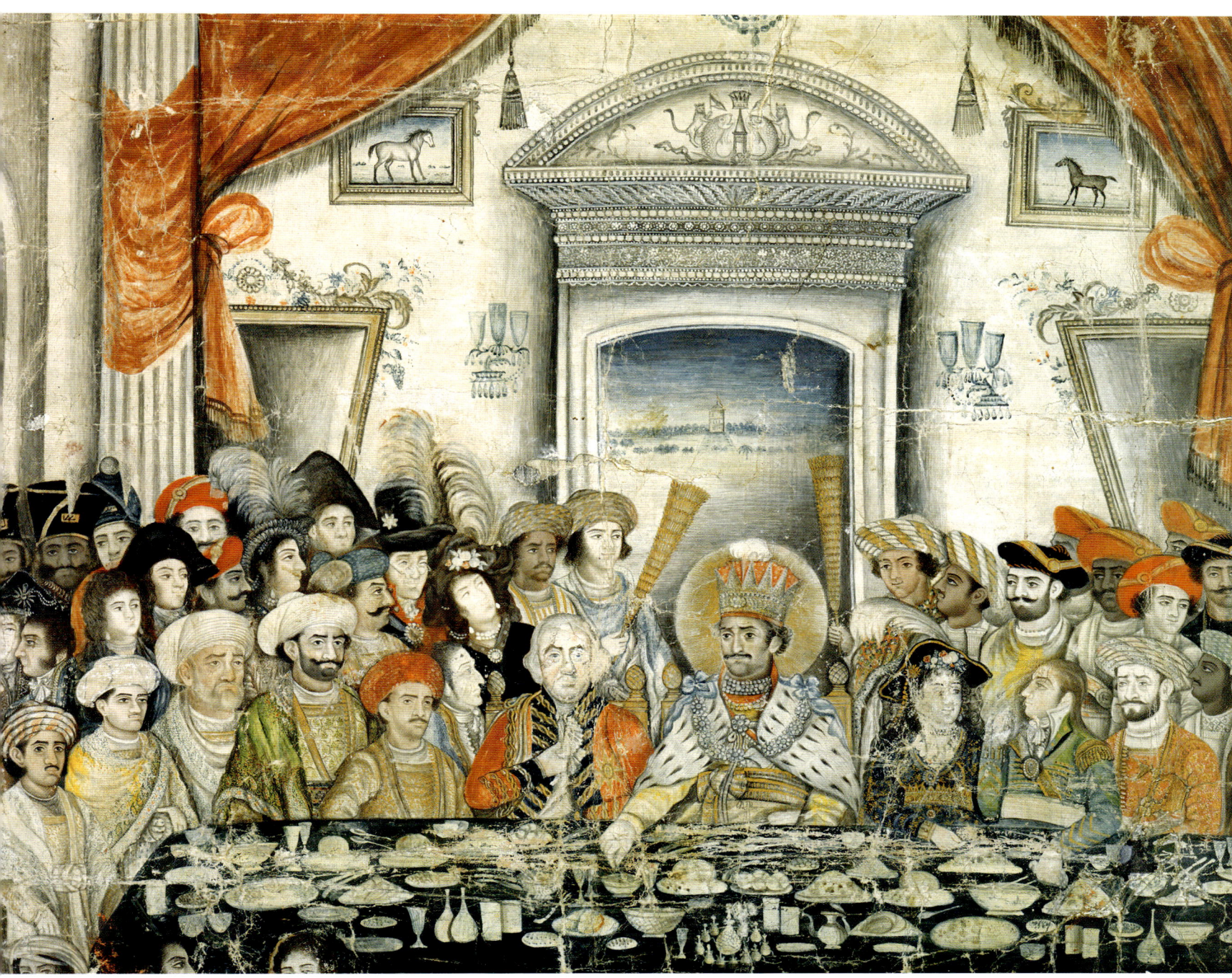

165
**Nawab Ghazi-ud-din Haidar von Awadh
bewirtet Lord und Lady Moira**

Lucknow, ca. 1814
Deckende Wasserfarbe auf Papier
57 x 81 cm
British Library, London

reicherer Herrscher« zu Ausgaben führen würde, die er nicht aufbringen könne. Außerdem zeige der junge Herrscher sowieso schon eine Neigung »zur Verschwendung … die ein Besuch in England nur noch verstärken würde«.[2] Der Raja reagierte wütend auf diese Absage: »Ist das die Behandlung, die ich verdiene nach all den Diensten, die meine Vorväter der britischen Regierung leisteten?« Er versuchte seiner Bitte mehr Nachdruck zu verleihen, indem er argumentierte: »Ein Besuch in England wäre der passende Abschluss meiner am englischen Vorbild ausgerichteten Erziehung«. Aber auch wenn die Regierung einem Reiseantrag stattgab, war nicht sicher, ob die Familie eines Herrschers es ihm erlauben würde, gegen hinduistische Verbote zu verstoßen und das *Kala-pani* (wörtlich: »schwarze Wasser«) zu überqueren. Einige hielten die Ängste vor einer Ozeanüberquerung für gerechtfertigt, als Raja Rajaram von Kolhapur (reg. 1866–1870), der die Ratschläge seiner Priester missachtet hatte und nach Europa gereist war, 1870 auf der Heimreise in Florenz starb. Als Bijay Chand Mahtab, der Herrscher von Burdwan (reg. 1881–1941), 25 Jahre später seine Pläne für einen Europabesuch bekannt gab, riet ihm ein älterer Fürst davon ab und warnte ihn, dass so eine Reise ein »unhinduistisches Unternehmen« sei.[3]

Die Reiseorganisation übernahm zumeist die Agentur T. Cook & Sons. Die Fürsten brauchten aber auch einen britischen Berater oder Gesellschafter, der ihnen in Etikette-fragen beistehen konnte.[4] Kolhapur begann seine Reisevorbereitungen damit, dass er zuhause »einige Tage nach englischer Art« speisen wollte; aber diese Pläne wurden von einer Gruppe brahmanischer Priester durchkreuzt, die seine Verfehlung nutzten, um den Herrscher in Misskredit zu bringen. Ein anderer indischer Reisender war der Meinung, dass die lange Schiffspassage nach Europa ausreichend Gelegenheit biete, sich mit west-lichen Gewohnheiten vertraut zu machen, und zwar in einer Umgebung, in der »sich niemand an unseren kleinen Unzulänglichkeiten stört«[5].

Besondere Sorge bereitete den ins Ausland reisenden Indern die Verpflegung, und zwar nicht nur wegen der ungewohnten europäischen Küche, sondern vor allem, weil sowohl im Hinduismus als auch im Islam das Essen nur dann als »rein« gilt, wenn es nach

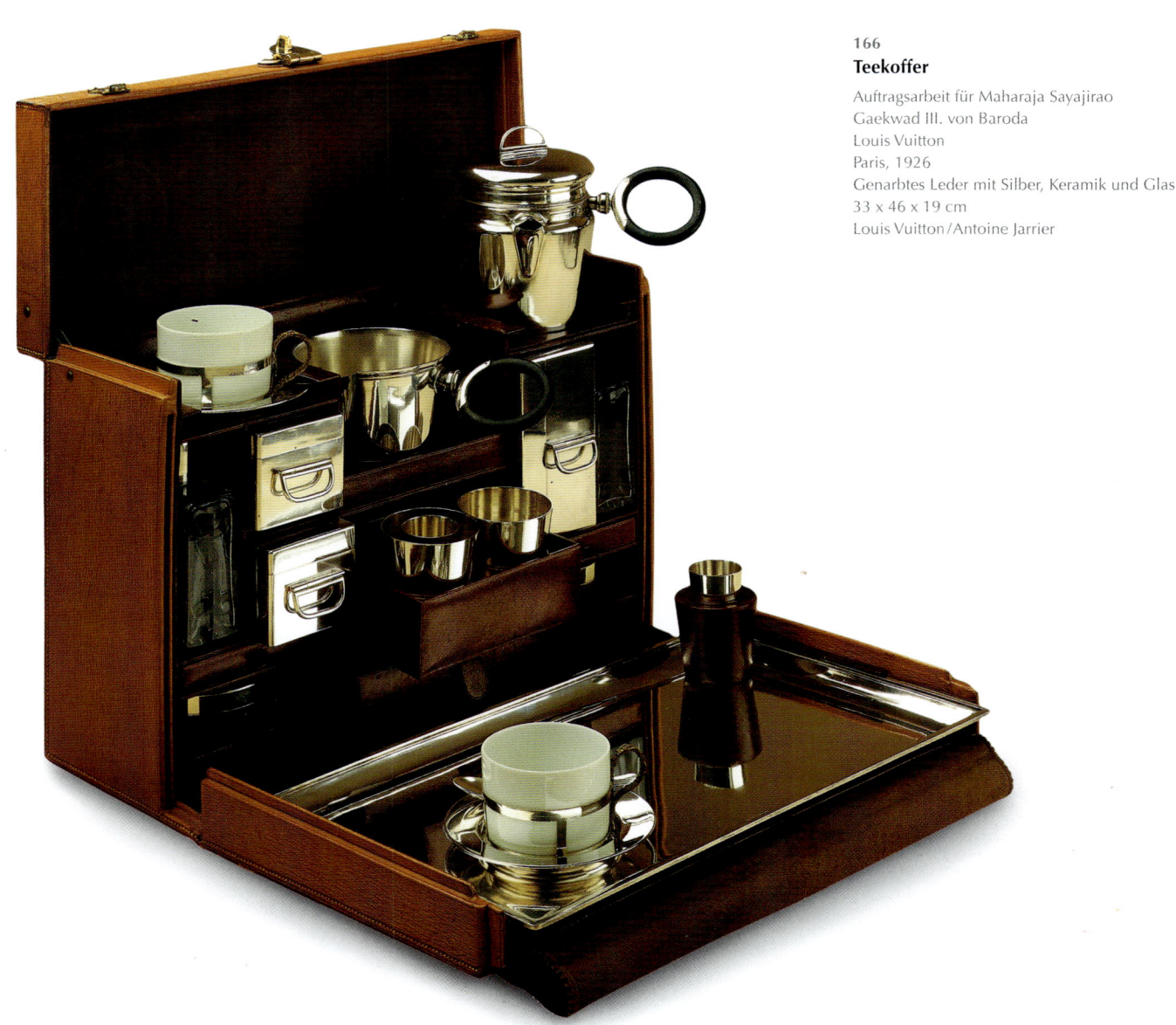

166
Teekoffer

Auftragsarbeit für Maharaja Sayajirao
Gaekwad III. von Baroda
Louis Vuitton
Paris, 1926
Genarbtes Leder mit Silber, Keramik und Glas
33 x 46 x 19 cm
Louis Vuitton / Antoine Jarrier

strengen Regeln zubereitet wird. Deshalb nahm Rajaram von Kolhapur seine eigenen Köche mit auf Europareise, die Reis, Gewürze und Geschirr aus der Heimat mitführten.[6] Maharaja Sayajirao Gaekwad III. von Baroda (reg. 1875–1939) reiste mit seinen eigenen Köchen, Lebensmitteln und zwei Kühen nach Europa, während sich sein Zeitgenosse Maharaja Madho Singh II. von Jaipur (reg. 1880–1922) 1901 mit vier Silberkesseln, die jeweils mit 9.000 Litern *Ganga jal*, heiligem Trinkwasser aus dem Ganges, gefüllt waren, auf den Weg zur Krönung von Edward VII. machte.[7] Diejenigen, die westliches Essen – oder schlimmer noch, in europäischen Restaurants aufgetischtes indisches Essen – probierten, waren selten davon angetan.[8] In London konnte man immerhin im East India United Services Club essen gehen, der seinen Mitgliedern, hauptsächlich ehemaligen Beamten der britischen Kolonialverwaltung in Indien, Currygerichte servierte.[9]

Als Untertan in einem Kaiserreich gab es für einen indischen Fürsten keine größere Ehre, als dem Herrscher persönlich zu begegnen. Bei derartigen Anlässen waren sie aufgefordert, »für einen Durbar angemessene Kleidung« zu tragen, einschließlich der in ihrem jeweiligen Staat oder Stamm üblichen Kopfbedeckung.[10] Königin Victoria und ihre Nachfolger legten Wert darauf, ihre exotischen Vasallen in orientalischer Tracht zu sehen.[11] Für Raja Martanda war ein Empfang bei Königin Victoria »eines der bedeutendsten Ereignisse, die je in den Annalen von Pudukkottai verzeichnet wurden«.[12] Maharaja Jagatjit Singh von Kapurthala (reg. 1877–1949) vermerkte in seinem Tagebuch, was für eine große Freude es für ihn gewesen sei, als erster herrschender Sikh-Fürst »Ihrer Majestät persönlich und der Krone die Ehrerbietung unserer Nation« erweisen zu dürfen.[13] Die Begegnung mit der Königin war für einige ein ergreifendes Erlebnis. Sunity Devi von Cooch Behar war überwältigt vom Zusammentreffen mit dieser »legendären Persönlichkeit voller wunderbarer Eigenschaften«, die mit ihren indischen Untertanen durch »seidene Ketten der Liebe und Loyalität« verbunden sei.[14] Nawab Mehdi Hasan fühlte sich beim Anblick »dieser Dame, unter deren Herrschaft ich geboren wurde« und »die zu lieben man mich gelehrt hatte«,[15] wie in einem Traum voller ungläubiger Freude. Sein »Herz war erfüllt von begeisterter Liebe und Loyalität. Wer hätte gedacht, dass ich einen so weiten Weg über das Meer machen und das Glück haben würde, meiner geliebten Herrscherin persönlich zu begegnen?« Zwischen einigen indischen Fürsten und der königlichen Familie entwickelten sich auch Freundschaften. Als Sunity Devi 1887 zu Königin Victorias goldenem Thronjubiläum nach England reiste,

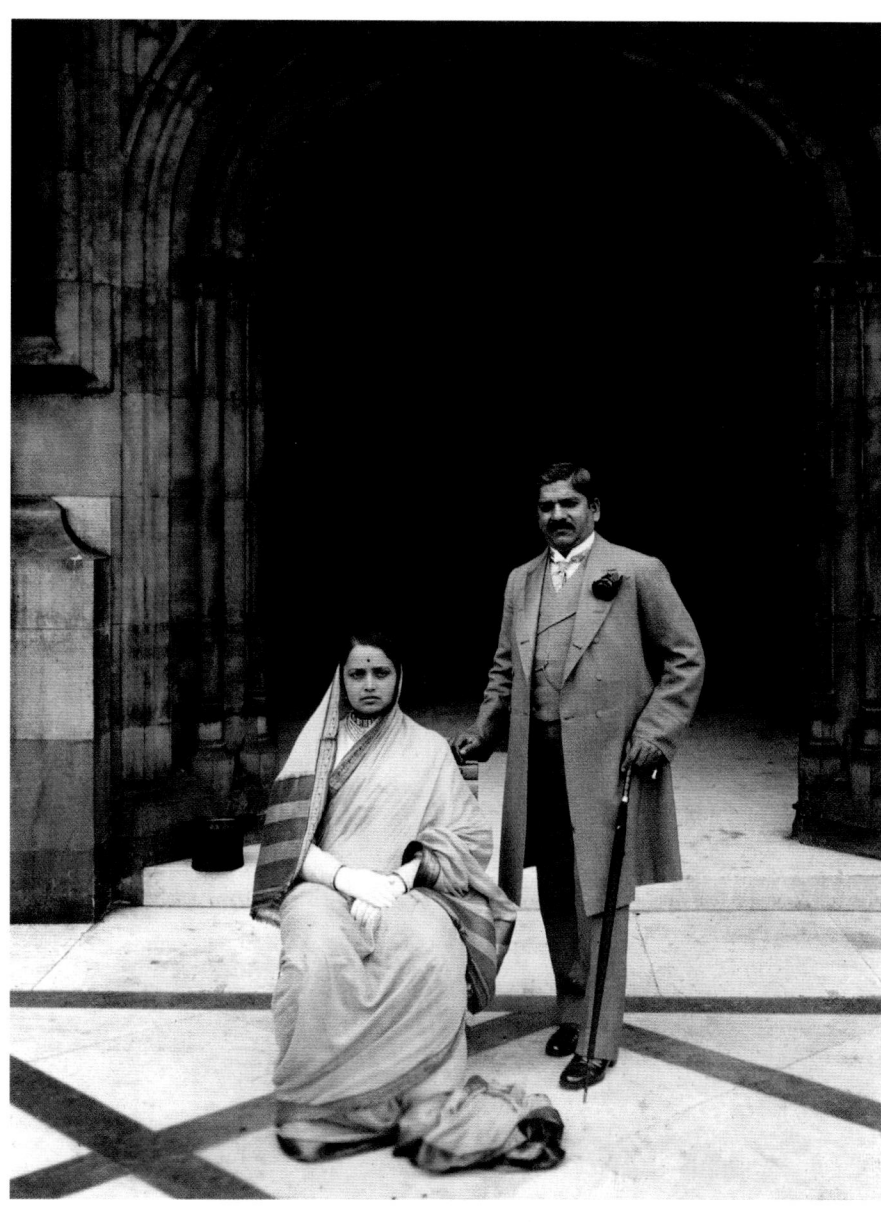

167
Maharaja Sayajirao Gaekwad III. und Maharani Chimnabai II. von Baroda im House of Commons
Benjamin Stone
London, 1905
Moderner Abzug eines Originalnegativs auf Glasplatte
57,3 × 42,1 cm
National Portrait Gallery, London

wurde sie am Hof sehr herzlich empfangen und gewann die Zuneigung der Königin und ihrer Familie. Diese Bande nahmen offizielle Form an, als Königin Victoria sich 1888 bereit erklärte, die Patenschaft für Sunitys Sohn Victor zu übernehmen. George V. (reg. 1910–1936) wurde Pate von Jivaji Rao und Königin Mary (1867–1953) Patin von Kamalaraje, beides Kinder von Maharaja Madho Rao von Gwalior (reg. 1886–1925). Verbindungen dieser Art setzten sich über Generationen fort und wurden durch die Staatsbesuche in Indien seitens der Mitglieder der britischen königlichen Familie weiter gefestigt. Während ihrer Aufenthalte in Indien schlossen Albert Edward, der damalige Prince of Wales und spätere König Edward VII., der Herzog und die Herzogin von Connaught sowie George V. und Königin Mary Freundschaften mit einigen indischen Fürsten, die ihnen als Zeichen ihrer Ehrerbietung Geschenke überreichten, normalerweise Schmuck, höfische Gegenstände oder virtuos gefertigte Stücke einheimischer Kunsthandwerkerschaft (Abb. 168).

Während ihrer Zeit in Europa genossen die Herrscher erstmals die Freiheit von familiären Zwängen und höfischer Überwachung. Außerdem gehörten sie im Westen zur Prominenz: Die Maharajas und ihre Frauen tauchten häufig in den Gesellschaftskolumnen der Tageszeitungen und auf den Titelbildern tonangebender Zeitschriften auf. Sie bewegten sich gleichberechtigt im Kreis der Adligen, mit denen sie ein gemeinsames Interesse an Pferderennen und an der Jagd verband. Einige wurden zu führenden Persönlichkeiten der noblen Gesellschaft wie der schneidige Aly Khan (1911–1960), die amüsante Brinda Devi von Kapurthala, für die Cole Porter *Let's Misbehave* sang, und die bezaubernde Maharani Indira Devi von Cooch Behar (1892–1968, Abb. 169).[16] Da sie sich in Europa so wohl fühlten, hielten sich die Herrscher, die es sich leisten konnten, regelmäßig dort auf und kauften manchmal sogar Häuser in England oder Frankreich, in denen sie den Sommer verbrachten. Das bedeutete natürlich, dass die Fürsten häufiger fernab ihrer Untertanen waren, was der Regierung von Britisch-Indien Sorge bereitete. Maharaja Yeshwant Rao Holkar II. von Indore (reg. 1926–1961) hielt sich so oft im Ausland auf, dass der britische Resident von Indore, K. S. Fitze, vorschlug, das beliebte Lied *Some Day My Prince Will Come* zur Nationalhymne von Indore zu erklären.[17] Eine weitere Nebenwirkung des ausgiebigen Kontakts mit der westlichen Welt war, dass die Identität der indischen Fürsten gewissermaßen verwässert wurde. Beispielsweise führten die britisch geprägte Erziehung und Bildung und die ausgedehnten Reisen von Raja Martanda von Pudukkottai dazu, dass der »Raja eher einem dunkelhäutigen europäischen Gentleman mit ganz und gar europäischen Vorlieben [gleicht] als einem einheimischen Fürsten«.[18]

168 *Links*
Schwert und Scheide

Jaipur, ca. 1902
Stahl, Gold, Diamanten und Emaille
Länge: 88,5 cm
Her Majesty The Queen (The Royal Collection Trust)

Dieses reich verzierte Zeremonialschwert war ein Geschenk von Maharaja Madho Singh II. von Jaipur an Edward VII. anlässlich dessen Krönung.

169 *Rechte Seite*
Indira Devi von Cooch Behar

Dorothy Wilding
London, 1928
Chromgelatineabzug
57,3 x 42,1 cm
National Portrait Gallery, London

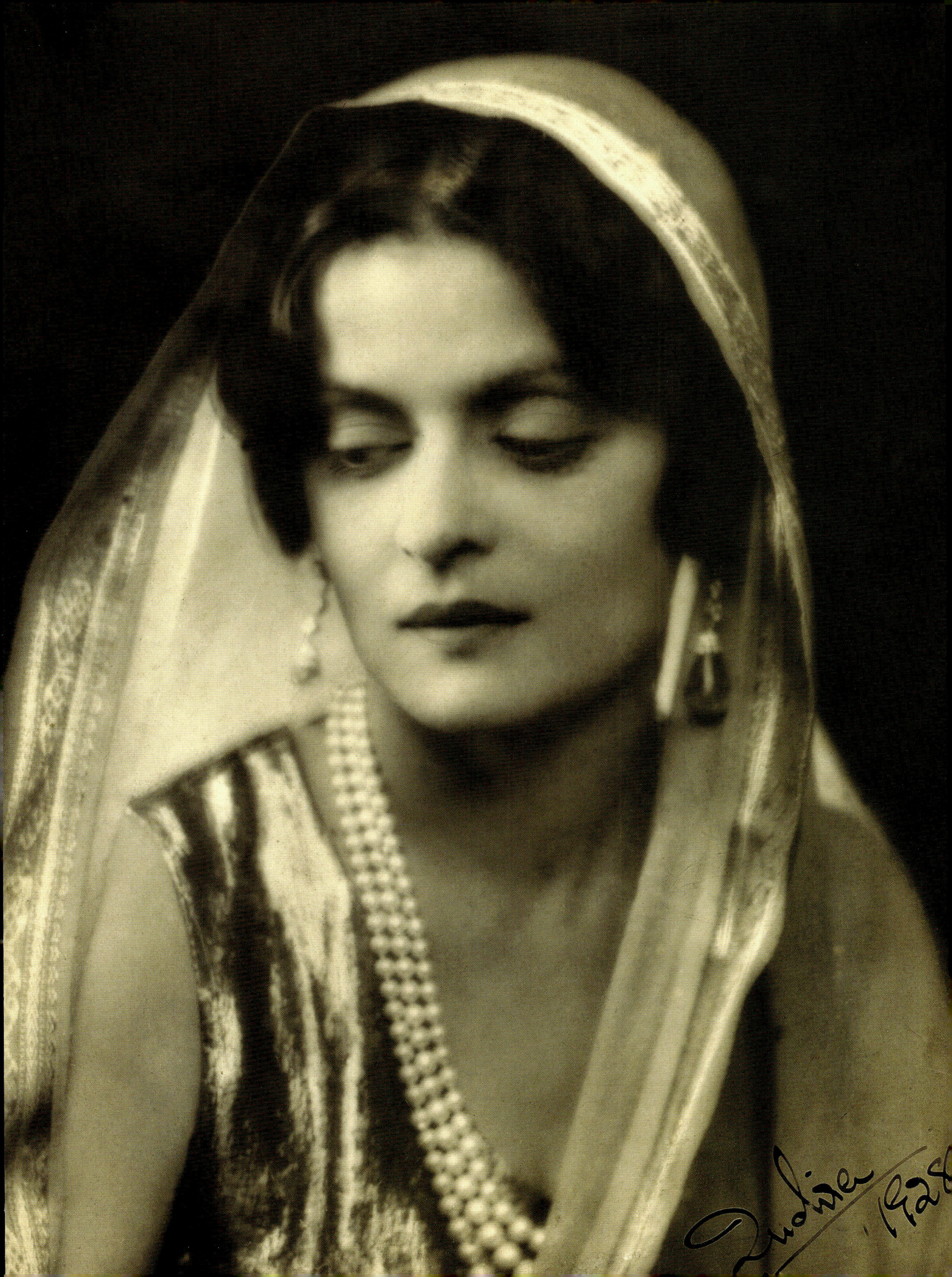

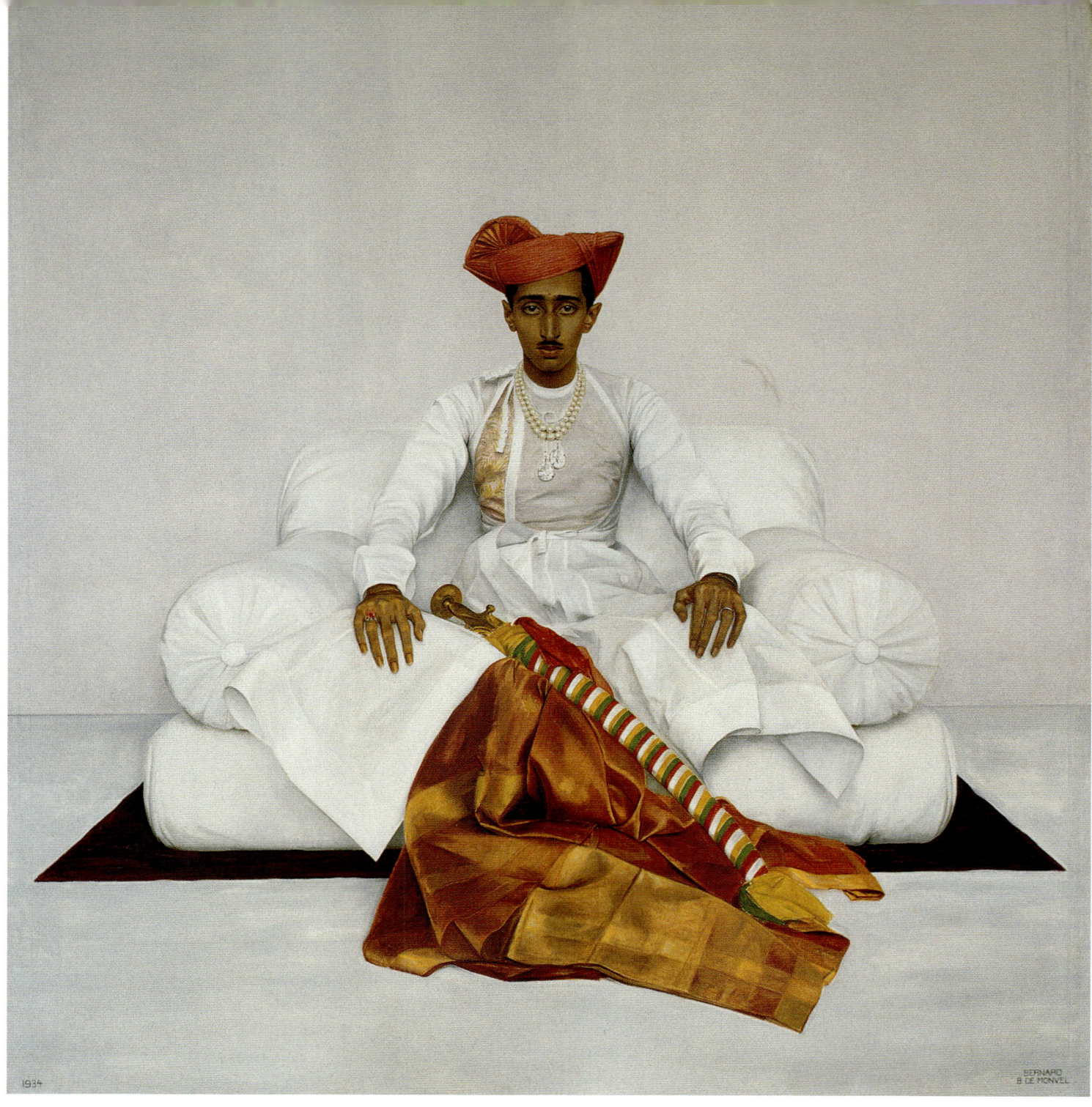

170
**Maharaja Yeshwant Rao Holkar II.
von Indore in Marathentracht**

Bernard Boutet de Monvel
Paris und New York, 1934
Öl auf Leinwand
180 x 180 cm
Sammlung Al-Thani

Als Souvenirs ihrer Zeit im Ausland ließen die nach Europa reisenden Fürsten zumeist Porträtfotos anfertigen. Um ihre Londonaufenthalte zu dokumentieren, suchten die indischen Fürsten regelmäßig die Fotoateliers von Bassano, Lafayette und Vandyk auf und ließen sich ablichten (Abb. 74). Bhawani Singh, Raj Rana von Jhalawar (reg. 1899–1929), vermerkte in seinem London-Tagebuch, dass er vor dem Besuch am Hof »zum Studio von Mr. Langfier [ging], wo Major Benn und ich fotografiert wurden«.[19] Für ein Mittagessen mit dem Oberbürgermeister von London hatte Jhalawar sein »orientalisches« Gewand angelegt und ging vorher extra noch zu »Messrs. Van Dyck & Co [sic], um mich fotografieren zu lassen«.[20]

Einige Fürsten gaben bei westlichen Künstlern und Fotografen offizielle Porträts in Auftrag, die dann in ihrer Heimat häufig reproduziert wurden. Die Porträts von Yeshwant Rao Holkar II. gehören zu den eindrucksvollsten von einem westlichen Künstler gemal-

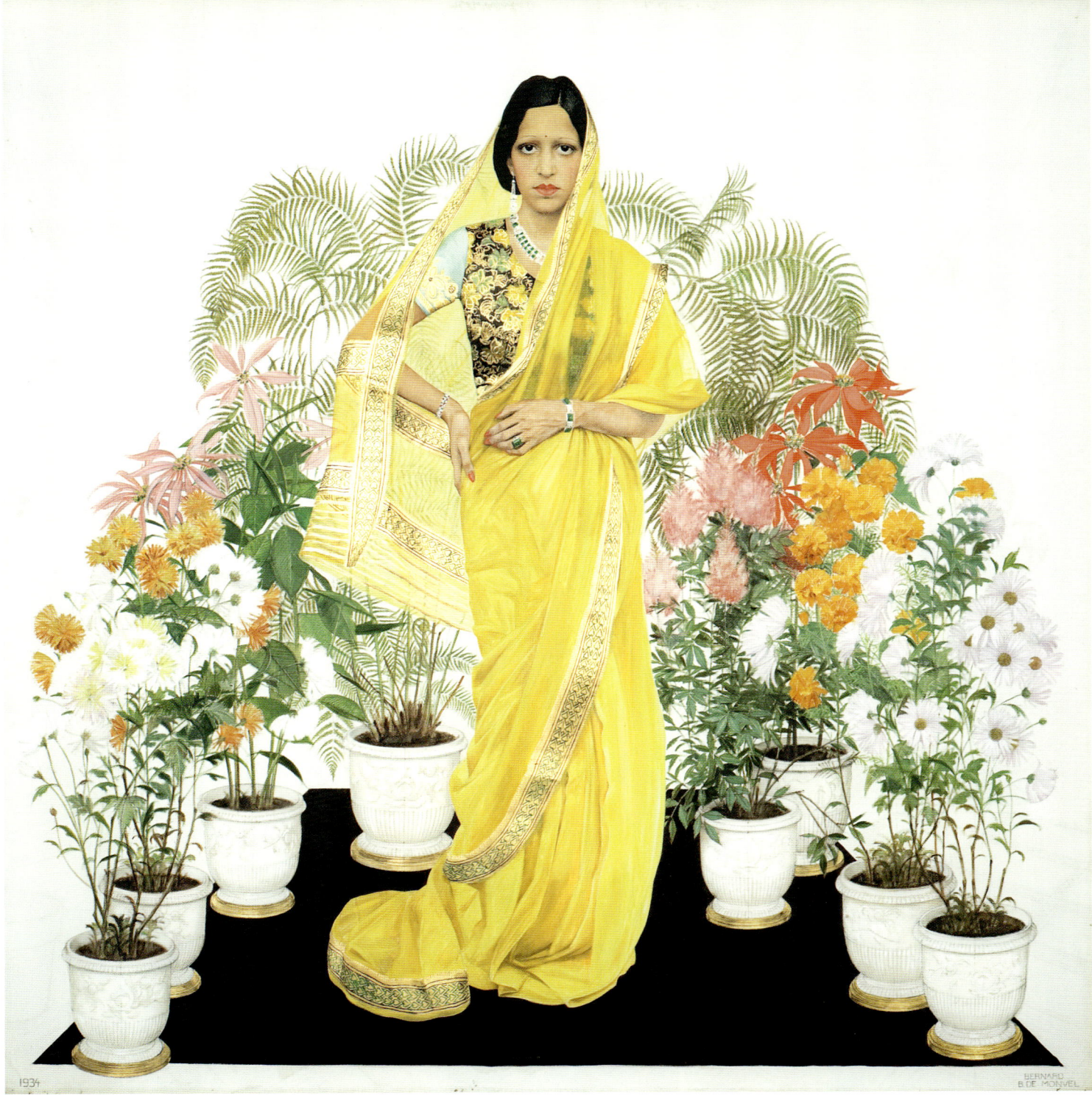

ten Bildern eines indischen Fürsten. Der Fürst entwickelte schon früh ein Interesse an Kunst. Als er im Alter von 20 Jahren einen amerikanischen Künstler beauftragte, ihn für 1.500 Pfund zu porträtieren, handelte er sich jedoch eine Rüge ein, denn dieser Betrag überstieg seinen Etat.[21] Seine Vormünder entschieden jedoch in weiser Voraussicht, »die künstlerischen Anwandlungen des jungen Maharajas nicht zu bremsen, da das Porträt eines Tages einen sehr viel höheren Betrag wert sein könnte«. Zu den von ihm beauftragten Malern gehörte auch der französische Gesellschaftsmaler Bernard Boutet de Monvel (1884–1949), dessen Porträts des Maharajas und seiner Frau einmal in europäischer Abendgarderobe und einmal in der Tracht der Marathen das »Doppelleben« von Yeshwant Rao zwischen dem traditionellen Indien und der westlichen Avantgarde widerspiegeln (Abb. 170–173). Der Fotograf Man Ray (1890–1976) lernte den »großen und sehr eleganten« Maharaja kennen und machte zahlreiche Aufnahmen von ihm.[22]

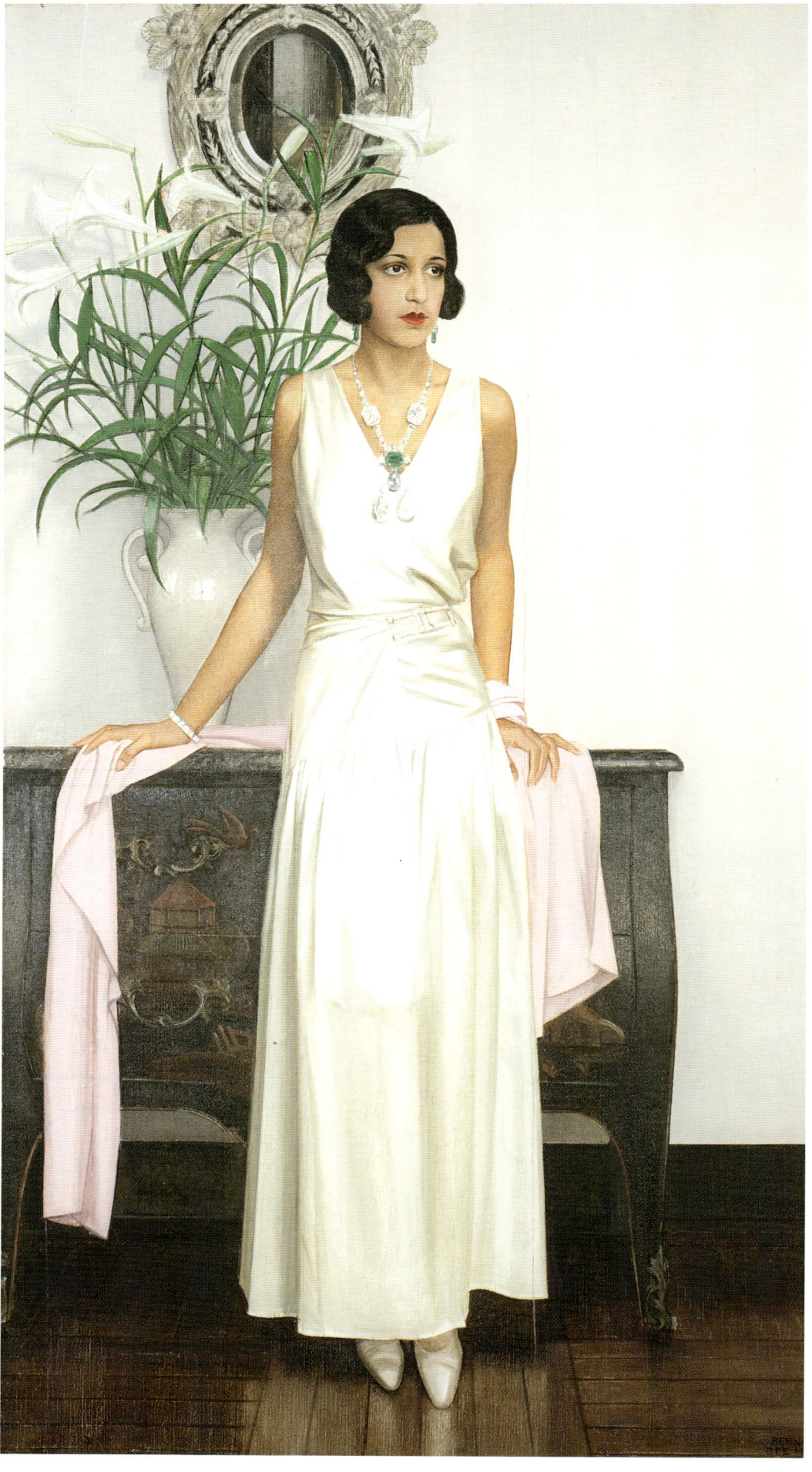

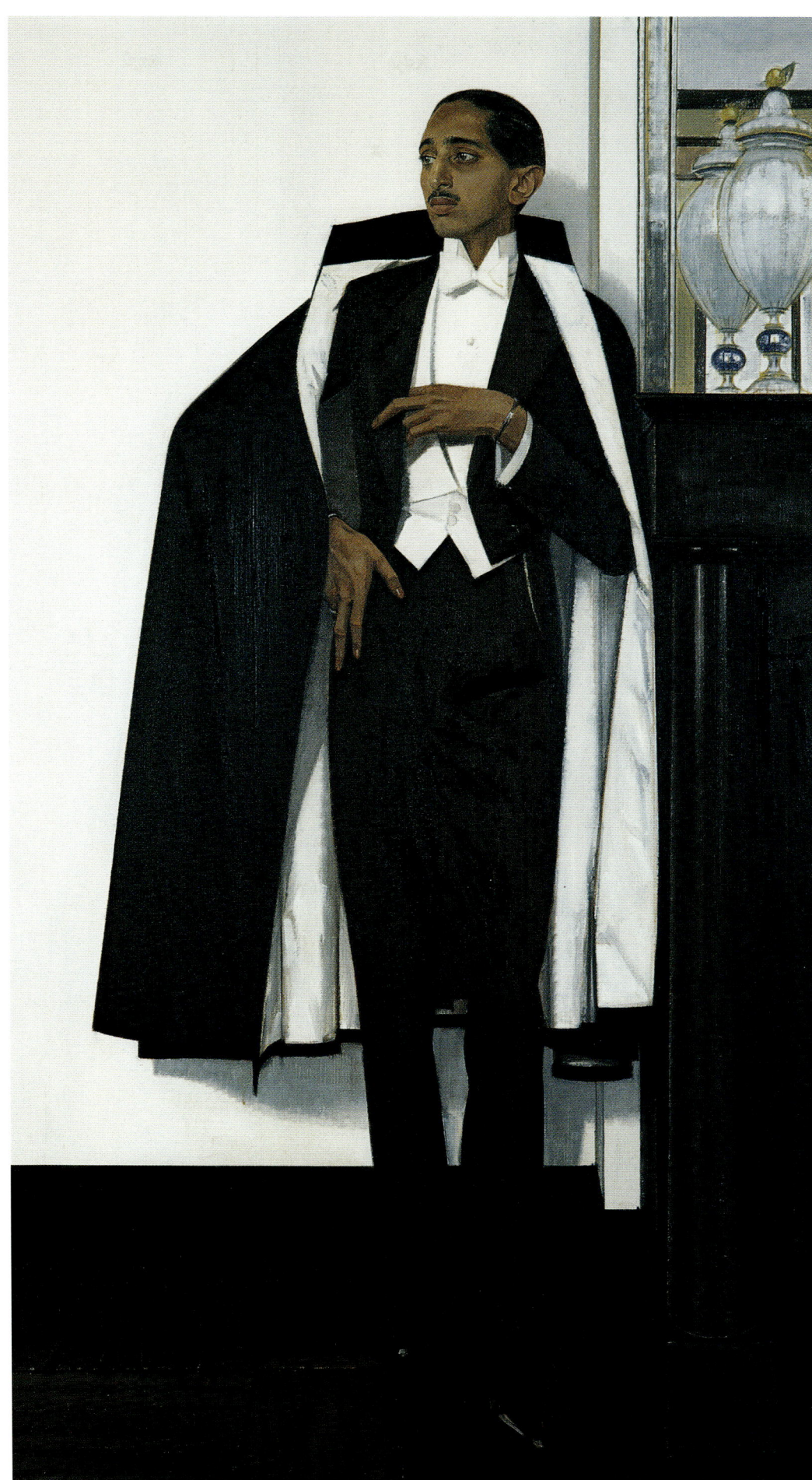

172 *Linke Seite*
**Maharani Sanyogita Devi von Indore
in westlicher Kleidung**

Bernard Boutet de Monvel
Paris, 1931/1938
Öl auf Leinwand
218 x 140 cm
Maharani Usha Devi von Indore

Dieses Porträt der Maharani entstand 1931
und wurde später geändert, um das von Mauboussin entworfene Collier einzufügen.

173 *Rechts*
**Maharaja Yeshwant Rao Holkar II.
von Indore in westlicher Kleidung**

Bernard Boutet de Monvel
Paris, 1929
Öl auf Leinwand
218 x 140 cm
Sammlung Al-Thani

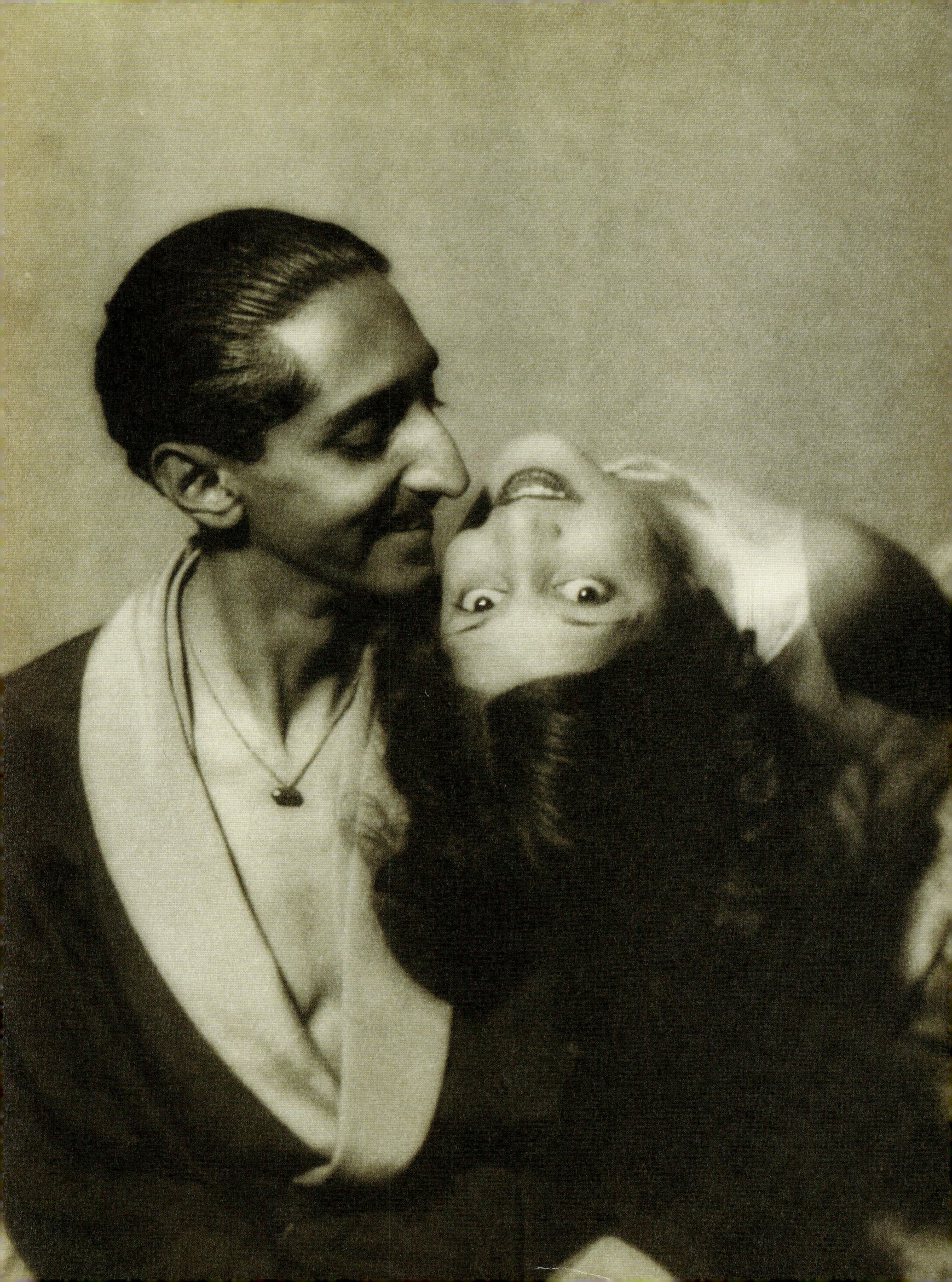

Einmal besuchte Man Ray den Maharaja und seine Frau während ihres Urlaubs in Cannes. Das Paar und der Fotograf teilten eine Leidenschaft für Jazzmusik und schlossen Freundschaft. Man Ray erinnerte sich an die erste Fotosession mit den beiden (Abb. 174): »Ich musste ein bisschen Jazzmusik spielen, zu der die beiden tanzten, bevor sie sich händchenhaltend hinsetzten. Ich machte ein paar Aufnahmen und schlug dann vor, einige Einzelporträts zu machen. Die Maharani war sehr entspannt – sie lächelte mich an und war kein bisschen befangen oder steif, wie sie es vielleicht in der professioneller wirkenden Atmosphäre eines Fotostudios gewesen wäre.«[23]

Ein unverzichtbarer Teil der Europareisen waren die Einkaufsbummel. Hier konnten die Fürsten die Waren aus erster Hand erstehen, die sie bis dahin als Versandaufträge aus Europa oder über britische Vertreter bzw. Niederlassungen in Indien erworben hatten. Großbritanniens politisches Empire war von einem »Empire der Waren« untermauert, durch das die Untertanen weltweit dieselbe materielle Kultur teilten.[24] Für die indischen Fürsten war der Besitz und Gebrauch von westlichen Waren von entscheidender Bedeutung, weil damit ihre Modernität und ihr Erfolg in der imperialen Ordnung zum Ausdruck kam. Der Kleidung fiel bei dieser Zurschaustellung westlicher Einstellungen eine besonders wichtige Rolle zu, denn den nach Europa reisenden Fürsten wurde klar: Je schneller sie sich dem westlichen Bekleidungsstil anpassten, desto schneller würden sie sich in die westliche Gesellschaft einfügen können. Die gesellschaftlichen Verpflichtungen in London erforderten auch die Anschaffung besonderer Kleidung wie Abendgarderobe und Zylinder, was bei Ausstattern rund um die Savile Row erhältlich war. Westlich orientierte Fürsten nutzten ihre Europareisen, um ihre Garderobe auf dem neuesten Stand der Mode zu halten. Sayajirao Gaekwad III. wurde zum Stammkunden der Schneider Henry Poole & Co. in der Savile Row und ernannte sie schließlich zu Hoflieferanten. Maharaja Ganga Singh (reg. 1887–1943), der berühmte Herrscher von Bikaner, erstellte vor einer seiner vielen Europareisen eine Liste der von ihm benötigten Kleidungsstücke, auf der unter anderem »blaue Tennisjacken, Flanelltennishosen, Flanelltennishemden« sowie Pullover und Krawatten in den Nationalfarben Bikaners aufgeführt waren.[25]

Im kolonialen Kontext war die Kleidung eines Inders Zeichen seines gesellschaftlichen und politischen Status. Das gilt vor allem für das frühe 19. Jahrhundert, in dem die Ostindiengesellschaft eine Reihe von Maßnahmen einführte, die darauf abzielten, dass die Briten als Herrscher sich deutlich von den Indern als Beherrschten abhoben. Zu diesen Maßnahmen gehörten auch Bekleidungsvorschriften, mit denen britischen Amtsträgern untersagt wurde, sich indisch zu kleiden, und es Indern unterhalb eines bestimmten Ranges verboten wurde, in der Anwesenheit von Europäern Schuhe oder Stiefel zu tragen.[26] In dieser abgrenzenden Kleiderordnung spiegelte sich die weitverbreitete britische Überzeugung von der Überlegenheit alles Europäischen – einschließlich der Bekleidung – gegenüber dem Indischen.[27] Damit einher ging die Auffassung, dass sich in der formal strengen Kleidung der Briten ihre moralische Rechtschaffenheit spiegele, während sich in der von den Indern getragenen weiten, formlosen Kleidung die laxe Moral des unterjochten Volkes offenbare.[28] Daher war für einige indische Fürsten das Tragen der »Kleidung der Herrschenden« ein Zeichen für eine pro-britische Einstellung.[29] Die Künstlerin Emily Merrick (geb. 1842) traf auf ein konkretes Beispiel dieser Haltung, als sie die Witwe von Vijayarama Gajapathi Raju, Maharaja von Vizianagram (reg. 1845–1879), porträtierte: »Ich dachte bei mir, dass die betagte Maharani für eine

175 *Unten links*
Sari aus dem Besitz der Prinzessin Niloufer von Hyderabad

Entwurf vermutlich Mlle Fernande Cecire
Anfertigung Madavdas
Paris und Bombay, 1946
Seidentüll, mit Pailletten bestickt
Museum at the Fashion Institute of Technology,
New York. Schenkung von Mr. Edward Pope

176 *Unten rechts*
Prinzessin Niloufer von Hyderabad

Seite aus einer Zeitschrift, vermutlich
Vogue Paris
Vermutlich Paris, ca. 1947
Mit freundlicher Genehmigung des Museum at
the Fashion Institute of Technology, New York

Prinzessin Niloufer, die Nichte des abgesetzten
osmanischen Kalifen Abdul Majid II., war mit
Prinz Muazzam Jah verheiratet, dem zweiten
Sohn von Mir Osman Ali Khan, Nizam von
Hyderabad. Auf dieser Fotografie aus einer Zeit-
schrift trägt sie den Sari von Abb. 175.

177 *Rechte Seite*
Abendkleid und Umhang

Madeleine Vionnet
Paris, 1929/30
Bestickter Seidentüll; Seide mit Seidenlitze
The Fashion Museum, Bath und North East
Somerset Council

indische Dame doch ziemlich merkwürdig gekleidet war, aber sie sagte mir, dass sie auf ihrem Porträt wie Königin Victoria aussehen wolle und sich deshalb im englischen Stil gekleidet habe.«[30] Durch die westlich geprägte Erziehung wurde es für die indischen Fürsten immer selbstverständlicher, sich auch westlich zu kleiden. Ihre indische Kleidung war feierlichen Anlässen vorbehalten, bei denen sie den weit verbreiteten Erwartungen an einen Maharaja zu entsprechen und sich in »exotischer« Ausstaffierung zu präsentieren hatten.

Ab dem späten 19. Jahrhundert begannen die indischen Prinzessinnen, ihre Aussteuer in Europa zu bestellen – unabhängig davon, ob sie sich in der Öffentlichkeit zeigten oder den *Purdah* befolgten. Monsieur Erigua, Jeanne Lanvin und Pariser Firmen wie Sarees Inc. erkannten das Potential des indischen Marktes und produzierten modische Chiffonstoffe in Sarilänge (Abb. 175).[31] Die indischen Fürstinnen ließen sich von den führenden Designern der Zeit auch Kleider und Accessoires im westlichen Stil anfertigen. Zu den bedeutendsten Kundinnen westeuropäischer Modehäuser gehörte Indira Devi von Cooch Behar (Abb. 169). In seiner Autobiografie erinnert sich der italienische Schuhdesigner Salvatore Ferragamo (1898–1960) an ihre Bestellung von über 100 Paar Schuhen. Für die Anfertigung von zwei Paaren hatte die Fürstin sogar selbst Perlen und Diamanten zur Verfügung gestellt: »Ich fertigte ein Paar Schuhe aus grünem Samt mit einer Perlenspirale um die Absätze an und ein Paar aus schwarzem Samt mit einer Diamantenschnalle und zwei geraden, den Absatz hinunterlaufenden Diamantenreihen.«[32] Eine weitere wichtige Kundin der begehrtesten Designer war die in Australien geborene Rani Molly, die Frau des Raja Martanda von Pudukkottai, die bei Callot Sœurs, Jeanne

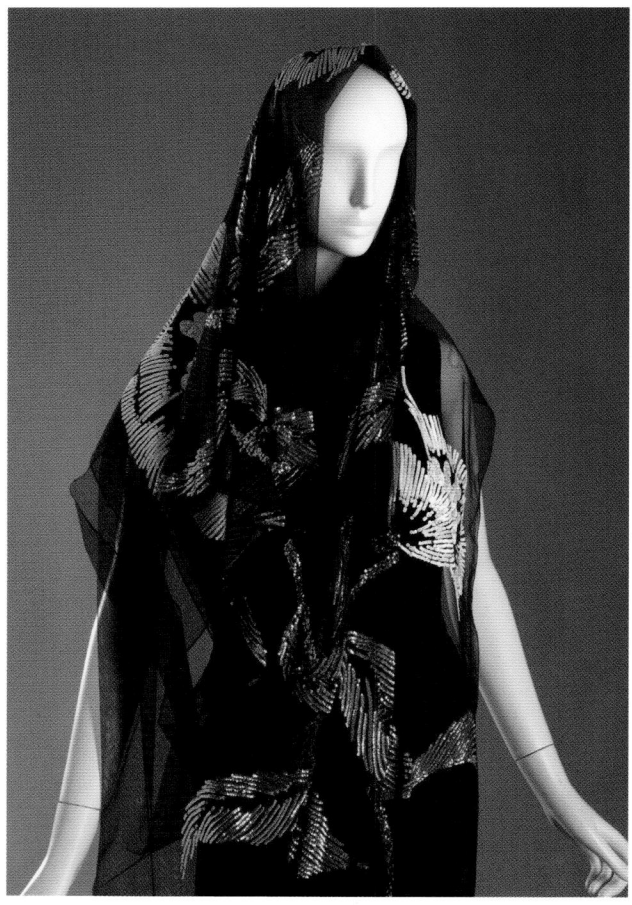
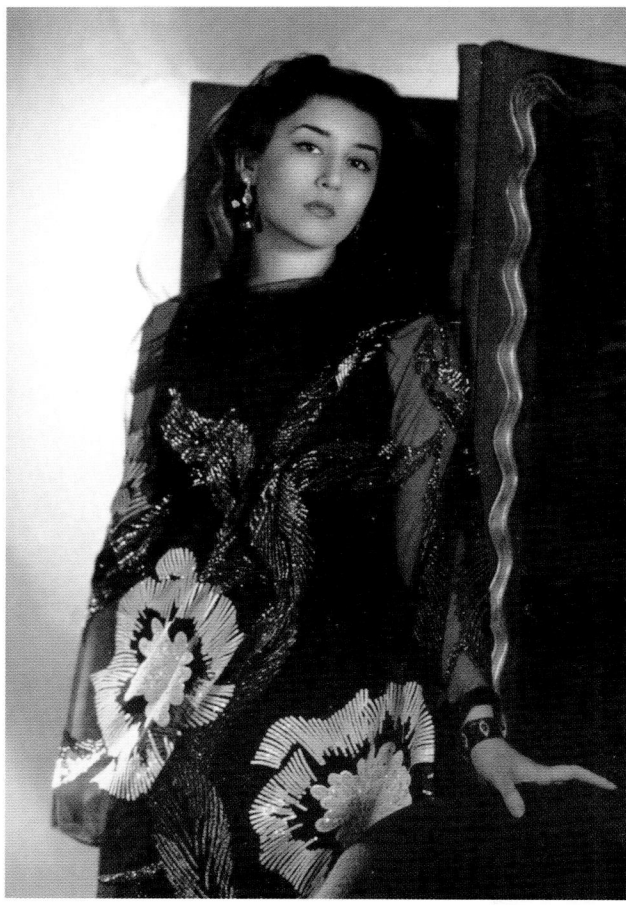

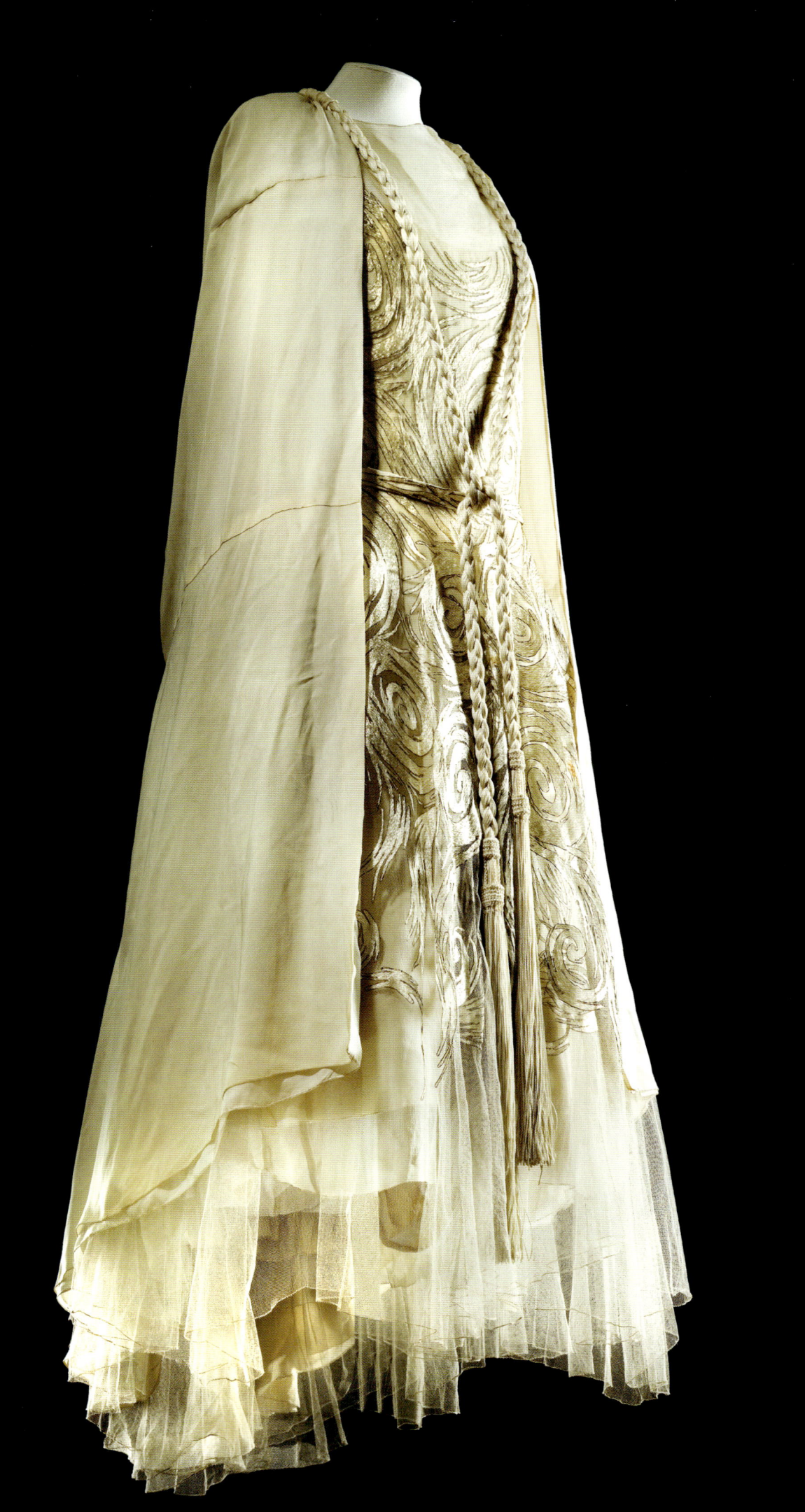

178
**Frisierkommodengarnitur für Maharaja
Bhupinder Singh von Patiala**

Cartier
Paris, ca. 1925
Silber, Emaille, Koralle und Gold
Privatsammlung

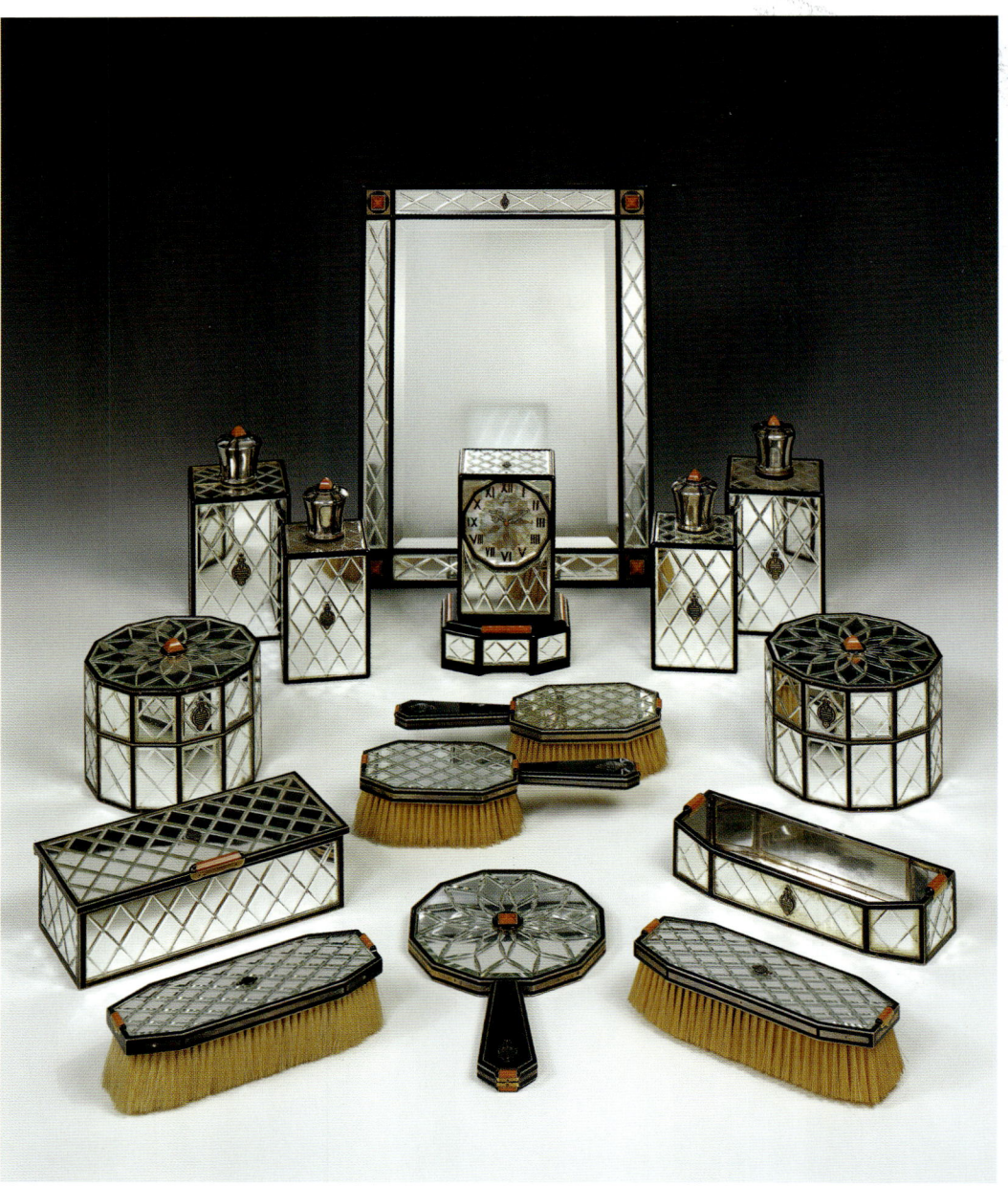

Paquin, Jean Patou, Madeleine Vionnet und Elsa Schiaparelli Kleidung in Auftrag gab (Abb. 177).

Die Kleidung im europäischen Stil wurde mit den entsprechenden westlichen Accessoires ergänzt. Beispielsweise bestellte Mir Mahboob Ali Khan, Nizam von Hyderabad (reg. 1869–1911), Manschettenknöpfe, Uhrenketten und eine Taschenuhr, die er zu seinem Anzug trug.[33] Auch Raja Rajaram von Kolhapur kaufte sich auf seiner Europareise eine Uhr. Jacques Cartier (1885–1942) entdeckte auf seiner Geschäftsreise nach Indien, dass alle Maharajas sich »Taschenuhren« wünschten, die damals »in Paris und London groß in Mode waren« (Abb. 179).[34] Die Nachfrage nach Taschenuhren seitens der Fürsten war so groß, dass die Londoner Firma J. W. Benson speziell für Maharajas eine »imperiale Uhr« auf den Markt brachte. Bei diesem Modell konnte der Uhrendeckel mit dem Porträt des Fürsten und seinem Wappen in Emaille persönlich gestaltet werden, eine Besonderheit, die dann auch Jaeger-LeCoultre für ihre Reverso-Uhr mit Wendegehäuse übernahmen (Abb. 181). Zu den von indischen Fürstenhäusern in westlichen

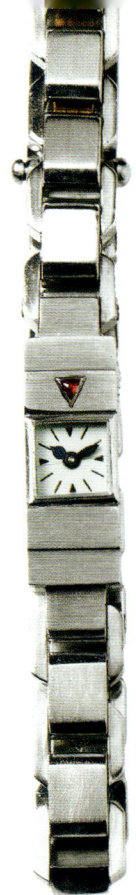

Luxusgeschäften erworbenen Accessoires gehörten auch Manschettenknöpfe, Krawattennadeln, Zigarettenetuis, Feuerzeuge, mit Juwelen besetzte Handtaschen, Gürtelschnallen, Lippenstifthülsen und Kosmetikköfferchen (Abb. 182).

In den königlichen Archiven von Bikaner finden sich viele Einzelheiten über die Einkäufe der Fürstenfamilie während ihrer Europareisen. Die Einkaufstouren wurden schon weit im Voraus geplant, damit die begrenzte Zeit bestmöglich genutzt werden konnte. Für die verschiedenen fürstlichen Residenzen wurden alle möglichen Ausstattungsgegenstände gebraucht. Deshalb ließ Maharaja Ganga Singh schon vorab von seinen Mitarbeitern eine komplette Liste aller Händler in London und Paris erstellen.[35] Auf der Einkaufsliste für den Europabesuch im Jahr 1930 standen auch Artikel wie Briefpapier und Lederaccessoires, Menükartenhalter und anderes Tischzubehör, eine »Waage für ihre Hoheit«, Krawatten- und Hosenbügler sowie Geschenke für die Fürstenfamilie und das Palastpersonal. Häufig suchte der Maharaja die Geschäfte erneut auf, die ihm bei früheren Reisen am besten gefallen hatten und die sorgfältig auf einer Referenzliste vermerkt worden waren. Manchmal stellten die Fürsten den Kontakt zu Händlern und Geschäften auch über spezielle Agenturen wie Messrs. Biddulph Rawlins in London her. Für seine Europareise von 1949 stellte Ganga Singhs Nachfolger, Maharaja Sadul Singh (reg. 1943–1950), eine lange Aufgabenliste für die Agentur zusammen. Sie sollte Seifenproben in mindestens sieben verschiedenen Farben bereithalten, ein Fernglas reparieren lassen, Bezugsquellen für Bettwäsche, Tischdecken und Sanitärzubehör ausfindig machen sowie für den See im öffentlichen Park von Bikaner geeignete Geländer und Formen für die Herstellung von Pommes Frites nach englischer Art auftreiben.

An erster Stelle stand auf den Einkaufslisten der indischen Fürsten aber immer der Schmuck. Die Maharajas und ihre Ranis bewunderten vor allem das Funkeln der im

180 *Oben*
Baguette-Armbanduhr, erworben vom Tikka Raja von Kapurthala

Jaeger, Cartier
Paris, 1932
Platin, Rotgold, Rubin
1,5 x 0,6 x 0,5 cm ????
Collection Cartier

179 *Unten links*
Taschenuhr mit Sprungmechanismus, erworben vom Maharaja von Rajpipla

Jaeger, Cartier
Paris, 1929
Platin, Gold, Diamanten, Saphire, Emaille
4 x 3 x 0,7 cm
Collection Cartier

181 *Unten rechts*
Uhren der Modelle »Reverso Sawaiman Guards« und »Reverso Krishna«

Jaeger-LeCoultre
Vallée de Joux, ca. 1935, 1937
Stahl, Emaille, Leder; Stahl, Gold, Emaille, Leder
3,9 x 2,5 x 0,9 cm
Patrimoine Jaeger-LeCoultre

Die Reverso-Uhr mit Wendegehäuse von Jaeger-LeCoultre wurde speziell für das Polospiel konzipiert. Um den Mechanismus während des Spiels zu schützen, wird das Zifferblatt nach unten gedreht. Die dann zum Vorschein kommende Rückseite war häufig verziert: Die Uhr links ist mit dem Emblem der Elitegarde Sawai Man von Maharaja Man Singh II. von Jaipur geschmückt. Auf der Uhr rechts ist zwar ein Bild der hinduistischen Gottheit Rama zu sehen, bekannt wurde sie jedoch unter dem Namen »Krishna-Uhr«.

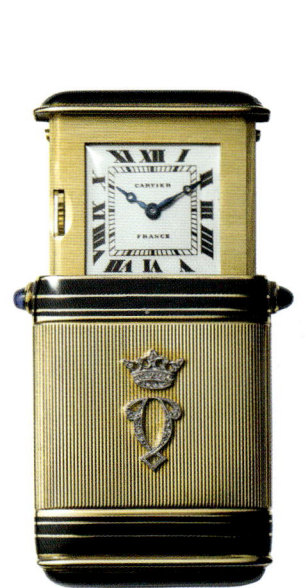

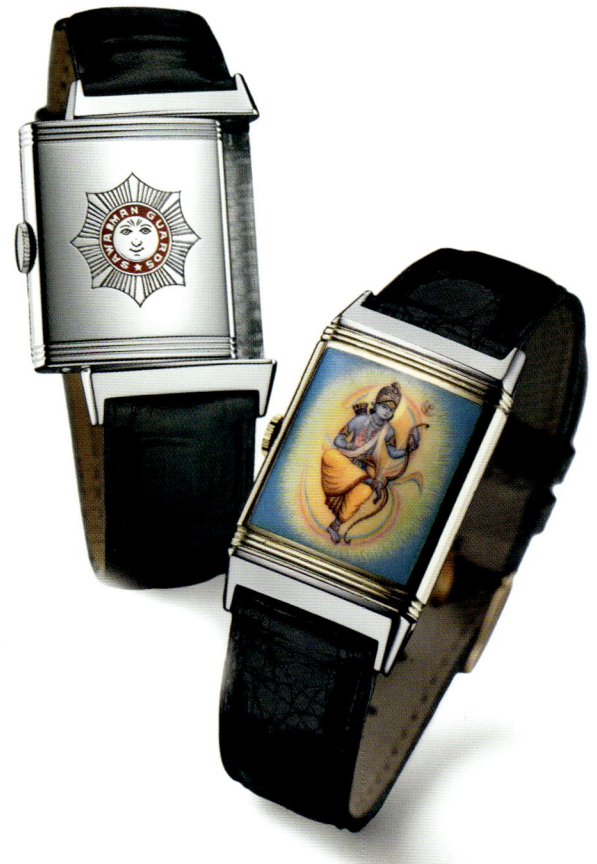

182 *Unten*
Minaudière

Van Cleef & Arpels
New York, 1947
Gold, Rubine und Diamanten
15,5 x 9,5 cm
British Museum, London

183 *Rechte Seite*
**Collier und Ohrringe, Auftragsarbeit
für Sita Devi von Baroda**

Van Cleef &Arpels
Paris, 1949/50
Diamanten, Smaragde und Platin
20 x 17 cm (Collier), 6 x 5 cm (Ohrringe)
Katharina Faerber

Westen geschliffenen Diamanten und waren von der Arbeit europäischer Juweliere so angetan, dass sie ihnen häufig den Auftrag erteilten, ihre Edelsteine in den aktuellsten westlichen Stilarten neu zu fassen (Abb. 183).[36] Dies brachte einen Wandel hinsichtlich Material und Technik mit sich, bei dem das im Westen beliebte Platin und die offenen Krallenfassungen die traditionellen Goldfassungen in Kundan-Technik verdrängten, bei der die Steine fest in eine geschlossene Fassung gesetzt wurden. Jacques Cartier hatte beispielsweise von Sayajirao Gaekwad III. von Baroda den Auftrag erhalten, seinen gesamten Schmuck neu in Platin zu fassen, wobei die Ausführung jedoch durch einheimische Goldschmiede in Baroda verhindert wurde, die dem jungen Franzosen den Auftrag nicht gönnten.[37] Die Bedeutung, die die Fürsten dem Schmuck beimaßen und ihre Begeisterung für westliches Schmuckdesign machte sie zur idealen Kundschaft für europäische Juweliere, die auch auf überseeischen Märkten Fuß fassen wollten. Raja Rajaram von Kolhapur (reg. 1866–1870) war einer der ersten Fürsten, der in Europa Schmuck kaufte, wie aus einem Tagebucheintrag von 1870 über seinen Einkauf in der Bond Street hervorgeht: »Ich ging zu Hunt and Roskell's und kaufte einige Uhren, Ohrringe usw.«[37] Auch Maharaja Sayajirao Gaekwad III. kaufte Stücke aus dem bestehenden Sortiment, und zwar nicht nur bei Cartier. Für die Verlobung seiner Tochter Indira Devi mit Maharaja Madho Rao von Gwalior erstand er 1911 Schmuck bei dem Pariser Juwelier Chaumet und aus Aufzeichnungen geht hervor, dass er zur selben Zeit auch Schmuckstücke bei Boucheron erwarb.[39] Die Frau des Gaekwads, Chimnabai II. (1872–1958), nahm sogar ihren eigenen Juwelier als Berater für ihre Einkäufe bei europäischen Firmen mit auf Europareise.[40]

Die Fürsten gaben auch neue Schmuckstücke nach eigenen Wünschen in Auftrag, vor allem bei dem Pariser Juwelier Cartier. Von den zahlreichen Aufträgen, die europäische Juweliere für indische Fürsten ausführten, sind natürlich vor allem die spektakulärsten in Erinnerung geblieben. Dazu gehört ein 1926 von Cartiers Pariser Werkstatt für Jagatjit Singh, Maharaja von Kapurthala (s. S. 130–131), angefertigter berühmter Turbanschmuck aus Smaragden. Dieser dem Konsum überaus zugetane Herrscher war

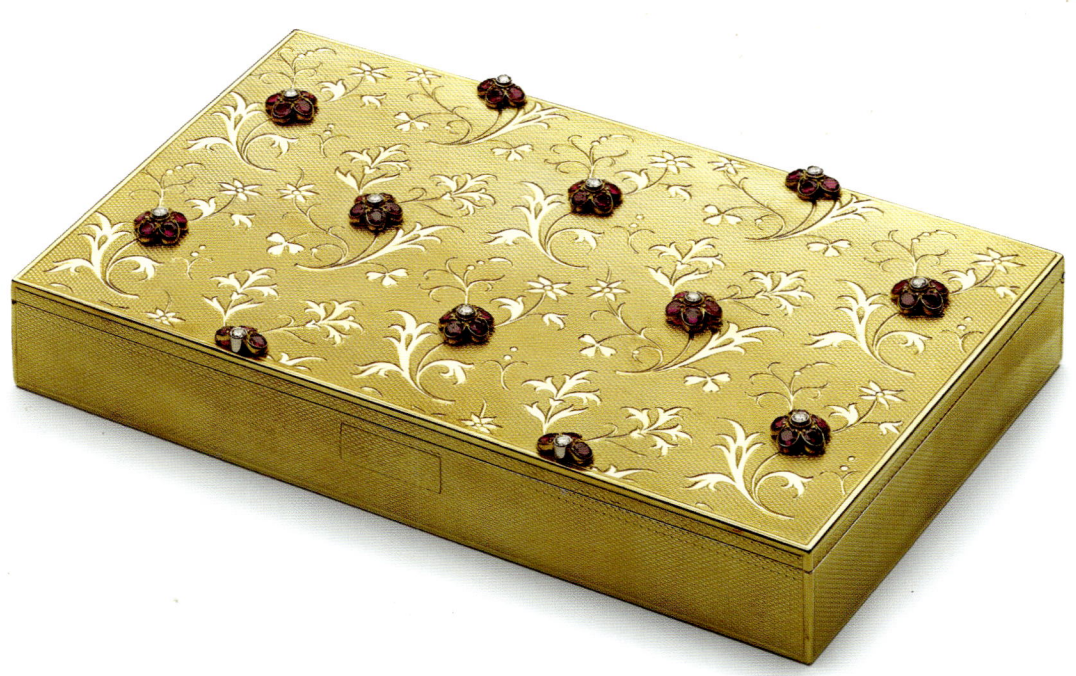

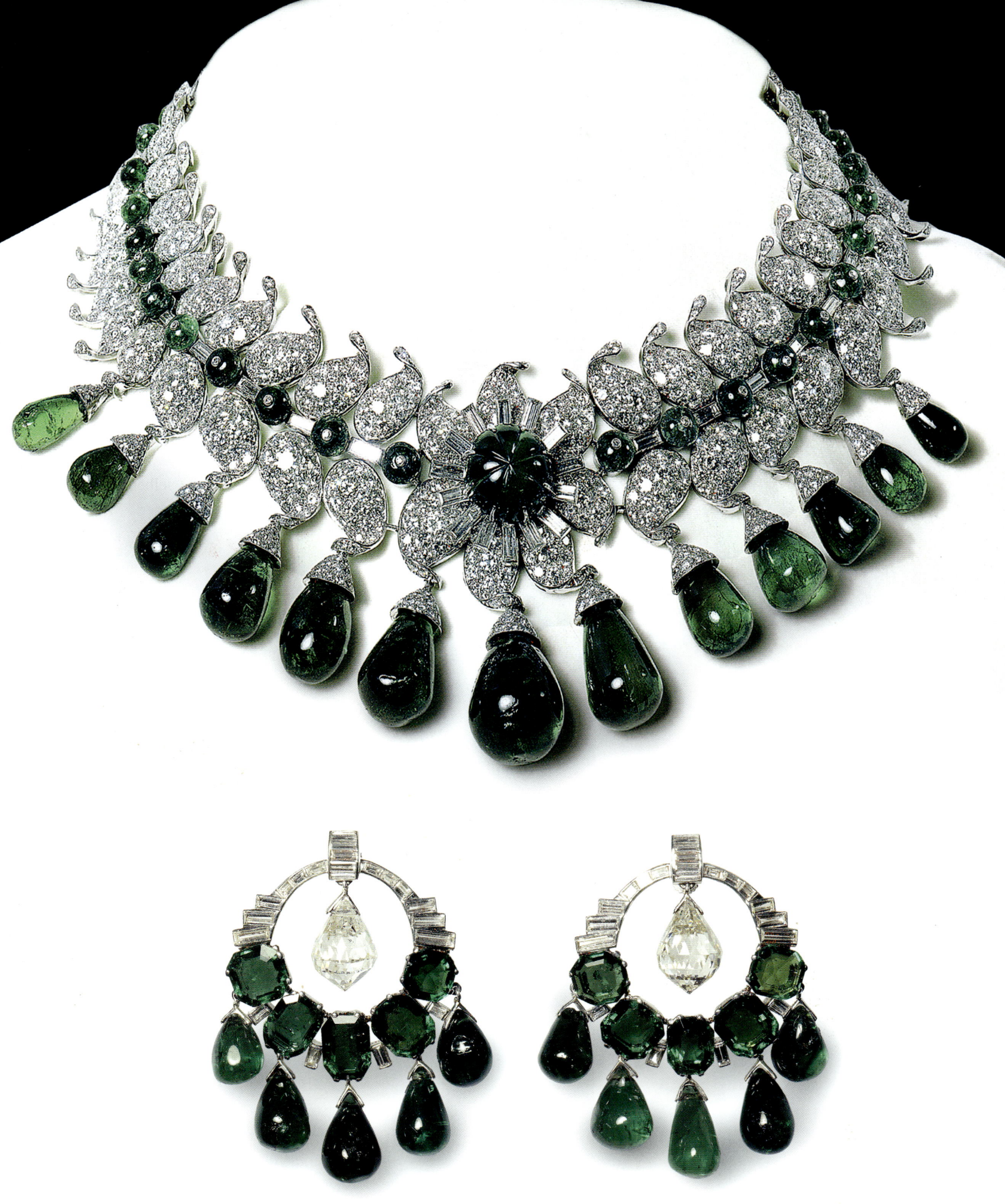

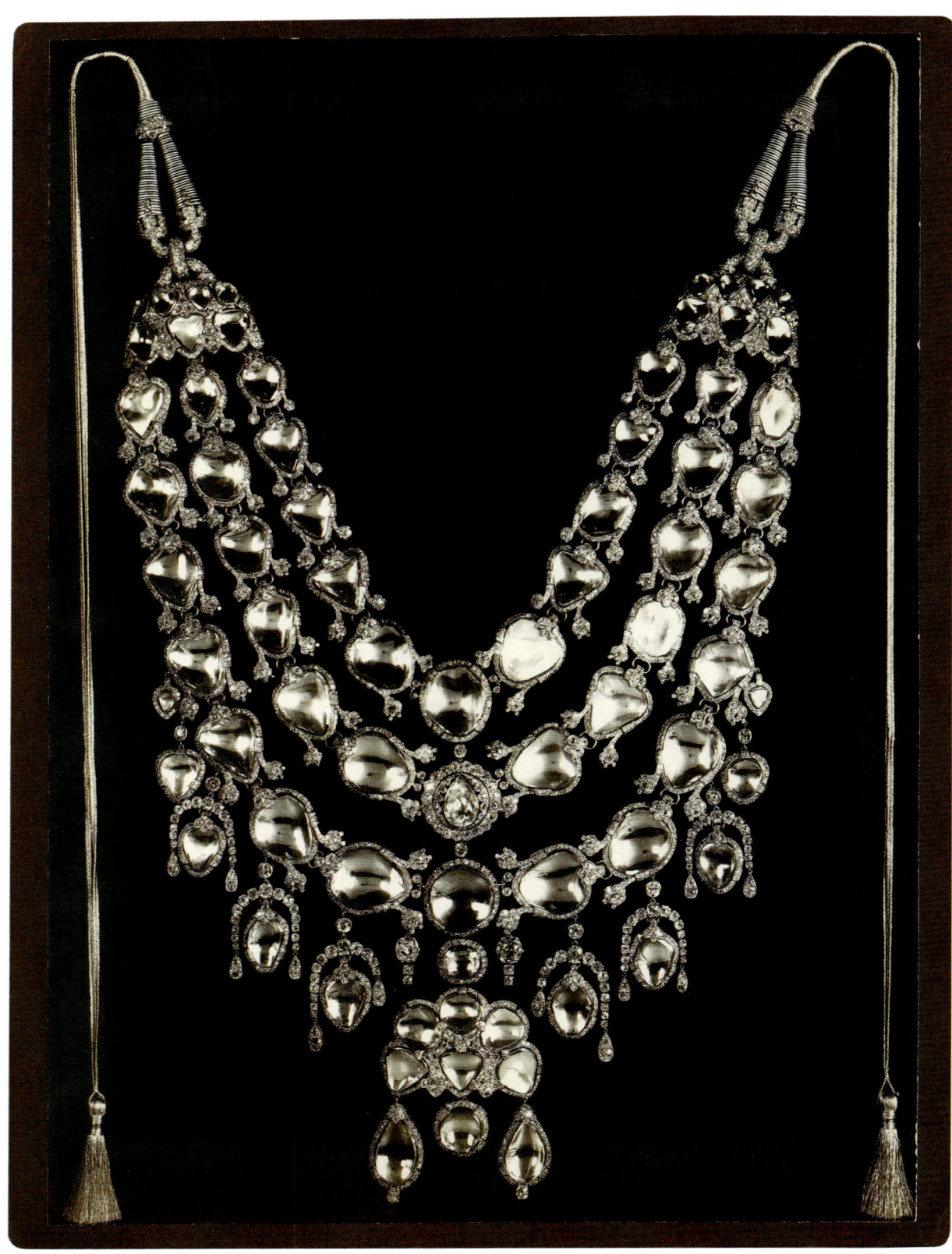

184 *Oben*

Fotografie eines Staatscolliers, Auftragsarbeit für Maharaja Bhupinder Singh von Patiala

Cartier, 1928
Silbergelatineabzug
50 x 39 cm
Archiv Cartier

185 *Rechte Seite*

Collier, Auftragsarbeit für Maharaja Bhupinder Singh von Patiala

Cartier
Paris, 1928
Platin, Diamanten, Zirkone, Topase, synthetische Rubine, Rauchquarz und Zitrin
Höhe: 27 cm
Collection Cartier

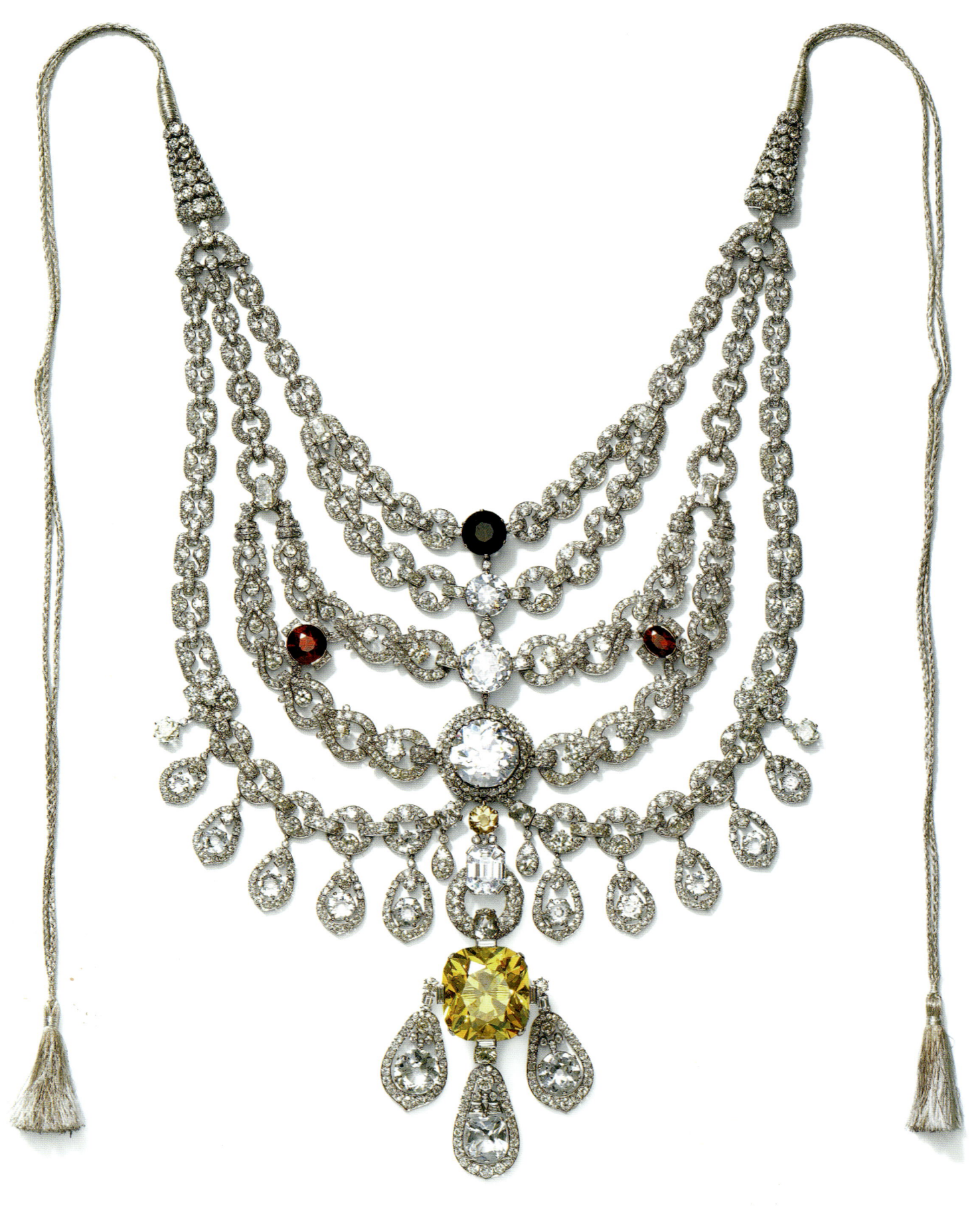

186
Entwurf für ein Diamantencollier, Auftragsarbeit für Maharaja Ranjitsinhji von Nawanagar

Cartier
London, 1932
Gouache, Aquarellfarbe, Bleistift und Feder
auf Papier
57,3 x 42,1 cm
Archiv Cartier

schon von seiner ersten Europareise an ein Bewunderer der Arbeiten europäischer Juweliere. Beispielsweise verbrachte er den Morgen des 12. Juni 1893 damit, »Juweliere und andere Geschäfte in der Rue de la Paix aufzusuchen, einer sehr reizvollen Straße«.[41] Der rechtzeitig für das goldene Thronjubiläum des Herrschers bei Cartier in Auftrag gegebene Turbanschmuck war nicht sein erster Auftrag bei einem Pariser Juwelier; bereits 1905 hatte er Boucheron gebeten, ein Turbanornament mit Diamanten aus seinem Staatsschatz zu fertigen.[42] Kapurthalas in westlichen Fassungen strahlenden Edelsteine weckten in Maharaja Bhupinder Singh von Patiala den Wunsch, auch aus seinen Edelsteinen Schmuckstücke anfertigen zu lassen. Zum Reisegepäck des Herrschers auf seiner Fahrt nach Paris im Jahr 1928 gehörten daher sechs Eisentruhen mit Edelsteinen. Diese legte er Louis Boucheron (1874–1959) vor, den er 1926 kennengelernt hatte, als der Franzose die Geschäftsmöglichkeiten in Indien erkundete. Neben zahlreichen Saphiren, Rubinen und Perlen beinhaltete die Sammlung über 7.000 Diamanten und mehr als 14.000 Smaragde. Aus diesen Steinen entstanden 149 Schmuckstücke, darunter so traditionelle wie Oberarm- und Turbanschmuck (*bazuband* bzw. *sarpech*), aber auch universelle Formen wie Colliers und Ohrringe, die in einem Art-déco-Stil mit deutlich indischen Anklängen ausgeführt wurden.

Boucheron muss wohl nicht schlecht gestaunt haben, als ihm kurz danach zu Ohren kam, dass Cartier in der Rue de la Paix eine Ausstellung von »Kronjuwelen« organisierte, die seine Werkstatt für denselben Maharaja neu eingefasst hatte. Dieser Großauftrag war 1925 erteilt worden und beinhaltete ebenfalls eine Vielzahl an Schmuckformen sowohl im indischen als auch im westlichen Stil. Unter den Schmuckstücken waren zwei riesige Diamantencolliers (Abb. 184, 185). Das erste bestand aus drei Strängen großer ungeschliffener Diamanten, verziert mit weiteren Diamantenanhängern, das zweite aus fünf Strängen großer Diamanten mit dem berühmten hellgelben, 234,69-karätigen *De Beers*-Diamanten als zentralem Anhänger. Die Ausstellung war sofort ein Erfolg. Ein zeitgenössischer Kritiker äußerte: »Bei Cartier werden Träume wahr; wir befinden uns in der Welt von 1001 Nacht; die Schönheit und der Umfang dieser Kollektion übersteigt jedes Vorstellungsvermögen.«[43] Dieser Auftrag aus Patiala ist bis heute der größte Einzelauftrag, den Cartier jemals ausgeführt hat; Größe und Wirkung allein dieses Auftrages hätten schon ausgereicht, um die indischen Fürsten in der öffentlichen Wahrnehmung untrennbar mit den westlichen Juwelierhäusern zu verbinden.

Cartier spielte auch bei der Zusammenstellung der Schmucksammlung von Ranjitsinhji, Jam Saheb von Nawanagar (reg. 1907–1933), eine zentrale Rolle. Der Herrscher hatte als Prinz in Cambridge am Trinity College studiert und war als großartiger Schlagmann der englischen Cricketnationalmannschaft unter dem

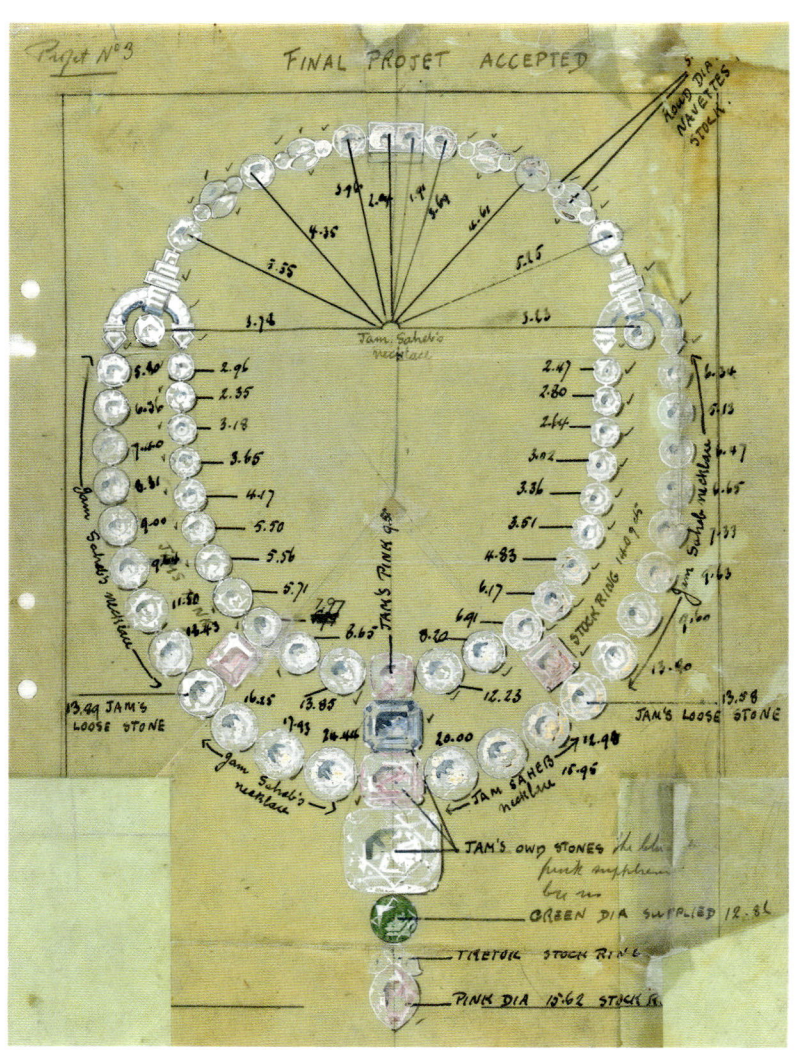

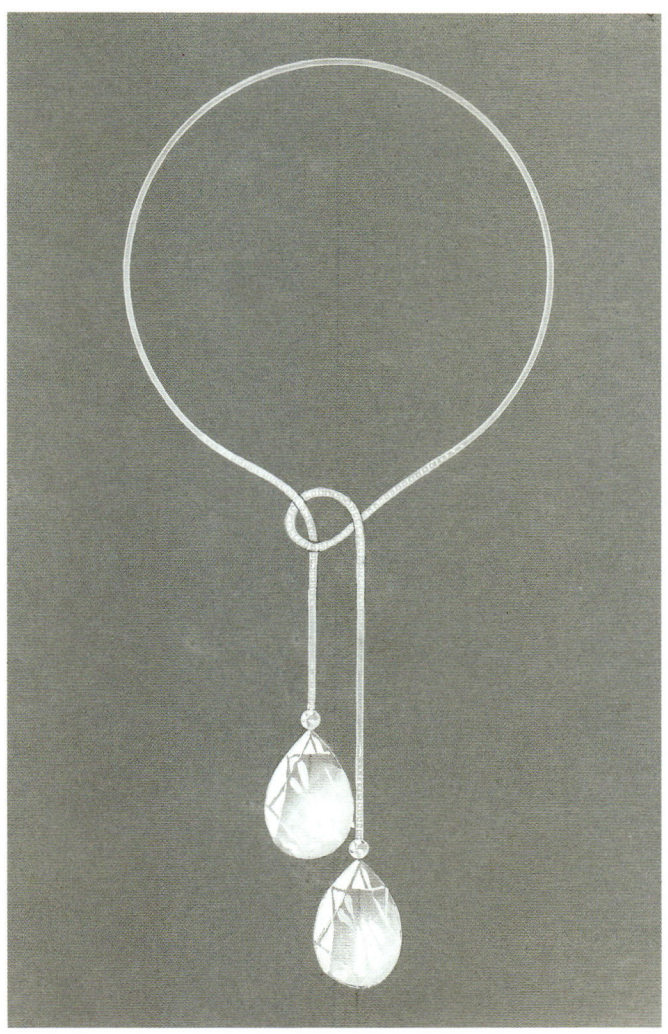

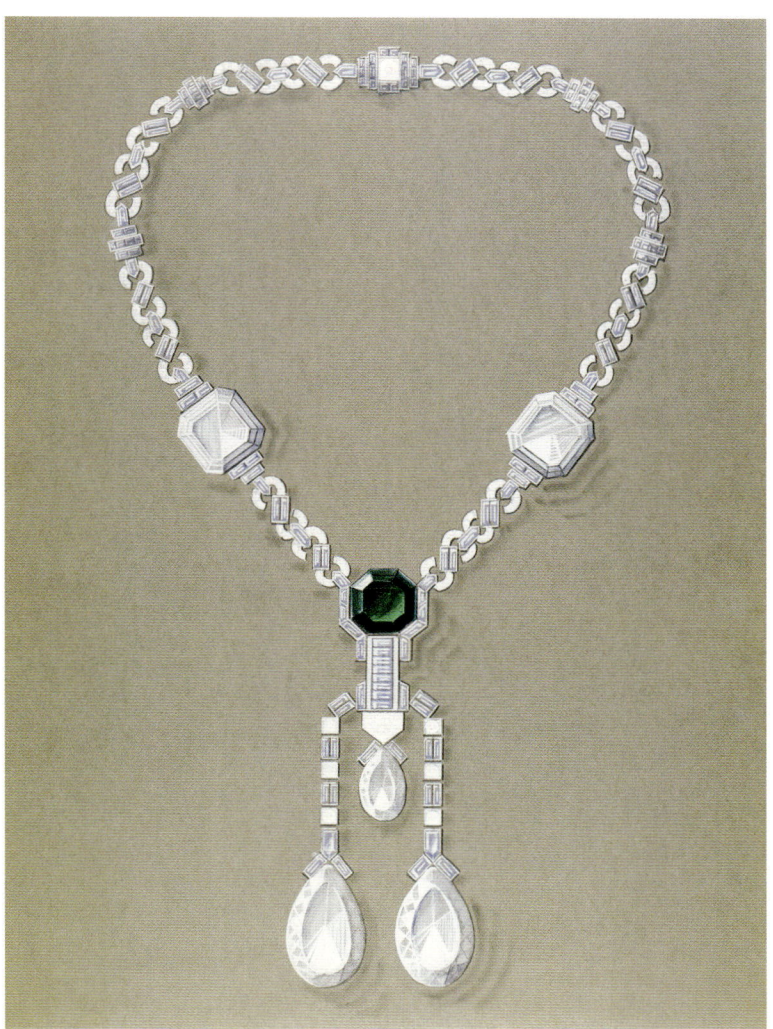

liebevollen Spitznamen »der Schwarze Prinz des Cricket« weltberühmt geworden (s. S. 168 f.). Ranji liebte den englischen Lebensstil, war sich aber auch bewusst, dass der Besitz kostbarer Juwelen ein zentraler Aspekt des indischen Konzepts vom Königtum war und begann daher nach seiner Thronbesteigung, den Staatsschatz von Nawanagar systematisch zu vergrößern. Über die Jahre entwickelte er eine ausgeprägte Wertschätzung für Schmuck und galt international als Experte für Edelsteine. Sein Biograf enthüllt: »Wie viele Sammler war auch er erschreckend sorglos im Umgang mit seinen Juwelen. Er reiste mit mehreren Koffern voller Ringe, Uhren und anderen Schmucks herum, darunter die wichtigsten Stücke aus der Staatssammlung.«[44] Der Jam Saheb erwarb den bekannten 136,25-karätigen kissenförmigen *Queen-of-Holland*-Diamanten, der später auf 135,92 Karat heruntergeschliffen und in *Ranjitsinhji* umbenannt wurde, und bat Jacques Cartier, den Stein für ihn in ein Collier aus mehreren Strängen mit außergewöhnlichen weißen und farbigen Diamanten einzufassen (Abb. 186). Ranjis Geschmack in Bezug auf Fassungen wurde vor allem durch seine Faszination für die Steine selbst bestimmt: Er »war ein Liebhaber guter Handwerkskunst um ihrer selbst willen, vor allem aber ein Liebhaber des Modernen« und »hörte nie auf, sich an der Perfektion aller Dinge – ganz gleich, ob trivialer oder anderer – um ihn herum zu erfreuen.«[45] Der Fürst bewies auch selbst großes Talent beim Entwerfen und ließ sich für alle möglichen praktischen Gegenstände Verbesserungen einfallen, von Tischen und Stühlen über Picknick-

187 *Oben links*
Entwurf für eine Halskette für Maharaja Tukoji Rao Holkar III. von Indore

Joseph Chaumet
Paris, ca. 1911
Aquarellfarbe und Gouache auf Papier
Collection Chaumet, Paris

Diese Skizze gehört zu einer ganzen Reihe von Entwurfsskizzen für die 1913 von Joseph Chaumet für den Maharaja von Indore entworfene Halskette. Die gesamte Entwurfsreihe wird im Archiv von Chaumet aufbewahrt.

188 *Oben rechts*
Entwurf für ein Collier für Maharaja Yeshwant Rao Holkar II. von Indore

Mauboussin
Paris, 1938
Gouache auf Papier
Archiv Mauboussin

189
Chauri
F. & C. Osler
Birmingham, ca. 1880
Geschliffenes Glas, Yakschweifhaar
H: 85 cm, T: 29 cm
Maharana of Mewar Charitable Foundation

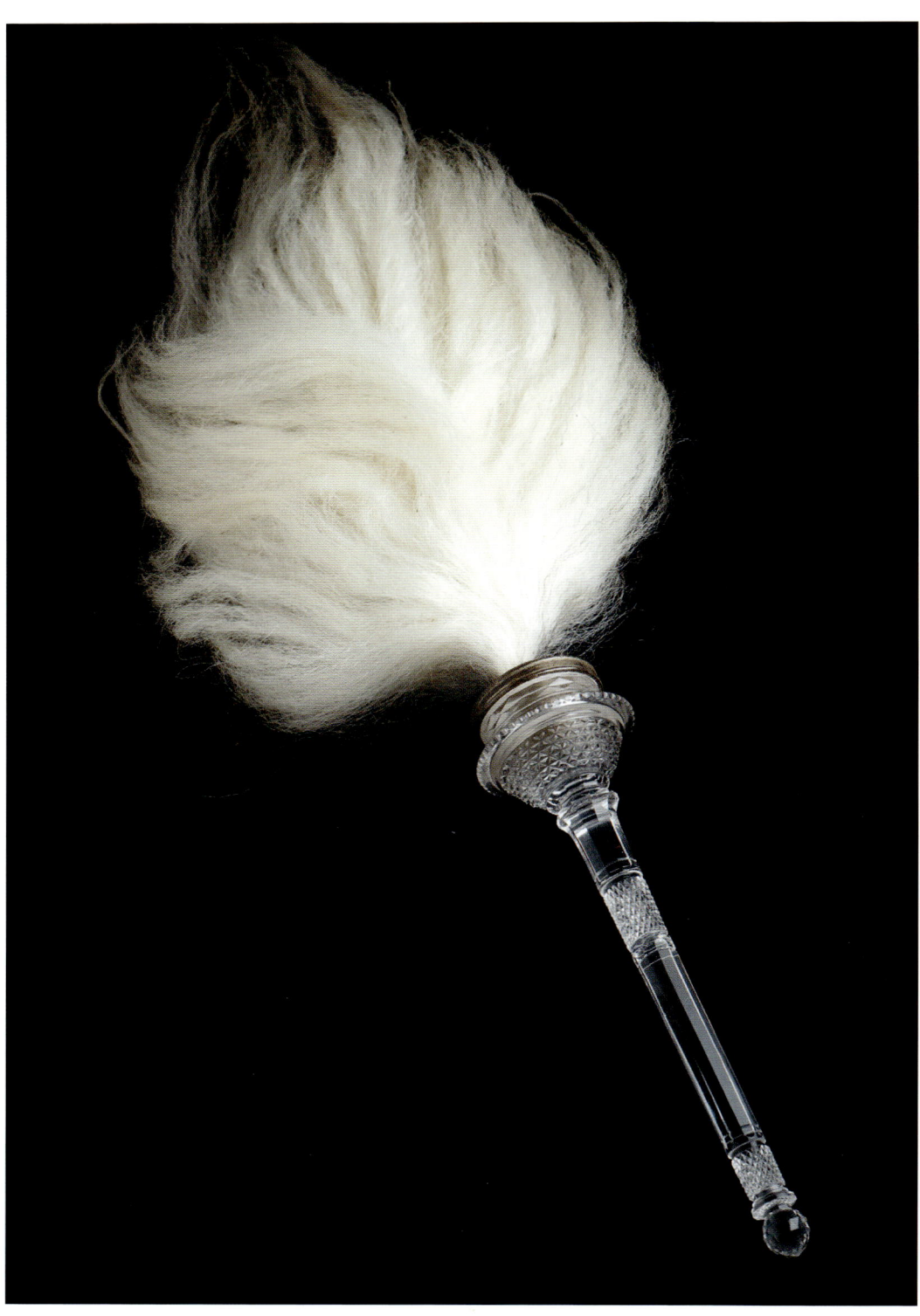

körbe bis hin zu Reiseankleidetischen. Sein Entwurf für ein Zigarettenetui mit Schiebe-mechanismus wurde von der Firma Asprey aufgegriffen und in Produktion genommen.

Auch das Fürstenhaus von Indore kaufte bei europäischen Juwelieren groß ein. Maharaja Tukoji Rao III. (reg. 1903–1926) erstand 1911 von Chaumet ein außergewöhn-liches Paar birnenförmiger Golkonda-Diamanten, jeder 47 Karat, die später als *Indore-Pears* bekannt wurden und von dem Juwelier in eine Halskette eingefasst wurden. Diese Kette ist auf dem von Boutet de Monvel gemalten Porträt von Indores Thronfolger Ma-haraja Yeshwant Rao II. in Marathentracht zu sehen (Abb. 170, 187). Als Yeshwant Rao

1930 die volle Regierungsgewalt übertragen wurde, begann auch er mit dem Erwerb von Juwelen, wandte sich aber an die Pariser Firma Mauboussin, die ihm 1937 den 56,40-karätigen *Porter-Rhodes*-Diamanten verkaufte. Dass Yeshwant Rao jahrelang Stammkunde bei Mauboussin blieb, hing auch mit seiner engen Freundschaft zu einem der Mitarbeiter, Jean Goulet, zusammen. Die beiden waren ungefähr gleich alt und teilten das Interesse an indischen Religionen. Der Maharaja ernannte die Firma zum offiziellen Hoflieferanten und lud Goulet nach Indore ein, um den Staatsschatz zu katalogisieren und seinen Wert zu schätzen. Goulet brauchte zwei Monate für diese Aufgabe. Zu den von Mauboussin im Auftrag des Maharajas gefertigten Arbeiten gehören ein Turbanschmuck (*sarpech*) und eine Turbanquaste (*turra*), beide in traditioneller Form, aber in Platin gefasst und in charakteristischer Art-déco-Manier gestaltet. Die Firma belieferte den Fürsten mit weiteren Schmuckstücken und unterbreitete ihm verschiedene Entwürfe für die *Indore-Pears*. Schließlich wurden diese sensationellen Diamanten 1937 in ein Collier eingefasst, das auf Boutet de Monvels Porträt der Maharani Sanyogita zu sehen ist (Abb. 172, 188). Die Aufträge des Fürsten hätten zu keiner besseren Zeit kommen können: Nach dem Börsenkrach an der Wall Street 1929 war die Nachfrage nach Luxusgütern durch die Wirtschaftskrise empfindlich zurückgegangen. Die Großeinkäufe der indischen Fürsten waren damals entscheidend für das Überleben vieler Luxusgeschäfte.

Unter britischer Herrschaft wandten sich die Maharajas auch für die von ihnen benötigten Haushaltswaren gen Westen und importierten so gut wie alles – von Bettwäsche bis zu Badezimmerausstattungen (Abb. 166, 178). Sie richteten ihre Paläste mit dem Besten ein, was das westliche Design zu bieten hatte, und erwarben spektakuläre Arbeiten von führenden Kunsthandwerkern und Designern. Die Kolonialregierung sah es als ihre Aufgabe an, den Handel und das Gewerbe Großbritanniens zu unterstützen, und ermutigte die Maharajas, ihre Luxusgüter von britischen Firmen zu beziehen und »eine Vorliebe für die eleganten überflüssigen Dinge des europäischen Lebens«[46] zu kultivieren. Im kolonialen Umfeld galten aus dem Westen importierte Güter als sehr prestigeträchtig und grundsätzlich überlegen: »Alles ›Englische‹ oder ›Importierte‹ hat sofort einen besonderen Wert, und ein importiertes Hündchen, Eisenbettgestell, ein Teppich oder ein Möbelstück zeichnet den Besitzer als einen Mann von Geschmack und Wohlstand aus und verleiht ihm Würde und Ansehen«.[47] Bereits Mitte des 18. Jahrhunderts wurden Einrichtungsgegenstände für indische Paläste in Europa bestellt. Muhammad Ali Wallajah, Nawab von Arcot (reg. 1749–1795), bezog über Nicholas Morse, den Gouverneur von Madras von 1744 bis 1746, Spiegel, Sessel und Gemälde aus London.[48] Auch die Nawabs von Oudh schätzten westliche Produkte und stellten Robert Home (1752–1834) ein, einen Schüler von Angelica Kauffmann, der für sie Möbel, Yachten, Kutschen und *Howdahs*, die Sattelkanzeln der Elephantenreiter, nach kunstreichen Entwürfen anfertigte, die immer auch das Wappen dieses Fürstenhauses, ein Fischpaar, mit einbezogen (Abb. 164).

Mitte des 19. Jahrhunderts galten imposante Spiegel, Kronleuchter und andere Einrichtungsgegenstände aus Glas von europäischen Firmen schon als Teil der üblichen Ausstattung indischer Paläste. Im 18. Jahrhundert waren es noch mehrere britische Firmen, die den indischen Glas- und Spiegelmarkt bedienten, darunter auch William Parker und Perry & Co. Ab Mitte bzw. Ende des 19. Jahrhunderts übernahmen jedoch die Unternehmen die Marktführung, die Niederlassungen in Indien gründeten, wie F. & C. Osler

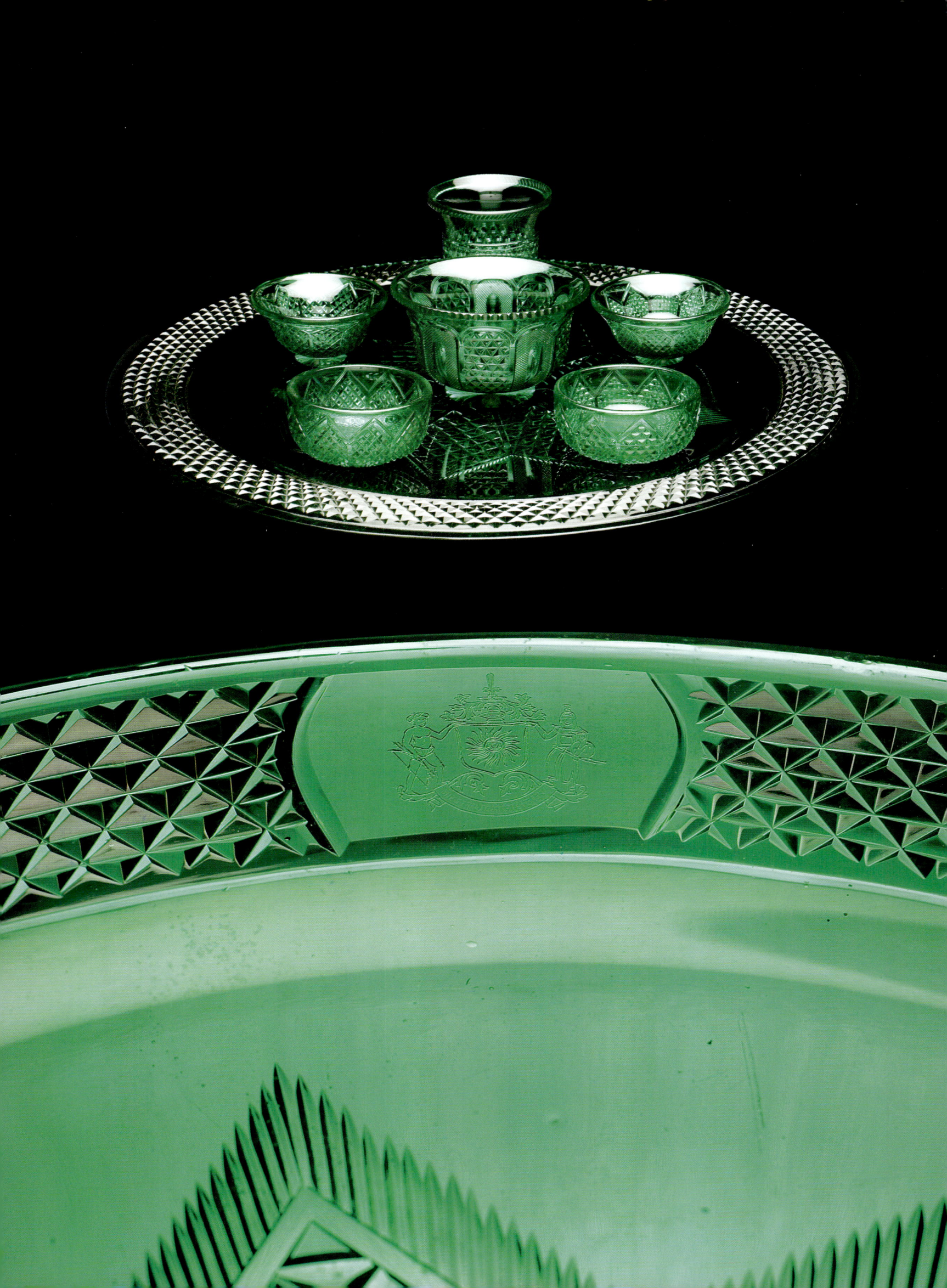

(1840) und Baccarat (1896). Dokumente aus dem Oslerschen Firmenarchiv geben Aufschluss darüber, wie diese Firma den indischen Markt eroberte: Unter anderem wurden Kataloge mit Preisangaben in Rupien gedruckt und typisch indische Bedarfsartikel wie Wasserpfeifen (*hookah*), Griffe von Fliegenwedeln (*chauri*) und Fächer (*punkah*) produziert (Abb. 189).[49] Die Firma erforschte den lokalen Markt und war zur Steigerung ihrer Umsätze ständig auf der Suche nach neuen Produktmöglichkeiten. So ist in einem Brief von 1878 zu lesen, dass Oslers Vertreter in Kalkutta, Henry Pratt, vorschlug, »Tafelgeschirr im einheimischen Stil einzuführen«. Diese Idee beruhte auf der Überzeugung, dass immer mehr moderne Hindus bereit seien, Gefäße auch dann erneut zu benutzen, wenn sie nicht aus Metall hergestellt waren.[50] Pratts Vorschlag führte zur Produktion von Serviertellern (*thals*) und Fingerschalen aus Glas (Abb. 190).

Osler eröffnete 1844 einen eigenen Ausstellungsraum in Kalkutta, doch die Großbestellungen der Maharajas kamen häufig dadurch zustande, dass die Firmenvertreter in die Fürstenstaaten reisten und den Herrschern Zeichnungen und Entwürfe von Kristalllüstern, Springbrunnen und Möbeln vorlegten (Abb. 191).[51] Neben den Produkten aus dem Sortiment bot Osler auch Sonderanfertigungen an wie den 1874 aus Glas hergestellten extravaganten Springbrunnen für Maharaja Mahendra Singh von Patiala (reg. 1862–1876), der vor seiner Verschiffung nach Indien in London ausgestellt wurde. Für einen nicht namentlich genannten Fürsten stellte die Firma 1884 einen Thron aus Kristallglas her, »das wohl bedeutendste Objekt, das je aus geschliffenem Glas gemacht wurde«.[52] Aus Oslers Rechnungsbüchern der frühen 1880er Jahre geht hervor, dass die Firma einige lohnende Aufträge Sudoo zu verdanken hatte, dem wichtigsten Verbindungsglied zwischen der Filiale in Kalkutta und dem Englisch sprechenden Maharana Sajjan Singh von Mewar (reg. 1874–1884). Der Maharana hatte 1878 im Alter von 19 Jahren seine erste Bestellung bei Osler aufgegeben und durch Sudoos Vermittlung 1881 und 1882 imposante Möbelstücke aus Glas anfertigen lassen, die aber erst nach seinem frühzeitigen Tod im Jahr 1884 eintrafen. Diese Arbeiten sind heute neben weiteren, von seinen Nachfolgern bei Osler gekauften Objekten in der funkelnden Crystal Gallery des Fateh-Prakash-Palastes in Udaipur ausgestellt.

Aufgrund der hinduistischen Reinheitsgebote hatten die Fürsten von alters her aus Metallschalen, normalerweise aus Gold oder Silber, gegessen. Gefäße aus Keramik galten als weniger rein und wurden in der Regel nach einmaligem Gebrauch weggeworfen. Die muslimischen Herrscher benutzten dagegen sowohl Metall- als auch Keramikgefäße, vor allem chinesisches Porzellan, für das sie eine besondere Vorliebe entwickelten.[53] Seit der Niederlassung europäischer Handelsgesellschaften in Indien vergaben die muslimischen – und später auch die hinduistischen – Fürsten immer

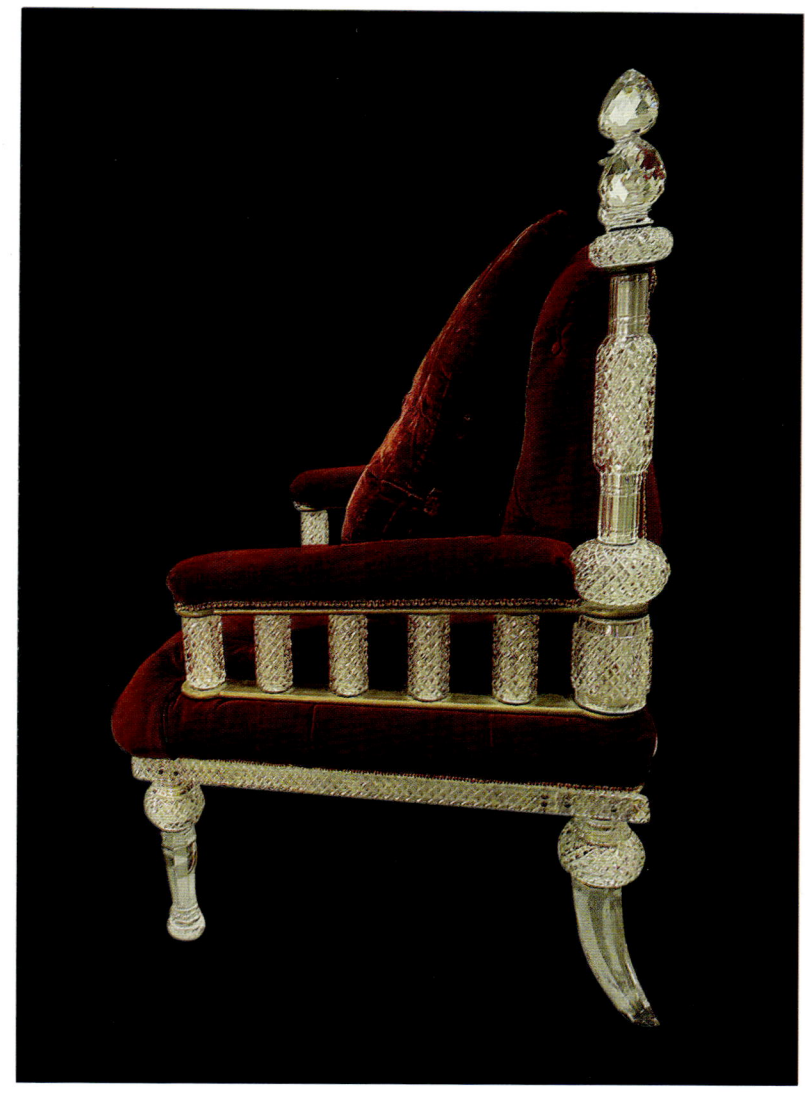

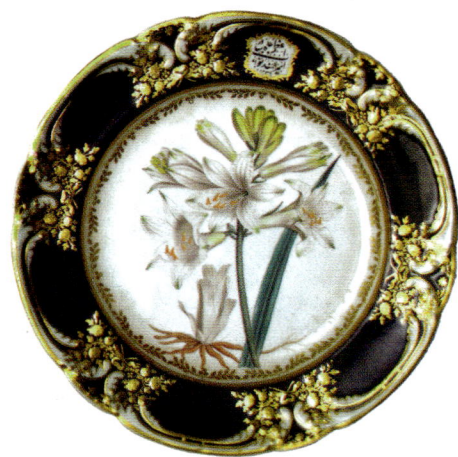

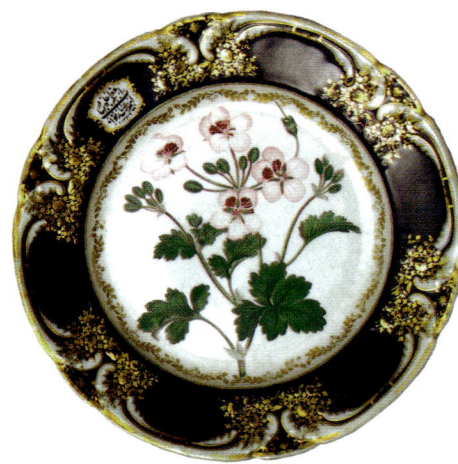

häufiger Aufträge für Tafelgeschirr an westliche Porzellanmanufakturen. Als Lord Valentia (1770–1844) im frühen 19. Jahrhundert am Herrscherhof in Lucknow dinierte, bestaunte er »englisches Tafelgeschirr und eine Fülle schön geschliffener Glasschalen«.[54] Flight Barr & Barr aus Worcester fertigten für Nawab Ghazi-ud-din Haidar (reg. 1814–1827) ein Service im pompejianischen Stil an. Das Dekor besteht aus seinem Monogramm »NGH«, das von einem Fischpaar, Lucknows Wappentieren, flankiert ist, und einem Paar stehender Tiger, über denen ein Faustdolch (*katar*) schwebt.[55] Aus Archivmaterial im Spode Museum geht hervor, dass der Nawab, nachdem er 1819 in den Rang eines Königs aufstieg, ein besonders erlesenes Service mit ähnlichem Dekor in Auftrag gab, das aber durch eine Krone im westlichen Stil als Zeichen seines neuen Ranges ergänzt wurde.[56] Durch die in Madras ansässige Agentur Griffiths, Cooke & Co. bestellte Azam Jah, Nawab von Arcot (reg. 1819–1825), bei der Firma Chamberlain in Worcester ein nicht weniger prunkvolles Tafelservice von über 1.000 Teilen, das mit Pflanzenmotiven dekoriert war (Abb. 192).[57] Im späten 19. und im 20. Jahrhundert war es dann schon übliche Praxis, dass die Maharajas ihr Tafelgeschirr von europäischen Manufakturen anfertigen ließen, wobei die Teller normalerweise in der Mitte oder am oberen Rand mit ihrem fürstliche Wappen geschmückt waren. Dies ist auch bei dem umfangreichen Service zu sehen, das Sadiq Muhammad Khan Abbasi V., Nawab von Bahawalpur (reg. 1907–1955), 1933 von Royal Worcester anfertigen ließ (Abb. 193).

Ein Vorgänger des Nawabs, Sadiq Muhammad Khan Abbasi IV. (reg. 1866–1899), hatte den vielleicht ungewöhnlichsten Auftrag erteilt, der je von einem indischen Fürsten bei einem europäischen Silberschmied einging: Durch die Agentur Aron Brothers hatte er bei der Pariser Firma Christofle ein rundum mit Silber verziertes Bett bestellt (Abb. 194). Ob das weitere »Dekor« dieses Bettes der Fantasie des Fürsten selbst entsprungen war oder auf Vorschläge seiner Agentur zurückgeht, ist nicht bekannt. Auf jeden Fall lautet die 1882 bei Christofle eingegangene Bestellung auf ein Bett »aus dunklem Holz, verziert mit Silber und vergoldeten Teilen, Monogrammen und Wappen sowie vier lebensgroßen, hautfarben bemalten Bronzefiguren mit natürlichem Haar, beweglichen Augen und Armen, die Fächer und Wedel aus Pferdeschweifhaar halten«.[58] Die Anfertigung eines solchen Objekts erforderte die Fertigkeiten einer ganzen Reihe von Handwerkern, unter anderem die eines Silberschmieds, der 290 kg Silber für die Verzierung zu verarbeiten hatte, aber auch eines Bildhauers, eines Kunsttischlers, eines Automatenherstellers und eines Friseurs. Das Bett selbst wirkte mit seinen spitz zulaufenden und mit üppigem Blattwerk verzierten Kopf- und Fußteilen eher orientalisch, aber die vier nackten Figuren waren Europäerinnen nachempfunden und sollten mit ihren unterschiedlichen Haut- und Haarfarben eine Französin, eine Spanierin, eine Italienerin und eine Griechin darstellen. Mithilfe eines genialen mit der Matratze verbundenen Mechanismus konnte der Nawab die verführerischen Figuren in Bewegung setzen, so dass sie ihm mit einem Augenzwinkern Luft zuwedelten, und zwar zu einer sich alle 30 Minuten wiederholenden musikalischen Untermalung aus Gounods *Faust*, die von einer bei Thibouville et Lamy konstruierten Spieluhr erzeugt wurde.

Als Herrscher sollten die Fürsten Macht verkörpern, Stärke und Mut in der Kriegsführung zeigen und ihre Untertanen beschützen. Es ist gut möglich, dass Macht und Stärke ein unterschwelliger Aspekt der fürstlichen Leidenschaft für Automobile war (Abb. 195). Wie zuvor die Kutschen im westlichen Stil, galten auch Autos nicht nur als Zeichen der Modernität, sondern gaben mit den Wappen auf den Türen, mit Bannern

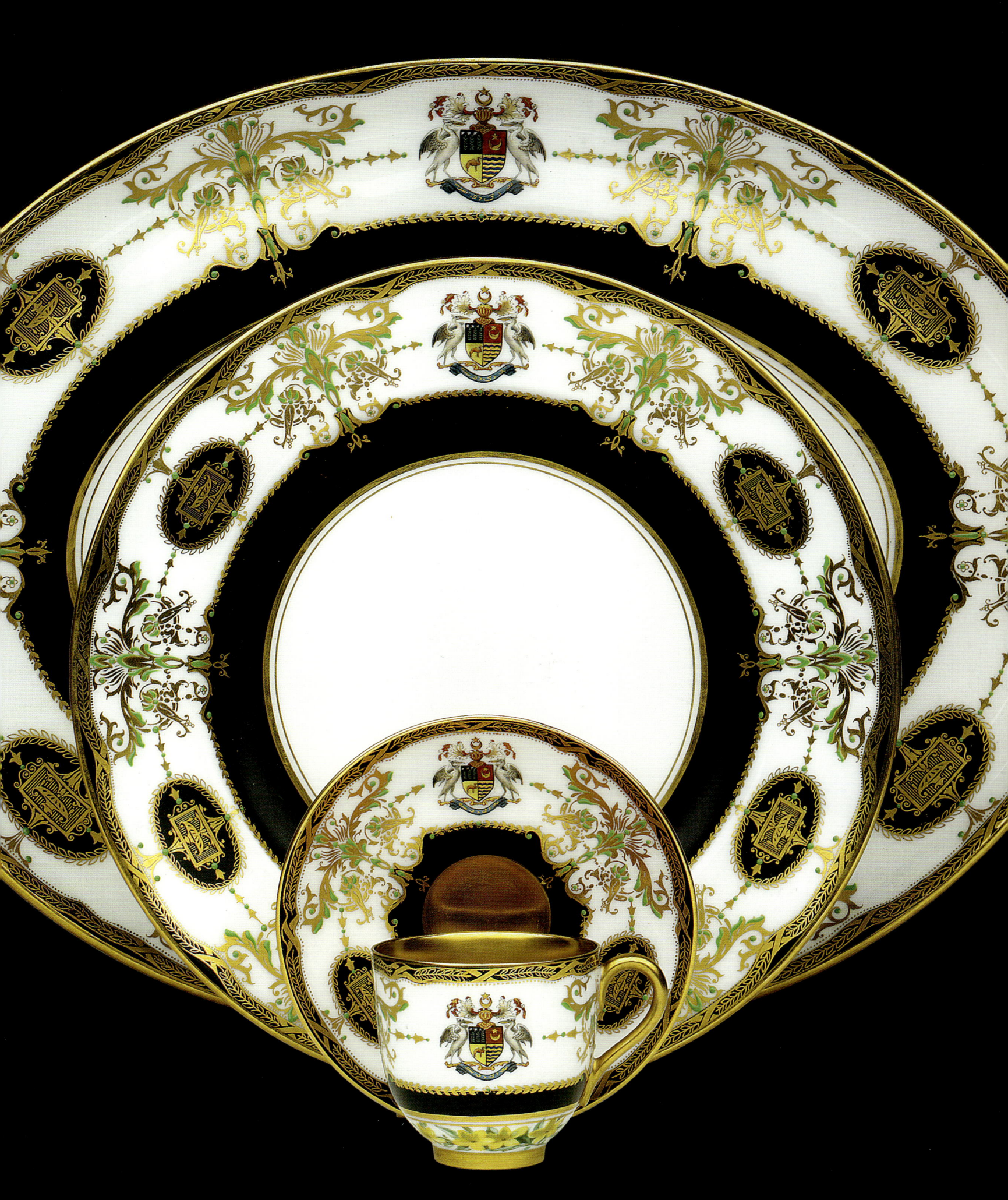

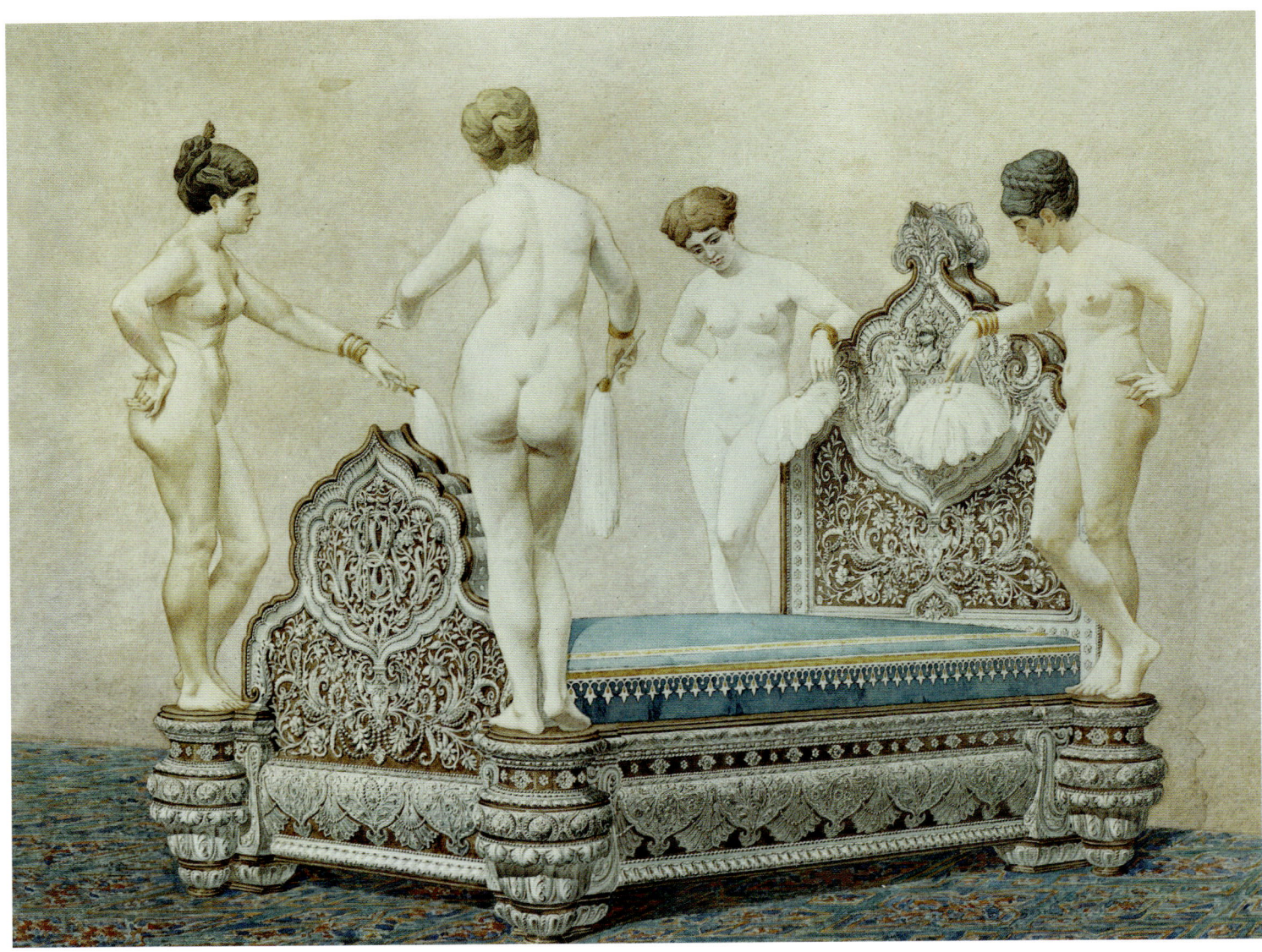

194
**Entwurf eines Betts, Auftragsarbeit
für Nawab Sadiq Muhammad Khan
Abbasi IV. von Bahawalpur**

Christofle
Paris, 1883
Gouache auf Papier
Christofle

und Flaggen deutliche Hinweise auf den Status ihres Besitzers, denn diese Rangab-zeichen verstärkten noch die ohnehin von Kutschen und Autos ausgehende Wirkung. Schlechte Straßen, häufige Pannen und hohe Kosten für den Unterhalt dämpften in keiner Weise die fürstliche Begeisterung für Kraftfahrzeuge. Sie wurden als Statussym-bole bei königlichen Festzügen eingesetzt, waren Teil der Aussteuer oder ein kostspieliges Hochzeitsgeschenk. Die Maharajas kauften gerne en gros: Allein von Rolls-Royce und Bentley fanden sich beispielsweise im Fuhrpark des Maharajas von Mysore 24 Fahr-zeuge.[59]

Obwohl die Fürsten viele Standardmodelle erwarben, waren sie auch für eine Reihe von Sonderanfertigungen verantwortlich, die in die Geschichte der Automobilherstel-lung eingingen. So bestellte Osman Ali Khan, Nizam von Hyderabad (reg. 1911–1967), bei Barker and Company ein Auto mit einer besonders erhöhten Rückbank, weil er es für einen Herrscher unangemessen fand, auf einer Höhe mit seinen Angestellten zu sitzen.[60] Der Maharana Bhupal Singh von Mewar (reg. 1930–1955) löste dieses Problem, indem er seinen persönlichen Assistenten im Auto auf dem Boden sitzen ließ.[61] Jai Singh von Alwar (reg. 1892–1937) sah die Rolle von Autos bei fürstlichen Festzügen voraus und bestellte als Staatskarosse einen Lanchester, der im Stil eines Landauers gebaut wurde.

Die Fürstenfamilie von Bharatpur ließ aus religiösen Gründen spezielle Kuhschutzgitter an ihren Autos anbringen.[62] Und Jai Singh von Alwar war so fromm, dass er die Innenauskleidung seiner Autos aus französischen Tapisserien statt aus Leder anfertigen ließ.[63]

Dem Rang der Besitzer angemessen, wurden die Autos der indischen Fürsten nur mit den qualitativ hochwertigsten Materialien ausgerüstet: So waren die Armaturen eines Autos im Besitz von Sayajirao Gaekwad III. von Baroda mit 24-karätigem Gold überzogen, während der von seinem Nachfolger Pratapsinhrao (reg. 1939–1951) bestellte Rolls-Royce Phantom III vollständig mit Leopardenfell ausgekleidet war.[64] Bei einigen Autos der Fürstenfamilie von Patiala waren Edelsteine in das Armaturenbrett eingesetzt.[65] Die Automobilhersteller entwarfen auch routinemäßig Autos mit verdunkelten Scheiben und Rollos, so dass auch Frauen aus dem *Zenana*, die sich nicht in der Öffentlichkeit zeigten, standes- und anstandsgemäß mit dem Auto fahren konnten.

Im frühen 20. Jahrhundert kam die Kolonialregierung zu dem Schluss, dass die Fürsten, die regelmäßig nach Europa reisten, dort zu viel Geld ausgäben, sich persönlich kompromittierten und jedwedes Gefühl politischer und sozialer Verantwortung verlören. In den Augen Lord Curzons »führen Europareisen, insbesondere wenn sie zu häufig unternommen werden, eher zu einer Ansammlung teurer Möbel in den Palästen und fragwürdiger Vorlieben in den Köpfen der Rückkehrer als zu einer Verbesserung ihrer Kompetenzen für öffentliche und politische Aufgaben«.[66] In mancherlei Hinsicht befanden sich die indischen Fürsten dieser Zeit in einer unmöglichen Lage: Sie wurden ermutigt, westlich zu denken, sollten aber trotzdem ihre Traditionen bewahren. Einerseits wurden sie aufgefordert, britische Güter zu kaufen, da dies als erfolgreiches Zeichen der »Zivilisierungsmission« gewertet wurde und dem Mutterland ganz konkreten wirtschaftlichen Nutzen brachte, andererseits wurden sie häufig für frivole und vor allem im

195
Rolls Royce, Auftragsarbeit für Maharana Bhupal Singh von Mewar im Jahr 1927, als er noch Kronprinz war
Länge: 543 cm
Privatsammlung

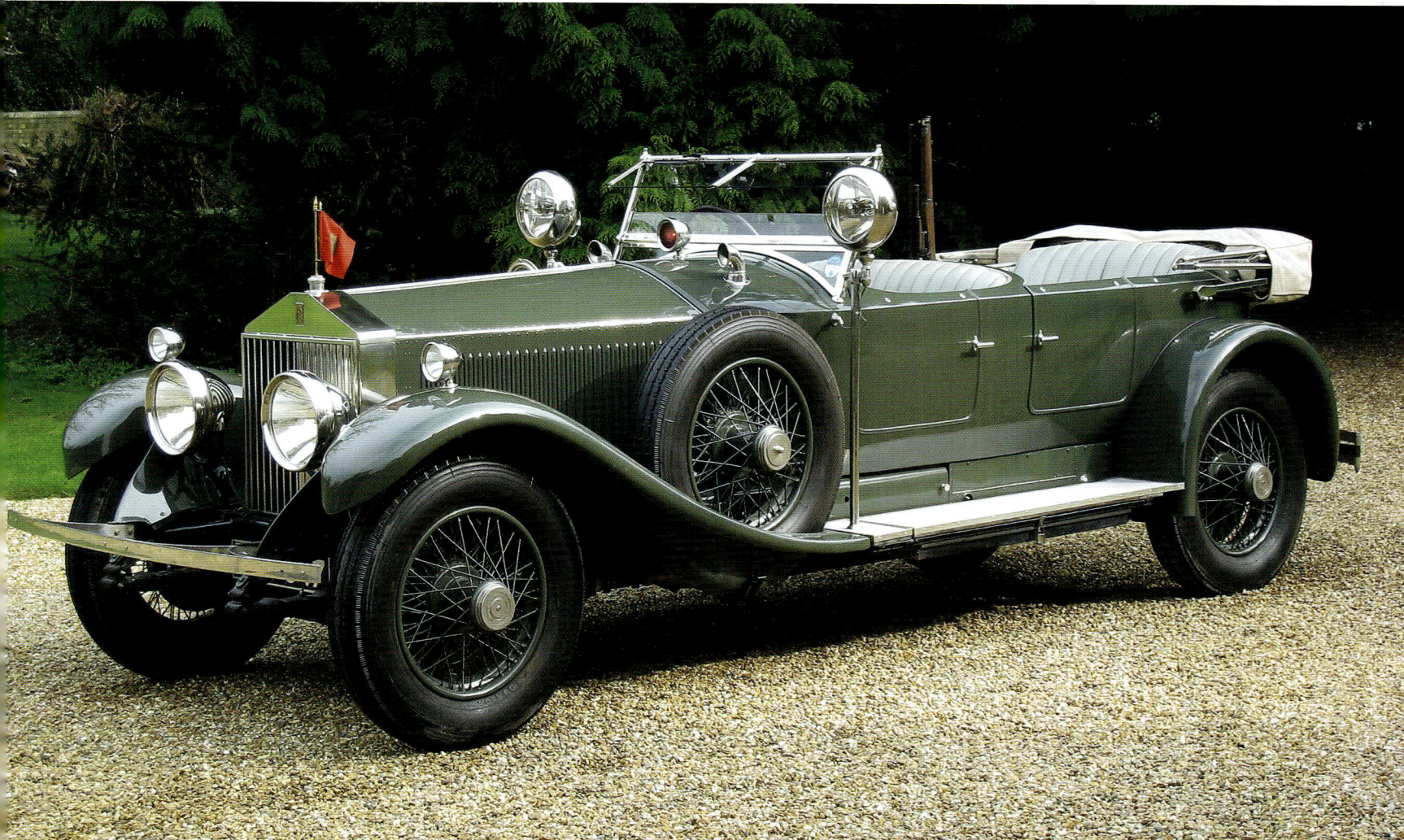

196 *Rechte Seite*
Maharaja Yadavendra Singh von Patiala

Patiala, ca. 1938
Silbergelatineabzug
Sammlung John Fasal

Ausland deutlich zu hohe Ausgaben kritisiert. Tatsächlich brachten die Fürsten aber nicht nur Luxusgüter von ihren Reisen mit. Beispielsweise wurde Jagatjit Singh von Kapurthala durch die Erfahrungen auf seinen Reisen dazu motiviert, in seinem Staat Neuerungen wie ein Telefonnetz, ein Abwassersystem, Reformen in der Verwaltung und Rechtsprechung sowie eine kostenlose öffentliche Schulbildung einzuführen (s. S. 130–131). Auch Nripendra Narayan von Cooch Behar (reg. 1863–1911), Ganga Singh von Bikaner, Ranjitsinhji von Nawanagar and Sayajirao Gaekwad III. von Baroda verbrachten längere Zeit in Europa und initiierten grundlegende Reformen in ihren Staaten, gingen soziale Ungerechtigkeit an, förderten die Bildung und das Gesundheitswesen, bauten Verkehrsnetze aus und trieben die lokale Wirtschaft voran. Der Gaekwad eröffnete sogar ein Museum in Baroda, um seinem Volk die Kunst Asiens und des Westens näherzubringen (s. S. 106).

Als Untertanen des britischen Empires hatten die Fürsten keine aktive Regierungsgewalt mehr. Althergebrachter Formen des Konkurrenzkampfes wie Krieg und Diplomatie beraubt, griffen sie zunehmend auf Prestigesymbole als Zeichen ihrer Macht und Autorität zurück. Der Besitz eindrucksvoller westlicher Luxusgüter spielte eine Schlüsselrolle bei der Festlegung der Rangordnung unter den Fürsten selbst und bei der Positionierung gegenüber der Kolonialmacht. Der Erwerb auserlesener Objekte aus dem Westen war eine moderne Interpretation der traditionellen Rolle des Raja als Förderer der Künste und Besitzer des Seltenen und Wundervollen. Westliche Kleidung, westliche Autos und in westlichem Stil ausgeführte Bauten waren ein Zeichen für Modernität und Kultiviertheit im europäischen Sinne. Die Fürsten wandten sich jedoch auch an westliche Luxusgeschäfte, wenn es um die Darstellung des indischen Aspekts ihrer Identität ging. Auf seinem Porträt wirkt Maharaja Yadavendra Singh von Patiala (reg. 1938–1974) auf den ersten Blick wie der Inbegriff eines indischen Fürsten (Abb. 196). Eine nähere Betrachtung des Bildes offenbart jedoch, dass entscheidende Merkmale die Identität des Prinzen als westlich orientiert definieren, so der im Westen hergestellte Schmuck und die Tatsache, dass der Maharaja auf einem Stuhl sitzt – ein Möbelstück, dass von Europäern in Südasien eingeführt wurde. Der Erwerb und Gebrauch von westlichen Luxusgütern durch die indischen Prinzen ist nur einer von vielen Belegen für Indiens unbegrenzte Fähigkeit, zu adaptieren, sich anzupassen und Einflüsse von außen aufzunehmen, um etwas Neues und ganz Eigenes zu schaffen.

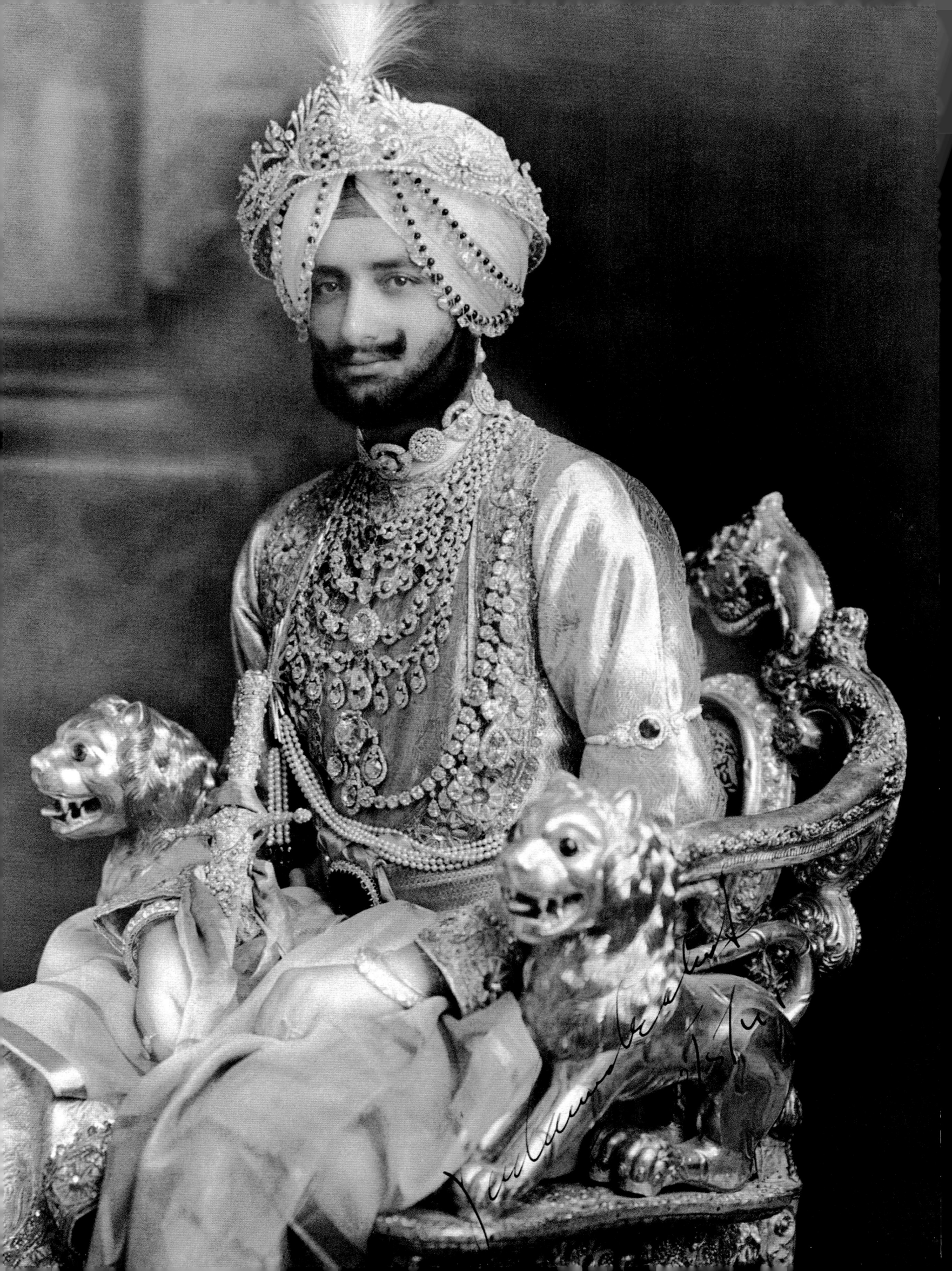

ANMERKUNGEN

Erläuterung zur Umschrift:
Die Schreibweisen orientalischer Wörter sind transliteriert, auf den Gebrauch diakritischer Zeichen wurde verzichtet. Die Titel von Büchern und Artikeln wurden in den originalen Umschriften übernommen.

Anmerkung der Übersetzer:
Wenn nicht anders vermerkt, sind die Übersetzungen von Zitaten unsere eigenen.
Wir danken Frau Mag. Beate Murr für wichtige Hinweise.

EINLEITUNG

1   Da nicht aus allen Gebieten des Subkontinents Kulturgüter zur Verfügung stehen, konzentrieren sich Buch und Ausstellung auf bestimmte Gegenden im heutigen Indien und Pakistan. Ein Anspruch auf Vollständigkeit soll keinesfalls erhoben werden.

2   Statt Maharaja nannten sich die Herrscher von Mewar Maharana, also »großer Krieger«.

3   Dieses eigentlich westliche Bildelement fand zum ersten Mal am Hof des Großmoguls Jahangir Verwendung, später auch bei den Rajputen. Siehe Susan Stronge: Europe in Asia. The impact of Western art and technology in South Asia, in: Jackson und Jaffer 2004, S. 288

4   Ronald Inden: Ritual, Authority and Cyclic Time in Hindu Kingship, in: Richards 1978, S. 54

5   Das historiographische Motiv der Kolonialisierung als Rückkehr zur Ordnung gehört zum stilistischen Repertoire des von Nicholas Dirks beschriebenen »cultural project of control«. Siehe: Cohn 1996, S. IX

6   Siehe: Ramusack 2004, S. 12–47

7   Der Begriff *Peshwa* aus dem Marathi ist persischen Ursprungs und bedeutet »Erster«.

8   Die schnelle Expansion des Marathenbunds war auch der Politik des *Peshwa* zu verdanken, erfolgreichen Feldherrn die Herrschaft über die von ihnen eroberten Gebiete zuzusprechen; die Siege auf dem Schlachtfeld sind der aggressiven Taktik der Marathenkavallerie zuzuschreiben.

9   Näheres zu dem Schwert und wie es in britische Hände gelangte, findet sich bei Susan Stronge und Roger Harding: The Sword of the Maharaja of Indore, Orientations, Februar 1988, S. 46–49.

10   Nachdem die Briten ihre Tributforderungen mehrmals erhöht hatten, verweigerte Mir Jafar die Zahlung, doch als er sich einsichtig zeigte, wurde er wieder in sein Amt eingesetzt.

11   Siehe B. R. Tomlinson: The Empire of Enterprise. Scottish Business Networks in Asian Trade 1793–1810, KIU Journal of Economics and Business Studies, Jg. 8 (2001), S. 67–83

12   Siehe Stronge 2009

13   Siehe Guy und Swallow 1990, S. 186

14   Als Entstehungsdatum für dieses Gemälde wird im Allgemeinen das Jahr 1818 angegeben, da sich einer der Briten auf dem Bild als James Tod identifizieren lassen könnte, dem damaligen Residenten in Udaipur, der mit seinen erstmals 1829 bis 1832 veröffentlichten *Annals and Antiquities of Rajasthan* einen enormen Einfluss auf das britische Verständnis von Rajasthan hatte. Andrew Topsfield vermutet jedoch, dass das Bild 1826 entstanden ist, da die Anzahl der dargestellten Briten nicht mit Tods Beschreibung übereinstimmt. Siehe Topsfield 1990, S. 73

15   Einige Gegenstände aus Amhersts Sammlung befinden sich heute im Victoria and Albert Museum.

16   Zu der Bedeutung von Geschenken siehe auch Amin Jaffer: Diplomatic Encounters. Europe and South Asia, in: Jackson und Jaffer 2004, S. 76–87

17   Links von Ranjit Singh sieht man die Angehörigen seiner Familie in ihrer Rangfolge: Prinz Kharak Singh (1801–1840), Prinz Sher Singh (1807–1843), Prinz Nau Nihal Singh (1821–1840), Prinz Duleep Singh (1838–1893), damals noch ein Kind, und die Prinzen Kashmira Singh und Peshaura Singh. Unmittelbar zur Rechten des Maharajas sieht man seinen geistlichen Beistand und vertrauten Berater, Bhai Ram Singh (gest. 1846) und die drei Brüder aus dem Herrscherhaus der Dogra: Raja Gulab Singh (gest. 1857), Raja Dhian Singh (gest. 1843), den man leicht an dem sechsten Finger an seiner rechten Hand erkennen kann, und Raja Suchet Singh (gest. 1843). Daneben befinden sich der Kämmerer, Khushal Singh (gest. 1844), General Ranjodh Singh Majithia (gest. 1872) und Sirdar Chattar Singh Atariwala (gest. 1858). Die weiteren Personen konnte auch Davinder Singh Toor, dem wir für seine Unterstützung herzlich danken, nicht identifizieren.

18   Zu diesen Juwelen, die die Direktoren der Ostindiengesellschaft später Königin Victoria überreichten, gehörten auch der als *Koh-i-Noor* bekannte große Diamant und der Spinell von Ulugh Beg.

19   Siehe Michael K. Fisher: Awadh and the East India Company, in: Lucknow. Memories of a City, hrsg. von Violette Graff (Delhi, 1999), S. 32–48, und Jasanoff 2005, S. 51–80

20   Für die Entzifferung und Übersetzung der Inschrift danken wir Manijeh Bayani, für die zusätzlichen Informationen Simon Ray, London.

21   Einige indische Fürsten schlossen sich den Rebellen an, andere unterstützten die Briten direkt, doch viele blieben während des Aufstands neutral.

22   Tatsächlich sprachen die Briten meistens von »native chiefs«, also »eingeborenen Stammesführern«.

23   Dies ging auf Kosten existierender Fürstentümer, nicht der Gebiete Britisch-Indiens.

24   Die größten und wohlhabendsten Staaten Hyderabad, Kashmir, Mysore, Baroda und Gwalior hatten jeweils Anspruch auf 21 Salutschüsse.

25   Die Sänfte war für den Raja von Bobbili angefertigt worden, der 1868 starb. Seine Witwe überreichte sie dem Prince of Wales als Geschenk. Der von den Herrschern von Bobbili in der Ostküstenprovinz Vizagapatam geführte Titel »Raja« wurde von den Briten erst 1890 anerkannt. Zehn Jahre später wurden sie in den Rang eines Maharajas erhoben. Näheres zu der Sänfte findet sich bei Jaffer 2001, S. 215–217. Die der königlichen Familie ab 1875/76 gemachten Geschenke befinden sich in der Royal Collection.

26   Nur 1911 war der Monarch tatsächlich anwesend.

27   Angehörige der königlichen Familie und der Vizekönig führten den Festzug auf Elefanten an, umgeben von Bediensteten mit Sonnenschirmen, Pfauenfederfächern (*morcchal*) und Wedeln aus Yakschwanzhaar (*chauri*). Zum Empfang des indischen Fürsten nahmen sie auf einem Podest unter einem Baldachin Platz. Einige Fürsten wehrten sich gegen diese Missachtung ihrer angestammten Rolle und Autorität (s. S. 106).

28   Auch heute werden beide großen Bauten Jodhpurs noch in doppelter Funktion genutzt. Der Umaid-Bhawan-Palast dient als Luxushotel, doch in einem der Flügel wohnt nach wie vor der Maharaja. In der Festung Mehrangarh ist heute ein Museum untergebracht; außerdem lädt die königliche Familie von Jodhpur hier zu Zeremonien, Empfängen und ähnlichen Veranstaltungen ein. Die Autoren danken Eric Turner für die Identifizierung von Hersteller und Entstehungszeit des Silbermodells.

29 Siehe die in Rudoe 1997, S. 31–36, 156–165 beschriebenen Arbeiten Cartiers.

30 Viele dieser Entwürfe ebenso wie die Korrespondenz der Juweliere mit den Maharajas werden in den Konzernarchiven aufbewahrt und bieten einen faszinierenden Einblick in die Entwicklung fürstlicher Kunstförderung im Westen im frühen 20. Jahrhundert. Siehe Jaffer 2006, S. 56–95

31 Während seiner Amtszeit als Vizekönig (1899–1905) bemühte sich Lord Curzon allerdings, die Reisetätigkeit der Fürsten einzuschränken, indem er sie dazu verpflichtete, bei der britischen Kolonialregierung Erlaubnis einzuholen, wenn sie außerhalb ihrer Gebiete reisen wollten.

32 Ramusack 2004, S. 1

33 Als einige Fürsten dem Maharaja Ganga Singh 1918 bei seiner Rückkehr aus Europa, wo er zu den Unterzeichnern des Versailler Vertrages gehört hatte, ihre Glückwünsche aussprachen, war dies auch der Beginn von Gesprächen über die Bildung einer gemeinsamen Interessenvertretung.

34 Näheres zu der Rolle der Fürsten in der Zeit unmittelbar vor der Unabhängigkeit findet sich bei Ramusack 2004, S. 245–274.

MAHARAJA JAI SINGH II. VON AMBER

1 Siehe Horstmann 2006, S. 28–30; Horstmann erörtert auch andere vom Hof gebilligte Darstellungen von Jai Singh, vor allem jene, die ihn – wie das 1708/09 vollendete *Ramavilaskavyam* – mit dem idealen Herrscher und Menschen Rama identifizieren.

RAJA SERFOJI VON TANJORE

1 Siehe den Artikel Prince of Ophthalmology in der Online-Ausgabe von The Hindu vom 10. Oktober 2004, in dem die Forschungen von Dr. S. S. Badrinath, Dr. J. Biswas und Dr. Vasanthi zitiert werden.

2 Siehe Nair 2005, S. 279–302

DAS KÖNIGTUM IN INDIEN

1 Pollock 1993, S. 261–297
2 Roy 1994, Kapitel 4–6
3 Drekmeier 1962, S. 188–244
4 Dirks 1987; Balzani 2003
5 Derrett 1976, S. 606
6 Gonda 1969; Hocart [1927] 1969
7 Dumont 1980, S. 287–313; Ronald Inden: Ritual Authority and Cyclic Time in Hindu Kingship, in: Richards 1978, S. 28–73; Mayer 1985; Mayer 1991; Waghorne 1994
8 Toshikazu Arai: Jaina Kingship as Viewed in the *Prabandhacintanmani*, in: Richards 1978, S. 74–114
9 Cort 1998, S. 101
10 Arai 1978, S. 99–103; Cort 1998, S. 85–110; Burton Stein: All the Kings' Mana: Perspectives on Kingship in Medieval South India, in: Richards 1978, S. 115–167
11 Peter Hardy: The Growth of Authority over a Conquered Political Elite. The Early Delhi Sultanate as a Possible Case Study, in: Richards 1978, S. 198
12 Vers 3:26
13 Die Bezeichnung »Kalif« bedeutete ursprünglich »Nachfolger«; die ersten vier Kalifen nach dem Propheten Mohammed sahen sich häufig Zweifeln an ihrer Autorität ausgesetzt.
14 Hardy in: Richards 1978, S. 199
15 Richards 1978, S. 260–266
16 Brittlebank 1997, S. 69–73
17 Asher und Talbot 2006, S. 126 f.
18 Crill o. J., S. 11–13
19 Sreenivasan 2007, S. 80–92
20 Inden in Richards 1978, S. 35 f.; Drekmeier 1962, S. 129–146
21 Devi 1976, S. 65 f.
22 Zeigler 1994, S. 193–197
23 Cohn 1983, S. 165–169
24 Balzani 2003, Kap. 4; Haynes 1990
25 Erdman 1985, S. 27–59; Gaekwar 1989, S. 302–304; Haynes 1990, S. 474–480; Haynes 1994, S. 265–289
26 Peabody 2003, Kap. 3.
27 Richards 1978, S. 235–238; Asher und Talbot 2006, S. 105–108, 163–175
28 Peabody 2003, S. 72, Anm. 60
29 Balzani 2003, S. 151–170
30 Bayly 1986, S. 293–302
31 Richards 1993, S. 25–27, 95 f.
32 Tod [1829, 1832] 1971, Bd. 1, S. 240–322
33 Ramusack 2004, S. 48–76
34 Cohn 1983, S. 185–207
35 Ramusack 1978b, S. 38–49
36 Price 1996, S. 190
37 Ramusack 1978a, S. 178–191
38 Ramusack 2004, S. 140–164
39 Cashman 1980, S. 27–35; Sen 2004, S. 19–51
40 Copland 1997, Kap. 7

RANI LAKSHMIBAI VON JHANSI

1 Siehe Deshpande 2008. Deshpande erörtert neben archivierten Originaldokumenten der Marathen über den Aufstand (*gadar*) auch Savarkars *Indian War of Independence* (1909) und Subhadra Kumari Chauhans berühmtes Gedicht *Khoob ladi mardani woh to Jhansi waali rani thi*.

WIRKUNG UND MACHT ÖFFENTLICHER PRACHTENTFALTUNG

1 Die Bezeichnungen für diese Diener variierten je nach ihrer Funktion; so wurde derjenige, der den Schirm trug, in einem tamilischsprachigen Staat wie Pudukkottai *kodaikkar* genannt, was wörtlich übersetzt »Schirmmann« bedeutet. Dass sich der englische Begriff »Dignitary Establishment« im allgemeinen Gebrauch durchgesetzt hat, hängt auch damit zusammen, dass ab dem späten 19. Jahrhundert Englisch selbst in den Dokumenten der Höfe dominierte, sofern diese Aufzeichnungen machten und archivierten.

2 Diese Lehen wurden mit dem arabisch-persischen Begriff als Inam (*in'am*) bezeichnet; ursprünglich hing das Lehnsrecht vom Wohlgefallen des Rajas ab, wurde später aber auf Dauer gewährt und besteuert. Die britische Kolonialregierung stellte diese »Landzuweisungen« in fast ganz Indien unter ihr Mandat. Die Dokumente darüber bieten eine detaillierte Darstellung der Funktionen des »Dignitary Establishment«.

3 Das Abbild des Gottes im Tempel wird *Vigraha* oder *Murti* genannt, als lebende Person betrachtet und auch so behandelt. Selbst das indische Recht behandelt Abbilder der Götter als Personen. Siehe Davis 1999

4 Über das Verhältnis der muslimischen Könige zu Gott wird äußerst kontrovers diskutiert. Dieses Beispiel verdanke ich den Mitgliedern des »Adabiyat Listserv«, einer von der University of Chicago unterhaltenen Mailingliste zum Thema vorderasiatische Literatur und Literaturgeschichte. Ganz besonders möchte ich auch Prof. Mehrzad Boroujerdi von der Syracuse University für seine Hilfe danken.

5 Gonda 1969, S. 37

6 Mehr zu den *Ratnin* findet sich bei Waghorne 1994, S. 190–195

7 Hier wird erneut die Parallele zum göttlichen Abbild im Tempel deutlich: Zum Abschluss jedes Gottesdienstes (*puja*) bekleiden die Priester das Abbild hinter zugezogenen Vorhängen und öffnen diese dann, um die Gottheit in vollem Ornat zu zeigen. Zu einer Diskussion des Gottesbildes siehe Eck 1998

8 Diese Göttinnen nannte man *Nayaki*, also »die Hüterinnen«. In Indien gibt es zwar viele Göttinnen, die normalerweise mit einer bestimmten Stadt oder einem Dorf assoziiert werden, zumeist aber als Manifestationen einer einzigen großen Göttin gelten.

9 An Navaratri wird jeden Abend eine andere Erscheinungsform der Göttin angebetet, so beispielsweise am achten Abend Sarasvati, die Göttin der Gelehrtheit. Dabei werden alle Materialien im Zusammenhang mit Gelehrtheit, von Schreibstiften bis hin zu Computern, als Werkzeuge der Göttin gesegnet und geehrt.

10 Pamela Price beschreibt die komplexen Vorgänge um den finanziellen Ruin eines südindischen Rajas durch verschwenderische Geschenke und allgemeine Wohltätigkeit. Siehe Price 1979, S. 207–239. Eine Diskussion der Auswirkungen der Kolonialherrschaft auf königliche Zeremonien findet sich in Price 1996.

11 Die Göttin Durga steht für Macht und insbesondere königliche Macht. Heutzutage verstehen Hindus Durga als unterstützende Göttin, die dabei hilft, kraftvoll und mutig zu handeln, während Lakshmi für Wohlstand und Wohlbefinden zuständig ist und Sarasvati Weisheit und Gelehrtheit fördert.

MAHARAJA SAYAJIRAO GAEKWAD III. VON BARODA

1 Russell 1877, S. 137 f.
2 Khanderaos Bruder, Malhar Rao, der von

1870 bis 1875 regierte, wurde zur Abdankung gezwungen, weil er an dem Versuch beteiligt war, den britischen Residenten Colonel Phayre mit einer Mischung aus Arsen und Diamantenstaub zu vergiften.

3 Hindu Widow Marriage Act, 1902; Infant Marriage Act, 1904

4 1880/81 gab es im Staat Baroda 180 Schulen, 1906/07 waren es 1.241.

5 Der Geheimdienst behielt auch den Hauslehrer seines jüngsten Sohnes und seinen Kammerdiener im Auge.

6 British Library, IOR/R/1/1466, S. 17

MAHARAJA GANGA SINGH VON BIKANER

1 Brief vom 1. März 1907 vom Prince of Wales an den Maharaja von Bikaner, Archiv des Lallgarh-Palastes, Bikaner

PALASTLEBEN

1 Das Sanskrit-Wort *Antahpuram* (Innerer Palastbereich) und das persische *Zenana* (Frauengemächer) werden in der englischsprachigen Fachliteratur häufig als »Privat«-Bereich wiedergegeben. Ich behalte den Begriff »privat« der Einfachheit halber bei, ungeachtet seiner Unzulänglichkeit für die Beschreibung der Komplexität eines Hausstandes und des Familienlebens in Südasien.

2 Siehe Bahura 1983, S. 3–7, an dessen Darstellung ich mich hier eng orientiere.

3 Eaton 2005, S. 178

4 Zum Widerstand der Frauen der Oberschicht gegen derartige Einmischungen der Kolonialmacht siehe Price 1996

5 Allen und Dwivedi 1984, S. 171

6 Scindia 1987, S. 18

7 Gayatri Devi 1976, S. 106–130

8 Allen und Dwivedi 1984, S. 179

9 Zum Hausstand der Großmoguln siehe Lal 2005; zu den Königshöfen der Rajputen siehe Joshi 1995 und Sreenivasan 2006

10 Shyamaldas 1986, Bd. 2.1, S. 445 f.

11 Scindia 1987, S. 121

12 Allen und Dwivedi 1984, S. 195

13 Tillotson 1987, S. 86

14 Shyamaldas 1986, Bd. 2.2, S. 818; siehe auch Sreenivasan 2006, S. 144

15 Gordon 1993, S. 160 f.

16 Khan 2000, S. 71

17 Khan 2000, S. 87

18 Sayajirao III., My Ways and Days, in: XIXth Century (Februar 1901), S. 223, zitiert nach Rice 1931, Bd. 1, S. 70

19 Rice 1931, Bd. 1, S. 78

20 Bhagavan 1999, S. 86

21 Moore 2004, S. 75

22 Bhagavan 1999, S. 66

23 Allen und Dwivedi 1984, S. 206

24 Khan 2000, S. 123

25 Rice 1931, Bd. 1, S. 131

26 Brinda, Maharani von Kapurthala, 1954

27 Allen und Dwivedi 1984, S. 189

28 Shyamaldas 1986, Bd. 2.2, S. 1316 f.

29 Allen und Dwivedi 1984, S. 172

30 Joshi 1995, S. 158 f.

31 Shyamaldas 1986, Bd. 2.2, S. 771

32 Scindia 1987, S. 22 f.

33 Joshi 1995, S. 161–164

34 Der traditionelle Beruf der Gujar-Kaste ist die Weidewirtschaft, ihr Status gilt als relativ niedrig.

35 Shyamaldas 1986, Bd. 2.3, S. 1771 f.

36 Joshi 1995, S. 165; Sreenivasan 2006, S. 148

37 Zu vergleichbaren Veränderungen zu Beginn des 19. Jahrhunderts in Bengalen siehe Chatterjee 1999

38 Gayatri Devi 1976, S. 20

39 Khan 2000, S. 105

40 Khan 2000, S. 159

41 Gayatri Devi 1976, S. 14

42 Brinda, Maharani von Kapurthala 1954, S. 21

43 Gayatri Devi 1976, S. 243–50

MAHARAJA JAGATJIT SINGH VON KAPURTHALA

1 Singh 1895; Singh 1905; Singh 1926

2 Jagatjit Singh erwarb schon früh den Ruf, ein Frauenheld zu sein. Er hatte fünf Frauen, darunter eine spanischer Herkunft.

3 Singh 1895, S. 113

4 Dokument vom 29. Dezember 1933, Akte Nr. 2638, S. 6, British Library IOR/1/1/2523

5 Maharaja Jagatjit Singh in einem Brief von 1938 an den Vizekönig; diese Quellenangabe verdanken wir Brigadier Sukhjit Singh, MVC.

MAHARAJA KRISHNARAJA WODEYAR IV. VON MYSORE

1 Sri Padmanabha Dasa Bala Rama Varma, Maharaja von Travancore (reg. 1912–1991)

2 Die Rede ist auf der Rückseite von Sundaram 1936 abgedruckt.

KUNST UND KUNSTHANDWERK AM HOF

1 Kangle, The Kautilya Arthasastra (1960), zitiert nach Haynes 1994, S. 268

2 Randle 1943

3 Murphy und Crill 1991, S. 107

4 Sahai 2006, S. 84, Anm. 92

5 Zur Übersiedlung des Künstlers Dalchand von Delhi nach Jodhpur im 18. Jahrhundert siehe z. B. Crill 2000, S. 66–72, und Diamond u.a. 2008, S. 15 f.

6 Haynes 1994, S. 274 f.

7 Haynes 1994, S. 274

8 Bernier 1891, S. 258 f.

9 Bernier 1891, S. 228

10 Bernier 1891, S. 256

11 Abgebildet in Crill 2000, Abb. 39

12 Tod 1971, Bd. 2, S. 752

13 Sahai 2006, S. 189

14 Nagar 2004, S. 24

15 Blochmann 1977, S. 115

16 Williams 2007, Nr. 34

17 Crill 2000

18 Khandalawala, Chandra und Chandra 1960, S. 52, berichten von zwei Gemälden, die

1728 und 1713 zu Diwali verschenkt wurden und einem weiteren, das 1717 zu Holi verschenkt wurde, und nennen auf S. 53 ein Gemälde, das 1786 zum Dassahrafest angefertigt wurde.

19 Crill 2000, Abb. 139

20 Goswamy 1997

21 Melikian-Chirvani 2001, S. 98–101

22 Zitiert nach Tod 1971, Bd. 2, S. 758

23 Singh 1979, S. X

24 Smart 1987

25 Singh 1979, S. XLII; Walker 1997, S. 12–14

26 Smart und Walker 1985, Nr. 69a und b; Watt 1903, Taf. 54a. Ein weiteres Stück aus dieser Gruppe war in Watt abgebildet (verschollen).

27 Singh 1979, S. XII

28 Kumar 1999, S. 329

29 Tillotson 2004

30 Hendley 1884

31 Greenhalgh 1988, S. 59

32 Watt 1903

33 Watt 1903, S. 264

34 Watt 1903, S. 466

35 Watt 1903, S. 472

36 Watt 1903, S. 444

37 Siehe Welch 1985, Nr. 289

38 Watt 1903, S. 466

MAHARANA FATEH SINGH VON MEWAR

1 Abdankung im Jahr 1921

2 Die Anzahl der Salutschüsse für Udaipur wurde erst 1918 auf 21 erhöht. In diesem Jahr wurde dem Maharana für seine Unterstützung Großbritanniens im Ersten Weltkrieg das Großkreuz des »Royal Victorian Order« verliehen.

3 Im Jahr 1903 ließ er sich als krank entschuldigen; 1911 begab er sich zwar nach Delhi, nahm jedoch wiederum nicht am Durbar teil, obwohl der Vizekönig ihn in das persönliche Gefolge von George V. aufgenommen hatte, um so die schwierige Frage der Rangfolge zu umgehen.

4 R. E. Holland, Deputy Secretary, Foreign and Political Department, Notes on Committee, Akte Nr. 297, 10/16/14, S. 27, British Library, IOR/R/1/1/1526

5 Das Abkommen besagte, dass »der Maharana stets uneingeschränkter Herrscher über sein eigenes Land bleibt und die britische Rechtssprechung nicht in den Fürstenstaat eingeführt wird«. Nach den konfliktreichen Jahren des Vizekönigtums Lord Curzons wurde es in Udaipur im Jahr 1909 durch Lord Minto erneuert.

6 Wortführer war der Rao von Salumbar, dessen Land zum Teil konfisziert worden war, weil er seine Pflichten dem Fürstenhof gegenüber vernachlässigt hatte.

7 Mit dieser Schwertzeremonie bekräftigt der Maharana sein Recht, das Vermächtnis eines *Jagir* an dessen Nachfolger zu erneuern oder zu versagen.

8 Diese unterzeichneten und ratifizierten Abkommen zwischen dem Hof des Maharana und seinen Adligen legen die Rechte und Pflichten beider Seiten genau fest.

9 E. G. Colvin, Agent, an J.B. Wood, Secretary

am Foreign and Political Department, datiert Ajmer, 30. März 1914. British Library, IOR/R/1/1526

10 British Library, Akte X1/296, IOR/R/1/1/680

MAHARAJA RANJITSINHJI VON NAWANAGAR

1 König Edward VII. und Prinz George in: Fifty Leaders of British Sport. Eine Porträtserie von Ernest C. Elliot, mit biografischen Anmerkungen und einem Vorwort von F. G. Aflalo (London und New York, 1904)

2 Ranjitsinhjis älterer Bruder wurde angeblich vergiftet, nachdem er als Thronfolger adoptiert worden war; als Ranji selbst in die Position des Thronfolgers rückte, hegte sein Onkel, der damalige Jam, noch die verzweifelte Hoffnung, eigenen Nachwuchs zu zeugen. Ranji wurde mindestens zweimal enterbt und sein Status war immer sehr viel prekärer, als er vorgab.

3 Wild 1934, Anhang. Die Quellenangabe verdanken wir dem Londoner Archiv von Cartier.

4 A. C. Gardiner in den Daily News, zitiert in Wild 1934, S. 104

PALASTBAU UND STILPOLITIK

1 R. F. Chisholm: Baroda Palace, in: Journal of the Royal Institute of British Architects, Reihe 3, Jg. 3 (1896), S. 421–433, zitiert nach Baroda 1980, S. 156

2 Zur Geschichte der Stadt Jaipur und des Palastes siehe Sachdev und Tillotson 2002 und 2008

3 Zu Murshidabad siehe Pal 2003; zu Hyderabad siehe Michell und Martinelli 1994, S. 195, 219 f.; zu Faizabad und Lucknow siehe Llewellyn-Jones 1985

4 Zu Palästen aus dem 18. Jahrhundert in Jodhpur und Udaipur siehe Tillotson 1987, S. 105–118, 135–143

5 Vgl. zum Beispiel die Bedeutung, die der Bombayer Architekt T. Roger Smith der Problematik des Baustils beimaß, die er als »die entscheidende Frage und die eigentliche architektonische Frage« (1868, S. 207) bezeichnete. E. B. Havell dagegen zeigt sich im Jahr 1913 verächtlich gegenüber der Bedeutung, die Stilfragen vormals zugeschrieben wurde. Hierzu Havell 1913, S. 230 ff.

6 Siehe Jaffer 2001, S. 111–125

7 Zu Bhuj siehe Jaffer 2000

8 Der hier abgebildete Entwurf des Palastes wurde dem Royal Institute of British Architects im Jahr 1838 von Serfojis Sohn und Nachfolger überlassen, der ein Mitglied des Instituts war. Eine genauere Besprechung der Zeichnung findet sich bei Archer 1968, S. 63 und Tillotson 1989, S. 1 f. Eine aktuelle Fotografie des Gebäudes von Clare Arni findet sich bei George Michell (Hrsg.), Eternal Kaveri, Mumbai, 1999, S. 25

9 Eine Auswahl von Fotografien findet sich bei Llewellyn-Jones 2006, besonders in den Beiträgen von Sophie Gordon und Neeta Das,

wo auch die Gebäude ausführlich beschrieben werden.

10 Bauten aus dem 19. Jahrhundert in Junagadh und Bhopal sind in Tillotson 2006 erörtert.

11 Fergusson 1862, S. 418; Fergusson 1876, überarbeitete Neuauflage London 1910, Bd. 2, S. 324, 332

12 Siehe Llewellyn-Jones 2006, S. 177–189

13 Zu den älteren Plänen siehe Nilsson 1968, S. 111; zu Hazarduari und anderen bestehenden Gebäuden siehe Davies 1989, S. 309 und Pal 2003

14 Siehe Allen und Dwivedi 1984, S. 43, 214; Michell und Martinelli 1994, S. 199, 220

15 Siehe Chakravarty 1989

16 Siehe Davies 1989, S. 149

17 Zum indo-sarazenischen Baustil in Hyderabad siehe Esch 1942, Tillotson 1993 und Khalidi 2002; zu Gwalior siehe Tillotson 2004

18 Siehe Baroda 1980, S. 148–157; Michell und Martinelli 1994, S. 200, 220. Als Mant 1881 starb, lagen zwar die Entwürfe vor, die Bauarbeiten waren aber noch nicht abgeschlossen, weshalb Chisholm die Bauleitung übernahm.

19 Siehe Allen und Dwivedi 1984, S. 178, 214, 222 f.

20 Lord Napier in: The Builder (1870), S. 1047, zitiert nach Davies 1985, S. 197

21 Chisholm 1882–1883, S. 144

22 Emerson 1883–1884, S. 152

23 Havell 1913, S. 230 f.

24 Zitiert nach Irving 1981, S. 98

25 Eine chronologische Übersicht der Bauarbeiten am Stadtpalast von Jaipur, die auch die von Madho Singh beauftragten Arbeiten berücksichtigt, findet sich in Sachdev und Tillotson 2008, S. 37–59.

26 Sanderson 1913, S. 19

27 Sanderson 1913, S. 15

28 So sagte Jacob im Jahr 1890: »Das Bauamt der britisch-indischen Regierung ist als Institution mit seinen architektonischen Bemühungen bislang nicht erfolgreich gewesen.« Er bedauerte außerdem »die gestalterische Armut« der Arbeiten des Bauamtes. Siehe Jacob 1890–1913, Bd. 1, Vorwort

29 Sanderson 1913, S. 15, 18 f., wirft ein Licht auf Jacobs Zusammenarbeit mit einheimischen Architekten in Bikaner, Jaipur und Jodhpur. Eine ausführliche Darstellung von Jacobs Arbeit findet sich bei Sachdev und Tillotson 2002, S. 102–108, 117–127.

30 Zu Lutyens Arbeit in Neu-Delhi siehe Byron 1931, Irving 1981 und Volwahsen 2002

31 Zu der heute leider kaum noch beachteten Laufbahn C. G. Blomfields siehe Tillotson 2008

32 H. V. Lanchester in: The Builder (13. Januar 1950), S. 55. Zum Umaid Bhawan siehe Tillotson 1989, S. 56–59; Michell und Martinelli 1994, S. 210–213, 222 f.; und Michell und Martinelli 2004, S. 192–201. Eine recht eigenwillige Darstellung findet sich in Fred Holmes und Ann Newton Holmes: Bridging Traditions. The Making of the Umaid Bhawan Palace, Delhi 1995.

33 Siehe Michell und Martinelli 1994, S. 214–

216, 223; Jaffer 2003, S. 388 f.

34 Siehe Michell und Martinelli 1994, S. 221; Robertson 1932. Eckart Muthesius war der Sohn des Architekten Hermann Muthesius, der als Kulturattaché in London mit der Arts-and-Crafts-Bewegung in Kontakt gekommen war und zu den ideellen Mitbegründern des Deutschen Werkbundes gehört.

35 Siehe: H. H. Maharaja Umaid Singh Birth Centenary Celebrations. The Official Souvenir (Jodhpur, 2004)

36 Siehe Meller 1990, S. 251–262; Tyrwhitt 1947

NIZAM OSMAN ALI KHAN ASAF JAH VON HYDERABAD

1 Auch der Name Asaf Jah wurde der Dynastie von den Moguln als Titel verliehen.

2 Ursprünglich war Aurangabad die Hauptstadt, aber 1763 verlegte Nizam Ali Khan Asaf Jah sie nach Hyderabad.

MAHARAJA YESHWANT RAO HOLKAR II. VON INDORE

1 Die Dynastie der Holkars hatte sich nie durch Unterwürfigkeit ausgezeichnet: Yeshwant Rao Holkar I. war im frühen 19. Jahrhundert der letzte Marathenfürst, der sich nicht unter die britische Vorherrschaft beugte. Sowohl der Vater als auch der Großvater von Yeshwant Rao II. wurden aus unterschiedlichen Gründen zur Abdankung gezwungen.

2 Brief des Maharajas an Reginald Clancy, Berater des Generalgouverneurs in Zentralindien, 15. November 1928. British Library, IOR/R/1/1/1778, (S. 63 f.)

3 Obwohl die Gemälde von de Monvel in den Jahren zwischen 1931 und 1934 entstanden, wurde das auf dem »westlichen Porträt« der Maharani zu sehende Maubaussin-Collier vermutlich erst nach ihrem Tod 1937 hinzugefügt.

4 Die Modernisierungsbemühungen des Herrschers führten zu einer ganzen Reihe neuer öffentlicher Bauten in Indore. Es entstanden Krankenhäuser, eine Universität und ein Flughafen. Außerdem wurden viele fortschrittliche Gesetze eingeführt, darunter Reformen des Ehegesetzes und des Arbeitsrechts, in denen beispielsweise nun ein Mutterschaftsurlaub vorgesehen war.

5 Offener Brief, abgedruckt in IOR/R/1/1/ 335

INDISCHE FÜRSTEN UND DIE WESTLICHE WELT

1 Forbes 1939, S. 32; Devee 1921, S. 43

2 Oriental and India Office Collections, British Library, London (OIOC), R/1/892/270

3 Mahtab [1908], S. VIII

4 Lathe 1924, Bd. 1, S. 212

5 Paramaswaran Pillai 1897, S. 9

6 West 1872, S. 139

7   Moore 2004, S. 43

8   Mehdi Hasan [1891], S. 53 f.

9   Pillai 1897, S. 12

10   Mahtab [1908], S. 106

11   Sunity Devee 1921, S. 105

12   Waghorne 1994, S. 81

13   Kapurthala 1895, S. 26 f.

14   Sunity Devee 1921, S. 108

15   Mehdi Hasan [1891], S. 103

16   Williams 2003, S. I

17   Copland 1997, S. 194

18   Dirks 1987, S. 391

19   Singh 1912, S. 40

20   Singh 1912, S. 55

21   OIOC, R/1/1/180

22   Man Ray 1963, S. 172

23   Man Ray 1963, S. 173

24   Breen 1986, S. 467–499

25   Palastarchiv Bikaner, undatierte Notiz

26   Dewar o. J., S. 198, 269, 453; Collingham 2001, S. 57, 186

27   The Journal of Mrs. Fenton 1826–1830 (London, 1901), S. 82

28   Collingham 2001, S. 57

29   Michael Madhusudan Datta, zitiert in Tarlo 1996, S. 23

30   Merrick 1899, S. 138 f.

31   Moore 2004, S. 187

32   Salvatore Ferragamo: Shoemaker of Dreams, London 1957, S. 217

33   Usha R. Bala Krishnan: Jewels of the Nizams, Mumbai 2001, S. 211

34   West 1872, S. 13; Nadelhoffer 1984, S. 159

35   Palastarchiv Bikaner, Memorandum vom 8. August 1930

36   Nadelhoffer 1984, S. 159

37   Harry Fane: Cartier and the Indian Heritage. The Bowrings Lecture (unveröffentlichter Artikel; März 2003), S. 10

38   West 1872, S. 13

39   Prior und Adamson 2000, S. 110; Archiv Boucheron: Personnalités Historiques Maharadjahs, o. J., S. 4

40   Prior und Adamson 2000, S. 116

41   Kapurthala 1895, S. 86

42   Prior und Adamson 2000, S. 146

43   Aus *L'Illustration*, zitiert in Fane 2003 [Anm. 37], S. 14

44   Wild 1934, S. 240

45   Wild 1934, S. 241 f.

46   Briggs 1861, Bd. 1, S. IX

47   Compton 1993, S. 52 f.

48   British Library, Add. Mss. 34.686, fol. 14

49   Birmingham Central Library, MS6 6/1

50   Birmingham Central Library, MS6 1/1. Ich bin Deepika Ahlawat für diesen Quellenhinweis zu Dank verpflichtet. Eine ausführlichere Studie dieses Themas findet sich in Deepika Ahlawat: Empire of Glass. F & C Osler in India, 1840–1930, in: Journal of Design History Jg. 21, Nr. 2, Sommer 2008, S. 155–170

51   Birmingham Central Library, MS6 6/2

52   The Times, 9. Februar 1884

53   John Guy: Asian Trade and Exchange before 1600, in: Jackson und Jaffer 2004, S. 62–67

54   Valentia 1811, S. 104

55   Ein Teller aus diesem Service ist im Worcester Porcelain Museum, Worcester, ausgestellt.

56   Worlock 1994, S. 311–313

57   Godden 1992, S. 135

58   A Nawab's Dream, Ausst.-Kat. (Musée Bouilhet-Christofle, Paris 1999), S. 3

59   Fasal 1979, S. 402

60   Dwivedi und Barwani 2003, S. 71

61   Dwivedi und Barwani 2003, S. 105

62   Dwivedi und Barwani 2003, S. 268

63   Dwivedi und Barwani 2003, S. 252

64   Dwivedi und Barwani 2003, S. 249, 267

65   Fasal 1979, S. 405; Dwivedi und Barwani 2003, S. 213

66   Lord 1972, S. 66

LITERATUR

Agrawal, Lakshmi, *Maharana Fateh Singh aur Unka Kaal, 1884–1930* (Udaipur, 1993)

Aijazuddin, F. S., *Lahore: Illustrated Views of the 19th century* (Lahore, 1991)

Allen, Charles, and Sharada Dwivedi, *Lives of the Indian Princes* (London, 1984)

Archer, Mildred, *Indian Architecture and the British* (Middlesex, 1968)

Asher, Catherine B., and Cynthia Talbot, *India before Europe* (Cambridge, 2006)

Bahura, Gopalnarayan, *Pratap Prakasa by Krishnadatta Kavi* (Jaipur, 1983)

Bala Krishnan, Usha R., *Jewels of the Nizams* (Mumbai, 2001)

Balzani, Marzia, *Modern Indian Kingship: Tradition, Legitimacy and Power in Rajasthan* (Oxford, 2003)

Baroda, Maharaja of, *The Palaces of India* (London, 1980)

Bayly, C. A. 'The Origins of Swadeshi (Home Industry): Cloth and Indian Society, 1700–1930', in *The Social Life of Things: Commodities in Cultural Perspective*, ed. Arjun Appadurai (Cambridge, 1986), pp. 285–321

Begg, John (ed.), *Annual Report on Architectural Work in India*, 6 vols (Calcutta, 1908–1913)

Bence-Jones, Mark, *Palaces of the Raj* (London, 1973)

Bernier, François (ed. A. Constantine), *Travels in the Mogul Empire, AD 1656–1668* (London, 1891)

Bhagavan, Manu, 'Higher Education and the "Modern State": Negotiating Colonialism and Nationalism in Princely Mysore and Baroda', Ph.D. dissertation (University of Texas at Austin, 1999)

Bikaner, Rajyashree Kumari, *The Lallgarh Palace: Home of the Maharajas of Bikaner* (Delhi, 2009)

Blochmann, H. (ed.), *The A'in-I Akbari by Abu'l-Fazl 'Allami* (repr. New Delhi, 1977)

Breen, T. H. 'An Empire of Goods: the Anglicization of Colonial America, 1690–1776', *Journal of British Studies*, vol. 25, no. 4 (October 1986), pp. 467–499

Briggs, Henry George, *The Nizam: His History and Relations with the British Government* (London, 1861)

Brinda, Maharani of Kapurthala, *Maharani: The Story of an Indian Princess, by Brinda, Maharani of Kapurthala, as told to Elaine Williams* (New York, 1954)

Brittlebank, Kate, *Tipu Sultan's Search for Legitimacy: Islam and Kingship in a Hindu Domain* (Delhi, 1997)

Byron, Robert, 'New Delhi', *The Architectural Review* (1931), vol. 69, pp. 1–30

Cashman, Richard, *Patrons, Players and the Crown: The Phenomenon of Indian Cricket* (New Delhi, 1980)

Chakravarty, K. K., 'Lalbag Palace Indore', *Puratan*, vol. 7 (1989), pp. 1–7

Chatterjee, Indrani, *Gender, Slavery and Law in Colonial India* (New Delhi, 1999)

Chisholm, R. F., 'New College for the Gaekwar of Baroda, with Notes on Style and Domical Construction in India', *Transactions of the RIBA* (1882–1883), pp. 141–146

Chopra, P. N., and P. Chopra, *Monuments of the Raj: British Buildings in India, Pakistan, Bangladesh, Sri Lanka and Myanmar* (New Delhi, 1999)

Clarke, C. Purdon, 'Street Architecture of India', *Journal of the Royal Society of Arts* (1884), vol. 32, pp. 779–88

Cohn, Bernard S., 'Representing Authority in Victorian India', in *The Invention of Tradition*, eds E. Hobsbawm and T. Ranger (Cambridge, 1983), pp. 165–209

Cohn, Bernard S., *Colonialism and its Forms of Knowledge: The British in India* (Princeton, 1996)

Collingham, E. M., *Imperial Bodies* (London, 2001)

Compton, H., 'A Bachelor's Bungalow', *True Tales of British India*, compiled by M. Wise (Brighton, 1993)

Conner, Patrick, *Oriental Architecture in the West* (London, 1979)

Copland, Ian, *The Princes of India in the Endgame of Empire 1917–1947* (Cambridge, 1997)

Cort, John E., 'Who is a King? Jain Narratives of Kingship in Medieval Western India', in *Open Boundaries: Jain Communities and Culture in Indian History*, ed. John E. Cort (Albany, NY, 1998

Crill, Rosemary, *Marwar Painting: A History of the Jodhpur Style* (Mumbai, n. d. [1999])

Crill, Rosemary 'The Thakurs of Ghanerao as patrons of painting', in *Court Painting in Rajasthan*, ed. Andrew Topsfield (Mumbai, 2000)

Curzon of Kedleston, Marquis, *British Government in India: The Story of the Viceroys and Government Houses*, 2 vols (London, 1925)

Davies, Philip, *Splendours of the Raj: British Architecture in India 1660 to 1947* (London, 1985)

Davies, Philip, *Monuments of India: Islamic, Rajput, European* (London, 1989)

Davis, Richard H., *The Lives of Indian Images* (Princeton University Press, 1999)

Derrett, J. D. M., 'Rajadharma', *Journal of Asian Studies*, vol. 35 (August 1976), pp. 597–609

Desai, Vishakha N., 'Timeless Symbols: Royal Portraits from Rajasthan 17th–19th Centuries', in *The Idea of Rajasthan: Explorations in Regional Identity*, vol. 1: *Constructions* (New Delhi, 1994), pp. 313–342

Deshpande, Prachi, 'The Making of an Indian Nationalist Archive: Lakshmibai, Jhansi, and 1857', *Journal of Asian Studies*, vol. 67, no. 3 (August 2008), pp. 855–879

Devee, Sunity, Maharani of Cooch Behar, *The Autobiography of an Indian Princess* (London, 1921)

Devi, Gayatri, *A Princess Remembers: The Memoirs of the Maharani of Jaipur* (New York, 1976)

Dewar, D., *A Handbook to the English Pre-Mutiny Records in the Government Record Rooms of the United Provinces of Agra and Oudh* (Allahabad, n. d)

Diamond, Debra, et al., *Garden and Cosmo: The Royal Paintings of Jodhpur* (Washington, DC, 2008)

Dirks, Nicholas B., *The Hollow Crown: Ethnohistory of an Indian Kingdom* (Cambridge, 1987)

Drekmeier, Charles, *Kingship and Community in Early India* (Stanford, CA, 1962)

Dumont, Louis, 'The Conception of Kingship in Ancient India', in *Homo Hierachicus: The Caste System and its Implications* (Chicago, 1980), pp. 287–313

Dwivedi, Sharada, and Manvendra Singh Barwani, *The Automobiles of the Maharajas* (Bombay, 2003)

Eaton, Richard M., *A Social History of the Deccan, 1300–1761: Eight Indian Lives*, The New Cambridge History of India, I.8 (Cambridge, 2005)

Eck, Diana L., *Darshan: Seeing the Divine Image in India* (3rd edn, New York, 1998)

Elliot, Ernest C., *Fifty Leaders of British Sport: A Series of Portraits by with Biographical Notes and a Preface by F. G Aflalo* (London and New York, 1904)

Emerson, William, 'A description of some buildings recently erected in India, with some remarks on domes and the mingling of styles of architecture', *Transactions of the RIBA* (1883–1884), pp. 149–162

Erdman, Joan L., *Patrons and Performers in Rajasthan: The Subtle Tradition* (Delhi, 1985)

Esch, Vincent, 'Examples of Modern Indian Architecture Mainly in Hyderabad State', in *Indian Art and Letters* (1942), vol. 16, no. 2, pp. 49–59

Evenson, Norma, *The Indian Metropolis: A View Toward the West* (New Haven and London, 1989)

Fane, Harry, 'Cartier and the Indian Heritage', The Bowrings Lecture (unpublished), March 2003

Fasal, John M., *The Rolls Royce Twenty* (Abingdon, Oxfordshire, 1979)

Fenton, Mrs, *The Journal of Mrs Fenton: A Narrative of Her Life in India, the Isle of France (Mauritius) and Tasmania During the Years 1826–1830* (London, 1901)

Fergusson, James, *History of the Modern Styles of Architecture* (London, 1862)

Fergusson, James, *History of Indian and Eastern Architecture* (1876, rev. edn, London, 1910)

Fermor-Hesketh, Robert (ed.), *Architecture of the British Empire* (London, 1986)

Ferragamo, Salvatore, *Shoemaker of Dreams* (London, 1957)

Fisher, Michael R. *A Clash of Cultures: Awadh, the British and the Mughals* (Riverdale, MD, 1987)

Fisher, Michael R. 'Awadh and the East India Company', in *Lucknow: Memories of a City*, ed. Violette Graff (Delhi, 1999)

Forbes, Rosita, *India of the Princes* (London, 1939)

Gaekwar, Fatesinghrao P. *Sayajirao of Baroda: The Prince and the Man* (Bombay, 1989)

Godden, Geoffrey A., *Chamberlain-Worcester Porcelain 1788–1852* (Leicester, 1992)

Gonda, Jan, *Ancient Indian Kingship from a Religious Point of View* (Leiden, 1969)

Gordon, Stewart, *The Marathas 1600–1818*, The New Cambridge History of India, II.4 (Cambridge, 1993)

Goswamy, B. N., *Nainsukh of Guler: A Great Indian Painter from a Small Hill-state* (Zurich, 1997)

Gradidge, Roderick, *Edwin Lutyens: Architect Laureate* (London, 1981)

Greenhalgh, Paul, *Ephemeral Vistas: The Expositions Universelles, Great Exhibitions and World's Fairs, 1851–1939* (Manchester, 1988)

Grewal, J., *The New Cambridge History of India: The Sikhs of the Punjab* (Cambridge, 1990)

Growse, F. S., *Indian Architecture of Today: As Exemplified in New Buildings in the Bulandshahr District* (Benares, 1886)

Gupta, K. S., *Mewar and the Maratha Relations (1735–1818 AD)* (Delhi, 1971)

Guy, John, 'Asian Trade and Exchange before 1600', in Jackson and Jaffer 2004, pp. 62–67

Guy, John and Deborah Swallow (eds), *Arts of India 1550–1900* (London, 1990)

Havell, E. B., *Indian Architecture* (London, 1913)

Haynes, Edward S., 'Rajput Ceremonial Interaction as a Mirror of a Dying Indian State System, 1820–1947', *Modern Asian Studies*, vol. 24 (1990), pp. 459–492

Haynes, Edward S., 'Patronage for the Arts and the Rise of the Alwar State', in *The Idea of Rajasthan: Explorations in Regional Identity*, eds K. Schomer et al. (New Delhi, 1994), vol. 2: *Institutions*, pp. 265–289

Head, Raymond, *The Indian Style* (London, 1986)

Hendley, Thomas H., M*emorials of the Jeypore Exhibition 1883* (London, 1884)

Hocart, A.M., *Kingship* (London, 1969 [1st published 1927])

Horstmann, Monica, *Visions of Kingship in the Twilight of Mughal Rule*, 2005 Gonda Lecture, Royal Netherlands Academy of Arts and Sciences (Amsterdam, 2006)

Irving, Robert Grant, *Indian Summer: Lutyens, Baker and Imperial Delhi* (New Haven and London, 1981)

Jackson, Anna, and Amin Jaffer (eds), *Encounters: The Meeting of Asia and Europe: 1500–1800* (London, 2004)

Jacob, Sir Samuel Swinton, *Jeypore Portfolio of Architectural Details*, 12 vols (London, 1890–1913)

Jaffer, Amin, 'The Aina Mahal: An Early Example of "Europeanerie"', *Marg*, vol. 51, no. 4 (2000), pp. 26–39

Jaffer, Amin, *Furniture from British India and Ceylon* (London, 2001)

Jaffer, Amin, 'Indo-Deco', in *Art Deco 1910–1939*, eds C. Benton, T. Benton, and G. Wood (exh. cat., V&A, London, 2003), pp. 383–395

Jaffer, Amin, *Made for Maharajas: a design diary of Princely India* (London, 2006)

Jasanoff, Maya, *From Edge of Empire: Conquest and Collecting in the East, 1750–1850* (London, 2005)

Jhalawar, Bhawani Singh, Raj Rana of, *Travel Pictures: The Record of a European Tour* (London, 1912)

Joshi, Varsha, *Polygamy and Purdah: Women and Society among Rajputs* (Jaipur, 1995)

Kapurthala, His Highness The Raja-I-Rajgan Jagatjit Singh of, *My Travels in Europe and America 1893* (London, 1895)

Kathuria, R. P., *Life in the Courts of Rajasthan* (New Delhi, 1987)

Keay, John, *India: A History* (London, 2000)

Khalidi, Omar, '"Immediately Apparent Splendour": Osmania University Campus Design and Architecture', in *Islamic Culture*, vol. 76, no. 2 (2002), pp. 149–197

Khan, Shaharyar M., *The Begums of Bhopal: A Dynasty of Women Rulers in Raj India* (London, 2000)

Khandalawala, Karl, Moti Chandra and Pramod Chandra, *Miniature Painting: A Catalogue of the Exhibition of the Sri Motichand Khajanchi Collection Held by the Lalit Kala Akademi, 1960* (New Delhi, 1960)

King, Anthony D., *The Bungalow: The Production of a Global Culture* (2nd edn, Oxford, 1995)

Kipling, J. L., 'Indian Architecture of Today', *The Journal of Indian Art*, vol. 1, no. 3 (1886), pp. 1–5

Kumar, Ritu, *Costumes and Textiles of Royal India* (London, 1999)

Lal, Ruby, *Domesticity and Power in the Early Mughal World* (Cambridge, 2005)

Lanchester, H. V., 'Architecture and Architects in India', *The Journal of the Royal Institute of British Architects*, vol. 30, no.10 (1923), pp. 293–308

Lanchester, H. V., 'Planning Hyderabad City', *The Builder*, vol. 169 (1945), p.173

Lang, J., M. Desai, and M. Desai, *Architecture and Independence: The Search for Identity, 1880–1980* (Delhi, 1997)

Lathe, A.B., *Memoirs of His Highness Shri Shahu Chhatrapati Maharaja of Kolhapur* (Bombay, 1924)

Llewellyn-Jones, Rosie, *A Fatal Friendship: The Nawabs, the British and the City of Lucknow* (Oxford, 1985)

Llewellyn-Jones, Rosie (ed.), *Lucknow: City of Illusion* (New Delhi, 2006)

London, Christopher W. (ed.), *Architecture in Victorian and Edwardian India* (Bombay, 1994)

London, Christopher W., 'High Victorian Bombay: Historic, Economic and Social Influences on its Architectural Development', *South Asian Studies*, vol. 13 (1997), pp. 99–108

London, Christopher W., 'The Prag Mahal and Henry St Clair Wilkins' Architecture', *Marg*, vol. 51, no. 4 (2000), pp. 40–57

Lord, John, *The Maharajas* (London, 1972)

Lutyens, Sir Edwin, 'What I think of Modern Architecture', *Country Life*, vol. 69 (1931), pp. 775–777

Lutyens, Mary, *Edwin Lutyens* (London, 1980)

Mahtab, B. C. (Maharaja of Burdwan), *Impressions, the Diary of a European Tour* (London, [1908?])

Malgonkar, Manohar, *Chhatrapatis of Kolhapur* (Bombay, 1971)

Malik, Zahir Uddin, *The Reign of Muhammad Shah, 1719–1748* (Delhi, 1977)

Mayer, Adrian C. 'The King's Two Thrones', *Man*, n.s., vol. 20 (1985), pp. 205–221

Mayer, Adrian C. 'Rulership and Divinity: The Case of the Modern Hindu Prince and Beyond', *Modern Asian Studies*, vol. 5 (1991), pp. 765–790

Meade, Martin, 'Europe in India', *The Architectural Review*, vol. 182, no. 1086 (1987), pp. 26–31

Meade, Martin, 'The Anglo-Indian Bungalow', in *L'Inde et L'Imaginaire*, ed. C. Weinberger-Thomas (Paris, 1988), pp. 133–158

Mehdi Hasan, *Extracts from the Diary of the Nawab Mehdi Hasan Khan Fathah Nawaz Jung* (London, c. 1891)

Melikian-Chirvani, A. S., 'The Red Stones of Light in Iranian Culture Spinels', *Bulletin of the Asia Institute*, n.s., vol. 15 (2001)

Meller, Helen, *Patrick Geddes: Social Evolutionist and City Planner* (London, 1990)

Merrick, E. M., *With a Palette in Eastern Palaces* (London, 1899)

Metcalf, Thomas R., 'Architecture and the Representation of Empire: India, 1860–1910', *Representations*, no. 6 (1984), pp. 37–65

Metcalf, Thomas R., *An Imperial Vision: Indian Architecture and Britain's Raj* (London, 1989)

Michell, George, and Antonio Martinelli, *The Royal Palaces of India* (London, 1994)

Michell, George, and Antonio Martinelli, *Palaces of Rajasthan* (Mumbai, 2004)

Moore, Lucy, *Maharanis: The Extraordinary Tale of Four Indian Queens and Their Journey from Purdah to Parliament* (New Delhi, 2004)

Morris, Jan, *Stones of Empire: The Buildings of the Raj* (1983, repr. Oxford 1986)

Murphy, Veronica, and Rosemary Crill, *Tie-dyed Textiles of India. Tradition and Trade* (London and Ahmedabad, 1991)

Nadelhoffer, Hans, *Cartier: Jewellers Extraordinary* (London, 1984)

Nagar, Mahendra Singh, *Khanda Vivah ki* Bahi, (Jodhpur, 2004)

Nair, Savithri Preetha, 'Native Collecting and Natural Knowledge (1798–1832)', *Journal of the Royal Asiatic Society*, series 3, vol. 15, no. 3 (2005), pp. 279–302

A Nawab's Dream (exh. cat., Musée Bouilhet-Christofle, Paris, 1999)

Niggl, Reto, *Eckart Muthesius: The Maharaja's Palace in Indore, Architecture and Interior 1930* (Stuttgart, 1996)

Nilsson, Sten, *European Architecture in India 1750–1850* (London, 1968)

Oertel, F. O., *Indian Architecture and its Suitability for Modern Requirements* (London, 1913)

Ojha, G. H., *Bikaner Rajya ka Itihas*, vols 1–2 (Bikaner, 1997)

Pal, Pratapaditya, 'Murshidabad: Capital of Fleeting Glory', *Marg*, vol. 54, no. 3 (2003), pp. 46–63

Peabody, Norbert, *Hindu Kingship and Polity in Precolonial India* (Cambridge, 2003)

Pillai, G. Paramaswaran, *London and Paris through Indian Spectacles* (Madras, 1897)

Pollock, Sheldon,'Ramayana and Political Imagination in India', *Journal of Asian Studies*, vol. 52 (May 1993), pp. 261–297

Price, Pamela G., 'Raja-dharma in l9th Century South India: Land, Litigation and Largess in Ramnad Zamindari', *Contributions to Indian Sociology*, n.s., vol. 13, no.2 (New Delhi, 1979), pp. 207–39

Price, Pamela G., *Kingship and Political Practice in Colonial India* (Cambridge, 1996)

Prior, Katherine, and John Adamson, *Maharajas' Jewels* (Paris, 2000)

Professional Papers on Indian Engineering (3rd series, Roorkee, 1863–1886)

Ramusack, Barbara N., 'Maharajas and Gurdwaras: Patiala and the Sikh Community', in *People, Princes and Paramount Power: Society and Politics in the Indian Princely States*, ed. Robin Jeffrey (New Delhi, 1978a), pp. 170–204

Ramusack, Barbara N., *The Princes of India in the Twilight of Empire: Dissolution of a Patron Client Relationship, 1914–1939* (Columbus, OH, 1978b)

Ramusack, Barbara N., *The Indian Princes and Their States* (Cambridge, 2004)

Randle, H. N., 'An Indo-Aryan language of South India: Saurashtra-bhasa', *Bulletin of the School of Oriental and African* Studies, vol. II, no.1, (London, 1943), pp. 104–21

Rathore, L. S., *The Regal Patriot: Maharaja Ganga Singh of Bikaner* (Delhi, 2007)

Ray, Man, *Self Portrait* (London, 1963)

Report on Town Planning in H. E. H. The Nizam's Dominions (Hyderabad, 1944)

Rice, Stanley, *Life of Sayaji Rao III, Maharaja of Baroda*, 2 vols (London, 1931)

Richards, J. F. (ed.), *Kingship and Authority in South Asia* (Madison, wi, 1978)

Richards, J. F., *The Mughal Empire* (Cambridge, 1993)

Ridley, Jane, 'Edwin Lutyens, New Delhi and the Architecture of Imperialism', *Journal of Imperial and Commonwealth History*, vol. 26, pt 2 (1998), pp. 67–83

Robertson, Howard, 'Modernism for a Maharajah: Designs by E. Muthesius', *The Architect and Builder* (March 1932), pp. 375–377

Roy, Kumkum, *The Emergence of Monarchy in North India Eighth to Fourth Centuries B.C. as Reflected in the Brahmanical Tradition* (Delhi, 1994)

Rudoe, Judy, *Cartier: 1900–1939* (London, 1997)

Russell, William Howard, *The Prince of Wales' Tour: A diary in India; with some account of the visits of His Royal Highness to the courts of Greece, Egypt, Spain and Portugal … with illustrations by Sydney P. Hall* (London, 1877)

Sachdev, Vibhuti, and Giles Tillotson, *Building Jaipur: The Making of an Indian City* (London and New Delhi, 2002)

Sachdev, Vibhuti, and Giles Tillotson, *Jaipur City Palace* (New Delhi, 2008)

Sahai, Nandita Prasad, *Politics of Patronage and Protest. The State, Society and Artisans in Early Modern Rajasthan* (New Delhi, 2006)

Sampath, Vikram, *Splendours of Royal Mysore: The Untold Story of the Wodeyars* (New Delhi, 2008)

Sanderson, Gordon, *Types of Modern Indian Buildings* (Allahabad, 1913)

Sarkar, Jadunath, *A History of Jaipur c. 1503–1938* (New Delhi, 1984)

Sarkar, Jadunath, *Shivaji and His Times* (Delhi, 1992)

Scindia, Vijaya Raje, with Manohar Malgonkar, *The Last Maharani of Gwalior: An Autobiography* (Albany, 1987)

Scriver, P., and V. Prakash (eds), *Colonial Modernities: Building, Dwelling and Architecture in British India and Ceylon* (London and New York, 2007)

Sen, Satadru, *Migrant Races: Empire, Identity and K. S. Ranjitsinhjii* (Manchester, 2004)

Sharma, G. N. (ed.), *Haqiqat Bahida HIH Maharana Fateh Singhji of Udaipur*, vols 1–5 (Udaipur, 1997)

Shoosmith, A. G., 'Present-Day Architecture in India', *The Nineteenth Century and After*, vol. 123 (1938), pp. 204–213

Shyamaldas, Kaviraj, *Vira Vinoda: Mewar ka itihas (The History of Mewar)*, 2 vols in 4 (New Delhi, 1986)

Singh, Bhagat, *Maharaja Ranjit Singh and his Times* (Delhi, 1990)

Singh, Bhawani, Raj Rana of Jhalawar, *Travel Pictures: The Record of a European Tour* (London, 1912)

Singh, Chandramani, *Textiles and Costumes from the Maharaja Sawai Man Singh II Museum* (Jaipur, 1979)

Singh, Jagatjit, Raja-i-Rajgan of Kapurthala, *My Travels in Europe and America, 1893* (Manchester and New York, 1895)

Singh, Jagatjit, Raja-i-Rajgan of Kapurthala, *My Travels in China, Japan and Java, 1903* (London, 1905)

Singh, Jagatjit, Raja-i-Rajgan of Kapurthala, *My Tour in South, Central and North America, 1925* (Bombay, 1926)

Smart, Ellen, 'A preliminary report on a group of important Mughal textiles', *Textile Museum Journal, 1986* (Washington, DC, 1987)

Smart, Ellen and Daniel Walker, *Pride of the Princes: Indian Art of the Mughal Era in the Cincinnati Art Museum* (Cincinnati, 1985)

Smith, T. Roger, 'On Buildings for European Occupation in Tropical Climates, Especially India', *RIBA Papers* (1868), pp. 197–208

Smith, T. Roger, 'Architectural Art in India', *Journal of the Royal Society of Arts*, vol. 21 (1873), pp. 278–287

Sreenivasan, Ramya, 'Drudges, Dancing Girls, Concubines: Female Slaves in Rajput Polity, 1500–1800', in *Slavery and South Asian History*, eds Indrani Chatterjee and Richard M. Eaton (Bloomington, 2006), pp. 136–161

Sreenivasan, Ramya, *The Many Lives of a Rajput Queen: Heroic Pasts in India c. 1500–1900* (Seattle, 2007)

Stamp, Gavin, 'Indian Summer', *The Architectural Review*, vol. 159, no. 952 (1976), pp. 141–151

Stamp, Gavin, 'New Delhi', in *Lutyens: The Work of the English Architect Sir Edwin Lutyens (1869–1944)*, eds C. Amery et al. (exh. cat., Arts Council of Great Britain, London, 1981), pp. 33–43

Stamp, Gavin, 'British Architecture in India 1857–1947', *Journal of the Royal Society of Arts*, vol. 129 (1981), pp. 357–379

Stronge, Susan (ed.), *The Arts of the Sikh Kingdoms* (London, 1999)

Stronge, Susan, *Tipu's Tigers* (London, 2009)

Sundaram, V. A., *Benares Hindu University: 1905–1935* (Benares, 1936)

Tandan, Banmali, 'The Architecture of the Nawabs of Avadh between 1722 and 1856 AD', Ph.D. thesis (University of Cambridge, 1978)

Tanwar, D. T., *Sansmaran: Maharana Fateh Singh ji, Mahrana Bhupal Singh ji, Maharana Bhagwat Singh ji, Mewar* (Udaipur, 1982)

Tappin, Stuart, 'The Early Use of Reinforced Concrete in India', *Construction History*, vol. 18 (2002), pp. 79–98

Tarapor, Mahrukh, 'Growse in Bulandshahr', *The Architectural Review*, vol. 172 (1982), pp. 44–52

Tarlo, Emma, *Clothing Matters: Dress and Identity in India* (London, 1996)

Tillotson, G. H. R., *The Rajput Palaces: The Development of an Architectural Style 1450–1750* (New Haven, 1987)

Tillotson, G. H. R., *The Tradition of Indian Architecture: Continuity, Controversy and Change since 1850* (New Haven and London, 1989)

Tillotson, G. H. R., 'Vincent J. Esch and the Architecture of Hyderabad, 1914–1936', *South Asian Studies*, vol. 9 (1993), pp. 29–46

Tillotson, G. H. R., 'George S. T. Harris: An Architect in Gwalior', *South Asian Studies*, vol. 20 (2004), pp. 9–24

Tillotson, G. H. R., 'Architecture and Identity in Three Indian States', in *Islamic Art in the Nineteenth Century: Tradition, Innovation, and Eclecticism*, eds D. Behrens-Abouseif, and S. Vernoit (Leiden, 2006), pp. 387–408

Tillotson, G. H. R., 'C. G. Blomfield: Last Architect of the Raj', *South Asian Studies*, vol. 24 (2008), pp. 133–139

Tod, James, *Annals and Antiquities of Rajasth'than, or the Central and Western Rajpoot States of India*, 2 vols (New Delhi, 1971), reprint of 1914 edn, originally published 1829 and 1832

Tod, James, *Annals and Antiquities of Rajasthan: Or the Central and Western Rajput States of India*, ed. with intro. and notes by William Crooke, 3 vols (New Delhi, 1990)

Topsfield, Andrew, *The City Palace Museum Udaipur: Paintings of Mewar Court Life* (Ahmedabad, 1990)

Tyrwhitt, Jacqueline (ed.), *Patrick Geddes in India* (London, 1947)

Valentia, Viscount George, *Voyages and Travels to India, Ceylon, the Red Sea, Abyssinia, and Egypt in the years 1802–1806*, vol. 1 (London, 1811)

Vandal, Pervaiz and Sajida, *The Raj, Lahore, and Bhai Ram Singh* (Lahore, 2006)

Vaughan, Philippa (ed.), *The Victoria Memorial Hall, Calcutta* (Mumbai, 1997)

Volwahsen, Andreas, *Imperial Delhi: The British Capital of the Indian Empire* (Munich and London, 2002)

Waghorne, Joanne Punzo. *The Raja's Magic Clothes: Re-Visioning Kingship and Divinity in England's India* (University Park, Pennsylvania, 1994)

Walker, Daniel, *Flowers Underfoot: Indian Carpets of the Mughal Era* (New York, 1997)

Watt, George, *Indian Art at Delhi 1903. Being the Official Catalogue of the Delhi Exhibition, 1902–1903* (Calcutta, 1903)

Welch, Stuart Cary, *India: Art and Culture 1300–1900* (New York, 1985)

West, Capt. Edward (ed.), *Diary of the Late Rajah of Kohlapoor, during his visit to Europe in 1870* (London, 1872)

Wild, Roland, *The Biography of Colonel His Highness Shri Sir Ranjitsinhji* (London, 1934)

Williams, Elaine, *Maharani: Memoirs of a Rebellious Princess* (Delhi, repr. 2003)

Williams, Joanna, *Kingdom of the Sun: Indian Court and Village Art from the Princely State of Mewar* (San Francisco, 2007)

Worlock, George 'The King of Oudh's Service', *The Spode Review* (Stoke-on-Trent, November 1994), pp. 311–313

Ziegler, Norman P., 'Evolution of the Rathor State of Marvar: Horses, Structural Change and Warfare', in *The Idea of Rajasthan: Explorations in Regional Identity*, eds K. Schomer et al. (New Delhi, 1994), vol. 2: *Institutions*, pp. 192–216

AUTOREN

ANNA JACKSON

ist stellvertretende Kustodin an der Asien-abteilung des Victoria and Albert Museums in London. Sie forscht vor allem im Bereich der Kulturkontakte zwischen Asien und der west-lichen Welt und hat mit ihrem umfangreichen Fachwissen zu verschiedenen ausstellungsbe-gleitenden Publikationen beigetragen, darunter »Art Nouveau 1890–1914« (2000), »The Victorian Vision« (2001) und »Art Deco 1914–1939« (2003). Im Jahr 2004 kuratierte sie mit Amin Jaffer am Victoria and Albert Museum die Aus-stellung »Encounters: The Meeting of Asia and Europe 1500–1800« und war Mitherausgeberin der begleitenden Publikation, die sich wie die Ausstellung mit der Begegnung von europäischer und asiatischer Kunst und Kultur nach Vasco da Gamas Entdeckung des Seewegs nach Indien im Jahr 1498 beschäftigt. Jackson betreut am Victoria and Albert Museum die Sammlung japanischer Kleidung und Textilien; zu diesem Thema veröffentlichte sie außerdem mehrere Bücher. Zuletzt erschien ihr Buch »Expo: Inter-national Expositions 1851–2010«.

AMIN JAFFER

ist Internationaler Direktor für Asiatische Kunst bei Christie's und war zuvor leitender Kurator der Asienabteilung des Victoria and Albert Museums. Er beschäftigt sich vor allem mit dem Einfluss westlicher Geschmacksvorstellungen und Alltags-kultur auf dem indischen Subkontinent. Zu seinen Publikationen gehört mit »Furniture from British India and Ceylon« (2001) die erste Darstellung von Möbeln, die in dieser Region im westlichen Stil hergestellt wurden. Sein Buch »Luxury Goods from India« (2002) stellt 50 der schönsten Bei-spiele indischer und indo-europäischer Möbel und Holzarbeiten aus der Sammlung des Victoria and Albert Museums vor. Gemeinsam mit Anna Jack-son kuratierte Jaffer 2004 am Victoria and Albert Museum die Ausstellung »Encounters: The Mee-ting of Asia and Europe 1500–1800« und war Mitherausgeber der begleitenden Publikation. Amin Jaffers Interesse an der Lebensart indischer Fürsten mündete zuletzt in die Veröffentlichung »Made for Maharajas: A Design Diary of Princely India« (2006). In diesem Buch wird die Vorliebe der indischen Herrscher des 19. und frühen 20. Jahrhunderts für europäische Luxusgüter ausführlich dargestellt.

DEEPIKA AHLAWAT

ist Absolventin des gemeinsam vom Victoria and Albert Museum und dem Royal College of Art durchgeführten Masterstudiengangs Design-geschichte. Ihr besonderes Interesse gilt der poli-tischen Bedeutung der materiellen Kultur des Raj. Ihre Forschung im Zusammenhang mit der Kata-logisierung der Kristallsammlung des Maharana von Mewar in Udaipur schlug sich in einer Reihe wissenschaftlicher Aufsätze nieder. Zudem unter-stützte sie Amin Jaffer bei der Arbeit an seinem Buch »Made for Maharajas: A Design Diary of Princely India« (2006).

ROSEMARY CRILL

ist leitende Kuratorin der Asienabteilung des Victoria and Albert Museums; ihr Spezialgebiet sind indische und islamische Kleidung und Texti-lien sowie indische Malerei. Zu ihren Publikatio-nen zählen u. a. »Indian Ikat Textiles« (1997), »Colours of the Indus. Costume & Textiles of Paki-stan« (mit N. Askari, 1997), »Indian Embroidery« (1999), »Marwar Painting. A History of the Jodh-pur Style« (1999), »Trade, Temple and Court. Indian Textiles from the Tapi Collection« (mit R. Barnes und S. Cohen, 2002) und »Chintz. Indian Textiles for the West« (2008). In zahlreichen Büchern, Zeitschriften und Katalogen erschienen Beiträge von ihr. Sie ist Herausgeberin von »Tex-tiles from India. The Global Trade« (2005) und Mitherausgeberin von »The Making of the Jameel Gallery of Islamic Art« (2006). Sie ist Mitkurato-rin der Ausstellung »The Indian Portrait 1560–1860«, 2010, National Portrait Gallery, London.

BARBARA N. RAMUSACK

ist Charles-Phelps-Taft-Professorin am Fachbereich Geschichte der Universität von Cincinnati. Ihr Forschungsschwerpunkt liegt im Bereich der indischen Fürstenstaaten und der Situation der indischen Frauen zur Kolonialzeit. Zu ihren Publi-kationen zählen neben verschiedenen Aufsätzen und Essays die Bücher: »Women in Asia. Restoring Women to History« (mit S. Sievers, 1999) und »The Indian Princes and Their States«, das in der Reihe New Cambridge History of India (2004) erschienen ist. In ihrem derzeitigen Forschungs-projekt beschäftigt sie sich mit der gesundheit-lichen Lage von Müttern und Kleinkindern im Fürstenstaat Mysore und der britischen Provinz Madras zwischen 1870 und 1947.

RAMYA SREENIVASAN

promovierte an der Jawaharlal Nehru Universität in Neu-Delhi und ist heute Juniorprofessorin am Fachbereich Geschichte an der State University of New York in Buffalo. Ihre Veröffentlichungen beschäftigen sich vor allem mit der Kultur der Rajputenelite in der frühen Neuzeit; ihr Buch »The Many Lives of a Rajput Queen. Heroic Pasts in India« (2007) wurde 2009 mit dem Ananda Kentish Coomaraswamy Prize für das beste eng-lischsprachige Buch auf dem Gebiet der Südasien-studien ausgezeichnet. Zur Zeit erforscht sie die Zusammenhänge zwischen Staatenbildung, Kastenbildung und Sektierertum im Rajasthan des 16. bis 19. Jahrhunderts.

GILES TILLOTSON

lebt als freier Schriftsteller und Dozent in der Nähe von Delhi. Ehemals Dozent für Kunst-geschichte an der University of London (School of Oriental and Asian Studies) war er auch Direk-tor der Londoner Royal Asiatic Society. Als Kenner der indischen Architektur seit der Mogulzeit hat er viele Jahre in den ehemaligen Fürstenstaaten Rajasthans gearbeitet und zahlreiche Bücher über indische Architektur, Geschichte und Landschaft verfasst, wie »Jaipur Nama. Tales from the Pink City« (2006) und »Taj Mahal« (2008).

JOANNE PUNZO WAGHORNE

ist Professorin für Religion an der Syracuse Uni-versity im Staat New York. In ihren bisherigen Forschungsarbeiten befasste sie sich vor allem mit der heutigen Bedeutung hinduistischer Tempel in Indien, der rituellen Gottesdarstellung und Fragen der musealen Ausstellung von Stein- und Bronze-figuren von Gottheiten. Zu diesen Themen liegen zahlreiche Veröffentlichungen von ihr vor. Ihre Arbeiten zur Gottesdarstellung ergänzt eine Stu-die über Ritual und Inszenierung des Königtums in Südindien: »The Raja's Magic Clothes. Re-visio-ning Kingship and Divinity in England's India«. Ihre jüngste Veröffentlichung ist »Diaspora of the Gods: Modern Hindu Temples in an Urban Middle-Class World«, die 2005 mit dem Exzellenz-preis der American Academy of Religion ausge-zeichnet wurde. Zur Zeit erforscht sie den Wandel religiöser Organisationsformen, der Religionsaus-übung und des religiösen Selbstverständnisses unter den Bedingungen von Globalisierung und transnationaler Migration.

FOTONACHWEIS

IMPRESSUM

Dieser Katalog erscheint anlässlich
der Ausstellung
Maharaja. Pracht der indischen Fürstenhöfe

Kunsthalle der Hypo-Kulturstiftung, München
12. Februar – 24. Mai 2010

Die Ausstellung *Maharaja. The Splendour of
India's Royal Courts* wurde vom Victoria and
Albert Museum, London erarbeitet, wo sie
vom 10. Oktober 2009 – 17. Januar 2010
zu sehen war.

KUNSTHALLE
DER HYPO-KULTURSTIFTUNG

Stiftungsvorstand: Heinz Laber, Dieter Rampl,
Dr. Wolfgang Sprißler, Andrea Varese

Direktorin: Dr. Christiane Lange
Kurator: Dr. Roger Diederen
Geschäftsführer: Hans Dieter Eckstein
Projektbetreuung Stiftung: Gabriele Schubert
Wissenschaftliches Volontariat: Laura Ingianni
Ausstellungssekretariat: Bettina Ungerecht
Assistenz: Anja Huber, Linda Leitner
Presse- und Öffentlichkeitsarbeit: Leonie
Mellinghoff, Melanie Grella (Assistenz)
Technische Leitung: Winfried Heinz
Konservatorische Betreuung: Markus Angstel,
Joachim Böhm, Elisabeth Hösl, Joachim
Kreutner, Cornelia Knörle-Jahn, Marjen Schmidt,
Florian Schwemer, Jens Wagner
Ausstellungsgestaltung: Matthias Kammermeier,
Dr. Patrick Uterman

Kunsthalle der Hypo-Kulturstiftung
Theatinerstr. 8
D–80333 München
www.hypo-kunsthalle.de

Ein Engagement der

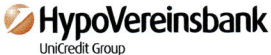

Englische Erstausgabe 2009
V&A Publishing
Victoria and Albert Museum
South Kensington
London SW7 2RL

Lektorat: Johanna Stephenson
Layout: Price Watkins
Karte: David Hoxley
Fotografie: Pip Barnard, Richard Davis,
Paul Robins, Ian Thomas

© für die englische Originalausgabe:
The Board of Trustees of the Victoria and Albert
Museum, 2009

© für die deutsche Ausgabe:
Kunsthalle der Hypo-Kulturstiftung, Hirmer
Verlag GmbH, München, sowie die Autoren
und Fotografen, 2010

Übersetzung: Tradukas GbR – Ina Goertz,
Nina Hausmann, Katja Hofmann
Lektorat: Dr. Markus Kersting
Produktion: Peter Grassinger
Lithografie: Reproline Genceller
Umschlag: Frese, München
Druck: Printer Trento
Papier: Gardamatt 150g

Hirmer Verlag München
Nymphenburger Str. 84
80636 München
www.hirmerverlag.de

Bibliografische Information der Deutschen
Nationalbibliothek: Die Deutsche Nationalbibliothek verzeichnet diese Publikation in
der Deutschen Nationalbibliografie; detaillierte
bibliografische Daten sind im Internet über
»http://dnb.d-nb.de« abrufbar.

ISBN 978-3-7774-2441-5

Abbildung auf der Umschlagvorderseite:
Sarpech (Turbanschmuck), Detail
vgl. Abb. 125

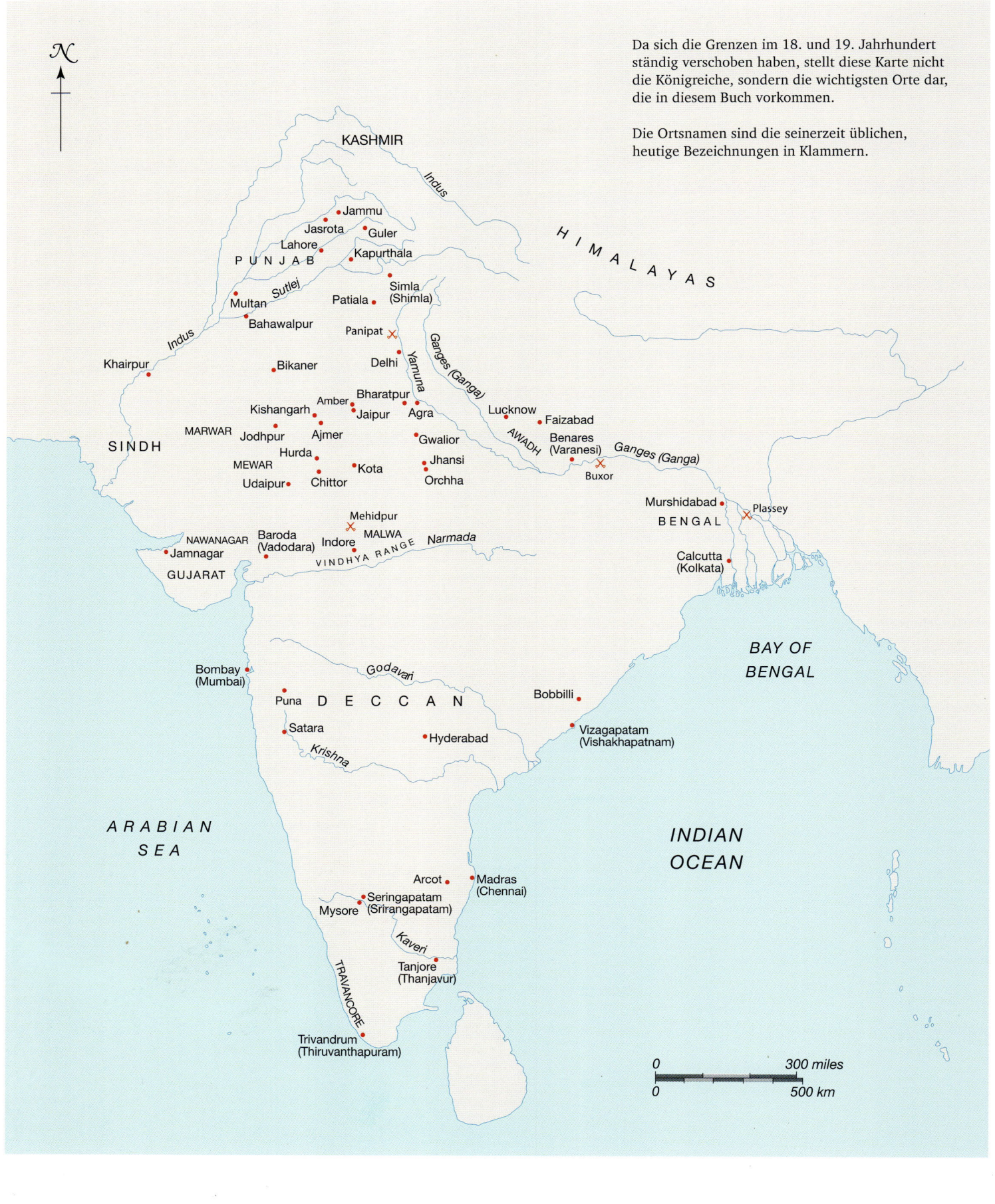

Da sich die Grenzen im 18. und 19. Jahrhundert ständig verschoben haben, stellt diese Karte nicht die Königreiche, sondern die wichtigsten Orte dar, die in diesem Buch vorkommen.

Die Ortsnamen sind die seinerzeit üblichen, heutige Bezeichnungen in Klammern.

N

KASHMIR

HIMALAYAS

Indus

Jammu
Jasrota   Guler
Lahore   Kapurthala
PUNJAB
                 Simla
                 (Shimla)
Sutlej
Multan   Patiala
Bahawalpur   Panipat
Indus
                 Ganges (Ganga)
Khairpur   Bikaner   Delhi
                               Yamuna
                 Amber Bharatpur   Lucknow
         Kishangarh Jaipur Agra   Faizabad
SINDH   MARWAR Jodhpur Ajmer   AWADH Benares Ganges (Ganga)
                         Gwalior   (Varanesi)
                 Hurda   Jhansi
         MEWAR   Kota   Buxor
         Udaipur Chittor   Orchha
                                               Murshidabad Plassey
                 Mehidpur   BENGAL
NAWANAGAR Baroda   MALWA
           (Vadodara) Indore   Narmada   Calcutta
Jamnagar   (Kolkata)
GUJARAT   VINDHYA RANGE

                                               BAY OF
                                               BENGAL
                 Godavari
Bombay
(Mumbai)
         Puna   D E C C A N   Bobbilli
         Satara
                                     Vizagapatam
         Krishna   Hyderabad   (Vishakhapatnam)

ARABIAN   INDIAN
SEA   OCEAN

                 Arcot   Madras
                          (Chennai)
           Seringapatam
Mysore   (Srirangapatam)
                 Kaveri

TRAVANCORE   Tanjore
                 (Thanjavur)

Trivandrum
(Thiruvanthapuram)

0   300 miles
0   500 km

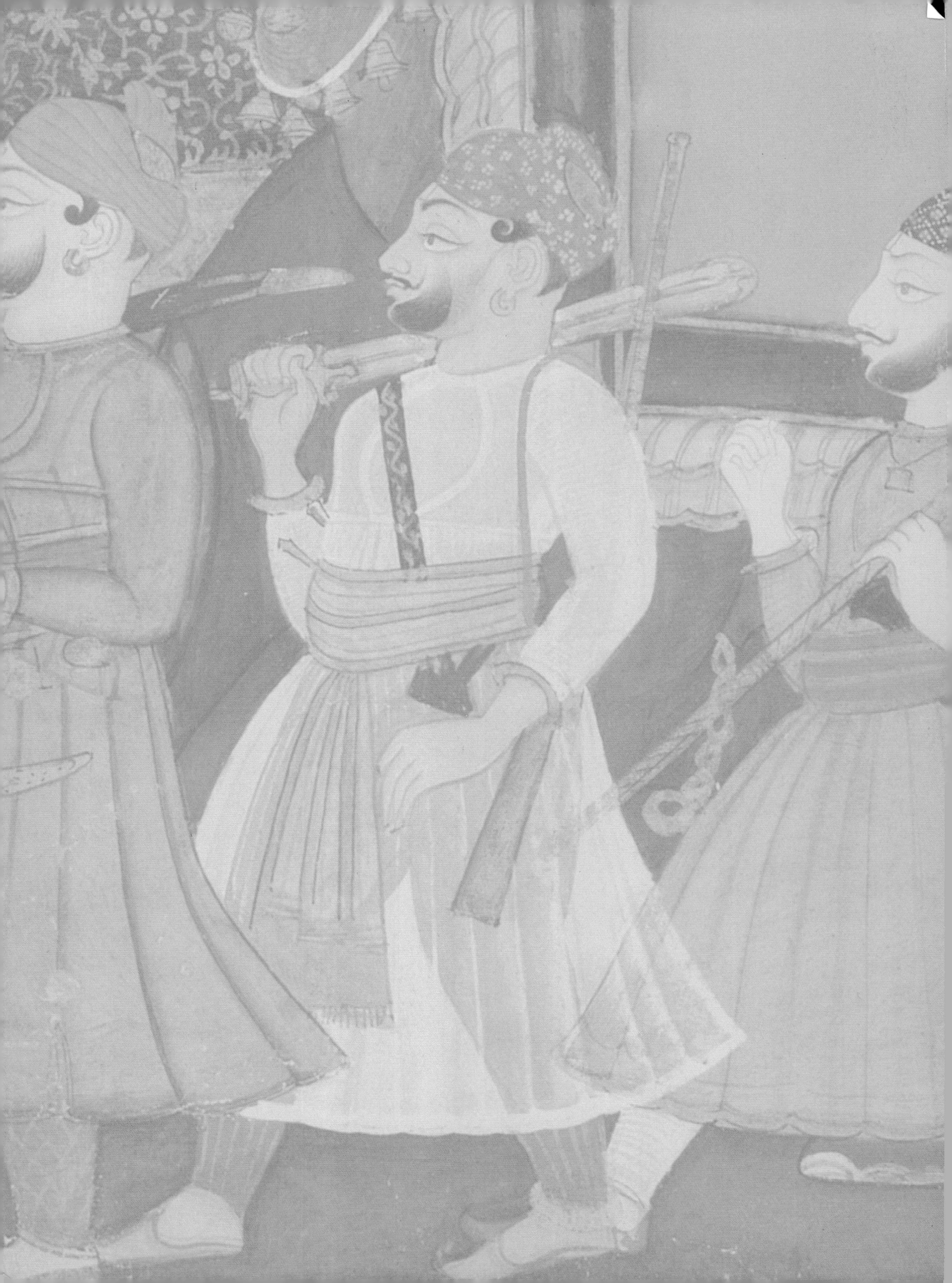